[法]
托克维尔
TOCQUEVILLE
著

【最新全译本】

论美国的民主

De la démocratie en Amérique

湖南文艺出版社
HUNAN LITERATURE AND ART PUBLISHING HOUSE
博集天卷
CS-BOOKY

目录

上 卷

第1部分

第2部分

下　卷

第1部分

第2部分

第3部分

第4部分

上卷

lunmeiguodeminzhu

绪　论

我在合众国逗留期间见到过很多新鲜的事物，要说最引我注意的，那就非身份平等莫属了。我很容易地就发现了这件大事给社会的进展所带来的重大影响。它将一定的方向赋予了舆论，将一定的方针赋予了法律，将新的箴言赋予了执政者，将特有的习惯赋予了被治者。

很快，我又发现这件大事的影响远远超过了政治措施和法律，而且它对政府的钳制作用决不亚于对公民社会的这种作用。它不仅是在激发情感，制造舆论，改变习俗，而且还在影响着不是由它所产生的一切。

所以，随着我对美国社会研究的逐步深入，我越来越认为身份平等是一件根本大事，好像所有的个别事物都是由它产生的，所以我将它作为我的整个考察的中心。

当我把视线移到我们所在的半球时，我发现这里的一些情况与我在新大陆见到的相类似。我看到，在我们所在的半球，虽然身份平等没有达到美国那样的极限，却在一天天地接近它，而且，支配美国社会的民主，在欧洲好像也正在迅速得势。

从那个时候开始，我就产生了撰写读者将要开始阅读的这本书的念头。

我们中间正在进行着一场伟大的民主革命。虽然谁都看到了它，但是人们的看法却并不相同。有些人认为，这是一种出于偶然的新现象，还有希望遏止；而有些人则断定，这是一场不可抗拒的革命，因为他们认为这是历史上已知的最古老的、最经常的和最持久的现象。

现在，我来回顾一下700年前的法国。当时，法国被一小部分拥有土地并统治着居民的家族所占有，随着遗产的继承统治权被世代相传，地产是强权的唯一源泉，而权力则是人对付人的唯一手段。

在法国，僧侣阶级的政治权力开始建立起来，并且很快地扩大开来。僧侣阶级对所有的人都敞开大门：无论是穷人，还是富人；无论是属民，还是领主，都可以加入僧侣阶级的行列中。平等通过教会的渠道，开始渗透进政治领域。原先身为农奴要被终生奴役的人，现在则可以以神甫的身份与贵族平起平坐，而且还可以经常成为国王的座上宾。

随着时间的推移，社会日益安定和文明，各种人际关系日益复杂化和多样化。人们开始觉得需要有民法来调整这种关系了。于是，法学家出现了。他们走出积满灰尘的办公室，离开了阴森森的法庭大堂，出现在王公大人的宅邸，坐在了衣貂披甲的封建男爵的身旁。

当国王们由于好大喜功而破产，贵族们由于私家械斗而荡尽家财时，平民们却由于经商而变得富裕起来。金钱的影响开始在国务中显现。商业成了进入权力大门的新阶梯，金融家结成一个既被人鄙视又受人追捧的政治权力集团。

民智逐渐开化，人们对文学和艺术的兴趣也日益增加。因而，知识成为事业成功的要素，科学也成为为政的一种手段，智慧则成为一种社会力量，文人开始投身于政界。

随着不断出现的通向权力大门的新路，人们渐渐地不再重视家庭出身。在11世纪，贵族的头衔还是无价之宝，但是到了13世纪，这种头衔就可以用钱买到了。出售贵族头衔开始于1270年，结果贵族阶级自己也把平等带进了政府。

在这700年里，贵族为了反对王权，或者是从对手手中夺权，而时常把政治大权交给人民。

更为常见的情况是，为了贬抑贵族，国王让国内的下层阶级加入了政府机关。

在法国，国王们总是自诩为最彻底和最积极的平等主义者。当他们野心勃勃，并且力量强大的时候，会极力把民众提高到贵族的水平；当他们还是庸碌无能之辈的时候，却会让民众上升到比他们自己还高的地位。有的国王凭借自己的才能帮助了民主，而另一些国王则因为自己的无道而帮助了民主。路易十一和路易十四，始终注意使全体臣民在他们的王位之下保持平等，而路易十五则使他自己连同王室一起化成了灰烬。

在公民们开始不按照封建土地所有制占有土地，动产已被视为财富，并且能够产生影响和制造权势以后，每一个工艺方面的发现，每一个工商业方面的改进，都能立即在人们中间创造出与其相适应的新的平等因素。此后，新发现的一切工艺方法，新产生的一切需求，满足新需求的一切想法，都是走向普遍平等的进步。好战，侈靡，追求时髦，以及人的最肤浅的情欲和最高尚的激情，都仿佛在一致让富人变穷并让穷人致富。

在脑力劳动成为力量和财富的源泉之后，每一项新的知识，每一个科学发明，每一个新的思想，都将被视为人民行将掌握的权力的胚芽。口才、诗才、记忆力、想象力、心灵美、思考力——上天随意降下的这些资质，都在促进民主；即使落于民主的敌人之手，它们也会由于自身显示了人的生性伟大，而仍能够为民主服务。因此，随着文明和教育所征服的领域逐渐扩大，被民主征服的领域也会扩大，而文学则会成为对所有人开放的武库，就连弱者和穷人每天也都可以从中取用武器。

翻阅一下我们的历史，就可以知道我们在过去的700年里没有一件大事不曾推动平等。

几次对英战争和十字军东征，不但消灭了十分之一的贵族，而且也分散了他们的土地。民主的自由被地方自治制度带进了封建的君主政体。因为枪炮的发明，贵族和平民在战场上处于平等的地位。印刷术又向他们平等地提供了精神食粮。邮政不仅把知识送到了穷人茅舍的柴扉前，也把它带到了王宫的大门口。基督教新教宣布所有的人都能找到通往天堂的道路。美洲的发现，开辟了千百条致富的新路，为一些无名的冒险家提供了发财得势的机会。

假如我们从11世纪开始对法国每50年的变化进行考察，就会发现，在每50年年末的时候社会体制都发生过一次双重的变革：在社会的阶梯上，贵族下降，平民上升。一个从上降下来，另一个则从下升上去。这样，他们之间的距离每经过半个世纪就会缩短一些，以至于不久之后他们就会合了。

而且，这种现象并不是法国所独有的。同样的革命正在整个基督教世界进行着，我们无论面向何处，都可以看到。

人民生活中发生的各类事情，无一不是在促进民主。所有的人，不管他们是为民主奋斗，还是自称为民主的敌人；不管他们是自愿帮助民主获胜的，还是在无意之中为民主效劳的，都为民主尽到了自己的力量。所有的人会合在一起，协同行动，归于一途。有的人不知不觉，有的人身不由己，全部成为了上帝手中的驯服工具。

因此，身份平等的逐渐发展，是势所必至，天意使然的。这种发展是普遍和持久的，它时刻都能摆脱人力的阻碍，所有的事和所有的人都在促使它前进，这也是它具有的主要特征。

认为一代人的努力可以阻止一个源远流长的社会运动，这是非常愚蠢的！认为已经推翻封建制度和打倒国王的民主会在资产者和有钱人面前退缩，这简直就是异想天开！在今天，民主已经成长得如此强大，而其敌对者已经变得如此软弱，民主怎么能止步不前呢?

那么，我们现在正往哪里走呢？这个问题谁也回答不了，因为它已经不能用对比的办法来回答了。也就是说，今天在基督徒之间，身份平等已经扩大到以往任何时候和世界上任何地区都未曾达到的地步，所以在已经完成的巨大工作面前，我们无法预见还有什么工作可做。

大家即将阅读的本书的正文内容，通篇都是在一种唯恐上帝惩罚的心情下写成的。作者之所以有这种心情，是因为看到这场已经冲破一切障碍的不可抗拒的革命进行了许多世纪，而且今天还在它造成的废墟上前进着。

上帝什么都不必说，我们就能看到他的意志的某些征兆。我们只要观察一下自然界的年复一年的正常运行和事件的持续发展趋势，就可以知道了。所以我没有听到创世主的启示，就知道天上的星辰是沿着它的手指画出的轨道运行的。

如果说通过长期的观察和认真的思考，说我们今天的人知道平等的逐渐向前发展不仅是人类历史的过去，也是人类历史的未来，那么，单是这一发现本身就会赋予这一发展以至高无上的上帝的神启性质。所以，企图阻止民主就是抗拒上帝的意志，各个民族能做的只有顺应上苍给他们安排的社会情况。

在我看来，在我们这一代信奉基督教的国家出现了可怕的局面。席卷它们的革命运动已经强大得无法遏止，但它的速度却还是可以加以引导的。也就是说，这些国家的命运还掌握在它们自己的手里，但是很快也会失去控制。

在我们这个时代，领导社会的人肩负的首要任务是：对民主加以引导；尽可能地重新唤起民主的宗教信仰；洁化民主的风尚；规范民主的行动；逐步将民情的经验用治世的科学取代，将民主盲目的本能用对其真正利益的认识取代，使民主的政策与时间和地点相适合，并且根据环境和人事修正这些政策。

一个全新的社会，需要有一门全新的政治科学。

然而，我们却很少这样想过。我们被投于一条大江的急流中，冒出头来望着岸上依稀可见的断壁残垣，本想看得仔细些，但惊涛又把我们卷了进去，推回深渊。

我方才叙述的这伟大的社会革命，在欧洲任何国家的发展都不如在法国发展得这样迅猛激进。只是这个革命在法国通常都是随意进行的。

国家的首领从来没有想过要为革命做些什么准备工作，革命通常是在违反他们的意愿或者在他们毫无察觉的时候进行的。国内最有势力、最有道德和最有知识的阶级，压根儿没去寻求驾驭革命的方法，以便来对它进行领导。因而，任凭民主被其狂野的本能所支配，使民主就像失去父母照顾，于街头流浪，只知社会的丑恶面，靠自己成长起来的孩子那样，独自壮大起来。在它突然掌权之前，人们好像还不知道它的存在。但是在它掌权之后，人们对它的哪怕是极其微小的一点要求都会百依百顺，唯命是从，把它崇拜为力量的象征。但到后来，当它因为自己的举止过分而被削弱时，立法者就会设计出鲁莽的法案去消灭它，却不会想办法去纠正和引导它；立法者挖空心思要把它挤出政府，根本不愿意让它学会治国的方法。

结果，虽然在社会的实体内发生了民主革命，但是为使这场革命变得有益而不可缺少的变化却没有在法律、民情、思想以及道德方面发生。因此，虽然我们有了民主，却缺乏可以减轻它的弊端和发扬它的原有长处的东西；我们只看到了它带来的害处，却没有得到它可能提供给我们的好处。

在贵族阶级的支持下，王权平安无事地统治着欧洲各国，那时，虽然人们处于不幸之中，但他们还享受着一些我们这一代人难以理解和想象的幸福。

某些臣下拥有的权力，为皇亲国戚施行暴政设置了难以逾越的障碍，而在国王方面，由于他认为自己在民众面前俨然如神一般，所以在他受到被视为神的尊敬后，决不愿意滥用自己的权力。

那些居于人民之上的贵族对待人民的方式，就像牧人对待自己的牲口一样，只有同情而关心不足。在他们看来，穷人与他们并不平等，他们关心穷人的遭遇，就等于在关心自己去完成上帝托付给他们的任务罢了。

人民从来没有奢想过享有非分的社会地位，自然，更没有想过自己有一天能与首领处于平等的地位，他们觉得自己是在享受首领的恩惠，根本没想争取自己的权利。当首领是宽宏公正的人时，他们爱首领，并且对服从首领的严厉统治毫无怨言，从不感到卑下，就好像他们的行为是在接受上帝所给予的不可抗拒的惩罚。此外，习惯和民情也为暴政设置了界限，为暴力的行使定出了某种约束。

由于贵族认为自己的特权是合法的，根本没有想过有人会剥夺他们的特权。而另一方面，奴隶又认为他们卑下的地位是不可更改的自然秩序使然，所以，人们以为可以在命运如此悬殊的这两个阶级之间建立起某种相互照顾的关系。因此，当时社会上虽也有苦难和不平等，然而彼时双方的心灵都不曾堕落。

人们变坏的原因，绝不会是因为执政者行使权力或是被统治者习惯于服从，而是因为前者行使了被认为是非法的暴力，而后者服从了他们认为是侵夺和压迫的强权。

一方面，一些人集权势、财产、悠闲于一身，从而能够生活奢华，寻欢作乐，讲究文雅，欣赏艺术；而另一方面，一些人终生劳动，却始终粗野、无知。

但是，即便在这群粗野无知的民众中，也同样会有强烈的激情、虔诚的信仰、高尚的情操和质朴的德行的存在。

这样组织起来的社会，或许会有其强大性和稳定性，尤其可能会有其光荣之处。

但是，就是在这里，各阶层开始混合了起来，使原本人们互相隔开的一些屏障接连倒毁，财产也逐渐分散，并开始为多数人所享有。同样，权力也逐渐为多数人所分享，教育日益普及，智力日趋相等，社会日益民主。最后，民主终于和平地控制了社会法制和民情。

于是，我想象出了一个社会，在那里，人人都把法律视为自己的创造，爱护它，并毫无怨言地遵守它；人们尊重政府的权威不是因为它神圣，而是因为必要；对国家首长，他们的爱戴虽然不够热烈，但绝对是出于有理有节的真实感情。由于人人都有权利，并且能够得到保障，所以人们之间便会建立起一种坚定的信赖关系和一种不卑不亢的相互尊重关系。

在人们了解了自己的真正利益后，自然就会理解：想要享受社会公益，就必须尽自己的义务。这样，贵族的个人权威将会被公民的自由联合所取代，国家也可以避免暴政和专横的出现。

在我看来，按照这样的方式建立的国家，社会不仅不会停滞不前，而且社会本身的运转也可能按部就班，循序渐进。即使民主社会可能会不如贵族社会那样富丽堂皇，但是苦难不会太多。在民主社会，享乐将成为一件不过分的事儿，而福利也会在社会上大为普及；科学将不会处在特别突出的位置，而无知也会大为减少；情感也不会过于执拗，而行为将更加稳健。虽然不良行为仍然不能消除，但是犯罪行为必定会大为减少。

即便没有狂热的激情和虔诚的信仰，有时候，教育和经验也会让公民英勇献身或是付出巨大的牺牲。由于每个人都是同样的弱小，所以每个人都会感到自己的需要是与其他人相同的，而也由于他们知道只有帮助同胞才能够得到同胞的支援，所以他们也会很容易地发现自己的个人利益与社会的公益是一致的。

整体而言，国家将不会那么荣耀和光辉，而且可能不那么强大，但大多数公民将会得到更大的幸福，而且人民也不会再闹事。这并不是因为他们不希望变得更好，而只是因为他们觉得自己已经过得挺好了。

在这样的秩序下，虽然并不是所有的事物都会尽善尽美，但至少社会已具备让事物变得善美的所有条件，而且一旦人们永远拒绝接受贵族制度可能提供的社会公益，那就将在民主制度下享受这一制度可能提供的一切好处。

但是，在我们果断摆脱祖传的社会情况，并且什么也不顾地把祖先的观念、制度甚至民情全部放弃后，要用什么来取代它们呢?

王权的权威消失了，而法律的尊严却并未取而代之。在我们这个时代，人民蔑视权威的同时又惧怕它，并且这种惧怕给他们造成的损失大大超过了原先尊崇和敬重权威时给他们带来的损失。

我认为我们破坏了原来可以独自抗拒暴政的个人的存在。但是，我又看到政府独自继承了从团体、家庭以及个人手中夺来的所有特权。这样，那些由少数几个公民掌握的权力，虽说偶尔是压迫性的，且往往是保守性的，却不可避免地使全体公民成了弱者而不得不屈服。

财产的过小分割，减小了贫富之间的差距，但是，随着贫富差距的减小，贫富双方却仿佛发现了彼此仇视的新依据。他们互相投以嫉妒和恐惧的目光，想着如何把对方拉下权力的宝座。可是无论是穷人还是富人，都没有权利观念，都认为权势是现在的唯一信托，未来的无二保障。

穷人保存了祖辈的大部分偏见，而祖辈的信仰却没有留下；他们保存了祖辈的无知，却没有留下祖辈的德行；他们以获利主义为行为的准则，却不了解有关这一主义的科学，同他们之前的献身精神一样，他们现在的利己主义也是出于愚昧。

社会之所以安宁无事，不是因为它觉得自己繁荣强大，而是因为它承认了自己的衰落和虚弱，害怕自己禁不起折腾而一命呜呼。因而，人人都看到了恶，但谁都认为没有必要的勇气和毅力去为善。人们有过希望，发过牢骚，感到过悲伤，也表示过高兴，但都如老年人虚弱无力的冲动一样，没有得到任何显著而持久的满意结果。

这样，在我们放弃昔日体制所能提供的美好东西的同时，却并未获得现实的体制可能给予的有益东西。虽然我们破坏了贵族社会，但当我们在恋恋不舍地环顾旧建筑的断壁残垣时，又仿佛自己愿意永远留在那里。

而在知识界呈现的状况，其可叹之处同样不亚于此。

虽然在前进当中备受阻挠，但仍然敢于无法无天，纵情发展的法国民主，横扫了前进途中遇到的一切障碍，凡是能打倒的全部打倒，不能打倒的则将其动摇。它不是一步一步地占领社会，不是以和平方式建立其在整个社会中的统治，而是不断在混乱和战斗的喧嚣中前进。凡是被斗争热情激发，在反对敌对者的观点和暴行的时候让自己的观点超过了其自然极限的人，都会忘记自己追求的目标，而发表不甚符合自己真实感情和笃厚天性的言论。

于是，我们本不愿意见到的异常大乱就随之出现了。

我一再回忆，却终未发现以往有什么事情比我们目前的情景更值得可悲和可怜的。在我们这一代，把人的见解和趣味、行动和信仰之间联系起来的天然纽带仿佛已被撕断，而在任何时代都能够见到人的感情和思想之间的和谐也似乎正在瓦解，可以说，关于道德的规范全都成了废物。

在我们中间，仍可以见到凭借相信有来世的宗教精神来指导生活的虔诚基督徒。这些人正在奋起，为人类的自由，也就是为一切高尚行为的基础而献身。宣称在上帝面前人人一律平等的基督教，是不会反对在法律面前全体公民一律平等的。然而，在异常事件并发的局势下，宗教却倒向了民主所要极力推翻的势力的阵营，并一再压制它所主张的平等，甚至咒骂自由是敌人。而实际上，假如它与自由携起手来，是可以让自由变得神圣不可侵犯的。

我发现，在这些信教者的周围有一些人，与其说他们是指望天堂，不如说他们是面对现世，其拥护自由，并不仅仅因为自由是一切品德的基础，而且因为他们把自由视为一切最大福利的源泉。他们真心诚意地希望自由获得权威，希望人们能够受到自由的恩泽。而且我也明白这些人之所以急于向宗教求助，是因为他们知道：没有民情的权威是不可能建立起自由的权威的，而没有信仰自然也就不可能养成民情。他们看到宗教投到敌对者的阵营之后，就止步不前了。于是，一些人开始攻击宗教，而另一些人则不敢再拥护它了。

过去的几个世纪，一些身居低位或者出卖自己的人颂扬奴性，而一些独立思考、品质高洁之士则始终为拯救人类自由而坚持进行没有胜利希望的斗争。但是在我们这一代，却经常看见一些出身高贵且道貌岸然的人，他们经常持有与其高雅身份完全不符的见解，对卑躬屈膝的行为竟然夸赞有加。与此相反，另一些人则是把自由说得天花乱坠，仿佛他们已经体验到了自由的神圣和伟大，并且大声疾呼，为人类求取他们从来不知其为何物的一些权利。

我承认有这么一些人，他们爱好和平，品德高尚，由于自身的稳健、正派、富裕和博识，会很自然地被周围人推为领袖，他们对祖国满怀真挚的爱，并时刻准备着为它作出巨大的牺牲。但是，后来，他们经常敌视文明，他们分不清文明带来的好处和弊端，在他们的头脑中，那些与恶有关的观念，始终和同新有联系的观念不可避免地纠缠在一起。

而在这些人附近，我发现还有另一种人，他们以进步的名义，竭力把人唯物化，并且拼命追求罔顾正义的利益、脱离信仰的知识以及毫无道德可言的幸福。他们自称是现代文明的卫士，甚至高傲地自任以现代文明的带头人，窃据落在他们手中的职位，而这些职位他们实际上是不配担当的。

那么，我们现在究竟处于一种什么样的状态呢？

信教者与自由搏斗，而自由的友人却在攻击宗教；高贵宽宏的人颂扬奴性，而卑躬屈膝的人却在大谈独立；诚实开明的公民反对进步，而无节操、不爱国的人却理所当然地以文明、开化的使徒自任！

以前的那些世纪难道都跟我们这个世纪一样吗？人们一直看到的难道就是我们今

天这样的世界吗？在我们今天这个世界，我们所看到的一切关系都是不正常的：有德者无才，有才者无名，将爱好秩序和忠于暴君混为一谈，将笃爱自由和蔑视法律视做一事，良心投射在人们行为上的光终究暗淡，一切事情，无论是真伪还是荣辱，似乎都无所谓可与不可了。

我可以把造物主造人理解成是为了让人一直在我们今天的这种知识贫困之中挣扎吗？显然不能！因为上帝给欧洲社会安排的是一个平静和安定的未来。我不是很清楚上帝的意图所在，但是我不能因为自己无法深知就怀疑它，我宁肯怀疑自己的智慧也不愿意怀疑上帝的公正。

我所说的这场伟大的社会革命，世界上有一个国家似乎差不多接近了它的自然极限。在那里，这场革命是以一种简易的方式实现的。甚至可以说，这个国家都没有发生我们进行的民主革命，就收到了这场革命的成果。

17世纪初在美洲定居下来的那些移民，从其在欧洲旧社会所反对的原则中析出民主的原则，并且把它移植到了新大陆的海岸上。在那里，民主原则得到了自由的成长，并且在同民情的并肩前进中，和平地发展成为了法律。

我毫不怀疑，我们迟早会像美国人那样，达到身份的几乎完全平等。但是我却不能由此断言，有朝一日，我们也可以根据同样的社会情况，得到美国人所取得的政治结果。而且我也决不认为，美国人所发现的统治形式是民主可以提供的唯一形式。但是，既然产生法制和民情的原因在两国相同，那么，弄清这个原因在各个国家产生的后果，便是我们最关注之所在。

因此，我考察美国，并不只是单纯出于满足自己好奇心的目的，尽管有时候好奇心也很重要。我希望的是借由美国的经验，找到我们可以借鉴的地方。要是谁认为我是想写一篇颂词，那将是大错特错，只要读完这本书，任何人都会完全相信我绝没有那种想法。夸奖美国全部的统治形式，自然不是我的全部目的，在我看来，任何法制几乎都不可能体现绝对的善，我甚至从来没奢想过评论这场我认为不可抗拒的社会革命究竟对人类是有利还是有害。我始终认为这场革命是已经完成或即将完成的事实，并想要从众多经历了这场革命的国家中找出一个让这场革命发生得最为和平和完满的国家，从而辨别出革命自然应当产生的结果。假如有可能，再探讨能够让革命有益于人类的方法。我坚信，我在美国看到的已经超过了美国自身特有的。而我所探讨的，不仅仅是民主本身的形象，而且还有它的特性、意向、偏见和激情。我想弄清楚民主的究竟，以便至少让我们知道应当希望它如何和害怕它什么。

所以，在本卷的第一部分，我试图说明民主在美国最后给法制指明了什么方向，在政府的工作上又留下了什么烙印，还有一般对国家事务施加了什么压力。要知道，在美国，民主按照自己的意向发展，几乎不受限制地全凭本能来行动。我设法探讨了它所产生的坏处和好处分别是什么。我研究了为了引导民主，美国人都使用了什么预防措施或遗漏了什么措施。我还设法考察了民主可以统治社会的原因。

本卷第二部分，以描述美国的身份平等和民主政府对市民社会、思想、习惯和民情所形成的影响为目的。只是，我现在对实施这个计划已开始不太热心了。在我完成我给自己规定的任务以前，我的工作会变得毫无意义。因为在不久以后，另一位作者将会向读者描述美国人性格的主要特点，且他会给一幅严酷的画敷上一层薄薄的微妙纱幕，以我无法驾驭的动人笔触道出事实的真相①。

我不知道我是否已经将我在美国的见闻很好地传达了出来，但是有一点我可以保证：我是真心希望能够做到这一点，并且绝没有硬要用事实迁就观点，而是将事实作为观点的依据。

凡可以借助文字资料来立论的地方，我都一一核对了原文，参考了最具名气和权威的著作②，材料来源在注释中都作出了说明，人人都可以核对。而且在涉及政治习惯、舆论以及民情考察方面的问题时，我也都向见闻广博的人请教过。假如事关紧要而又真相不明时，我更是汇总了几个人的证言之后才作结论，而不仅仅满足于一个人的证言。

对此，希望读者务必能够相信我的话。本来我可以经常引用那些知名的或至少够得上权威的人士的话来支持我的论点，但是我并没有这样做。一个外国人，在接待自己的主人的炉边，往往会听到一些重要的内情。而关于这些内情，可能主人都没有对他的亲朋好友透露过，为了某种原因而保持必要的沉默；但是他却不怕向外国人表白，因为外国人不久就会离开。每当听到这样的秘闻，我随即会记录下来，但我却永远不会把笔记本从卷柜里拿出来，我宁愿让自己的著作失去一些光彩，也不肯使自己的名字列入使好客的主人在客人回国后感到后悔和尴尬的旅游者的名单之中。

我知道，尽管我费尽了苦心，但是假如有人想要批判这本书，那仍然是件再容易不过的事儿。

我认为，仔细阅读过本书的读者，自然会发现全书有一个可以说把各个部分联系起来的中心思想。但是，我所需要讨论的对象之差异是很大的，所以想要用一个孤立的事实来反对我所引证的成组事实，或是用一个孤立的观点去反对我所采用的成组观点，那都是轻而易举的。因此，我希望读者能用指导我完成这本书的精神来阅读它，在通观全书后，再根据所得的总印象来评论，因为我本是根据大量的证据，而并非孤

---

①在本书的第一版发行期间，跟我一同前往美国旅行的古斯塔夫·德·博蒙先生正在写作一本题名为“玛丽或美国的蓄奴制”的小说，后来这部书出版了。博蒙先生的主要目的，是深入描述并使更多的人知道黑人在英裔美国人社会的处境。这本小说将会让人们对蓄奴制问题有一个真实而全新的认识，而这个问题正是已经建成的统一的共和国的生死攸关问题。我不确定我说的是否正确，但是我觉得博蒙先生的小说不仅会引起那些想从书中看到动人场面和感人情节的读者的强烈兴趣，更重要的是一定能首先从想要得到正确认识和深刻真理的读者中间获得更加巩固和持久的成功。

②承蒙有关方面惠赠立法还有行政方面的资料，我到现在仍然难忘对他们的好意表示感谢。在那些热情帮助我考察的美国官员中，首先应该提到的自然是爱德华·利文斯顿先生。当时他任美国国务卿，现在是美国驻巴黎特命全权大使。在我访问美国国会期间，利文斯顿先生向我惠赠了一些有关联邦政府的文件，其中的大部分至今我依然保存着。我在结识利文斯顿先生之前，便因读其书而尊敬他，对这次的知遇我深以为幸。

证来立论的。

不要忘记，作者都希望读者可以理解他不得不对自己的每一个观点作出理论上的总结的做法，尽管这些总结往往会大错特错并且失真。因为在行动上，虽然人们有时候需要偏离逻辑规律，但是在议论时却绝对不能这样。再者，人们要想在言语中前后不符，几乎和要想在行动上前后一致是一样困难的。

最后，我自行指出本书的一个主要缺点，这一特点可能也是许多读者认同的，即本书完全不是为了讨好某些人而写的。在写作本书时，我既没有想为任何政党服务，同样地，也没有想攻击它们。我并不想标新立异，只是想比那些政党看得更远一些——当那些政党还在为明天而忙碌时，我已然驰想于未来。

第1部分

lunmeiguodeminzhu

第一章　北美的外貌

北美分为一个伸向北极，一个延向赤道的两大地区——密西西比河大河谷——见于这个流域的地球变迁痕迹——建立起英国殖民地的大西洋沿岸——被发现时，南美和北美的不同外观——北美森林——大草原——到处漂泊的土著部落——这些部落的外表、语言和习俗——一个早已不存在的民族的遗迹

在外貌上，北美有一个一看就容易分辨出来的总特点。

陆地和水系，山岳和河谷，都布置得错落有致。在此种简单又壮观的安排中，不但有景物的杂陈，还有景色的多变。

两大地区基本上是各占北美的一半。

一个地区向北延伸到北极，东西都与大洋相临。它往南延伸，形成一个三角形。最后在加拿大五大湖区下方，三角形的两个不等边交合于底边。

第二个地区从第一个地区的终点开始，包括大陆的所有剩下的部分。

一个地区略微斜向北极，另一个地区则略微斜向赤道。

第一个地区的大地向北徐缓下降，斜度让人看不出来，基本上可以说是一片平原。既没有高山，也没有深谷存在于这片广袤的平地上。

这里的河流弯弯曲曲，好像愿意流到何处就流到何处。一些江河一会儿并行或汇合，接着分而又合，一会儿流到沼泽地带，消失在它们自身造成的水乡迷宫里，经过如此千回百转，最后才注入北极的各海。这第一个地区南端的各个大湖，跟旧大陆的大部分湖泊不同，四周没有群山峭壁，湖岸平坦，仅仅比水面高出几英尺。所以，每个湖就像装满水的大碗：假如地球的构造略微变动，湖水不是向北极一侧涌，就是流到热带的海洋中。

虽然第二个地区有些凹凸不平，但更适合于人们定居。两条大山脉在其中各据一方：一条山脉名叫阿勒格尼，它沿大西洋沿岸延伸；另一条（落基山脉）跟南海（太平洋）平行。

这两条山脉之间的空间，计有228843平方里约[①]。所以，它的面积差不多是法国的六倍[②]。

但是，一个大河谷却在这个广大的地域内形成，并且这个大河谷从阿勒格尼山脉的圆形峰顶迤逦而下，然后渐渐上升，一直爬上落基山脉的各个山巅。

一条巨川在大河谷的底部流着，从群山流下的各条河流从四面八方汇入其中。

从前，为了纪念远方的祖国，法国人曾经将这条巨川称做圣路易河；但是印第安人却用他们的夸张说法，将它称做"诸水之父"：密西西比河。

密西西比河从我在前面所讲的两大地区的交界处发源，源头离分隔这两大地区的高原的最高点不远。

另一条河[③]也在这最高点附近流出，它几经回转，最终流入北极的海洋。有一个时期，密西西比河本身的河道好像并不稳定。它曾多次改道，只是在从湖区和沼泽地带缓缓地流出以后才会稳定流向，最后缓缓地向南流去。

密西西比河时而在大自然给它挖出的黏土质河床中静静地流过，时而又因暴雨而变为洪流，流程1000多里约[④]。

在距河口近600里约处[⑤]，水深平均已达15英尺。载重300吨的船舶，能从河口上溯差不多200里约。

向它供水的大河有57条可通航。在密西西比河的支流里，据计算，有一条长1300里约[⑥]，一条长900里约[⑦]，一条长600里约[⑧]，一条长500里约[⑨]，四条长200里约[⑩]。至于由四面八方汇入其中的无数小河，就没必要提了。

密西西比河流经的河谷，好像是为它专门创造的。这条大河兼有为善的意志和作恶的意志。它在这方面俨然就是神。大自然在近河地方展出一片用之不竭的沃野；距河越远，草木也便越稀疏，土地也就越贫瘠，万物也就越羸弱衰败。任何一处巨大变化在地壳上留下的痕迹，都比不上密西西比河河谷在这里的清晰可辨。流域内的所有景象，都是水的作用的例证。丰收和歉收，全是水的创造。古代大洋的海水，在现在的谷底沉积了厚厚一层最适合植物生长的沃土，而且在水退时将它冲得平平坦坦。河的右岸是一

①1341649平方英里。见达比《美国视野》第449页，费城，1828年。（托克维尔引用的是沃登法译本）换算时按每里约等于2000图瓦兹。

②法国的面积为35181平方里约。

③鲁日河（红河）。

④2500英里，合1032里约。见沃登译《美国的性质》第1卷第166页。

⑤1364英里，合563里约。同上书第1卷第169页。

⑥指密苏里河，同上书第1卷第132页（1278里约）。

⑦指阿肯色河，同上书第1卷第188页（877里约）。

⑧指鲁日河，同上书第1卷第190页（598里约）。

⑨指俄亥俄河，同上书第1卷第192页（490里约）。

⑩指伊利诺伊河、圣弗朗西斯河、圣皮尔河、得梅因河。以上河流的长度，我是按标准英里和每里约等于2000图瓦兹折算的。

眼望不到边的平原，平坦得就像农民用磙子轧过似的。但是离山越近，土地也会变得越不平坦、贫瘠。这里可以说是千里峥嵘，到处可见古老的嶙峋岩石，就好比一架一架骷髅立在那里，时间早已把筋肉吃掉了。地表是一层沙子，由花岗岩风化而成，一些形状不规则的岩石镶嵌在上面。一些植物只有费尽力气排除掉这些障碍，才能够冒出它们的幼芽。有人说，这是一片满布一座巨大建筑物的残垣破壁的沃野。通过考察，很容易看出，这些岩石和沙子在成分上与落基山的嶙峋不毛山顶上的沙石完全一样。在谷底沉积出土地之后，毫无疑问地洪水又将一部分岩石从山上冲了下来。这些岩石从斜坡上滚动下来，你推我挤，相互冲撞，最终在它们原来所在的山巅的脚下停了下来。（A）

一言以蔽之，密西西比河大河谷是仅有上帝才可以给人们准备出来的最佳的住所。然而在目前，它还是一大片荒漠。

在阿勒格尼山的东侧，在这条山脉的山麓和大西洋之间，是一条由岩石和沙子构成的看来只在海水退泻时留下来的长冈。这个长条地带的平均宽度仅有48里约[①]，然而它的长度却达到了390里约[②]。美洲大陆这一地区的土地，给开垦者的劳动仅仅准备了困难。这里的草木种类单调，而且还不茂盛。

最先聚来了披荆斩棘的强人的正是这一条荒凉无人的海岸。日后诞生美利坚合众国的英国殖民地也恰恰是在这一条不毛的沙嘴地带成长和壮大起来的。现在，实力的中心依旧在这里。但是在它的西面，行将掌控这个大陆的伟大民族的积极力量，正在悄然地集聚。

当欧洲人最初登上安的列斯（西印度）群岛的海岸，并在不久之后又登上南美大陆的时候，他们觉得来到了诗人们吟诵的仙境。海面闪耀着只有热带才有的磷光，海水清澈得能让航海者看见海底[③]。小岛好像是一个个花篮漂在静静的海面，星罗棋布。在这迷人的地方，极目所看到的一切，好像都是为了满足人们的需要而准备的，或为了让人享受而特意安排的。大多数树木挂满了富含营养的果实；但是一些对人没多大用处的果实，则由于其色彩鲜艳缤纷而让人赏心悦目。一条条缀满鲜花的美洲野藤将由芬芳的柠檬树、野生的无花果树、圆叶的桃金娘树、夹竹桃树和带刺的金合欢树汇成的丛林里的所有的树木连接起来，一群群在欧洲不曾见过的飞禽则展开翅膀显示其深红色和天蓝色的华丽羽衣，并配以跟充满活力和生命的大自然和谐完美的鸣声大合唱。（B）

在这种辉煌的外表之下隐藏着死亡，然而人们当时并没有察觉，相反却沉湎在这种环境的气氛之中。我真不知道有什么消极影响，曾像这种环境这样让人仅顾眼前而

---

①100英里。

②约900英里。

③马尔梯・布伦在其《世界各洲地理概要》（1817年）第3卷（第5卷）第726页上说，安的列斯群岛的海水清澈得能看见水下60米的珊瑚和鱼类。船只犹如飘浮在空中一样。航海者通过透明的液体俯视海底公园，感觉有些眼花缭乱。在这个海底公园里，五光十色的贝类和鱼类在黑角藻簇和海带丛里闪闪发亮。

不管将来。

北美的情景与此不同。在北美，一切都是郑重的、严肃的和庄严的。仅仅可以说这里是为了让智力有用武之地而被创造的，但南美却是为了让感官有享娱之处而被创造的。

汹涌多雾的海洋冲刷着岸边，大自然用花岗岩的石块和沙粒为海岸系上了一条腰带。海岸的树木茂盛成荫，落叶松、红松、圣栎、桂树和野橄榄都长得极其粗壮。

横越这第一条腰带以后，就进入中央森林的绿荫了。在这里，产自东西两半球的巨大乔木并肩生长，法国梧桐、糖枫、梓树、弗吉尼亚白杨跟栎树、山毛榉、椴树枝叶交臂。

在这些森林里，也跟在由人工管理的森林里相同，死亡在不断地夺取生命，然而没有人去收拾被砍伐的迹地。所以，弃枝和残木日积月累，层层堆砌，致使没有时间让它们尽快腐烂而为新树的生长腾出地方。然而，繁殖的活动依旧在这些弃枝和残木的底部不断进行。蔓生植物和杂草终于克服所有的障碍，爬上倒木和枯树，从这些朽木身上附着的尘土中汲取养分，将覆盖着它们的干瘪树皮顶起并穿破，给自己的新芽开辟出一条道路。所以，可以说死亡在这里又帮助了生命。生与死对峙，两者好像有意混合，并把它们的成果予以交换。

这些森林的深处幽暗不明，人力还没有疏导的千百条小溪让森林里经常潮湿。某种鲜花、野果或飞禽在林荫里难得见到。

打破这里的大自然沉寂的唯一声响是一棵老朽树木的倒地声，一条河流的跌水声，野牛的叫声，还有风声。

森林在大河以东已经消失了一部分；在森林消失的地方，铺着漫无边际的大草地。到底是大自然在其千变万化的运动中不愿给这些沃野撒下树种，还是覆盖这片沃野的森林从前被人破坏了？这是一个不论是传说还是科学研究都没能回答的问题。

然而，这些无边无际的荒凉土地，并不是一直没有人烟。在森林的树荫下或者大草地的绿野上，曾经有一些居无定所的部落存在了许多个世纪。由圣劳伦斯河河口到密西西比河三角洲，由大西洋到南海（太平洋），分布其间的这些野人都有相似的地方，这是他们出于同源的充分证明。然而，他们又跟目前已知的一切人种有所不同①。他们既没有欧洲人那么白，又没有大部分亚洲人那么黄，也没有黑人那么黑。他们的皮肤微红，头发长而发亮，嘴唇十分薄，颧骨极高。美洲野蛮部落所使用的语言，虽然各部落之间在词汇方面有差别，却拥有相同的语法规则。这些语法规则，有很多地

---

①后来发现，北美的印第安人跟通古斯人、满洲人、蒙古人、塔塔尔人和亚洲其他游牧部族，在体形、习惯和语言上存在某些类似。亚洲的这些部族辗转到接近白令海峡的地方之后，在古代的某一个时期可能迁移到荒凉的美洲大陆来了。但是科学还没有达到弄清这一点的地步。关于这个问题，请参考：马尔梯·布伦著作第5卷；洪堡（亚历山大·冯·洪堡）的著作；费舍：《美洲大陆起源的推测》，（大概还有）费舍：《美洲大陆的起源》，彼得堡，1771年；阿戴尔：《美洲印第安人史》，伦敦，1775年。

方跟现在已知的规范人们语言结构的语法规则存在着差异。

似乎美洲土著的方言掺进了新的成分，这表明将新成分掺进去的人的智力是现代的印第安人是很难达到的。（C）

这些部族的社会情况在许多方面也跟旧大陆的不同。他们始终在自己的荒凉天地里自由繁殖，从来没有和比他们文化高的种族有过接触。所以，他们那里丝毫不像曾经一度文明之后又陷入野蛮状态的民族那样不分善恶和不明是非，更不像后者那样由于无知和败俗而腐化堕落。印第安人的一切都是自生自长的：他们的德行、恶行、偏见，全是他们本身的产物。他们是从天然的野生独立状态下成长起来的。

在文明开化的国家里，有些人粗野化的原因，不仅仅是因为他们自身贫困和无知，而且是因为他们天天跟文明人和富人接触。

他们的苦难菲薄生活，天天都在跟某些同胞的幸福和权势相比，同时将他们心里的怒火和恐惧激起；但是他们的自卑感跟依附感，既让他们发愤，又让他们屈辱。他们的这种内心状态，也通过他们的举止言行得以表现，因此他们都是既傲慢又卑鄙的。

这种情况确凿无疑，凭借观察很容易证明。相比其他任何地方，有些人在贵族制度的国家更加粗野；而相比乡间人，繁华城市里的人更粗野。

在有钱有势的人集中的地方，软弱和贫穷的人因为自己的地位卑下而受到压迫。因为找不到机会让自己重新获取平等，他们就完全处于绝望之中，而自甘对为人的尊严予以践踏。

这种身份悬殊造成的恶果，在野蛮人的社会绝对不会存在。虽然印第安人贫困和无知，但是大家都是自由和平等的。

当欧洲人最初来到北美的时候，那里的土著居民都不知道财富的价值，也不在意文明人利用财富获取的享受。然而，他们的举止一点也不粗野，反而习惯于谦让持重，展现出一种贵族式的彬彬有礼的风度。

在平时，印第安人温存而又好客，然而他们在战时表现出的残忍却又远远超出人们对人心凶狠的已知程度。为了救助一个夜里敲门求宿的生人，他们能够甘冒自己饿死的危险。但是，他们又可以亲手撕碎俘虏的还在颤动的四肢。古代的一些十分有名的共和国，从未显示出现时在新大陆的荒野森林里生活的人的那种最大的勇气、最高傲的精神和最坚定的自尊心[①]。欧洲人最初在北美登岸时，当地人并没有大惊小怪。欧洲人的出现既没有引起他们的嫉妒，也没有引起他们的恐惧。他们能跟自己的同

---

①从杰斐逊总统的著作《弗吉尼亚纪要》第148页我们可以看到："当易洛魁人遭到强大敌人进攻时，老人们耻于逃命或去保护自己的小家园，就如同古罗马人抵抗高卢人围攻罗马城时那样视死如归。"

接着，在第150页又写道："一个印第安人落到敌人的手里后求饶活命的例子，一个都没有。而且情况正好相反，被俘的人全部是百般侮辱和嘲弄胜利者，以请求迅速死于胜利者之手。"（这两段均见于1823年波士顿版第213页）

类——人，争吵打架吗？印第安人可以无所需求地生活，虽苦却无怨，载歌而死[①]。跟人类大家庭的其他全部成员一样，这些野蛮人也相信存在一个美好世界，并且用一些不同的名称来称呼创造宇宙的上帝并加以崇拜。对一些伟大的知性真理，他们的看法一般来说是简单的，却富于哲理。（D）

虽然在这里我们对其性格作了描述的这个民族十分原始，然而毋庸置疑，另一个在很多方面都比他们开化和进步的民族，曾在这个地区发达得远远超过他们。

一个模糊但在大西洋沿岸大部分印第安部落广泛流传的传说，告诉了我们，这个民族的一些部落原来住在密西西比河以西。在俄亥俄河两岸和整个中央盆地，还经常能够看到一些人造的土丘。挖到这些古冢的里面，能够见到人骨、奇形怪状的器皿、武器、金属制造的用具，或者现存的种族已经不了解用途的各种工具。

关于这个早已消失的民族的任何历史资料，现代的印第安人已经不能提供。300年前发现美洲时生活在那里的人，同样没有说过任何能够据以作出一个假说的故事。一些流传下来的传说，那些容易被破坏而又不断发现的遗迹，同样也没有提供任何线索。然而，我们的千千万万的同类，的确在那里生活过，这是毫无疑问的。那么，他们是什么时候到那里去的呢？他们的起源、命运和历史曾是如何的呢？他们是在什么时候、如何被消灭的呢？这些没有一个人可以说清。

真是怪事！一些生活得很好的民族，竟从地球上消失得无影无踪，致使他们的族名都从人们的记忆中抹去了，他们的语言都已失传，他们的荣誉也像没有回响的声音那样消失得彻彻底底。然而我认为，还有一样东西能够让人想起他们，那便是他们留下的能够纪念他们的过去的坟墓。所以，最能再现人生空虚和苦难的坟墓，才是人类劳作的最经久的纪念物！

虽然我们描述的这个广袤地区当时有许多的土著部族住在那里，但是依然可以有理由说，它被发现的时候依旧是一片荒凉。虽然印第安人占据了那里，但是并没有拥有它。人要凭借农业来占有土地，然而北美的先民却是以狩猎为生。他们根深蒂固的偏见，他们不能遏止的激情，他们的各种恶习，或许还有他们的野蛮人品德，都令他们走上了无法避免的毁灭道路。这些部族的灭亡，开始于欧洲人登上他们的海岸之日，然后又接着一直进行，现在正接近于告成。在把他们安置在新大陆的富饶土地上的时候，上帝似乎仅给了他们暂时的使用受益权。他们住在那里，好像是在等待别人的到来。那些非常适合经商和开工厂的海岸，那些深水河流，那个用之不竭的密西西比河大河谷，总而言之，整个这片大陆，当时好像是给一个伟大民族准备的空摇篮。

文明人就是在这里试着建立基础全新的社会，并且首次应用当时人们还不知道或者认为行不通的理论去让世界呈现出过去历史从来没有出现过的壮观。

---

①参见：勒帕杰·杜·普拉茨：《路易斯安那史》；夏尔瓦：《新法兰西的历史》；《美国哲学学会报告》第1卷所载的赫克韦尔德来信，杰斐逊：《弗吉尼亚纪要》第135～190页。杰斐逊的话非常有分量，原因是这位作家的人品高尚，地位与众不同，写作时恰逢美国处于积极上升的时期。

第二章　英裔美国人的来源及其对他们未来的重大影响

如果知晓了一个民族的来源，那么这个民族的社会情况和法律就好理解了——伟大的民族可以查得清渊源的，美洲是唯一的一个——当初移居英属美洲的所有人在哪些方面彼此相像——他们彼此的不同表现在哪些方面——对当初在新大陆海岸定居的所有欧洲人的评论——向弗吉尼亚殖民——向新英格兰殖民——第一批新英格兰居民在祖国时的性格——他们到达新英格兰——他们的第一批法律——社会契约——借用摩西立法的刑法典——宗教热情——共和精神——宗教精神与自由精神的严密一致

一个人生到世上来，在欢乐和玩耍中默默地度过了他的童年，之后，他慢慢地长大，开始步入成年，最后，才敞开世界的大门，让他进来与成年人交往。到这个时候，他才第一次被人注意和研究，人们都仔细地观察他，看他在成年时才冒出的恶习和德行的萌芽。

假如我没有弄错的话，我觉得这个看法是个很大的错误。

应该追溯他的以往，应该考察他在母亲怀抱中的婴儿时期，应该观察外界投在他还不明亮的心智镜子上的初影，应该对他最初看到的事物进行考虑，应该听一听唤醒他启动沉睡的思维能力的最初话语，最后，还应该看一看他最初是如何顽强奋斗的。只有这样，才能理解控制了他一生的习惯、偏见和激情是从何而来的。可以说，人的一切开始于他躺在摇篮的襁褓之时。

一个民族，也类似于此。每个民族都留下了他们起源的痕迹。在兴起的时期，他们所处的有助于他们发展的环境，对他们以后的一切都会有所影响。

如果我们把社会成员的来历都查得一清二楚，对他们历史的最初遗存进行考察，那么，我可以肯定，我们一定会从中发现他们的习惯、偏见和主要情感，甚至是最终构成所谓民族性的一切主要原因。这使我们能够从中找到对早先约定俗成而今似乎与流行风尚相抵触的惯例的解释，能找到貌似与公认的原则相对立的法律的解释，能找到对社会上一些随处可见的不连贯的见解的解释。这些见解就好像是当初勉强吊在旧

建筑物穹窿下的破链子，由于它什么都禁不住，所以断成了好几段，连不起来了。这样就可以解释，为何一些民族会被一种似乎不可知的力量推向他们本身也未曾预料到的结局。但是，对事物的这种研究至今一直都很缺乏。当一个民族衰老了，人们才以分析的眼光去研究这个民族；终于有一天，这个民族想到了要回顾它的摇篮时期，而摇篮时期却已经被时间蒙上了一层乌云，而一些离奇的故事又被无知和傲慢用来将它包围了起来，让人看不到它的真面目。

在世界各国中，美国的社会自然而顺利成长的过程，是唯一可以使人看清的。在这里，同样可以清楚地看到各州的起源对各州未来的影响。

当欧洲的各族人民登上新大陆时，他们的民族性的特点就已经完全定型了，其中每个民族有每个民族的面貌；而且他们的文明程度之高已经使他们能够研究自己了，所以给我们留下了关于他们的观点和法律的真实记录。我们对15世纪的人的了解程度，几乎与我们对同时代人的了解程度一样，都很清楚。早先时代的无知和愚昧为我们制造了假象，由此美国让这种假象天下大白。

美国社会的建成时间不是很长，这使我们对它的各项因素可以进行更详细的了解，只是如果想要达到能够判断这些因素的发展结果还需很长时间，但我们这一代人似乎命中注定要比前人更能看清人世间的风雨沧桑。上帝给了我们一支火炬，而这支火炬是我们的祖先不曾具有的，我们用它把我们的智慧照亮，我们的祖先因为愚昧，没能看到决定各族人民命运的基本原因，而我们有了这支火炬便能知晓这一切。

仔细研究完了美国的历史，再深入考察一下它的政治和社会情况，就可以相信：在美国，任何一种习惯，任何一种见解，任何一项法律，甚至我敢说任何一个事件，都能很容易地从这个国家的起源中找到解释。所以，对本书接下来所要叙述的一切，读者可以从本章中看到萌芽，也能找到可以几乎开启全书的钥匙。

在不同时期迁居到美国境内的移民，彼此之间在许多方面都有不同；他们的目的各不相同，并且在管理自己的原则上也各有各的特点。

但是，在这些人之间却存在着一些共性，他们发现彼此都有类似的遭遇。

语言的纽带，或许是能够将人们联合起来的最有力和最持久的纽带。当时，所有的移民都说着同一种语言，都是同一民族的儿女。他们出生的国家许多世纪以来一直鼓动教派斗争。在这个国家里，各个教派不得已轮番让自己处在法律的保护之下，在这种激烈的宗派斗争中，它们的教徒接受了政治教育，和当时的大部分欧洲人相比，他们更熟悉权利观念和真正自由的原则。在移民初期，自由制度的茁壮萌芽，即地方自治已经在英国人的习惯中深深地扎下了根，而随着地方自治，人民主权原则的学说也被带进了都铎王朝的核心。

当时，正在进行宗教纷争，这些纷争让基督教世界动荡不安。英国也近于疯狂地参加了这一新的角逐。本来英国居民的性格应该是谨慎持重的，但是现在也变得严厉和爱好争论了。在这一智力竞赛中，人们的头脑得到了深刻的锻炼，知识也大大地增加了。他们的民情在争论宗教问题的时候变得更加好了。在前往大西洋彼岸寻求新的未来的英国儿女的身上也或多或少地反映了英国民族的这一切一般特点。

另外，这一个特点我们以后还有机会再来叙述，它不仅适用于英国人，也同样适用于法国人、西班牙人和接连前往新大陆定居的所有欧洲人。欧洲人新建的一切殖民地，可以说是保存了这个萌芽，甚至可以说是完全发展了民主的萌芽。造成这个结果的原因有两个：可以说当移民离开祖国的时候，一般都没有谁比谁优越的想法，认为幸福的人和有权有势的人都不会去流亡，而贫穷和灾难是平等的最好保障；但是，也有一些富人和大领主由于政治或宗教纷争而被赶到美洲，他们在那里制定了一些带有等级色彩的法律，而人们却不久就发现美洲的土壤是不适合领主贵族制度生长的。人们认为，这块土地不易开发，为了开发它，只能依靠土地所有者本人的不断努力和经常的关心。虽然有了土地，但是土地的产量并不多，并不能让地主和农民同时致富。所以，自然就将土地划分成许多的小块，由所有者自己耕种。但是，贵族制度的基础是土地，只有依靠土地，贵族才能够生存。而这里没有贵族赖以生存的特权，也没有贵族赖以继续存在的身份制度。土地一旦依靠继承制度相传，那么就会出现贵族。一个民族可能有许多的富人和穷人，但是如果这些富人并不是土地造成的，那么只能是这个民族内部出现了贫富不均，而且严格来说，它没有贵族阶级。

所以，英国所有的殖民地，在建立初期，就都像处于一个大家族中一样。从它们坚持的原则来看，它们好像都是命中注定要去发展自由，但这种自由不是它们祖国的贵族阶级的自由，而是平民的（Bourgeoise）和民主的自由，世界历史上从未提供过这种自由的完整样板。

但在这样的清一色中，也存在着一些细微的差别，必须对这些差别加以说明。

我们可以把英裔美国人这个大家族划分成两大支：一支在南，一支在北，并且到今天它们依旧是各自发展，没有完全混合在一起。

弗吉尼亚接纳了第一个英国殖民地。1607年，移民到达这里。在这个时期，欧洲还沉迷于认为开采金银能让国家致富的思想。这是一个致命的错误思想，欧洲各国一直都醉心于此，它给这些国家造成的贫困，比战争和全部坏法律加在一起所带来的贫困更加严重；而在美国，它夺去了很多人的生命，比这两者加在一起所致死的人命还要多。一些寻找黄金的人，都被送到了弗吉尼亚[①]。这些人无才无德，他们的性格暴躁，并且喜欢闹事，给初建的殖民地造成了混乱[②]，并让殖民地的发展忽快忽慢。之

---

①1609年，英王在其颁布的特许状里又加进了移民要向国王交纳所采金银的五分之一的条款。参看马歇尔：《华盛顿生平》（第1卷第18～66页）。（托克维尔引用的是1807年巴黎法文版）

②威·斯蒂思：《弗吉尼亚史》中说，大部分新移民都是青年，他们的品行大都是来自有劣迹的家庭；他们的父母为了让孩子免受牵连，便把他们送上开往新大陆的船只。其余的移民，则是家里的老年人、走私行骗的破产者、一些整天花天酒地的无业游民，以及诸如此类的人。从他们的本质来说，这些人不善于建立家业，而是善于掠夺和破坏。一些扰乱治安的头目，很容易唆使他们去干各种作奸犯科的勾当。关于弗吉尼亚的历史，可读下列著作：斯密斯：《1624年定居以来弗吉尼亚史》；威廉·斯蒂思《弗吉尼亚史》；贝弗利：《弗吉尼亚最初发现与定居史》，此书于1807年被译成法文出版。

后，才有工农业者到来。虽然他们比较讲究道德，有温和的性情，但是和英国的下等阶级相比，在任何方面都不高①。他们既没有高尚的观点，也没有深思熟虑的设想来指导新制度的建立。当殖民地刚刚建立起来时，又引进了蓄奴制②，而这一事件后来对整个南方的性格、法律和未来都产生了巨大的影响。

正如我们以后要指出的，蓄奴制是对劳动的玷辱；它给社会带来了好逸恶劳的恶习，而无知、浮夸、高傲和奢侈也随之而来。它让人思想颓靡，行动懒散。蓄奴制的影响和英国人的性格，可以为南方的民情和社会情况的由来作出解释。

同是来自英国，北方的情况就完全不同。请允许我在此对它略作详细的说明。

今天的美国社会学说的基础的几个主要思想，正是在北方的几个英国殖民地，即人们通称为新英格兰的诸州③产生的。

这些新英格兰的主要思想，首先传到了相邻的各州，然后又扩散到比较远的各州，最后可以说整个联邦都弥漫着这种思想。现在，它们的影响已经跨出了国界，遍布美洲世界。新英格兰的文明，就像一场燃烧在高地的大火，它不仅将周围地区都烤暖了，还用它的光辉照亮了遥远的天边。

新英格兰的建立，呈现出一片崭新的景象。这里发生的一切，都是独一无二的。

几乎所有的殖民地的最初居民，都是没有受过教育，没有家业，由于贫困和行为不轨被赶出自己的故乡的人，要不就是一些贪婪的投机家和包工的把头。有些殖民地的居民甚至连这样的出身都没有。例如，圣多明各就是由海盗们建立的。而在我们当今的时代，英国的刑事法庭不也在为澳大利亚提供人口吗?

落户在新英格兰海岸的移民，当初在祖国的时候都是一些无拘无束的人。当他们在美洲的土地上联合起来以后，社会马上就呈现出一种独特的景象。在这个社会里，既没有大领主，也没有属民；而且还可以说，既没有富人，也没有穷人。按百分比来说，他们的文明程度高的人甚至多于我们今天欧洲的任何国家。他们当中所有的人，或许没有一个例外，都受过非常良好的教育，而且有很多人还由于博学多才而在欧洲闻名。其余的殖民地，是由未携家眷的冒险家们建立的；而定居在新英格兰的移民，是同妻子儿女一起来到这荒凉土地上的，并且带着良好的秩序和道德因素。但是，他们与其他所有移民特别不同的是，他们都带着创业的目的。他们是自愿放弃了在祖国的值得留恋的社会地位和尚可温饱的生计，而并不是迫不得已才离开故土的。他们绝对不是为了改善境遇或发财而远渡重洋来到新大陆的，而是出于满足纯正的求知需要才离开了舒适的家园；他们是为了使一种理想获致胜利，宁愿去经历流亡生活的种种

①只是在很久之后，才会有一些有钱的英国人来殖民地定居。

②蓄奴制是1620年由一只荷兰船引进的。这只船运来20名黑人到詹姆斯河岸。参看查默斯的著作。（大概指乔治·查默斯：《对于美国独立以来发生的若干事件的看法》，伦敦，1785年，或其《殖民地起义史导论》，伦敦，1782年。）

③新英格兰诸州位于赫德森河东面，包括今天的康涅狄格州、马萨诸塞州、罗得岛州、佛蒙特州、新罕布什尔州、缅因州。

苦难。

这些移民喜欢称呼自己为朝圣者，他们信奉清教，清教是英国的一个由于教义严格而得名的教派。清教的教义不仅仅是一种宗教学说，而且还在许多方面都夹杂着极为绝对的民主和共和理论。所以，它为自己树立了一些非常危险的敌人。在祖国受到政府的迫害时，清教徒觉得自己所在的社会的日常生活损害了清教的教义的严格性，所以他们离开了故乡，去寻找世界上人迹罕见的一片不毛之地，期盼在那里能按照原来的方式生活，并自由去崇拜上帝。

为了更加清楚地说明这些虔诚的冒险家的精神，特摘几段引文。

研究新英格兰早期历史的纳撒尼尔·莫尔顿开门见山地说①："我们的祖辈在建立这块殖民地的时候，蒙受了上帝多方面的、仁慈的关怀，将这些用文字记载下来，让后代永远铭记上帝的仁慈，我一直都认为，这是我们神圣的职责。凡是我们所见到的，或从祖辈那里听到的，都应该告诉我们的子女，以使我们的后代懂得赞颂上帝，使上帝的仆人亚伯拉罕的后裔和上帝的选民雅各的子孙都永远记住上帝的神奇的作为（《诗篇》第105篇第5、6节）。要让他们知道上帝是怎样把葡萄带到荒野的，是如何栽上葡萄而把异教徒撵走的，是如何整理出种植葡萄的用地，而把秧苗的根深深植入土地里，以及后来又是怎么样让葡萄爬蔓而布满大地的（《诗篇》第80篇第13、15节）。不仅如此，还要让他们知道上帝是怎样引导他的子民走向他的圣所，而定居在他遗赐的山间（《出埃及记》第15章第13节）。一定要让他们知道这些事实，以使上帝得到他应得的荣誉，上帝的荣光也能被及作为工具为他服务的圣徒们的可敬名字。"

这段开场白读完后，留给读者的是一种宗教的庄严印象，好像从中可以看到一种古风，闻到一种《圣经》的芳香。

有一种信念鼓舞着这位作者，加强了他的语言的分量。现在，在读者的眼里，就像在作者的眼里一样，这些人都是上帝撒在一片预定的大地上的建立伟大民族的种子，而不是漂洋过海去撞大运的一小撮冒险家。

接着，作者又用这样的方式描述了最初几批移民去国离乡的情景②：

"于是，他们离开了这座自己休养生息的城市（德尔夫特-哈勒夫特），但是他们是自愿的，因为他们知道自己一生都是异乡人和朝圣者。他们对世间的东西都不留恋，而是抬头仰望上苍，认为那里才是他们亲爱的故乡，上帝已经在那里为他们准备了神圣的城市。他们终于到了停着船只的港口。一大群不能与他们同行的亲友，也不由自主地陪他们来到了这里。大家一夜都没有睡觉，在倾吐友情，诚恳交心，表达基督徒的真正的慈爱的谈话中度过一夜。第二天，他们上船了，但他们的亲友们仍然想

---

①《新英格兰回忆录》，波士顿，1826年，另参见哈钦森：《马萨诸塞殖民地史》，波士顿，第2卷，第440页。（页码有误）

②《新英格兰回忆录》第22页。

在船上陪他们一会儿。此时，大家深深地叹息，双眼泪如雨下，拥抱许久，虔诚地祈祷，陌生人都被这个场景所感动。开船的信号发出来了，他们都跪下，他们的牧师眼泪汪汪，仰望着天空，向上帝祈求赐福给他们。最后，他们相互道别，而对他们大多数人来说这次离别将是一个永别。”

这批移民大约有150人，其中还有一些妇女和儿童。在赫德森河岸建设一个殖民地是他们的目的。但是，他们在大西洋中漂泊了很长时间以后，却被迫在今天建立起普利茅斯镇的地方登陆了，当时这个地方是新英格兰的不毛海岸。今天依然能看到朝圣者们上岸时登上的那块巨石[①]。

我刚才提到的这位历史学家说：“在展开长篇叙述之前，我们要稍微描述一下这群苦命人上岸后的情景，以此赞美上帝拯救他们的恩德。

“现在他们已经穿过了宽阔的大西洋，到了他们此行的目的地。但是他们没有亲友的迎接，也没有栖身的房屋。当时正值隆冬，了解我们这里气候的人都会知道，这里的冬天是凛冽的，常有狂风来袭。在这样的季节，去熟悉的地方旅行都很不容易，更不用说在一无所知的海岸上落户了。他们的周围尽是野兽和野人，满目凄凉，一片荒芜。他们不知道这些野人的凶狠程度，也不知道他们有多少人。封冻的大地上布满了树林和灌木丛。满目都是未开发的野蛮景象。他们回头望去，只有把他们与文明世界隔开的那片大西洋。他们仰首求天，只为能够得到一点慰藉和希望。”[②]（后一段是对莫尔顿原文的释义）

不要以为清教徒只是嘴上虔诚，也不要以为他们不谙世事。正像我在上面所说的，清教的教义既是宗教学说，又是政治理论。所以，移民们登上纳撒尼尔·莫尔顿描述的不毛海岸后所关心的第一件事，就是建立自己的社会。他们立即通过了一项公约，内称[③]：

“我们，下面的签名人，为了给上帝增加荣光，把基督教的信仰和我们祖国的荣誉发扬光大，特地着手在这片新开拓的海岸上建立第一个殖民地。我们谨在上帝的面前，面对在场的所有妇女，通过彼此庄严表示的同意，现约定将我们全体组成政治社会以管理我们自己，致力于实现我们的目的。根据这项契约我们将颁布法律、法令和命令，如果需要的话会任命一些我们应当服从的行政官员。”（参见《新英格兰回忆录》第37页及以下几页）

---

①这块巨石现已经成为合众国的崇拜物。我看到过这巨石的碎块被美国的一些城镇精心地保存着。这难道不正是人的力量和伟大完全存在于他们的心灵之中的最好证明吗？这块石头曾被一些苦命的人的双脚踏过片刻，它应当名垂不朽，它在吸引一个伟大民族留念。人们敬仰它的碎块，从它身上敲下的一些小块在离它遥远的地方保留着。有多少高楼大厦用这些小块做了基石？谁不对它们表示崇敬呢？

②《新英格兰回忆录》第35页（及以下几页）。

③建立罗得岛州的移民在1638年，创业于纽黑文的移民在1637年，康涅狄格的首批居民在1639年，普罗维登斯的创立者们在1640年，先后以书面形式订立社会契约，并且经全体当事人一致通过。参见皮特金著作第42页和第47页。（指皮特金：《美国政治和社会史》，共2卷，1828年，纽黑文）

这件事发生在1620年。从此以后，移民工作一直都在继续。查理一世在位期间，震荡不列颠帝国的宗教和政治激情，每年都会把一批批各派教徒赶到美洲海岸去。在英国，清教徒的主力一直都是中产阶级，而移民中的大部分人也是来自这个阶级的。新英格兰的人口在迅速增加，而当等级制度仍在祖国强行地将人民划分为不同的价级的时候，在殖民地，却出现了社会各部分日益均质化的新景象。这种民主在古代是不敢梦想的，但是现在，它已经从古老的封建社会之中无比强大地并且全副武装地冲了出来。

英国政府对这种移民很满意，因此他们不难看出，这样的大批移民可以带走骚乱的种子和新生的革命分子。它全力推动这种移民，但是对那些为逃脱本国严酷刑法而来到美洲的土地上寻找避难所的人，它则觉得不必关心。可以说，新英格兰是让人们去实现他们的梦想的地区，也是革新者的试验田。

英国的殖民地是促成英国繁荣的主要因素之一，与其他国家的殖民地相比，这里享有更多的内政自由和更大的政治独立。但是，这项自由原则在新英格兰各州实施得比在其他任何地方都完整。

当时，一般人都认为，新大陆各处的土地，哪个欧洲国家首先发现，就属于哪个国家。

到16世纪末，北美几乎所有的海岸地带，就这样成为了英国的领土。不列颠政府在这些新领地上采用的统治方式是因地制宜的。有时，国王会把新大陆的一部分交给他任命的一名总督，授权他在自己的直接命令下治理这块地方①。这样的殖民制度也被欧洲的其他国家所采用。有时，国王会把一部分土地的所有权授给一个人或一个公司②。这时，一切管理民事和政治的权力就集中在一个人或几个人手中，但是这个人或这些人出售土地和管理居民同样会受到国王的监督和控制。最后，第三种制度，是授予一定数量的移民以在母国的保护下自行组织政治社会的权利，也授予了他们自治的权利，前提是不违反母国的法律。

第三种制度对自由非常有利，但它只曾在新英格兰实行③。

1628年④，查理一世将一份具有这种性质的特许状授给了前往马萨诸塞建立殖民地的移民。

---

①纽约州就是这样。

②马里兰州、南卡罗来纳州、北卡罗来纳州、宾夕法尼亚州以及新泽西州都是这样。参见皮特金著作第11～31页。（13～30页）

③参见（《历史文献汇编》），费城，1792年。各殖民地早期的大量文件在这部汇编中都可以找到，内容可靠，价值珍贵，其中包括英王授给各殖民地的特许状，以及各殖民地政府的早期法令。

另参见美国最高法院法官斯托里先生在其《美国宪法释义》的导言中对这些特许状所作的分析。（第8～83页）

从这些文件可知，在所有这些殖民地建立之初，代议制政府的原则和政治自由的具体形式都被规定了下来。后来，这些原则在北方和南方都得到了重大发展，而且遍及各地。

④参见皮特金著作第1卷第35页，哈钦森著作第1卷第9页。

但是，对新英格兰的各殖民地来说，赐给它们特许状一般只是在它们的存在已成既成事实很久之后。普利茅斯、普罗维登斯、纽黑文、康涅狄格州和罗得岛州[①]的建立，都没有得到母国的援助，母国几乎都不知道它们的建立。虽然新移来的居民不否认宗主国的无上权威，但是他们并没从宗主国寻找权力的根源，而是自己建立政权；只是在三四十年以后，查理二世在位时期，这些殖民地的存在才得到了皇家的特许状而合法化了。

所以，浏览英格兰的早期历史和立法文献的时候，很难看到将移民和其母国联系起来的纽带。我们看到这些移民时刻都在独立自主地行使着主权。他们自己任命行政官员，自行缔结和约和宣战，自己制定公安条例，自己立法，好像他们只臣服于上帝一样[②]。

这个时期的立法是最独特和最富于教益的。从这个时期的立法中，我们能找到如今美国在世界面前所暴露出来的主要的社会问题的根源。

在这个时期制定的法律中，规模不大的小州康涅狄格在1650年颁布的法典[③]是一个最有特色的法令集。

康涅狄格的立法者[④]，首先从制定刑法开始。在制定刑法时，他们想出了的一个奇怪的主意，找来了一些《圣经》里的条文。

这部刑法的开头讲道："凡是信仰上帝以外的神的，处以死刑。"

接下来，有十条到十二条是逐字从《申命记》《出埃及记》以及《利未记》中抄来的同类性质的条文。

渎神、行妖、通奸[⑤]和强奸者，均处以死刑。儿子虐待父母，也处以这种严刑。就是这样，粗野和半开化的一个民族的立法，竟然被用到人智已经开化和习俗十分朴素的一个社会中。结果，从来没见过死刑被这样多地定于法律之内和用于微不足道的罪行。

这样的刑法，立法者在制定时，经常将注意力放在维持社会的道德规范和良好习俗方面，因此他们总是重视良心问题，简直没有一件恶行不被列入惩治的范围。可能读者已经感觉到，在这些法律中对通奸和强奸的处分是过于严厉了。未婚男女两个人之间的私通，也是要受到严惩的。这时候，法官对罪犯有权处以下述三种惩罚之一：

①参见哈钦森著作第42页和第47页。

②马萨诸塞的居民在制定刑事诉讼法、民事诉讼法和法院组织法时，没有考虑英国施用的惯例。例如，1650年，英国国王的名字还不会出现在判决书等司法文件的开头，见哈钦森著作第452页。

③参见《一六五〇年法典》第28页。（哈特福德，1830年）

④参见哈钦森著作第1卷第435～456页（455页）。在这里他分析了马萨诸塞殖民地在1648年颁布的刑法典，这部法典采用的原则与康涅狄格的刑法典相同。

⑤通奸，按马萨诸塞的法律，也被处以死刑。哈钦森（第1卷第441页）说，有许多人确因犯此罪而被处死。对此，他引述了1663年发生的一件趣闻。一个已婚妇女同一个年轻男人发生了恋爱关系。她当时正在守寡，不久后就嫁给了这个男人，一起生活了数年。人们后来怀疑在没有结婚之前他们就有暧昧关系，于是控告了他们，把他们投入了监狱，而且差一点把两人处死。

罚款、鞭笞和强令结婚[①]。纽黑文昔日法庭的记录假如可信的话，则这类判决并不稀少。我们见到判决于1660年5月1日的一个案件，它对一个年轻女子兼处罚款和申斥的惩罚，因为她被控出言不逊和让人吻了一下[②]。1650年法典载有很多预防性惩罚措施。对怠惰和酗酒这个法典也都规定了严厉的惩罚[③]。小酒馆主卖酒给每个客人，不能超过一定的数量；而一句谎言，它只要是有害的，就会受到罚款或者鞭笞的处分[④]。在其他的方面，立法者就将自己在欧洲要求的信教自由的伟大原则完全忘记了，人们参加宗教活动也用罚款来强迫[⑤]，直至对反对者科以重刑[⑥]，并且常常对愿意按照一种与他们不同的仪式去礼拜上帝的基督徒处以死刑[⑦]。最后，有时候立法者的热情还让他们管起他们不该管的事情。例如，在这同一部法典里，就有禁止吸烟的条款[⑧]。也不应该忘记，这些奇怪的或者专横的法律，是由全体的当事人自由投票表决的，而并不是什么人强加于居民的，而且居民的习俗比法律还要严格和富于清教派的色彩。在波士顿1649年竟成立了一个以劝阻人们蓄留长发的浮华行为为目的的庄严协会[⑨]。（E）

这样的偏颇，无疑有辱于人类的理性。我们天性的低劣也被它们证明，说明我们的天性往往只是选择了真理和正义的反面，而不能牢牢地掌握真理和正义。

这样的刑法被深深地烙上了狭隘的宗派精神的印记，以及因受迫害而更加激烈，并且在当时还激荡于人们心中的各种宗教激情的印记。但是除了这种刑法以外，与它有某种联系的政治方面的法律还有一组。虽然这组法律制定于二百年以前，但是与我们现代的自由精神相比，它似乎还要先进得多。

那些为17世纪的大部分欧洲人难于理解和在当时的大不列颠还没有获得全胜的原则作为现代宪法的基础，在新英格兰的法律上已经全部得到了承认，并且还被列入法律的条款之内。这些原则是：人民参与公务，自由投票来决定赋税，规定行政官员的责任，个人自由和陪审团参与审判。所有的这些，都是没有经过讨论而在事实上就确

---

① 《一六五〇年法典》第48页。

有些时候，这几种惩罚法官可以合并执行。例如，1643年就有这样的一个判例（记载于《纽黑文往事》第114页）：因为犯有数罪而被起诉的玛格丽特·贝德福德被判以鞭笞，同时并判决她与从犯尼古拉斯·杰明斯结婚。

②《新英格兰回忆录》第104页。此外，在哈钦森著作（第1卷第435页）中，还载有比这更为离奇的数个判例。

③《一六五〇年法典》第50页和第57页。

④ 同上书第64页。

⑤ 同上书第44页。

⑥ 这种情况在康涅狄格，并不是个别的。另参见1644年9月13日马萨诸塞公布的驱逐再浸礼会信徒的法律（《历史文献汇编》第1卷第538页），另参见1656年公布的反对教友会信徒的法律，当中说："鉴于一个名为教友会的可恶异教派正在产生……"接着，是有关以巨额罚款惩治向当地运来教友会信徒的船长的条款。对偷渡进来的教友会信徒进行鞭笞，并将其投入监狱劳动。对反对他们观点的人，开始是罚款，后来是投监关押和驱逐出境。（《历史文献汇编》第1卷第630页）

⑦ 马萨诸塞的刑法规定，天主教的神甫进入该殖民地以后，一旦发现就立刻被处死。

⑧《一六五〇年法典》第96页。

⑨《新英格兰回忆录》第316页。

定下来的。

这些基本原则已经被新英格兰采用，并大力发展，而欧洲的任何一个国家至今还没敢去尝试。

在康涅狄格，一开始选民团就是由全体公民组成的，而且这种做法的意义立刻就被人们所理解[①]。这些初期居民的财产在当时几乎完全平等，而且他们的知识水平也相差无几[②]。

康涅狄格的全体行政官员在这个时期，包括州的总督，都是由选举产生的[③]。

年满16岁的公民，都有义务拿起武器。本州的国民军由他们组成，他们自己委任军官，随时准备开赴前线守土[④]。

在康涅狄格和其余所有的新英格兰的法律中，我们都可以看到这种地方自主的产生和发展，而这种自主在今天仍然是美国自由的原则和生命。

大多数在欧洲的国家，政治生活都开始于社会的上层，随后逐渐地且不完整地扩及社会的其余不同部分。

可以说在美国就完全相反，在那里是乡镇成立于县之前，县又在州之前成立，而州又是在联邦之前成立。

在新英格兰，1650年乡镇的政府就已经完全建成。依据乡镇自主的原则，人们把自己组织起来，为了自己的情感、利益、权利和义务而努力奋斗。在乡镇的内部，享受真正的、积极的、完全民主和共和的政治生活。各殖民地继续承认宗主国的最高权力，君主政体仍然被写在各州的法律上，但是共和政体在乡镇已经完全地确立起来。

乡镇各自任命自己的各种行政官员，对自己的税则进行决定，并且征收和分配自己的税款[⑤]。新英格兰的乡镇没有采用代议制的法律。在新英格兰的乡镇，凡是有关全体居民利益的事务，也像在古雅典一样，都在公众场所召开公民大会来讨论决定。

当把美国共和政体的这段早期的法律仔细研究之后，对立法者的这种管理才能和先进理论我们都表示惊讶。

很显然，他们具有的社会应该对其成员负责的思想，和当时欧洲的立法者的这种思想相比，就崇高和完整得多，他们为社会规定的义务，在其他国家中至今还被忽视。在新英格兰的各州，在建州开始，就以立法保证穷人可以过活[⑥]；采取严格的措施来养护道路，并且指定官员来检查措施的执行情况[⑦]；乡镇有各种公事记录簿，以记载公民大会

①《一六三八年约法》（《一六五〇年法典》）第17页。

②1641年，罗得岛州的州民大会全体一致宣告：按民主政体建立州政府，政权的基础是全体自由的人，有权立法和监督其执行的只有他们。见《一六五〇年法典》第70（12）页。

③皮特金著作第47页。

④《一六三八年约法》（《一六五〇年法典》）第12（70）页。

⑤《一六五〇年法典》第80页。

⑥同上书第78页。

⑦同上书第49页。

审议的结果，登记公民的出生、死亡和婚姻[①]；设置文书来负责管理这些记录簿[②]；对无人继承的财产设置官员来负责经管，并检查被继承的地产的边界；还设有若干官员主要负责维持乡镇的公共秩序[③]。

法律里定有许许多多的细则，为的是照顾和满足社会的大量需要。今天的法国在这一方面，就会觉得自愧不如。

从根本上说，还是关于国民教育的法令能够显示美国文明的最突出特点。

有一项法令讲："鉴于人类之敌撒旦将人的无知当做他最有力的武器，鉴于应当让我们祖先的智力禀赋不再被埋没，鉴于儿童教育是本州的主要关心事项之一，兹依靠上帝的帮助"[④]，接着将一些条款列出，其中规定在乡镇设立学校，责令让居民出资办学，对不予出资者给予巨额的罚款。在人口多的县份，高一级的学校以同样的方式设立。城市的行政当局应当督促家长送其子女入学，并且有权对违抗者处以罚款；假如继续违抗，社会就会承担起家长的责任，强制收容和教育儿童，并且剥夺他们父亲的天赋的，却被用于不良目的的权利[⑤]。从这项法令的序言中读者无疑可以看到：在美国，启发民智的正是宗教，而将人导向自由的则是遵守神的戒命。

匆匆一瞥1650年的美国社会之后，再来观察欧洲的社会，特别是欧洲大陆的社会，让人感到大大吃惊的是，在17世纪初的欧洲大陆，在中世纪的寡头政治自由和封建主义自由的废墟上，君主专制政体却到处取得胜利。在大放异彩和文艺繁荣的这部分欧洲中，大概权利的观念从来没有像在这一时期完全被人们忽视，人民从来没有像在这一时期更少参加政治生活，真正自由的思想没有从来像在这一时期更少地占据人的头脑。然而，就在这一时期，这些欧洲人还没有想到或者是被他们轻视的原则，在新大陆的荒野中已经被公布出来，并且已经成为一个伟大民族未来的信条。一些人类理性的最大胆的设想，竟然在一个不被人重视，连任何政治家无疑都不屑于置身其中的社会里付诸实现了；而具有独创精神的人的想象力，也就在这里想出了前所未有的一种立法制度。在这个默默无闻的社会里，还没有出过将军，也没有出过哲学家和作家，却有一个人能当着一群自由人的面站起来，在大家的喝彩声中，对自由做出了以下的绝妙定义：

"我们不能满足于我们因独立而应当得到的一切。实际上，存在两种自由。一种是堕落的自由，动物和人都可以享有它，它的本质就是为所欲为。这种自由是一切权威的敌人，一切规章制度它都忍受不了。这种自由如果实行，我们就会自行堕落。这种自由也是真理与和平的敌人，上帝也认为应该起来反对它！但是，还有一种是公民

①参见哈钦森著作第1卷第455页。

②《一六五〇年法典》第86页。

③同上书第40页。（及下面几页）

④同上书第90页。

⑤同上书第83页（第39页？第91页），第90页。

或者道德的自由，它的力量在于联合，而保护这种自由就是政权本身的使命。这种自由对凡是公正的和善良的，都无所畏惧地予以支持。这是神圣的自由，我们应当冒着一切危险去保护它，如果有必要，应该为它献出自己的生命。”①

我这里所讲的，已经足以说明英裔美国人文明的真正特点。这种文明是两种完全不同的成分相结合的产物（应当把这个来源常常记在心中），而在别处这两种成分总是互相排斥的，但是在美国却几乎可以彼此融合起来，并且结合得非常好。我们所说的这两种成分，是指自由精神和宗教精神。

新英格兰的建设者们不仅是自己教派的热心拥护者，还是大胆的革新者。他们的某些宗教见解尽管失于偏颇，但是他们不怀有任何的政治偏见。

所以，两种各不相同但又互不敌对的趋势就出现了。不管是在民情方面，还是在法律方面，到处都能看到这两种趋势。

出于宗教观念，人们抛弃了自己的朋友、家庭和国家。我们可以完全相信，为了追求这种精神上的享受，他们确实付出了相当高昂的代价。然而我们又可以看到，他们几乎又以同样的狂热去寻求物质财富和精神享乐，认为自由和幸福在此生而天堂在彼世。

法律、政治原则和各种人为设施，在他们看来好像都是可以创造的，而且可以按照他们的意志加以改变和组合。

社会内部产生的束缚和社会前进的障碍在他们面前低头了，旧思想在许多世纪以来一直控制世界，在他们面前吃不开了，几乎没有止境的一条大道和一望无际的一片原野在他们面前展现出来。人类的理性驰骋在这片原野上，从四面八方向他们涌来，但是在它到达政治世界的极限时就会自动停下，颤抖起来，不敢发挥其惊人的威力，甚至开始怀疑自己，从而放弃了改革的要求，控制自己不将那圣殿的帷幔揭开，毕恭毕敬地跪倒在它没有争辩就接受了的真理的面前。

因此，一切在精神世界里都是按部就班，有条不紊，预先得知和决定的；而一切在政治世界里又都是经常变动，互相有争执，显得不安定的。在前一个世界里，是消极然而又是自愿的服从；而在后一个世界里，就是轻视经验和蔑视一切权威的独立。

这两种趋势看来是互不相容的，但是它们却不彼此加害，而是携手前进，表示愿意互相支持。

公民自由被宗教认为是人的权利的高尚行使，而政治世界就是创世主为人智开辟的活动园地。在它本身的领域内，宗教是自由和强大的，对为它准备的地位很满足，并且在知道只有依靠自己的力量而不是依靠压服人心来进行统治的时候，它的帝国才

---

①马瑟：《基督教美洲传教史》第2卷第13页。（哈特福德，1820年）

这是温思罗普的演说。在担任州长时，他曾被指控犯有专横罪，但是在发表我刚才援引的这篇演说后，受到了听众们的鼓掌欢迎，从而免于处罚。从那以后，他一直被连选担任州长。参见马歇尔：《华盛顿生平》第116页。

能建设得最好。

宗教被自由看成战友和胜利伙伴，看成自己婴儿时期的摇篮和后来的各项权利的神赐依据。自由把宗教视为民情的保卫者，而民情就是法律的保障和让自由持久的保证。(F)

英裔美国人的法律和习惯的某些特点产生的原因

在最完善的民主政体中保留的某些贵族制度残余——为何会有这些残余——应当认真区别哪些东西是来自清教派的和哪些东西是来自英国人的

请读者别从上述的一切中得出过于一般化和过于绝对化的结论。移民的初期的社会条件、宗教和民情，无疑对他们新国家的命运产生了巨大的影响。但是，新社会的建立并不是起因于这些东西，原因是社会的起点只存在于社会本身。任何人都不能完全同过去脱离关系，他们不管是有心还是无意，在自己固有的观念和习惯中，都会混有来自教育和祖国传统的观念和习惯。

因此，要想对今天的英裔美国人进行了解和评价，就必须细心地区分来源于清教派的东西和来源于英国人的东西。

人们在美国可以经常见到一些法律和一些人的习惯同周围的事物并不适应。一些法律好像是依据与美国的立法主旨完全相反的一种精神制定出来的，一些民情又仿佛与社会情况的总体格格不入。这些英国殖民地假如是在遥远的古代建立的，它们的起源假如已随着岁月的流逝而不可考，那么问题就没办法解决了。

我只列举一个例子来阐述我的想法。

美国的民事和刑事诉讼程序，只规定了两种处置被告人的办法：收监和保释。在诉讼开始时首先要求被告人交付保证金，如果被告人拒不交纳，那么就将他收监关押。然后，再审理被控告的事实或者罪状的轻重。

很明显，这样的立法是敌视穷人，而且只对富人有利。

穷人并不总是有钱可交纳保证金，即使在民事案件中也是这样的。他如果不得不在狱中等待公道，那么，很快他的被迫关押就会给他带来不幸。

反之，在民事案件中富人总是可以逃脱监禁。更有甚者，虽然他们犯了罪，却可以轻易逃避应受的惩罚，因为在交了保证金以后，他们就可以躲藏起来。所以可以说，法律上规定的惩罚，对富人来说只不过是罚款而已[①]。再没有什么立法能比这种立法更加具有贵族立法的特点了。

然而在美国，立法的正是穷人，并且在这方面他们通常总是考虑社会的最大利益。

对这种现象的解释只有在英国才能够找到，原因是我所说的这些法律本来就是英

---

①如果不交纳保证金，就也要治罪，但这毕竟是少数。

②参见布莱克斯通和德洛姆的著作第1卷第10章。（指布莱克斯通《英国法释义》和德洛姆《英国宪法》）

国的法律[2]。这些法律尽管与美国立法的主旨和美国人的基本思想相抵触，但美国人还是把它们照搬了过来。

在一个民族最不容易改变的事物当中，仅次于习惯的，就是民法了。只有搞法律的人熟悉民法，也可以说，只有那些学过法律，能够找出理由把法律解释成好法或者坏法，从维护法律当中可以直接获利的人，才熟悉民法。其中的奥妙，民族的大部分成员都不理解，只能从个别的案例中看到这些法律的作用，但很难识别它们的倾向性，只是不加思考地予以服从。

这只是一个例子，我还能举出许多其他的例子。

美国社会呈现的画面（假如我可以这样说的话）覆有一层民主的外罩，透过这层外罩可以随时看到贵族制度的遗痕。

第三章　英裔美国人的社会情况

一般说来，社会情况是事实的产物，有时候也是法律的产物，但是更多的是两者联合的产物。可是，一旦社会情况确立下来，它就会成为规制国民行为的大部分法律、习惯和思想的首要因素，只要不是它所产生的，它都会加以改变。

所以，要了解一个民族的立法和民情，就必须从它的社会情况来着手研究。

本质上的民主就是英裔美国人社会情况的突出特点

新英格兰的初期移民——他们之间的平等——一些南方推行的贵族法律——革命时期——继承法的改革——这项改革造成的后果——西部新成立的各州将平等推行到极限——在学识上的平等

对英裔美国人的社会情况有几种重要的看法，其中有一种居于其他所有之上。

美国人的社会情况是非常民主的。从各殖民地建立时起就具备这个特点，而在今天表现得尤为突出。

在上一章我曾提过，定居在新英格兰海岸的移民，彼此之间都是非常平等的。即使是贵族制度的萌芽，也从未被引进合众国的这一地区。在这里，只有学识可能产生影响。人们习惯于尊敬某几个姓氏，把它们奉为知识和德行的榜样。那些由于自己的威望而取得权力的公民，如果其后真的由儿子来继承这些权力，那么也可以将其称之为贵族权力。

这些是赫德森河以东的情形；而在河的西南，一直到佛罗里达，却并非如此。

在赫德森河西南的大部分州中，有从英国来的大地主定居。他们带来了贵族制度的原则以及英国的继承法。我在前面已经解释过美国没能建立贵族政体的一些原因。虽然这些原因在赫德森河西南一直在起作用，但是在该河以东却没有多大作用。在南部地区，一个人利用奴隶可以耕种大片土地。因此，在新大陆的这一部分，存在富有的大地主。但是，他们的影响与欧洲贵族地主产生的影响却截然不同，由于他们没有任何的特权，奴隶为他们种地并没有让他们成为封建性的收租地主，因而他们并不对奴隶负任何保护责任。可是，赫德森河以南的大地主却形成了一个优越的阶级，他们有着自己的观点和风尚，并且在当地的政治活动中，一般也都成为了核心人物。虽然称他们为贵族，其实他们与人民群众只有微小的差别。他们容易将群众的感情和利益考虑在内，从而不会激起人们的爱或憎；但总的来说，这个阶级仍是虚弱和生命力不强的。但恰巧是南部的这个阶级领导了起义，在美国革命中涌现出了一些伟大人物。

在这个时候，整个社会还处在大动荡之中：以人民的名义进行的斗争，将人民组织成一股强大的力量，让他们产生按照自己的意志行动的愿望；民主的力量自发地活跃起来；人们努力摆脱宗主国的束缚，极欲以各种方式争取独立，以至于个人的影响逐渐失去了作用；法律和习惯开始向共同的目标大步前进。

就在这时，继承法却使平等迈出了至关重要的一步。

令我大吃一惊的是，古代和现代的法学家们，竟没让继承法①发挥出其对人间事物的发展所产生的巨大作用。没错，它只是民法法规，但也是主要的政治举措，因为它能够对国家的社会情况产生十分重大的影响，而政治方面的法律无非是社会情况的外化形式。而且，继承法对社会发生的作用也是确定无疑和始终如一的，甚至可以说它也会对尚未出生的世世代代造成影响。凭借继承法，人可以拥有一种近乎神赐的、左右人类未来的权力。立法者一旦制定出公民的继承法，他就可以彻底地放松休假了，因为实施此项法律之后，他将无事可做。这项法律会像一部机器一样，自行开动，按部就班地朝着预定的方向前进。这种法律依照一定的方式制定出来后，随即就把财产，不久之后又将权力积累和集中起来，置于某一个人的名下。可以说，贵族就这么从地上冒出来了。按另一种原则制定，并按另一种方法发展时，它所产生作用的速度还会更快，但此时它就表现为分裂、分化和分割财产与权力。有时，它的进展快得出奇，当人们感到无法阻止它的时候，只能想方设法地设置种种障碍。人们妄图用种种反措施来抵消它的作用，结果却往往无功而返！它不是使前进途中遇到的一切障碍化为齑粉，就是把它们打得粉身碎骨。它迅速升空，随即又会马上落到地上，激起的是一阵阵承载着民主的飘荡风尘。

当继承法指定或理由充足地判决由子女均分财产时，就会产生两种后果。虽然这两种后果的目标是相同的，但也需要把它们进行严格的区分。

由于继承法的实施，每个财产所有人的死亡都会带来财产上的一场革命：可以说，这不仅要更换财产的主人，而且还要改变财产的性质。如此，财产被不断地进行分割，并且越分越小。

这是继承法带来的直接效果，即它的有形效果。所以，那些由法律规定遗产平分的国家，私有财产，特别是地产，必然会有不断缩小的趋势。但是，这种法律如果可以顺其自然地发展，那么立法效果要到很久以后才能显现出来，因为一个家庭若子女

---

①我所讲的继承法，是指以在财产所有人死后决定其财产的归属为主要目的的一切法律。

也包括限嗣继承法。虽然，限嗣继承法不仅限制财产所有人自行处理其财产，而且还让财产所有人在世时负担为继承人完整保存财产的义务。但不否认，限嗣继承法的主要目的，仍是决定财产所有人死后财产的归属。其他的规定只能是实施办法。

不超过2个（比如法国这样的国家，平均每家的子女人数不会超过3个），即使子女平分了父母的遗产，在独立生活之后也不会显得比父母穷。

值得一提的是，平分遗产的法律不仅会影响财产的归属，而且还会影响到财产所有者的精神，激发他们支持此种法律的热情。这些问题的存在正在迅速地破坏着大的财产，特别是大的地产。

在那些以长子继承权为继承法基础的国家，地产总是代代相传而不加以分割。结果，土地几乎完全成为家族的声望的代表。家族代表土地，土地代表家族。家族的姓氏、起源、权势、荣誉和德行，都依靠土地而永久延续下去。土地既是体现家族历史的不朽证据，也是保障其未来存在的坚实后盾。

而一旦继承法确定以平分原则为基础时，就会把这种家族威望与土地完整之间的密切联系破坏。土地不再代表家族，因为历经一代或两代之后，土地必然被分割，而且必将会越分越小，直到没有可分的为止。即使大地主的子嗣人数不多，或者由于上天眷顾有幸让自己的财富未逊于父辈，那也不是因为完全拥有父亲的财产，而是他们除了继承了来自父亲的财产外，还得有其他财产。

但是，假如大地主不能因为拥有土地而在感情、荣誉、回忆和野心上获得巨大的利益，那么毫无疑问，他们迟早会卖掉土地，因为起码卖掉土地会让他们得到一笔巨额的金钱收益，流动资本显然比其他资本更能获得好处，而且更容易使他们现实的欲望得到满足。

大地产一经分割，就不可能重新聚集，因为小地主的土地收益率[①]要大于大地主，致使小地主的土地售价也远远高于大地主。所以，富人在低价出售大片地产之后，决不会仅仅为恢复大地产而按高价收购回大块土地。

常说的家族声誉，往往是建立在满足个人的自私心的向往之上的。可以说，人人都渴望流芳百世，永远被子孙怀念。一旦家族声望在一地不再生效，人们的私欲便会取而代之。当家族不再代表声望，而变成一种模糊不清、含混不明的存在时，人们就会只求眼前的安逸，只想搞好自己这一代，而不顾其他了。

这样一来，人人都不想让家族永垂不朽，或者至少不想用地产而是用其他办法让家族流芳百世了。

如此一来，它不仅会给家族完整保全财产带来困难，而且也剥夺了家族想要这样做的愿望，甚至可以说是强迫家族与它合作从而来消灭自己。

通常以两种方式来执行这种平分遗产的法律：一种是由人及物，另一种由物及人。

它用这两种方法，最终达到彻底改变土地所有制度，使家族和财产迅速归于无用

---

①我的意思不是说小自耕农最好，而是说他们能更讲究精耕细作，并用他们的勤劳来弥补他们在技术上的不足。

的目的[1]。

毋庸置疑，我们法国还没有到如此地步。19世纪继承法所造成的政治和社会变化虽然就发生在法国人眼前，但是他们对这个法律的效力却感到怀疑。如今，我们每天都在推倒自己宅院的围墙，拆除自己园外的篱笆，注视着这个法律在我们国土上的实施情况。虽然继承法已在我国起了很大的作用，但仍有许多工作等待它完成。我们的看法、回忆和习惯为它设置了许多的阻碍。

而继承法在美国已经将要完成它的破坏任务。正是如此，我们才能对它的主要后果进行研究。

至独立战争时期，美国的各州几乎都废除了英国的继承制度。

限嗣继承法被修改为默认财产的自由流通。（G）

第一代人逝去后，土地分割开始。随着时间的流逝，分割的速度也在不断加快。时至今日，不过60年多一点，社会的面貌已经天翻地覆，大地主家族几乎全部跻身到大众的行列。原来大地主户数最多的纽约州，目前也只有两家还勉强浮在将要溺死它们的旋涡之上。那些富裕公民的子嗣，如今都已成为商人、医生或律师。他们大部分已经默默无闻。世袭等级和世袭特权的最后痕迹已然消失。拜继承法所赐，这种平均化仍然在到处发挥作用。

这并不意味着美国的富人不比别处多。我还没有见过比美国人更加爱钱如命的人，比美国人更轻视财产永远平等的理论的人。然而正是在美国，财富以不可思议的速度飞快周转，而且现实经验，几乎没有上下两代全都是富人的家庭。

我所描摹的这幅润色不多的画面，并不能完全呈现出昔日西部和西南部新建诸州的情景。在上世纪末，密西西比河流域开始拥入一些大胆的冒险家。这相当于又一次发现美洲。很快，大批的移民开始入住这里，荒野上突然出现了一些从未听说过的乡镇。一些连名字还没有的州，出现后就立即要求加入美国联邦。我们可以看到在西部，民主达到了它的极限。在这些可以说应运而生的州中，居民不过是昨天才踏上他们现在居住的土地。他们彼此之间刚刚认识，每个人都不知道其最近邻居的家史。所以，在美洲大陆的这些地方，居民不但没有受到大家族和大财主的影响，而且也没有受到因学识和德行而被人们尊为贵族的人的影响。在这里，不存在因为毕生在众人面前做了好事，就被授予使人尊敬的权力的人。虽然西部新建的诸州已经有了居民，但还没有形成社会。

在美国，人们不仅追求财富平等，而且他们本身的学识，在一定程度上也都是平

---

①因为土地是最可靠的财产，所以有时候也会遇到为了保住土地而自愿放弃一部分重要的收入，为了购置土地而忍受巨大的牺牲的富人。但这并不是普遍现象。通常情况下，穷人偏爱不动产。理想、学识和奢求不如大地主的小地主，通常没有费心增加地产的考量，而只是满足于继承祖业，娶媳妇和抽空做点小生意，过上小康日子的要求。

除了使人分割土地的趋势之外，尚有一种使人集中土地的倾向。这种足以防止地产无限分割的趋势，既没有强大到可以重组大地产的地步，也不会让全部土地被几个家族所掌握。

等的。

我认为，世界上再没有一个人口与美国大致相当的国家会像美国这样，有如此少量的无知识人口，而有学识之士也不多。

在美国，人人都可以受到初等教育，而高等教育却少有人问津。

这很容易理解，可以说这是发生我们上述一切所带来的必然结果。

几乎所有的美国人都能获得人类的最起码的知识，因为他们都处于小康之家。

美国的富人不多，因此几乎所有的美国人都需要从事一门职业。而所有的职业，都需要一段学徒时期的磨炼。因此，美国人只能在一生的早年专心地接受普通教育，但在十五岁——法国人开始接受学校教育的时候，他们则开始进入某一行业，这时他们的学校教育就结束了。即使以后他们再回到学校深造，也是出于特殊的和赚钱的目的。他们之研究科学，就像学习一门手艺，仅仅注重可以立竿见影的应用。

美国大部分的富人都是先穷而后富的；现在几乎全部的清闲人士，在青年时代都曾是忙人。总之，当他们有兴致学习的时候，却没有多少时间专心读书，而当他们有时间专心读书的时候，却已经不再有学习的兴致了。

因此，那种使求知的爱好随世袭的财富和悠闲而代代相传，从而以脑力劳动为荣的阶级在美国并不存在。

因此，美国人既没有专心从事脑力劳动的意志，也没有专心从事这一劳动的毅力。

美国人的知识水平处于一种中等水平。所有的人都接近这个水平：有的人比它高一些，有的人则比它低一些。

可以说，许多人在宗教、科学、历史、政治经济学、立法和行政管理方面，知识水平都大致相当。

上帝决定人们智力水平的差异，我们根本无法防止这种不等的出现。

但是，通过上述所列的事实，我们可以得出如下的结论：尽管人的智力不等——这是由创世主决定的，但其发展的条件却是相等的。

可以看出，贵族因素在美国自始就薄弱，即使今天没有被完全摧毁，至少也束手无策，以至于对事态的进程已经难以产生任何影响。

与之对应的，时间、事件和法律却使民主因素不仅发展成为占有支配地位的因素，而且还可以成为独一无二的因素。在美国，不论是家庭还是团体，现在都毫无影响可言，甚至是稍微持久些的个人影响也并不多见。

所以，在其社会情况方面，美国呈现出一种独特的现象。在这里，人们比在世界上任何地方，比在历史上有记录的任何时代，在财产和学识各方面都显得几乎平等，也就是说，在力量上更近乎于平等。

英裔美国人的社会情况的政治后果

不难推断这种社会情况的政治后果。

不能认为在进入政界或者是其他界之后平等就不再发生作用。不要以为在其他方面均已平等而只有在一个方面不平等时人们就会永远安于这种局面，他们迟早要在一切方面享有平等。

然而，我只知道两种在政界建立平等的方法：把权力赋予每一个公民，或者是让每一个公民都毫无权力。

因此，对社会情况已达到英裔美国人这种地步的民族来说，要想在人人有权和个人专权之间找到一种折中的办法恐怕已经很困难了。

不必隐讳，上述的两种后果，在我们所描述的社会情况下既易于产生前者，也易于产生后者。

事实上，有一种要求平等的豪壮而合法的激情，在鼓舞人们同意大家都强大和受到尊敬。这种激情能产生让小人物与大人物平起平坐的愿望，但人心里也有一种偏激的对平等的爱好：使弱者想办法把强者拉至他们的水平，人们宁愿享受束缚中的平等，也不愿在自由中不平等。这并不是说社会情况民主的民族天生都鄙视自由；相反，他们反而本能地爱好自由。但是，自由并不是他们所盼望的主要的和固定的目的，平等才是他们永远倾慕的对象。他们以飞快的速度和罕见的干劲向平等冲去，假如没有达到目的，就心灰意冷下来。但是，除了平等之外，什么也满足不了他们，他们宁死也不愿意失去平等。

而从另一方面来说，一旦公民完全平等，当局部侵犯他们的独立时他们就很难团结起来反对了。他们当中没有一个人能强大到足以单枪匹马地进行胜利的斗争，而只能靠将所有人的力量联合起来团结一致才能保住他们的平等。可是，这样的团结并非始终都会存在。

所以说，不同的民族从同一社会情况，可能得出虽然同源但是又完全不同的两种政治后果。

英裔美国人面对我们所说的这种“两者之中必取其一”的抉择，第一个十分幸运地避开了专制统治。他们的环境、智慧、来源，特别是他们的民情，使他们建立并且维护了人民的主权。

第四章　美国的人民主权原则

人民主权原则主宰着整个美国社会——早在革命之前美国人就已经实行人民主权原则——这次革命促进人民主权原则的发展——选举资格缓慢而无法遏制地降低

讨论美国的政治制度，总得从人民主权学说开始谈起。

几乎所有的人类社会制度的深处都或多或少地存在着人民主权原则，但通常隐而不现。人们服从它，却又不肯承认，即使有时它在片刻之间出现，人们也会马上将它送回到圣殿的幽暗角落。

不论何时的阴谋家和所有时代的暴君最常盗用的口号之一，就是民族意志。有的人在某些当权人物的贿选活动中听说过它，有的人则在少数人出于私利和畏惧而为他人拉选票的活动中也听说过它。除此之外，还有的人把人民的沉默看成是对这一口号的正式承认，认为默认他们的发号施令权力就是服从的标志。

人民主权原则在美国并不像在某些国家那样隐而不现或者毫无成效，而是被民情所承认，被法律所公布；它可以自由传播，不受阻碍地达成最终目的。

如果说世界上有一个国家能让人们自由而公正地评价人民主权原则，研究人民主权原则在社会事务各个方面的应用，并且指出它的优点和缺陷，那么可以说，这个国家只能是美国。

在前面我已经提到过，人民主权原则一开始就成为美洲的大多数英国殖民地的基本原则。

但是，人民主权原则对当时社会制度的影响，远不及今日所产生的那样强大。

有两个障碍延缓了它的迅猛发展，一个是外在的，一个是内在的。

因为在那时殖民地还不得不服从宗主国，所以人民主权原则并未能公然见诸法律。因此，它只能出现在各地的人民大会中，特别是在乡镇的政府中，秘而不宣地发挥作用，并在这些地方秘密地发展起来。

当时的美国社会，还没有做好接受人民主权原则的全部成果的准备。正如我在上一章所提到的，新英格兰的文化水平，赫德森河以南地区的富庶条件，曾长期产生一种贵族影响，促使少数人得以操纵管理社会的权力。所有的公职人员并非全部产生于选举，而所有的公民也并非全是选民。选举权在各个方面都受到一定的限制，并且还必须具备选举资格。对此，北部的要求很低，而南部则又过高。

美国革命爆发了。人民主权原则走出乡镇并占领了各州政府，所有的阶级都出于自身利益的考量卷进了战争，人们以人民主权原则的名义进行斗争并且最终取得胜利，人民主权原则成了法律的法律。

社会内部也几乎同样迅速地发生了变化。继承法也完成了粉碎地方势力的大业。

当人们开始清楚地看到法律和革命的此种效果时，民主已经庄严地宣布了它的彻底胜利。实际上，权力已被民主所掌握，而且不再允许反抗民主。因此，上层阶级不敢乱说乱动，只能乖乖地忍受之后无法逃避的苦难。上层阶级必然要丧失权势，因为它的成员都各怀鬼胎。既然从人民手中夺回权力已经不可能，而且不能嫌恶相当多的人敢于去冒犯它，它就只好不顾一切地去讨好人民。所以，一些最民主的法律，反而是由利益受到这些法律严重制约的人们投票通过的。如此，上层阶级并没有引起群情激愤而向它开火，而是自发地促进了新秩序的凯旋。事物的发展就是如此匪夷所思！原先贵族因素最根深蒂固的州，反而成为了民主的飞跃进展最不可遏止的州。

马里兰州原来是由一些大地主建立的，可它后来却第一个宣布进行普选①，第一个将最民主的管理方式纳入了全部政府机构中。

一个国家从开始规定选举资格的时候，其实完全可以预见总有一天这些规定要被全部取消，只是时间到来的早晚而已。这是引导社会发展的不变规律之一。选举权的范围越向外扩大，人们就越想再扩大，因为每得到一次新的让步之后，民主的力量就会有所增加，而民主的要求也就会随之增加。不具备选举资格的人奋起争取选举资格，其争取的热情与具备选举资格的人数多寡成正比。最终，例外终于成了常规，也就是接着让步，直到实行普选为止。

如今在美国，人民主权原则已经取得了人们可以想象到的一切实际进展。它根据情况的需要以各种形式出现在美国，并没有像在其他国家那样被虚捧而架空。有时，像雅典那样由全民直接制定法律；有时，又由普选出来的议员代表人民，在人民的近乎于直接监督下进行工作。

有一些国家，社会不仅要按政权的指示行动，而且还要被迫按照一定的道路前进，可以说其政权是由外部加于社会的。

还有一些国家进行分权，有时候让权力属于社会，有时候则不让它属于社会。美国绝对不会发生这种情况，它的社会是由自己管理，并且是为自己而管理的。所有的权力都归于社会，几乎没有一个人敢于产生到处去寻找权力的想法，更不要说提出这种想法了。人民通过推选立法人员的办法参与立法工作，通过挑选行政人员的办法参与执法工作。可以说是人民自己在治理自己，这样留给政府的那部分权力不仅微乎其微，而且还薄弱得很，更不要说政府还要受人民的监督，服从建立政府的人民的权威。人民对美国政界的统治，好比上帝对宇宙的统治。凡事皆出自人民，并用于人民，人民是一切事物的原因和结果。（H）

---

①马里兰州的1801年宪法和1809年宪法，对普选进行了修改。（参见1776年宪法第十四条）

第五章　在叙述联邦政府之前必须先研究各州的过去

这一章重点考察美国根据人民主权原则建立的政府的形式、行动手段、益处、阻碍和危险。

美国存在一部十分复杂的宪法就是首先遇到的困难。美国有两个互相结合甚至可以说是互相嵌入对方的不同社会。美国有两个几乎截然分开并且几乎各自独立的政府：一个是一般的普通政府，负责满足社会的日常需要；另一个则是特殊的专门政府，负责管理一些全国性的重大问题。可以简单地说，美国内部的24个小主权国，共同构成了联邦的大整体。

要研究各州前必须先行考察联邦，这意味着我们在前进的道路上必然会遇到重重阻碍。美国联邦政府的形式是在最后形成的，它只不过是共和国的变体，是对之前通行于社会的并不依它而存在的那些政治原则的总结。并且正如我刚才所说的，联邦政府是特殊的政府，而各州的政府则是普通政府。一个作者妄图跳过图画的细节就想让观众了解它的全景，必然会在有些地方出现含混不清和重复的情形。

毋庸置疑，那些现今统治着美国社会的伟大政治原则，都是起源于各州并发展起来的。因此，必须先了解各州，才能掌握解决其他一切问题的钥匙。

谈到制度的外观，现今组成联邦的各州都具有相同的面貌。各州的政治或者行政生活，都集中在类似指挥人体活动的神经中枢的三个行动中心里。

依次说来，这三个中心分别是乡镇（Township）、县（County）和州（State）。

美国的乡镇组织

作者从乡镇开始考察政治制度的原因——所有国家都存在乡镇——实现和保持乡镇自由的困难——实现和保持乡镇自由的重要性——作者选择新英格兰的乡镇组织作为主要对象来考察的原因

我并非出于随意的决定，要先考察乡镇。

自然界中只要有人集聚就能自行组织起来的唯一联合体，就是乡镇。

所以，不管一个国家的惯例和法律怎样，一定都会有乡镇组织的存在。虽然是人创造并建立了共和政体、君主政体，但是乡镇却似乎是直接由上帝创造的。尽管自有人以来乡镇就已存在，但其自由却并不常见，并且即使存在，也是薄弱无力的。一个国家经常可以举行大的政治集会，因为它一般拥有一定数量的文化水平都高到了可以在一定程度上处理公务的人民；而乡镇拥有的则是一些大老粗，他们通常都不理解立法工作的意义。实现乡镇独立的困难非但没有减少，反而随着民族越开化、人民文化水平越提高而增加。一个高度文明的社会，最多只能忍受乡镇自由的试验；它反对乡镇的那套离经叛道的做法，往往等不到试验做完，就会认为成功无望了。

在各种自由中乡镇自由是最难实现的，也最容易受到国家政权的侵犯。全靠自身维持的乡镇组织，根本不是中央政府这个庞然大物的对手。为了能有效地防御它，乡镇组织必须全力发展自己，使全国人民的思想和习惯都能接受乡镇自由。所以，只有乡镇自由成为民情时，它才能够不易于被摧毁；而只有把它长期写入法律之后，才能成为民情的一部分。

所以，也可以说并非人力创造了乡镇自由。换句话说，人力并不容易创造它，也就是说它靠自己生成。它是在半野蛮的社会中自己悄悄地发展起来的。而法律和民情的不断作用，环境，尤其是时间，使它日益巩固。所有欧洲大陆的国家，可以说连一个知道乡镇自由的也没有。

但是，自由人民的力量所在正是乡镇。乡镇组织之于自由，就好比小学之于授课。乡镇组织给人民带来自由，教导人民安享自由，学会让自由为他们服务。虽然一个国家可以在没有乡镇组织的条件下建立一个自由的政府，但是它缺少自由的精神。片刻的激情、暂时的利益或者偶然的机会能够创造出独立的外表，但潜伏于社会机体内部的专制迟早会重新浮出表面。

我认为能够让读者清楚地了解美国的乡镇和县的政治机构据以建立的一般原则的最好办法，是以一个州为例，先详细考察这个州的历史，然后再考察其余的州。

下面以新英格兰的一个州为例。

在联邦各州，乡镇和县并不是按照同一方式建立的。可是也不难看出，在整个联邦，乡镇和县的建制，却几乎完全出于相同的原则。

在我看来，比起其他地方，这些原则在新英格兰推行得更广，成果也更大。所以，可以说它们在新英格兰表现得最为特别，并且也最容易让别人察觉。

新英格兰的乡镇组织建立得最早，是一个完整而有秩序的整体。由于得到了民情的支持，所以它变得很强并且很有力。它同时对全社会产生着十分巨大的影响。

由于这一切原因，它得到了我们的关注。

乡镇的规模

新英格兰的乡镇介于法国的区、乡之间，人口规模一般为两三千人①。所以，乡镇的面积并没大到让全体居民无法实现其共同利益的地步。另一方面，它的居民人数也保证了居民确实可以从乡邻中选出优秀的行政管理人员。

新英格兰的乡镇政权

和其他地方一样，乡镇一切权力的源泉是人民，乡镇自己处理主要事务——且没有乡镇议会——乡镇的权力主要掌控在行政委员（selectmen）手中——行政委员怎样工作——乡镇居民大会（Town meeting）——列举乡镇官员的名称——义务官职与有酬官职

同其他行政区一样，人民是乡镇公权的源泉，但这里的权力的行使比其他任何行政区的都来得直接。在美国，人民是各级政府必须极力讨好的主人。

在新英格兰，公民是通过代表参与州的公共事务的。由于无法直接参与，所以不这样办不行。但由于在乡镇一级，立法和行政工作都是就近在被治者的面前完成的，因此未采用代议制，也就没有了乡镇议会。在选任行政官员后，选举团就在一切方面领导他们，这种简便的工作程序，远不是州的法律执行可比的②。

这种制度不但和我们的想法不同，还跟我们的习惯相悖，所以不得不提出一些佐证，使人们能够完全理解。

在下面我们将要提到，乡镇的公务活动不但极其繁多而且分得很细。不过，大部分行政权都掌控在几个每年一选的叫做“行政委员”的手中③。

州的法律规定了行政委员的一定职责。他们可以不必通过本乡镇人民的认可来执行这些职务。但是像玩忽职守，就只能由他们个人负责。比如，州的法律要求他们报送本乡镇的选民名单。倘若他们不报，就犯了渎职罪。可是，对交由乡镇政权处理的一切事务，行政委员就是人民意志的执行者，正像我们法国的市镇长是市镇议会的决

---

①1830年，马萨诸塞州共有乡镇305个，人口610014人。所以，每个乡镇的平均人口约2000人。

②有些规模较大的乡镇不采纳这种方法。这些乡镇，往往设一名乡镇长和一个由两个科组成的乡镇公所，当然这是一种必须由法律允许的例外。参见1822年2月22（23）日关于调整波士顿市政权的法令，载于《马萨诸塞法令汇编》第2卷第588页。（波士顿，1823年）这项法令是用于大城市的。一些小城市往往也设立自己的行政管理机关。1832年，纽约州有104个乡镇设有这样的行政管理机关。参见《威廉氏纽约1832年大事记》。（纽约，1832年）

③最小的乡镇要选三人，最大的乡镇要选九人。参见《乡镇官员》第186页〔托克维尔引用的是古德温：《乡镇官员或马萨诸塞法令》（伍斯特，1829年）〕；再参见马萨诸塞州关于行政委员的主要法令：

1786年2月20日法令，第1卷第219页；1796年2月24日法令，第1卷第448页；1801年3月7日法令，第2卷第45页；1795年6月16日法令，第1卷第475页；1808年3月12日法令，第2卷第186页；1787年2月28日法令，第1卷第302页；1797年6月22日法令，第1卷第539页。

议的执行者一样。一般说，他们处理公务都是自行负责，只是在工作中要按本乡镇居民早前通过的原则办事。不过，他们若想要更改任何既定的事项，或者准备办理一项新的事务，则必须请示给予他们权力的人。比如说，计划创建一所学校。此时，几位行政委员就需选定日期，在预先指定的场所召集全体选民开会。在会上，他们提出自己的要求，向大家解释满足此种要求的方法，需要多少资金，建造在哪里。这一切问题在大会进行讨论之后，会定出一个原则，选定地点，表决筹措资金的方法，最后要求行政委员执行大会的决议。

仅有行政委员有权召开乡镇居民大会，但也可应他人的要求召开。假如有十名选民想提出一项新的计划并希望乡镇支持，他们就可以要求行政委员召开乡镇居民大会。此时，行政委员必须答应他们的请求，而且有权主持会议①。

这样的社会习惯和政治风貌，无疑比我们法国的要好得多。于此，我既不想对它们进行评判，也不想说明它们产生和发展的内在原因是什么，只是将它们讲出来而已。

每年4月或5月改选行政委员。同时，担任乡镇的某些重要行政职务的其他官员②也由乡镇居民大会选出。其中包括：负责估价居民财产的财产估价员数名，负责按估价的财产收税的收税员数名，负责维持治安、巡逻街道和执行法律的治安员一名，负责记录会议的审议事项和管理户籍的乡镇文书一名，负责管理乡镇财务的司库一名。除了这些官员以外，还有济贫工作视察员一名，他的任务艰巨，负责执行济贫法；校董数名，负责管理国民教育；道路管理员数名，负责大小道路的一切管理工作。上面这些就是乡镇管理方面的主要官员的名单。当然，职务的划分不止这些。在乡镇的官员③中，还有几名教区管理员，负责管理宗教事务费，以及几名视察员，其中有的负责组织公民救火，有的组织人力看青护秋，有的负责测量森林，有的负责检查度量衡器具，有的则帮助公民解决修筑庭院时可能遇到的困难。

在一个乡镇共有19名主要官员。每个居民都必须负责这些不同的职务，违者予以罚款。不过，为了使贫穷的公民能够付出时间而不受损失，这些职务大部分都有报酬。还要指出的是，在美国的制度中没有为官员规定固定的薪金。通常来说，各项公务的任命单上都写有单位工作量的薪酬，可以根据官员公务的完成量多寡计酬。

乡镇生活

每个人都是自身利益的最好裁判者——人民主权原则的必然结果——此学说在美国乡镇的运用——新英格兰的乡镇只在跟自身利益有关的所有事务上享有主权，

①参见《马萨诸塞法令汇编》第1卷第150页：1786年3月25日法令。

②同上。

③指乡镇常设的官员。

要了解关于这些乡镇官员的职务细节，可参见古德温：《乡镇官员》和三卷本的《马萨诸塞法令汇编》，波士顿，1823年。

在其他的事务上仍服从于州——乡镇对州的义务——在美国是乡镇把官员借给政府，而在法国是政府把官员借给村镇

我在前面提到，英裔美国人的整个政治制度受人民主权原则的支配。在本书的每一页，都会让读者看到此理论的一些新的应用。

凡是推行人民主权原则的国家，每个人都有一份完全相等的权力，平等地参与国家的管理。

所以，每个人的道德修养、文化程度和能力，也被认为是与所有其他同胞相等的。

那么，他们为何还要服从社会呢？这种服从的自然界限又在哪里呢？

个人所以服从社会，并不是因为他管理自己的能力不如别人，也不是因为他比管理社会的那些人低劣，而是因为他了解与同胞联合起来对自己有益，明白如果一种发生制约作用的权力，就不可能实现这种联合。

所以，在同公民相互应负的责任有关的一切事务上，他必须服从；但在与他本身有关的一切事务上，他却是自主的。换句话说，他是自由的，他的行为只对上帝负责。所以就有了下面的名言：个人是自身利益最好的和唯一的裁判者。社会无权干涉个人的行动，除非社会感到自己被个人的行为所侵害或者必须要求个人协助。

在美国，此种学说是被普遍承认的。我准备日后再观察它对日常生活行为所产生的影响，而此刻只谈它对乡镇产生的影响。

从同中央政府的关系来说，跟其他行政区一样，整个乡镇也像是一个个人来行使自己的权利。我在上面讲到的原理，同样也适用于乡镇和其他行政区。

所以，美国的乡镇自由发源于人民主权学说。乡镇的这种独立被美国的各州或多或少地承认。而新英格兰各州的环境则特别有利于这个学说的发展。

在联邦的这一部分，政治生活开始于乡镇。甚至我们可以讲，最初每个乡镇都是一个独立国。后来，几位英国国王相继要求行使他们的主权时，也不过仅仅限于州一级的权力。他们令乡镇保持了原状。目前，新英格兰的乡镇是从属的，但它们最初绝非这样或几乎不是这样。它们并没有从别处获得权力；相反，它们好像把自己的一部分独立让给了州。读者请务必记住这个重大的差别。

一般乡镇只在各乡镇共享的利益上服从于州，即在我称之为公益的利益上。

在只与乡镇本身有关的一切事务上乡镇仍然是独立的，而且我认为新英格兰的每一个居民都会承认，州有权干预纯属于乡镇的利益。

所以，在新英格兰的乡镇，打官司，买卖东西，或增减预算，州当局从来不予干涉，而且它也没有这样想过①。

①参见《马萨诸塞法令汇编》第1卷第250页：1786年3月23日法令。

对全州性的公共义务，它们必须尽到。例如，州需要钱，乡镇就没有同意或拒绝的自由[①]；州制定一项维持治安的法规，乡镇必须予以执行；州想修建一条道路，乡镇不能不让道路从其境内通过；州想在全州范围内实施统一的教育制度，乡镇就得设立法律规定学校[②]。在后面描述美国的行政组织时，我们将会谈到在上述情况下是怎样并通过何种途径逼迫乡镇服从的。现在，我只想指出这种义务是存在的。这种义务是必须尽的，但州政府在规定它时仅仅是指示一个原则；在执行的时候，乡镇往往又恢复了它的所有个体独立权。例如，赋税由州议会表决通过，却由乡镇计征税款；上级命令设立学校，却由乡镇花钱办学和管理学校。

在法国，是由国家的税务人员去收村镇的税；而在美国，则是由乡镇的税务人员去收州的税。

换句话说，在我们法国，是中央政府将它的官员借给了村镇；而在美国，则是乡镇将它的官员借给了州政府。这个事实已经充分表明，两个社会的差别是如何的大了。

新英格兰的乡镇精神

为什么新英格兰的乡镇被居民爱慕——欧洲难以养成乡镇精神——乡镇的权利和义务有利于在美国养成乡镇精神——乡镇在美国比在其他国家有更明显的特点——乡镇精神在新英格兰是如何表现的——乡镇精神产生的可喜成效

美国的乡镇，不仅有自己的制度，还有支持和鼓励这种制度的乡镇精神。

新英格兰的乡镇有个随处可见的鼓励人们进取的优点，这就是有权和独立。没错，乡镇的活动有其不可逾越的范围，可是在这个范围内，乡镇的活动是自由的。当面积和人口还不足以使乡镇独立时，表现为活动自由的这种独立性，就已经使乡镇占有事实上极其重要的地位。

不可否认，人们往往都热衷于趋炎附势；还可以看到，在一个被征服的国家里，人们的爱国心是不会持久的。新英格兰居民之所以爱慕乡镇，是因为他们认为乡镇是一个自由而强大的集体，而不是因为他们出生在那里。他们是乡镇的成员，而乡镇也值得他们去精心管理。

但在欧洲，由于统治者本人只承认乡镇精神是维持安定的公共秩序的一个重要因素，所以他们常常缺少乡镇精神，但不知道怎么去培养它。他们害怕乡镇独立和强大以后，会篡取中央权力，使国家处于无政府状态。可是，你不让乡镇独立和强大，你从那里就决不会得到公民，而只会得到顺民。

再以一个重要事实为例：新英格兰的乡镇组织得非常好，既能吸引各类居民向往

①参见《马萨诸塞法令汇编》第1卷第217页：1786年2月20日法令。

②同上书，第1卷第367页：1789年6月25日法令；第3卷第176页：1827年3月8（10）日法令。

依恋，又不会让他们产生贪欲。

县的官员虽然不是选举的，但是他们的权力有限。甚至连州也只有次要的权限，州的存在是无关紧要的。所以，几乎没人离开自己的事业中心，将自己的生活节奏打乱，去州里当官。

虽然联邦政府授给其管理人员权力和荣誉，但由此发达的人并不算多。总统是在达到一定的年龄之后才能取得的最高职位。关于联邦政府的其他高级官员，也可以说都是暂时性的，并且在任职之前，他们往往已在其他活动方面作出了成绩。事业上的壮志雄心，不会让他们以终生当官为目的。日常生活关系的中心，即乡镇，才是人们的求名思想、获得实利的需要、掌权和求荣的爱好之所向。这种常常困扰社会的情感在发作于炉灶旁边时，也就是在家庭内部时，就会改变它们的属性。

因此，在美国的乡镇，人民试图以巧妙的方法打破（假使我能够这样说的话）权力，从而让尽可能多的人参与公共事务。这样，经常开会审议乡镇的管理措施成为了选民的任务，而各式各样的官职，则独立于选民之外，在自己的职权范围内代表权力很大的乡镇自治体，并且以这个自治体的名义行动！所以，广大的人民群众都能做好工作，不必替乡镇政权操心，还能自觉地关注乡镇政权！

将乡镇政权同时分给如此多公民的美国制度，却不害怕扩大乡镇的权力。我们有理由相信，美国人的爱国心是通过实践而养成的一种依恋家乡的感情。

如此，可以说乡镇生活无时无刻不在使人感到与自己息息相关，无时无刻不在通过履行一项义务或行使一项权利去实现。这样的乡镇生活，让社会产生了一种不致打乱社会秩序而又勇往直前的稳步运动。

美国人眷恋其乡镇的原因，跟山区居民热爱山山水水相同。他们觉得故乡有一种明显的和独一无二的特色，有一种在其他地方都无法看到的特征。

通常来说，新英格兰的乡镇生活是幸福的。根据居民的爱好来选择乡镇的管理形式。在生活安逸和物质充裕的美国，乡镇的骚动其实不多，地方的事务也易于管理。并且，一直以来人民都接受了政治教育，或者可以说他们在这个地方落脚的时候就开始接受这种教育。新英格兰从来没有等级的区分。所以，乡镇中不存在一部分人欺压另一部分人的现象，而只是对独立的个人进行的惩罚，也会在征求全体居民同意后撤销。若是乡镇的管理有了漏洞（要指出这种漏洞，其实并不难），人们也不会耿耿于怀，原因是管理的依据事实上源于被治理的人，不管管理得好坏，他们必须得满意，用此来彰显他们做主人的自豪感。这种自豪感无可比拟。从前英国虽是统治所有殖民地的，但殖民地的人民却始终是自己管理乡镇的事务。所以，乡镇的人民主权不但古老，而且一开始就已存在。

新英格兰的居民眷恋着他们的乡镇，原因就是乡镇是强大的和独立的；他们关注自己的乡镇，原因是他们参与乡镇的管理；他们热爱自己的乡镇，原因是他们必须珍惜自己的命运。他们在乡镇上投放了自己所有的抱负和未来，还让乡镇发生的每一件事情与自己紧密相连。他们在有限的力所能及的范围里，尝试着去管理社会，让自已习惯于自由赖以实现的组织形式，若没有这种组织形式，自由就只能依靠革命来实现。他们体会到这种组织形式的益处，产生了遵守秩序的志趣，明白了权力和谐的好处，最终对他们的义务的属性和权利范围形成了明确的和合乎实际的概念。

新英格兰的县

新英格兰的县类似于法国的县——县的建制纯是出于行政考虑——没有代议制的任何因素——由非选举的官员来治理

美国的县跟法国的县有许多类似之处。不管是法国的县，还是美国的县，都是任意划分的。虽然县是个整体，但它所包含的各个部分之间既没有必然的联系，也没有共同的眷恋情感、传统及生活。县的建制纯粹是出于对行政的考虑。

乡镇的面积不大，没办法构建成套的司法体系。所以，县就成了司法系统的第一中心。每个县都设一个法院[①]、一名司法官和一座关押犯人的监狱。其中一些设施是一个县所有的乡镇几乎都觉得需要的，因此自然就需要成立县级机关来管理各乡镇的同类事务。在马萨诸塞州，这个机关的大权掌控在为数不多的几名官员手里，他们是州长依据州长咨议会[②]的提议任命的[③]。

县的行政官员只有非正规的和有限的权力，并且只能在为数不多的预定的事项中行使。一般是由州和乡镇来办理日常的事务。县的行政官员只编制本县的预算，随后交由立法机关通过[④]。县里不设直接或者间接代表本县的议会。

所以，严格地来讲，县里其实并没有政治生活。

美国大部分州的宪法，都存在一种双重倾向：一方面让立法者集中立法权，另一方面又让立法者分散行政权。新英格兰的乡镇，自身有它不可破坏的生活准则，却又需要把乡镇的生活虚构到县的活动中去。致使人们都没感觉到乡镇在县里发生作用。在州里，只有一个机构可以代表全体乡镇，那就是作为全州权力中心的州政府。除去乡镇活动和全州活动之外，可以说只存在个人活动。

新英格兰的行政

在美国没感觉到有行政——原因——欧洲人觉得要靠在公权方面剥夺某些人的权力来建立自由，而美国人觉得要靠分散某些人的权力来建立——几乎任何的行政工作可以说都划归乡镇，由乡镇官员掌管——不管是在乡镇还是在它的

---

①参见《马萨诸塞法令汇编》第1卷第551页：1821年2月14日法令。

②州长咨议会是由选举产生的。

③参见《马萨诸塞法令汇编》第2卷第494页：1819年2月20日法令。

④同上书第1卷第61页：1791年11月2日法令。

上级，都看不见行政等级森严的痕迹——如此的原因——那么，州又是如何一律成为行政单位的——谁授权使乡镇和县的行政服从法律——司法权进入行政部门——选举原则扩展到所有官职的后果——新英格兰的治安法官——谁来任命——县的管理——乡镇行政的监督——地方法院——办案方式——谁把案件提交法院来审理——同其他一切行政职务一样侦讯权和起诉权被多人掌管——以分得罚款的措施鼓励检举

到美国旅游的欧洲人最吃惊的，是这里没有我们平常会见到的政府或衙门。美国有成文法，并且人们每天都在执行。一切都在你的四周有条不紊地进行，可是你却到处找不到指挥者。操纵社会机器的是一只看不见的手。

然而，一切社会为了求得生存不得不服从于某种权威，就像人们为了表达自己的思想而需要依靠一定的语法结构一样，而失去这种权威，社会就会陷入无政府状态。这种权威可能有不同的表现形式，但不可否认它始终存在于某处。

一个国家要削弱权威的力量，一般有两种方法。

一是剥夺当局在某些情况下的自卫能力或自卫权利，以便从根本上削弱当局的权力。这种削弱权威的方法，一般是欧洲建立自由的方法。

二是缩小权威的影响：把社会权力分给许多人掌握，增设官职，使每一官职只有履行职务时所必需的权限，而不是去剥夺当局的某些权力或不去让当局的权力瘫痪。一些国家在运用这种方法分散当局的权力的时候可能会引发无政府状态，但这种方法本身却不是无政府主义的。可以说，用这种方法分散权威后，权威的作用虽然减少了危险性和不可抗拒性，但是并没有破坏权威本身。

正是对自由的发自内心的热爱推动了美国革命，而绝非对独立盲目的、没有限制的渴望。这个革命没有遭到造反激情的支持，反而是在爱好秩序和法治的口号下进行的。

所以，不要觉得在美国这个自由国度人们就可以随心所欲。相反，在这里，加于人们的社会义务要比其他地方多得多，人们始终坚持把权限的行使分给许多人，而不想从根本上打击当局的权力或否定它的权限。他们想以此来加强权威，削弱官吏，以使社会永远秩序井然而又保持自由。

世界上再也没有一个国家的法律能像美国的那样公正严明，也再没一个地方的公权能像美国的那样分管在如此众多的人之手。

美国的行政权结构既不是逐级分权的，也不是中央集权的。它在行使时不为人察觉的真正原因就在于此。虽然行政权存在，但是不知道它的代表在哪里。

前文曾经提到，新英格兰的乡镇不受任何上级机关的监护，是独立的。所以，它们自行处理本乡镇的事务。

乡镇的行政委员们，也通常监督执行或者亲自执行全州性的法律[①]。

州有时候也颁布一些全州性的治安条例，但全州性的法律除外。一般情况下，根据当地的需要，由乡镇当局或者乡镇官员联合治安法官，来规定本地的社会生活细则，公布有关正常秩序、公共卫生和公民道德的守则[②]。

最后，乡镇的行政委员们也可以自行处理乡镇常常发生的但又不能预见的一些紧急事项，而不受外来的任何指示[③]。

综上所述可知，在马萨诸塞州，行政权虽然几乎[④]全被乡镇所掌握，却分散在许多人的手中。

在法国的乡镇，严格来说，只有乡长或镇长是唯一的行政官员。

可在新英格兰，我们却发现至少有19种官员。

这19种官员一般说来彼此之间并无隶属关系。这些官员中的每个人的职权范围都由法律来规定。在允许的范围内，他们是完成本职工作的全权主人，只承认乡镇的权威。

假使把视线转移至乡镇的上级，也不容易看到行政等级的痕迹。有时，县的官员对乡镇或其行政委员作的决定[⑤]也进行修改，但总的来说，县的行政官员无权领导乡镇官员的行动[⑥]，前者只能在与全县有关的事务方面来指挥后者。

乡镇的行政官员和县的行政官员，在为数不多的预定事项上要同时向州政府的官员汇报他们的处理结果[⑦]。不过，州政府并不派专人去视察他们的政绩，去制定全州性

---

①参见《乡镇官员》，尤其是其中讲到的行政委员、财产估价员、收税员、文书、道路管理员等职务。比如，在这些数量庞大的官员中，一些人不向州提出理由就不得在礼拜天外出。这些人专门负责监督法律的执行情况，是乡镇的“十户长”（Tithingmen）。

参见《马萨诸塞法令汇编》第1卷第410页：1792年3月8日法令。

行政委员负责编制选举州长的选民名单，向州的选举办公室汇报投票选举的结果。参见《马萨诸塞法令汇编》第1卷第488页：1796年2月24日法令。

②比如，行政委员有权指定可以堆放垃圾的场所，指定可以防范邻乡侵犯本乡镇利益的某些商品交易场所，下令修筑排水沟。

参见《马萨诸塞法令汇编》第1卷第193页：1785年6月7日法令。

③比如，在发生传染病期间，行政委员必须处理公共卫生问题，并联合治安法官采取必要的防治举措。参见《马萨诸塞法令汇编》第1卷第539页：1797年6月22日法令。

④我说“几乎”的原因是，乡镇生活中的许多日常事务，都是由治安法官自行处理或协同县里的官员处理。比如，各种许可证或执照，都是由治安法官发放的。参见《马萨诸塞法令汇编》第1卷第297页：1787年2月28日法令。

⑤比如，对获得乡镇行政委员发给的品行优良证明书的人颁发表扬状。若是行政委员拒不发给这种证明书，那当事人可以向县法院的治安法官申诉，法院判决后即可颁发表扬状。参见《马萨诸塞法令汇编》第2卷第186页：1808年3月12日法令。乡镇有权制定细则，还负责检查细则的实施情况，例如，检查是否按规定的金额判处了罚款。不过，这种细则必须由县法院批准。参见《马萨诸塞法令汇编》第1卷第254页：1786年3月23日法令。

⑥在马萨诸塞州，评定乡镇行政委员的政绩时也经常会邀请县的行政官员。后文还将提到，他们的评定具有法院判决的效力，而并非行政措施。

⑦比如，乡镇的教育管理委员会必须逐年向州办公厅主任汇报学校的管理情况。参见《马萨诸塞法令汇编》第3卷第183页：1827年3月10日法令。

的治安条例，去颁布执行法律的命令，去跟县和乡镇的行政官员保持密切联系，去指导他们的行为和谴责他们的错误。

所以，行政权的半径所辐辏的圆心并不存在。

那么，如何根据一个大概统一的计划去指导社会呢？又如何能使县及其行政官员和乡镇及其官员服从呢？

在立法权涉及的范围上，新英格兰各州比我们法国更广阔。立法者几乎管到了行政当局的内部。法律规定到事情的细枝末节；一个法律既规定了原则，又规定了原则的应用方法；上级单位的法律，还给下级单位及其官员附加了很多严格而又细致的义务。

所以，只要所有下级单位和全体官员依法办事，社会的各个部分就会亦步亦趋地行动。可还存在一个问题，就是怎样能够让下级单位及其官员遵守法律。

大致可以说，社会只拥有两种强迫官员遵守法律的方法。

一是授予这些官员中的一个官员以指导其他官员，并在其不遵从时罢免他们的专制权力；

二是责成法院惩治违法的官员。

这两种办法中，任意一个都不总是能随意使用的。

指导一个官员的权力，必须以有权在他玩忽职守时给予罢免，在他兢兢业业履行全部职责时给予提升为前提。不过，对一个民选的行政委员来说，行政当局既不能免职，也不能提升，因为经选举产生的每个官员，直到他们的任期届满才能被撤换。事实上，只有当所有的公职都是由选举产生时，民选的行政委员才会有求于、有惧于选民。在此种情况下，官员之间就没有了实质的等级差别，因为发号施令权和镇压反抗权都没有集中在一人手中，指挥权也没有与奖惩权合并于一人身上。

所以，那些通过选举任用政府下层官员的国家，不得不广泛使用司法惩治来作为行政措施。

我们并不能马上就看出这种情形。统治者们将实施选举制度看成第一次让步，将允许法官惩治选举产生的行政官员看成第二次让步。他们都害怕这两种新办法，一旦他们非得选择其中一时，他们往往仍愿意使用前者，因此他们同意选举官员，并使选举出来的官员独立于法官之外。不过，因为情况十分清楚，不受司法权监督的被选举权迟早会失去控制或者被取消，只有同时使用这两种方法，才能使它们彼此抵消，保持平衡。在中央政权和经选举产生的行政单位之间，只有法院能够充当调停人。并且，也只有法院才能迫使民选的官员顺从，使他们不去侵犯选民的权利。

所以，司法权向政界的扩张，应当和被选举权的扩张协调起来，倘若两者不携手并进，国家势必会陷入一部分人欺压另一部分人的状态或无政府状态。

多少世纪以来，人们始终认为司法习惯没有成功地教育公民去行使行政权。

美国人从他们的祖辈英国人那里承袭了一种完全不同于欧洲大陆的制度，我指的是设置治安法官。

治安法官在解决行政机关与法院之间和民众与乡镇行政官员之间的纷争时总站在不偏不倚的立场。治安法官应是一位见识广博的公民，但不苛求要精通法律。他负责的是维持社会治安，比起法律知识，更需要良知和公正。当治安法官参与国家管理工作时，能为管理工作带来依法办事和凡事向群众公开的作风，而这种作风正是防止专横最强大的武器。不过，他们不应成为迷信法律的奴隶，一旦过度迷信法律，行政官员就会怠于行政管理。

美国人虽然采用了英国的治安法官制度，却摒弃了使它在母国出名的那种贵族性质。

马萨诸塞的州长①给本州的各县指定了一定数量的任期七年的治安法官②。

此外，他还从每县的治安法官中指定三人，由他们成立地方法院。

个别的治安法官也参与一般行政工作。有时候，他们也被委以一定的行政职务，联合民选的官员工作③；有时候，组成临时法庭，接受公民对行政官员的违法行为的检举或行政官员对拒不履行义务的公民的控诉。但其实治安法官执行其主要职务的场所还是地方法院。

地方法院在县城每年开庭两次。马萨诸塞州的法院有权强令大多数④民选的官员服从⑤。

必须指出，在马萨诸塞州，地方法院既是政治法庭，又是纯粹的行政组织。

前面已经讲过，县仅仅是一个行政区划⑥。由于地方法院主管的工作只有少数不多的与大部分乡镇或全体乡镇有关，所以任何一个乡镇都不能单独处理工作。

当涉及全县性的工作时，地方法院的工作是纯属行政性的。地方法院在处理工作的过程要经常按照司法程序，原因只是为了给自己的工作提供便利⑦，让被审理的官员了解

---

①后文还会详细讲州长的职权范围。接下来我要讲的是州长在全州的行政权。

②参见《马萨诸塞州宪法》第2章第1节第9款，第3章第3款。

③这种情况不少，举例来说：一个外乡人来到某个乡镇的传染病流行地区病倒了。两名治安法官可以附上行政委员的通知，命令县的司法官把病人移送到别的地方加以救治。《马萨诸塞法令汇编》第1卷第540页：1797年6月22日法令。

通常来说，治安法官能够参加所有的重要行政管理活动，并使所参与的工作产生半司法性质。

④这里讲的大多数，是由于行政委员的一些违法行为事实上可以移送普通法院处理。比如，一个乡镇拒不成立教育管理委员会或拒不设立管理学校所需的基金时，就要处以金额较大的罚款。而作出这种罚款决定的，就是被叫做最高法院或高等法院的普通法院。参见《马萨诸塞法令汇编》第3卷第190（192）页：1827年3月10日法令。某个乡镇拖期不交军用粮秣，同样要罚以巨款。参见《马萨诸塞法令汇编》第2卷第570页：1822年2月21日法令。

⑤治安法官可依据自己的能力参与乡镇或县的政府工作。乡镇的一些重要工作，一般都会有一名治安法官协同处理。

⑥由地方法院负责办理的、属于县的工作，可能有以下几种：

1）设置监狱和成立法庭；2）编制全县预算（交州的立法机关表决）；3）计征州立法机关表决的税收；4）颁发各种证件和执照；5）建造和维修全县的道路。

⑦例如，遇到处理道路建造和维修的问题时，地方法院须求助陪审团来解决它在处理过程中遭遇的几乎所有的难题。

处理的法律依据。在审理乡镇的行政官员时，它几乎总是以司法机关的身份来工作，只有在极少数的情况下才作为行政机关出现。

在这里遇到的第一个难题，是怎样使乡镇这个几乎是独立的政权实体服从州的一般法律。

前面已经讲过，乡镇每年都要任命一定人数的财产估价员来计征税收。但乡镇可能以不任命财产估价员的方法来逃避纳税的义务。此时，对这样的乡镇，地方法院可罚以巨款[①]。罚款依据法院的判决分给全部居民。县的司法官作为执法人员来执行判决。所以，在美国，行政当局似乎喜爱躲在暗处进行仔细查验，使行政命令罩上司法判决的面纱。如此，由于行政当局拥有被人们认为合法的这种几乎无法抵抗的权力，而让它的权限更大了。

这样的做法容易被人接受，而且是不难推行的。通常来说，要求于乡镇的事情，都是以明文清清楚楚规定的。这种规定并不复杂，很简单，不列出细节，而只写出原则[②]。不过，在使乡镇服从时，或者在使乡镇官员服从时，还是会遇到困难。

一个公职人员能够做出的应受斥责的行为，归纳起来有下列几种：

他在履行法定的义务时不热心，行事懒散；

他或许没有履行法定的义务；

最后，他可能做出法律明令禁止的事情。

官员的后两种失职行为是法院要追究的，但必须依据确凿可查的事实进行审理。

在乡镇进行选举时，乡镇的行政委员有时候会忽略法律规定的手续。此时，他可能被罚款[③]。

不过，在官员履行职责不熟练时，或在执行法律的规定时不热心、行事懒散时，完全不受法律惩处。

尽管地方法院被授予行政权，但在这时它也对这些官员的不服从无能为力。只有害怕免职的心理才可能防止这样的轻微犯罪，但地方法院没有让乡镇政权恐惧的手段，它不能罢黜非它任命的官员。

并且，为了查处玩忽职守和混饭吃的官员，还必须对下级官员经常进行监督。可是，每年地方法院只开庭两次，没有监督的责任，只是对被检举的应予斥责的违法事件进行审理。

只有果断罢黜公职人员的方法，才是强迫他们切实而积极地服从的唯一保证，而用一般的司法措施却是无法办到的。

---

①参见《马萨诸塞法令汇编》第1卷第217页：1786年2月20日法令。

②有一种间接方法可使乡镇服从。例如，按照法律规定，乡镇必须保证道路完好，如它由于疏忽而未能申请所需的经费，则负责管理道路的乡镇行政官员有权征集必要的资金。由于他本人能够查验道路失修的具体缘由，并就此向地方法院起诉，因此他自然能对乡镇行使法律赋予他的特权。如此，地方法院就利用追究失职的官员的方法迫使乡镇服从。参见《马萨诸塞法令汇编》第1卷第305页：1787年3月5日法令。

③参见《马萨诸塞法令汇编》第2卷第45页：1861年3月7日法令。

在法国，这种保证体现在行政等级制度中；而在美国，则体现在选举制度中。

下面，我对前面的内容作一下简要的总结：

新英格兰的公职人员在执行职务中犯罪的，普通法院能够随时传讯他们；犯有行政过错的，只有纯行政性法庭有权惩处他们，而若是情节严重或者事关重大，则法官须作出其身为一个法官应作的判决①。

最后，在同一公职人员犯了难以判定的罪行时，而上述法庭又不能确定其是否有罪的，应在当年移交给一个不许上诉的法庭去审判。这个法庭就能够立马剥夺他的权力，收回他的委任状，罢免他的官职。

这个制度自身确有很大优点，可有一点是必须要指出的，即执行起来存在实际的困难。

前面提过，地方法院的行政性法院无权监察乡镇的行政官员。只有在受理案件之后，才能获得这种权限。这也正是这个制度的弱点所在。

新英格兰的美国人没有给地方法院设置检察官②，而且我们也应该看到，只设置一名检察官对他们来说也很难办到。若是只在县城设置一名检察官，在乡镇却没有他的助理，比起地方法院的成员他能更熟悉全县的情况吗？而若是在每个乡镇都给他设置助理，就意味着将行政和司法大权都集中在他一个人身上。并且，都是习惯产生法律，而英国的立法从来没有类似的规定。

所以，美国人把侦讯权与起诉权分开，就像在分设其他一切行政职务时一样。

大陪审团的成员必须按照法律将本县可能发生的各种犯罪行为通报给他们所服务的法院③。有些重大的渎职罪，交给相应的高级检察机关起诉④。对违法者的惩处，通常是由财务官员来执行，也就是负责收纳被处的罚款。所以，乡镇司库一旦查出违法事件，大部分他都可以自己直接起诉。

不过，美国的立法十分重视个人的权益⑤。这也是我们在研究美国的法律时常常碰到的主要原则。

美国的立法者觉得，虽然不能过于相信人的忠诚，但他们确信人都是有理性的。所以，为了保障法律的顺利执行，他们总是关注私人权益。

于是不难想到，不管制定的法律条款对全社会如何有利，若是个人得不到一点实惠，那谁也不愿去做原告。所以，形成一种默契，就不会动用法律了。

---

①比如，一个乡镇拒不任命财产估价员，则地方法院就可任命，而经选举产生的乡镇行政官员仍保留其作为民选官员的所有权利。参见前引的1786年2月20日法令。

②“为地方法院设置”，是因为普通法院设有一名执行某些检察任务的官员。

③比如，大陪审团的陪审员有向地方法院通告道路的情况的责任。参见《马萨诸塞法令汇编》第1卷第308页。

④比如，县的司库未能提交财务报告。参见《马萨诸塞法令汇编》第1卷第406页。

⑤比如，维护不好的道路使某人的车辆毁坏或身体受伤时，此人可以向地方法院起诉，请求负责维修这段道路的乡镇或县赔偿损失。参见《马萨诸塞法令汇编》第1卷第309页。

美国人的制度让他们走上了这种极端。在这种情形下，美国人就不得不鼓励检举，使检举人依据某些条件分得一部分罚款[①]。

这种不惜败以坏风尚为代价来保证法律执行的办法显然是有害的。

当然，县的行政官员之上的官员就只有统治权，而没有行政权了。

美国行政概况

联邦各州之间在行政制度上的区别——越往南方，乡镇当局的活动越不充分，越不积极——官员的权力愈大，选民的权力愈小——行政权从乡镇转向县——纽约州、俄亥俄州、宾夕法尼亚州——可在全联邦运用的一些行政原则——公职人员的选举与职位的终身性——无等级制度——司法手段应用于行政

上文提到，在认真研究新英格兰的乡镇和县的组织之后，再概述联邦的剩下部分。

每个州都有乡镇并实行乡镇自治，但是每个州的乡镇和新英格兰的乡镇并不完全一样。

越往南走，乡镇的自治程度就越低，乡镇的官员职责和权限就越少，居民对乡镇事务的影响与其他地方相比，也不那样直接，召开乡镇居民大会的时间就越少，而大会讨论的问题的范围也就较小。所以，民选官员的权力较大，选民的权力较小，乡镇的自治精神也就越差[②]。

这种差别在纽约州开始出现，而到宾夕法尼亚州就已经非常明显，若你尚未去过西北地区，还不会对这种区别感到诧异。建立西北诸州的大部分移民来自新英格兰，他们将故乡的行政习惯带给了第二故乡。俄亥俄州的乡镇同马萨诸塞州的十分相似。

前文提到，在马萨诸塞，乡镇手里掌握着公共行政的大权。人们的利益和眷恋的集

---

①当有敌人入寇或发生暴乱时，如果乡镇的官员玩忽职守，不向民兵提供必需的物资和军需，乡镇可被处以200～500美元（等于1000～2700法郎）的罚金。

十分明显，光是这样的规定，没有人会有兴趣，也不想去做原告。所以，又补充了规定：

“所有公民都有权告发相似的罪行，并分罚金的一半给检举人。”参见《马萨诸塞法令汇编》第1卷第236页：1810年3月6日法令。

在马萨诸塞州的法律中，类似的补充规定屡见不鲜。

有时，法律不是以这种办法鼓励个人去检举公职人员的，而是以此鼓舞官员去惩治个别人的对抗行为。比如，某个居民接到通知后拒不参加一条大道的修筑工程，道路管理员有权揭发此人。若是此人被罚，道路管理员可获一半罚款。参见《马萨诸塞法令汇编》第1卷第380页。

②参见《增订纽约州法令集》第4编第11章《乡镇的权限、职责和特权》第1卷第336～364页，阿尔巴尼，1829年版。

参见《宾夕法尼亚法律选编》中的“治安员”“财产估价员”“收税员”“济贫工作视察员”“道路管理员”等条款，以及《俄亥俄州一般性法令集》第412页：1834年2月25日有关乡镇的法令。对乡镇的各种官员，如“乡镇文书”“济贫工作视察员”“遗孤财产保管员”“护青员”“财产估价员”“乡镇司库”“道路管理员”“治安员”，都有具体规定。

合中心是乡镇。可越往南方各州走，乡镇就不再是这样的集合中心了。在这些州，教育还不十分普及，因此培养出来的人才很少，能胜任行政工作的人则更少。所以，离新英格兰越远，行政工作几乎全都转移到县里。县变成了主要的行政中心，成为介于普通公民和州政府之间的权力机关。

我曾说过，在马萨诸塞，由地方法院主理县的事务。数名官员组成地方法院，但必须通过州长及其咨议会委任。县没有议会，由州立法机关投票表决它的预算。

但在纽约州这样的大州，以及在俄亥俄州和宾夕法尼亚州，每县的居民选出一定人数的代表，这些代表的会议就是县的带有代议制属性的议会①。

县的议会在一定范围内向居民征税，这一点跟真正的立法机关一样。并且，它又行使县的行政权，指挥乡镇的大部分行政工作，将乡镇的权力控制在比马萨诸塞乡镇的权力要小得多的范围内。

这就是联邦各州在县和乡镇的组织方面表现出的主要区别。假如我一直研究到执行方法的细节上，还能找出更多的不同点。不过，我的目标不是讲述美国的行政权。

我想我上面讲的，已经能够说明美国的行政工作是以哪些原则为基础的。这些原则得到不同的运用，其成效的大小也因地而异，不过它们的根本精神处处都是相同的。法律的内容不断变化，法律的外貌也不断变化，但给予法律以活力的依旧是同一种精神。

乡镇和县，并不到处都是靠相同的方式建立起来的；但能够说，在美国，乡镇和县的组织均以同一思想为依据，即认为每个人只在面对与本身利益相关的事情时是最好的裁判者，完全可以以自力满足自身的需要。所以，乡镇和县只负责照顾人们的公共利益。州仅仅统治，而不理行政。在应用这一原则时当然有例外，但也都不能反对这一原则。

这个原则产生的第一结果，是由居民自己选择乡镇和县的全部行政官员，或至少是从自己人当中选择这些掌权的官员。

行政官员到处都是选举的，或至少不能任意罢免，因而各处都不会产生等级制度。所以，几乎有多少官职就有多少独立的官员。行政权被分掌到数人手中。

既然各处都没有行政等级制度，行政官员都是选举产生并在任职期满之前不得罢免，因此必须创建某种制裁行政官员的制度。于是就产生了罚款制度，以把下级机构及其代表纳入法律的制约。在美国，从南到北，从西到东，都采用了此种制度。

可是，在所有的州中，采取紧急行政措施或惩治行政犯罪的权力，并不集中在同一个法官身上。

英裔美国人采用的治安法官制度，都是出于同一来源。虽然各州都存在这种制

①参见《增订纽约州法令集》第1卷第11章第304页，第12章第366页；《俄亥俄州一般性法令集》第263页；1822年2月25日有关县行政官员的法令。

参见《宾夕法尼亚法律选编》第170页："县税"和"征用"条。

在纽约州，每个乡镇各选一位代表，这个代表既参与本乡镇的行政工作，又参与县的行政工作。

度，但并不总是用于同一目的。

各地的治安法官都参与乡镇及县的行政工作[①]：有时审理行政犯罪行为，有时亲自办理行政工作。不过在大多数州，重大的行政犯罪案件仍由普通法院来审理。

因此可知，实施行政官员的选举和任期未满以前不得罢免的制度，都没有行政等级制度，把司法手段用于下级的行政部门——这正是美国从缅因到佛罗里达实施的行政制度的主要特征。

在一些州里，开始见到行政权集中的迹象。在这条道路上走在最前面的是纽约州。

在纽约州，州政府的官员对下级县及乡镇的治理，有时可以称得上是监督和控制[②]。有时，州政府的官员也成立一种审理上诉案件的上诉法院[③]。在纽约州，将司法处分看做行政手段的情况要比其他州少，但对行政犯罪行为的起诉权却被少数人掌握[④]。

在其他某些州，也刚开始出现这种倾向[⑤]。不过从全局来看，仍可以说过度的地方分权，是美国公共行政的显著特征。

关于州

上面我已经描述了乡镇及其行政，现在开始介绍州及其政府。

有关州的问题，我可以一笔带过，而不必担心人们会不明白。我所说的这些，都是写在每个人都能读懂的各州的成文宪法里的[⑥]。并且，这些宪法本身都是以一个简明

---

①即使在南部各州，由县法院的法官负责办理行政犯罪案件，也是这样。参见《田纳西州法令集》中的“司法制度”“税收”等项目。

②比如，国民教育的领导权就已集中在州政府手中。立法机关任命大学的评议员，而州长和副州长就成为评议会的当然成员。参见《田纳西州法令集》第1卷第456页。每年大学的评议员视察各院校，向立法机关提交年度报告。评议员对学校的监督并非有名无实，尤其是因为高等院校为了让自己能够买卖和处理财产而必须具备法人（公司）资格，而法人资格需要有许可，但这种许可只能依据评议会的申请由立法机关颁发。每年州要为专门设立的奖学基金支付利息，而这笔基金正是由评议员们提供的。参见《增订纽约州法令集》第455页。公立学校的负责人每年应向州主管教育部门送交学校工作报告。参见《增订纽约州法令集》第631页。

③若是某人认为自己受到学校管理委员（他是乡镇的官员）发布的文件的侵害，他可以向小学学监控诉，而小学学监的裁决是最终裁决，不允许再上诉。参见《增订纽约州法令集》第487页。

在纽约州的法律中也随处可见，一些规定与我刚才作为例子引用的规定类似。但总体来说，这种集权化的倾向不强而且效果很小。在赋予州的主官们监督和领导下级人员的权限时，并没有赋予他们奖惩下级人员的权限。一般不允许同一个人既负责发号施令，又有权制裁违抗行为。所以，他没有制裁权，而只有命令权。

1830年，一位学监在其提交给立法机关的年度报告中斥责学校管理委员没有根据他的意思传达他下发的总结。接着，他说：“若是再犯这种错误，我将依照法律规定，向管辖法院控诉他们。”

④比如，每个地方检察官有权追索50美元以上的各类罚款，但以法律没有将这项权限赋予另一个官员为限。参见《增订纽约州法令集》第1卷第383页。

⑤马萨诸塞州也有行政权集中的若干痕迹。比如，每年地方的学校管理委员会应向州办公厅主任送交报告。参见《马萨诸塞法令汇编》第1卷第367页。

⑥可参见《纽约州宪法》。

而合理的学说为基础的。

其中的大部分条款，已被所有立宪国家所采用，为我们所熟知。

所以，在这里我只作简单的描述。将来，我再对我所介绍的一切进行评述。

州的立法权

立法机构分为两院——参议院——众议院——两个院的不同职能

州的立法权归属两院，通常称第一个为参议院。

参议院一般是立法机关，但有时也成为行政和司法机关。

依据各州宪法的规定，参议院以各种不同的形式参与行政工作[①]，而它通常是在官员竞选之时进入行政权领域的。

当审理一些政治案件时，有时在审理一些民事案件时[②]，它也享有司法权。

参议员的人数总不是很多。

另一个立法机关，一般叫做众议院，它没有任何行政权，只在向参议院控诉公职人员时拥有司法权。

两院议员的当选条件，在每个州几乎都是一样的。他们都是由同样的公民，按照同样的方式选举出来的。

参议员的任期一般长于众议员，是这两者之间唯一的差别。前者通常任期两年或三年，后者的任期则很少超过一年。

法律授予参议员以任期长和连选连任的特权的原因，是要在立法机关内保留一些已经熟悉公务以及能够对新当选参议员产生有利影响的核心人物。

美国人在把立法机关分成两院时，从未想过将其中的一个建成世袭的，另一个建成选举的。他们也不曾想让其中的一个成为贵族的机构，另一个成为民主的代表。他们的目的也不是令前者支持政权，令后者支持民意和人民的利益。

将立法权力分开，从而抑制了国会的活动，还建立了审查法律的上诉法院——这正是美国现行的两院制带来的唯一益处。

随着时间的推移和经验的积累，美国人发现，能带来这种好处的司法权分割，还是一种急切的需要。在整个合众国里，只有宾夕法尼亚州曾第一个想要建立单一的议会。在人民主权原则的逻辑推理的驱动下，富兰克林本人也同意了这项方案。可是不久，宾夕法尼亚州却不得不修改法律，而成立了两个议院。这样，司法权分散的原则得到了承认，因此人们以后就能想到，必须使立法权分属多个立法机构，这是一个早被证明的真理。这个几乎不被古代的共和国所知的真理，就像无数的伟大真理一样，刚一出世之时曾被很多现代国家所误解，但最终还是作为如今政治科学的一项公理而被传播开来。

---

①在马萨诸塞州，参议院不担任任何行政工作。

②例如在纽约州。

州的行政权

美国一个州的州长——他在立法机构面前的地位——他的权利和义务——他对人民的依靠

州长是州的行政权的代表。

我用“代表”这个词，并不是出于随意。实际上，州长正是行政权的代表，可他只行使他所拥有权力中的一部分。

这位被称为州长的最高官员，既是立法机构的顾问，又是它的主宰者。否决权是他的武器，能够随意裁撤或至少延迟司法机构的行动。他向立法机构说明本州的需要，提出他认为足够满足这些需要的有效方法。他是立法机构对同全州有关的所有活动所作决定的当然执行者①。当立法机构休会时，他不得不采取各种恰当的措施，以避免出现骚动和意外危险。

全州的军事大权由州长掌握。他既是武装力量的首长，又是国民军的司令。

当人们依法同意的州的权威遭到否认时，州长可以率领州的武装部队镇压骚动，恢复正常的社会秩序。

最后，除因指定治安法官②而间接地参与地方的行政工作外，州长并不参与乡镇和县的行政工作，而治安法官经他委任之后，他也无权罢免。

州长由公民选举，通常只能选任一到两年，这样就把他置于常常受到选他的大多数选民的严密监视之下。

美国的行政分权的政治效果

政府集权和行政集权之间存在的差异——在美国，行政不集权，但政府却相当集权——行政的极端分权在美国引起的不良后果——这种做法对行政工作的益处——监管社会的行政人员比不上欧洲的正规、文明和有学识，但他们的权力却比欧洲行政人员的大——这种做法在政治上的益处——在美国，国家意识表现在各个方面——被管理者对政府的支持——社会情况愈民主，就愈需要完善地方组织——原因

“集权”是目前人们惯用的一个词，但通常来说，还未曾有人给它下个精确的定义。

事实上有两种性质十分不同的集权，对此必须分辨清楚。

某些事情，比如，制定全国性的法律和本国与外国的关系问题，是和全国各地都休戚相关的。

---

①事实上，有时州长也不执行立法机构通过的议案。一般是在立法机构投票表决一项议案的同时，便指定专人去执行。

②在许多州，治安法官并不是由州长任命的。

而某些事情，就像地方的建设事业，则是国内的某一地区所特有的。

我把前一类事情的领导权集中在同一个地方或者同一个人手中，这样的做法叫政府集权。

而把第二类事情的领导权以同样方式集中的做法叫行政集权。

这两种集权在某些地方界限不清，但从整体上来观察它们各自管辖的对象时，就很容易把它们区分开来。

明显地，如果将政府集权与行政集权相结合，那它就能获得无限的权力。于是，它就会令人习惯于长期地完全不敢表达自己的意志，习惯于在所有问题上或天天表示服从，而不是在一个问题上或只是暂时地表示遵从。所以，它不但能用自己的权力制伏人民，还能利用人民的习惯来驾驭人民。它首先把人民彼此孤立起来，然后再逐个击破，让他们成为顺民。

这两种集权彼此吸引，相互帮助，但我决不认为它们是不能分开的。

路易十四时期，法国曾出现了最强大的集权政府，致使人们可以认为只有他一个人就能够制定国家的法律，并有权解释这些法律，对外代表法国和恣意妄为。他声称“朕即国家”，而且他总有道理。

可在路易十四统治时代，行政集权的情形却大不如今。

现代英国政府的权力也不小，政府集权达到了它可能达到的顶峰：国家就如同一个独立的个体在活动，它能够随意把广大的群众发动起来，集结自己的全部权力，并将它投放到它想去的任何地方。

50年来完成了如此宏伟大业的英国，并没有实行行政集权。

对我个人来讲，我无法想象一个国家没有强大的政府集权可以生存下去，特别是会繁荣昌盛。

但我相信，行政集权只能令它管理下的人民衰颓消沉，因为它在不断消磨人民的公民精神。没错，在一定的时代和一定的区域，行政集权能够把国家所有的可以使用的力量聚合起来，但这会影响这些力量的再生。它也许会迎来战争的胜利，但也会缩短政权的寿命。所以，它也许对一个人转瞬即逝的伟大非常有帮助，但对一个民族的持久繁荣却无济于事。

再强调一点，在人们讨论一个国家由于没有实行集权而无所作为的时候，他们几乎总指的是他们还没有真正理解的政府集权。有的人一再强调，德意志帝国从来就没有让它的力量产生可能取得的一切好处。我完全同意这个看法。可是，原因呢？因为全国的力量一直都没有集中，因为国家始终未能让全国人民遵守通行于全国的法律，因为这个有机整体内的几个各自为政的部分总有权利或机会拒绝同全国最高当局的代表合作，甚至在与全体公民的利益相关时也是这样；也就是说，是由于它没有政府集权。这句话同样适用于中世纪。所以，在中世纪，封建社会发生了各种苦难；行政权、统治权，都被分掌在许多人手中，被分割成许多部分。因为完全缺乏政府集权，却最终妨害了当时的欧洲各国生机勃勃地向任何一个目标前进。

前文已经提到，美国没有行政集权，也不容易在那里发现等级制度的踪迹。我认为美国的地方分权已经达到使任何一个欧洲国家不是感到不愉快，甚至是觉得无法忍受的地步；而且这种分权在美国国内也产生了一些不良后果。可美国的政府集权同样达到了很高的水平。不难证明，美国国家权力的集中要比欧洲以往任何一个君主国家都高。每个州不仅只设一个立法机构，而且只设一个可以创造本州政治生活的行政机关；而且，通常也不准数个县的议会联合行动，以避免它们企图超越自己的行政权限而干涉政府的工作。在美国，没有任何力量能够反对每州的立法机关。不论是特权，还是地方豁免权与个人影响，甚至是理性权威，都阻挡不了它的前行，因为它代表着多数人，而多数人又觉得自己就是理性的唯一代言人。所以，它能够随心所欲，除了它的意志外，再也没有什么东西能够使它的行动受限。站在它一方并被它控制的，是负责用强力来迫使不满分子就范的行政权的代表。

只在政府工作的一些细枝末节处，还有着一些弱点。

美国的各共和州，不存在用来镇压少数人的常备军，不过少数人直到现在还没能发展到可以发动战争并让州觉得必须建立一支军队的地步。州在同公民打交道时往往是利用乡或者县的官员。例如，在新英格兰，由乡财产估价员来计算税额，由乡税收员征收计征税金，由乡司库把收到的税款移交州库，由普通法院审理税务纠纷。这样的征税办法不便而且迟缓，常常会妨碍大量需要款项的政府工作。通常来讲，凡和政府的生存有重大关联的事务，都该由政府自己委任并可以随时撤换的善于迅速处理工作的官员担任；不过，像美国这样创建起来的中央政府，总是倾向于按照需要去采取比较得力和有效的行动手段。

所以，并非像人们通常所讲的，由于美国并未实行中央集权，新大陆的各共和州便将自行毁灭。可以说是美国各州的政府过于集权了，而并非是集权不够。关于这一点，我以后再来论证。每天各级立法会议都在侵吞政府的这种或那种权力，如同法国的国民公会所做的一样，试图将一切权力控制在自己手中。可是，像这样集中起来的社会权力却经常易手，因为它是从属于人民的权力的。它经常表现为缺乏理智和远见，因为它可以为所欲为。这也正是它的危险之处。所以，能够有朝一日让它覆灭的，正是它的力量本身，而绝非它的软弱无能。

行政分权，在美国产生了几种不同的结果。

在我看来，美国人几乎把行政从政府中完全独立了出来；在这个问题上，他们似乎违反了常识，越出了常规，因为即便在一些次要的事情上，全国也需有一个统一的制度①。

州没有任命行政官员担任其境内各行政区划的固定公职，因而不能建立共同的惩罚制度，结果也就很少想到颁布全州统一的治安条例。然而，颁布这种条例，明显是

①我觉得，即使代表州的当局不亲自管理行政，也不应舍弃监察地方行政的权力。比方说，在每个县里指派一位州的官员担任固定的职务，赋予他审理该县及其所辖乡镇发生的犯罪案件的司法权。但若是不侵犯地方的独立，就能因此建立统一的制度吗？在美国，各县都没有派驻州官。在县法院之上，也没有任何司法机构，并且这些法院只在接到应予惩治的行政性犯罪案件时才会临时开庭。

必要的。欧洲人在美国总见不到这种条例。这种表面上的紊乱外观，最初会让欧洲人觉得美国社会处于完全的无政府状态；而一旦他们深入考察事物的本质后，就会发现原来的看法并不正确。

虽然有些事情关系到全州，但由于缺少管理它们的全州性的行政组织而导致无法统一进行。将这些事情交给乡镇或县，由选举产生的有规定任期的官员去办理，结果不是一事无成，就是坚持不了多久。

欧洲的集权主义拥护者们坚信，由中央政府管理地方行政，比由不会管理地方行政的地方当局自己治理要好。这种看法，当地方当局无知，而中央政权有知的时候；当地方当局消极，而中央政权积极的时候；当地方当局惯于服从，而中央政权惯于工作的时候，可能都是正确的。我们甚至觉得，随着中央集权的增强，就会加速这种向两极发展的趋势，也就是说，当一方权能日益加大时，而另一方却日渐无能。

可是，当人民能和美国人一样有知，关心自身的利益，并且习惯于思考自身的利益的时候，我认为这种情况就不会出现了。

相反，在这种情况下，我坚信公民的集体力量永远能比政府的权力创造出更大的社会福利。

我承认，在某种情况下不易找到唤醒一个沉睡的民族的方法，去使他们产生他们从未有过的激情和知识；我了解，说服人们应该为自己的工作去努力也很困难；让人们学习宫廷礼法的细节，通常比让他们去修理公众住房更能激起他们的兴趣。

然而，我也相信，当中央的行政部门一心想要替代下级机构的自由竞赛时，它就算不是在自误，也是在误人。

不管一个中央政府如何精明强干，也不能依靠自己去了解一个大国生活的一切细节，不能明察秋毫。它无论如何做不到这样，因为这样的工作已经远非人力所及。当它要独自制造这么多发条还要让它们发动的时候，其结果要么是不完美，要么是徒劳无功地白白消耗自己的精力。

没错，中央集权容易促使人们的行动在表面上保持一定的一致。虽然这种一致源自爱戴中央集权，但人们却不明白这种集权的意图在哪儿，就像信神的人膜拜神像而忘记了神像所代表的是哪个神一样。最后，中央集权就会毫不费力地赋予国家的日常事务以秩序井然的外表，细致地制定出全国治安条例的细则，及时镇压小规模的叛乱、惩治轻微的犯罪行为，令社会维持既无实质的落后又无真正的进步的状态，令整个社会永远处于被官员们惯于称之为社会安宁和秩序良好的昏昏欲睡的按部就班的状态[①]。总之，中央集权保守有余，而创新不足。当它引发社会产生巨大动荡，或使社会

①我认为，以最集权的行政为被统治的人民提供社会安逸的最好代表是中国。我听一些旅行家说：中国人有安逸而无幸福，有百业而无进步，有保守而无创新，有严谨的制度而无共有的品德。在中国人那里，虽然社会仍然在前进，且前进得相当好，但决不是特别好。我觉得，一旦中国对欧洲人开放，欧洲人就会从它那里得到世界上现存的最好的行政集权的典范。

加速前进的步伐时，就会失去控制的力量。只要它的各项措施都需要公民的帮助，马上就会暴露出这架庞大机器的弱点来，立刻处于无能为力的状态。

有时，中央集权的政府在迫不得已时，也想要向公民求援，但它却对公民们讲："你们行事必须按照我的意思，叫你们做多少你们就做多少，必须做得与我想的分毫不差。你们只去管那些细枝末节，而别妄想去指导整体。你们要一声不吭地工作，等以后再根据结果来评定我的所作所为。"如此的条件如何能让人们愿意帮它呢？人们需要自由地行动，愿意为自己的行为负责。所以，人们宁愿在那里停滞不前，也不想盲目地走向他们一无所知的地方。

不可否认，对美国缺少每天领导我们每个法国人生活的那种统一制度我感到遗憾。

偶尔会看到一些好像与周围的文明完全抵触的污点，有时候也遇到一些证明社会对人冷漠和不够关心的实例。

因为在美国也同在其他国家一样，不乏源于一时的兴头和突发的冲动而引发的人民的行动，有些需要持续关注和严谨从事的公益事业，却是虎头蛇尾。

欧洲人很难采用美国的那种复杂的乡镇行政制度，因为习惯于遇事就能找到一位几乎可以承办一切事务的官员。通常来说，美国忽略了可以认为能够使人民生活安逸和舒畅的治安细则；但是社会对人的主要保障，美国还是应有尽有的，这一点同其他国家是一样的。美国各州行使的权力不如欧洲井然有序且富于教育指导意义，却胜过欧洲百倍。世界上再没一个国家能够使它的人民最终为社会福利作出如此大的贡献。我还不知道哪个民族设立的学校有如此多的数量和如此好的效果，建筑的教堂如此适合居民的要求，修筑的乡间公路保养得如此完好。所以，到美国无须去找外观上的持久性和一致性，应去找对细节的详尽安排以及行政手续的完备规定[①]；我们在那里见到的，是一个确实有些粗犷，却饱含强大力量的权力机构，一幅常常发生意外，却富含生机和锐意进取精神的生活美景。

让我说的话，我觉得比起由美国的乡村和县城从当地选出的官员管理，它们由远离它们和被它们永远视为异己的中央政权管理更为有效。如果让我判断的话，我相信当美国全国的行政被集中到一个人手上时，会将美国治理得更加安全，会让美国的社

①一位天才的作者在以美国的财政与法国的财政对比例证时说，智慧永远无法代替具体的知识，因此有理由责备美国乡镇预算中存在的混乱。在介绍过法国一个省预算的编制实例后他接着说："因为一位伟人的值得称颂的创造，即中央集权，王国各地的地方预算，从小小的乡镇预算到大城市的预算，才能够有章可循和条理分明。"当然，我也佩服这项成果，但我看到拥有完备的会计制度的法国乡镇，大部分对其真正的利益一无所知，处于难以忍受的麻木不仁状态，致使人觉得社会是在等死而不是在生活。另一方面，我觉得美国那样的乡镇，虽其预算未按规定的章程编制，甚至也没有统一的格式，但其居民是聪明的、积极的和乐于进取的。我认为那里的社会一直在前进。这种情景使我惊异，因为我认为一个良好政府的主要目的不在于不顾人民的疾苦而建立一定的秩序，而在于为人民造福。所以我在思考，是否可以把法国的乡镇悲惨而预算制度完备，美国的乡镇繁荣而财政混乱的原因都归咎于我所说的这个道理呢？总之，我觉得恶中带善越多越好，善中带恶越少越好。

会资源得到更为合理和合适的利用。不过美国人从地方分权制度中获取的政治好处，却使我对这一制度心驰神往。

即便存在一个常驻的权威当局，它常常关心我的享乐不受干扰，扫除我前进道路上的所有阻碍，不用我对此操心，但正是这个把我生活中的任何一点小困难都照顾到的当局，假如是我的自由和生命的专制主人，包办整个社会的生活和活动，致使一旦它无精打采四周的一切也得了无生机，一旦它睡觉时四周的一切也得睡觉，一旦它死去时四周的一切也得灭亡，那它对我又有什么益处呢？

有些欧洲国家，它的居民认为自己是外来的移民，对当地的命运漠不关心，对国内发生的一些重大事件他们都未参加，甚至并不确切明白事情是怎样发生的，只是似乎感觉到了，或偶尔听过他人叙述某某事件而已。更夸张的是，他们对教堂教士的处境、街道的治安、自己村庄的遭遇，都无动于衷。他们觉得，这一切事情与他们都毫无干系，应该由强大的第三者——政府去加以管理。他们觉得自己只是作为一种拥有用益权的人来享有他们拥有的财产，对这些财产既无占有的思想，又无任何改良的念头。这种对自己麻木不仁的态度，竟然发展至当他们自身或其子女的安全遇到危险时，他们不但不去排除危险，反而坐等全国前来救援的地步。而且，虽然这种人能够完全牺牲自己的自由意志，但决不会比其他人更愿意遵从。没错，对一个小军官的随意摆布他们都会表示服从，但一旦部队撤退，他们就像战胜了敌人似的敢于违纪犯法。所以，他们会永远在任性和奴性之间摇摆。

当一个国家达到这样的地步时，它就必须改造自己的民情和法律，否则它的公共道德的源泉就会枯竭，它虽然尚有百姓，但是已无公民，必会灭亡。

我觉得这样的国家正在等待外国征服。若它还未从世界舞台上消失，那只是因为四周的国家跟它类似抑或还不如它。它还有一种无法定义的爱国本能，或者一种对昔日声望的盲目自豪，或一种对昔日荣誉的模糊记忆，但这些东西事实上都于事无补，只能让它在受压迫的时候产生自我保存的冲动。

假如想以某些民族曾为保护他们好像是作为外来人居住的国家而作过巨大的贡献来证明他们是爱祖国的，那也是不对的，一旦深入考察之后，你会发现他们当时的主要动力几乎都是宗教。

国家的长存、光荣和昌盛对他们来说，都属于神圣的教义，在保卫祖国的时候就相当于保卫他们都是其公民的圣城。

土耳其人一直不参与社会事务的处理，可一旦他们觉得苏丹们的征服就是穆罕默德教的胜利，他们就会完成一些艰巨的任务。如今，这个宗教正在衰败，他们自身也在衰败，只有专制制度还存活在他们那里。

孟德斯鸠认为专制制度具有特殊的威力，并说这是它自己造成的荣誉，但我想它不配享有这个荣誉。假如全靠自己，专制制度决不能持久。只要你认真研究一下，就会发现是宗教使专制政府长期兴盛的，而并非是它的威慑力量。

无论你怎样找寻，除去人们意志的自由联合外，你在人们之间再也找寻不到真正的强大力量了。而且在这个世界上，只有宗教或爱国主义可以使全体公民永久地向同一目标前进。

法律不能重燃已经熄灭的信仰，但可以让人们关心自己国家的命运。法律能够唤醒和引导人们心中若隐若现的爱国本能，而当这种本能与思想、激情和日常习惯相结合时，它就会变成一种自觉的和持久的感情。并且决不能说想要唤醒这种本能已经为时已晚，因为国家不会像人一样迅速地衰落。当每一代人出生在一个国家时，是作为即将掌控立法工作的新人而出现的。

我最佩服美国的，正是它的地方分权的政治效果，而不是这种分权的行政效果。在美国，随处可以使人体会到有祖国的存在。从每个乡村到整个美国，祖国都是每个人关心的对象。公民关心国家的每一项利益就像关心自身的利益一般。他们为国家的光荣而自豪，夸耀国家获得的成就，坚信自己对国家的成就有所贡献，觉得自己随着国家的兴旺而兴旺，并为从全国的繁荣中获得好处而感到欣慰。他们对国家的感情类似于对自己家庭的感情，并且有一种自私心理促使他们去关注州。

欧洲人总把公职人员看成政权的代表，但美国人却相信公职人员的工作是行使公民的权利。所以说，在美国是人服从正义或法律，而决不是人服从人。

对自己他们也总有一些夸大，却几乎总是有益的想法。他们果断地相信自己的力量，相信它可以对抗一切。如果一个人想要做一番事业，即使这项事业与社会公益息息相关，他也不会求助于政府。将计划公布出来后，他就自己去执行，或请求其他个人的力量从旁协助，力排一切阻碍。毋庸置疑，其结果总是不如有州政府帮助时为好。不过从长远角度分析，所有私人事业的总结果却会超过政府可能做出的成果。

因为行政当局只管民事，所以既不会引起人们的羡慕，当然也不会引起人们的厌恶；不过它的行动手段十分有限，所以大家觉得不能全都依靠它去办各项事业。

于是，行政机关在行使它的职权时，并不是像在欧洲那样全靠自己。无须担心公民会不尽义务，因为公众的代表会采取行动。相反，每个人都会扶持、协助和支援行政机关。

结合个人努力与社会力量，往往会完成最强大和最集权的行政当局所不能完成的工作。（I）

为证明上述的一切我还能举出好多事例，但我宁愿只举出一件，也就是举出一件让我最熟悉的事来作证明。

在美国，政府当局掌握的发现罪行和追捕罪犯的手段并不是很多。

美国不设行政勤务警察，也不知道护照是什么。美国的司法警察比不上法国的；检察官的人数极少，而且经常不是由他们主动提出对罪犯的起诉；对罪犯的审讯也很迅速，且只是口讯。可我猜测，任何一个国家的罪犯，漏网率也不会像在美国这样小。

究其原因，正是人人都觉得提供犯罪的证据和擒拿罪犯与自己的利益相关。

在旅美期间，我曾亲眼看见发生了一个重大案件的县的居民自动组织了一个委员会，目的就是为追捕犯人，并把他送交法院惩治。

在欧洲，官员擒获在逃的罪犯时，算是罪犯倒霉，居民在这场斗争中只是看客；可在美国，罪犯都被视为全民公敌，人们群起而攻之。

我相信对一切国家地方分权制度都是有益的，而对一个民主社会更是最为迫切的需要。

贵族政体下，只有维持一定的秩序，才能永远确保自由。

由于紊乱对统治阶级造成的损失比较多，因此他们特别关注秩序。

换句话说，在贵族政体下，由于人民经常拥有有组织的力量，以准备随时去反抗暴君，所以人民就可以避免专制的过分压迫。

没有地方分权制度的民主政体，是不会有抵抗这种灾难的任何保障的。

在小事情上都不懂得运用民主的老百姓怎么会在大事情上使用民主呢？

在每个人都软弱无权且没有任何共同的利益使其联合的国家怎么能抵抗暴政呢？

所以，恐惧人民造反的人和恐惧政府专制的人，其实都应当同样希望逐渐发展地方的自由。

我始终坚信，没有什么国家会比社会情况民主的国家更有受行政集权的制约的危险。

造成这种结果的原因有许多，但最主要的是，这类国家通常的趋势，是政府的一切权力向直接代表人民的唯一权力机关聚拢，因为除了人民以外，再无其他，不过这个人民指的只是一大群完全平等的个人。

可是，一旦这个权力机关具备政府的所有属性的时候，它便很难不去设法干预行政工作的细节，而且长此以往，它肯定能找到这样做的机会。在法国，我们已经亲眼看到了这种情况。

法国大革命期间存在两个不应混淆的、方向截然相反的趋势：一个倾向于专制，一个倾向于自由。

在古代的君主政体下，只能是国王制定法律。但在君主专权时期，残缺不全的地方分权制度的不少残余依旧依稀可见。这种地方分权制度原本就是很不一致，不够完善的，往往显得荒谬绝伦。但在贵族政体下，这种制度有时竟成为压迫的工具。

法国大革命同时宣布，它既反对地方分权制度，又反对君主政体。它不分青红皂白，仇恨以前存在的一切，既仇恨专制统治，又仇恨能够遏止这种暴政的措施。这场革命本身不但是共和主义的，而且还是中央集权化的。

法国大革命的双重特征，是专制统治的友人热衷精心引用的事实。当他们在保卫行政集权的时候，你敢说他们是在效忠于专制制度吗？显然不能，因为他们声称自己是在保卫大革命的主要成果之一。（K）

如此，民众和敌人，即自由的公开偏好者和暴政的隐秘仆人，就都能享有人民的权利了。

我曾经访问过地方自由制度高度发达的两个国家，聆听过竞相争取统治的这两个国家的那些政党的意见。

在美国，我发现有人暗地企图破坏本国的民主制度；在英国，我发现有人大声疾呼反对贵族制度。可就是在这两个国家，所有人都认为地方自由是一件大好事。

在这两个国家里，我听到公民们讲由各种原因导致国家的弊端，但唯独地方自由不在其中。

我听到人们列举他们国家的强大和繁荣的一大堆原因，但他们在列举优点时，地方自由无疑是被放在首位的。

我发现，虽然他们在政治学说和宗教教义方面明显不同，但在他们每天所见所感的，以此可以作出正确判断的唯一事实上却达成了一致的意见。我的这个发现是对的吧？

只有地方自治制度不发达或根本不实行这种制度的国家，才不承认这种制度的好处。也就是说，谴责这个制度的人，其实根本不了解这个制度。

第六章　美国的司法权及其对政治社会的影响

英裔美国人保留了各国司法权上的共有特征——但司法权被他们变成了强大的政治权力——是怎样变的——英裔美国人的司法制度与其他国家在哪些方面有所不同——为什么美国法官有权宣布法律违宪——美国法官又是怎样利用这项权力的——立法者为防止其滥用这项权力采取了哪些措施

根据写作计划，我要用专门的一章来讨论美国的司法权。因为美国司法权的政治作用极大，因此我觉得对此必须着重说明，以免由于我的一笔带过而使它被读者忽略了。

除美国之外的其他一些国家也有联邦的组织。共和政体除了存在于新大陆的海岸外，也见于世界上的其他地方。代议制已经被欧洲好几个国家所采用。不过我还是认为，到现在为止，世界上还没有任何一个国家像美国这样建立过司法权。

对一个外来者而言最难理解的就是美国的司法组织。依他看来，几乎所有的政治事件都是求助于法官的权威的。所以，他理所当然地会得出结论说，在美国法官是很强大的政治势力之一。在此之后，当他考察法院的组织时，他一下子就可以弄清司法的特点和程序。他可以看到，法官貌似只是偶然干预公共事务，然而这种偶然性却是每天都会出现的。

人们可以认为，在巴黎的最高法院驳回政府的法案或者拒绝给政府的法令备案时，或者在它本身传讯一个被控渎职的官员时，这都是司法权在发生政治作用。可是在美国，却看不到这类事情。

美国人还是保留了司法权的为一切人所共知的特点。他们严格地把司法权限制在有章可循的范围之内。

所有国家都是法院对案件进行裁判，这是司法权的第一个特征。若想让法院发挥作用，就必须有争讼的案件。若想要法官进行裁判，就必须有提交审理的诉讼案件。因而，只有存在依法提出诉讼的案件，司法权才有用武之地。虽然司法权就在那里，却可能不被行使。在法官审理一个案件却指责与此案件有关的法律时，他仅仅是扩大了自己的职权范围，而不是超出了这个范围。因为在审理案件之前，他必须对该项法律进行一定的判断。但如果法官在开始审理案件之前就对法律说三道四，那么他就是完全的越权，侵犯了立法权。

只是审理私人案件，而不可以对全国的一般原则进行宣判，这是司法权的第二个特征。当法官判决某一私人案件时，因为他确信某一一般原则的所有推论都有毛病而认为它无效并加以破坏时，他并没有超出应有的职权范围。然而，当法官直接指责一般原则抑或没有待审的私人案件，并因此破坏了一般原则时，他就超出了一切国家都同意应该予以限制的法官的职权范围，因为他未经同意就取得了比一般官员更重要而且可能也是更有用的权限，所以他也因此不再是司法权的代表。

只有在请求它的时候，用法律的术语来说，就是只有当它审理案件的时候，它才采取行动，这是司法权的第三个特征。这个特征没有其他两个特征普遍；然而我却认为，虽然有一些例外，但仍可以把这个特征看做最重要的特征。从司法权的性质来说，它本身不是主动的。如果要使它行动，就必须推动它。如果向它告发一个犯罪案件，它就会惩罚犯罪的人；请它纠正一个违法行为时，它就会加以纠正；请它审查一项法案时，它就会作出解释。然而，它不能主动去追捕罪犯，调查违法行为以及纠察事实。它一旦主动出面以法律的检查者自居，就会有越权之嫌。

美国人保留了司法权的这三个显著特征。只有有人提起诉讼时，美国的法官才能审理案件。它不仅从无例外地只受理私人案件，而且往往要在接到起诉书后才采取行动。

所以，美国的法官跟其他国家的司法官员完全相同，然而他们却被授予巨大的政治权力。

这种情况产生的根源是什么呢？既然他们的权力范围和行动手段与其他国家的法官完全一样，那他们为何会拥有其他国家法官所没有的权力呢？

其根源只在于，美国人认为法官对公民进行裁判的权力依据的是宪法，而不是法律。换言之，美国人允许法官不应用他认为是违宪的法律。

据我所知，其他国家的法院偶尔也要求过这样的权力，然而它们却从来没有得到过。但在美国，所有方面都不否认法官的这项权力，从来没有一个政党，甚至是一个个人，提出过异议。

对这个现象我们可以从美国宪法规定的这项原则中得到答案。

在法国，公认的学说是，宪法是不可修改的，或被认为是不可修改的；任何权威均不得对宪法作出任何修改。（L）

在英国，国会有修改宪法的权力。所以，在英国，宪法是可以被不断修改的，或者可以说它根本没有宪法。国会不仅是立法机关，还是制宪机构。（M）

在美国，政治理论比较简单、合理。

美国的宪法虽不像法国那样被认为是不可修改的，但也不像在英国那样可被公认的社会权威所修改。它是一部独树一帜的法典，是全体人民意志的代表，立法者和普通公民都必须遵守；但是可以按照规定的程序，在符合预先规定的条件下，根据人民的意志来加以修改。

因此，美国的宪法虽然是可以被改动的，但只要它存在一天，一切机构和个人就必须服从。只有它才拥有至高无上的权威。

从这里不难看出，这些差异一定会对我所说的这三个国家的司法机关的地位和权力有所影响。

如果法国的法院可以因为法律违宪而不服从法律，则法国的制宪权实际上就将掌控在法院手里，因为除了它们之外谁也无权解释、更改宪法的条文。因此，它们不仅会代替国家并且统治社会，而且司法权本身的弱点也会促使它们这样做。

据我所知，在法国，法官无权宣布法律违宪，因此，法国的宪法修改权就间接地被赋予了立法机关，因为对它修改宪法没有合法的障碍存在。然而我却还认为，即使是部分地代表人民意志的人享有对宪法的修改权，也比除了代表自己谁也不代表的人享有对宪法的修改权要好。

如果英国法官被授予可以抵制立法机构的意志的权力，那将更为不合理，因为议会除了制定法律也在制定宪法，这样在任何情况下，只要是由国王、上议院和下议院公布的法律，都不能被视为是违宪的。

这两个推论对美国都不能适用。

美国的宪法也像制约普通公民一样制约立法者。因而，美国的宪法位于一切法律之上，其他任何法律都不能修改它。可以看出，相对于法律来说，法院要优先服从宪法，也是正确的。这恰恰是坚持司法权宗旨，即法官所选择的合法的处置办法是其中最合乎根本大法的办法，作出这一选择是他的天然权利。

法国的宪法同样是在一切法律之首，法官均有权根据它作出判决；然而他们在行使这项权力时，如果侵犯了比这项权利更为神圣的他们所代表的国家的权利，那么普通理由必须对国家理由让步。

在美国，不必害怕这种危险，因为国家总是可以通过修改宪法的办法使法官服从。所以，在这一点上，政治和逻辑是相符合的，而且人民和法官也都保存了他们各自的特权。

因此，美国的法官可以拒绝援引一项在他看来是违宪的法律。虽然这项权利是美国法官所特有的，却产生了非常大的政治影响。

实际上，由于法律往往涉及私人利益，而且诉讼当事人在触及他的利益时也可以并且必然会向法院提出异议，所以法律很少能够长期逃脱法官的验证分析。

从而，一项法律在法官办案中被拒绝应用之日起，便将立即失去其一部分的道德力。这时，利益受到损害的人就会找到不去履行该项法律所规定的义务的办法，致使这种诉讼案件开始增加，该项法律也变得无力。这样的结果就是，不是人民修改宪法，就是立法机构宣布废除该项法律。

可见，美国法院虽被美国人赋予了无限的政治权力，然而在法院强迫他们服从的时候，他们还是可以运用司法手段来抵制，即可以在很大程度上降低这种权力的弊端。

假如法官能够从理论方面并且通过一般方式对法律进行抵制，能够自主行动并且弹劾立法者，那他就明显地进入了政治舞台，成为了某一政党的支持者或反对者，使得全国人民陆续地加入战斗之中。然而，当法官在一件不太重要的政治纠纷和私人案件中抵制法律的时候，其抵制的重要意义可能就会被公众所忽视。这时，他的判决只关乎个别人的利益，并且法律也仅仅是偶然遭到了损害。

除此之外，遭到损害的这项法律并没有被废除，它的实际效力还没有中止，仅仅是它的道德力减弱了。该项法律只有经过一步步的抵制并且在无数判例的反复验证下，才能作废。

而且也容易理解，允许私人弹劾法律，将对法律的审判与对人的审判紧密地结合起来，还会使法制不致轻易地受到攻击。通过采用这种办法，可以使法制免于天天遭到政党的侵扰。因为指责立法者的错误要作为审理案件的依据，所以必须服从实际的需要，即实事求是和有据可查。

我很清楚，美国法院的这种做法不仅对公共秩序十分有利，而且对自由也十分有利。

如果法官仅仅从正面来攻击立法者，他有时就不敢这样做；但在另一些时候，党派精神的驱使，又使他敢于如此。这样，当制定法律的权力机关变得软弱时，法律就要受到攻击；当这个机关变得强大时，人们便会老老实实地服从法律，不敢吭声。也就是说，当人们感到对自己最为有利的是尊重法律时，法律经常会遭到攻击；相反，当法律容易以自己的名义进行压迫时，反而会受到尊重。

但是，美国的法官是被动登上政治舞台的。因为有要审理的案件，而他们又不能拒不审理。需要由他们定案的政治问题，往往关乎当事人的利益，只要他们承认正义，他们就必须审理。他们履行法官职业的严肃职责，就是在尽公民的义务。可以说，在这种制度下，法院对立法机构进行的司法弹劾，要扩及所有的法律，就必须差别对待，因为有些法律决不会引起那种被称做诉讼的针锋相对的争端。即使这种争端有可能出现，也没有人愿意将它送交法院来解决。

美国人也经常会感觉到这种办法的不便之处，然而他们甘愿修修补补，也不作彻底修正，他们害怕修正以后在各种案件上会有危险的后果产生。

到目前为止，人们为反对议会政治的专横而筑起的强大壁垒之一就是授予美国法院这种范围有限的可以宣布某项法律违宪的权力。

授予美国法官的其他权力

在美国，所有公民都有权向普通法院控告公职人员——他们如何行使这项权利——法兰西共和国第八年宪法的第七十五条——美国人和英国人无法理解这一

条的意义

我不知道谈一谈在像美国这样的自由国家，所有公民均有权向普通法院的法官控告公职人员，和所有法官均有权判处公职人员的问题是否有必要，因为人们认为在自由国家这些都是很自然的。

在行政官员犯法时责令法院惩治他们，是法院行使其禁止犯法的当然权利，而不是授予法院以特权。

依我之见，美国让全体公职人员对法院负责，并没有削弱政府的权限。

相反，我觉得美国人在这样做的时候，加强了政府应当享有的尊重，并且政府也更加注意工作，以免遭到批评。

我从未见到过哪个国家的政治诉讼案件像美国那样少，而且我也可以很容易地说明原因。不论案件是什么性质，诉讼总是一件困难并且费钱的事。通过报章杂志指责一个普通人很容易，然而要把他拉到法庭上受审，就必须有适当的理由。所以，要依法对一个官员起诉，就必须有控诉他的正当理由。假如官员们害怕被控告，那么他们就一定不要向人们提供这样的理由。

美国人所采用的共和制度并不是这种情况的决定性因素，因为同样的情况也可以每天发生在英国。

这两个国家的人民都不曾认为将国家的主要官员置于法院的监督之下会对他们的独立产生保证。在他们看来，依靠普通老百姓在任何时候都可以提出的小诉讼程序来确保自由比依靠他们从未求助过的或很晚才能提出的大诉讼程序，更加有利。

在中世纪，面对很难抓住在逃罪犯的情况时，法官在逮捕几个罪犯之后，往往要对这些落网的人处以可怕的酷刑，然而这并未使犯罪案件的数目减少。自此以后，人们就会发现，越是正确和温和的审判，就越是有效。

美国人和英国人都主张应该把虐待和专横作为盗窃，因此他们简化了审讯程序，同时也减轻了刑罚。

法兰西共和国第八年公布的一部宪法的第七十五条中写道：“部长级以下的政府官员因职务关系而犯罪时，只有根据行政法院的决定才可被捕。这时，可向普通法院起诉。”

第八年宪法已经被废除了，但这一条至今却仍被保留，而且每天都会遭到公民的公正抗议。

为了使美国人和英国人理解第七十五条的意义，我曾多次向他们解释，但是我却很难做到这一点。

他们原来认为，法国的行政法院（Le Conseil d'Etat）是王国中央常设的一个大法院；然而要把所有的原告都推到那里去，这就是一种暴政。

不过，我再三解释，告诉他们行政法院是其成员直接隶属于国王的行政机构，而不是一般所说的司法机构。所以国王钦命他的一个叫做省长的臣仆在违法之后，可以钦命另一个叫做行政法院法官的臣仆去使前者免受惩处；当我向他们介绍由于君主的敕命而受到损害的公民只能向君主本人请求赔偿损失的时候，他们总是指责我胡说和无知，不相信天下会有如此荒诞的事情。

大革命以前，在法国君主政体时代，逮捕犯罪的公职人员往往是由最高法院下令的。有时候王权会进行干涉，令诉讼无效。于是，专制政体暴露出它的真面目，即人们仅仅是在压力之下才屈服于它。

可以看出，我们又倒退到我们祖先所处的状态，因为今天的法国，在司法权的掩盖下使依靠暴力而强加于人的事情，得到了合法的名义。

第七章　美国的政治审判

作者对政治审判的看法——在法国、英国和美国，人们是如何理解政治审判的——在美国，政治法官仅仅审理公职人员——在他的判决中，撤职多于刑罚——政府常用的手段是政治审判——考虑到美国的政治审判是温和的，但也许正是因为温和，它才是多数掌握的最强大的武器

在我看来，政治审判就是暂时被赋予审判权的政治团体进行的判决。

在专制政府统治下，另给审判规定专门的程序是不起作用的，原因在于起诉人是以君主的名义控诉被告的，但君主是法院和全国的主人，他认为除了自己拥有的权力以外，再也不必寻找另外的保障。在他看来，唯一可怕的，倒是人民要坚持司法制度的表面手续和由于主张按手续办事而对他的权威产生损害。

然而在多数表决对法院的影响从来没有像君主专断对法院的影响那样大的大多数自由国家，往往由社会的代表本身在任期内行使司法权。有人认为，与破坏国家统一的必要原则相比，把这些权力暂时合并在一起，还是比较好的。

英国、法国和美国，在各自的法律中都规定了政治审判。对这三个大国对政治审判的不同运用进行考察，倒是很有意思的。

在英国和法国，国家的最高刑事法庭[①]是由贵族院（上院）组织的。这个法庭通常并不审理政治罪行，然而它有权这样做。

众议院（下院）是与贵族院并列而享有起诉权的政治机构。在这方面两国存在的唯一差别是：在英国，下院能向上院控诉任何它要控诉的人；但在法国，众议院仅能向贵族院控诉国王的大臣。

除此之外，两国的贵族院都可依据本国的规定按照刑法来打击犯罪分子。

美国也和欧洲一样，这两个司法机构中众议院享有控告罪犯的上诉权，而参议院享有判处罪犯的判决权。

然而，参议院仅能查封众议院追诉的财物，而众议院则能向参议院控告公职人员。

---

①在英国，某些民事案件的最高上诉法院也由贵族院组织受理。参见布莱克斯通著作第3卷第4章。（《英国法释义》第3卷，伦敦，1809年，第57页）

所以，美国参议院的权限没有法国贵族院的权限大，但美国众议院的起诉权却大于法国众议院的权限。

美国与欧洲相比，最大差别在于，在欧洲，政治法院能应用刑法的一切条款；但在美国，当政治法院剥夺了犯人原来担任的公职并宣布他将来不得担当任何公职以后，它就算完成了任务，下一步的处理就是普通法院的职责了。

假设美国总统犯了叛国大罪。

此时，先由众议院弹劾总统，接下来由参议院宣布罢免他的职务。然后，他才到陪审团出庭受审，只有陪审团能剥夺他的自由或生命。

以上就是对我们所讨论的问题的真实写照。

欧洲人依法进行政治审判一般都是审理重大的刑事罪犯，而不论罪犯是什么出身、什么等级并且在国内担任什么职务。为了进行这种审判，就要临时组织一个被授予法院的一切特权的政治审判团。

这时，司法的法官由立法机构的成员担任。他们可以认定罪行，选择适用的法律条款，对犯人进行处罚。在他们行使法官的职权时，法律也给他们设立了所有必须履行的义务，要求他们遵守所有的司法程序。

法国、英国这两个国家的政治法院在审理一个犯罪的官员并且惩治他的犯罪时，要依法免去他的职务，甚至能宣布他以后不得担任任何公职。然而在这时，政治上的免官和停职不是对职务本身的判决，而是判决的附带结果。

所以，在欧洲，与其说政治审判是行政措施，不如说是司法行为。

美国的情况与之不同。很容易看出，美国的政治审判与其说是司法行为，倒不如说是行政措施。

不错，从形式上来看，因为要使参议院作出判决，众议院必须履行司法手续和遵守诉讼程序，所以参议院的决定是司法性的。从判决的理由来看，由于一般说来，参议院必须以普通法上规定的罪行作为它判决的根据，所以参议院的判决也是司法性的。然而，从判决所处分的现象来看，参议院的判决却是行政性的。

如果说美国立法当局的主要目的，在于将司法大权作为一个政治机构的武器来运用，则这个政治机构就不会把自己的行动局限在对付公职人员上，因为国家最危险的敌人也许并不担任任何公职。实行共和政体的国家中，因为这种国家的政党的最大利益是掌权，而且往往是势力越大越非法夺权，所以情况更是如此。

既然美国立法当局为了防止犯罪而赋予社会本身以法官的身份去惩治重大罪行的权限，则政治法院的措施也要依据刑法典的一切规定。但是，因为行政撤职处分对那些企图推翻法律本身的人来说，作用并不大，所以这仅给了政治法院一个不完备的武器，而且这个武器还不能打击最危险的犯罪行为。

所以，美国政治审判的目的主要是撤销滥用权限的官员的权力，并且不让他在将来再取得这种权力。就像人们所见到的，这是一种行政措施，只是其具有司法判决的形式。

所以，美国人在这方面创造了一种混合制度。他们的政治审判无权进行严厉的惩处，只能作行政撤职处分。

整个政治审判制度都贯彻这项规定。这样我们可以明白，美国及其各州的宪法为何规定文职官员要受参议院的司法管辖，却排除了可能犯有令人可怕的大罪的军人。可以说，在文职方面，美国不存在能被撤职的官员，因为有些是终身制的官员，而另一些是在他们当选后的任期内不能被罢免的官员。若想剥夺他们的权力，就必须由法院来审处。然而，军人直接隶属于国家元首，而国家元首本人同样是文职官员。假如判决国家元首有罪，就相当于在打击全体文武官员①。

假如把美国和欧洲的制度进行对比，将会在它们各自产生的效果方面看到非常明显的不同。

在法国和英国，政治审判被人们视为一种非常的武器，只有在拯救社会免遭重大灾难时才能运用。

必须承认，欧洲实行的这种政治审判之所以经常威胁着人民的自由和生命，是因为其违反了分权的保护主义原则。

在美国，政治审判决不威胁公民的生存，只是间接地侵犯了分权的原则。因为它只打击因渎职犯罪而被它惩治的人，所以不像在欧洲那样盘旋于所有人的头顶。

它既不令人生畏，效果也不显著。

所以，美国的立法机构只把它作为政府的一般管理手段，未把它视为防治重大社会弊端的万应良方。

依据这个观点，它在美国对社会的影响也许比在欧洲更为实在。当然，我们也不可以被美国立法在政治审判方面做出的温和表现所迷惑。首先应当明确，美国进行政治审判的法庭，它的成员和它所受的影响同负责刑事审判的法庭相同，这就为政党的互相报复情绪提供了一种几乎无法抗拒的动力。虽然美国的政治法官不能像欧洲的政治法官那样严惩罪犯，然而他们作无罪宣判的情况却极少。他们所作的判决并不使人产生畏惧，但很贴合实际。

在组织政治法庭时，欧洲人主要是为了惩罚罪犯，但美国人却以剥夺罪犯的权利为主要目的。美国的政治审判，可以被看做一种预防措施。所以，政治法官没必要拘泥于刑法条文的精确定义。

美国法律在给切合原义的政治罪下定义时表现出的模棱两可的态度最令人吃惊。《美利坚合众国宪法》第二条第四项写道："总统、副总统和合众国的一切文职官员，凡受叛国罪、贿赂罪或其他重罪轻罪的弹劾并被判定有罪时，应被免职。"而大部分州的宪法，对政治罪写得更不明确。

《马萨诸塞州宪法》写道："州参议院是受理和判决州众议院对本州的一个或

①不能罢免一个官员，但是能剥夺他的发号施令权。

一些渎职和施政不善官员的控诉的全权法院。”[①]《弗吉尼亚州宪法》写道：“因施政不善、贪污、失职或其他重罪轻罪而使本州受损失的一切官员，将受州众议院的弹劾。”有些州的宪法使公职人员承担了无限的责任，因为它根本没有举出任何罪名[②]。

但是，我敢这样说，美国法律是由于它本身的温和性，所以才在这方面表现得如此可怕。

我们已经说过，在欧洲，一个官员受到刑罚的结果是被撤职和被剥夺政治权利；但在美国，这种处分自身就是刑罚。结果，便产生了以下的局面：在欧洲，虽然政治法院被授予令人生畏的权限，它有时却不知怎样使用；并且因为害怕惩罚过重，而根本不去惩罚。在美国，人们并不反对不致造成人身痛苦的惩罚，但对判处政敌死刑以剥夺其权利的做法，则视为一种耸人听闻的谋杀。美国人认为，斗争的公正结局是宣布政敌没有资格行使他的权利而予以剥夺，同时给他自由并且不伤害他的生命。

但是，对被判决的大多数人来说，这种非常容易作出的宣判，也是极其痛苦的。一些罪责大的犯人也许完全不在乎，不把判决放在眼里；而普通犯人，却会把宣判看做令他们失去地位且名誉扫地的判决，看做这是判处他去过那生不如死的可耻无为的生活。

所以，虽然美国政治审判对社会生活的影响，看起来并不可怕，然而实际上却是十分厉害的。政治审判虽然是为政者获得多数选票的非常重要的手段，但它并不直接被施于被治者。它让立法机构拥有每天都可行使的适度的常规权力，却不授予它只在危急时期才能行使的无限大权。假如授予的权力不够大，虽然行使方便，却也容易被滥用。

所以，我觉得美国人不让政治法院作刑事判决的原因，相对于防止立法暴政本身来说，更重要的是为了防止立法暴政产生出最可怕的后果。总而言之，我不知道我是否可以说美国实行的政治审判，是多数到现在为止掌握过的武器中的最强大武器。

当美国的共和政体开始衰败的时候，我认为人们可以很容易地检验我的说法，因为只要看一看政治审判的数量是否上升就可以了。（N）

---

①《马萨诸塞州宪法》第1章第2条第8项。

②参见伊利诺伊州、缅因州、康涅狄格州和佐治亚州的宪法。

第八章　联邦宪法

综上所述，我介绍了作为独立整体存在的每一个州，还介绍了各州人民采用的不同机构以及他们拥有的行动手段。不过，被我以独立体考察的各州，在部分特定情况下必须服从于一个最高的当局。我现在就来考察授予联邦政府的这部分主权，并对联邦的宪法进行一下了解[①]。

联邦宪法的历史

第一个联邦的起始点——它的缺点——国会向制宪权呼吁——从向制宪权呼吁到宣布新宪法用了两年时间

正像我已经说过的，在上一个世纪末期同时摆脱英国羁绊的十三个殖民地，具有一样的宗教、一样的语言、一样的民情和几乎一样的法律，并与共同的敌人进行着斗争，因此可以说它们有强大的理由使彼此联合起来，结合成一个单一的独立国家。

但是，由于它们一开始就是单独存在的，拥有管理各自地区的政府，所以各自特有的利益和习惯也就形成了，对于会让它们各自的重要性消失于整体的重要性中的坚固而完整的联合就表示厌恶。因此，两个互相对立的趋势出现了：把英裔美国人推向联合是第一个趋势，把他们推向分裂则是第二个趋势。

只要同母国的战争继续下去，现实的必要性就会让联合的原则获得胜利。最初建立的这种联合法律虽然还有一些缺陷，但是共同的纽带却不顾这些缺陷而继续存在着[②]。

但是自缔结和约之后，立法最初的缺点就暴露出来了：国家好像一下子就解体了。每个殖民地都成为了一个独立的共和国，要求享有完全的主权。宪法把联邦政府弄得软弱无力，也不会再有共同的危机感作为它的支柱，于是，联邦政府只能眼睁睁地看着船舶上悬挂的国旗被欧洲大国凌辱而丝毫没有办法，而且当时它也根本没有足够的力量去对付那些印第安人，以及支付独立战争时期所举债款的利息。当联邦政府

---

①参看《美利坚合众国宪法》。

②参看1778年起草的第一部联邦宪法的有关条款。这部宪法在1781年才被美国全国采用。

再参看《联邦党人文集》对这部宪法第15至22条的分析以及斯托里先生在《美国宪法释义》第85～115页中所作的分析（波士顿，1833年）。

快要毁灭时，它自己才正式声明无能为力，并呼吁制宪权[①]。

如果说美国有一个时期曾经达到了使它的居民一直向我们显现其自豪的想象力的荣誉顶点，那正是在国家机构几乎可以说是主动放弃统治权的最高潮时期。

在任何一个时代，我们都可以看到一个民族为赢得独立而进行坚强斗争的壮观景象，更何况，美国人为了摆脱英国人的束缚所作的努力又被过分夸大了。美国隔着大洋，距敌人约有1300里约（3800英里），而且还有一个强大的同盟者在支持着它。它之所以能够坚持取得胜利，首先是因为它的地理位置，其次才是因为它的军队士气以及公民的爱国心。美国的独立战争怎么能跟法国大革命的战争相比呢？或者说美国人的努力怎么能跟法国为抵抗全欧的进攻所作的努力相比呢？当法国在抵抗全欧的进攻时，它没有钱，没有地方举债，也没有同盟者，唯一能做的就是投入二十分之一的人力去迎敌，用一只手去扑灭国内熊熊燃烧的大火，然后用另一只手在国外挥舞火炬。但是，看见一个伟大的民族在立法者通告说他们政府的车轮已经停止转动后，仍然能稳稳当当、不慌不忙地进行自省，深入检查故障出现的原因，并用了长达两年的时间去寻找医治方法，而在找到医治方法时又能不流一滴眼泪、不流一滴血地自愿服从它，反而使人们觉得这是社会历史上的一件新鲜事。

当他们觉得第一部联邦宪法有缺陷时，之前起来鼓舞他们革命的那股政治激情只是有一部分消沉了下去，但是制定宪法的所有伟人都还健在。这对美国来说就是两件幸事。虽然负责起草第二部宪法的制宪会议的人数很少[②]，但在当时，却荟萃了新大陆最精明、最高尚的人物，而它的主席就是乔治·华盛顿。

这个全国委员会经过长期的思考，最终建议人民接受至今仍然治理着美国的那部基本大法。所有州都相继接受了它[③]。经历了两年空白的时期，新的联邦政府在1789年开始工作。因此，美国革命结束之时，就是法国大革命开始之时。

联邦宪法概要

关于联邦当局与州当局之间的权力——州政府的常规为制定普通法——而联邦政府则以制定普通法为例外

美国人面对的第一个难题，就是要将主权划分得既可以使组成联邦的各州继续在一切与本州的繁荣相关的事务上管理自己，又可以使联邦所代表的全国性政府仍然是一个整体，从而满足全国性的需要。这个问题是复杂而又难以解决的。

如果想事先用一种准确而又比较全面的方法把分享主权的这两个政府的权限分别

---

①这项声明是国会在1787年2月21日发表的。见斯托里《美国宪法释义》第107页。

②制宪会议只有55人，其中包括华盛顿、麦迪逊、汉密尔顿和两个莫里斯。

③不是由各州的立法机构接纳的。人们为了这个目的专门选出了代表，并在各州召开的代表会议上，对新宪法进行了深入的讨论。

划分开来，那是不可能的。

一个国家的一切生活细节有谁能预见呢？

联邦政府的义务和权利是简单而又容易界定的，因为联邦的结成就是为了解决某些全国性的重大需要；而每个州政府的义务和权利就比较复杂了，因为州政府已经深入到了社会生活的一切细节。

所以，宪法当时对联邦政府的职权便可以作出明确的规定，并可以宣布凡是规定中没有包含的事项均属于州政府的职权。结果，州政府的常规就成了制定普通法，而联邦政府则以制定普通法为例外①。

但是，人们当时就曾经预见到，有些问题实际上可能并不在为这个例外的政府明确规定的职权范围之内，而由各州自己设立的普通法院来解决又会有一定的危险，因此设了一个联邦最高法院②。这个联邦最高法院是一个独一无二的法院，而在这两种相互竞争的政府当中维护宪法规定的分权，就是它的职权之一③。

联邦政府的职权

授予联邦政府的媾和、宣战与征收一般赋税的权力——内政事务它可以管辖——联邦政府在某些方面要比旧法兰西王国的国王政府还要集权

在人民之间，每个人民只是一个独立的人；而一个国家为了便于联合对外，就特别需要一个统一的政府。

所以，国家便授予联邦政府媾和、宣战缔结商约、征集部队和筹建舰队的专权④。

---

①见联邦宪法修正案；《联邦党人文集》第32篇；斯托里《美国宪法释义》第711页；肯特《美国法释义》第1卷第364页（托克维尔引自詹姆斯·肯特：《美国法释义》第一版）。

还应该指出，在任何情况下，联邦宪法都没有授予国会以决定某些问题的特权，而在国会认为合适时，却可以拥有这项权力。例如，虽然国会有权制定关于破产的普通法，每个州也可以制定自己的破产法，但是在提交法院立案前需要经过讨论才可以制定。这是一项法律程序。（后来，1898年国会制定过联邦破产法）

②正如之后所述，这个法院并不直接审理案件。

③《联邦党人文集》第45篇对联邦与各个州之间的这种主权划分作了如下解释："宪法授予联邦的权力是有明确规定的，并且为数不多；而分给各个州的权力则没有明确规定，并且为数很多。前者主要表现在对外，例如宣战、媾和、谈判和通商；而留给各州的权力，则扩及普通法院管辖的所有事务，例如州内的生活、自由和开发问题。"

在本书中我将要经常引用《联邦党人文集》。在之后成为联邦宪法的那项法案刚刚向人民提出并为人民接纳的时候，当时已经出名的和后来更加出名的三位人物，就是约翰·杰伊、汉密尔顿、麦迪逊，曾经通力合作向全国人民宣传人民已经接纳的法案的优点。为了这个，在报纸上他们连续发表了一系列论文，后来又将这些论文集成一本书。他们发表这些论文时署名为联邦党人，集成书后还是用的这个名字。（中译本名《联邦党人文集》。——译者）

《联邦党人文集》是一部好书，尽管它是专为美国而写的，但亦为全世界的国务活动家所必读。

④见联邦宪法（第一条）第八项；《联邦党人文集》第41篇和第42篇；肯特《美国法释义》第1卷第207页及以下几页；斯托里《美国宪法释义》第358～382页，第409～429页。

但是在指导社会的内部事务方面，对一个全国政府的需要并不迫切。

尽管这样，还是有一些与全国利益相关的问题，这些问题只有交给一个总的当局才能得到有效、合理的处理。

所以，联邦政府被授予同货币的价值相关的所有事务的决定权，管理全国的邮政，有权铺设将全国各部分连接起来的交通干线①。

一般说来，每个州政府在本州境内都是自主的。但是，有些州可能会滥用这种自主，并因措施莽撞而危害整个联邦的安全。在发生这种很少见的情况时，联邦政府就可以依据之前就有的明文规定干预各州的内部事务②。所以，加入联邦的各州虽然有权修订或改订自己的立法，却不允许制定追究以往的法律，也不得在本州内组织贵族集团③。

最后，为使得联邦政府能够清偿其所负的债务，而将不受限制的征税权赋予它④。

当仔细考察联邦宪法规定的分权制度时，也就是一方面考察分给各州的那部分主权，另一方面考察联邦留有的那部分大权时，很容易就能发现联邦的立法者都对我之前提出的政府集权具有十分明确和合理的认识。

美国不仅仅是一个共和国，还是一个联邦。但是在美国，国家权威在某些方面甚至比欧洲一些君主专制的大国还要集权。我在这里只列举两个例子。

法国总共有13个最高法院，它们绝大部分只有解释法律的权力，而不准上诉。另外，一些被称为“国中国”（pays d’Etat）的省份，在代表国家的最高当局制定税法之时，有权力拒绝同最高当局合作。

而在美国，如同只有一个立法机构可以立法一样，也只准许有一个法院可以解释法律。所以，在这两个主要的问题上，旧法兰西王国还没有美国集权程度来得深，但是美国只是联合了几个共和国——是各州的集合体。

在西班牙，某些省份有权力制定本省的税法，而按照其本质来说这项权力应该是属于国家的。

在美国，只有国会有权力调整各州之间的商业关系。所以，在这一点上，联邦政府比西班牙王国还要集权。

没错，在法国和西班牙，在关键的时候，王权总是能凭借武力做根据王国宪法它没有权力去做的事情。从结果来说，其行为虽然是一样的，但在这里我讲的是理论。

联邦权

知道联邦政府明确的活动范围之后，就应该研究一下它是如何活动的。

---

①在这方面，还有一些其他的权力，例如，制定关于破产的普通法，颁发专利证书，等等。很容易发现，对这些方面进行全联邦干预是很有必要的。

②这时，它的干预也是间接性的。例如，我们将在以后叙述的，联邦政府是通过它的法院来干预的。

③联邦宪法第一条第十项。

④联邦宪法第一条第八、九、十项；《联邦党人文集》第30～36篇，第41～44篇；肯特《美国法释义》第1卷第207页、第381页；斯托里《美国宪法释义》第329页、第514页。

立法权

立法机构主要分为两支——两院的建立方式不相同——州独立的原则在建立参议院方面获得胜利——国家主权学说在组建众议院方面占据优势地位——宪法只在国家建立初期时合乎逻辑，由此产生的独特效果

在联邦的权力机关组建之时，很多方面都遵循了各州宪法早已定下的制度。

联邦政府的立法机构由参议院和众议院构成。

调和的精神，就使得这两个议院得以按照不一样的原则组成。

在前面我已指出，在起草联邦宪法时，曾经面对着两种互相对立的利益，这两种利益就产生了两种互相对立的意见。

有些人想把联邦建成一个各州保持相互独立的联盟，或者是一种召集各州代表来一起讨论与大家共同利益相关的某些问题的大会。

还有一些人想把美洲各个殖民地的所有居民联合起来，成为一个单一的国家，并给他们建立一个即使权力范围有限，但能在这个范围之内作为国家的唯一单独代表而进行活动的政府。这两种理论的实践结果，将会是不大相同的。

例如，如果所建立的不是一个全国政府，而是一个联盟，那么法律的制定将取决于州的多数票，而不取决于整个联邦人民的多数票，因为每个州不管大小，到那个时候都将保留自己的独立政权，并以完全平等的资格参与联邦管理。

而如果把整个美国的所有居民组成单一的国家，那么法律的制定当然只能取决于公民的多数票。

由此可见，一些较小的州如果同意实行这种主张，就得在涉及联邦主权时完全放弃自己的独立存在，使自己从一个与联邦完全平等的政权变成一个大国的微不足道的部分。前一种方法会把它们交给一个不合理的政权，而后一种方法又会把它们吞掉。

在这两种情形下，即当利害与理论相互对立之时，理论总是要败给现实。最后，立法者采取了一种折中的方法，就是将理论上不可调和的两种制度强行调和起来。

州独立的原则在组建参议院方面获得了胜利，而国家主权学说则在组建众议院方面占有优势。

每个州都会向国会推选两名参议员，而众议院的议员人数则按照人口比例来规定①。

①国会每10年就会重新规定一次各州应该推选的众议院代表的人数。1789年，众议院的议员总数为69（65）人，而到1833年就已经增加到240人。见1834年版《美国大事记》第194页。

宪法规定每3万人选1名众议员，但是并没有规定最低人数。国会觉得不应当随着人口的增加而增加众议员的人数。和这项限制相关的第一部法令，于1792年4月14日颁布。见斯托里《美国法律》第1卷第235页（3卷本，波士顿，1827年）。它规定每33000人中选出1名众议员。关于这个问题的最近一部法令于1832年颁布，其中规定每48000人中选1名众议员。有权力选举代表的人口数，包括全体自由人和五分之三黑人。

根据这样的规定，纽约州现在有40名众议员，但是只有2名参议员；而在特拉华州有2名参议员，但是只有1名众议员。所以，特拉华州与纽约州在参议院是平等的；而在众议院，纽约州的影响则是特拉华州的40倍。所以，如果控制了参议院的多数票，就可以使得众议院的多数票无能为力，而这也是和立宪政府的精神背道而驰的。

这一切清楚地表明，要在参议院和众议院之间合乎情理地将立法工作的每个部分连接起来是一件多么复杂和困难的事情。

随着时间的流逝，在同一个国家里，总会有一些不同的利益产生，总会有各种各样的权力出现。当它要制定宪法的时候，这些不同的利益和权力就会互相对立，成为任何一项政治原则想达成其一切效果的必然阻碍。所以，只有在社会初步建立的时候，法律才能完全合乎逻辑。当你看到一个国家享有这种好处的时候，你千万不要急着下结论，说它是明智的，而应当想到它还年轻。

在联邦宪法制定以后的一段时期，英裔美国人之间仍然存在着截然不同的相互对立的两种利益：每个州的各自利益和联邦的全国利益。必须使这两种利益相调和。

但是应该承认，至今联邦宪法的这一部分并没有产生人们最初曾经担心过的不良后果。

每个州都还很年轻，彼此之间的关系也十分密切，有一样的民情、观念和需要。因为大小或强弱而造成的差距，还不足以使它们的利益过于悬殊。所以，从来没有见过几个小州在参议院中联合起来一起反对大州的提案。而且，表示全国意志的法律条文拥有不可抗拒的力量，以至于面对众议院的多数表决时，参议院也没有能力反驳。

除此之外，也不要忘记，美国的立法机构只是在代表人民立法，而不承担将人民组成一个单一国家的任务。当初建立联邦宪法的目的，并不是要取消每个州的独立存在，而是为了缩小这种存在的范围。所以，立法机构在向第二级政权下放一项实权（而且不能再次收回来）时，事先就放弃了强制它们服从多数表决的意志的习惯做法。有了这个规定，各州的影响力也就融入联邦政府的影响力里面了，就没有什么反常的了。这只是在确认既成事实，即对已经被承认的权力不能压制，只能扶持。

参议院与众议院的其余差别

由州立法机关提名选举参议员——由人民提名选出众议员——对参议员进行二级复选——对众议员进行一次选举——两种议员的不同任期——职权

参议院与众议院的不同之处，不仅表现在代表制度的原则方面，也表现在选举的方式、议员任期和职权差异等方面。

由人民提名选出众议员，而由各州的立法机构提名选出参议员。

一个是直接选举的结果，另一个则要经过两个阶段的选举才能产生。

众议员的任期只有2年，而参议员的任期则有6年。

众议院只有立法的权力，它所分享的司法权仅限于对公职人员的弹劾。参议院要对立法工作进行协助，审理众议院向它提起诉讼的政治罪案件。同时，它也是全国的最高执行机构，总统缔结的条约也要经过它批准才能生效。总统提出的法案和所颁布的任命，同样必须经过参议院的同意才能最后生效①。

行政权②

总统的靠山——总统的选举和总统的责任——总统在其职权范围之内的自由——参议院只能监察总统，而不能指导总统——总统的薪俸在就职时进行规定——搁置否决权

当时美国的立法者面临着一项难以完成的任务，那便是要创设一种既能依靠多数，又能有足够的力量在自己的职权范围之内自由行事的行政权。

为了维护共和制度，行政权的代表要服从全国人民的意志。

总统是经过选举产生的最高行政长官。总统的荣誉、总统的财产、总统的自由、总统的生命，都在不断地要求总统正确行使自己的权力以回馈人民。而且他在行使这一权力的时候，并不是完全独立的：参议院不仅在监督他与外国的关系，而且还在监督他如何用人，所以他既不能腐化自己，又不能被人腐化。

联邦的立法者们已看到，如果行政权拥有的稳定性和力量不能大于每个州所给予它的稳定性和力量的话，那么行政权就不能严肃而有效地完成自己的任务。

总统任期为4年，连选时可以连任。为了将来能够连任，总统会热心地为公共福利工作。

宪法规定总统是联邦行政权的独一无二的代表，并且防止他的意志从属于一个委员会的意志，因为这既是一种削弱政府行动的做法，又是一种降低执政者责任的危险做法。参议院有权使总统的某些法令无法生效，但是不能强迫总统采取行动，也不能与总统分享行政权。

立法机构可以直接对行政权采取行动，但我们刚才已经说过，美国人总是想方设法不这样做。当然，这种行动也可能会是间接的。

例如，两院都有取消公职人员的薪俸的权力，可以以此来剥夺他们的一部分独立；而法律的主要制定者就是两院，又会使得公职人员对两院是否会逐渐将总统按照宪法授予他们的那部分权力拿走的问题表示担心。

这种受制性的行政权，就是共和制度固有的缺陷之一。美国人一直不能破坏立法机构想要控制政府的趋势，但是他们却使这种趋势变得不那么不可抗拒了。

---

①见《联邦党人文集》第52～56篇；斯托里《美国法律》第199～314页；宪法第一条第二、三项。

②见《联邦党人文集》第67～77篇；宪法第二条；斯托里《美国法律》第315页、第518～580页；肯特《美国法释义》第255页。

在任职之初总统的薪俸就已经被规定了，而且对他的任职期限也是有规定的。除此之外，总统还将搁置否决权作为自己的秘密武器，这种否决权可以使总统不让那些可能会损害宪法授予他的独立性的法律得以通过。但这也只能在总统与立法机构当中形成不平等的斗争，因为立法机构如果要坚持它的方案，总是可以战胜总统的抵抗的，但是总统有了搁置否决权，至少可以迫使立法机构重新考虑它的方案，而且在重新审议议案时必须有三分之二的多数人支持才能够通过。除此之外，搁置否决权也是向人民提出的一项呼吁。这样一来，就使得如果没有这项保障就可能在暗中受到压迫的行政权有权提出申辩，可以让人民听取它申辩的理由。但是，立法机构如果仍然坚持它的方案，那么它总能战胜对它的抵制吗？对这个问题，我的回答是：任何一个国家的宪法，不管它的性质怎样，都必须要求立法者要依靠公民的良知和德行。在共和国中，这一点比较容易实行和被人看到，而在君主国，这一点就比较难以实行，并且总是被小心翼翼地掩盖起来。但是，这一点肯定只是存在于某一方面。没有任何一个国家的法律能够预先定出一切，也没有任何一个国家的制度能够代替得了理性和民情。

美国总统的地位与法国的立宪国王在哪些地方有所不同

在美国，行政权就像其所代表的国家主权一样，是有限制的和例外的——在法国，行政权就像是国家主权一样，可以扩及所有事务——国王是其中之一的立法者——总统只是法律的执行者而已——两种权力的任期产生的其他不同——总统被束缚在行政权的范围之内——国王在这方面是自由的——虽然有此种种不同，但是法国更近似于共和国，而美国则更近似于君主国——再比较两国依附于行政权的官员人数

行政权对国家命运起着重大的作用，所以在这里，我必须先详细讨论一下它在美国占有什么地位。为了对美国总统的地位能有个清楚明确的认知，最好对比一下美国总统的地位和欧洲的一个立宪君主国国王的地位。

我在进行这种对比时，对权力的外在标志并不太重视，因为这种标志很容易转移研究者的目光，对研究者很少有什么引导作用。

当一个君主国慢慢变为共和国的时候，虽然王权实际上已经消失了很久，但是行政权仍然使国王保留着头衔、荣誉以及财富。尽管英国人斩了一位国王的首级，把另一位国王从王位上赶走，但是他们在面对这些君主的继承人时，依然习惯于跪着谈话。

另一方面，当有些共和国落到独裁者控制之下时，这个独裁者的生活却能依然简朴，不慕虚荣，保持谦逊的作风，好像自己并没有处于万人之上。当皇帝们大权在握，对其他同胞的财产和生存进行专横统治时，在谈话中人民称他们为恺撒，而事实上，他们却又能屈尊到朋友家里做客。

所以，应当揭开面纱，深入探究其内部。

在美国，由联邦和各州共同分享主权；而在法国，主权是一个不能分割的整体。我觉得，美国总统与法国国王的最大、最主要的不同之处就是由此而来的。

在美国，行政权与其所代表的国家主权类似，是有限的和例外的；而在法国，行政权则与国家主权类似，可以扩及所有事务。

美国人有一个联邦政府，而法国人则有一个全国性的政府。

这就是自然导致美国总统地位不如法国国王地位的一点原因，但不是唯一的原因。第二个重要原因，就是两者所代表的主权有着不同的内涵。确切地说，我们可以把主权定义为制定法律的权限。

法国的国王，实际上就是主权的化身，因为法律没有经过他的批准就不能生效。同时，国王也是法律的执行者。

虽然美国总统也是法律的执行者，但是他并没有实际参加立法工作，因为他同不同意并不影响法律的存在。所以，他肯定不是主权的化身，而只是主权的代理人。

法国的国王不仅是主权的化身，还参加立法机构，并从中得到一份权力。他参与国会的一个议院的议员提名，并能够以自己的意志终止另一个议院议员的任职期限。而美国总统是不参加立法机构的组建工作的，当然也不能解散立法机构。

国王与国会能够分享法律的提案权。

但总统却没有这样的提案权。

在国会的两院中，国王都有一定人数的代表，在国会中这些代表解释他的观点，支持他的意见，使他的施政纲领获得胜利。

总统不可以成为国会的议员，他的阁僚也与他一样，均被国会排除在外。他只能运用间接的方法使自己的影响和意见进入国会这个大衙门。

所以，法国的国王和立法机构的地位是平等的，没有国王，立法机构不能活动；而离开立法机构，国王也不能活动。

而总统却像是一个低级的和从属的权力，被排除于立法机构之外。

总统在行政权上的地位好像与法国国王的地位很接近。但是即使在行使这项权力的时候，总统也会因为地位低下等重要原因而感到屈辱。

首先，法国国王的权力在任期上就比美国总统的权力优越。要知道，任期是权力的一项重要因素。人们只会对长期存在的东西表明爱戴和敬畏。

美国总统是选任4年的一个行政官，而法国国王则是一个世袭的君主。

在行使行政权时，美国总统自始至终都受到一种忌妒性的监督。他可以缔结但是不能批准条约，他可以提名但是不能直接任命官员[①]。

①总统虽然在任免联邦官员时必须征求参议院的建议，但是宪法对此的规定却含糊其辞。《联邦党人文集》在第77篇中好像主张建立批准制度；但在1789年，国会却以充分的理由宣称：总统既然自己负责，就不应该强迫他任用没有得到他信任的成员。见肯特《美国法释义》第1卷第289页。

在行政权方面，法国国王绝对是主人。

美国总统对自己的行动负责，法国法律则规定国王的人身是不可受到侵犯的。

当然，不论是法国国王，还是美国总统，都需要受到作为一种指导力量的舆论的影响。在法国，这个力量不如在美国那样明显，没有被人公认，没有正式写进法律里面，但是这种力量确实在法国产生着作用。在美国，这种力量通过选举和法院判决来产生作用，在法国，这种力量则是通过革命来产生作用。尽管两国的宪法不同，但是有一点却是相同的，那就是舆论实际上都是具有统治作用的力量。所以，说到底，在两国，法律的原动力都是一样的，尽管在两国，这个原动力的发展有过于自由和不够自由的差别，而发展的结果又总是不一样的。从本性来说，这个原动力实质上是共和主义的。所以我觉得，拥有国王的法国近似于共和国，要比拥有总统的美国近似于君主国的程度更甚。

在上面的叙述中，我只是着重指出了主要的不同点。如果要深入细节的内容，那么对比的结果会更加令人惊讶。但是，这说得已经过多了，而我本来还想简省些说的。

前面，我已经指出，美国总统的权力只能限于在他拥有的那部分主权之内行使，而法国国王的权力则可以在所有主权的范围之内行使。

我能证明，尽管法国国王的统治权已经大得惊人，并通过无数渠道深入管理个人利益，但他在行使这项权力的时候又超过了其自然极限。

除了国王统治权的这种影响以外，我还可以指出任用大部分公职人员所带来的后果。这些公职人员，基本都是代替国王行使行政权的。如今，法国公职人员的总数已经超过以往任何时期，多达138000人①，应该把其中的每个人都看做权力的一分子。相比之下，美国总统没有任用公职人员的专权，而且他所任用的人数根本没有超过12000人②。

可使行政权的影响增强的偶然原因

美国拥有的对外安全——观望政策——为数6000人的军队——只有几艘军舰——虽然总统拥有大权，但是没有行使的机会——有行使机会时，总统也很软弱无力

如果说美国的行政权没有法国的行政权强大，那么它的原因与其说在于法律，还不如说在于环境。

一个国家行使行政权的技巧和力量的机会，主要就在它跟外国打交道的时候。

---

①全国每年支付给这些人数众多的公职人员的薪俸为2亿法郎。

②每年美国在一本名叫《美国年度大事记》的年鉴中宣布公职人员的人数。这个数字是由该年鉴的1833年版摘来的。（第11卷，华盛顿）

从上述就可以得知，法国国王雇用的人数为美国总统的11倍，而法国的人口只比美国多150%。

美国的生存如果不断受到威胁，它的重大利益如果每天都同其他大国的利益交织在一起，那么行政权的威望将会随着人们对它的期待和它自己的作为而提高。

不错，美国军队的统帅是总统，但是这支军队却只有6000名士兵。他也指挥舰队，但是这支舰队却只有几艘军舰。他主要管理联邦与外国的往来事务。但事实上，美国没有邻国。它与世界的大部分大洲隔着汪洋大海相望，它独霸海洋的欲望还不是很强烈。它没有敌人，它的利益只是偶尔同地球上其他国家的利益发生冲突。

美国总统掌握的大权几乎近似于王权，只是没有应用的机会。他拥有的权限，现在也只能在极其有限的范围之内行使。法律允许他强大，但是环境却使他软弱无力。

法国的情况与此不同，法国王权的力量是巨大的，其来自环境的要多于来自法律的。

在法国，行政权不断地与巨大的阻碍进行斗争，并用强大的手段去克服这些阻碍。它不用去修改宪法，就能因为自己所处理的事务的广泛性和所主要管理的事件的重要性，而增加自己的力量。

法律假如使它也像在美国那样软弱无力或是限制重重，不久，它的影响也会因环境因素而大大加强。

美国总统为了领导国务工作可以不需要在两院取得多数

一个立宪君主的建议如果不能得到作为立法机构的两院的同意，他就不能进行统治，这在欧洲已经成为定论。

但是大家知道，美国曾经有好几位总统在立法机构失去多数支持，但是并没有被迫放弃权力，也没有给社会造成严重的灾难。

我听见有人引用这个事实来证明美国行政权是独立的，有力量的。但是，只要仔细思索一下，我们就会发现，情况正好是相反的，这个事实只能够证明美国的行政权是软弱无力的。

欧洲的一位国王，他需要得到立法机构的支持，来实现宪法给予自己的广大无边的任务。欧洲的立宪君主不仅仅是法律的执行者，他们还要想方设法使法律的执行完全符合自己的意志，而法律如果有反对他们的地方，他们还能够使法律无效。国王需要国会来制定法律，而国会则需要国王来执行法律。这两个权力机关彼此缺了谁都不能生存，一旦双方失去和睦，政府的车轮就会停止转动。

在美国，总统没有权力阻止法律的制定，他对执行法律的义务也不能回避。他的诚挚热心的合作，对推行政府工作无疑是有用的，但是也并非绝不可少的因素。他的所有重要工作，都直接或间接地受到立法机构的约束；而当他能够完全摆脱立法机构的控制时，他几乎也做不成什么事情。所以，能够使他同立法机构作对的，不是他的力量，而是他的软弱。

在欧洲，国王与国会一定要和睦相处，因为两者之间一旦发生冲突，可能就是很严重的；而在美国，这样的和睦并非必不可少，因为他们之间不可能发生斗争。

选举总统

总统选举制度的危险性随着行政大权的扩大而增加——美国人能够接受这种制度，是因为他们可以不需要强大的行政权——为什么环境会有利于建立选举制度——总统的改选为什么不会改变政府的原则——总统的改选对下属官员的仕途有何影响

一个大国采用选举的制度来确定行政权的首脑，其危险已经为经验和历史学家充分证明。

所以，我想以美国为例谈一谈这种危险。

人们所担心的是因为选举制度而产生的危险，会由于行政权所占的地位和它在国家中的重要性，以及选举方式和当时国家的环境而有大有小。

人们指责国家首脑选举制度的论据，是说对野心家而言，这种制度具有非常吸引人的诱惑力，会强烈地促使野心家去争夺权利，从而，合法的手段经常不能满足他们的需要，而当权力即将离开他们时，他们就会诉诸武力。

不难发现，行政权越大，诱惑力也就越大；觊觎者的野心越强烈，就越是不断地有二流的野心家来支持他，因为这些二流野心家希望能够在他们的候选人获得胜利后分享权力。

所以，选举制度的危险性将会随着行政权对国家事务的影响的加强而同样增强。

发生在波兰的历次革命不仅应当归因于一般的选举制度，而且还应当归因于当选的官员成了一个大君主国的首领。

由此可见，我们在讨论选举制度的绝对好处之前，先需要解决一个问题，即了解一下有意采用选举制度的国家的地理位置、国家的法律、国家的习惯、国家的国情和民意是否允许在这个国家建立这样一种软弱而又受到制约的行政权。在我看来，既然想让国家的代表人具有强大的权力，却又想用选举的方法来产生这个代表人，这就是在表达两种互相对立的意愿。据我所知，要让世袭的王权过渡到民选政体，可用的办法只有一个，那就是先对王权的活动范围进行限制，再逐渐取消它的特权，最后使人民一步一步地习惯于即便没有王权的帮助也能生活。但是，这样的想法在欧洲的共和主义者身上却从来没有过。他们之中的许多人之所以憎恨暴政，是因为他们受到暴政的欺辱。广大的行政权并未使他们受到损害，他们只是攻击暴政的起因，而并没有察觉到将这两者联系起来的密切关系。

至今我还没有看见过一个人愿意冒着荣誉和生命的风险去争当美国总统。由于美国总统的职位是短暂的，而且还要受到限制和制约。这就好比赌场上必须有大注的吸引，才能让那些绝望的赌徒孤注一掷。至今，也没有一个候选人可以激起人民的热烈

同情和过激情感，进而去支持他。其中的原因很简单：因为他当上政府首脑后，也只能使他的朋友们分享到很少的一点权力、财富荣誉，而且，他在国内的影响不大，没有能力在他当权时左右本派人的事业成败。

世袭君主政体有一个很大的好处：一个家族的个体利益跟国家利益永远紧密相关，所以它在任何时刻都不会置国家利益于不顾。我不讨论这种君主国的事务是不是要比共和国主持得好，但是不管是好还是坏，它总有一个人在尽力主持着。

而在选举首脑的国家中要临近选举，甚至在选举的前一段时间内，政府的车轮就好像自行停止转动了。不错，这个时候，能够制定适当的法律，使选举加速进行和立即进行完毕，可以不让行政权出现空位；但是，即使这样做了，立法者的苦心人们也不会理解，他们仍然会觉得行政权处于空位。

只要临近选举，行政权的首脑唯一考虑的事情便是即将开始的斗争。他不再前进，也不会提出什么新的企划，只会懒洋洋地处理那些或许将要由另一个人来完成的工作。1809年1月21日杰斐逊总统（选举前六个星期）写道：“我现在已经这样接近我的退职期限，所以我可以不再参加实际工作，而只是提出我的意见。我觉得，让我的后任自行采取他将实行和要负责的措施，是合理的。”（这段话出自杰斐逊致詹姆斯·门罗的一封信，见《杰斐逊文集》第9卷第243页，纽约，1898年）

而在全国，人们的所有目光都集中于一点：瞪眼看着即将开始的分娩的阵痛。

行政权管理国务的范围越大，它的经常性活动也就越多，越有必要，那么由此产生的危险也就越严重。在一个已经习惯于受到行政权统治或者好听点说是治理的国家中，选举必定会形成一次激烈的震动。

在美国，行使行政权时可以慢慢腾腾的而不受指责，因为这种行为本身就是软弱无力，受到多重限制的。

当选举产生新的政府首脑时，国家的内外政策方面几乎总是会出现一段动荡时期。这就是这种制度的主要弊端之一。

而且，这一弊端的严重程度，会与授予当选首脑的权力的大小成正比。在古代罗马，尽管执政官每年一换，但政府的工作原则却始终没有变化，因为元老院掌握着指导权，而且它是个世袭机构。在欧洲大多数的君主国中，若国王是选举产生的，那么在每次进行新选举时，王国都要改头换面。

在美国，虽然总统对国务有很大的影响，但是他并不主持国务，压倒所有的权力都掌握在代表全国人民的议员手中。所以，能够改变政治准则的只有全国人民，而不是总统个人。因此，在美国选举行政权首脑的制度，就不会对政府的稳定性产生不利的影响。

但是，缺少稳定性毕竟是选举制度一个固有的缺点，以至于在总统本来就已经很小的活动范围之内，这个缺点仍然表现得十分明显。

美国人想得很对，行政权的首脑为了更好地履行职务，承担所有责任的重担，就应当有充分的自由去亲自挑拣下属和随意罢免他们，而立法机构则应该主要是监督而不是指导总统。但是，由此就会产生下列结果：进行新的选举，所有联邦官员的命运就好像处于悬而不决之中。

在欧洲的立宪君主国中，人们总是抱怨行政机关的小职员的命运时常决定于大臣们的命运。其实在选举政府首脑的国家，这种情况就更为严重了。其中的原因很简单：在立宪君主国，接任的大臣过不了多久就能上任，而行政权的主要代表并没有改变，改革活动也限制在一定范围内。所以，这种国家的行政权的变化就主要表现在末节方面，而不是表现在原则方面。在这里，因为不是用一种制度去马上代替另一种制度，所以不至于引起一场革命。而在美国，却是每隔四年就会依法进行这样的革命。

至于说这种立法会不会给个人造成不幸，我们应该承认，在美国，官员命运的不固定性还没有产生曾经在别处出现的灾难。在美国，自食其力地寻找生活出路就容易得像丢掉官职一样。虽然丢官后有时会过不上舒适的生活，但是绝对不会因此而失去谋生之道。

在本节开头我就说过，以选举这一方式产生行政权首脑的危险性的大小，因采用这一制度的国家所处的环境不同而有所不同。

虽然行政权的范围受到限制，它在法律上的地位也不够强大，但是它对国家的对外政策的影响却是极大的，因为除非由一个人经手，否则谈判就不能开始并顺利进行。

当一个国家的形势越是不定和艰难时，它就越是需要有一项首尾一贯的坚定的对外政策。这种情况下，采用选举制度确定国家首脑，也会更加危险。

美国人对全世界的政策是很简单的，可以说别人不需要他们，那么他们也不需要别人。他们的独立从来没有受到过威胁。

所以，在他们那里，行政权的职能既要受到环境的限制，又要受到法律的限制。总统可以经常改变他的观点，但是国家不会因此遭殃或毁灭。

不管行政权首脑怎样选举，选举之前和选举的时候，就是全国的骤变时期。

如果一个国家的内忧越大，那么它的外患也就越大，而这个时候的危机对国家而言更有危险。欧洲的国家每当产生新首脑的时候，总是在为被人征服和陷入无政府状态而担忧。

在美国，社会已经被组织得不需要帮助就可以自立。美国从来没有遇到过外患。美国的总统选举是件鼓舞人心的大事，而并不是导致毁灭的举动。

选举方式

美国的立法者在选择选举方式时所表现的才能——建立一种特别的选举团——这些特别的选举团分别投票——众议院在什么情况下应该被召去选举总统——自现行宪法生效以来12次选举的概要

除了固有的危险以外，还有很多来自选举方式，但这些是经过立法者留意就可以预防的危险。

当全国人民带着武装到公共场所去选举他们的首脑时，除了会有选举制度本身存在的危险以外，还有可能会特别地有这种选举方式产生的内战的危险。

当波兰的法律允许国王的选举被一个独夫否决时，就等于这项法律在唆使人们去杀掉这个独夫，或是预先规定了无政府状态。

随着深入研究美国的制度和仔细考察它的政治与经济状况，我们发现，人们在那里的发迹跟他们的能力是非常类同的。美国是一个新兴的国家，但是它的人民却在很早以前就已经习惯于自由：这是美国内部秩序得以维持的两个重要原因。而且，美国肯定不担心会有人来征服它。美国的立法者们得益于这些有利条件，因此很容易创立一种软弱而有依附性的行政权，使他们在创立行政权时既可以采用选举制度，又可以不带来什么危险。

剩下的需要他们做的，就只是从不一样的选举制度中选择出危险性最小的制度，并且使它在这方面规定的准则正好符合本国的自然条件和政治制度所提供的保障。

这期间，最先需要解决的问题，是找到一种可以充分表达人民的真正意志，并且不至于激发人民的情感，能够让他们尽量减少政权空位感的选举方式。起先，他们采用简单的多数通过法律的办法。但是这是一件并不容易的事情，因为人们为了获取这个多数，对拖延时间就并不担心，而拖延时间也恰恰是立法者们想要避免的。

事实上，当选举在一个大国中进行时，很少有人能够在第一轮投票的过程中就获得多数。在由地方势力比较强大、发达的数州联合而成的共和国中，这种困难就显得更大。

为了排除第二种阻碍而提出的办法，就是将全国人民的选举权都委托给一个能够代表全国人民的机构。

这样的选举方式，就为多数的形成增加了机会，因为选举的人越少，意见就越容易趋于一致。这种办法也有利于人们作出良好的选择。

然而，是应该把选举权委托给本身就代表了全国人民的立法机构呢，还是要再建立一个以选举总统为唯一目的的选举团呢?

美国人就选择了后一种办法。他们觉得，要让那些被推选去制定普通法律的人再负责选举全国的首席行政官，就不能全面地代表民意；另外，他们当选为议员早就已经超过了一年，而他们代表的选民此时极有可能已经改变了主意。美国人断定，如果委托立法机构来选举行政权的首脑，议员们便会在选举前很长一段时间内受贿和参加各类阴谋活动；而这些特别选举人也会像大陪审团的成员一般，在群众之中默默无闻，并不为人所知，甚至他们在应该行动的时候才正式出面，只用上短短几分钟时间投投票而已。

所以，决定每州提出一定名额的选举人①，然后委托他们去选举总统。但是，就

①同一个州的选举人聚集在一起投票，把被选举人的得票名单送往中央政府所在地，而不在当地报道获得多数票的结果。

如我前面所述，实施选举制的国家的这种负责选举政府首脑的团体，要成为争吵和阴谋的中心。有时它会篡夺不属于它自己的权力；而它的议而不决与随之而来的争吵不休，有时又会把国家拖到破产的边缘。所以美国人便决定，在同一天让选举人投票，而不必非要把他们召集在一起开会[①]。

这种两阶段的选举方式就有助于产生多数，但也不能保证就一定会产生多数，因为正像这些选举人的委托人可能会有观点的分歧一样，这些选举人也可能会有观点的分歧。

在这种情况下，就要从下列三种办法中任选其一：重新指定选举人，由原来的选举人再行协商，或者交给另一个权力当局去选举。

前两种办法除了不够可靠外，还会拖延时间，带来无休止的可怕争吵。

所以，第三种办法就被他们采用了，他们规定要将选票密封送交参议院议长，并且指定一个特定的日子，当着参议员和众议员的面开封计票。如果开封计票后，发现没有一个候选人获得多数票，那么就由众议院直接选举总统，但是也为众议院规定了权力范围。众议院只能从原来得票最多的三个候选人当中选出一个人当总统。

就像大家已经看到的，只是在极少数和不容易预见的情况下，才会将选举总统的工作交给众议员去实行，而且他们也只能从已经作为特别选举人的强有力多数指定的人当中选出一人当总统。这是一种较好的权宜办法，它把人民的意志应该要受到尊敬，与迅速进行选举和国家利益不受到破坏这三者结合起来了。此外，让众议员分享权力去解决问题，也不一定能够解决所有难题，因为在众议院能不能获得多数仍存在疑问，而且宪法对此也并没有提供补救方法。不过，由于规定了必备的候选人资格，把候选人只限定为三人，再让一个摆脱偏见的立法机构从中去选定，这种方法就基本排除了它本来只有某种可能克服的所有障碍[②]。至于其他一些障碍，就是选举制度本身所固有的了。

自联邦宪法生效的44年以来，美国已经选过12次总统。

有10次是由每个州的特别选举人在本州投票后选出的。

众议院只执行过两次它能够分享的这种特殊权力：第一次是1801年选举杰斐逊先生，第二次是1825年选举昆西·亚当斯先生。

选举是紧急时期

可以把选举总统的时期看成全国的紧急时期——为什么——人民的激情——总统的忧虑——选举热潮以后的平静

---

①这个时候，实际上总统不是根据众议院的多数票，而是根据每个州的多数票当选的。所以，纽约州对投票选定总统的影响就不如罗得岛州。可见，最初是将全联邦的公民视为一个整体，才从全国范围进行投票的，而当公民们的观点不一致后，又把权力分给每个州，由每个州的代表去分别投票。

这也是联邦宪法中存在的一个奇怪现象，它只能用互相对立的利益的冲突来进行说明。

②但是，杰斐逊在1801年还是经过36次投票才当选的。

我已经讲过有哪些有利的环境会促使美国采用选举首脑的制度，而且也指出立法机构为消除这种制度的危机而采取的预防措施。美国人已经习惯于进行各种各样的选举。经验让他们学会允许热潮发展到什么程度或者在什么地步应该阻止热潮的发展。美国幅员辽阔和居民分散的特点，使得政党之间的冲突不像在其他国家那样明显和具有破坏性。即使是在全国选举时形成的政治环境，至今也没有引起过任何真正的危险。

但是，我们仍然可以把美国选举总统的时期看成是全国的紧急时期。

总统对选举进度的影响，毫无疑问是微小和间接的，但是这个影响却可以扩及全国。总统的选举对每一个公民来说可能无关紧要，但是对全体公民却很重要。要知道，一项利益不管再怎么微不足道，当它一旦成为普遍利益时，就会有巨大的重要性。

跟欧洲的一位国王相比，毫无疑问，美国的总统根本没有多少方法来培植私党。但是，由他任免的职位，却多得足以让成千上万的选民直接或间接地关心总统的成功和失败。

此外，在美国，政党也像在其他国家一样，感到大家需要团结在一个人的周围，以便更加容易地为群众所理解。所以，它们一般都以总统候选人的名字作为象征对象来为自己服务，让这个人作为代表去具体实现本党的理论。促使选举对自己有利是它们的重大利益，但不是依靠当选总统来让自己的学说获得胜利，而是通过总统的当选证明自己的学说获得了多数。

在特定的选举日到来之前的很长一段时期之内，选举是最重要的而且可以说是全国唯一一件所有人都在关心的大事。所以，每个党派又积极活动起来，在这个时候，只要是能够想象出来的党派激情，便在这个幸福安静的国家里荡漾起来。

而在任的总统，则是专心于自卫。他不再为了国家的利益去处理任何政务，而只是为了再次当选忙碌着。他为了获得多数而去讨好选民，他不但不按照他职责所要求的那样去控制自己的激情，反而经常随意发作。

随着选举的临近，各种阴谋活动也日益积极起来，而选举的热潮也更加上涨和扩大。公民们分成几个对立的阵营，每个阵营都高举着自己候选人的旗帜。这个时候，全国都气氛热烈，选举也就成了报纸的头条新闻、私人交谈的重要的话题，所有行动的目的，所有思想的中心和当前人们的唯一兴趣。

不错，选举的结果一旦公布，这种热情随即就会消失，所有的一切又恢复了平静，之前看起来好像即将决堤的河水，又悄悄地流在原来的河道里，但是，看到这场本来可以刮大的风暴，又怎么会不让人感到惊奇呢？

总统的连选连任

行政权容许首脑连选连任，说明政府本身在变质，或者有人搞阴谋，甚至是腐化——美国总统的整个思想被连选连任的愿望统治着——在美国，连选连任有

其特别害处——民主的自然弊端在于使所有权力逐渐屈服于多数的微小愿望——总统的连选连任就更为助长了这种弊端

当初美国的立法者容许总统连选连任，是正确的还是错误的？

猛一看来，不准行政权首脑连选连任，好像是不合理的。谁都知道一个人的才能和品格会给整个国家的命运带来影响，特别是当国家处在危难环境和紧要关头的时候！根据某些法律，公民被禁止连选连任首席行政官，这就使得公民失去了帮助国家繁荣和拯救国家的最好措施。而且可能还会产生一种异常的结果，即当一个人证明其有很好的管理才能时，却被政府排除在外。

毫无疑问，这些论点都是很有力量的。但是，难道我们不能举出更有力的论点去反驳它们吗？

民选政府的自然弊端就是搞阴谋和腐化。当国家首脑可以连选连任时，这种自然弊端将会无限制地扩大，并危及国家本身的生存。一个普通候选人如果想要依靠阴谋达到目的，就只能在有限的范围内施展他的诡计。而国家首脑出现于候选人的名单上，却可以借助政府的力量来达到自己的目的。

在前一种情况下，那个候选人拥有的只是薄弱无力的手段；而在后一种情况下，却是国家本身用其强大的手段去搞阴谋和自行腐化。

利用应受到谴责的诡计去获得权力的一般公民，只能间接地损害国家的繁荣；而行政权的代表本人参与角逐，就会让政府将其主要注意力转移到次要工作上去，而把选举当做当前的主要工作。它已经不再关心对外的谈判和法律，选举就成了他一心在想的事情。此时，政府官员照样可以得到报酬，但是他们已经不再为国家服务，而是在为其上司服务了。同时，政府的活动即使不是一直在违反国家的利益，至少也是不再为国家效劳。但事实上，政府的活动却只应该是为国家效劳。

支配着总统思想的是连选连任的渴望，他的所有施政方略都指向这一点，他的一举一动也都指向这个目标，尤其是接近选举的紧要关头时，他就想利用自己的私人利益代替全国的普遍利益。看不到这一切，就不能真正认识到美国总统处理国务的常规。

连选连任的原则，使得民选政府腐化的影响格外广泛和危险。并且它同时在败坏人民的政治道德，以纵横捭阖冒充爱国行为。

这项原则在美国还直接打击着国家生存的基础。

每个政府本身都有一种好像与其生存原则相关联的自然弊端，而立法者的天才就应当去认清这一弊端。一个国家可能因为废除了许多不良法律而存在下去，但是不良法律的恶劣影响也往往会被人夸大其词。一切可能会产生破坏性危险的法律，尽管它的危害作用不会马上被人发现，他们也不能长期不让危险发生。

专制君主国破灭的原因，主要在于王权的无限和不合理的扩张。所以，即使采取措施，将宪法中使王权加重的砝码拿走，当这些措施长期不发生作用时，也是极其有害的。

同样，在民主开始占据统治地位、人民逐渐将一切事情都主管起来的国家里，那些使人民的活动日益活跃和不可抗拒的法律，也会给政府的生存带来直接的打击。

美国立法者的最大功绩就在于他们清楚地认识到这个真理，并有勇气付诸行动。

他们觉得，除了人民的权力以外，还需要当局的执行权力，这些当局虽不是完全独立于人民的，但在自己的职权范围之内还是享有一定程度的自由的，因此他们既要被迫服从人民中的多数的一致决定，又要抵制这些多数人的无理取闹，并拒绝其危险的要求。

为了达到这个目的，美国的立法者便让一个人掌握着全国的行政权。于是总统拥有了广泛的特权，并利用这些特权把自己武装起来，以便抵抗立法机构的侵犯。

但是，由于美国总统可以连选连任，立法者就又部分地破坏了自身的工作。他们使总统拥有了大权，但又压制住了总统使用这种大权的欲望。

如果总统不能连选连任，那么他就没有办法脱离人民，因为他不会因竞选而中止对人民负责。但是对他而言，为了向人民讨好，也没有必要非得完全遵从人民的意愿。

对可以连选连任的美国总统来说，他只是多数人手中百依百顺的工具。而在政治道德废弛和伟人消弭的今天，他既要爱多数人之所爱，憎多数人之所憎；又要为多数人的愿望带头，为多数人的抱怨领先，哪怕是多数人的一小点企求他也得服从；立法者本来是希望他领导多数人的，而他现在却唯多数人之命是从。

因此，立法者本来不想让国家的人才埋没，而结果却恰恰使这些有才的人几乎变成了废物；立法者想为这种特殊环境制定一种对策，结果却使整个国家处于危难之中。

联邦系统法院①

美国司法权在政治方面的重要性——讲述这个问题时遇到的困难——司法权在整个联邦政府中的行使——哪些法院通行整个联邦政府——设立整个联邦性法院的必要性——联邦司法工作的组织——最高法院——最高法院与我们所知道的其他法院有哪些不同之处

之前我已经讲述了美国的立法权和行政权，现在需要留待考察的是司法权。

在这里，我应当直言不讳地向每位读者表示：我担心我现在的讲解可能会让读者产生厌倦的情绪。

司法制度的出现给英裔美国人的命运带来了重大的影响，就司法权的本义而言，

---

①参考第六章开头一节《美国的司法权及其对政治社会的影响》。本章讨论美国司法工作的基本原则。再参考联邦宪法第三条。

参看：《联邦党人文集》第78～83篇；萨金特《宪法是美国各级法院工作和办案的主要依据》，波士顿，1830年；斯托里《美国法律》第134～162页、第489～511页、第581页、第688页；以及载于斯托里《美国法律》第1卷第53页的1785年9月24日组织法。

它在政治制度中占有十分重要的地位。从这一观点来说，它是值得我们特别关注的。

但是我不知道美国法院的组织体系和审判过程的技术细节是怎样的，我们该怎么理解美国法院的政治作用呢？怎么样讲解才不会让读者对这些细节感到枯燥无味呢？最后，怎样才能进行简单扼要和前后连贯的讲解呢？

我为自己不回避这些烦琐的问题为荣。很多读者会觉得我讲得过于冗长，而有些法学家则觉得我讲得过于简要。这就是我在全书叙述中不能两全其美的地方，尤其是在叙述以下部分时。

其中最大的困难不在于了解美国联邦政府是怎样构建起来的，而在于知道美国联邦政府是怎样使人们心甘情愿地服从其制定的法律的。

一般说来，各国政府通常会用两种手段来制伏被治者的反抗：第一种手段就是政府本身拥有的物质力量；另一种手段则是法院的判决给予政府的道义力量。

如果一个政府为了让人们服从其法律而使用武力，那么这个政府必然会迅速毁灭。毁灭以后就有可能出现两种情况，而它必居其一：如果这个政府是软弱的而且是有节制的，只是在迫不得已的时候动用武力，对局部的连续的不服从行为置之不理，那么这个国家必将逐渐堕入无政府状态；如果一个政府是鲁莽而强大的，几乎每天都在使用暴力，那么这个国家很快就会变成一个纯粹的军事专制国家。这个时候不管政府是消极被动还是积极主动的，对那些被统治者都同样具有致命的伤害。

其实司法工作的最大目的，就是用权利观念来代替暴力观念，在国家管理力量与物质力量之间设立中间屏障。

人们一致认为给予法院干涉力量，其实是一种比较怪的做法。当法院不复存在的时候，这种力量却还十分强大地残存在司法程序上，会让人们觉得法院好像在无形之中还存在着。

法院具有道义力量，道义力量可以使物质力量极少被国家所使用，甚至道义力量在多数场合可以代替物质力量。但是到最后不得不使用武力时，你就会发现，武力会与道义力量结合而使自己的力量倍增。

一个拥有联邦制度的政府，比其他形式的政府更想得到司法部门的支持，因为它的软弱无力是与生俱来的，并且这样的政府极易遭到各种反对或是压制[①]。如果它经常或是一开始就使用武力，那它将无法完成自己的任务。

因此，联邦特别需要设立法院，只有设立了法院，公民才会服从它的法律，也可以说只有法律才会保护公民自身财产不受侵犯。

那么它应当设立一些什么样的法院呢？每个州在这个时期都已有了属于自己的司法当局。这些州需要求助于这些法院吗？它需要建立直属于联邦的司法当局吗？不难

①联邦的法律最需要法院，但至今却很少利用法院。主要原因是：大部分联邦成员在加入联邦之前已经有独立的政府，并且它们对中央政府并不完全服从，而当中央政府授予它们发号施令权以后，它们就力求保持不服从中央政府的权力了。

看出，联邦无法使各州早已设立的司法当局适应于它的需要。

毫无疑问，每个州之所以使司法权与其他权分离，是因为这样对州的安全和自由都是有利的。但是，各州的几种权力同出一源，且遵循同样的原则，并在同样的范围内执行。简单来说，就是应当彼此相关或者是性质相同，而且这对国家的生存来说，也同样是必不可少的。我估计没有一个人曾想过，为了让自己得到公正的判决，要求把在法国犯下的罪行送交到外国的法院进行审判。

从美国人跟联邦政府的关系来说，美国人是一个统一的民族，但这个民族却容许存在一些只在某些方面服从于全国政府，而在其他方面则独立于全国政府之外的政治组织。这些政治组织来源都不一样，宗旨也是独立的，各自的办事方式也比较特殊。将联邦法律的执行工作交给这些政治组织所设立的法院，就等于将国家交给外国法官进行审理。

每个州对于整个联邦不仅形同外国，而且它们与联邦永远处在对立状态，因为各州已把联邦所丧失的权力都夺去了。

因此，各州的法院允许执行联邦法律时，不仅等于把国家交给外国法官进行审理，还等于把国家交给了怀有偏见的法官进行审理。

另外，州法院的性质也使其不能为了国家目的而服务，而州法院的数目越多，就越是如此。

在制定联邦宪法的时候，宣判之后不得向联邦上诉的法院，美国已经设立了13个。现在，这个数目已增至24个。既要对国家的主要法律作出24种解释和应用，又要让国家能够继续生存下去，该怎么才能办到呢？这样的制度不仅不合常理，还有悖于经验。

于是，美国的立法者便决定设立一个联邦司法当局，审判事先规定好的涉及全国利益的案件，以实施联邦的法律。因此，“美国最高法院”就掌握了联邦全部的司法权。为了便于审理案件，美国最高法院又设立了一些下属法院，并赋予它们对一些不太重要的案件作出最终判决或对一些重大的争讼做出初审判决的权力。美国最高法院的法官不是由人民或立法机构选举出来的，而是由美国总统征求参议院同意后直接任命的。

最高法院为了使法官的权力具有独立性，不受其他权力当局的影响，决定最高法院法官为终身制，并且他们的薪水一经确定，就不受任何司法机构的核查。

粗略地讲联邦司法制度的原则很容易，但要深入讲解它的职权时，就会遇到一大堆难题了。

规定联邦系统法院管辖权的方法

联邦各法院的管辖权是比较难规定的——联邦系统法院有权规定自己的管辖

权——这项规定侵犯了让给各州的那部分权力的原因——这些州的权力受到法律和法律解释的限制——各州由此遇到的危险其实并不像表面看上去那么严重

最先遇到的问题是，美国宪法同意两种不同的主权同时存在，而在司法制度里面，这两种主权又以两种不同系统的法院为代表，所以在规定两个系统法院各自的审理权时就要十分小心，同时防止两者之间发生冲突。那么，在这种情况下，该把法院的管辖权交给谁呢？

在政治社会里单一和相同性质的国家，当两个法院之间的权限产生争议或者冲突时，一般都交给另一个法院仲裁。

这样，问题就会很容易得到解决，因为在这样的国家里，司法权限跟国家主权根本没有牵涉到一起。

然而在美国，在州的最高法院和联邦的最高法院之上不能设立一个既不属于前一系统，又不属于后一系统的仲裁法院。

因此，在这两个法院里，必须有一个法院有权自行断案，还要有权受理或拒绝受理案件。但是不能将这项特权授予各州的法院。如果把这种特权授予各州的法院，那么就等于联邦政府的主权已经受到了侵害。一旦州的法院获得宪法解释权后，以前被宪法的有关条款夺去的那部分独立性就会很快恢复。

联邦最高法院开庭处理这方面的问题，是为了防止各州的法院各行其是地决定有关全国的利益的问题，并建立一个统一解释联邦法律的司法仲裁机构。如果各州的法院能把原本属于自己管辖范围之内的案件推托出去，并说它是属于联邦管辖范围之内的，或把原本属于联邦管辖范围之内的案件硬说成是属于自己管辖范围之内的，那么这个目的是无法达到的。

因此，联邦的最高法院有权解决与法院的管辖权限相关的所有问题。

这对州的主权来说是一个最为严厉的打击。这样，州的主权不仅要受法律的限制，而且要受法律解释的限制，这个限制既有已知的也有未知的，同时还受到无明文规定的限制。不错，宪法已为联邦的主权对界限进行了明确的规定，同时又规定：一旦联邦的主权与州的主权发生冲突时，应当由联邦法院来裁定谁对谁错。尽管如此，这样的诉讼可能会对州的主权有威胁，但实际上并没有表面看来那样严重。之后我们将要谈到，美国各州实际拥有的权力要比联邦政府的权力大得多。联邦法院的法官们觉得，他们以自己的名义行使的权力是那么软弱无力。他们依法受理有权审理的案件时，若附带一些不合理要求，他们宁愿放弃审判权或者是不予理睬。

联邦系统法院审理的各种案件

案件与诉讼当事人是联邦系统法院审判的要件——牵涉到外国大使的诉讼——牵涉到联邦的诉讼——牵涉到一个州的诉讼——由谁审判——因联邦法律

而产生的诉讼——为什么要由联邦系统法院进行审理——没有履行合同的诉讼由联邦系统法院审理——这种安排的后果

在确定联邦系统法院的权限使用方法之后，美国的立法者还规定了哪些案件应由联邦系统法院进行审理。

他们还规定了只有联邦系统法院才有权进行审理的诉讼人的范围，而不管诉讼的是什么。

之后他们还规定只能由联邦系统法院判决的诉讼案件的范围，而不管诉讼人是什么人。

所以，诉讼当事人和案件便是联邦系统法院审判必备的两个条件。

对联邦来说，外国大使是国家友好的代表；凡是涉及他们的案件，也就可以说是涉及全联邦的案件。当外国大使作为诉讼的一方时，这个诉讼一定是涉及国家利益的案件，自然应由联邦系统法院进行审理判决。

联邦本身也可能涉及诉讼。这时，如果他在向代表联邦本身主权的法院进行控诉之后，又到其他法院进行起诉，这一做法就既不合情也不合理，还违反了国家的惯例。这样的案件只能由联邦系统法院审理判决。

当诉讼的双方均属于两个不同的州时，将案件交由任何一州的法院审理都不合适。最可行的办法就是挑选一个不致给两州的任何一方造成怀疑的法院进行审理判决，而这个法院非联邦系统法院莫属。

当诉讼的双方是州而不是个人时，除了上述的公平理由之外，还应该加上一项政治理由。这时，两州的性质便使整个诉讼具有了全国性的影响。两州之间看似微不足道的争端，却能影响到整个国家的和平①。

诉讼的性质本身就可以决定管辖权的归属。譬如，凡与海商有关的问题，都应由联邦系统法院进行解决②。

很容易就可以知道，这样做的原因是，几乎所有类似问题，都要从国际法的角度来考虑。从这一观点来看，只要是类似的问题都要涉及整个联邦与外国的关系。而且，海上不像在国内能够划定司法管辖区，因此国家需要有一个能够审理起于海上诉讼的法院。

不管什么事情，只要性质上属于联邦系统法院管辖的诉讼，都被宪法定在了一个项目之内。

---

①有关宪法还规定，一个州当局与另一个州公民之间的诉讼，都属于联邦系统法院管辖之内的。在不久的将来就遇到一个问题：宪法不管原告是谁，凡是一个州当局与另一个州公民之间进行争讼，诉讼都由联邦系统法院管辖吗？最高法院对此作出了肯定的裁定。这个裁定引起了各州的不安，因为它们担心联邦系统法院可以不预先通知就随时告诉它们。因此，宪法作做了修改。根据这项修改，联邦的司法权不扩及外国公民对合众国之一州的控诉。见斯托里：《美国宪法释义》第624页。

②例如，一切海盗案件。

对这方面所作的规定虽然有些简单，但人们可以从这些事情中看到立法者的整套思想跟列举的事项。

美国在宪法中说，只要是能从合众国法律找到根据的一切诉讼都可以交由联邦宪法来审理。

先举两个例子，看了例子之后你就会对立法者的意图一目了然了。

例如，宪法不允许各州制定有关货币流通的法律，但有一个州不顾及这项禁令，制定了一项类似的法律，而有关方面也因其违背宪法而拒不执行。这就要由联邦系统法院来进行处理，因为联邦法律有权打击这种行为。

再例如，国会规定了一项进口税，但是在征收的时候却遇到了困难。这个案件也应该向联邦系统法院提起诉讼，因为诉讼的原因是对联邦法律的解释出现了分歧。

这项规定完全符合联邦宪法采用的基本原则。

如果按照1789年通过的宪法建立的联邦，只享有一小部分的主权，但宪法又想让联邦在这个范围之内成为一个单一制的统一国家[①]。即主张在这个范围之内，它是一个主权的国家。这一点一经提出便得到认可，这样一来剩下的问题就迎刃而解了，如果承认合众国是由宪法规定的并且是拥有主权的国家，那么就得给它以一切国家所具有的权力。

但是，自从有了国家以来，人们都认为每个国家都有权利在本国法院审理跟本国法律执行的有关问题。但也有人反驳说，联邦在这点上却有着独特的地位：如果从特定的方面来说它是一个国家，而从其余的方面来说它又算不上一个国家。由此产生的结果便是只在与特定的方面有关的一切法律上，联邦有权成为享有完整主权的国家。而实际的困难就在于确定这个特定的方面是什么。如果这一困难得以解决（在前面论述审判权的管辖范围时，我们已经对这一点是如何解决的进行了说明），那么就不会再有什么问题了，因为只要确定一件诉讼是属于联邦系统法院管辖范围之内的，就可以说按宪法规定这是属于联邦的主权，诉讼自然应当由联邦系统法院进行审理判决。

所以，一旦联邦的法律受到侵犯时，或者需要采取一些手段来保卫这些法律时，最合理的方法就是向联邦系统法院提起诉讼。

综上所述，联邦系统法院审判的权力随联邦主权的扩大或缩小而发生着变化。

我们已经知道，在1789年，立法者的主要目的就是要把主权分成两个不同的部分：一部分掌管联邦的一切共同利益，另一部分则掌管各州自身的一切利益。

当时立法者最关心的，是怎么用足够的权力将联邦政府武装起来，让这个政府在自己的职权范围之内防御各州的侵犯。

对各州，立法者则采取了各州在本州之内享有自由的这一普遍原则。中央政府既不能到每个州去督导他们的工作，甚至也不能对其工作进行检查。

---

①实际上，这项原则也被作出了很多限制。例如，按宪法规定，各州在参议院中是作为独立的政权存在着的，而在参议院又能够单独选举总统，虽然后一种情况并不多见。由此看来，反对的意见就获得了胜利。

我在讲述权力划分的那一节中，已经指出这项原则自始至终都没有受到人们的尊重。虽然有些法律看来只与一个州的利益有关，但是这个州并无权制定这样的法律。

如果联邦的某个州颁布了这种法律，因为执行此项法律而受害的公民就可以向联邦系统法院提起控告。

因此，联邦系统法院的审判权力就不仅可以扩及基于联邦法律而提出的所有诉讼，也可以扩及每个州违宪制定法律所造成的诉讼。

刑法方面既往的法律也不能再在各州得以颁布。被这种法律判刑的人，可以向联邦系统法院提起上诉。

宪法也不允许各州颁布的法律使合同的既得权益遭到破坏或对法律进行更改[①]。每一个公民确信自己的合法权益被本州的法律损害时，可以不执行该法，并可以向联邦系统法院进行控告[②]。

我个人觉得这项法律的规定对各州主权的打击早已超过了其他一切的规定。

出于全国性目的而授予联邦政府的权力，是清晰明确的，也是易于理解的。但刚才我引用的这条宪法规定间接给予联邦政府的权力却很难被人们理解，而且它的范围也有点模糊。实际上，有许多合同的成立已经受到政治性法律的影响，并且中央主权也因其受到了侵犯。

联邦系统法院的诉讼程序

联邦系统法院的天然弱点——为了不让州而让个人出席联邦系统法院立法者所作的种种努力——这一点美国是怎样做到的——对私人联邦系统法院直接审理——对违反联邦法律的州联邦系统法院间接打击——联邦系统法院作出的只是削弱各州法律的判决，而不是废除它们的判决

---

①斯托里先生在《美国宪法释义》第503页中说得非常正确：凡是使合同条款中规定的缔约双方的原本意思有所增减或者运用某种方式加以改变的法律，都会使该合同得到改变或破坏。斯托里在同一页还举了不少例子说明了联邦司法当局有可能遇到的合同与法律发生冲突的案件。例如，一个州把一块土地租给一个人，并且与这个人签订了合同，但后来又发布一项新的法令，使得这个人无法利用这块土地，一个州发给某个公司的特许状本就是一项合同，但是对这个公司而言，它又是法律。我们现在所说的这条宪法规定，也不能保证全部的权益，而只能保证大部分既得权益。例如，我可以不需要签订合同，就合法地拥有一笔财产。我占有这笔财产是我的既得权益，但是联邦宪法却不保障这项权益。（托克维尔节录斯托里的原文）

②下面，是斯托里在《美国宪法释义》第508页（及以下几页）中引述的一个著名例子。新罕布什尔州的达特茅斯学院是根据英王在美国革命前授予几个私人的特许状创办的。该院的几位管理人员便依据这个特许状成立了一个自治体，即Corporation。新罕布什尔州的立法机关想要下令更改最初的特许状，并且将该学院的所有权利、特权和特许状中给予的豁免权交到新的管理人员手上。原来的管理人员便强烈反对，并向联邦系统法院提出控告。联邦系统法院最终判决控告人胜诉，因为他们认为，最初的特许状是州和特许状获得人之间的名副其实的合同，现行的新的法律无法改变这个特许状中的条款，对这个特许状中给予的既得权益也不得侵犯，如果侵犯了，便是违反了美国宪法第一条第十项之规定。

我已讲了联邦系统法院都有哪些权力，现在我就来谈一谈它们是如何行使自己拥有的那些权力的。

当一个国家，主权还没有被分为两部分的时候，国家的法院在处分触犯法律的个人时代表的是整个国家，这就是不可抗拒的司法权的来源。那么在这个时候，就需要把权利，同支持权利的力量的观念结合在一起。

但是，有些国家的主权已经被分为两部分了，在那里的情况并非总是这样。在那些国家里，与司法当局经常打交道的是这个国家中的各个党派，而不是孤立的个人。结果，司法当局的道义力量和物质力量在这个时候就会被大大削弱。

因此，在联邦制国家，司法当局的力量日趋微弱，受审人的力量却变得非常强大。

在联邦制国家，为了使法院获得类似于主权未被分为两部分的国家那样的地位，立法者需要不懈努力。也就是说，立法者的努力，应当是使司法当局代表整个国家，使受审者代表每个人的利益。

一个政府，不管它的性质怎样，都要统治其被治者，有些不服从的被治者，则要强迫他们履行义务；但是它也要保护自己，以防止被治者的侵犯。

关于政府强迫被治者服从法律的行动，按照美国宪法的规定，由联邦系统法院采取（这也是美国宪法的一项创举），即联邦系统法院在执法时，受审主体应该是个人。因为已经宣布联邦是享有宪法规定的那部分主权的单一制统一国家，所以根据这部宪法建立和办事的政府便享有全国政府所拥有的一切权力，而其最主要的权力就是向公民直接发号施令。因此，如果政府公布征税的法令时，这就不是向各州征收，而是按照法律规定的税率向每个应纳税的美国公民征收。但是负责保证联邦贯彻这项法令的联邦司法当局，却没有权力判处抗税的州，只能判处违法的纳税人。因此联邦司法当局同其他国家的司法当局一样，只能处分个人。

应当指出，在这方面联邦一直自己选择对手。它选择的对手一般都是比较软弱的，自然总是屈服。

联邦自卫的时候，困难往往就增加了。宪法承认各州有制定法律的权力，但是这些法律却很有可能会侵犯联邦的权力。这时，制定法律的各州与联邦之间，难免会发生主权上的冲突。只有采取危险最小的处理办法才能有效解决这些冲突。我之前讲过的总原则[①]，对这种处理办法已经进行了预先规定。

按照平时的想法，遇到上面所说的这种案件，联邦一定要向联邦系统法院控诉侵权的州，当然联邦系统法院也会宣判该州所制定的法律不生效。因为只有这样的处理办法才是最合乎情理的。但是，这样一来联邦系统法院就会与这个州处于针锋相对的状态，但这种情况却是联邦系统法院希望尽可能避免的。

美国人觉得，为了实行一项刚制定的法律，而不损害某些私人利益，是完全不可能的。

---

①见第六章关于美国的司法权部分。

联邦宪法的制定者们都觉得，这种私人利益可以抵制各州用立法措施损害联邦，所以他们在立法时就已经对私人利益进行了保护。

假如，一个公司向一个州买了一块土地，而一年后这个州又以一项新的法律把这块土地派作他用。这样宪法中有关禁止更改依合同而获得权利的条款就被这个州破坏了。如果有人依据新的法令购买土地并要求占有土地时，已经依据旧的法令占有土地的人可以向联邦系统法院提出起诉，并且还可以要求联邦系统法院宣判依据新法令的占有无效[①]。因此实际上这就是要迫使联邦司法当局侵犯州的主权。但是联邦司法当局只能援引该州所定法令的细节，间接地向这个州进攻。它所攻击的不是法令的原则，而是法令的后果。它不能宣判那项法令无效，只能削弱它的效力。

最后，再假设一个例子。

在美国，每个州都是独立的自治体，并且都是享有公民权的，所以它们既可以向法院起诉，又可以被控诉于法院。比如，在州与州之间，一个州可以向法院控诉另一个州。

这个时候，诉讼的问题并没有涉及联邦攻击州公布的法令，只是诉讼当事人均为州而已。对这种案件，跟其他案件唯一不同之处就是诉讼当事人的性质不同，因此本章开始时指出的危险依然存在，要想避免这种危险却很难，这是联邦体制固有的，以至于会在国内出现一些使司法当局难于对抗的强大阻力。

最高法院在各州的大权中居于高位

没有一个国家创制过像美国那样强大的司法权——司法权的职权范围——司法权的政治影响——甚至于联邦的安定与生存都取决于七位联邦法官的才智

在仔细考察最高法院的组织并全面了解它拥有的职权之后，就不难发现其他任何国家都没有创制这么强大的司法权。

美国的最高法院远远高于已知的任何法院，不管是从职权的性质上看，还是从管辖的受审范围上看都是这样。在欧洲所有的文明国家中，政府一直都反对把与其本身利害有关的案件交由司法当局进行审理。政府越是专制，反对的情绪就越大。反之，随着每个国家自由的与日俱增，法院的职权范围也比以前大得多。但是，在欧洲，到目前还没有一个国家想过，一切争讼问题，不管它是什么原因引起的，都可以提交给执行普通法的法官进行审理。

而在美国，这个学说却得到了实行。美国最高法院是其独一无二的最高法庭。它负责解释法律和条约。对一些跟海商方面有关的问题，凡是涉及国际法的，均由它专门负责。换句话说，尽管最高法院的组织完全是司法性的，但最高法院的职权却差不多完全是政治性的。它的唯一宗旨就是执行联邦的法律，而联邦政府的任务则是调整

①见肯特：《美国法释义》第1卷第387页。

政府与被治者之间的关系，以及本国与其他国家之间的一些关系。而本国人民之间的关系，则是由各州的主管机关规定。

美国最高法院职责之所以如此重大，除了上述的主要原因之外，还有另一个更为主要的原因。就是在欧洲各国，法院只审理私人之间的案件，而美国的最高法院不仅可以审理私人之间的案件，还可以审理关于州的案件。当法院的最高裁判者登上法院的大堂，简单地宣告“纽约州控告俄亥俄州”时，在场的所有人在这一刻都会觉得这个法庭与众不同。当你想到双方中的一方代表着100万人，另一方代表着200万人时，你会自然而然地就感到那七位法官责任的重大，因为他们的判决会令有的人为之高兴，有的人却为之悲伤。

不管是联邦的安定、繁荣和生存本身，全系于七位联邦法官手中。如果没有这七位法官，宪法就是一张白纸。因为只有他们可以帮那些立法机构抵御行政权的侵犯，而立法权也只有依靠他们才能使自己不受行政权的进攻。如果联邦想让各州的人们服从它也得依靠他们，而各州会依靠他们抵制联邦的过分要求。私人利益可以依靠他们去抵制公共利益，而公共利益依靠他们去抵制私人利益。保守派依靠他们去抵制民主派的放纵，而民主派则依靠他们去抵制保守派的顽固。看到上面这些关系后，你就会觉得他们的权力是巨大的，是无与伦比的，但这是受到舆论支持的权力。只要人民愿意服从这些法律，他们就力大无穷；而如果人民无视这些法律，他们也会无能为力。在目前，舆论的力量不管跟什么力量相比，它都是最难驾驭的一种，因为无法说清它的界限，而在界限以内的危险，也总是不亚于界外的危险。

因此，联邦法官都是具备品行端正、德高望重、博闻强识这三个要素的公民，其实除了这三个要素，他们还要具有一切行政官所必备的品质，而且必须是国务活动家。他们不仅需要时刻善于判断自己所处时代的精神，还需要经过自身的努力去克服一些困难，以免让危险把他们本人跟联邦的主权以及法律的尊严一起卷到狂澜里面。

因为总统的权力是有限的，所以总统犯错不至于损害到州。然而国会的失误不至于败坏联邦，因为权力大于国会的选举团，可以通过改选议员的方法让其面貌焕然一新。

但是，最高法院如果是由一些轻率冒失甚至是腐化堕落的分子组成的，那么联邦迟早会陷入无政府状态，即便有政府也会有引发生内战的危险。

然而，不管怎么样你都要清楚地知道，这种危险的根源并不在于法庭的组织，而在于联邦政府本身的性质。我们知道，其他体制的国家并不需要像联邦国家那样建立强有力的司法机构，因为那里的人们在同自己的祖国进行权力斗争时完全不可能处在较强或较好的地位去抵抗政府所动用的武力。

不过，当一个政府需要扩大和独立时，那么它的政权就需要被加强。而它越是扩大和独立，就越会滥用职权，危险也就会逐渐形成。因此，弊端的根源并不在于这个政权的组织，而在于建立这个政权的国家的本身体制。

联邦宪法在哪些方面比各州宪法优越

为什么可以拿联邦宪法与各州宪法作比较——联邦宪法之所以比各州宪法优越，应当归功于联邦立法者的才智——联邦立法机构不像各州立法机构那样过于依赖人民——行政权在其行使范围之内是比较自由的——司法权较少屈服于多数的意志——实际的后果——联邦的立法者使民主制政府与生俱来的危险减少，而州的立法者却会使固有的危险增加

联邦宪法要达到的目的，与各州宪法非常不同，但是它们实现目的的方法，却是极其一样的。虽然联邦政府和州政府的任务都有所区别，但它们的组织形式是一样的。从这个现象对联邦宪法和各州宪法进行比较，好处是非常明显的。

我觉得，联邦宪法从整体上看比各州宪法优越。但是这种优越性来自个别原因。而不是其自身的原因。

目前遍行的联邦宪法，其制定的时间晚于大部分州，所以它能从吸取经验当中获得好处。

但自从联邦宪法制定以来，又有一些新的州加入美利坚合众国，大概有11个，这些新加入进来的州几乎全都夸大它们对先前各州宪法的缺点作出的补救时，那就总得承认制定时期较晚这个原因，对联邦宪法的优越性间接起到了次要的作用。

立法者的品格是决定联邦宪法优越性的主要原因。

在制定联邦宪法的同时，想把各州联合在一起似乎不可能。但是这种危险是人们有目共睹的。那么在这个紧要关头，人民坚定地选择了最值得他们尊敬、信赖的人，而没有去选择他们最爱的人。

我在前面已经说过，联邦立法者大都以他们的才智为荣，更以他们的爱国精神为荣。他们都是从社会处在最危机、危难的时期成长起来的。我们可以想象在那个时期，自由精神同一个强大而专横的权力当局进行了接连不断的斗争。后来，斗争结束了，人们也从这场战斗中体会到了激情，仍在同已经不复存在的危险作斗争。立法者号召人们冷静下来，并且用他们锐利的目光观察着整个国家当前的局势，这些告诉他们一场决定性的革命已经完成，而今后危害国家的灾难只能是来自自由的滥用。他们鼓足勇气说出自己的这种想法，因为在他们内心深处一直怀着对自由的挚爱与渴望。于是他们要求人们节制自由，以使这些自由不破灭①。

①在这个时期，著名的亚历山大·汉密尔顿作为联邦宪法的主要起草人之一，就不怕在《联邦党人文集》第71篇上说：

“我深深地知道，有些人觉得行政权最大的优势就是要求奴颜婢膝地屈服于人民和立法者之间；但我个人觉得，这样的要求是希望政府以极其粗鲁的人民作为统治对象和创造社会繁荣的最真实工具。

“至于公民的意见，只有在合理和成熟的条件下才能指导人们接受任务的行为。但是，共和主义原则既不要求人们胆大妄为，又不鼓励人们莽撞闹事，因此许多善良的人会被心怀叵测的狡猾之徒所利用，仅此而已。

“不错，人民都向往社会是幸福的，但往往在追求社会幸福的时候常犯错误。如果有人劝（下载107页）

对大部分州而言宪法把众议员的任期定为一年，参议员的任期要比众议员的任期多一年。因此，两院的议员可以严格地受制于选民的最微不足道的愿望。

但是，联邦的立法者觉得，立法机构的这种过度依赖性，使代议制的主要成果从根本上改变了其性质，因为这种依赖性不仅把立法机构权力的基础交给了人民，同时也把政府交给了人民。

他们把联邦议员的任期加长，主要是为了使议员能有更广泛的自由来行使这种职权。

联邦宪法也像各州宪法一样，把立法机构分成两个部分。

但在各州，立法机构的这两个部分是由与候选人资格相同的当选议员组成的，而且也以同样的方式进行选举。因此，大多数的感情和意志能够很容易地在这一院或另一院表现出来，并能迅速地在这两个院里面找到代言人，这样造成了法律制定工作的粗暴性和轻率性。

同时联邦宪法也规定联邦的两院由人民进行选举，唯一不同之处就是它改变了候选资格和选举方式。改变的目的就是使两个立法机构合二为一，能像在其他国家那样，即使不代表不同于另一方的利益，至少也能代表优异的才智。

参议员必须到一定年龄才可以当，并不是谁想当就可以当的，在参议员形成的步骤中，首先开一个人数不多的会议，然后由这个会议负责选举参议员。

将全部社会力量集中在立法机构的手里，是民主制度的自然趋势。既然立法机构的权力直接来自人民，所以它也有权分享人民拥有的一切大权。

因此，包揽一切权力就成为立法机构的一种习惯倾向。

这种权力的集中，虽然对良政的推行没有好处，却可以给专制奠定基础。

然而各州的立法者时常屈从于民主的这种任性，总是让联邦的立法者予以抵制。

在各州，州长是掌握行政权的行政长官，虽然表面上看起来与立法机构的长官平起平坐，但实际上州长只是立法机构盲目的代理人和被动工具。那么州长是从哪里汲取力量呢？是从任职期限中汲取的吗？州长的任期一般只有一年，所以是不可能从任期里面汲取的。难道是从他的特权中汲取的？然而州长也毫无特权可言。立法者可以把他们自己制定的法律执行工作交给自己内部所成立的专门委员会去办理，因此架空行政长官。只要立法机构愿意，那么立法机构就可以用停薪的办法，使行政长官处于被罢免的状态。

（上接106页）他们选择走向社会幸福的方法需谨慎时，他们的见识就会使他们轻视这种好意，因为他们从经验中得知，他们有些时候很容易上当受骗。使人感到惊奇的是，即便在他们身后有一群吸血鬼和告密者跟他们要诡计，即便有一伙野心勃勃、财迷心窍或穷途末路的人不断在他们周围布下陷阱，即便有一帮根本就不值得信任或言过其实的人对他们甜言蜜语，他们却很少上当受骗。

“当人民真正的利益没有满足人民的意愿时，凡是负责保护这种利益的人，都应该去克服暂时的失误，以使人民有时间进行冷静的思考。有时，这个办法会把人民从他们所犯的错误当中解脱出来，并使有勇气和度量把人民从失望当中解脱出来的人得到慰藉。”（万人文库版第365页）

联邦宪法让总统一个人掌握行政权的全部权限和责任，按照宪法规定，总统的任期为4年，并且在任职期间他的薪水是不得扣发的，他也有一队侍从保护，并享有搁置否决权。简单地说，宪法在详细规定执行权的范围以后，尽量使总统在这个范围内享有强大的独立地位。

在各州的宪法中，最不受立法权限制的权力唯有司法权。

但是，每个州的司法机关却保留了规定法官薪俸的权限，这必将法官置于立法机构的直接影响之下。

在个别州里，有些法官并不是长期任命而是临时任命的，这就对法官剥夺了大部分权限和自由。

还有一些州把立法权和司法权这两种权力完全混在一起。比如，纽约州的参议院就是该州某些案件审理的最高法庭。

联邦宪法与此不同，它的司法权跟其他权力完全是两码事。另外还规定法官的薪金是固定的，并且职位是不可以变动的，因此法官的地位便是独立的。

这些差异的实际效果，是很容易被察觉的。仔细观察可以立即看到，联邦的政务比任何一个州都处理得好。

联邦政府的施政比任何一个州都要公正和稳妥。因为它的看法是明智的，它的计划是持久和合理的，它的措施执行是灵活且有条不紊的。

如果对这一章作个小总结，那么只需要几句话。

民主制度的存在必将受到两大威胁：

第一大威胁，立法权完全屈服于选举团的意志；

第二大威胁，政府的其他权力都向立法权靠拢。

州跟联邦的立法者在这两大威胁上不同的是，州的立法者助长了这两大威胁，而联邦的立法者则尽力减弱这两大威胁。

《美利坚合众国宪法》与其他一切联邦制国家宪法有何区别

美国的联邦看起来与其他一切联邦一样——但它们之间的效果不同——为什么如此——这个联邦与其他一切联邦在哪些方面不同——美国政府是一个不完备的全国政府而并不是一个联邦政府

美利坚合众国并不是联邦制度的第一个例子和唯一的例子。即便不提古代，就现代的欧洲来说，也有过数个联邦。比如，瑞士、德意志帝国、尼德兰共和国，有的曾经是联邦，有的到目前为止还是联邦。

如果我们仔细研究这些不同联邦的宪法，我们会在无意间惊异地发现，它们授予各自联邦政府的权力，与美国宪法赋予美利坚合众国政府的权力是完全一样的。这几个国家的宪法同美国的宪法一样都授予中央政府媾和权、宣战权、征兵权、收税权以及应付全国危局权和谋求全国共同利益权，等等。

可是，这些国家的联邦政府大多数都是软弱无能的，唯有美国的联邦政府能够极其有利、果断有力地处理政务。

而且，起初美国建立的第一个邦联政府之所以没能继续生存下去，就是因为政府的软弱。但是这个软弱的政府，曾经拥有同今天的美国政府一样大的权力，并且在某些方面还拥有过更大的权力。

因此，现行的美国宪法又制定了几项新的法律。虽然人们起初没有注意到这些宪法原则，但后来他们发现这些原则对他们的影响是十分深刻的。

这部宪法看上去好像与以前的几部宪法没有什么不同，但是这部宪法推出了一个全新的理论。甚至于我们可以把这个理论作为如今政治科学中的一大发现。

在1789年美国联邦之前建立的所有联邦中，为了共同的目的联合起来的人民虽然同意遵守一个政府的法令，但是自己调整和实施联邦法律的权力却仍有保留。

1789年在美国联合起来的各州，都同意联邦政府有权颁布法律，甚至还同意由联邦政府自己执行这些法律。

在这两种情况下，其实权力是一样的，只有权力的行使不同。行使权力的不同也会使之产生极悬殊的后果。

美国联邦之前建立的所有联邦中，联邦政府为了满足自己的需要，有时候还要去求助于各加盟政府。如果联邦政府采取的一些措施遭到某一加盟政府的反对，这个加盟政府总能找到规避的办法。如果联邦政府的力量很强大，那么它会诉诸武力；如果联邦政府的力量薄弱，那么它只有任其抵制，自认无能，任事自由发展。

这个时候联邦中最强大的加盟政府攫取联邦的政权，并且以联邦的名义向其他加盟政府发号施令；如果联邦政府放弃了自己的权力，那么联邦就将陷入无政府状态，联邦政府这个时候也失去了活动的能力。两者必居其一。

在美国，联邦除了统治各州之外，还统治各州的公民。当联邦要征税时，它只向公民征税却不向政府征税（比如说马萨诸塞），别的国家的联邦政府是直接治理加盟政府，而美国的联邦政府却直接治理公民个人。因为它的力量是自己创造的，并非借助外界。当然它有属于自己的行政人员、法院、司法人员和军队。

显然，联邦权有时候会受到民族的意识、集体的激情和各州的地方偏见的抑制。或者会制造一些反对联邦意志的思想。联邦的主权有限，并没有强大到自由行使自己拥有的全部权力的地步。也许，这正是联邦制度固有的缺陷之一。

在美国各州几乎没有造反的举动和意图。如果某个州要造反，那么就等于公开抗拒联邦的法律、破坏联邦正常的司法程序和举行暴动的形式。如果真有此事，必须立即采取断然的步骤，但是人们在采取这种断然步骤之前总是犹豫不决。

之前的联邦制国家之所以要赋予联邦政府各种权限，并不是为了治理国家，而是为了帮助国家进行战争，虽然这些权力会增加联邦政府的要求，但是联邦政府却没有实现这些要求的措施。因此，联邦政府真正的弱点会随着它们的权力以及目的增加而增加。

但是美国的联邦跟大部分政府不一样，美国的联邦政府能够去做它权力范围之内的所有事情，人的头脑发明新事比发明新词容易，所以我们的说法不够确切或不够全面。有些国家联盟的建立是永久性的，有些时候还设立了一个最高当局。虽然这些当局不能直接管理公民个人，但是可以对加盟政府直接采取行动。

这个与其他一切政府完全不同的政府就是联邦政府。

后来，社会又出现了另一种组织形式。在这种社会里，几个政府会为彼此间共同的利益结合为一体，但是在其他方面仍然保持独立，所以彼此间只有联盟的关系。

这个时候，中央政府就像全国政府一样，对被统治者、行政官员和司法人员进行直接管理，但是行动的范围有限。那么这个时候的政府就不再是联邦政府，而是不完备的全国政府。因此，另外一种政府出现了。确切地说，它既不是全国政府，又不是联邦政府。只是我们现在不知道用什么样的新事、新词来表达。

因为对这个新式的联邦还不知道，所以过去那些联邦不是导致内战和征服，就是陷入毫无生气的状态。同盟国家拥有制定或解除其弊端的方策的知识，但是它们却缺乏勇气去采取这种方策。

美国的第一个邦联就是因为这种缺陷解体的。但在美国，在联邦的各州还没有获得独立之前，曾属于同一帝国。因此，它们没有完全养成自治的习惯，也没有根深蒂固的民族偏见。它们比世界的其余部分都要开放，彼此的文明程度也不相上下，它们的人民也不强烈要求扩大联邦的权力，出现这样的要求时，他们已经被几位伟大人物制伏了。同时，美国人发现了弊端以后，便坚决采取措施进行克服。为了拯救自己的国家，他们修改了宪法。

联邦制的优点在美国产生着特殊的效用

小国享有的幸福和自由——大国拥有的力量——大帝国促进了文明的发展——国家繁荣的第一要素就是实力——把大领土的优势与小领土的优势结合起来是联邦制度的目的——美国从联邦制度中获得好处——立法必须服从人民的意愿，人民不服从立法的需要——美国人民的积极性和进取精神，以及他们对自由的渴望和拥有——联邦的秉公精神不外乎是地方爱国主义的总体表现——在美国境内人们可以自由地办事和思考——联邦既像小国一样自由和幸福，又像大国一样享有权利并受人尊敬

在一些较小的国家，社会的注意力能顾及全国各地，改革的精神能深入最微小的事物；这时人民的野心也会因其不够强大而马上被压制下去，因此人民的才智和努力基本可以全部用于国内的福利事业，而不是浪费在追求荣誉上面。另外，在一些小

国，个人的能力都是有限的，所以他们也不会有什么大的欲望，小康生活、平等的地位、民情朴素而温良就足够了。总的说来，尽管道德和文化水平有所不同，但是人们在小国一般都比在大国容易谋生或安居乐业。

当小国出现暴政时，它要忍受最残酷的暴政，这个范围内的一切事物都会受到影响。它无力施展雄图大略，只能干预一堆鸡毛蒜皮的小事，并且是全凭暴力和骚扰。它还会把统治从政治界延伸到私人生活中。控制了人们的行动以后，它还要去干涉人们的私人爱好，在能够统治国家以后，它还想统治家庭。但是，这种情况不常见，因为小国的固有长处是自由。小国的政府对公民中的野心家的诱惑力实在是太小了，而公民个人的才智又极其有限，因此国家大权容易被一个人独揽。但是每当出现这种情况时，公民都会自主地团结到一起，齐心合力将那些暴君和暴政通通推翻。

因此，小国一直都是政治自由的摇篮。很多小国有时会随着自身的强大而失去这些自由。这就能清楚地说明，只有小的国家政治才是自由的，但是这些自由并非来源于国家本身。

世界历史没有提供过一个大国长期实行共和制度的案例①。这个事实说明这样的事情是不可能的。我觉得，如果总是回避现实，却对耳闻目睹的事情表示惊讶，然后绞尽脑汁去思考和判断未来，这是比较荒唐的做法。但有一点可以肯定，那就是大国总是比小国更容易招惹是非。

随着领土的扩大，热爱共和制度的激情也会增强，而支持这种激情的德行则不会跟着增长。

随着国家力量的增强，个人野心也会变大，政党的力量也会随着其所设定目的的重要性的增大而增强，能抵制这种破坏性的激情或力量的爱国心，小共和国所拥有的就比大共和国多。这也就证明：在大共和国，爱国心是很难发挥出来的，即便发挥了作用也是极小的。贫富的差距、城市的变化、民俗的败坏、个人的自私心、利害的冲突，几乎都是因国家的巨大变化造成的严重后果。其中，大多数都不会危及国家的生存，少数的几个甚至能延长君主国的寿命。另外，在君主国家，政府具备一种非常特殊的力量；政府能够利用人民，却没有对人民产生依赖；国家的人数越多，君主的力量也就越大。然而，共和制政府也只有依靠多数的支持去克服这样那样的危险。另外，在疆土广袤的共和国，这个力量并不绝对地大于国土狭小的共和国。因此，在攻击手段的数量和力量不断增加的情况下，抵抗的力量却没有发生变化。甚至这种力量还在减弱，因为人口越多，人们的志趣和利益就会越复杂，也就越难形成一个巩固的多数。

也可以得出以下结论，人们激情的高涨，不仅取决于所向目标的崇高，而且还有赖于受激情鼓舞的人数是否众多。每个人都会感到他的情绪在志同道合的人面前会比在孤独自处时高昂。因此在一个比较大的共和国里，政治激情之所以不可逆转，原因

---

①我所说的不是几个小共和国组成的联邦，而是一个统一的大共和国。

不仅在于目标的宏伟，还在于这种激情以同样方法于同一时间把千百万人鼓动起来。

因此，一般地说，只有大帝国才会反对人民的幸福和自由。

但是不得不承认，大国也有其独特的好处。

就像大国人对权利的渴望比别处的人强烈一样，有些大国人的荣誉感也比在别处的人的荣誉感炽烈，因为他们奋斗的目标是在广大人民的喝彩声中找到的，而且这个目标还在一定程度上鼓舞他们一直前进。在大共和国，思想不管在哪一方面都能得到迅速而强烈的响应，能够自由地传播，大城市成为人类理性之光大放异彩和聚焦的巨大知识中心。上面这些告诉我们，为什么大国能比小国更快地发展，更快地推广文明的进步。其实在这里还应当补充一点，即重大的发明都需要强大的国力，而小国的国力则是薄弱的。在大国，政府一般都有比小国政府大的理想，因此一些大国可以广泛地打破陈规旧套和地方主义封建思想。那里的思想家和冒险家也比较多。

然而在小国，国内的福利事业都是比较完整和普遍的，而且国家能够一直保持和平；但是小国一旦进入战争状态，所受到的伤害要比大国严重。因为大国领土辽阔。所以即使战祸连绵，群众受到的灾难也是比较少的。对于人民群众来说，战争与其说是灾难的原因，倒不如说是亡国的主要原因。

还有另外一个问题，即在这里也和许多其他地方相同，最重要的需要是研究事物的必然性。

如果只有小国没有大国，那么人类无疑会变得更加自由和幸福。但是，我们也不能没有大国。

在世界上，大国的规模为国家的繁荣昌盛提供了一个新的因素，这个因素即为力量。如果一个国家天天被别国的人掠夺或侵略，那么空有富裕和自由的表象又有何用处？如果外国控制了大海并规定有关贸易条例，本国的工商业又有何用处？小国之所以不富裕，主要是它的懦弱造成的，并不是因为国家面积小造成的；大国之所以繁荣，也就不是因为它大，而是因为它强。所以，不管是对大国还是小国，力量一向是幸福和生存的必备条件之一。因此，除非环境特殊，只要是小国就希望能跟别的小国联合起来，或受邀与人联合起来而成为大国的一员。我觉得没有什么比一个国家既不能自卫又不能自给的境遇更让人怜悯的了。

为了把领土广阔的优势和领土狭小的优势结合起来，才创立了联邦制度。

如果你仔细考察美利坚合众国，你就会发现这个国家采用联邦制度后获得的一切好处。

一个中央集权的大国，立法者必须使各项法律一致，不能带有地方和习俗的差异。立法者根本不处理特殊事件，只能按照正常情况去制定法律。这样，人民就必须服从立法的需要，其实一个国家之所以会动乱和多难，主要原因就是立法不能服从人民的需要和习俗。

联邦制国家就没有这样的弊端。因为国会只负责制定全国性的主要法令，而法令的具体条目则留给地方立法机构去规定。

对联邦的成员来说，主权的这种划分带给他们每个人的好处都是难以想象的。但是在这些小成员所组成的社会里，人们根本就不需要为自卫或扩张而伤脑筋，因为这些人都把自己的全部精力用于改进内部。每个成员的政府都站在各自居民的这边，所以能够了解社会的需要。并且每一年都会制订一些新的计划，提交到本国的议会或立法机构进行讨论，而后将讨论的结果公布在报纸上，以引起公民的关心和注意。比如在美国，这种要求改进的精神一直激励着各州，而且一直没有引起过动乱；追求权力的野心逐渐被热爱公益的精神取而代之，人们充满激情，却不会带来什么危险。所有的美国人都认为，新大陆的共和制度之所以能够存在和延续下去，主要是因为联邦制度的存在和长久延续。在南美洲的一些新兴国家之所以长期沉沦，想要建立强大的共和国而不实行主权分享便是它们犯的最大的错误。

我们都知道在美利坚合众国，试用和实际应用共和制度，刚开始的时候是在乡镇和地方议会内部。比如，像康涅狄格这样的小州，开通挖掘运河和铺路就已经是一件政治大事。这个州不养军队，即便养了军队也不进行战争。甚至对那些领导人也不会支付高薪，就更别说给予他们荣誉头衔了。这里的人们觉得没有比共和制度更自然和更合理的制度了。这种来自一个自由民族的风气和习惯的共和精神，就这样先在各州产生和发展起来，随后又顺利地通行于全国。从某种角度上来说，联邦制度的秉公精神就是地方爱国主义的集大成。换一种方式说，美国的每一个公民，把自己对本小共和国的依恋之情逐渐转化为对共同祖国的热爱之情了。因此，当他们在维护联邦的时候，也就是在保卫他们所在州县的繁荣昌盛，同时还保卫了参与治理国家的权力，保卫了他们希望联邦政策使他们繁荣的理想：这一切，通常比整个国家的共同利益和国家的荣誉更能打动人心。

另一方面，如果人民的精神和社会风气使一个大国繁荣富强，那么联邦制度就把这项任务所有的困难降到了最低程度。美国的共和制度对各州来说，没有出现大多数集体常见的弊端。从领土的面积上来说，联邦完全可以称得上是一个大共和国；但如果我们从它管理的事务上来说，它管理的事务很少，因此它又像是一个小共和国。虽然做的事情不多，但是每件事情都是非常重要的。联邦的主权是有限的和不完整的，所以这个主权的行使不会对自由造成什么威胁，那么威胁大共和国的那种争权争名的邪念也就不会有。因此不管是谁都不必向往一个共同中心，没有巨大的城市，没有贫富之差，也没有爆发战争的突然性。虽然政治激情顿时遍及整个国家，但它会潜移默化地去反对每个州的自私和偏见。

美利坚合众国跟一个单一制国家相同，人们的工作和思想都是自由的，没有什么能够抑制进取精神。政府尊重拥有知识的天才。在整个联邦境内，他们就像是由同一个帝国统治的国家内部一样，升平气象随处可见。在国外，它与地球上的各大强国并驾齐驱。它有800多里约（2000英里）对外海岸，而且它还掌管着走向新大陆的钥匙，因此不管是多远的海边，它的国旗都受到尊敬。

联邦既有着小国的自由和幸福，又有着大国的光荣和强大。

为什么联邦制度没有扩展到所有国家而英裔美国人却可以采用它

每个立法者在制定联邦制度的时候都会遇到克服不了的困难——各种联邦制的复杂性——被治者的才智经常被它利用——美国人在治理国家方面的实际知识——联邦政府相对的软弱性，联邦制固有的另一缺陷——这一缺陷被美国人减弱了，但是并没有完全被消除——虽然每个州的主权从表面上看要比联邦的主权小，但实际上却比它强大——这是为什么——除了有法律这个原因之外，还有参加联邦的州要求联合的自然原因——英裔美国人有哪些这种原因——缅因州与佐治亚州相隔大概有 400里约（1000英里），但是大联合比诺曼底与布列塔尼的联合更为自然——联邦制的主要危险便是战争——这一点美国本身是证明的最好例子——大战对联邦来说并不可怕——为什么——一旦美国的联邦制被欧洲一些国家所采用很可能会发生危险

有时，一个立法者经过一番艰辛努力，才会对这个国家的命运施加一小点间接影响，但是他的才华却会立即受到赞扬。其实，能给社会的发展时常造成不可抗拒的影响的，是他没有能力改变的这个国家的地理位置、该国的社会情况，他无法探究清楚的民情和思想，甚至他也不知道该国的起源。这种不可抗拒的影响，不管他怎么反抗也没有用处，如果持久反抗很有可能连自己都会被卷走。

立法者就像人在大海里航行。他可以驾驶船只，但是船的结构他无法改变，他既不能呼风唤雨，又不能使他脚下的大洋平静。

对于美国人从他们的联邦制中获得的好处我已经说明了。接下来要说的就是哪些东西使他们得以采用这种制度，因为有些国家使用这个制度反而不会受益。

在联邦制中，有些缺陷是来自法律的，可由立法者排除；然而另一些缺陷则来自制度本身，这些缺陷是固有的，并非人民所能克服的。因此，采用这种制度的人民，必须具备一定的力量来容许这种制度的统治本身所固有的缺陷。

在任何一种联邦制的固有缺陷中，所采用的手段的复杂性是最为突出的。两种主权并存也是这种制度必备的，立法者可以使这两种主权的活动尽量简单和公平，并把两者限制在明确规定的活动范围之内，但是两者之间的相互作用是无法阻止的，无法防止它们在某个方面所发生的冲突。

因此，不管联邦制做什么都会有一套复杂的理论。当人们对这套理论加以应用时，是需要具有一些知识的。

一般来说，人民要掌握几个简单的概念。第一个概念：内容错误但是被表述得清晰明确的观念，经常比一个内容正确但被表达得含糊复杂的观念更能说服群众。因此，一些小国政党总是不择手段地利用那些无法代表它们追求的和手段的名义或主义当旗号；如果没有这个旗号，它们既不能存在，甚至也无法开展活动。建立在一个简单原则或简单学说之上的政府，虽然不是最好的，却可以是最强大、最长久的。

但是，如果我们仔细研究世界上最完美的联邦制宪法——美国宪法，会对这个宪法的条款数量和要求被治者必须具有一定识别能力感到惊讶。联邦政府几乎完全建立在法律的假设之上。因此联邦可以说是一个理想中的国家，只存在于人的脑海里，它的版图和范围也完全是凭心去体会。

总体的理论我们可以理解，唯一需要说明的是实际应用方面的难题。难题不可胜数，因为联邦与各州的主权是互相交错的，要想一眼分清其界限是不可能的。在这样的政府中，所有的事情都需要经过反复的协商和一些比较复杂的程序，因此只有长期以来习惯于自治或者政治知识普及的社会下层的民族，才是最合适采取这种制度的人群。我对美国人在解决联邦宪法带来的难题方面所表现的高超知识和能力佩服得五体投地。我见过的美国人，都能轻易地把国会的法律规定的义务与州法律的义务明确地区分开来，也都能在区分联邦普通法院所审理的案件和地方司法机构所处理的事件之后指出联邦法院管辖权的起点和州法院管辖权的终点。

美国的联邦宪法就像是能工巧匠创造的一件只能使发明人自己成名发财，一旦落到其他人的手里就会变成一件一无用处的美丽的艺术品。

墨西哥的现况就可以充分说明这个问题。

实行联邦制是每个墨西哥人所希望的，所以他们把自己的邻居英裔美国人的联邦宪法作为蓝本，并且几乎把里面所有的制度都抄了过来。但是，他们只抄来了宪法的条文，却没能理解给予宪法以生命的精神。所以政府的双重车轮时停时转。各州的主权和联邦的主权也会时常超越宪法所规定的范围，双方出现冲突也是时常发生的事情。直到如今，墨西哥仍然陷于无政府状态到军人专制，然后再从军人专制回到无政府状态的恶性循环之中。

其中第二个致命的缺陷，我个人认为也是来自联邦制度本身的重大缺陷，就是联邦政府的相对软弱性。

把主权分为两部分是一切联邦制国家所依据的原则，但是立法者在规定制度时划分得不够明确，在表述上使划分含混一时，可是不能永远这样下去。还有一点就是，被划分的主权一直都比完整的主权显得软弱。

我们在叙述美国宪法的时候已经知道，美国人是怎样巧妙地把联邦的权力限制在狭小的职权范围内的同时，又能使联邦政府拥有全国中央政府的外貌，在某些方面还能使它具有中央政府的权力。

联邦的立法者同样巧妙地减少了联邦制本身固有的危险，但没能完全将其消除。

据说，其实美国政府跟各州并不是直接打交道的，而是把它所下达的法令直接传达给公民，并强制公民服从国家的要求。

可是，如果联邦的法律已经触犯了一个州的利益和惯例，难道他们就不怕这个州的全体公民觉得处罚拒绝服从该项法律的人时就已经等于侵害他们的利益了吗？这个州的公民也会感到联邦主管部门的处罚其实也给他们造成了侵害。如果联邦政府有分化他们的意图，然后加以制伏，也无济于事，因为他们的本能会意识到他们必须联合起来抵抗，并且还要让州分享的那部分主权为他们做主。法律这个时候要向现实让步，容忍国内一个有组织的权力当局向中央发出挑战。

我觉得联邦的司法权也是如此。如果联邦的法院在审理私人案件时不小心侵犯了一个州的重要法律，虽然表面看上去没什么，但是实际上却变成了一个受害州与联邦之间的争讼，前者由一个公民做代表，后者由法院做代表①。

也许有些人会觉得，给予人们以满足其激情的手段，他们就可以在法律的帮助下，通过认识和运用法律而控制自己的激情，那么有这个看法的人在这个世界上的经验还不足。

美国的立法者虽然把两种主权之间的冲突降到最低，但是两者之间发生冲突的原因还存在着。甚至可以说，当这两种主权发生冲突时，他们也保证不了联邦主权会获胜。

他们可以让联邦拥有金钱和士兵，但是各州有保护人民的意愿和惯例。这个时候联邦主权只是一个抽象的存在，只与少数的对外事务有关。然而各州主权是一个完全能被人们感知的存在，也容易被人了解，人们随时随处都可以看着它行动。前者是新的事物，后者是与人民同时产生的。

联邦主权是人工创造的；然而各州的主权却是天然存在的，州主权就像家庭中的父权一样，不必费多少力就能建立起来。

联邦主权只是在一些重大问题上涉及个人利益，它代表着一个幅员辽阔的国家，一种模糊不清的感情。但是各州的主权让每个公民每天都能感觉到它的存在，精心地掌管着每个公民的事；负责保卫每个公民的生命财产和自由，所以这个主权无时无刻不在影响着每个公民的安危。各州主权依靠的是人民的传统和习惯，地方的偏见还有地方和家庭的私心。一句话，它所依靠的是使爱乡土的天性根深蒂固地扎在人们心中的一切东西。怎么能怀疑它的好处呢？

虽然立法者无法阻止两种主权在联邦制度中发生冲突，但是应该尽一切努力避免联合起来的各成员将其诉诸战争，而劝阻他们尽量采取和平的方式。

所以，除非联邦的成员之间存在着很多能使联邦团结的因素，否则联邦的公约很快就会遭到破坏。

同样联邦制要想成功，不仅需要良好的法律，还需要有利的环境。

---

①例如，按照宪法规定，联邦有权出售空地，将进款作为自己的收入。如果俄亥俄州以宪法上所说的土地只是指从来没有被任何一个州管辖的土地而言为由，声称自己对被联邦进行出售的那块在其境内的空地拥有所有权，要自己出售这块空地。实际上，由此产生的争讼应是通过联邦购买那块空地的人和通过州购买那块空地的人之间的争讼，而不应该是联邦和俄亥俄州之间的争讼。但是，如果联邦的法院判决由联邦购买土地的人胜诉，而俄亥俄州的法院主张竞争者应拥有土地，那么这个法律还能站得住脚吗？

只要是结合成联邦的成员，之前都有过一些共同利益，这些利益就是促使他们联合的精神纽带。

但是，人与人之间除了物质利益以外，还有思想和感情。对一个联邦的持久存在，文明的重要性不亚于各成员的结盟需要。在瑞士，沃州和乌里州的文明是有很大差别的，这种差别就像19世纪与15世纪的不同，严格说来，瑞士从古至今都没有成立过联邦政府。这个国家只是由几个州组成，只存在于地图上。中央政府只要试图对整个瑞士实行一样的法律，我所说的这一点马上就会得到证实。

有一个事实有助于美国建立联邦政府。州跟州之间不仅有大致相同的利益、起源和语言，而且还处于同等的文明水平。这些条件使它们的联合变成一件轻而易举的事情，我不知道是不是有一个欧洲小国，其不同地区间的相同之处多于面积相当于大半个欧洲的美国。

从缅因州到佐治亚州，距离约400里约（1000英里），但两州之间的文明差异却小于诺曼底和布列塔尼之间的差异。因此，前两者比后两者更加容易结合起来。

国家的地理位置的优越性，加上居民的风气与习惯，为美国的立法者提供了便利。联邦制的建立和保持，其实都应该归功于国家的地理环境。

战争是最能影响一个国家生存的事件。在战争当中，公民必须团结，甚至团结得要像一个人似的：他们要共同对敌，共同为保卫国家而战斗。

如果问题只是在于维持国内和平和促进国家繁荣上，那么只要政府勤于政务，被统治者通情达理，人民热爱祖国就够了。但是，当国家正在与另外一个国家进行一场大战时，公民就必须付出大量的牺牲并忍受痛苦。如果这个国家觉得公民应该自愿投入战争，那这个国家对人性还不了解。

因此，凡是赢得胜利的国家，大部分都不得不加强政府的力量。而没有取得胜利的国家便被征服。一场长期的战争，要么使国家因失败而灭亡，要么使国家因胜利而导致专政。这两个结果都是可悲的。

因此，一般来说，一个政府的弱点只有在战争中才会暴露得最为明显；并且之前我已经说过联邦制政府自身的缺陷就是它太软弱。

在联邦制政府中，不仅没有中央行政集权和类似的现象，就连中央政府集权本身也是不完整的，因此当中央集权不完整的国家同中央集权完整的国家交战时，软弱就来源于此。

从美国宪法的规定来看，美国联邦政府虽然比任何一个联邦制政府都有实权，但是这种实权的缺陷显而易见。

下面我们就举一个例子，读者从中可以看到这种情形。

美国宪法授权国会向各州征兵，以便平息内乱或抵御外侮，同时又宣称总统为合众国陆海军总司令。

1812年战争时期，总统曾令北方的民兵开赴前线；但是，因为马萨诸塞和康涅狄格两个州的人们觉得自己的利益受到了损害而拒不执行。

他们指出，宪法说在有内乱或者外侮时联邦政府才有权召集民兵，但是现在的国家既无内乱又无外侮。他们还补充说，授权联邦可以召集民兵的宪法，也保留了各州任命军官的权力。因此，如果按照他们对宪法的解释，在战争中只有总统有权指挥民兵。但是军队岂能只由一个人指挥！

赞同这种荒谬的说法的，在两州不仅有政府和立法机构的工作人员，而且还有法院的工作人员。所以，联邦政府想招募所需的军队只好到别处去①。

那么，只靠相对完备的法制去保护联邦，为什么就能幸免于难呢？因为它从未遇到过令人恐惧的战争。

美国这个辽阔的大陆可以使人们尽情发展事业，两侧的大洋使它几乎与世隔绝。

加拿大只有100万居民，并且由两个敌对的民族组成。寒冷的气候限制了领土的扩张，还使它的港口6个月都不能通航。

从加拿大到墨西哥湾，中间还有很多野蛮部族，面对6000名士兵就陷入了半灭亡的状态。

在南部，美国与墨西哥接壤。这里也许有朝一日会发生大战。但是，那个地方还不够开化，道德败坏，国家贫穷，使得墨西哥需要经过很长一段时期才能跻身于大国之林。而欧洲列强离美国太远，不足为惧。（O）

因此，美国的幸运之处就在于它处在一个不会发生大战的优越地理位置，而不在于它有一部可以使它顶得住大战的联邦宪法。

我对联邦制的优点的欣赏是无人能比的。我认为，联邦制度是最有利于人类繁荣发展和自由进取的强大组织形式之一。对已经采用这个制度的国家的命运我表示羡慕。但是，我又总不敢相信，实行联邦制度的国家能够在力量平等的条件下跟一个中央集权的强国进行长时间的斗争。我觉得一个国家如果在面对欧洲的几个强大军事君主国的时候敢将主权分成两个部分，那么这个国家就等于放弃了自己的政权，也由此放弃了生存权，导致国家的名字不复存在。

新大陆是令人向往的地方，人们在那里可以自我奋斗。只要你敢去追求，那么你就能从中获得幸福和自由。

---

①肯特：《美国法释义》第1卷，第244页。请注意，我上面举的例子，发生于现代美国宪法颁布实施之后。如果追溯到制定第一个联邦宪法的时期，我还会举出一些更有说服力的事实。当时，全国欣喜若狂，革命的代表者是一位最孚众望的伟人。但在这一个时期，国会可以说一无所有，始终缺乏人力和金钱。国会提出的一些良好的计划，总是在执行中被搁浅；联邦一直处于垮台的边缘，主要是由于它的敌人软弱无力才得救。

第2部分

lunmeiguodeminzhu

到目前为止，我考察了美国的各项制度，介绍了它的成文法，描绘了它的政治社会目前的组织。

不过，在这些制度之上和所有组织之外，还存在着一个最高的权力，那就是人民的权力。根据这种权力的意愿，它可以改变或废除这些制度和组织。

在第二部分，我准备说明高于法律的这项权力是如何行使的，它的本性和激情是什么，使它加速前进和放慢速度，指导它不可遏止地发展的秘密动力是什么，它的无限权威带来了什么影响，以及它的未来命运将会怎样。

第一章 为什么可以严格地说美国是由人民统治的

在美国，是由人民指定立法者和执法者，同时也是由人民自身组成惩治违法者的陪审团。各项制度在其原则和其作用的发挥上，都是民主的。因此，人民直接指定他们的代表，并在通常情况下每年改选一次，以使代表们完全受制于人民。由此可见，人民是真正的指导力量。虽然政府的形式是代议制的，但人民的意见、偏好、利益、甚至激情对社会产生的经常性影响，都不会遇到顽固的障碍。

就像在由人民治理的一切国家一样，在美国，多数也是以人民的名义进行统治的。

这个多数主要是由温和的公民组成，他们或是出于爱好，或是出于利益，因而衷心希望国家繁荣富强。企图拉他们入党的和请他们支持的政党会在他们的周围不断进行煽动，希望得到多数的支持。

第二章　合众国的政党

对政党进行一次分类——政党之间形同敌国——真正的政党——大党与小党的差异——政党何时产生——各政党的不同特点——美国存在过大党——现在已经不再存在——联邦党——共和党——联邦党的失败——在合众国建立政党的困难——为建立政党所做过的一切——见于一切政党的贵族性或民主性——杰克逊将军对银行的斗争

首先，我要给政党作一次大分类。

有些幅员辽阔和居民杂处的国家，虽然把人民都联合在同一主权之下，然而它们的人民仍有相互对立的利益，导致人民之间永久处于对立的状态。所以，这样同一国家中的不同派别，就形成不了符合政党定义的真正政党，却能形成不同的国家。如果这种国家爆发一场内战，与其说成是不同派系之间的搏斗，不如说成是敌对国家之间的冲突。

然而当公民们在政府的总的施政原则等一些与全国有关的问题上的意见产生分歧时，就会产生我所说的真正政党了。

政党在任何时候都没有同样的性质和同样的本性，它们是自由政府的固有灾祸。

有些时候，当国家感到灾难深重无法忍受时，便会产生全面改革其政治结构的思想。还有些时候，灾难更加深重，连社会情况本身都要受到连累。这时便成为发生大革命和产生大政党的时代。

在这些混乱和悲惨的时代之间存在的，是貌似社会得到暂时休息和人类得到喘息机会的时代。事实上，这仅是表面的平静，时间对国家和人来说都是不会停止前进的。国家和人每天都在向着未知的将来前进，我们会觉得国家和人停止了前进，其实是因为国家和人的运动没有被我们所察觉。这就像走着的人在跑着的人的眼里好像是没有动弹一样。

虽然时间在前进，然而国家的政治结构和社会情况方面发生的变化，有时却慢得很难察觉，以至于人们觉得自己已经处于最佳状态。这时，人类不再把目光投向已定的视野之外，因为人的理性开始自以为有了一定的牢固基础。

这是对政治阴谋和小党活动有利的时代。

那些注意原则胜于注意后果，重视一般甚于重视个别，相信思想高于相信人的政党，被我称为大党。一般来说，它们与其他政党相比，行为比较高尚，激情比较庄肃，信念比较现实，举止比较爽快和勇敢。私人利益在政治激情中经常发生巨大作用，但在大党这里却被十分巧妙地掩盖于公共利益的面纱之下，甚至有时可以瞒过被它们激起而行动的人们的眼睛。

与此相反，小党一般没有政治信念。因为它们自己觉得并不高尚，没有崇高的目标，因此它们的性格打上了自私自利的烙印，这一特点被赤裸裸地暴露于它们的每一行动上。它们总是假装成热情洋溢的样子，它们的言辞激烈，然而行动却优柔寡断。同它们所抱的目的一样，它们采用的手段都是微不足道的。所以，在继一场暴力革命之后而出现平静时期时，伟大的人物就好像突然销声匿迹，而智慧也自动隐藏起来了。

大党在激荡社会，使社会分裂；小党在骚扰社会，使社会败坏。前者有时因为打乱社会秩序而拯救了社会，但后者却总是使社会紊乱而对社会毫无益处。

美国存在过几个大党，但现在已经不复存在。由此得到很大好处的不是美国的道德，而是美国的国祚。

当独立战争结束，新政府即将成立的时候，全国被两种意见分为了两个阵营。这两种意见与这个世界一样古老，然而它们在不同的社会却以不同的形式出现，并被赋予不同的称谓。一种意见主张限制人民的权力，另一种意见则希望无限扩大人民的权力。

在美国人那里，两种意见之间的斗争从来不附带着常见于其他国家的那种暴力性。在美国，两派在一些重大问题上的意见都是相同的，谁也没有必要为了获胜而去破坏旧的秩序并打乱整个社会体制。所以，任何一派都没有把大部分人民的个人存在联系到本派原则的胜利上。不过，两派却都十分关心诸如对平等和独立的热爱这样的大事。仅是这一点，就足够掀起狂热的激情。

联邦党主张限制人民权力，特别想把自己的学说应用于联邦宪法，它便是因此得名。

另一派以唯我独爱自由自居，便挂上了共和党的名号。

美国是民主的国度，因此联邦党人始终占少数的地位，然而独立战争造就出来的伟大人物，大多数都属于他们的队伍，而且他们的道义力量也存在广泛的影响，何况当时环境还对他们有利。第一次联合的瓦解令人们心有余悸，害怕陷入无政府状态。联邦党人便从人们的这种观望倾向中得到了利益。他们主持国家的工作长达10年或12年之久，并得以运用他们的原则。然而，并非所有的原则都得到了运用，他们是运用了其中的某些部分，那是由于敌对思潮日渐强大，使他们最终无力反对。

1801年，共和党终于掌握了政权。托马斯·杰斐逊被选为总统，他因为有着巨大名声、卓越才能和极好人缘，从而获得了人们的支持。

联邦党人仅仅是依靠一些并不可靠的办法，借助随意决定的对策，才得以维持他们的地位。他们能够执政，是因为他们领袖的德行和才能，还有对他们有利的环境。在共和党代替了他们的地位后，他们就作为反对党而一败涂地。占有绝对优势的多数宣布反对他们，因而他们马上觉察到自己已经成为微不足道的少数，就变得悲观失望起来。自此以后，共和党或民主党就接连从一个胜利走向另一个胜利，最终掌控了全国。

联邦党人感到自己已被征服，无计可施，在国内陷入孤立，便开始分裂为两部分：一部分加入了获胜者的队伍，另一部分放下本来的旗帜，变换了名称。他们已经有许多年完全不再成为政党。

依我所见，联邦党的执政可以称做伴随伟大的美国联邦的成立而出现的最幸运的偶然事件之一。他们抗拒了那个时代和自己国家的一些很难抵制的偏好。不考虑他们的理论是否好，总的来说，他们的理论不适用于他们想要去治理的社会，这是他们理论的一个欠缺，所以这个社会早晚要由杰斐逊来治理。然而，至少联邦党政府给了新共和国以自我稳定的时间，然后又大方地支持了它所反对的学说，并使其迅速发展。而且后来对手采纳了它的大多数原则，并最终使它们成为自己的政治信条。现在仍在发挥作用的美国联邦宪法，就是联邦党人的爱国心和智慧的不朽业绩。

所以，现在在美国已经看不到大政党了。虽然美国仍然存在许多威胁着国家的未来的党派，然而没有一个党派对政府的目前形式和社会发展的总方向表示反对。威胁着美国的未来的党派所依据的是它们的物质利益，而不是它们的原则。在这样辽阔的国家里，与其说因为利益而在利益互不相同的地区形成政党，不如说更能在这样的地区形成敌对的国家。举个例子来说，最近北方主张实行贸易禁运政策，而南方却拿起武器去保护贸易自由。北方是工业区，南方是农业区，是造成这个冲突的起因，因为禁运政策对一方有好处，对另一方却有坏处。

在美国虽然没有大党，却有许多小党，并且伴随舆论对一些细小问题的看法不同，形成了许多不同的政见。当时人们建党没有任何困难阻碍，但在今天，建党却是一件难事了。在美国，因为任何宗教都受到尊重，不存在宗教仇恨，没有一个教派居于统治地位；也不存在阶级仇恨，因为人民就是一切，还不存在一个人敢于反对人民；最后，美国的公众不用承受剥削的痛苦，因为国家的物质状况给勤劳的人们开辟了无限广阔的道路，只要自己动手，便能创造出奇迹。然而，企图建立政党的野心家仍然存在，因为他们清楚，单凭自己的愿望想把台上的人拉下来自己上台是很困难的。所以，政治家把所有伎俩都用于建立政党。在美国，一个政治家第一步先要想办法认清自己的利益，发现哪些相似的利益能够聚集到自己的周围，然后再努力去寻找一种可以加在自己的新组织头上的合适的学说或原则（可能因为偶然原因，这种学说或原则到现在还没有在世界上出现），来使新组织取得自行活动和自由发展的权利。这与以前在出版书籍时要在扉页印上国王的出版许可一样，虽然这个许可与该书的内容一点也不相干，却也被硬塞进书里。

这一切做完了之后，新的政党就进入政界。

对美国人的所有国内纠纷，一个外国人初次看到时对它们几乎都是很不容易理解和无所谓的。他不知道自己是应当羡慕他们在为国家的命运而操劳，还是应当可怜这个民族把这类烦琐小事当成正经大事。

但当他仔细研究支配着美国各党派的隐秘动因时，就很容易发现这些党派大部分都多多少少地与自从美国这个自由社会成立以来把人们分成两派的两大党有联系：它们不是亲近这一党，就是靠近那一党。越是深入这些党派的内心世界，便越能看清其中之一是致力于扩大人民的权力，而另一个则是在致力于限制人民的权力。

我绝不是说，使贵族政治或民主政治在国内占据优势就是美国政党的公开目的、甚至荫蔽目的，而是说在一切政党的内心深处都很容易发现贵族政治的激情或民主政治的激情。尽管这种激情可以逃过人们的视野，但它们依然是美国政党的敏感点和灵魂。

我拿一个最近的事件举例。合众国总统攻击银行，全国哗然，意见不一，上层阶级基本都站在银行一边，而人民则拥护总统。你以为人民能从这样貌似简单的，而有经验的人又认为不容易解决的问题的纠纷中找到能够证明自己的见解是正确的理由吗？他们不可能找到。然而，能推翻或建立一切权力的人民却发现他们对银行这样一个独立存在的巨大机构毫无办法，因而十分吃惊。这个牢固的据点在社会的永不停止的普遍运动中向人民发起挑战，它想检验一下自己是否也能像其他东西一样继续活动下去。

贵族党在美国的残余

贵族暗自反对民主——他们退隐还乡——在家他们一心享乐和奢华——在外他们微行简出——他们向人民假献殷勤

在舆论纷杂的国家，党派之间的平衡有时会被打破，而使其中的一个政党占据绝对优势。这时，它就要摧毁一切阻碍，压制它的政敌，使整个社会为它的利益服务。被压制的政党在感到成功的希望破灭之后，就会暂时退隐，默不作声。全国到处死气沉沉，一片宁静，好像已经被一个思想统一。获胜的政党趾高气扬，他们说："我们给国家带来了和平，你们应当为我们庆功。"

然而，在这种表面一致的下面仍然藏匿着深刻的分歧和实质的对抗。

美国的情况就是这样。当民主党占据优势时，就会独揽处理国务的大权。接着，它又会不断地依据自己的想法去变更民情和国家法律。

如今可以说，美国富有的社会阶级基本不参加政治活动；财富已经不能使人从政治活动中取得权力，这是使人在政界失势的真正原因，是人们从政的阻碍。

所以，富人宁肯离开官场，来避免与最贫困公民进行一般被认作不平等的斗争。因为他们在公共生活中不能得到他们在私人生活中得到的那种地位，于是就放弃前者，而埋头于后者。他们在美国社会中形成了一个特殊社会，在这个社会里他们具有自己的爱好和乐趣。

富人将这种事态视为无法挽救的灾祸因而逆来顺受，对这种事态给他们带来的损害，他们总是小心翼翼地避免对其表示不满。所以，人们总是听见他们在公众面前赞美共和党政府温和、民主制度良好。在人世间，没有什么比憎恨敌人之后又向敌人谄媚更为常见的了。

大家遇到过这样的富人吗？人们不是说中世纪有一个总怕别人对他的财富打主意的犹太人吗？他的衣着朴素，他的举止没有架子，然而他的住宅里面却非常豪华，只有几个他自鸣得意地称做同好的贵宾，才能进入这座圣殿。他在享乐上比任何一个欧洲贵族都更高一筹，对特权地位带来的任何一点好处都表示嫉妒。然而，当他从家里出来，到布满灰尘的位于市中心的小破房来做买卖时，每个人都能自由地同他交谈。如果他在路上遇到他的鞋店经理，他们还会停下来问候几句。他们会谈些什么呢？这两位公民在谈论国家大事，而且在握手之后才会道别。

在这种虚情假意的背后，在这种对当权人士阿谀奉承的背后，很容易看出富人对他们国家的民主制度抱有非常大的厌恶感。他们既害怕又藐视人民的力量。如果民主的秕政有朝一日导致政治危机，如果君主制度有一天在美国行得通，人们立刻就会发现我在上面所说的是对的。

办报和结社是政党为了取胜而使用的两大武器。

第三章　美国的出版自由

对出版自由进行限制的困难——某些国家主张这种自由的特殊理由——出版自由是美国所认为的人民主权的必然结果——美国期刊采用的言辞激烈——期刊有其特有的本性，用美国的例子来证实——美国人对司法当局处分出版违章的评价——出版界在美国不如在法国强大有力的原因

出版自由除了影响政治观点外，更会影响到老百姓的所有的见解。它不但能令国家改变法律，更能令社会改变风气。我将设法在本书的另一部分测定出版自由对美国的市民社会的影响力，尽力指出它为美国人的思想提示的方向以及它导致美国人在精神和思想上形成的习性。至于在这里，则只考察出版自由在政界产生的作用。

坦白地说，我并没有因出版自由本身非常良好而对它产生完全坚定的喜好。我爱好出版自由的主要原因是它能防止弊端，次要原因才是它本身好。

假如有谁能指出一个可使我相信的、位于思想的完全自由和俯首听命之间的中间立场，我可能就会站在这个立场上。然而，谁能找到这个中间立场呢？现在，假如让你依照出版许可工作，依照命令行事。这时，你该如何办呢？首先，你可能把作家送交陪审团，然而陪审员们却宣判他无罪。如此一来，本来仅是一个人的意见就成为了全国人的意见了。所以，你要办的事情有很多，但是能办成的又太少，但你还必须继续办下去。这次，你要把作者送交常设的法院，但是在判决前法官必须听取被告的陈述，本来不敢于公开写进书里的东西便会出现在辩护词中而不构成犯罪，本来隐晦地写在文章里的话也会反复地出现在其他许多文章或文件中。说话或写文章只是思想的表现，但在我看来，这种表现并非思想本身，只是思想的外壳而已。你的法庭仅仅惩罚了思想的外壳，而没有惩罚被告的灵魂，它依然在被告的身上微妙地产生着作用。因而，你要办的事情依旧太多，而能办成的也依旧太少，而你还必须继续办下去。最后，为了作家，你设立了出版检查制度。这个制度好极了！我们拥护它。然而，政治法庭不就要因此忙得不可开交了？结果，你依旧一事无成。即使我猜错了，你没有变成那样，同样也得增加烦恼。你不是突然想起思想是一种宣传者越多就会越强大的物质力量之一吗？你不是觉得作家就像军队的士兵吗？然而事实上，思想的威力却与一切强大物质力量相反，它往往因表述其思想的人为数极少而增强。一个有能力的人在

鸦雀无声的群众大会上所作的倾诉衷情的讲话与一千个演说家的大喊大叫相比，反而更有力量。即便只能在一个公共场所自由演说，其影响也和在每个村镇面对大庭广众讲话差不多。所以，你必须开始像破坏写作自由那样去破坏讲演自由。这次，你的目的达到了：没有人吭声了。然而，你原本的目的是什么呢？你是想对自由的泛滥进行制止，然而我却把你带到一个暴君的脚下。

而且不幸的是，在你从极端的自主走到极端的屈从这个如此漫长的路途中，连一个可供歇息的站脚处都没有碰到。

有些国家，在我刚才指出的一般原因以外还存在一些特殊原因，使得它们必须实行出版自由。

在某些自称自由的国家，由于它们的宪法没有给予被压迫者以向法院控告官员的权利，所以每个政府工作人员都可能犯了法却不受惩罚。出版自由在这样的国家就不但是公民的自由和安全的保障之一，更是这方面的唯一保障。

所以，一旦这种国家的统治者宣布废除出版自由，全体人民就可以回答说："如果允许我们到普通法院去控告你们的罪行，我们也许就会同意不到舆论的法院去揭露你们的罪行。"

设立出版检查制度对完全按人民主权理论施政的国家来说，不仅危险，而且极其荒诞。

当把管理国家的权力授予每个公民时，那就必须承认公民有对同时代人的各种意见进行抉择的能力，以及对认识之后能够指引他们的行为的各种事实进行鉴别的能力。

所以，出版自由和人民主权彼此关系极为密切，而出版检查和普选则互相对立，后两者无法长期共存于同一个国家的政治制度中。生活在美国境内的1200万人，到现在还没有一个人敢于提出限制出版自由的建议。

我现在把我抵达美国后看到的第一份报载的一篇文章，忠实地翻译于下：

"在这整件事情上，杰克逊（总统）使用的语言，是冷酷无情，一门心思只想保全自己权柄的暴君式的语言。他暗藏野心，他也将因此被惩罚；他爱好玩弄阴谋，但阴谋也将打乱他的计划和夺去他的权力。他执政腐化堕落，他所做的应受谴责的行为将使他名誉扫地，遭人辱骂。他登上政治舞台，就如同一个毫无廉耻而又无法无天的赌徒来到赌场。他赌赢了，但审判他的时间也接近了。他必须把他赢到手的东西退回来，把假赌具扔掉，等着退休后一命呜呼。在退休后，他或许会因为感到自由而咒骂自己过去为什么发疯，但这样的忏悔并不能使他的良心有所发现。"（《文森斯报》）〔当时在（印第安纳州）文森斯出版的报纸，然而引文的出处我们没有找到。印第安纳州图书馆长认为，托克维尔很有可能对引文进行过删改〕

在法国，许多人认为，社会情况的不稳定，我们的政治激情，以及随之而来的普遍不安导致了我们国家的报刊暴力。所以，人们一直在等待，希望社会的安宁重新出现，使报刊不再大喊大叫。对我来说，虽然愿意将上述各项视为报刊对我国产生巨大影响的原因，但实际上并不认为这些因素曾对报刊的语言产生过很大影响。我认为不管在什么环境下，报刊都该保存它的特性和激情。美国当前的情况就是我的看法的证明。

如今，世界上最不容易生长革命萌芽的国家可能就是美国。但报刊爱好破坏的倾向，在美国也表现得与法国相同。美国报刊的暴力虽与法国相同，但它用来激起人民发怒的原因却跟法国不一样。在美国，也像在法国那样，报刊是把善与恶交织在一起的一种奇异的力量，没有它就不会存在自由，而有了它社会才得以维持秩序。

应该指出的是，美国报刊的力量没有法国的强大，但在美国却很少出现司法当局惩治报刊的事件。其中原因非常简单：美国人接受人民主权学说之后，就立刻认真地进行应用。他们从未想过，用每天都在变化的因素可以创造出永久存在的制度，制度本应是可以改变的。所以，只要不是因实行暴力而违法，即便攻击现行法律也不算犯罪。

此外，他们又坚信法院对管束报刊无能为力，而人类语言的微妙差别又总能令司法当局逮不住把柄，因此这种性质的罪行基本上都能从企图抓住它们的手下溜走。所以他们认为，为了能够有效地对付报刊，就必须有一个不但致力于维护现有的秩序，而且可以摆脱周围舆论影响的法庭。这个法庭惩处的主要对象是动机而不是语言，在审案时不公开审理，在宣判时不讲处罚原因。无论谁有权建立和主持这样的法庭，在我看来追诉出版自由都是没有必要的，因为这个法庭将成为社会自身的专制统治者，它可以把作家连同他的著作一起除掉。所以，在出版问题上不存在屈从与许可之间的中庸之道。国家要想享用出版自由提供的莫大好处，就必须忍受它所带来的无法避免的痛苦。国家患病时常有的幻想之一就是既想得到好处又想逃避痛苦。此时，国家对斗争已经感到疲倦，力量衰竭，企图找到一个方法，使敌对的意见与相反的原则在同一块土地上共存。

造成美国报刊的影响力很小的原因有许多。下面举出其中的主要原因。

写作自由和其他自由一样，在最初提出来的时候最使国家感到害怕。从未听到别人在自己面前探讨国家大事的人民，完全相信首次出现的法院。从建立殖民地之初，英裔美国人就已经享有写作自由了。尽管报刊对人的激情产生猛烈的火上加油的作用，可是它也不能全凭自己来创造激情。众所周知，美国的政治生活是活跃、多变，甚至动荡的，但它很少被狂暴的激情打乱。即使是在物质利益发生冲突且不能妥协时，也很少掀起狂暴的激情，何况这种利益在美国很容易被满足。只须看一下美国和法国两国的报刊，就可以判明英裔美国人和我们法国人在这个问题上存在的差别。在法国，报刊上登载商业广告的版面极为有限，甚至连商业新闻也数量有限。大部分的版面是在探讨政治问题。而你在美国看一份大报时，立即会看到有四分之三版面都是广告，而剩余的部分常常是政治新闻或短小的趣闻逸事。翻来找去之后，才能在经常被人们忽视的角落里看到我们法国报刊每天给读者登载的热烈讨论的问题，但字数也很少。

任何力量越被集中使用于一个方向，它的效果就越大。这条普通自然规律已经被实验向观察者证明，而一些微不足道的暴君，也利用他们的比实验更为可靠的本能，一直感到这个规律在发挥作用。

在法国，报刊兼有两种不同的集中。

首先，报刊把自己的全部力量都集中在一个地点上；其次，可以说是集中在几个人手里，因为它的机构数量很少。

用这种方式在一个人人多疑的国家建立起来的权力，就会产生接近无限的影响力。它一般与政府为敌，政府或许能跟它达成或长或短的休战协定，但要和它长期共处却是很难的。

我方才提到的两种集中，在美国则一个也不存在。

美国不存在大城市，人力和物力在广大国土的各处呈分散状分布，人类智慧之光是在各地交互辉映，而不是从一个共同的中心向四外散射。在任何方面，美国人都没有规定思想的总方针和工作的总方针的习惯。

这一切表现都要归因于美国的地方环境，而它是不以人们的意志为转移的，然而法律在这方面也发挥了作用。

在美国，既不要求报刊进行注册，又不向印刷业发放执照，更不知保证金是什么东西。

所以，在这里创办报刊既简单又容易，只要有不多的订户，就足以应付报刊的开销，因此美国定期期刊和半定期期刊的种类多得令人不敢相信。一些很有教养的美国人，认为这种出版力量的过度分散就是导致报刊影响力小的原因。所以，美国政治学有一项原理：增加报刊的样数是冲淡报刊影响的唯一办法。我真不明白，如此一个不言自明的真理为什么还没有在我们法国推广？我很容易理解，那些想凭借报刊进行革命的人，要使报刊界只存在几个强大机构的意图。然而，为什么现存秩序的官方维护者和现行法律的天然支持者，他们会相信把报刊集中起来就可以减弱报刊的影响力？这我就不知道是为什么了。我认为，欧洲各国政府用来对付报刊的办法好像和中世纪骑士对付敌人的方法一样：它们根据自己的经验知道，集中是一种强有力的武器，而它们把武器提供给自己的敌人，就是为了在对抗敌人时取得更大的光荣。

在美国，基本上每一个小镇都有自己的报纸。在这么多的斗士中间，要想建立秩序和统一行动是不可能的。结果现状就是，每个人都独树一帜，各显本领。在美国，不会出现所有报纸联合起来支持或反对政府的情况，而且它们在攻击政府和为政府辩解时总是使用各种不同的方法。所以，报纸在美国很难汇成能够冲击或冲垮牢固的大坝的洪流。报刊力量的这种不集中，还带来了另外一些十分明显的后果：一方面，在美国办报很容易，因此人人都可以办报；另一方面，因为存在竞争，任何报纸都很难获得巨大的效益，致使精明强干的实业家在此类事业面前止步。最后，即使办报是生财的方法，然而因为报刊的数量过多，有天才的文人也不容易致富。所以美国的报人基本上地位都不高，受的教育较低，思路不敏。众所周知，在所有事情上都是多数决定一切，由多数制定每个人应该遵守的行动守则。把这些共同习惯结合起来，就构成了宗旨。于是就因此产生了律师业的宗旨、法院的宗旨等。在法国，报业的宗旨是，用猛烈的，然而又高尚并经常是雄辩的方法探讨国家大事。偶尔没有经常这样坚持下去，那只是证明所有的规律都有例外。而美国报人的宗旨是，用粗暴的、十分朴实的、直奔主题的方式刺激他们所反对的人的情感，而不用道理让人悔悟，甚至不惜攻击人家的隐私，揭露他们的弱点和毛病。

我们应该对这样滥用思想自由的做法表示惋惜。我以后还有机会来谈报纸给美国人民的爱好和道德造成的影响，但我现在的题目是只谈政界，因此对这种影响只能顺便说一下。必须承认，对出版界采取这种放任态度的政治效果，曾对维持公共安宁有间接的促进作用。所以，为了避免失去他们为了自己利益而去鼓动大众激情的最强有力武器，已在同胞们的思想里占有地位的人都不敢在报纸发表文章[①]。从这可以看出，报上发表的个人意见，在读者的眼里通常是一点都不重要的。读者想从报纸看到的是有关事实的报道。只有在报道改变或歪曲真相时，撰稿人的观点才会发生某种影响。

虽然报纸只能做到这些，然而它在美国依旧是一个有很大影响的权力。它使政治生活的信息在这个辽阔国家的各地传播。它常常瞪着眼睛不断地对政治的秘密动力进行观察，使搞政治活动的人被依次推上舆论的法庭。它会把人们的注意力集结到某种主义或学说的周围，并给政党树立了旗帜。它令那些彼此对话，却没见过面的政党可以听到对方的声音，从而能够不断接触。当大量的报纸行进在同一道路上时，久而久之，它们的影响就会变得几乎无法抗拒，即使一直被另一个方面控制的舆论，最终也会在它们的打击中屈服。

在美国，每一家报纸都各有一点权力，而期刊的权力比报纸的还大，仅位于最有权威的人民之下。（A）

在美国出版自由的环境下形成的见解往往比在其他地方受检查制度影响形成的见解更坚定

在美国，政坛新人永远不断地出现并被民主制度推出去管理国家事务，因而政府的施政难以始终如一和按部就班。然而，该国政府的总方向与其他大多数国家相比却显得更为稳定，而支配社会的主要舆论同样比其他国家持久。当一个思想占领了人们的头脑之后，无论它是否合理，再想把它从头脑里赶走就很困难了。

同样的事实在欧洲的英国也出现过。在过去一百多年中，这个国家曾存在过比任何其他国家更大的思想自由和更牢不可破的偏见。

在我看来，这个现象应该归咎于那个貌似有责任阻止这个现象产生的事实，即出版自由。在实行这种自由的国家，高傲和自信对见解的影响程度完全相等。人们会喜

①他们只会在向人民呼吁和表达自己的见解的极少数情况下，如在答复恶意的诽谤和解释事实的真相时，才在报纸上发表文章。

欢一种见解，是由于这一见解在他们看来是正确，并且是由他们自己选择的。他们会支持一种见解，不只是由于它是真实的，更是由于它是属于自己的。

此外还有另外的几个原因。

一位伟人讲过：无知处于知晓的两端。不过如果说自信处于两端，而怀疑居于中间，也许更为正确。事实上，人类的智力发展可以被认为有三个总是前后相连的不同阶段。

这三个阶段表现为：一个人先是对某事坚信不疑，此时他往往是由于没有深入调查便接纳了它；当异议产生时，他便会产生怀疑；最后，他一般会克服所有的怀疑，从而又开始相信。而他在后一次去认识真理时便不是随随便便和马马虎虎的，而是切切实实地去考察真理，并紧随真理之光行进①。

当出版自由发现人们位于智力发展的首个阶段时，它不得不在一段相当长的时期内听任他们遵循自己不经深思熟虑就坚信不疑的习惯，只能试着渐渐地改变他们轻信的对象。所以，在整个智力发展过程中，人类的理性只能一次认识一点地往前发展，然而被认识的那一点也在不断改变。最早突然接受出版自由的那一代人正值爆发革命的时期，于是，他们就要有点苦头吃了！

不久之后，一批新的思想又紧接着出现。人们因为有了以往经验，便在怀疑和普遍不信任中探索。

可以说，大部分人都总是停留在以下两个阶段之一：一个是相信却不知道是为什么，另一个是不能确知该信什么。

只有很少人有能力达到拥有来自真知的深思熟虑的自信，能够冲破怀疑的干扰，并主宰这种自信的那个阶段。

然而，也有人曾经指出，在宗教狂热鼎沸的时代，人们还可能改变他们的信仰，但在人们普遍怀疑的时代，人人却对自己的信条坚信不疑。这种情形同样出现在出版自由盛行时的政治中。在互相质疑和轮番角逐的所有社会理论中，如果有一个被人采纳并给予保护，也只是因为人们不相信会有比它更好的，而不是因为人们相信它是好的。

在我们这个时代，人们不会轻易为自己的见解付出生命，然而也不会轻易改变自己的见解。所以，殉道者和变节者都一样少见。

再给这个理由增加一个更加强而有力的理由：当人们怀疑某种见解时，因为本能和物质利益比见解更容易看到、感觉到，也更能持久，所以人们最终总是要通过自己的本能和物质利益来判断。

民主制度的治理与贵族制度的治理相比，究竟哪个好？这是一个很难解答的问题。然而有一点是明确的，那就是民主制度会使一些人感到不快，而贵族制度则会使另一些人受压迫。你富了，我就穷了——这是一个真理，并且它自行成立而且无须讨论。

---

①不过，我还不知道这种深思熟虑的自信和对这种自信的主宰，是否曾经通过理性信念的鼓舞把人的热心和信心提高到一定高度。

第四章　美国的政治社团

英裔美国人对结社权的日常应用——三类政治社团——美国人将代议制用于社团的方法——这对国家产生的危险——1831年关税问题大会——此次大会的立法性质——为什么在美国无限应用结社权不如在他处危险——认为这样做是必要的原因——在民主国家里社团的功用

在世界上，美国是最便于组党结社和把这一强大行动手段用于多种多样目的的国家。

美国除了存在依法以乡、镇、市、县为名建立的常设社团之外，还有很多必须依据个人的自愿原则才能建立和发展的社团。

美国的居民自小就懂得必须依靠自己去克服生活的苦难。他们总是对社会的主管当局持不信任和怀疑的态度，仅在无计可施的时候才向它求助。从上小学开始，他们就培养这种习惯。在学校里孩子们游戏时要遵从自己制定的规则，出现自己制定的犯规行为时要进行处罚。这种精神也在社会生活的一切行为中重现。假设公路上发生事故，车马行人受阻不能通行，周边的人就会自行组织起来研究解决方法。这些临时集中起来的人，就可以选出一个执行机构，这个机构在没有人去向有关主管当局报告事故之前，就开始排除故障了。假设是有关庆祝的活动，人们就会自行组织活动小组，来使节日增辉和使活动井井有条。而且，社会上还存在反对各种道德败坏行为的组织。比如，一些人把大家组织起来反对酗酒就是典型的例子。在美国，以促进治安、商业、工业和宗教事业为目的的社团也建立了不少。人们会通过私人组织的强大集体的自由活动使自己的愿望获得满足。

社团对公民生活发生的作用我以后再找机会叙述。在此，我的任务是仅谈政界。

既然结社权是大家都认可的，公民就可以用各种不同方式去行使它。

一个社团可以是由一致赞成某一学说或主张的若干人组成的，并以约定的某种方式去促进该学说或主张取胜。所以，结社权与写作自由基本上完全相同。然而，与出版界相比，最先建立的社团拥有更大的权力。当一种见解被一个社团所代表时，它必须具备简单明确的形式。这个社团要拥有愿为本社团的事业献身的支持者才算完整。支持者们相互结识之后，他们的热情就会随人数的增加而增强。社团把多数人的精神力聚集在一起，促使他们以饱满的精神奔向由它指明的唯一目标。

行使结社权的第二阶段，即行使集会权。当一个政治社团把其活动中心设在国内的某个重要地点时，它的活动规模明显很大，而它的影响同样将扩大。在那里，人们容易彼此见面，能够结合使用各种执行手段，思想通过这样的集会便会用文字永远无法达到的力量和热情往外传播。

最后，在政治上，结社权的第三阶段是，支持同一见解的人可以组成选举团，选出代表到中央立法机构去代表本社团。这便是真正把代议制用于政党了。

要想这样做，首先，拥护同一见解的人要在相互之间建立纯思想的联系；其次，他们要组成的小团体是只代表本党的一个派系的；最后，他们要建立一个国中之国，政府中之政府。他们的代表表面上是在代表国家的多数，但事实上只代表他们的支持者的集体。他们的支持者同样展现出代表国家和由此而来的所有道义力量的外表。是的，这些支持者不能像他们那样拥有制定法律的权力，然而支持者们能够攻击现行的法律并协助他们草拟法律。

如果一个民族完全没有利用自由的习惯，或很容易掀起狂热的政治激情，而且担任的立法者的多数的旁边，只有一个负责审议和监督执行的少数，那我大可认为它的公共秩序必定处于严重的危险之中。

证明一项法律本身比另一项法律优越，与证明这项法律应当代替另一项法律，二者之间无疑有着很大的不同。然而，当聪明人的智慧又发现一个重大差别时，他就不再考虑众人的想象。有时，一个国家分裂为两个实力相当的两派，每一派都力争做多数的代表。假如在领导权旁边再建立一个道义权威基本与它同样大的权力，你会认为领导权可以不感到威胁，继续长期纸上谈兵地混下去吗？

认为结社的目的不在于强制舆论而在于引导舆论，不在于立法而在于审议法律，这是形而上学的想法。人们能保持这样的想法停滞不前吗？

我对出版自由的主要成果研究越深入，就越深信它是现代世界里自由的主要内容，也可以称为自由的基本组成部分。所以，一个坚决保卫自由的国家，有权要求人们全力尊重自由。然而，政治结社的无限自由，又与出版自由不完全相同：与后者相比，前者存在的必要性略小，但危险性却更大。一个国家能够将结社自由限制起来，并将其永远置于国家的控制之下。然而，为使结社权自由存在，国家有时也需要耍些手段。

在美国，以政治为目的的结社自由是无限的。

有一个例子能够清楚地表明，这项权利被容许的程度之大是我们难以想象的。

我们可以回想一下，曾在美国引起人们很大冲动的关税问题和贸易自由问题。关税制度不但影响舆论，而且影响非常重大的物质利益。北方认为它的一部分繁荣是因为关税制度，但南方则认为它的一切灾难是因为关税制度。可以说，在很长一段时间里，一直让当时美国不安的唯一政治激情的制造者就是关税制度。

1831年，当相关争论处于最为激烈的时候，一个名不见经传的马萨诸塞州公民想出一个办法，他通过报纸向反对现行税制的人建议，请他们派代表到费城，一起研究恢复贸易自由的办法。此项建议经过报刊转载，短短几天就由缅因州传到新奥尔良。对现行税制持反对意见的人热烈地采纳了这项建议，他们开始到处开会，推选代表。这些选出的代表全部是知名人士，有的还是大有名气的人。南卡罗来纳州为这个问题甚至还拿起了武器，仅它一州就派去63名代表。1831年10月1日，在费城召开了一个按照美国人的习惯取名为“全国代表大会”的大会，有二百多人参加会议。大会从开幕日起就具有立法的性质，会上采用公开辩论方式，讨论了国会的职权范围、自由贸易理论和税则。大会在第十天草拟了一封致美国人民的信后闭幕。这封信中宣称：（1）国会没有权力制定关税税则，现行税则是违宪的；（2）禁止自由贸易对任何国家都没有益处，尤其是对美国。

应当承认，政治方面的结社无限自由，在美国至今还没有产生在他处可能会产生的致命后果。美国的结社权是从英国输入的，输入之后就一直存在下去。如今，行使这项权力，已变成美国人的习惯和气尚。

结社自由在我们这个时代已成为反对多数专制的一项必要保障。在美国，只要一个政党居于统治地位，就会得到一切国家大权；它的党徒也将获得各种官职，掌控一切有组织的力量。即使反对党的最出名人物也无法阻止自己被排除在政权之外，反对党只能在野，发动少数的全部道义力量去反抗压制它们的强大物质力量。所以，实行结社自由是用一种危险去平衡另一种更为可怕的危险。

依我之见，多数的无限权威对美国共和制度的危害非常巨大，以至于我认为用来限制它的那个危险手段还好一些。

在此，我要提出一个想法，读者可以因此回忆起我在本书第一部分讲述乡镇自由时所说的话。这个想法便是：民主制的国家是最需要用结社自由去防止政党专制或大人物专权的。在贵族制国家，贵族社团是天然存在的用来制止滥用职权的社团。在没有这种社团的国家，假如人们之间不能随时仿造出与此相似的社团，依我看就没有任何可以防止暴政的堤坝。在这种情形的国家，一个伟大的民族不是要受一个独夫的残酷压迫，就是要受一小撮无赖的残酷压迫。

使美国国内的好心人表示惊异的是那种有时会成为一种必要手段的大政治集会（有各种人参加），即便在美国，它的出现也经常是重大事件。

这种情况，表现得最为清楚的是1831年的大会。当时所有参加大会的杰出人物，都尽力使发言温和，将讨论目标限制在一定范围以内。1831年的大会大概对不满政府措施的人产生了很大影响，促使了他们在1832年对联邦商业法进行公开造反。

必须承认，在一切自由当中最后获得人民支持的自由，正是政治方面结社的无限白由。即便说这种自由还未使人民陷入无政府状态，但也可以说它随时随刻都在使人民接近这种状态。然而，这个这样危险的自由，却在某一点上提供了保障，那就是在结社自由的国家，是不存在秘密结社的。所以在美国，只存在党派分子，却不存在阴谋造反者。

欧洲和美国对结社权的理解差异——它们对结社权的不同运用

仅次于自己活动自由的最自然的自由，就是人们把自己的力量同自己的同志的力量联合起来共同活动的自由。所以，我认为，在性质上，结社权几乎与个人自由一样是不能转让的。一个立法者如果想破坏结社权，他就必须损害到社会自身。然而，如果说结社自由在一些国家能促进和加快繁荣，那么在另外一些国家又可能由于滥用和歪曲结社自由而使它从积极因素变为破坏的缘由。我认为，对自由有正确理解的国家的社团和滥用自由的国家的社团经常采用不同的方法，将它们进行一下对比，对政府和政党都会是有益的。

现在，大多数欧洲人还把社团视为在战斗中匆匆忙忙组织起来，之后马上投入战场的武器。

在结社时应当说清目的，然而创办人的头脑却被急于行动的思想限制，在这一问题上发生偏差。在他们看来，一个社团，就相当于一支军队。向士兵讲话的目的是检查军容和激发士气，然后让他们向敌人进攻。结成社团的人们认为，合法的手段可能是成功的手段，却绝对不是唯一的成功手段。

在美国，人们对结社权的理解却不是这样。处于少数地位的美国公民会参与结社，首先是希望显示自己的力量和削弱多数的道义力量；其次是为了联合起来进行竞争，从而找出最适合感动多数的论据，他们总希望以此把多数拉进自己的阵营，然后再以多数的名义掌权。

所以，美国政治社团的宗旨是温和的，其手段也是合法的。因为它们仅想依靠法律取胜，因此一般都讲真话。

有数种原因造成了美国人和欧洲人在结社方面存在的不同。

在欧洲，有些政党彻底与多数分家，致使它们永远没有希望得到多数的支持，然而这些政党又自认为强大得足够与多数抗衡。因此这样一个政党在结社时，它只就想进行战斗，而并不想进行说服。在美国，观点与多数相差甚远的人绝对斗不过多数的权力，因为其他所有的人都想拉拢多数。

所以，大党越是没有可能成为多数，结社权的行使就越不存在危险。在像美国这样各党意见仅有细小差异的国家，结社权应该可以无限地存在下去。

我们在自由方面的没有经验促使我们把结社自由只看成一种攻击政府的权利。一个人，当他意识到自己强大之后产生的第一个念头，便是以力服人，一个党也是如此。不用暴力只用道理说服人的念头，要在很久以后才会产生，因为它需要从经验中获得。

因为英国人已有长期行使结社权的经验，所以当他们因意见严重分歧而形成各种不同派别时也很少滥用结社权。

但在我们法国，人们却被一种强烈的好战精神所激励，致使凡是关乎国家安危的事，人们都疯狂地参与，把手握武器战死当做光荣。

然而在美国，普选权却成为促使政治结社暴力趋于缓和的最强有力因素。在实行普选的国家，多数向来都是不难辨别的，因为没有一个政党可以假冒成没有选举它的选民的代表。所以，那样的党并不代表多数，不仅每个社团都知道，而且人民大众也知道这一点。这也是由它们的存在本身所决定的，因为它们如果真是代表多数，它们本身就可以对法律进行修改而不必乞求改革法律了。

受到它们攻击的政府的道义力量，必会有很大增强。但它们自己的这种力量却必将有很大减弱。

在欧洲，基本每个社团都自行充当或自信自己是多数意志的代表。这种自充和自信，使它们的力量以惊人的速度扩大，并令人不可思议地把它们的手段合法化。在这种情况下，没有什么事件是比用暴力去打击压制权利的事件更值得原谅的。

正因为这样，在浩繁而又复杂的人类行动准则中，极端民主有时反而能防止民主的危险，而极端自由有时反而能纠正自由的滥用。

在欧洲，社团基本上都将自己视为无法发表意见的人民的立法机构和执行机构，并依靠这种想法去行动和发号施令。但在美国，人们都认为社团只代表人民中的少数，社团仅能依靠说理和恳求来行动。

欧洲各国社团所使用的手段都与它们所提出的目的相一致。

这些社团的主要目的不是空谈而是行动，不是说服而是战斗，因此它们要建立的组织自然没有一点和平气氛，并使其内部具有军事生活的习惯和准则。它们竭力用集中方式领导自己的下属，将所有权力交给少数几个领袖。

这些社团的成员要像战场上的士兵一样对命令进行服从。他们信奉的是盲目服从的理论，或者更准确地说，他们一旦联合起来，就必然马上放弃自己的判断和自由意志。所以，这些社团内部实行的专横统治，往往比它们所攻击的政府对社会实行的专横统治还要使人无法忍受。

这些社团的道义力量因此就被大大削弱了。它们也丧失了被压迫者对压迫者进行反对斗争时所具有的神圣性。这种甘愿在一定的场合下奴颜婢膝地屈服于同伙中的某几个人的人、将自己的意志甚至思想拱手交给他人控制的人，怎么能奢谈他希望自由呢？

美国人同样在他们的社团中建立统治组织，假如我能够用和平一词的话，那我就会说它们全是和平的统治组织。社团中承认个人的独立，每个人就像在社会里一样，同时向着一个目标前进，却并非都要沿着同一条路走不可。大家都不需要放弃自己的意志和理性，但要用自己的意志和理性去完成共同的事业。

第五章　美国的民主政府

我知道在以下讨论中将遇到一些棘手的问题。也许这一章的每句话，都要在某些方面让分裂我国的各个政党难以接受。但尽管如此，我仍要说出我的全部想法。

在欧洲，我们很难判断民主是否具有真理性和不变性，因为这里有两个对立的主义在斗争，我们无法准确分辨哪些争论来自主义本身，哪些争论来自它自己所引起的狂热。

这不同于美国。在那里，人民毫无阻碍地治理着国家，不用担心任何危险，也没有遭受任何损害而想着报复。

因此，美国的民主是凭其所好而行事。它的表现合乎自然而活动不受限制。所以只有在美国，才能对民主作出正确判断。这项研究对我国尤其有益，因为我们终日在一种不可抗力的驱使下盲目前行。最终我们将何去何从？也许走向专制，抑或走向共和，但是可以肯定，社会形式必定会走向民主。

普选权

如前文所说，美国普遍认同普选权。在美国不会考量社会地位高低，人人都享有这项权利。在不同的地区，在因语言、宗教和风俗的差异而彼此形同外国人的种族之间，在路易斯安那和新英格兰，在佐治亚和加拿大，我都能看到普选权的实施效果。我曾说过，在美国，普选权远未按人们的期望的那样，产生如欧洲一样的一切善与恶，而它的实施效果也与想象的不太一样。

人民的选择和美国民主在这种选择中的本能

在美国，知名人士很少出任公职——导致这一现象的原因——下层阶级对上层阶级的嫉妒心并非来自个人的愤愤不平，而来自对民主的强烈诉求——为什么美国的精英往往远离政界

在欧洲，许多人总是在口是心非地宣称或沉默：普选权的最大好处之一，就是呼吁公信力最高的人出任公职。他们认为，人民难以自我管理，但又衷心希望国家富强；人民的爱好决不妨害他们推选忠于国家的有能力的人去主持政务。

但是在美国的所见所闻，却让我认为并非如此。到美国后，我吃惊地发现，被统治者中人才荟萃，而统治者中却少有名流。在今天的美国，卓越人士很少会走上仕途。而且必须承认，这也是民主扩大化超出原本界限所产生的结果。显而易见，半个世纪以来，美国的政治家世家数量减少了很多。

我能够看出这个现象的数个成因。

尽管国家付诸大量努力，但人民的文化水平仍旧不高。由国家简化学习内容，改进教育方法，让学习步入正轨，这些都好办；但因为用于学习的时间不足，人们仍不能获取知识并有效发挥。

因此，人们在谋生之外的空闲时间的长短，就决定了他们获得知识的必要时间的多少。在某些国家，这个时间相对宽裕；而在另外一些国家，这个时间就不够了。但是如果完全没有这个时间，人们就不得不把时间只用于操劳于生活的物质层面，即不能作为真正的人而生活。所以，在一个社会里人人都博学多闻同时又家财万贯，这种设想真的难以想象。这两种情况是毫不相关的。我欣然承认，广大公民都衷心希望国家富强；我更愿意承认并曾经说过，社会的下层阶级在这个愿望中掺杂的私念，一般来说要少于上层阶级。但是，他们对实现此种希望的手段正当性的判断有不同程度的偏失，总是缺乏那种本领。想要彻底了解一个人的性格，必须进行长期观察和各种分析。很多伟大的天才在这方面尚有失误，何况普通人呢？对这项工作，人民精力有限而又不懂方法。他们的判断总是匆忙作出而又流于表面。因此，各种骗子施展花招取悦于人民，而人民的最忠实友人却往往不受信任。

另外，按民主方式去选择值得信任的人的做法并非总能实现，有时人们也不愿意这样做，同时也不想这样做。

不可否认，民主制度激化了人们心中的嫉妒感情，使之达到最高峰。与其说这是因为民主制度给每个人提供了与他人平等的手段，不如说是因为人们总是觉得难以得心应手地运用这些手段。民主制度唤醒和怂恿了人们要求绝对平等的无止境欲望。这种完全的平等，总是在人们以为得到它的瞬间，在手中消失。用帕斯卡尔的话来说，就是永远消逝了。人们经常热衷于追求那种仿佛近在咫尺而又远在天涯的重大利益。成功的可能性大时，人们便高兴，成功变得不确定时，人们便懊丧。他们总是因此喜怒无常。凡是在某一方面超过他们能力的东西，都被他们视为实现愿望的障碍。因此，不管上司如何合法，他们都会不买账。

许多人认为，这种引导下级把上司赶下台的隐秘本能，只见于法国。但这是一个误解。这个本能并非法国人固有的，而是一种民主的本能。特殊的政治环境虽然可以促使这种本能尖锐化，但它并不能创造这种本能。

美国人民并不憎恨社会的高层阶级，只是不欢迎他们，排斥他们当权。人民不怕天才，但也不十分器重。一般来说，凡是资质平庸的发迹者，都难以得到人民的好评。

一方面，存在这种天然本能使人民排斥卓越人物当权；另一方面，又有一种不亚于这种本能的力量使这些人远离政界，因为他们在政界的竞技中难以防范堕落，保全自己。衡平法院首席法官肯特就曾经十分坦率地流露过这种思想。这位著名作家在盛赞联邦宪法授权总统提名法官的条款之后说："最称职的人，也许为了不在普选中当选，而故意在行动上不十分积极，又在精神上保持严肃。"（肯特：《美国法释义》第1卷第273页）这个见解于1830年发表于美国，当时没有任何人反对。

我只想用这些话证明，认为普选权能够保证人们作出最佳选择的想法，完全是天方夜谭。尽管普选权优点众多，但并不在此。

能够部分纠正民主的这种本能的因素

巨大的危险对国家和人民产生的不良效果——为什么50年前美国有那么多卓越人物主持政务——教育和民情对人民的选择产生的影响——新英格兰的例子——西南部各州——某些法律是怎样左右人民的选择的——两级选举制度——这种选举制度对参议院的结构的影响

当国家面临重大危险威胁时，人民往往能颇具慧眼地选出最能拯救国家的公民。

我们可以看到，在面临危险的情况下，一个人很少能保持常态，他要么超常发挥，要么大失水准。国家的情形也是这样。有时极端的危险可能并未使一个国家振奋，反而把它吓倒。这种危险虽然能唤起人民的激情，但未对激情加以引导。这样的话，它对人民的头脑只能是轻轻触及，却无法使之清醒。例如，犹太人就曾经在他们的硝烟弥漫的神殿废墟上互相厮杀。但最常见的，是一些国家和个人在危险面前，反而异常冷静，做出非凡的举动来克服危险。这时，那些伟大人物的崛起，就如同在暗夜中耸立的大厦，顿时被一场大火照亮。此时，天才也毫不犹豫挺身而出；被灾难蹂躏的人民，也会暂时将嫉妒感情抛之脑后。这时，从选票箱里检出的结果中出现伟人的名字就并不罕见了。我在前面说过，现在的美国国务活动家，远远不如50年前主政的人物。导致这一情况的，除法律的原因之外，还有环境因素。当美国为独立这一正义的事业而斗争时，它是一个要摆脱他国奴役的国家；而当它以一个新生国家的身份走向世界时，它的全体人民的精神品质已经达到这些努力目标要求他们的高度。在举国欢腾声中，卓越的人物走出来当政，而人民也举手欢迎他们，并把他们置于自己的监督之下。但是，这样的事情毕竟不多，还必须从事物的另一角度审视。

民主的激情有时会被转瞬即逝的事件抑制；而人们的知识水平，特别是民情，将对激情的发展趋势产生强大且持久的影响。这种情况在美国就很常见。

在新英格兰，道德和宗教完全支配着教育和自由，早已建立并长期延续下来的社会，已经形成了固有的道德准则和习惯，所以人民在轻视财富和门第带来的固有优势的同时，习惯于尊重知识和道德方面的优势，并对其心悦诚服。因此，比起其他各处，民主在新英格兰更有生存的土壤。

但是，往南一走，情况就大不相同。在南方的各州，形成得较晚的社会纽带此时尚不牢固，教育普及率低，道德、宗教和自由的原则欠缺令人满意的契合。因此，有德、有才或德才兼备的人在那些州的政府里极为罕见。

当进入社会组织建立不久的西南部各州，会发现这里到处都是冒险家和投机家的庄园。在这里，我们为社会的管理大权集聚于几个人手中而大吃一惊，并在心中思索：除了立法机构的完善和人的独立以外，有什么力量能促进国家发达和社会繁荣呢?

有些具有民主性质的法律，也曾部分地纠正了民主的危险本能。

在华盛顿的众议院大厅里，你会为议员的粗俗举止惊诧不已。在这个大厅里，纵使你再三环顾，也依然找不到一个著名人士。容易让人忘却的无名之辈充斥议会。乡村律师和商人占据了议员中的大部分席位，其余的甚至还有底层的人士。在这个教育几乎普及的国度，据说人民的代表有的居然还会写错别字。

几步之遥的地方，参议院大厅的大门赫然在目。这个会议厅狭小局促，可是众多美国名人却济济一堂。你在这里见到的每个人都声名显赫，你最近一定听到过他的美名。善于雄辩的大律师、著名的将军、贤明的行政官和著名的国务活动家构成了他们的主体。这个会议厅里的一切发言，都丝毫不逊于欧洲各国国会的顶级辩论。

为何会产生这两种场面的奇异对照呢？为什么精英荟萃的是参议院而非众议院？为什么后者聚集的都是粗鄙之人，而前者却为天才和名人所垄断？但在实际上，这两个议院均经普选产生，选举结果都来自人民，而且至今指责参议院敌视人民的利益的声音都没出现过。那么，如此惊人的差异缘何产生呢？我认为，原因只有一个，那就是，众议院由人民直接选举，而参议院则经两级选举产生。本州的立法机构由该州全体公民选举产生，依联邦宪法规定，这些立法机构组成选举团来选举参议员。当然，参议员也能代表（虽然是间接地代表）普选的结果，这是因为选举参议员的各州立法机构，并非贵族团体或拥有选举权的特权机构，它实质上代表各州的全体公民的意志；各州的立法机构一般每两年或一年改选一次，全体公民通过改选更新其成员，从而控制参议员选举。但是，人民的意志通过这个选举团来表达时会发生变化，可能更显庄重和严肃。因此，选举团选出的参议员也往往能切实地代表统治国家的多数。但是，他们所能代表的只限于国内的高尚思想和引导国家前进的精神，而不是那些会使国家动乱的偏激感情和使国家名誉扫地的邪念。

不难看到，有朝一日，美国的各共和州会因为在选举制度中采用两级选举而强大起来。否则，它们便可能遭遇民主的陷阱。

对这一点，我始终坚信不疑。使各阶层人民都得以享用政治自由的手段非两级选举莫属。在我看来，不管是惧怕这一手段的人，还是希望变其为政党专有武器的人，他们都是错误的。

美国民主对选举法产生的影响

选举次数少会对国家造成重大危险——选举频繁会使全国处于亢奋状态——

美国人从这两种弊端中选择了后者——法律经常被改变——汉密尔顿、麦迪逊和杰斐逊对这个问题的看法

当选举的间隔期长时，每次选举都有震动国家的危险。

这时，全部政党都将全力以赴，争取这个千载难逢的机会。对候选人来说，选举的失败几乎意味着不可救治的创伤，所以他们可能气急败坏，做出不理智的事。但是，如果不久以后还有机会重新举行一次这种合法的斗争，失败的政党便可以忍耐了。

当选举接踵而来的时候，频繁的选举会使社会动荡不安，使政务处于连续不断常变状态。

因此，上述两方，一方可能使国家小病缠身，另一方却会使国家有身染大病即爆发革命的可能。如果第一种制度在损害政府的美好形象，那第二种制度则在威胁政府的生存。

美国人宁愿忍受后者的弊端，却不愿忍受前者的。在这里，指导他们行动的主要是本能，而鲜有理性，因为民主使他们对变化由爱好发展成为激情。结果，美国的立法总是出奇的多变。

大多数美国人认为，他们在总体上行之有效的制度的必然结果就是法律的多变性。但我确信，没有一个美国人会硬说这种多变性完美无缺或认为它不是一大弊端。

汉密尔顿在论证一项可能防止或推迟不良法律颁布的权力后，补充说："或许有人会说，防止颁行不良法律的权力同时也会成为防止颁行良好法律的力量（它既可用于这个目的，又可用于其他目的）。但这一反对意见，对能够正确认识法律的不稳定性和多变性的缺点的人来说并不很重要。法律的不稳定性已成为我国政府的性质和宗旨方面的最大弊端。"（《联邦党人文集》第73篇）

麦迪逊说："立法的方便和漫无节制，似乎是我国政府的最严重的病症。"（《联邦党人文集》第62篇）

美国的民主制度下出现的迄今为止最伟大的民主主义者杰斐逊，他也曾指出过这样的危险。

他说："我国法律的不稳定性确实是一大弊端。我认为我们应当除掉它，即应规定在一项法案被提出之后，允许在一年内批准实施。法案应当交付讨论，在没有更改意见后再进行表决。如果形势要求迅速通过该法案，也不能简单地由多数决定，而应以两院各自的三分之二多数通过。"①

①《1787年12月20日致麦迪逊的信》，孔塞伊先生法译本。（《杰斐逊文集》，华盛顿，1905年，第6卷第393页）

美国民主治下的公务人员

简朴的美国公务人员——公务人员无制服——所有公务人员均带薪——此举的政治后果——美国没有终身公职——无终身公职的后果

美国的公务人员，和公民大众没有什么差别，既无宫殿和卫士，又不穿着制服。统治者的这种简朴作风，不仅源自美国人的气质，而且与社会的基本原则有关。

从民主的角度来看，建立政府并非好事，反而是一个必然的灾难。因为必须授予官员们以一定的权力，没有这种权力他们就形同虚设。但是，作为权力标志的制服，却决非工作所必需，也会让公众心生隔膜。

公务人员心知肚明，他们能够有权向其他人发号施令，是以自己的举止不能表现得高人一等为条件的。

我想象不出哪个国家的官员会有美国公务人员那样的朴实作风，平易近人，交谈时亲切和蔼。

我喜欢这种自然作风浓厚的民主政府，我在这些重视职责甚于职位，重视人品甚于权力外表的公务员身上，看到了令人钦佩的男子汉应有的工作作风。

我认为，一百多年以来，我国都夸大了制服的影响。在美国，我从未见过公务人员在执行公务时因穿着不合身份而被轻视的情形。

另外，我对公务人员装模作样地穿上制服就能受到尊敬感到怀疑，因为他们受人尊敬应当是因为衣着而非人品。

当我看到我国的一些官老爷对人粗暴或嘲讽，耸肩反对，或以得意的微笑下达指示时，真想剥下他们的制服，直到他们露出作为一个公民应有的真正模样为止，看他们能不能意识到人类应当受到尊敬。

美国的公务人员都不穿制服，却可以领薪俸。

这一点比起以上内容来说更应当是来自民主原则。民主制度也准许官员摆阔，比如用丝绸和金银打扮自己，但不得直接违反民主原则。他们的这种特权只是暂时的，属于职位而非个人。但是，如果公务人员不拿薪俸，就会因此产生一个富有和独立的公务人员阶层，就此形成一个贵族圈。这时，即使人民还保留有选举权，它也是受限制的。

如果一个民主共和国对公务人员实行无薪制，我可以十拿九稳地推论，这个国家即将走向君主政体。而在一个君主国开始实行公务人员的无偿制时，这一行动说明政体要么是在走向专制，要么是在走向共和。

因此，在我看来，公务人员由无薪到有薪本身就是一场真正的革命。

我把美国所有职位都带薪这件事，看成该国民主具有绝对统治作用的最明显标志之一。为公共服务，无论什么性质，都应领到报酬。因此，每个人不仅有为公共服务的权利，而且服务时会有生活保证。

在民主国家，虽然每个公民都有出任公职的可能，但也不是全体公民都能出任。这不是因为资格不够，而是因为在选举时，候选人的人数和当选条件是有限制的。

在实行普遍选举原则的国家，严格来说没有终身公职。人们就任公职，多半出于偶然，对任何人来说，永久保住职位都是不可能的。选举是一年一度时，情况尤其如此。因此，公职对野心的诱惑力在平安无事时期并不大。在美国，混迹于政治圈子里的人，都不是有很大抱负的人。胸怀大志的人，一般都远离政治而去追求财富。由于觉得不懂如何齐家而去负责治国的倒是大有人在。

担任公职之人之所以大多是平庸人，正是由于如上原因以及民主的不良选择。在美国，难以预料如果精英阶层参加竞选，人民是否会选举他们，不过我敢肯定他们不会出来竞选。

美国民主治下的行政官[①]的专权

为什么在专制君主国和民主共和国中行政官享有的专权比在立宪君主国中更为广泛——新英格兰行政官的专权

对行政官授予很多专权的有两种政府：只由一人统治的政府和民主的政府。

导致这种专权结果的是以下这些几乎相同的原因。

在专制国家，无论官员还是私人，命运都没有保障。君主掌握着被他雇佣的人们的生命财产，以及他们的荣誉。他不惧怕这些人，确信他们不会滥用这种自由来反对他，因而就赋予他们很大的行动自由。

在专制国家，君主过分爱惜自己的政权，以至于害怕自己规定的制度会伤害政权，他喜欢把他的臣民的轻微越轨行为看成偶然，相信这并非出于存心谋逆。

在民主国家，多数在每年都能从上任当选者手中收回权力，所以他们决不害怕那些人滥用职权。多数随时都能使他们对政府的意见达于执政者，所以他们喜欢让执政者自由发挥而不是在一套死规矩中循规蹈矩，因为那些死规矩既限制执政者又限制他们自己。

但是，只要稍微深入考察一下，就会发现在民主制度下，行政官专权的程度甚至还要大于专制国家。

在专制的国家，君主对他所发现的一切犯法行为可以立即惩治，但他不能保证自己可以随时发现应受惩治的一切犯法行为。而在民主制度下，执政者的权力极高且无处不在。比如，我们看到，与欧洲的官员相比，美国的公务人员在法律规定的范围内行动的自由要广泛得多。一般只向他们指出应当完成的任务，而方法可以由他们自主选择。

比如，在新英格兰，各乡镇的行政委员负责提出陪审员名单。但应当指出，只有

①我这里指的是广义的“行政官”， 包括负责执行政府法令的一切官员。

享有选举权和良好名誉的公民才是陪审员的可能人选[1]。

在法国，倘若如此可怕的权力被公务人员享有，不管他怎样去执行，人们都必定会认为人民的生命和自由正面临危险。

在新英格兰，乡镇的行政委员有权把酗酒者的名字张贴在酒店里，要求居民不能向他们提供酒水，违者罚款[2]。

即便在最专制的君主国，这样的查禁也会激起人民的反对，但在新英格兰，人们却毫无怨言地服从。

没有任何地方的法律能像民主共和国的那样，使行政官享有如此大的专权，因为这种专权不会引起恐惧。甚至可以说，随着选举权日益扩展到底层人民，行政官的任期逐渐缩短，行政官会被赋予更多自由。因此，想要把一个民主共和国转变为君主国，将是极其困难的。如果行政官保留着民选的行政官的权限和习惯却不再由人民选举产生，那就会导致专制。

只有在立宪君主国，法律不仅为官员的行动划定范围，还能想到指导官员日常行为的问题。之所以这样做，原因是不言而喻的。

在立宪君主国，国王和人民分享权力，两者都希望行政官的职位稳定。

国王因为怕行政官出卖王权的利益，因而不愿意将行政官的命运置于人民的控制之下；而人民则怕行政官完全依附国王，从而压制他们的自由。因此，对待行政官应当既不让他依附国王，又不让他依附人民。

不过，国王和人民准许官员保持独立的原因，同时也防止了官员滥用这种独立身份，以防官员侵犯王权的利益和人民的自由。所以，双方都认为要事先为官员划定行动范围，而且认为为官员制定一套不得违犯的守则也很有益处。

美国行政的不稳定性

在美国，比起家庭活动方面，人们在社会活动方面留下的痕迹往往过少——唯一的历史文献是报纸——为什么行政的不稳定对施政艺术有害

在美国，在台上短暂掌权后，人们不久便回到每天都在改变面貌的群众中去，所以他们在社会活动方面留下的痕迹往往少于他们在家庭活动方面留下的痕迹。公共行政管理在美国差不多全凭口述和传统进行。即使有史料，因为没有成文的规定，它们也像古代女巫写在棕榈树叶上的预言，常常随风而逝，消失得无影无踪了。

---

①见《马萨诸塞州法令汇编》第2卷第331页：1813年2月27日法令。应当补充一点，陪审员的最后名单要用抽签办法决定。

②见《马萨诸塞州法令汇编》第1卷第302页：1787年2月28日法令，其中写道："各乡镇的行政委员可要求有关部门在本乡镇的酒馆、旅店、小铺等的室内和作坊张贴时常酗酒、要酒疯、赌博以及在这些场所胡聊瞎扯的人的名单。上述店铺的所有者在接到通知后，如果仍然允许这些人到店内饮酒或赌博，或再向他们出售含酒饮料，则处以60先令罚款。"

报纸是美国的唯一历史文献。如果报纸少刊一期，时间的锁链就会断裂，现在和过去之间就会被打断。我敢肯定，50年后想收集今天美国社会具体情况的文件，比寻找法国中世纪行政管理的文件更困难。如果有一天，美国遭到蛮族入侵，要想了解今天美国人民的一些事情，那就只得依靠其他国家的史料了。

人民已经习惯于行政管理的不稳定性了。我甚至可以说，今天每个美国人都认为它符合自己要求。谁也不打听他们在以前经历过的事情。没有人研究管理方法以及总结经验。即便是十分容易的文献收集，也没有人去做。人们很少保存偶然落到手里的文件。我手头的几份原始材料，还是为答复我对某些官员的提问，一些行政部门给我的。美国社会每天生活的就像一支战斗中的军队。然而，所有的科学为了不断进步，都必须逐代总结前代的经验，行政管理技术也是一门科学，它也不例外。而且，人们在短促的一生中，或笃行，或立言；前者发明方法，后者创造理论。人类就是这样一边前进，一边收集个人的经验成果，从逐渐建立起各门科学的。美国的最大难题是行政管理人员根本不互相学习，而且他们在指导社会工作时，只凭自己积累的经验知识，而匮乏指导该项工作所必备的科学知识。因此，行政管理工作中民主反而阻碍了管理人员的技术进步。就这一点来说，与缺乏这方面经验的国家相比，民主更加适合于已经完成行政管理教育的国家。

而且，这个论断在行政科学以外，也广泛适用。但是，民主政府如果按如此简单和自然的思想建立，社会就必须非常开化和文明①。最初，人们还以为这种政府只是在遥远的古代才存在过；但是，后来的深入考察证明这种政府只能出现于社会发展的最后阶段。

美国民主治下的公共开支

公民在任何社会都被分为几个阶级——每个阶级要求管理国家财政的本能——人民主政时公共开支必然增加的原因——在美国，使民主制度造成浪费的事情并不可怕——国库收入在民主治下的使用

民主政府是否节约？在回答这个问题以前，必须设定一个比较的标准。

在我们对一个民主共和国与一个专制君主国的比较中，这个问题是容易解决的。这时我们会发现，前者的公共开支远高于后者。而且，与不自由国家相比，一切自由国家的情形都是如此。不错，人民贫穷的主要原因是专制制度，它是妨碍人民发展生产，不过并不是夺去人民的生产成果。专制制度使财源枯竭，却始终重视既得的财产。与之相反的是，自由生产出来的财富比它所毁掉的多千百倍。了解自由好处的国家，财源往往总比税收增长迅速。

---

①我这里所说的民主政府，是指一个民族建立的民主政府，而非一个小部族建立的民主政府。

我现在要说明的主题，是就各种自由国家之间的比较，指出民主对各国财政的影响。

同有机体一样，社会在组织上，必须始终服从其固定规则。它由无处不在和无时不有的一定成分组成。

在科学上，一个民族常被分为三个阶级。

富人组成了第一个阶级。第二个阶级的成员，则是那些不算富人但生活优裕的人。第三个阶级，是无产者或少产者，全靠为前两个阶级劳动维持生活。

这三类人的人数，可能因社会情况而上下波动，但你不能否认每个社会里都有这三类人。

显而易见，在国家财政的管理上，每个阶级都有自己的要求。

假如第一个阶级制定国家的法律，这时，他们大概很少考虑节省国库开支，因为他们会认为对大额财产的课税只不过相当于动了一根毫毛，这对它无关紧要。

再假设中间阶级制定国家的法律。这时，因为他们认为最大的灾难莫过于对小额财产征收高额赋税，所以一定不会挥霍国家的税收。

中间阶级的政府应当是自由政府，也许它不是最有知识和最慷慨的政府，但它却是最节约的政府。

现在，我假设制定法律的大权被第三个阶级总揽。我认为那种情况下公共开支就会有增无减，其理由有二。

首先，制定法律的大部分人缺乏应当课税的财产，国家的公共开支似乎对他们有百利而无一害；其次，这些中稍微有钱的人不难找到办法、把赋税的负担转嫁给富人，从而使其只对穷人有利。这种事情是富人当政时不可能出现的。

因此，不能指望公共财富在穷人①独揽立法大权的国家会被节省使用。通常，公共开支是很大的，因为不纳税或者能逃避赋税负担的人负责立法抽税。换句话说，唯一能使立法抽税的人逃避纳税义务的政府就是民主政府。

即便你反对也没用，引导人民去保护富人的财产才是人民的真正利益所在，否则，人民很快就会感受到自找麻烦的痛苦。而且，人民幸福的所在不也是国王的利益吗？贵族的利益不也随时在向人民开放吗？在长远的利益能够克制眼前的激情和要求的情况下，暴君统治或专横的贵族制度永远不会出现。

可能有人反问：主张由穷人独揽立法大权的不是大有人在吗？他们是谁？他们是建立了普选制度的人。是多数还是少数在制定法律？无疑是多数。如果能够证明穷人经常构成多数，那不是就相当于说穷人将在实行选举制度的国家独揽立法大权吗？

不错，至今在世界上的所有国家，多数人是没有财产的或者他们只有少量财产使他们得以不必用全部时间劳动。因此，普选制度的实质是穷人管理社会。

---

①很明显，这里和本章其他各处所用的“穷人”一词的意义，只是相对而言，而非绝对而言。比起欧洲的穷人来，美国的穷人很容易致富。但是，在将他们与比他们富有的同胞比较时，便可以称他们为穷人。

有时对国家财政造成灾难性影响的可能就是民权，这在古代的一些民主共和国已经很常见。在这些共和国，耗尽国库的常常是救济贫困的公民或为人民提供游戏娱乐设施的开支。

老实说，在古代，代议制还鲜为人知。而在今天，在公共事务方面，人民很难表示出激情，然而可以断定，久而久之，按照选民的要求行事，照顾他们的爱好和利益会成为代表们的习惯。

再者，随着人民日益富有，民主造成的浪费的可怕性将按比例减少，因为人民富有以后，一方面不再需要富人出钱，另一方面增加赋税可能会使自己受损失。从这一点来说，比起英国，普选制度在法国将产生较少危险，因为在英国，少数人掌握着几乎所有的应当课税的财产。而在绝大多数人都有财产的美国，人们的社会地位亦比法国人有利得多。

可能增加民主国家的公共开支的还有另一些原因。

在贵族统治国家时，主持国务的人由于自己的地位，他们可以免于匮乏。他们自以为生来有福，总是向社会要求权力和名誉；他们高踞于众人之上，无视人民大众的安宁幸福对他们的荣华富贵的促进作用。不错，对穷人的苦难，他们也不是毫无恻隐之心，但对这种苦难的感受，他们并不能像穷人那样切身体会。他们心满意足于人民的安贫知命，除了保住统治地位以外就别无所求。比起改进现状，贵族政体更关心维持现状。

反之，因为人民受过痛苦，当他们掌握国家大权时，主政者便会大幅度兴利除弊。

这时，改革的精神会感染各行业，改革也会深入最末的细节，特别会在需要花钱的事业上得到发挥，因为它的目的就在于改善穷人无力自己改善的生活条件。

而且，在民主社会还存在一种目标并不明确的奋进精神和一股不断追求耗费大量钱财的各种革新的热情。

在君主政体和贵族政体下，为了迎合主政者的好大喜功的自然心理，野心家们经常促使主政者去办一些劳民伤财的事业。

而主政者在穷人主政的民主国家只会在增进社会福利的事业上表示慷慨，而这种事业一般都是要耗资的。

另外，人民在考虑本身的处境时，总会产生许许多多起初并未注意到的需要，而为了满足这些需要，就不得不依靠国家的资助。因此，一般说来，随着文明程度的提高，公共开支也随之增加，随着教育的普及，赋税也会增加。

最后，使民主政府比其他政府更为耗费的还有一个原因。虽然有时民主政府打算节省开支，但它却办不到，因为它没有节约的有效方法。

民主政府由于经常改变自己的目标和频繁更换它的人员，所以它的事业缺乏连贯性或经常半途而废：国家花了钱，在第一种情况下，效果并不和预期的相符；在第二种情况下则毫无所得。

美国民主在规定公务人员薪俸方面表现的本性

在民主制度下，规定高薪制度的人并无牟利机会——增加下级公务人员的薪俸和降低高级公务人员的薪俸是美国民主的趋势——这样做的原因——美国和法国公务人员薪俸的对比

能使民主制度调节公务人员的薪俸开支的通常有一个重大原因。

规定高薪制度的人在民主制度下有很多，但他们却很少有人有机会从中牟利。

反之，规定高薪制度的人在贵族制度下几乎总有从中牟利的机会。这是他们为自己创造的资本，或者至少是为其子女准备的财源。

但是应当承认，对其主要公务人员，民主国家也是太过吝啬了。

在美国，高级公务人员的薪俸远远不如其他国家，但下级公务人员的薪俸高于其他国家。

同一个原因导致了这两个相反的现象。公务人员的薪俸在这两种情形下都是人民根据自己的需要，通过对比下级公务人员和高级公务人员的贡献而规定的。由于人民生活宽裕，所以觉得公务人员也应分享这种宽裕，这样才是合情合理的[①]。但是，在规定国家的高级公务人员薪俸时，这个想法就不起作用了，而是随意规定。

对社会的高层阶级的生活需要，穷人是无法明白的。因为穷人觉得能够满足日常需要就不错了，所以在富人那里一笔微不足道的款项，在穷人看来就是一笔非常可观的财富。他们认为，一个州长每年收入2000埃居（6000法郎）就算得上幸福和值得羡慕了[②]。

假如你要告诉他们一个伟大国家的代表应在外国人面前表现出一定的气派，他们起初可能完全同意；但当他们看到用你以为是微不足道的款项他完全可以做出一番事业时，想到自己简陋的住所和辛勤劳动得来的微薄收入，他就会对这样一笔财富感到吃惊，甚至会被吓到。

另外，当下级公务人员与人民的收入处于差不多同一水平，而另一些人却在这个水平之上时，前者还能激起人们的同情，而后者则会引起人们的嫉妒。

这种情形，在随公务人员的权限的加大而薪俸减少的美国，也可以清楚地看到[③]。

---

①美国下级公务人员的宽裕生活，还来自另一个原因。而这个原因与民主的通性无关，即在美国，从事各种私人营业都能比担任公职收益更多，如果国家不对下级公务人员予以较高的报酬，就很少有人会去担任下级公职。因此，即使从事商业活动要精打细算，面对激烈的竞争，但人们也愿意去从事这种活动。

②俄亥俄州有100万人口，但它的州长每年只有1200美元的薪金收入。1200美元等于6504法郎。

③为了查明这个事实，只需考察一下联邦政府的个别官员的薪金就可以了。我认为应当对照法国的同类官员的薪金，以使读者更容易了解。

美国

（财政部官员）

传达员…………3734法郎

低级科员…………5420法郎（下转149页）

在贵族统治的帝国，情况则与此相反，高级官员均能获得极高的薪金，小官员的收入却只能勉强糊口，从我们上面指出的类似原因中，不难理解这种情况。

如果说民主制度不认为富人应当享乐和穷人应对富人嫉妒，那么贵族制度则不会理解穷人的困苦，或者干脆说它根本不知贫穷困为何物。确切地说，穷人对他们而言是另一种人，与富人非属同类。因此，贵族制度很少去关心下级官员的命运，只有在下级官员因为薪金过少而拒绝为其服务的时候，才略微提高他们的薪金。

虽然民主制度没有节约的爱好，但对待高级公务人员时它却采取了节省开支的态度，以至于对他们有亏待和吝啬的倾向。

不错，在民主制度下，主政者也能够过上差强人意的生活，但为了满足人民的需要和有利于人民安居乐业，他却可以不惜耗费巨资①。这些开支主要来自税收，但没有被浪费。

一般说来，用于统治者的花费在民主制度中所占比例很少，而用于被统治者的费用非常多。与此相反，贵族制度把国家的收入主要用于主持国务的阶级身上了。

促使美国政府厉行节约的原因是难于识别的

凡是探求过法律对人类命运发生真正的影响的人，一般都犯过重大错误，因为再没有比明白这种事更难的了。

一个民族喜欢深思熟虑和善于精打细算，另一个民族天生轻松活泼和热情洋溢。这些特点来源于一些我们尚不清楚的古老原因或他们的身体素质。

有些民族喜欢热闹、排场和游兴，花费万金来得到一时的欢乐不后悔。另外一些民族喜欢独善其身，耻于露富。

（上接148页）高级科员…………8672法郎
科长…………10840法郎
部长（国务卿）…………32520法郎
政府首脑（总统）…………13500法郎
法国
（财政部官员）
大臣的传达员…………1500法郎
低级科员…………1000～1800法郎
高级科员…………3200～3600法郎
科长…………20000法郎
大臣…………80000法郎
政府首脑（国王）…………12000000法郎

我拿法国作为比较的对象或许有些不当。在民主的本质日益深入政府的法国，已经出现国会要求提高低额薪金和普遍降低高额薪金的强硬趋势。因此，法国的财政大臣在第一帝国时期年薪为16万法郎，而在1834年已降到6万法郎；而财政部各司长的年薪则由以前的5万法郎降到了2万法郎。

①考察一下美国的财产预算，就可以知道美国为维持穷人的生活和免费教育支出了多少钱。

1831年，纽约州为维持穷人的生活共支出120万法郎（245433美元），而国民教育方面支出至少高达542万法郎（1080698美元）。见威廉斯：《纽约年报》，1832年，第205和243页。

1830年，纽约州的人口为190万，约等于法国诺尔省人口的两倍。

有些国家毫不重视艺术，轻视一切没有实效的东西，另外一些国家热衷于建筑之美。最后，有些国家崇拜金钱，另外一些国家爱好名誉。

除了法律以外，所有这一切表现都对各自国家的财政产生强有力的影响。

美国人决不把钱花在公共庆典上，原因不仅是因为美国人民不喜欢隆重的庆祝，而且是因为美国的税收要由人民投票决定。美国人不注重建筑物上的装饰，不重视外在无实际意义的华丽，原因不仅是因为他们是重商的民族，而且因为他们是讲究民主的民族。

公共生活也接受私人生活的习惯。但是应当把美国的来自制度本身的节约与来自人们的习惯和社会风气的节约区别开来。

可否拿美国的公共开支与法国的对比

要衡量公共开支的多寡，必须确定两点：国家财富和税收——我们无法确知法国的财富和开支——为什么同样无望知悉美国的开支和财富——为研究宾夕法尼亚州的税收总额所做的调查——能用来表示一个国家的开支多寡的总指标——对美国进行的这项调查的结果

最近，对美国和法国的公共开支，人们进行了大量的对比研究，但均未获得满意的结果，而且他们没有达到目的的原因用几句话就足以说明。

必须经过两项研究才能够查明一个国家的公共开支有多少。第一，必须了解这个国家财政状况；第二，必须知道它把多少财富用于公共开支。因为我们想要知道的并不只是开支，还包括开支与收入的关系，所以只调查税收的总额却不研究应当课税的财源，将是一件徒劳无功的工作。

一个富人可以轻易缴纳的一笔税款，如果让穷人去支付可能会让他倾家荡产。

许多成分构成了人民的财富，其中主要的是不动产，其次是动产。

很难精确计算出一个国家的可耕地面积及其天然价值和增益价值，更不容易计算人民拥有的动产的价值。而由于财产的种类繁多和数量庞大，即使你算出了总数，也很难进行准确的分析。

因此我们发现，一些文明悠久的欧洲国家，甚至包括行政集权的国家，它们的财富总额至今都未能精确地算出。

而美国人甚至没有计算财富总额的打算。社会形势在这个新兴国家还没有安定下来，国家政府还没有像我国这样拥有大批调遣自如的下属人员，由于无人收集或无时间研究，统计资料显然不齐备，你怎样能相信这种情况下计算结果的准确性呢？

因此，我们缺少计算所需的资料。对法国的财富与美国的财富我们无法进行对比。因为法国的财富还没有精确计算出来，而美国的财富根本无法进行这种计算。

但是，我宁愿暂时不用“对比”这个必要的字眼，决定先不去考察税源与税收的

关系，只计算税收的实际金额。

读者将会看到，我的研究范围虽然缩小了，但任务并未由此减轻。

虽然法国的中央集权行政管理有大批官员的努力，但我认为他们也无法精确算出征收公民的直接税和间接税的总额。而且，法国政府本身也没有完成这项并非个人所能承担的工作，或至少尚未公布其结果。现在，虽然我们可以知道国家的支出总额，知道各省的支出总额，但对乡镇的开支情况尚无法了解，所以还不能说是已经知道了法国的整个公共开支情况。

如果我们回过头来研究美国的公共收支，就会发现困难更多，而且更难克服。美国开支总额的确切数字我已经知道了，它的24个州的预算我也清楚了，但是美国公民向他们所在的县和乡镇提供了多少行政开支我们无从知道。①

联邦政府不能强迫各州政府向我提供这方面的资料，而且就算各州政府都愿意帮我，我也怀疑它们能否使我满意。除了这项工作的自然困难之外，国家的政治结构也在妨碍各州政府做这件事。乡镇和县的行政委员不受州长的管辖，因为他们不是由州长任命的。即使各州政府愿意向我提供所需的资料，我也可以断定会遇到很大的障碍：本应当向州政府服务的下级官员对此事可能敷衍塞责②。

因为迄今为止美国人肯定在这方面什么也没做，所以就算问他们能否提供这方面的材料也是徒劳的。

---

①大家知道，美国有4种预算：联邦有联邦预算，各州、各县和各乡镇各有自己的预算。在美国逗留期间，我曾为了解几个主要州的乡镇和县的公共开支总额进行了大量的调查研究。很容易就得到了几个大乡镇的预算资料，但没有能够看到小乡镇的支出资料。我发现对乡镇开支明确地判断很难。关于县的开支情况我收集到一些资料，尽管这些资料还不太完整，但仍会引起读者的兴趣。我应当感谢原费城市长理查德先生，他向我提供了宾夕法尼亚州13个县的1830年度预算。这13个县分别是：莱巴农、森特尔、富兰克林、费耶特、蒙哥马利、卢泽恩、道芬、巴特勒、阿勒格尼、哥伦比亚、诺森伯兰、北安普敦、费拉德尔菲亚。这13个县在1830年共支出1800221法郎，人均负担3法郎64生丁。如果看一下宾夕法尼亚州的地图，就会发现这13个县分布在四面八方，并都服从于指导整个州的总方针，因此不能说它们对形成关于宾夕法尼亚州各县财政情况的明确概念没有帮助。1830年，宾夕法尼亚州共有居民495207人。这些居民在1830年每人向联邦政府纳税12法郎70生丁，向宾夕法尼亚州纳税3法郎80生丁。这样一来，这些县的公民为担负公共开支（还不算乡镇的开支），在1830年就相当于每人就向社会提供了20法郎14生丁。这项计算虽然由于只限于一个年度和一部分开支而不够全面，但还应当是可靠的。

②一些试图比较法国和美国的预算支出的人，深深感到不能拿法国的公共开支总额与美国的对比，但他们力图对两者的公共开支的各个项目的总额进行对比。不难证明，第二种方法也不优于这第一种方法。

比如说，拿我们的国家预算和谁对比呢？和美国的联邦预算对比吗？但是，美国的联邦预算项目比我们中央政府的预算项目少，所以联邦政府的支出总额也自然要小得多。那么，用我们各省的预算与美国的各州预算对比吗？但是，美国各州的预算大多比我们各省的事业开支重要，而且项目也比我们的多，所以美国各州的支出也要大得多。至于各县的预算在财政制度上也与我们的不同。再从各州或各乡镇的预算中去比较所列的支出吗？两个国家都有乡镇预算，但两者并不一样。在法国，它们大部分由省或国家负担。而在美国则大部分由自己负担。怎么去研究美国乡镇的支出呢？美国乡镇的组织因州而异。同一标准能被我们用来研究新英格兰和佐治亚或宾夕法尼亚和伊利诺伊的乡镇吗？

之所以在整个预算之间不能进行精确的对比，是因为在两个国家预算的某些项目之间，虽然不难找出类似处，但预算包括的项目总是或多或少有些不同。

因此，如今在美国或欧洲，没有人能告诉我们美国的每个公民每年要为社会负担多少费用[①]。

总之，比较法国的和美国社会开支很难得到成果，而比较两国的财富也是如此。需要再补充一句，试图这样做也会有危险。当缺乏确实可靠的计算作统计资料的基础时，那些资料不但不能指导工作，反而会把你引入歧途。人们的头脑很容易相信披着数学真理外衣的错误，被貌似正确而实际上却有出入的事物所迷惑。

因此，让我们放弃数字而另找证明方法吧！

要想查明人民的公共开支负担是否与他们的财富相称，而此时又缺乏确可靠的资料，只能把研究手段转变为观察这个国家的物质是否繁荣，观察人民在向国家缴纳税款之后穷人能否维持生计，富人是否更加富有，双方是否对自己的生活都感到满意，双方是否每天在改善自己的生活，以及需要投资的产业是否需要资本，而资本是否缺乏投资的场所。

按这些指标进行观察的人，无疑会断定美国人民的收入给予国家的部分比法国人民收入的这一付出部分要低得多。

但是，怎样才能判断两者之间的不同呢？

美国不必担忧遭受人侵，但法国的一部分债务，是两次受侵略的结果；美国孤悬于大西洋彼岸，所以它只拥有6000名士兵就可以了，而我们的地理位置却使我们不得不经常维持一支庞大的军队；美国只有52艘军舰，而我们有300艘[②]。因此，美国居民怎么可能比法国居民负担多呢！

由此可见，两国如此不同的财政完全不能进行对比。

但是我们能够断定美国的民主制度是真正节俭的制度，理由是基于对美国的实际情况的考察，而非基于美国同法国的对比。

我考察了联邦的各个州，发现各州政府对雇用的人员不进行经常监督，也常常没有具有连贯性的计划。因此，我自然得出一个结论：它们在一些事业上花费了不必要

---

①法国或美国的每个公民向国库交纳的准确税额即使能够被我们知道，它也只是一部分事实。

政府不仅要求纳税人交纳金钱，还要求公民提供可以换算成金钱的人力。国家要招兵，有了士兵以后，全国人民就要养活他们，而且兵员本身也要根据服役期付出一定的时间。与此相同的是民兵的值勤。民兵要随时付出宝贵的时间为治安服务，这实际上是参加民兵队伍的人只向国家支出而自己没有收入。法国政府和美国政府都有规定这种性质的义务劳动，而它当然要由公民担负。但是，又有谁能精确地算出两个国家征集的这种劳动的数字呢？

无法进行美国和法国的公共开支准确比较的最后困难还不是这个。有些义务在美国没有，而在法国有；而有些义务在法国没有，而在美国有。美国政府令教徒自己维持教会，而法国政府向神职人员支付薪金；在美国，国家负责救济穷人，在法国，国家令社会慈善团体养活穷人；美国允许公务人员享有一定的权益，法国对一切官员只付固定的薪金；美国要求公民对几乎所有的道路提供义务劳动，法国只要求公民对少数道路提供义务劳动；法国的道路向一切能够利用道路的旅客开放，且不收款，而在美国，你会看到所有的道路都设有栅栏以便向车辆收款。因为有些费用公民们完全不用负担，或者在国家没有正式下令由公民负担时，只负担很小一部分，在纳税人承担社会义务方面的这一切差别，使我们很难将这两个国家进行对比。

②见法国海军部的详细预算，而关于美国的资料，则见《1833年美国大事记》第228页。

的金钱，甚至是浪费了纳税人的金钱。

但是我看到，忠实于选民的政府，却在努力去满足社会下层阶级的需要，接受他们的监督，在他们中间普及幸福和知识。它使穷人获得温饱，每年拨付巨款创办学校，对每项得到的服务均付报酬，使小人物也能得到良好的待遇。这样的治国方式虽然是合情合理的，但我又不得不承认它是耗费过大的。

这里由穷人管理公共事务和掌握国家的财源，国家支出有利于穷人，所以国家经常增加新的开支。

因此，我不想进行没有把握的对比，也不依靠不完整的统计数据，便敢于断言，并非如人们有时想象的那样，美国人的民主政府并不是一个吝啬的政府；我也不怕预言，美国人民一旦遇到严重困难，美国也可以达到大多数欧洲贵族国家或君主国家一样的税收高度。

民主国家统治者的贪污腐化及其对公共道德的影响

统治者在贵族政体下偶尔试图学坏——在民主政体下，统治者经常自动变坏——前者的败坏行为直接影响人民的道德——后者对人民道德的影响是间接的，但危害更大

民主政体和贵族政体互相指责对方容易贪污腐化。我对此要进行辨析。

在民主政府，公务人员都是穷人，他们渴望发迹高升。而在贵族政府，政务工作人员都是富人，他们只贪图权势。

结果，在民主国家，贪污巨大；而在贵族国家，统治阶级很少贪污，他们对金钱的欲望也不大。

但是，在贵族制度下想当头目的人都很有钱，而由于职位有限，能够当上头目的人又为数不多，所以政府职位是待价而沽的。反之，在民主制度下，竞争当权的人同样为数甚多，而他们都几乎一文不名。因此，在民主制度下，卖主可能不少，但几乎找不到买主。而且，达到目的需要一次收买很多人。

40年来，许多在法国掌权的人曾被指控为了发财而牺牲本国和盟国的利益，而旧君主制度下的官员则很少受到这种谴责。但不同的是，法国几乎没有贿选的例子，而在英国，这种事情倒是司空见惯的。

在美国，我从未听说有人用钱去买官，但我却总是会怀疑公务人员的廉洁。甚至我常听说他们是依靠卑鄙的阴谋和应受谴责的手段来获得成功的。

因此，如果说贵族政体的主政者偶尔试图学坏，则民主政府的首脑就属于自动变坏。在前一种情况下，学坏的官员会腐蚀人民的道德；在后一种情况下，变坏的官员对人民的思想意识造成更加不良的影响。

在民主国家，当上国家首脑的人差不多总要受到令人不快的怀疑，所以他会利用某种办法由政府来保护他免于指控。这样，他就为被掩盖的恶披上了光荣的外衣，为

尚在同恶进行斗争的善提供了危险的榜样。

有人会说，无论是贵族国家还是民主国家都会出现可鄙的人物当上首脑的情况，邪恶的感情各阶层都有，王位往往是凭生来就有的权力而获得的。但是，这种辩解仍然是徒劳的。

因为偶然掌权的人物的腐化行为被通过一种粗野庸俗的东西而传染给大众，而在一些巨富的堕落生活中反倒因为具有某种贵族的文雅风度和高大气派而不至于影响大众，所以这种答辩不会使我满意。

人民永远不会理解宫庭内部斗争的秘密，而且人民也往往难于察觉文雅的举止、高尚的爱好和美丽的言辞掩盖下的卑劣行径。但是，就连最微不足道的小人物也能看得出偷盗国库或出卖国家利益的行为，而且他们自己也可能跃跃欲试。

另外，值得害怕的倒不是大人物的缺乏道德，而是缺乏道德使他们成了大人物。在民主制度下，如果一个人没有几年就从无名小卒爬到有钱有势的地位，普通公民看到了必定吃惊和眼红，并在心里琢磨，昨天还与自己一样的人为什么今天就有权领导他们了。他们肯定不愿意把这个人的发迹归因于他的才德，因为这等于承认自己的才德不如人家。因此他们便认为只能到这个人的某一劣行中去找其中的主要原因，并经常认为这样做是对的。结果，在权势和卑鄙之间，在成功和下贱之间，在实惠和丢脸之间，人们便出现了可悲的概念混乱。

民主能够作出哪些努力

联邦只为自己的生存作过一次斗争——战争开始时，人们还抱以极大的热情——战争将近尾声时热情已经减退许多——在美国建立征兵制和海员强迫服役制是很困难的——为什么民主国家不能像其他任何国家那样作出不懈的努力

我要提醒读者注意，我在这里讲的政府指的是遵循人民真正意愿的政府，而非仅以人民的名义发号施令的政府。

以人民的名义发号施令的政府是最难反抗的政府，因为它总是假借大多数人的意志所形成的道义力量，坚定、迅速并顽固地去实现独裁者的意志。

当国家发生危机时，很难说一个民主政府能作出多大努力。

迄今为止，还未出现过强大的民主共和国。不能用共和去称呼1793年统治法国的寡头政治，因为那是对共和政体的侮辱。只有美国才是共和政体的新光辉榜样。

自联邦政府成立至今已有50多年，它只遇到过一次生存危险，那就是独立战争。在这场长期战争之初，人们还能以罕见的热情为祖国效劳[①]。但是随着战争的旷日持

①我认为，其中了不起的事是国家决定暂时停止饮茶。凡是知道人们已把饮茶看做日常生活中不可或缺的人，都毫无疑问会对美国人民为此所作出的重大而难以忍受的牺牲表示惊讶。

久，国民昔日的自私自利心理又重新燃起：人们不再向国库交款，还拒绝去应募当兵。人民虽然想获得独立，但又在争取独立的进程中却步。汉密尔顿在《联邦党人文集》（第12篇）中写道：“我们增加了许多税目，也试行了一些新的征税办法，但结果都是徒然。公众的期望已彻底化为失望，国库空空如也。因为我们民主政府的性质而确定的民主行政制度，面临着通货奇缺的僵局，这种局面又进而导致贸易萧条。虽然民主行政当局一再试图扩大税收，但并未见成效，以至于各州的立法机构也终于认识到这种做法是愚蠢的。（万人文库版第55页）

从此以后，美国再也没有进行过一场持久的残酷战争。

因此，美国人民要想知道民主制度能够忍受什么样的牺牲，必须等到像英国人民那样必须把收入的一半交由政府处理，或者像法国人民那样必须把全国人口的二十分之一送上战场的时候。

美国人不承认征兵制，招他们去当兵就得给钱。强制征兵的办法与美国人民的思想格格不入，那不是美国人民的习惯，以至于我不相信竟有人敢把它写进法律里。法国所谓的征兵制，无疑是人民最沉重的负担。但是若没有征兵，我们靠什么来进行一场陆上大战呢？

美国人也不接受英国那种强制海员服役的办法，他们也没有像我们法国这样的海军征兵制。美国的海军就和商船上的海员一样，都是依自愿原则去参加应募的。

但是很难想象，一个国家竟能不依靠上述两种办法之一来支持一场大海战。因此，曾在海上进行过很多光荣战斗的合众国，从未有过一支大舰队，但它为装备数量有限的几只舰艇，也曾花了很多钱。

我曾听到美国的国务活动家们承认，美国如果不采用海员强制服役制或海军征兵制，将很难维持它在海上的地位，但要让行使国家主权的人民接受这种制度是很困难的。

在危机时期，自由国家一般能比非自由国家表现出更坚强的毅力，这一点是无须证明的；我也更愿意相信，这种情形在贵族成分占优势的自由国家中尤为真实。在我看来，用民主制度治理和平社会，或在必要时用它作为鼓舞人心的力量，要比长期用它去抵制威胁国家政治稳定的大风暴合适得多。理由很简单：热情虽然能使人不畏艰险，却不如深思冷静更能使人长期对抗艰险。所谓自发的天生勇敢，也比不假思索的行动更具有智慧。一般来说，虽然只靠激情就能鼓起最初的干劲，但要想达到最终的结果却必须把最初的干劲一直坚持下去。人们是为了拯救其他部分，而不得不拿其一部分珍贵的东西去冒险。

但是，这种建立在知识和经验之上的对未来的清晰认识，正是民主所缺乏的。民主制度下的人们运用感情超过运用理智。眼前的苦难虽然很大，但并不可怕，可怕的是没有考虑到因战胜不了眼前的苦难而造成今后更大的苦难。

还有一种因素会使民主政府的努力不如贵族政府坚定持久。

人民不仅不能像高层阶级那样能看清未来的祸福，还要比他们更多地忍受目前的灾祸。虽然贵族将自己的生命置于危险之中，然而他们获得荣誉的机会与遭受损害的机会是相等的。对贵族来说，当他们将其大部分收入交给国家时，只是暂时失去对这些财富的享受；但是对穷人来说，光荣地死去并没有诱惑力，而那些连富人也讨厌的赋税负担，却会经常威胁着他们的生存。

民主共和国的这种在危机时期的弱点，也许是欧洲难以建立这样的共和国的最大障碍。民主共和国要想在欧洲的任何一个国家存在下去，就得同时使其他所有国家也建立这种制度。

我相信，经过时间的推移，民主政府一定能使社会实力得到提高，但它却不能像贵族政府或专制君主国那样迅速地把力量集中于一点或一个时刻。我相信，如果一个民主国家由共和政府管理一个世纪，那么在这个世纪结束时，它一定会比相邻的专制国家更加富强，更加繁荣，也更加人丁兴旺；但在这一个世纪内，它也会面临多次被这些专制国家入侵的危险。

美国民主通常显示的自制能力

美国人民经过很长时期才接受了对他们的幸福生活有利的东西，在这期间，他们还曾拒绝过——美国人可以补救失误

为了未来的利益，民主需要暂时克服激情和压制民众的过度需求，这在美国的一些小事情上有所表现。

爱听奉承的人，是难以自我克制的，当有人请求他们解决问题或救助时，即使他们也认为目的合理，但最初几乎都是加以拒绝。美国人对法律的服从使人们称赞不已。但必须补充的是，美国的法律是由人民来为人民制定的，因此它对那些时刻都想逃避法律的人是有利的。由此可以设想，一项在大多数人看来没有实际效益的令人生厌的法律，要么无法得以通过，要么通过以后也不会被遵守。

在美国，没有惩罚虚报破产的相关法律。这难道是因为美国没有破产吗？恰恰相反，是因为破产者太多了。大多数人害怕被指控为破产者，胜过害怕因他人破产而遭受连累，除此之外，公众对私人告发的犯罪也会抱有一种错误的原谅心理。

在成立不久的西南各州，谋杀案件接连不断地发生，原因就是司法权几乎全都掌握在公民自己手里。那片荒漠上的粗野无知的居民认为与其诉诸法律，不如彼此进行决斗。

有一次费城有人对我说，几乎美国所有的犯罪都是由酗酒引起的，因为酒很便宜，即使是下层人民也可以开怀畅饮。于是我问他：“你们为什么不对酒水课税呢？”他回答说：“我们的立法者倒是常想这样做，但害怕人民反对，就放弃了。而且投票赞成这项法律的议员，下次肯定不会再当选。”我接着说：“这样看来，嗜酒者在你们国家属于多数，禁酒在你们这里就不得人心了。”

当向美国的国务活动家提到这个问题时，他们只会回答说："让时间去解决一切问题吧，痛苦的经历最终会使人民清醒并明白什么才是真正的需要。"事实也的确如此。民主制度虽然失误的机会多于一个国王或一群贵族，但它一旦认识到了错误，回到正确路上的机会也比较多。因为民主制度本身并不与大多数人的利益对抗，也从来不会因利益与理性为敌。但是只有通过实践检验之后，人们才能承认民主制度的真理性，而许多国家往往还没有来得及看到失误的后果，就已经灭亡了。

因此，美国人的显著优点，不在于他们比别人更明智，而在于他们犯了错误之后能够及时改正。

还应补充的是，为了能做到从过去的经验中吸取教训，民主制度的实施应当以人民达到一定的文明程度和教育水平为前提。

有些国家的初等教育很差，激情、无知和对一切事物的错误认知汇集起来形成了人民的性格，以至于人们找不到不幸的根源，从而被未知的灾难压倒。

我曾穿过几处印第安人曾经居住，如今已不见其踪迹的广大地区；我曾在人口日益减少、光荣逐渐消失，如今在苟延残喘的印第安部落里住过数日；我曾听过这些印第安人预测自己的末日即将到来。当时，所有的欧洲人都认为应当设法保护这些不幸的人，使他们免于灭亡，但是他们自己却毫无作为。他们感到灾难年复一年地严重，但哪怕毁灭到只剩下一个人，他们也不肯接受救助。只有在将来采取强制办法，他们才能生存下去。

当看到南美的一些新兴国家25年来一直处于革命的动乱之中时，我感到很吃惊。人们每天都在期待，希望能早日看到这些国家恢复到所谓的自然状态。但是，谁能断言在目前来说，革命不是南美西班牙人的最自然状态呢？在这些地区，社会在一个深渊的底部挣扎，而社会本身的努力却无法使其走出这个深渊。

这些居住在占西半球二分之一美丽土地上的人民，好像一心要互相毁灭，毫无回心转意的趋势。筋疲力尽时，他们就暂时休战；之后不久，他们又要发疯。当我看到这种不是在受苦受难就是在犯罪作孽的情景时，不得不相信，专制对他们来说也许还是一种恩泽。

但是在我的思想中，专制和恩泽这两个词却是无法统一起来的。

美国民主处理国家对外事务的方法

华盛顿和杰斐逊对美国的对外政策进行指导——在对外事务的指导方面，民主制度的固有缺陷几乎全都暴露出来，而其优点则很少被人觉察

我们已经看到，联邦宪法把指导对外事务的责任交给了总统和参议院[①]，但他们却

①联邦宪法第二条第二项说："经参议院建议和同意……总统有缔结条约之权。"要知道，参议员任期六年，由各州的立法机关选举出来，每两年改选其中的三分之一。

在一定程度上使总的对外政策脱离了人民的直接监督和日常监督。因此，美国的对外事务的管理不能说是绝对民主的。

历史上，有两个人对美国对外政策至今还存在影响：一个是华盛顿，一个是杰斐逊。

华盛顿有一封值得赞美的致其同胞的信，我们可以把它看做这位伟大人物的政治遗嘱。他在这封信里写道：

“在对外政策方面，美国的基本处事原则是：扩大对外贸易往来，尽量避免同外国发生政治关系。就已经签订的条约来说，我们要尽量信守它们。但也就到此为止。

“欧洲各国因彼此之间在一些根本利益上互相牵连，它们必然会陷入持久的纠纷之中，而这些利益却与美国基本无关，纠纷的根源也不涉及我们。因此，今后如果人为地把美国与欧洲的日常政治变动牵连起来，或与欧洲各国政治间的分分合合纠缠不清，那是很不明智的。

“美国远离他国独处一隅的地理位置，促使和允许我们能够采取与众不同的外交路线。假如我们作为一个民族可以在一个有效率的政府治理下存在下去，那么在不久的将来，我们就不会再因外国入侵而遭受物质损失，可以根据我国利益和正义原则选择是和是战，可以采取使我们在任何时候都能保持中立且受到尊重的立场，也可以使各交战国因不能从我们身上捞到好处而不敢轻举妄动或向我们挑衅。

“这种独特的地理位置带来的好处怎么能放弃呢？为什么要离开自己的基地反而跑到外国的基地去呢？为什么要把我们的命运与欧洲的某一部分的联系起来，导致我们的和平与繁荣与欧洲人的野心、任性、利害、对抗或者妄为纠缠不清呢？

“我们真正的政策，是不和外国永远地结盟。我的意思是说，我们要像现在这样不受束缚地行动下去；请不要将我的话理解为不遵守现有的条约。我认为，最好的原则向来是诚实，不管在公务上还是在私事上我都信守它。所以我重申一次，我们要信守条约的本义。但是，对原来的条约扩充或者另订新约，则都是没有必要和不明智的。

“始终要注意采取适当的措施，来保持受人尊重的防御态势，在遇到意外的危险时也可恰当地利用暂时的联盟。”（参见马歇尔：《华盛顿生平》第5卷第778页和下面的几页）

华盛顿在这段话的前面说过一句值得钦佩的至理名言：“如果一个国家总是惯于怀恨或者喜欢另一个国家，它就如同一个奴隶，即自己的爱和恨的奴隶。”（参见《华盛顿生平》第5卷第775页）

华盛顿的政治活动始终以前面这些箴言为指南。当世界上的所有其他国家卷入战争的时候，他却让自己的国家维持和平。他认为美国人的根本利益就是决不介入欧洲内部的纠纷，并把这一点作为行动准则。

杰斐逊在这方面走得更远，他在对外政策上信守的原则是：“美国人绝对不向外国要求特权，以免被迫向外国出让特权。”

这两项原则带有明显的公正性，容易为民众所理解。它们使美国的对外政策大大简化了。

严格来说，不介入欧洲事务的联邦政府，它当时没有什么需要争夺的对外利益，因为在美洲尚未出现能与它对抗的强邻。美国的地理位置和它的本身愿望，使它避免了那种旧大陆的动乱。它既不袒护也不支持动乱。至于新大陆的动乱，还在未来中隐藏着。

联邦政府不受旧条约的约束。所以，它既得益于一些欧洲旧国家的经验，又不像它们一样不得不利用过去和让过去适应现在。这样，它就可以不像它们一样被迫接受祖先遗留下来的一大堆遗产。在这堆遗产里面，既有光荣也有苦难，既有国家间的友好，又有国家间的憎恶。美国的对外政策，是执行得很好的一种观望政策。这一政策的要求是有所不为，而不是有所为。

所以，人们目前还很难断定，在国家的对外事务的处理上，美国的民主将会表现得如何成熟。而对这一点，无论是它的朋友，还是它的敌人，都只能是暂时存疑。

至于我本人，则会毫不迟疑地说："我认为，在指导国家的对外关系方面，民主政府是绝对不如其他政府的。"但是，经验、习惯和教育，会经常为民主制度提供一种日常的实用知识，以及关于生活小事的常识的学问。常识能够指导人们的一般行动。教育事业完备的国家，在国内事务方面应用民主的自由，一般要比民主政府因为失误而造成灾难好得多。但是在处理国与国的关系时，情况却并非总是这样。

对外政策一般不需要用到民主所具有的任何素质，恰恰相反，它需要的发挥倒是民主完全不具备的那些素质。民主有利于增加国家财富，让人民生活舒适，发展公益精神，促使社会各阶级尊重法律；以上所有这一切，还能间接地影响一个国家的对外关系。然而，民主却难于以调整一项巨大的事业的各个细节，它只能制订规划，然后再排除障碍去监督执行。民主不太能秘密地拟定措施和耐心地等待所定措施产生的结果，而一个个人或者一个贵族却具备这样的素质。不过国家在经过长期的治理之后，也能像一个人那样养成这种素质。

相反，如果考察一下贵族制度的天然缺陷，就会发现这些缺陷造成的后果对国家的对外事务几乎不会造成显著的影响。令贵族制度受到非难的主要原因，是它只为自己工作，而不为人民大众考虑。贵族制度在对外政策方面很少将自己的利益与人民的利益区分开来，它认为自己就是代表了人民。

在政治方面促使民主服从感情而不服从理智，因满足一时的冲动而放弃成熟的长远计划的那种倾向，在法国革命爆发时期也同时在美国出现。当时像现在一样，只有那些头脑清晰的人努力去说服美国人相信他们的利益所在是不介入正在血洗欧洲的战争当中，这样才能让美国不受任何损害。

然而人民支持法国的心极为热烈，华盛顿若不是具有不屈不挠的坚定意志和为人民所爱戴，他当时恐怕是无法阻止美国向英国宣战。这位伟人以其严密的理智去抵制同胞慷慨的但又轻率的激情，这差点让他失去他唯一希望保存的人民对他的爱戴。曾经有许多人责备他的政策，但现在这个政策得到了全国人民支持[①]。

假如当初宪法不把指导国家对外事务的责任交给华盛顿，又或者假设人民不支持他，美国当时一定会采取它今天所禁止的措施。

从罗马人开始到今天的英国人，凡是对世界产生过重大影响，曾拟出过并遵循过和执行过伟大计划的民族，几乎都是采用贵族制度治理的。对此应该不会感到惊奇了吧?

在这些国家看来，世界上最牢固的制度就是贵族制度。因为人民大众可能因为无知或者冲动而被迷惑，在执行计划时国王可能因意志不坚而犹豫不决，而且国王也不能长生不老。但是，一个贵族集体既可因为人数众多而不至于犯错，又可以因为成员强大而不会轻易采取行动。因此一个贵族集体，就像一个永远不死的坚定而又明智的人。

---

①参看马歇尔：《华盛顿生平》。在此书第314页上写道："在像美国那样的政府中，首席行政长官即使十分坚定自信，也不能长期抵制人民舆论的洪流。人民当时的舆论似乎力主战争。在这个时期召开的国会会议上，人们屡次看到华盛顿在众议院失去多数。"另外，指责他时使用的语言也是非常激烈的。例如，在一次政治会议上，有人竟然把他比作卖国贼阿诺德（第265页）。在第355页上，马歇尔说道："支持反对派的人们断言：统治者们已经形成一个贵族的集团，受到英国支持的这个集团希望建立君主政体，从而与法国为敌；它的成员是持有银行股票的一批显贵，凡是会损害他们资产的措施，他们都害怕得要命，以至于对伤害国家的荣誉和利益的屈辱都会感到无所谓。"〔在引用马歇尔的话时托克维尔有删选，引文参见马歇尔著作的法文版第1卷（巴黎，1807年）。但后段的引文不是如托克维尔所讲的在第355页，而是在第353页〕

第六章　美国社会从民主政府获得的真正好处

在正式进入本章之前，我认为应当请读者回想一下我在前面已经讲过多次的看法。

在我看来，美国的政治结构只是民主国家可以采取的政府形式之一，但并不是唯一的和最好的形式。

因此，在说明美国人民可以从民主政府那儿获得什么利益时，我决不敢说，也从不认为类似的利益只能依靠同样的法律来获得。

美国民主治下法制的总趋势及其享用者的本能

民主的缺点马上可以被人们察觉——但优点只有经过长期观察才能被发现——美国的民主表现得还不够成熟，但法制的总趋势是向善的——在美国民主制度下，公务人员没有与一般民众相悖的长远利益——由此产生的结果

民主政府的缺点和弱点不难为人察觉，也曾经被一些明显的事实所证明，但它良好的一面只能以不那么明显的形式，甚至可以说是以一种隐秘的形式表现出来。民主政府的毛病可以立即被人们看出来，但它的优点却要经过长期观察才能被发现。

美国的民主法制往往是残缺不全的。美国的法律有时会侵犯既得权益，或者由此而认可危险的侵权行为。就算美国的法律都是好的，但法律变动频繁仍是一大缺点。所有这一切，都是一眼就可以看到的不争事实。

那么，这样美国的共和制度又怎么能继续存在和繁荣呢？

在研究法律的时候，我们应当把法律所要达到的目的与为达到目的而采取的手段仔细区分开，并把法律的绝对善与相对善仔细区分开。

现在，我们假定立法的目的在于保护少数人的利益而牺牲多数人的利益，并规定出了最省时最省力的手段。这样一来，法律虽然会制定得很细致，但其目的并不好。而且它的效力越大，危险性也就越大。

民主的法制一般来说趋向于照顾大多数人的利益，因为它本身就来自公民中的多数。虽然多数也可能犯错，但制定出来的法律不会违背多数的利益。

与此相反，贵族的法制趋向于使少数人垄断财富和权力，因为毕竟贵族天生是少数。

因此，一般可以这样认为：民主立法的目的比贵族立法的目的更有利于人类。

但是，民主立法的好处也就仅此而已。

贵族制度擅长于立法科学，而民主制度则不善于此。贵族制度有着自我控制的能力，不会轻易被一时的冲动所驱使。它有自己长远的计划，并且善于在有利的时机使其实现。贵族制度办事十分讲究，它懂得如何把法律的合力同时会聚在一点上。

然而民主制度就不能如此，它的法制几乎总是不够完善或是不合时宜。

因此，民主制度的手段就不如贵族制度的那样完备；民主制度在行动的时候往往不讲究手段，甚至背离自己的性质，但它的目的却有益于人民。

可以想象，在一个社会中，它的自然条件和政治体制容许不良的法律暂时通行，并在这种法律的总趋势快要结束的时候依然能够存在，而它的民主政府尽管还有着这样或那样的缺点，但它仍然是最能使社会繁荣的政府。

这正是出现在美国的情景。我再把我前面的话重复一遍：美国人的突出优点在于他们允许犯错误，而事后又能及时纠正错误。

我认为，对公务人员的选拔，一般说来也是这样的。

不难看出，美国的民主往往在选择执政人员上犯错误。但要解释为什么在被选错的人执政期间美国还照样繁荣，那就很难了。

首先可以看到，在一个民主国家，虽然它的统治者不够忠诚甚至不很能干，但被统治者却很聪明，很认真。

在民主国家里，那些不断关心自己的事业和重视自己权利的人民，可以防止他们的代表偏离人民根据自己的利益而规定的总路线。

其次还可以看到，如果民主国家的行政官员比其他国家的更容易滥用权力，那么人民一般不会让他们长期执政。

但是，还有一个比上文更具普遍性和说服力的理由。

毫无疑问，统治者德才兼备对国家的富强来说是十分重要的；但或者更为重要的是统治者不存在同被统治者大众相反的利益，一旦他们有了这种对立利益，德便失去了作用，而才也将被用来干坏事。

我认为，统治者没有同被统治者大众相反或不同的利益是十分重要的；但我决不认为，统治者具有同被统治者大众一致的利益也是很重要的，因为这样的利益，我还不知道哪里有过。

迄今为止，对社会各阶级都一视同仁地促进它们兴旺和繁荣的政体还没出现过。可以说在一个国家里，有几个社会阶级就像有几个不同的国家一样。而且经验证明，把其他阶级的命运完全交给某一个阶级去掌管，其危险程度不亚于让国内某个民族充当其他民族的仲裁者。当富人统治国家时，穷人的利益难免要受到损害；同样道理，在穷人立法时，富人的利益便要面临严重的危险。那么，我们会问：民主的好处究竟是什么呢？实际上，民主的真正好处并不是像人们所说那样要促进所有阶级的兴盛，而只是为大多数人的福利服务罢了。

在美国，那些管理国家事务的人，在才德两方面都比不上贵族制国家的执政者，但他们的利益却是和大多数同胞的利益一致的。因此，他们可能常常不忠于职守，也可能犯重大错误，但他们决不会把不利于大多数人的方针贯彻下去，他们也不会使政府具有独断独行的、令人生畏的形象。

而且，在民主制度下，一个行政首长的不良政绩不过是个别现象，最多只能在其短暂的任期内造成影响。腐化和无能，绝不会来自可以把人们经常联合在一起的共同利益。

一个腐化的或无能的行政官员，不能指望另一个行政官员也像他一样腐化和无能从而可以彼此勾结，并联合起来使腐化和无能在其后代中繁衍下去。相反，野心和阴谋，还会促使一个行政官员去揭露另一个行政官员。一般情况下，在民主制度中，行政官员的不良德行完全是属于他们个人的。

但是在贵族国家的政府中，官员就会受他们的阶级利益的制约和支配。他们的阶级利益只是偶尔与大众的利益一致，在大多数情况下，则是与大众的利益相反。这个阶级利益，在官员之间形成一条共同的、持久的纽带，促使他们联合起来，进而奔向妨碍绝大多数人幸福的目标。这条纽带不仅会使统治者彼此勾结起来，而且还会把统治者与很大一部分被统治者联合起来，这是因为很多无公职的公民也属于贵族。

因此，贵族政体的行政官员既能得到社会的坚定支持，又能得到政府的坚定支持。

使行政官员的利益与一部分同代人的利益结合起来，进而与其子孙的利益相统一，甚至服从于子孙的利益，这就是贵族政体的共同目的。在贵族政体下，行政官员的工作既是为了现在生活，也是为了将来打算。因此，贵族政体中的行政官员，同时被自己的激情和被统治者的激情，甚至可以说被他们后代的激情，驱向同一目标。

这种现象没有什么值得惊奇的。因此，人们经常能够看到，在贵族政体下，阶级属性总能指引行政官员免于腐化，使得他们在不知不觉中，使社会逐渐符合他们的习惯，并为把这个社会传给他们的后代做了准备。

我不知道，过去有哪个国家的贵族政体能像英国的贵族政体那样自由，那样为政府不断地提供高尚和贤明的人才。

但是也不难看出，英国的立法经常为保障富人的福利而牺牲穷人的福利，并且使绝大多数权力为少数几个人所专有。结果，今天英国的现状是贫富两极分化严重，穷人的悲惨处境与其强大的国力和光辉的荣誉形成了鲜明的对比照。

在美国，公务人员不存在使自己居于优势的阶级利益，尽管统治者常常是一些平庸之辈，有时甚至是一些可鄙之人，但是政府的日常工作仍然是有利于人民的。

因此，在民主制度下，有一种隐秘的趋势在不断地引导人们纠正错误和缺点，走向普遍的繁荣；但在贵族制度中，则存在一种潜藏的倾向，勾引官员们滥用才德去为同胞们制造苦难。可见，在贵族政体中，官员做了坏事可能是由于无心；而在民主政体中，公务人员做了好事却可能并非有意。

美国的公共精神

本能的爱国心——理智的爱国主义——两者有什么不同——各国为什么在前者消失时全力以赴地去培养后者——美国人为培养理智的爱国主义作出了哪些努力——个人利益与国家利益关系密切

有一种爱国心，它出于人的本能，主要来自把人心同其出生地联系起来的直觉的、无私的和难以表述的情感。这种本能的爱国心混杂着各种成分，其中既包括对古老习俗的热爱，也有对祖先的尊敬以及对过去的留恋。怀有这种感情的人珍爱自己的国家就像珍爱祖传的房产。他们喜爱在祖国时享有的安宁，遵守在祖国养成的温和的习惯，依恋那些回忆，有时候甚至觉得生活于服从之中有一种莫名的欣慰。这种本能的爱国心，如果有宗教虔诚的鼓舞，往往会更加炽烈。这时，人们会创造出奇迹来。其实，这种爱国心本身就是一种宗教，因为它从不作任何推理，只是凭信仰和感情行事。有些这样的民族，他们以某种方式把国家人格化，并认为君主就是国家的化身。因此，他们会把爱国主义中所包含的情感的一部分，转化为对君主的忠诚，因而为君主的胜利而自豪，为君主的强大而骄傲。在旧的贵族统治时期的法国，有一段时间，人民就因此而感到快乐，对自己依附的国王的专横并不觉得难受，反而骄傲地说："我们，法兰西人民，生活在世界上最强大的国王的统治之下。"

然而同所有轻率的激情一样，这种爱国心虽然能暂时激起强大的干劲，但它不能使干劲持久下去。当它把国家从危机中拯救出来以后，往往便任由其在安宁中走向衰亡。

当一个民族的生活习俗还很朴实，宗教信仰还很坚定，社会还在安然地固守旧秩序，而且这种秩序的合法性尚未受到怀疑的时候，也正是这种本能的爱国心风行的时候。

另外有一种爱国心比这种更富有理智。虽然它可能不够豪爽和热情，但它非常坚定和持久。它来自真正的理解，并在法律的帮助下成长起来。它随着权利的不断运用而发展，一旦掺进私人利益后却会开始消减。一个人应当理解国家的福利对他个人福利的影响力，应当知道作为公民，法律会要求他对国家的福利作出贡献。他要关心本国的繁荣，首先是因为这是一件对自己有利的事情，其次是因为这其中也有他的一份功劳。

但是，在人民的生活中有时也会出现停滞时期。在这个时期，社会风尚遭到破坏，旧的习惯改变了，昔日的荣誉消失了，宗教信仰动摇了，知识依然不够完备，政治权利无法得到保证或者受到限制。这时，人们眼中的国家只是一个虚弱而模糊的影子，他们不再从国土去看国家了，因为他们认为国土已经变成一片没有价值的废土；也不再从祖先传下来的习惯去看国家了，因为他们认为这些习惯是羁绊；他们不再从宗教去看国家了，因为他们开始怀疑宗教的合理性；他们不再从法律去看国家了，因为他们不再自己制定法律；他们也不再从立法机关去看国家了，因为他们害怕甚至鄙视立法机关。于是，他们开始觉得国家一无是处，而固执地认为自己对，而其他人不对。最后，他们便完全陷入狭隘的、封闭的自私之中。这种人虽然排斥以往的偏见，但他们也不承认理性。他们既没有了君主国的本能的爱国主义，同样也没有了共和国的理智的爱国主义。他们徘徊在两者之间，陷入无尽的羞愧和苦恼之中。

那么，在这种处境中会怎么样呢？国家只会衰退。一个民族不能恢复其青春的锐气，正如一个人不能恢复其童年的稚气一样。这样看来，那也许会令人感到惋惜，但问题是谁也无法使青春和童年重现。因此，必须继续前进，并迅速作出调整，在人民面前把个人利益与国家利益统一起来，这样做是因为，无私的爱国心已经一去不复返了。

尽管我并不一定认为，为了获得这一期待的结果，就必须立即让每一个人行使政治权利。但我要说的是，使人人都参与到政府的管理工作中来，是使人人都能关心自己祖国命运的最有效手段，甚至是唯一的手段。我觉得，在我们这个时代，公民精神与其政治权利的行使是不可分的；而对欧洲来说，我则认为将来公民人数的增减与这项权利的扩大和缩小是成正比的。

因此，对被新移民开发不久的美国来说，移民既没有带来必须遵守的习惯，也没有带来让他们难忘的回忆；他们以前并不认识，来到这里都是初次相见。简而言之，在这里基本不可能产生本能的爱国心。那么，为什么每个人却能像关心自己的事业那样去关心本乡、本县和本州的事业呢？这是因为，在美国每个人都通过自己的活动积极参与了社会的管理。

在美国，人民都知道，社会的普遍繁荣对他们本身的幸福有着很大的影响。这个看法虽然非常简单，却很少有人会说出来。更为重要的是，美国人民习惯于把社会的繁荣看做自己的劳动成果，所以在他们看来，公共的财富也有他们自己的一份，他们也愿意为国家的富强而努力。他们这样做不仅仅出于一种责任感和自豪感，而且我敢说，还出于贪婪的心理。

要想证明以上观点并不需要去研究美国的制度和历史，因为美国的民情已经向人们证明了这一点。在参加一切国家所创办的事业的同时，美国人也在关心和捍卫着被人无端指责的一切事情，因为在这个时候，遭到无端攻击的不只是他们的国家，还有他们本人。因此，他们在维护国家荣誉时常常采用各种手段，甚至出于个人虚荣心而玩弄那些无聊的花招。

在日常交往中，再没有什么比美国人的这种令人不舒服的爱国主义更让人觉得尴尬的事了。外国人一般都愿意表扬美国的许多事情，但在询问美国人可否对他们的某件事情予以谴责时，他们一定会拒绝。

因此，美国虽然是一个自由的国度，但为了不使美国人感到不快，外国人在那里既不能自由地谈论个人私事，也不能自由地谈论国家大事；既不能自由地谈论统治者，也不能自由地谈论人民；既不能自由地谈论公共事业，也不能自由地谈论私营事业。总之，在美国，或许除了可以谈谈气候如何、土地怎样以外，就什么也不能自由地谈论了。而且，即便是在谈论气候和土地的时候，美国人也会随时站出来为两者辩护，就好像他们曾经出力造过天气和土地似的。

在现代社会，我们必须勇于表达自己的态度，敢于在全体人的爱国主义和少数人的政府之间作出选择，因为，我们不可能同时把前者产生的社会力量和社会积极性与后者提供的社会安宁的保证结合起来。

美国的权利观念

任何一个伟大的民族都有权利观念——使一个民族产生权利观念的方式是什么——在美国，人们是很尊重权利的——这种尊重的来源

除了一般的道德观念外，我不知道还有什么其他的观念可与权利观念相媲美，或者可以说两者是浑然一体的。其实，权利观念无非是道德观念在政界的应用罢了。

正是权利观念，使人们能够确定什么是跋扈和暴政的。一个权利观念明确的人可以独立地表现自己的意志而绝不傲慢，正直地表示服从而绝不卑躬屈膝。相反，一个屈服于暴力的人，常常自侮和自卑。但是，当让他服从于和他同等的人的指挥时，他却表现得好像自己高于那个指挥者似的。很难想象一个伟大人物没有德行，一个伟大民族不尊重权利，因为一个理性与良知的集合体怎么可能单凭强制而结合起来呢？

我曾想，在我们这个时代里，有什么办法能使人们养成权利观念，并且还能让这种办法被人们所牢记呢？结果发现，唯有让所有的人都和平地行使一定的权利才可以做到。我们知道，儿童的能力和经验都是后来才获得的，当一个婴儿能够移动自己身体的时候，凡是周围他可以够得着的东西，他都会本能地抓住不放。此时在他眼里，不存在财产归属的观念，甚至没有财产的观念。可是，随着他逐渐地长大，明白了物品的价值，并发现别人也会从他手中抢东西后，便开始慎重起来，并通过尊重他人而最终得到他所期望的尊重。

就这样，儿童希望获得玩具的心理，逐渐发展成为成年人希望获得财物的心理。美国是一个极端民主的国家，人们在这里怎么会听到那回响于欧洲各地的为没有财产而发出的叹息呢？这个理由还需说明吗？因为美国是没有无产者的。由于人人都需要保护个人财产，所以原则上每个人都承认财产权。

政界的情况也是如此。在美国，成年人很看重政治权利，因为他们都享有政治权利；为了使自己的政治权利免受侵犯，他们也会去尊重别人的这项权利。在欧洲，那些拥有政治权利的成年人甚至连国家主权都不放在眼里，而美国人却能毫无怨言地服从行政官员哪怕十分微小的权力。

这个真理也同样表现在人们日常生活的微小细节上。在法国，只有极少数的享乐是专属社会上层的，凡是富人能去的，穷人也几乎都能去。因此，人们都能举止端庄，对他们所参与的一切享乐均表示尊重。在英国，富人既独占了权力，又垄断了享乐，因此民间怨声载道。穷人经常偷偷溜进专为富人设立的娱乐场所，在里面恶作剧，扰乱场面。这又有什么奇怪的呢？他们肯定知道这对自己没什么损害。

就像财产的分配使成年人都具有财产权观念一样，民主政府使政治权利的观念深入每个公民心中。我认为，这也是民主政府最大的优点之一。

我并不是说教会所有人行使政治权利是一件容易的事，我只是想说，这件事一旦办成，它所产生的效果将是十分巨大的。

另外，我再补充一句：如果问哪个时代才能产生这种想法，答案就是我们这个时代。

你难道没有发现宗教信仰已经动摇，神授权利的观念已经消失了吗？没有发现社会风气已经变坏，道义的权利观念也随之衰弱了吗？

你难道没有发现一切信仰都被诡辩所替代，一切感情都被诡计所取代？假使在这场大动荡中，你不把权利观念与早已生根于人心的私人利益结合起来，还有什么方法能让你敢于去治理社会呢？

因此，如果谁对我说：法律已经变得无力，被统治者却喜欢闹事，人心容易激动，德行却已经失去作用，在这种情况下不该扩大民主权利，那么，我将回答说：正是因为这样，我才认为应当扩大民主权利。并且我确实相信，政府比社会更加关心扩大民主权利，因为政府终究会消失，而社会是永恒的。但是，我不想滥用美国的范例。

在美国公民人数不多、社会风气淳朴而不善于行使政治权利的困难时期，人民就已经享有政治权利了。虽然后来美国人增多了，但可以说民主的权力并没有增加，而只是扩大了民主的范围。

毫无疑问，把政治权利赋予一个从未享有过政治权利的民族的时刻，就是发生激变的时刻。虽然这种激变往往是必要的，但也是危险的。

儿童在还不知道生命的价值的时候可能会杀人，在明白自己的财物会被别人抢走之前他也会抢走别人的财物。同理，成年人在被赋予政治权利的时候，其对这种权利的态度，与儿童尚不懂事时对自然的态度是一样。这就是成年人最适用homo puer robustus（年富力强之士）这句名言的时期。

同样，这个真理也适用于美国。那些公民最先享有政治权利的州，往往也是公民行使政治权利最好的州。

下面的说法也不为过分：任何才能都无法比保持自由的才能收获大，但任何事情也不可能比学习运用自由苦。然而专制却不是这样的。专制政体往往把自己打扮成忍受苦难的人的救济者，表现它修正过去的弊端，支持正当的权利，保护被压迫者和整顿秩序的高尚形象。于是，人民被它制造出来的暂时繁荣所蒙蔽，仿佛睡在梦中，一旦他们醒来，便会感受到痛苦。与专制不同，自由通常诞生于暴风骤雨之中，并在内乱的艰苦中成长起来，也只有在它长大成熟以后，人们才能认识它的好处。

美国对法律的尊重

美国人尊重法律——美国人爱法律如爱父母——每个人都从法律力量的增强中看到了利益

号召人民去制定法律，不管是直接地还是间接地号召，并不总是行得通的。但不可否认，在可以这样做时，法律将拥有巨大的权威。虽然这个群众基础往往有损于立法者的德才，但它能极大地增强立法者的力量。

在全民的意志表现中，存在一种无比强大的力量。这种力量一旦爆发，本想与之对抗的人就会消失得无影无踪。

这种情况的真实性是各个党派所熟知的。

因此，只要有可能的话，各党派无不力图争取更多的票。在已经投票的人中没有形成多数，各党派便会到弃权投票的人中去寻找；而当这些人仍不足以凑成多数时，各党派便到没有投票权的人中去寻找。

在美国，除了奴隶、仆人和依靠政府救济的穷人外，任何人都拥有选举权，由此对立法产生间接影响。因此，凡是试图攻击法律的人，就必须公开采取下面两种手段之一：要么想方设法改变全国的舆论导向，要么践踏人民的意志。

除了上面的重要的理由之外，我还可以给出另一项更加直接和有力的理由。这就是：在美国，每个人的私人利益都与他是否服从法律有关，因为今天属于少数的人明天可能进入多数的行列，而现在声称要尊重立法者意志的人不久可能会要求别人服从他的意志。不管一项法律怎么让人恼火，美国的居民都很容易服从它，这不仅因为这项立法是大多数人的决定，更重要的是，这项立法也是他们本人的决定——他们把它看成一份契约，并且认为自己也是契约的参与者。

因此，在美国没有太多的人视法律为天敌，对法律感到害怕和怀疑，因而也很少有集聚起来闹事的现象。相反，你却很容易发现所有的阶级都对国家的现行法律极其信任，甚至可以说以一种爱父母的情感对待现行法律。

我似乎不该说是所有的阶级。在美国，人们正好把欧洲人的权力阶梯颠倒过来，以至于富人的地位与欧洲穷人的地位一样，所以经常抗拒法律的反而是富人。在本章的前面我曾经说过，民主政府的好处并不像人们有时断言的那样是保护所有人的利益，而只是维持大多数人的利益。在美国，穷人处于统治地位，而富人总是战战兢兢，害怕穷人滥用手中的权利。

富人的这种精神状态，也许会让其内心产生不满，但社会却不会因此发生大的动荡，因为不让富人信任立法者的理由，同时会使他们不抗拒立法者的命令。富人不敢违法以免使自己失去财产，所以他们不能立法。在文明国家，只有那些没有什么可失去的人才会起来造反。可见，民主的法律虽然并不总是值得尊重，却几乎总是受到尊重，因为打算违法的人一般必须遵守他自己制定的并对他有利的法律，而且即使公民可能从违法当中获利，他们也会考虑到自己的人格和地位，从而不得不服从立法者的任一决定。还有，美国人之所以服从法律，不仅仅是因为法律是他们自己制定的，而且因为，当法律偶尔损害他们时，他们也可以修订法律。也就是说，他们首先把法律当做加于自己身上的灾难来接受，然后又把法律当做随时可以解除的灾难来对待。

美国各党派在政界的活动及其对社会的影响

叙述流行于美国的政治活动比叙述美国的自由或平等还难——立法机构不断进行的重大活动，其实是遍及全国的政治活动的插曲和延续——很难发现美国人只在干自己的私事——市民社会中的政治鼓动——美国人的实业活动部分地来源于这种鼓动——民主政府对社会的间接好处

当你从一个自由的国家来到一个非自由的国家后，你会为巨大的差异而吃惊：在前者，人们热火朝天地忙于各种活动；而在后者，人们则是办事四平八稳，到处安安静静，好像一切都停滞了。在自由国家中，改革和进步往往是人们谈论的问题；而在另一个中，除了继承原有的财富以外，人们不想再创造，只是坐吃山空，沉湎于享乐。但是，鼓励人们去创造幸福的国家，往往要比满足于自己命运的国家更富有和繁荣。在拿这两种国家作比较时，人们简直不能理解，为什么前者每天认为都需要创新，而后者却好像对新的事物不怎么感兴趣。

如果说这种说法可以适用于那些仍然保存君主政体的自由国家，或者仍在采用贵族制度的自由国家，那么，它将更适用于民主共和国。在民主共和国里，不再只由一部分人民去从事改善社会状况的工作，而是全体人民都以关切的心情来承担这项任务。这时，社会不只向一个阶级，而是同时向所有阶级提供生活的必需品和应有的舒适。

我们可以想象出美国人享有的广泛自由。由此，人们也能对美国人的极端平等有一个初步的概念。但是，对遍及美国上下的政治鼓动，除非亲眼看到，否则是无法理解的。

刚一踏上美国的土地，你就会立刻感觉到置身于一片喧闹之中。纷乱的喊叫声此起彼伏，无数的呼声同时传到你的耳里，而每个呼声都在表达某一社会要求。这时你举目四望，就会看到人们都在活动着：这儿，有一伙人在开会，讨论建立一座教堂的事宜；那儿，人们在忙着选举一名议员；再远一点，一个选区的代表们正匆匆赶赴乡镇，去研究地方的一些改革事项；在另一处，是一群放下了田间工作的乡下人，聚在一起讨论在本乡修路或建校的计划。公民们集合起来，有的是专门为了宣布他们不赞成政府的施政措施，有的是为了宣告某官员为本地之父。在美国，还有人认为酗酒为

国家的主要祸根，他们集合开会，并庄严宣布以身作则，为禁酒行动做表率[①]。

唯一可供外界观察的运动，是美国立法机构不断进行的巨大政治活动。这个运动，其实只是开始于人民的底层，随后又逐渐扩大到所有阶层的全国运动的一个插曲，或者说是它的一种延续。为了追求幸福，再也没有比这项活动更吃力的了。

很难说哪些职位是美国成年人在政治生活中关心的。参与并讨论社会管理的问题，是美国人最大的事情，甚至可以说是他们所知道的唯一的乐趣。你从这里可以看到美国人生活习惯中的细节。甚至女人们也经常参加集会，用倾听政治辩论来消除琐碎家务的烦恼。对妇女们来说，辩论俱乐部在某种程度上也算是娱乐场所了。一个美国人，即使不善于交谈，他也肯定会辩论；也许不善于高谈阔论，却能说到点子上。他对你谈话的样子，就像在大会上发言；当他讲得兴致正浓的时候，还会来上一句：先生们！

在某些国家，居民们总是抱着厌恶的态度来对待法律赋予他们的政治权利。他们认为参与公共利益活动是浪费自己的时间。他们乐于把自己关在狭小的自私的圈子里，四周筑起高墙挖上深壕，好与外界完全隔离开来。

美国人恰恰相反。如果叫他们只忙于个人的事，他们的生存就将失去一半的乐趣。他们将会在日常生活中感到极大的空虚，甚至觉得有无法忍受的痛苦[②]。

我深信，倘若将来有一天在美国竟然建立起专制制度来，它在消除自由所形成的习惯上，将要比在压制人们对自由的爱好上遇到更大的困难。

由民主政府引入政界的这种此起彼伏的狂热鼓动，随后便扩展到了整个市民社会。我不知道这算不算民主政府的最大优点，但我衷心祝愿民主政府的成就在将来会更好。

毫无疑问，人民涉足公共事务时，往往会把事情弄得很糟糕。但是如果不提高人民的思想境界，不让人民摆脱陈旧的思维，他们就无法参与公共事务。被委任管理社会的人，都能对自己的地位有一定的认识。这样，由于他手中有权力，便能让有知识的人为他服务。在人们纷纷向他求援却又企图以各种方法欺骗他的时候，他也从中吸取了教训。在政治上， 他所从事的活动虽然不是他的本行，却能使他对此项活动产生强烈的兴趣。人们每天都向他提出关于增进公共财产的建议。于是，他自己也产生了要增加自己的私人财产的愿望。他也许并不如他的前任德高望重和幸福，却要比前任见识广博和积极进取。我深信，美国的民主制度与物质条件相结合，虽然不像人们所认为的那样是国内巨大的实业活动的直接动因，却是间接的动因。这种实业活动并不是法律的创造，而是人民通过立法得以学会创办的。

当专制的支持者声称，一个人单独去做他所承担的工作会胜过由多人管理的政

①各地的禁酒协会是一些表示保证戒酒的人成立的团体。我在美国考察时，禁酒协会总计已拥有27万多名会员。但它在宾夕法尼亚州还收效不大，该州的全年酒类消费量为5万加仑。

②这种现象，在古罗马就已被最初几位皇帝所察觉。

孟德斯鸠曾说过，让一些罗马公民最痛苦的，是使他们在从事一项政治鼓动之后便立即回到平静的私人生活中去。

府去做同样的工作时，我认为他们说得比较正确。假如双方的才力相等，那么一个人主持的政府会比多人主持的政府更具有连贯性，更坚定不移，更能准确甄选官员，思想更统一，工作更细致。否认它的人，不是从来没有见过民主共和国，就是只根据少数例证作判断。即使当时的地方环境和人民倾向允许民主制度存在，民主制度也不能立即拿出一套关于行政管理和政府建制的好方案，也的确如此。由民主自由举办的事业，不能各个都像开明专制所做的那样完善，它往往在一项事业成功以前就半途而废，或是拿事业去冒风险。但是时间可以证明，它举办的事业将会比专制举办的越来越多。虽然它办好的事业较少，但数量上却很多。在民主制度下，浩大的壮举并不是由公家完成的，而是由私人力量完成的。民主并不能给予人民以最精干的政府，但能提供最精干的政府往往不能给予的东西：使整个社会充满长久的积极性，具有充沛的活力，充满离开它就不能存在的，不论环境如何不利都能创造出奇迹来的精力。这才是民主的真正好处。

在基督教世界的命运还难以预料的今天，有些人便急于在民主尚在成长的时候攻击民主，污蔑它是一种敌对的力量；还有一些人，却在把它作为无中生有的新神加以崇拜。但是，双方对他们所仇恨或膜拜的对象的认识都很片面。他们在黑暗中互相攻击，但只能偶尔击中对方一下。

你要求社会和政府做些什么呢？对此，我们需要加以说明。

你想使人们的头脑达到一定的高度，从而能够以宽宏大量的眼光去观察这个世界上的各种事物吗？你想让人们鄙视物质财富吗？

你希望养成和保持坚强的信念吗？

你想使风尚高雅、举止文明和艺术绽放异彩吗？你向往音乐、诗歌和荣誉吗？

你试图发动一个民族对其他一切民族采取强力行动吗？你打算开创伟大的功业，而且不管成败如何，只要名留青史吗？

如果你认为人生在世的主要目的就是这些，你就别指望民主政府，因为民主政府肯定不会把你带到这个目的地的。

但是，假如你认为把人的智力和道德用于满足物质的需要并创造福利是有益的；假如你觉得理性的判断比天才更能对人们有利；假如你的目的不是造就勇敢的美德，而是建立起温良的习俗；假如你喜欢看到弊病少造成一些祸患，而且只要没有重大的犯罪，你宁肯少见到一些高尚行为；再假如你以在一个欣欣向荣的社会里生活而知足，却不以在一个富丽堂皇的社会里活动而得意；最后假如在你看来政府的作用不在于使整个国家拥有尽可能大的力量或尽量高的荣誉，而在于使每一个公民享有更多的福利和免遭祸害；那么，你就得使人们的身份平等和建立民主政府。

假如已经没有了选择的时机，而且最高权力在不征求你的意见的情况下就已经把你推进这两种政府中的一种时，你至少应从你被推进的那个政府中吸取它可能提供的全部好处，并在你认清那个政府的善的一面和恶的倾向以后竭力抑制后者而发扬前者。

第七章　多数在美国的无限权威及其后果

多数在民主政体中具有天然的力量——美国大部分州均在宪法中人为地加强了这种力量——加强的方式——强制性委托——多数的精神影响——多数无错论——对多数的权利给以尊重——在美国推广这种尊重

民主政府的本质，在于多数对政府的绝对统治，这种统治之所以是绝对的，是因为在民主制度下，谁也反抗不了多数。

在美国大部分州的宪法中，多数的这种天然力量①还被人为地加强了。

在所有的政权机构中，立法机构是最受多数意志左右一个。美国人规定人民直接任命立法机构的成员，并将他们的任期定得很短。这就使得立法机构的成员不仅要服从选民的长远观点，还要服从选民的临时动议。

美国的参议院和众议院的议员是被人民从同样的一些阶级中选出，并用同样的方法任命的。因此，由两院构成的立法机构，与单一的立法机构一样，作决定十分迅速，且不可轻易违背。

被立法者以这种方式建立的立法机构，便几乎把政府的所有权力控制在自己的手中。

立法者一方面会增加本来就很强的权力当局的力量，另一方面又逐步缩小本来就很弱的权力当局的力量。立法者并未赋予行政权的代表们以稳定性和独立性。而且，在使行政权的代表们完全屈从于立法机构的任性行为的同时，立法者也拿走了民主政府所容许的行政权代表们可以行使的少许权力。

在某些州，立法者把司法权的赋予也变成多数表决；而在所有的州，立法者甚至使司法人员的平常生活都依存于立法机构，因为立法机构的代表具有规定法官每年薪金的权限。

①在考察联邦宪法时，我们已经看到联邦的立法者曾反对过这种力量。联邦政府在工作中比州政府有更大的独立性，这直接取决于立法者的努力。但联邦政府只主管对外事务，各州的政府才是在实际上管理美国社会的。

多数的力量在习惯法中的体现比成文法更多。

在美国，有一种习惯日益风行，那就是一定要把代议制政府的种种保证推翻才肯善罢甘休。比如，常有这样的事情发生：选民们在选举一位议员时，除了要为他拟订行动计划，还会为他定出一定数量的不可以在短期内放弃的硬性义务。这样的多数表决，就好像小贩在市场上一边叫卖，一边还和顾客在讨价还价。

在美国，仍然发生作用的一些特殊的环境条件不仅促使多数的力量居于压倒性的地位，而且促使它成为不可抗拒的力量。

所谓多数的道义影响，一部分就来源于这样的一种思想：许多人联合起来的才智总比一个人的大，所以立法的人数比选举还重要。这是在人的智能上应用平等理论。这个理论反对个人自命不凡，坚持多数具有更大作用，因此一开始不容易为少数所接受，但久而久之少数就会习以为常。因此，多数的权利与其他权利一样，也需要经过一段时间才能显出它的合法性，也许它比任何权利更需要时间证明。在开始建立的时候，多数的权力通过强制手段使人们服从。因为只有在它的法制下长期生活以后，人们才会开始对它表示尊重。

美国最初的移民持有一种观念，即认为多数有权管理社会。而这个只凭本身的力量就足以创造一个自由国家的观念，如今已经风行全社会，深入日常生活的一切细节中。

在君主政体统治时期，法国人坚定不移地认为国王是不可少的；而当国王给他们带来了灾难时，他们却认为应当由国王的顾问们承担责任。这种想法大大方便了君主的统治，因为它使人民只抱怨法律，而继续爱戴和尊重立法的人。美国人对多数也持有相同的看法。

多数的道义影响，还来源于一个重要的原则，即多数人的利益应当优先于少数人的利益。因此不难理解，对大多数人的利益表示尊重的程度，是随政党的数量情况而变化的。当一个国家存在数个不可调和的利益集团相互对峙时，多数的特权往往得不到重视，因为人们很难忍受必须服从这种特权。

如果美国存在一个处于少数地位的特权阶级，而立法者试图剥夺他们长期拥有的某些特权，将他们并入大众的行列，不再具有高高在上的地位。那么，这个少数大概不会轻易服从立法者的立法。

但实际上，美国是由一些完全平等的人建立的，因此不同居民之间在利益上还没有出现自然形成的长期对立。

有些国家的社会体制，使少数派永远不想成为多数，因为他们要想这样做，就必须放弃与多数进行斗争的目的。比如，在贵族体制下，就不能既保留贵族特权，又使贵族变成多数，而如果叫贵族让出特权，它也就不再是贵族体制了。

在美国，政治问题不能以这样一般而且绝对的方式提出，所以各党派都情愿承认多数的权力，因为它们都希望有朝一日通过控制多数的权力来为自己谋利。

因此在美国，多数不但拥有强大的管理国家的实权，而且拥有几乎同样强大的影响舆论的实力。多数一旦提出一项动议，几乎不会遇到任何障碍。其中不只包括阻止通过动议的障碍，还包括推迟表决动议的障碍，以及在表决的过程中留出时间倾听反对者呼声的障碍。

这样处理问题的方式，对国家的未来是有害的，也是危险的。

多数的无限权威在美国是怎样增加民主所固有的立法与行政的不稳定性的

美国人是如何通过每年改选立法者和授予立法者以几乎无限的权力来增加民主所固有的立法的不稳定性的——在行政方面发生同样的现象——在美国，人们要求社会改革的力量比欧洲强大很多，但不如欧洲持久

我已讲过民主政府所固有的缺点，这些缺点都会随着多数的权力增加而扩大。

现在，我先讲其中最明显的缺点。

立法的不稳定性，是民主政府必然存在的一个弊端。因为民主制度要求不断改换新人执政。这种本性必然导致不稳定性的存在。而随着授予立法者的权限和行动手段的增减，这种弊端的影响也会随之增减。

在美国，立法机关享有最高的权力。它可以迅速地且不受阻挡地提出动议，而且内部每年都有新议员补缺。这就是说，立法机构具备一切能助长民主的不稳定性并迫使民主政府接受议员在一些重大问题上反复无常的意见的手段。

这样，美国就成了如今世界上法律寿命最短的国家。30多年以来，美国各州的宪法几乎全都被修改过。在此期间，美国所有的州都修改过它的立法原则。至于法律本身，只要一瞥美国各州的档案，你就会确信美国的立法者从来没有停止过立法活动，他们不断颁布或修改法律。这并不是说美国的民主本性上不如其他国家稳定，而是说美国人民使其民主拥有可以将不稳定性带进立法工作的手段，而不稳定性恰恰是民主天然爱好的[①]。

多数具有无限权威，并且可以快速坚定地表达意志。这种性质在美国不仅使法律趋于不稳定，并且对法律的执行和国家的行政造成了同样的影响。

因为多数是人们唯一要巴结的权威，所以人们都竞相加入多数提议的工作；而当多数的注意力转移时，人们也就不再努力进行原来的工作了。而在欧洲的一些自由国家，由于行政权有独立性和受保护的优势，所以当立法机构把注意力转到另一项事业时，行政机构仍可继续立法机构原来的工作。

在美国，人们对一些改革事业要比其他国家热心、积极得多。

在欧洲，人们用在这种事业上的力量虽然不够多，却能更持久。

---

①只是马萨诸塞州从1780年至今公布的立法文件，就已装订成三大卷。还应当指出，我说的这部文件汇编是在1823年经过修订而辑成的，其中已剔除大量旧的或已经失效的法令。要知道，居民不如法国一个省多的马萨诸塞州，在全美国还算是法律最稳定的州，但它也为立法工作不断地投入大量的人力。

一些宗教人士多年来致力于改善监狱的状况。公众被他们的宣传所感动，因而帮助犯人新生的工作也成了流行的事业。

于是，一批新的监狱逐渐建立起来。人们破天荒地第一次对罪犯产生进行改造的观点，而之前都强调对罪犯进行惩罚。

但是，这场势不可挡的可喜改革，虽然有公众的热心参加和公民的一致努力，却未能一蹴而就。

因此当新的感化院开始筹建，而多数也急于促成这项事业的时候，旧的监狱却依然存在，并关押着大批的罪犯。随着新感化院日臻完善和健全，这些旧的监狱使人感到更加有害健康，更加腐败。这种事半功倍的工作更容易吸引注意力，以至于多数锐意建立新的改造设施，竟然把早已存在的旧监狱忘掉了。于是，人人都把注意力转向老眼光不曾注意的新的事物上，而停止了对旧监狱的监督。一系列有益的管教制度，先是自行松弛，随后便遭到破坏。因此，在一些监狱中，虽然表面上是足以表现当代的艺术和文明的宏伟建筑物，再一看就使人想起的中世纪的野蛮苦牢。

多数的暴政

应当如何理解人民主权原则——试图建立一个混合政府是不可能的——最高主权必然有其所在——必须采取预防措施，以制约最高主权的行动——美国未曾采取这种预防措施——由此造成的后果

我认为“在管理国家方面，人民的多数有权决定一切”是一句渎神的令人讨厌的格言，但我却又相信，一切权力的根源存在于多数的意志之中。这是不是自相矛盾呢？

在一个国家，一项通行的法律要由人民的多数来制定并决定是否采纳；而在全世界，则要由全人类的多数来做这件事。这样的法律才是公道的法律。

因此，公道就划定了每个国家的权力界限。

一个国家就像一个大陪审团，人民授权国家代表整个社会，并主持公道，而公道就是国家的法律。但是，代表社会的这个大陪审团的权力，是不是应当大于社会本身的权力呢？

当我反对一项不公道的法律时，我并不是否认多数的发号施令权，而是凭借人类的主权来拒绝，并非以往的依靠人民的主权。

曾经有人大胆声称，在只与其本身有关的问题上，人民绝对不该越过公道和理性的界限，而且也不必害怕授予多数以全部权力。然而，这实际上是奴隶的语言。

如果多数不能团结得像一个人似的行动，在观点上和利益上反对行动一致的少数，那又叫什么多数呢？但是，如果你承认一个拥有无限权威的人可以滥用权力去反对对手，那你必须得承认多数也可以这样做。试问，许多人团结在一起的时候，就会

改变他们个人的性格吗？在面对艰难险阻的时候，他们的耐力会因其整体力量的强大而变强大吗？①我可不相信这一点。我反对任何一位同胞有权决定一切，我也决不授予这种权力给某几个同胞。

我并不认为，为了维护自由，在同一政府之中就可以混合几个不同的原则。因为这种混合会使这些原则彼此直接对立。

我一直认为，建立所谓的混合政府是异想天开。实际上，从来就没有存在过混合政府（仅从这个词的本义来理解），因为在任何社会，最终只能保留一个基本行动原则，由它支配着其他一切行动原则。

最常被人引证作为所谓混合政府的例子的是18世纪的英国，但我认为，尽管其中有若干重要的民主因素，但它实质上是一个贵族国家，因为它的法制和习惯的建立一向是按照贵族的要求的，并且随着时间的推移，这些法制和习惯逐渐占据了统治地位，按照自己的意志去指导公共事务。

这种引证之所以错误，是因为引证人在观察贵族利益与人民利益的斗争的过程中，只看到了斗争本身，而没有注意斗争的结果，但那才是问题的关键。如果一个社会真正建立混合政府，也就是说，它平等地对待相互对立的原则时，这个社会就等于在酝酿一场革命，或是行将瓦解。

因此，我认为必然有一个社会权力高于其他一切权力；但我又相信，当这个权力的面前没有任何可以阻止它前进和使它延迟的障碍时，自由就要遭到破坏。

我认为，无限权威是坏而危险的，任何人都无力行使无限权威。我只承认上帝可以拥有无限权威，因为上帝的智慧和公正始终是与它的权力相等的，所以上帝的无限权威不会造成任何危险。我并不承认，只因其本身值得尊重或因其拥有的权利不可侵犯，某个权威就可以任意行动而不受监督，随便发号施令而无人抵制。当我看到任何一个权威被授予决定一切的权力和能力时，不管这个权威被称做人民还是国王，或是被称做民主政府还是贵族政府，无论这个权威是在君主国还是在共和国行使，我都要说，这是给暴政埋下了种子，而且我将设法离开那里，到别的法制下生活。

我最挑剔美国所建立的民主政府的缺点，并不在于它软弱无力（像大多数欧洲人所指责的那样），而是恰恰相反，在于它拥有不可抗拒的力量。我最为美国担心的事情，并不在于它推行极端的民主，而在于它反对暴政的措施太少。

当一个人或一个党派在美国受到不公正的待遇时，你认为他或它能向谁去诉苦呢？诉诸舆论吗？但舆论是多数制造的。诉诸立法机构吗？但立法机构代表多数，并盲目服从多数。诉诸行政当局吗？但行政首长是由多数选任的，对多数百依百顺。诉诸公安机关吗？但警察也是多数掌握的军队。诉诸陪审团吗？但陪审团就是拥有宣判

---

①任何人都不会主张一个民族可以滥用它的武力去反对另一个民族。然而，一个大国中的政党，却可变成一国中的小国。

如果承认一个国家可以对另一个国家实行暴政，那怎么能不承认一个政党也可以对付另一个政党呢？

权的多数，而且在某些州，甚至连法官都是由多数选派的。因此，不管你要告发的事情如何不正义，如何荒唐，你还得照样容忍①。

相反，假如把立法机构组织得既能代表多数又一定不会受多数所摆布，使行政权拥有自主的权利，使司法当局独立于立法权和行政权之外，那就可以建立起一个民主的政府，并使暴政无法出现。

我并不是说，在今天的美国，人们经常使用暴政手段，而是说，它缺乏防范暴政的措施。而要揭示美国政府能够宽容待人的原因，与其到法律中去寻找，不如到它的地理位置和民情中去寻找。

多数的无限权威对美国公务人员的专断权的影响

美国法律给予公务人员的自由，在法律上划定了范围——公务人员的权限

我们必须把专断权与暴政分开，两者并不是一回事。暴政可凭借法律本身来实施，所以它与专断权不同。而专断权有时可以维护被统治者的利益，所以它也决不是暴政。

暴政一般也会利用专断权，但在必要时可以不依靠专断权。

在美国，多数的无限权威在帮助立法者实行合法专制的同时，也帮助了行政官员拥有专断权。多数是立法权和监督司法权的绝对主人，既控制着统治者，又控制着被统治者，所以它把公务人员视为唯唯诺诺的下属，安心托付他们去执行自己的计划。因此，多数决不过问公务人员职责的细节，也不具体地规定他们的权利。它对待他

---

①在1812年战争时期，巴尔的摩发生了一个多数专制引起的暴力事件。在这个时期，巴尔的摩人非常支持这场战争。当地的一家报纸对居民热烈支持战争的行为采取了截然相反的态度。人民因此自动集合起来，捣毁了报社，袭击报社人员的住宅。有人还想召集民兵，但没有成功。最后，官员为了保护生命受到愤怒的公众威胁的无辜者，只能把他们当做罪犯投入监狱。这项预防措施并未生效。人民在夜里又集合起来，当地的行政官员去召集民兵来驱散人群，也没有成功。监狱大门被砸开，一名记者当场被杀，人民还要处死报社的其他人员，但经陪审团审理后，这些人被判无罪。

有一天，我对宾夕法尼亚的一位居民说："请您告诉我，为什么在一个由教友会教徒建立的因宽宏大量而出名的州里，已经获得解放的黑人依然不能享有公民权呢？他们照章纳税，让他们同样参加选举岂不是很公正吗？"

他回答说："请不要这样侮辱我们，你去看一看我们的立法者制定的法令是多么公正和宽宏大量。"

"这样说来，在你们这里，黑人是享有选举权的了？"

"当然。"

"那么，今天早晨我在选民的会议上为什么没有见到一个黑人呢？"

这位美国人说："这不是法律的错误。黑人确实有权参加选举，但他们总是故意不来出席。"

"他们也太谦虚了。"

"啊！不是他们拒绝出席，而是他们害怕到这里会受虐待。在我们这里，有时法律因为失去多数的支持而失效。要知道，多数对黑人最有偏见，各级行政官员也没办法，无力保证黑人行使立法者赋予他们的权利。"

"怎么！享有立法特权的多数也想享有不遵守法律的特权？"

们，犹如主人对待仆人。它能随时指导或修正他们的行动，因为他们始终是在它的监视下。

一般来说，法律在其划定的范围内，给予美国公务人员的自由要比法国公务人员享有的大。有时，多数甚至准许公务人员越过为他们规定的界限。舆论保护他们，他们又人多势众，所以他们敢做的事情，连看惯了专断权的欧洲人见了也会大吃一惊。一些习惯就这样在自由中形成，但这些习惯终有一天会给自由带来致命的危害。

多数在美国对思想的影响

在美国，多数一旦对一个问题作出不可更改的决定，便不再对这个问题进行讨论——为什么会这样——多数对思想的精神影响——民主的共和制度不凭借物质力量进行专制

在我们考察美国是怎样进行思想统治时就会清楚地发现，多数对思想的影响，超过了我们熟知的欧洲一切权威的影响。

思想是一种看不见摸不到的力量，它敢于轻视一切暴政。在今天的欧洲，一些最专制的君主，也阻止不了某些敌视他们权威的思想在国内，甚至在宫内秘密流传。美国就没有这种现象。在美国，只要多数没有形成最后的统一意见，就得继续讨论下去；但是，一旦多数作出了不可更改的决定，所有的人，不管是支持者还是反对者，就都会合在一起拥护决定。理由很简单，那就是没有一个君主能像多数这样专制：既有权立法又有权执法，可以总揽一切社会权力以打败其反对者。

而且，国王只拥有一种物质力量，这种力量仅能影响人民的行动，而触及不了人民的灵魂。但是，多数却既拥有物质力量又拥有精神力量，这样一来它既能影响人民的行动，又能触及人民的灵魂；既能消除已经出现的动乱，又能防止预谋中的动乱。

我还不知道有哪一个国家，在思想的独立性和讨论的真正自由方面不如美国。

欧洲的立宪国家都允许自由宣传宗教和政治理论，而且准许向外国传播。因为没有一个欧洲国家曾被一个单独的权威统治从而使得敢说真话的人都得不到支持，进而达到无法维护自己独立成果的地步。如果敢说真话的人不幸生活在一个专制政府的统治之下，那人民一般都会站在他一边；如果他有幸生活在一个自由国家，那他必要时就可以用王权作挡箭牌；如果他生活在民主国家，则有社会的贵族阶层支持他；如果他生活在其他国家，则有民主的力量支持他。但是，在民主制度组织得如同美国一样的国家，却只有一个权威，即只有一个力量和成功的根源。

在美国，多数在思想的周围建造了一圈高墙，在这圈墙内，作家可以自由写作，但如果他敢于越过高墙，他就要倒霉了。这不是说他有被宗教裁判所烧死的危险，而是说他要成为众人讨厌的对象，天天受辱。他也不能进入政界，因为他冒犯了多数的权威，而这权威是进入政界的唯一通道。人们甚至连空头衔也不给他。在发表自己的

观点之前，他本以为会有人支持，而在发觉无人支持时，就已经把自己全部暴露了。于是，责骂他的人喊声震天，而与他想法相同的人，却因此失去勇气，躲避起来都不敢做声。他只好表示让步，最后完全屈服，从此保持沉默，好像后悔于说了真话。

镣铐和刽子手是昔日暴政使用的野蛮工具，而在今天，文明也使专制得到了改进。

昔日的君主只靠物质力量进行压制；而今天的民主共和国还能靠精神力量进行压制，连人们的意志都想征服。在独裁者统治的专制政府下，专制以暴力打击身体的办法来压制灵魂，但灵魂却能逃脱这种方法下的打压，从而变得更加高尚。而在民主共和国，暴政就不采用这种办法，它让身体自由，而直接压制灵魂。这时，国家的首脑不会再说“你想活着就得跟着我思考”，而是说“你是自由的，不必顺从我的思想，你的生活，你的财产，你的一切，仍然都属于你。但从今以后，你在我们当中将是一个外人。你可以保留在社会上的特权，但这些特权对你将没有用处，因为如果你想让同胞选举你，他们也不会投你的票；而如果你想让他们尊重你，他们只会假装而已。虽然你仍然留在我们当中，但你将失去做人的权利。一旦你试图接近你的同胞时，他们将像躲避脏东西一样远离你；即使是那些觉得你是干净的人也要离开你，因为他们也怕别人躲避他们。你安静地活下去吧，但这样活下去比死还难受”。

专制的君主政体已使人们不齿于专制。我们必须警惕，别让民主共和国使专制复活，造成专制成为少数人的沉重负担，却被大多数人认为并不那么可鄙和可憎的危险情形。

在一些自命不凡的旧大陆的国家，还曾有人发表作品公开谴责时弊，嘲弄同时代人的愚蠢。比如，拉布吕耶尔在他居住在路易十四宫中的时候，完成了其巨著中的《论伟大》一章（该巨著为《品格论》，1688年出版于巴黎。托克维尔此处提的《论伟大》这一章，见《拉布吕耶尔全集》第268页及以下各页，普列伊阿德版，巴黎，1951年）；莫里哀在宫廷戏剧里批判宫廷。但是，与以上这些相反的是统治整个美国的权威却不容许人们的嘲弄。即使最轻微的指责，都会使权威们发火；稍微带刺的话，都会使权威们大怒。人们对多数的言行必须加以赞美。任何一个作家，不管他多么出名，都不得不恭维其同胞。因此，多数永远生活在赞美中。关于国内的一些真实情况，美国人只能从外国人口中听到，或从经验中察觉。

如果问为什么美国至今还没出现伟大作家，我想它与这方面有很大的关联。因为没有精神的自由，就出现不了文学天才，而美国就缺少这种自由。

宗教裁判所始终未能阻止反宗教的书籍在西班牙大量流通。而在美国，多数的统治却比西班牙做得高明：它完全剥夺了人们打算出版这种书籍的思想。美国虽然有不信宗教的人，但他们不能有自己的报刊。

有些政府曾以谴责淫秽书刊作者的办法来维护社会风气。在美国虽然没有人因为这种书刊受到责备，但也没人想写这种书。不过，这不是说每个公民的思想都高尚无瑕，而是说多数在公民当中表现得严肃，以至于不会出现那种风气。

在这些方面，权力的行使无疑是好的，但我只是就权力本身而言。虽然这种不可抗拒的权力经常存在，但只是在偶然的情况下才会被正确行使。

多数的暴政对美国人国民性的影响及巴结思想在美国的表现

迄今为止，多数的暴政对民情的影响要大于对社会行动的影响——这种影响妨碍了伟大人物的成长——像美国这样建立的民主共和制度，容易造成人们产生巴结大多数的倾向——这种思想在美国的表现——人民自身的爱国主义为什么会比那些以人民的名义进行统治的人的爱国主义真实

我在上面指出的那种趋势，虽然在政界表现得不够明显，但已对美国人的国民性造成了不良影响。我认为，至今还在美国政治舞台上活动的杰出人物之所以为数不多，正是因为多数专制的作用在日益加强。

在独立战争时期涌现了大批杰出的人物。当时，他们的政治观点鼓舞了人民的斗志，而不是压制人民的斗志。那个时期的那些大名人，在自由参加民众的精神活动的过程中，表现出了各自特有的伟大性格。他们伟大性格的光辉照遍全国，而不是借用全国的力量来增加自己的光辉。

在专制政府中，接近王权的高官显贵，通过献媚来迎合主子，心甘情愿成全主子的各种任性。但是，全国的人民并不想奴颜婢膝。他们之所以服从，常常是由于他们太软弱，或者出于习惯和无知，当然有时也由于忠于王权或国王。有些民族在服从之中保持一种精神上的独立，他们认为牺牲自己的意志去满足君主的意志是一种快慰和骄傲。这样的民族虽然不幸，却并没有堕落。而且，做自己不赞成的事与做自己假装赞成的事有根本区别：前者是由于人的软弱无能，而后者是出于奴性。

在自由国家里，每个人都能或多或少地对国家的事务发表自己的意见；在民主共和国里，不断地有私人生活渗进公共生活，它们各个方面都能接近主权，同时主权也希望人民发表意见，以便引起注意。因此，在这两种国家里，那些企图利用主权的弱点和讨好主权而生活的人，总比在专制君主国里的多。这不是说这些国家的人天生就比别处的人坏，而是说这些国家的人会遇到更多的诱惑，而且许多人都同时追逐这些诱惑，结果导致人们的心灵有普遍堕落的趋势。

在民主共和国，人们有巴结大多数的倾向，从而导致这个倾向立即渗入各个阶级。这是可以用来谴责民主共和国的主要方面之一。

对美国这样的民主共和国，这种谴责很有道理。在这里，多数的统治如此专制和不可抗拒，以至于一个人如果想脱离多数规定的路线，就必须放弃某些公民权利，甚至要放弃做人的本色。

在进入美国政界的那一大群人中，如今已经很少有人具有豪爽的性格和刚正不阿的精神了，而豪爽与刚正不阿是昔日美国人曾引以为荣的特质，任何时候都会将

其看做伟大人物的突出特点。乍看上去，仿佛现在所有美国人的思想都是出于同一个模子，以至于他们可以分毫不差地沿着同样的道路前进。不错，外国人有时会遇到一些离经叛道的美国人，他们会慨叹法律的种种弊端、激愤于民主的任性多变。这些人往往会谈到那些败坏了国民性的缺点，并指出可以纠正的方法。但实际上，除了你以外，而你这个他们选择的不会向别人述说，他们倾诉隐秘想法的对象，只是一个外国人，一个过客。他们愿意把真心话告诉你，但这对你并没有什么用处。他们到了公共场所，便不这样讲了。

如果将来有一天，上述这些被我转述的话被美国人读到，我猜想会出现两种情况：第一，读者们将高声谴责我；第二，其中大多数人将在内心里原谅我。

在美国我曾经听到人们谈论祖国，也在人民中间见到真正的爱国主义，却无法在国家的领导者身上寻找到这种表现。专制主义对其所治人民的败坏影响为什么远远超过对其执行者的？用类推方法不难解释其中原因。在专制君主国，国王往往品德高尚，但朝臣多为卑鄙无耻之徒。当然，美国的当选官员不会称他们的主人即选民为“大人”或“陛下”，这好像与君主国的朝臣有很大不同。但是，他们不断称赞其主人天生明情达理，却从不争论他们的主人到底有什么值得称赞的美德。因为他们确信主人具有一切美德，即使现在没有，将来也一定会有。他们不会把自己的妻子和女儿送给主人，供其宠爱而纳为嫔妃。但他们同样出卖了自己，因为他们牺牲了自己的观点。

在美国，道德家们和哲学家们，虽然不必用寓言的形式来掩盖观点，但当他们壮着胆子讲述令人不快的真理之前，总是加上一段：“我们知道，听我们讲话的人民品德高尚，不存在使自己有失主人身份的缺点。假如听我们讲话的人士，其品德和学识并非好得可以比别人更值得享有自由的话，我们就不说这些了。”

在路易十四面前献媚的人，都不能奉承得比这种引子还好。

就我来说，我确信在任何性质的政府中，下贱的献媚者一定会趋炎附势。而且我认为，只有一种方法可以防止人们自我侮辱，那就是防止任何人拥有无限权威，即不赋予任何人可以诱使他人堕落的最高权力。

美国共和政体的最大危险来自多数的无限权威

导致民主共和政体破灭的是政府滥用权力，而非它们无能——美国的共和政府比欧洲的君主政府更集权和更强大——由此产生的危险——麦迪逊和杰斐逊对此的看法

政府通常由于无能或者暴政而垮台。在前种情况下，属于权力自行离开政府；在后种情况下，则是权力被人夺走。

许多人在看到民主国家陷入无政府状态时，就以为是因为这些政府软弱无能。实际的情况却是，一旦这些国家的政党之间燃起战火，政府就会失去对社会的控制。但

我并不认为，一个民主政权天生就会缺乏人力和物力；恰恰相反，我相信一个民主政府之所以垮台，基本上是由于滥用人力和物力。无政府状态总是由于暴政或管理不当造成的，而不是由于政府无能。

我们不能把稳定与力量，或把一件事情的伟大性与其持久性混为一谈。在民主共和国，因为指导社会的权力[①]会经常易手和改变方向，所以它并不稳定。但是，在权力易手和改变方向时，它的力量也几乎同样是不可抗拒的。

在我看来，和欧洲专制君主国政府一样，美国的共和制政府也是集权的，它的力量甚至有过之而无不及。因此，我不认为它会因为软弱无力而垮台[②]。

假使有一天自由在美国毁灭，那也一定是多数的无限权威所导致的。因为这种权威将会使少数忍无可忍，从而诉诸武力。那时将出现无政府状态，但引起这种状态的则是专制。

麦迪逊总统就发表过类似看法（见《联邦党人文集》第51篇，万人文库版第266页及以下各页）。

他说："对共和政体来说，最为重要的是，不仅要保卫社会不受统治者的压迫，而且要防止社会上的一部分人遭受另一部分人的不公正对待。……公正是政府的目的，也是公民社会的目的。人们曾经一直追求，并将全力以赴地永远追求这一目的，直到成功为止，或是直到在追求中丧失自由而被迫停止。

"如果在一个社会中，较强的派系学会利用这种社会情况随时联合起来压迫较弱的派系，那么这个社会一定会自然而然地陷入无政府状态，使软弱的人失去可以凭恃的抵抗强者的暴力的任何保障。在这种状态下，原来较强的人也会因为不满社会动荡的现状，而愿意服从于一个既能保护弱者又能保护自己的政府；在出现这种愿望之后，同样的动机又促使较强的派系和较弱的派系同意组织一个能够保护一切强的和弱的派系的政府。不必怀疑，如果罗得岛州脱离联邦而独立，那么该州以人民名义在极其有限的土地内进行统治的权力，必将因多数的暴政而证明它完全脱离人民，而且它是由那个需要这种暴政的多数迫不及待地弄出来的。"

杰斐逊也说："我国政府的行政权，并非我担心的唯一问题，或许还不是我担心的主要问题。立法机构的暴政才是真正的最可怕的危险，而且在今后许多年仍会如此。行政权虽然也会出现暴政，但要在很久以后。"[③]

在这个问题上，我更愿意引用杰斐逊的话，而不是其他人的，因为我认为他是迄今为止宣传民主的最坚强的使徒。

---

①权力可能集中于一个议会之手。这时的它虽然很强大，但不稳定。如果权力集中于一个人之手，那它可能会不太强大，但非常稳定。

②我认为不必提醒读者注意，我在此处和在本章其他各处说到的多数的专制，不仅指联邦政府，而且也指各州的政府。

③《1799年3月15日杰斐逊致麦迪逊的信》。（参看《杰斐逊文集》第7卷第312页，华盛顿，1905年）

第八章　美国怎样削弱多数的暴政

不存在行政集权

全国的多数不存在包办一切的思想——其主权意旨必须通过乡镇和县的行政委员去执行

我在本卷第一部分对两种集权作过区分，称其中的一种集权为政府集权，另一种为行政集权。

而在美国，只存在政府集权，并不存在行政集权。

假如统治美国社会的权力同时包含了这两项，并兼具包办一切的能力和习惯以及发号施令的大权；假如它在已经确定了管理国家的一般原则后，仍然要屈尊去管理其执行的细节；假如它在规定了国家的重大利益之后，还能屈尊去过问私人的利益，那么，自由恐怕早就不存在于新大陆了。

在美国，多数虽然经常流露出暴君的嗜好和脾气，但还不具备施行暴政的完备手段。

在美国的任何一个州里，至今中央政府只管理少数值得它注意的事务，并不参与管理社会的次要事务。它甚至没有过这样的想法。虽然多数越来越专制，但它并没有给中央政府增加特权，而是一直独揽大权。因此，专制可能在个别的点上大大加强了，但并未扩及面上。尽管全国的多数充满激情，其倡议也振奋人心，却无法使全体公民在全国各地以同样方法在同一时间服从它的意旨。代表多数的中央政府在发布国家命令时，必须让一些官员去执行，但这些官员并不总是隶属于它，它也无法每时每刻予以指导。因此，乡镇和县的行政机构就像一座座暗礁，不是延缓了代表人民意志的命令的下达速度，就是改变了命令的流向。即使法令具备强制性，自由仍然会在法令的实施过程中找到庇护所，并且多数也无法面面俱到地管到所有事情，甚至可能对付不了行政当局的敷衍塞责。关于这一点，其实，多数本身也不认为自己能够做到，因为它尚未充分认识自己的权力。它只知道自己的自然力量，却还未学会如何运用技巧扩大这个力量的影响范围。

这一点很值得注意。假如未来某一天在某一个国家建立起类似美国这样的民主共和制度，而这个国家原有的是一个独裁者统治的政权，并根据习惯法和成文法实行过行政集权，那么我敢说在这个新建的共和国里，其专横令人难以忍受的程度将超过所有欧洲君主国家。只有在亚洲，才能够找到某些与这种专横类似的事实。

美国的法学家精神及其如何成为平衡民主的力量

探讨何谓法学家精神的本性是有意义的——法学家对即将诞生的社会负有重大使命——法学家何以通过所从事的工作使自身思想具有了贵族气质——可以使得这种思想发展受到抑制的偶然原因——贵族发现自己与法学家联合变得轻而易举——暴君利用法学家的可能性——法学家是如何自然而然地与民主结合起来而成为贵族的——使英美的法学家精神易于具有贵族气质的特殊原因——美国的贵族是律师和法官——法学家影响着美国社会——他们的思想是如何在立法机构和行政机构中逐步深入，以及最后是如何使人民都具有了行政官员的某些属性的

在走访了一些美国人并研究了美国法律之后，我发现美国人赋予法学家的权威和纵容其对政府任意施加影响，是当今美国防止民主偏离正轨的最坚强壁垒。我认为这个效果来自一个一般原因，而研究这个原因则会获益匪浅，因为它可能在别处再现。

500多年以来，欧洲的法学家们一直参加政界的各种运动。他们时而把政权作为自己的工具，时而又反被政权用作工具。在中世纪，他们为扩大王权效犬马之劳；而后他们却坚定不移地致力于限制王权。在英国，他们同贵族结成亲密联盟；在法国，他们却以贵族最危险的敌人的面目出现。那么，法学家是否曾被偶然的和暂时的冲动所左右？或者是否曾因环境而被他们天生的和经常重现的本性所驱使？我想弄清这个问题，因为在行将诞生的民主政治社会中法学家或许负有首要的使命。

对法律做过特别研究的人习惯在工作中按部就班，注重规范，爱好研究观念之间有规律的联系。这一切使得他们尤其反对革命精神和民主的轻率激情。

法学家在研究法律过程中获得专门知识，并因此在社会中独辟一个行业，在知识界中形成一个特权阶级。他们时时都自我感觉优越，他们被认为是一门尚未普及的不可或缺的科学的大师，他们常在公民中充当仲裁人；他们习惯于把诉讼人的盲目激情引向正轨，并因此蔑视人民群众的判断。此外，他们还自然地形成一个团体。这并不意味着他们之间已经相互了解并打算为奔向同一目标而同心协力，而是好比利益能把他们的意愿联合起来一样，他们相同的专业和一致的方法使得他们在思想上互相结合。

因此，法学家的心灵深处隐藏着一部分贵族的兴趣和本性。他们如同贵族一样，生性喜欢按部就班，并且热爱规范。他们也如同贵族一样，极为反感群众的行动，蔑视民治的政府。

我不想说法学家这些本性的顽固程度已经足以把他们死死捆住。如同支配一般人

的东西一样，支配法学家的正是他们的个人利益，尤其是眼前利益。

在某一种社会中，法律界人士无法在政界取得同他们在民间所处的相似地位。可以肯定，在这种社会体制下，法学家必将成为革命的急先锋。但应当研究他们之所以破坏或改造现实是出于其固有本性还是偶然因素。毋庸置疑，1789年法国君主政体的覆灭，法学家功不可没。但是，他们能够如此成功，究竟是由于他们对法律进行了研究还是由于他们未曾参与制定法律，还有待进一步研究。

500多年以来，英国贵族曾多次领导人民斗争并为人民发言；如今，他们却极力维护君主并捍卫王权。但是，贵族仍然保持其特有的本性和偏好。

因此必须注意，切不可以偏概全，即不可片面地以团体的个别成员替代团体本身。

自由政府不论其具有何种形式，在各党派中法学家总会居于首列。贵族政体也是如此。激发群众奋起斗争的民主运动几乎都是贵族发起的。

一个群英荟萃的团体，总是无法满足其全体成员的野心。这种团体往往无法留出实际事务给其成员发挥天才和激情，因而很多人由于无法很快享有团体特权便因此攻击这些特权，以便尽快上升到团体上层或另建新团体。

因此我认为将来不大可能会出现完全由法学家做主的局面，并且法学家并不一定在任何时候都能表明自己永远是改革的敌人和秩序的友人。

如果在一个社会里，无人反对法学家安居高位，那法学家的思想将极其保守，并且其思想将是反民主的。

当贵族政体关上法学家晋升的大门时，那么其最危险的敌人就是法学家。法学家虽然在财力和权力上不如贵族，却可以在活动上独立于贵族，并且自认为与贵族的智力不相上下。

然而当贵族愿意分给法学家某些特权时，这两个阶级的联合便轻而易举了，甚至能够像一家人一样亲密。

我也偏于认为，一个国王经常能够轻易地使法学家成为其政权的最有用工具。

即使法学家经常与人民联合起来对抗行政权，但法学家与行政权之间有着自然亲和力，而且远远超出其与人民之间的亲和力。同理，尽管表面上社会的高层阶级经常与其他阶级联合起来反对王权，但贵族与国王之间不可分割的自然亲和力，却显然大于贵族与人民之间的亲和力。

法学家爱秩序胜过爱其他任何事物，而权威则是秩序的最大保护者。而且也不应当忽视，尽管法学家重视自由，他们也会把法治置于高于自由的地位。他们害怕专断胜过害怕暴政。另外，如果立法机构以立法剥夺人们的自由，并对此承担责任，法学家通常也不会产生不满。

因此在我看来，一个君主在民主日益高涨时企图削弱国家司法权并减弱法学家的政治影响，那是一个大错误。他将徒有权威的外表而失去真正的权威。

我并不怀疑，对国王而言，法学家参加政府对他们比较有利。如果政府以暴力进行专制，那么，在政府交给法学家管理以后，法学家手里的专制将会具有公正和依法办事的外貌。

民主政府有利于加强法学家的政治权力。如果富人、贵族和君主被撵出政府，法学家就将总揽政府大权，因为那时他们将是人民能够找到的仅有的聪明能干的人了。

一方面，法学家因其爱好而自然倾向君主和贵族；另一方面，却又因其利益而自然倾向人民。

因此，虽然法学家也喜欢民主政府，但不具有民主的偏好，未曾沾染民主的弱点，以至能通过民主并超过民主而加倍强大。

民主政体下的人民也信赖法学家，因为人民意识到法学家的利益在于服务于人民的事业；人民听从于法学家的话却并不气恼，因为人民预料法学家绝对不会出坏主意。事实上，法学家根本不愿意推翻民主政府，只是期待不断设法依据非民主所固有的倾向，运用非民主的手段去领导政府。关于法学家的身份，一方面，从利益和出身上来说，法学家属于人民；而另一方面，从习惯和爱好上来说，法学家却又属于贵族。法学家可以说是人民和贵族之间天然的锁链，是将人民和贵族套在一起的天然环节。

法学家所从事的行业，是唯一容易与民主的自然因素混合的因素，并且是通过有利于己的方式与民主永久结合的贵族因素。我知道法学家精神存在固有缺点，但如果民主精神不与法学家精神联合，那么我怀疑民主是否可以长期治理社会；此外，法学家对公务的影响如果不能随着人民权力的增加而增加，我也怀疑一个共和国能否在我们这个时代保住其存在。

这个贵族特点，我从美国和英国法学家精神中见到的比在其他任何国家都明显。其原因不仅在于法学家在英国和美国都参与了立法工作，并且在于立法工作本身的性质及法律解释者在这两个国家所处的社会地位。

英国和美国保留了比附先例这种立法办法，这意味着他们继续依据祖先的法学观点和法律原则来建立自己所应当持有的法律观点和应当遵守的定则。

英国和美国的法学家总是能够把对古老东西的敬爱和尊重与对正规合法的东西的爱好结合起来。

这不仅仅对法学家的精神面貌，随后还对社会的动向起着另外一种作用。

英国和美国的法学家重视既成的事实，而法国的法学家则重视为何会出现此事实，这意味着前者更加注重判决的本文，而后者更加注重判决的理由。

当你倾听英国法学家或美国法学家的陈述时，你会惊讶于他们总是三番五次地引证他人的观点，却极少发表自己个人的见解。然而在法国，情况却恰恰与此不同。

在法国，律师在办理一个小案时，也不是只进行一般的陈述而不引证他所持的成套法学思想。他将滔滔不绝地援引法律的立法原则，来劝说法庭采用变通方法让步。

英美的法学家，从思想上完全反对这种做法，因为这不符合他们祖先的思想。这种对祖先思想的盲从和百依百顺，不可避免地使法学家精神带上畏畏缩缩的习性，并因此使法学家在英国和美国所养成的惰性比在法国严重。

法国的成文法常常让人难以理解，但人人都能够讨论。相反地，对普通人而言，没有什么能够比以先例为基础的法律更让他们糊涂和莫名其妙的了。英美的法学家们对先例的这种尊重，他们在教育中养成的尚古思想，使他们日益脱离人民，最终成为一个与众不同的独特的阶级。在法国，法学家都是学者；而在英国和美国，法律界人士则好像是埃及的祭司，并像埃及祭司一样，只是充当某种玄奥科学的解释者。

在英国和美国，法律界人士所处的地位，对其习惯和思想起着一种不小的影响。企图将一切在本性上与自己有相似之处的东西拉到自己方面来的英国贵族，对法学家极为尊重，并赋予他们极大的权力。法学家在英国社会里虽然未曾进入最高等级，但他们却对现在所处的等级表示心满意足。身为英国贵族中的少壮派，他们爱戴和尊敬贵族中的长者尊者，从来不去同他们争权。因而，英国的法学家便将其生活圈子里的贵族思想和情趣，与自己的职业的贵族利益相结合。

在英国，这种我所试图描绘的法学家的形象表现得最为突出。英国法学家尊重法律的原因，并不在于法律良好，而在于法律古老；尽管他们要部分修改法律，使其与社会时势相适应，然而万变不离其宗，他们只是在修补祖先留下的东西，只对祖先的思想进行发展，只对祖先的业绩进行完善。不要妄想他们会换上革新者的面貌，甚至即使被人指为荒谬绝伦，他们都不愿冒犯老祖宗遗训。英国人就是这样对待法律的。这种态度对事物的实质毫不关心，而是只重视法律的条文，他们宁可违反理性和人情，也不愿对法律作出一丝一毫的改动。

英国的立法工作好比培育一棵古树，立法者将各式各样的枝条嫁接到这棵古树上，希望能够结出千奇百怪的果实，或至少让古树的树干能够被繁茂的枝叶簇拥。

美国既没有旧式贵族也没有文士，富人得不到人民的信任。于是法学家形成一个高等政治阶级，他们成为社会上最有知识的阶层。因而他们只得舍弃改革，将保守的志趣增添到自己爱好秩序的本性中。

如果有人问我美国的贵族在哪里，我将毫不迟疑地脱口而出：贵族不在富人中，富人缺乏使他们团结在一起的共同纽带。美国的贵族阶层是那些从事律师职业和坐在法官席位上的人。

越是深思在美国发生的一切，我们就越是确信法学界是能够平衡民主的最强大力量，甚至几乎是唯一有能力平衡民主的力量。

在美国显而易见，法学家精神是怎样凭借其优点甚至是缺点，而适用于中和平民政府所固有的弊端的。

在美国人民放任激情并忘形陶醉于理想时，会感到法学家施加给他们一种看不见的约束，使他们得以冷静和安定。法学家以其贵族习性秘而不宣地去对抗民主的本能，以其对古老事物的崇敬去对抗民主对新鲜事物的热爱，以其谨慎的观点去对抗民主的好大喜功，以其对规范的爱好去对抗民主对制度的轻视，以其处事沉着的习惯去对抗民主的急躁。

法学界对付民主的最醒目工具正是法院。

法官都是法学家，他们除了喜欢在研究法律的过程中获取秩序和制度以外，还由于其职位具有终身性而酷爱安宁。法官的法学知识能够保证他们在同胞中出人头地。他们所享有的政治权力足以把他们推上高人一等的地位，并使他们养成特权阶级的习性。

在美国，有权宣布法律违宪的司法官员负责管理日常的司法事务。他们尽管无法强制人民立法，然而至少可以强迫人民信守其制定的法律，并且要求他们言行一致。

我知道在美国存在着一种潜在趋势，这种趋势驱使人民削弱司法权。美国大部分州的宪法都规定根据两院之请州政府可以撤换法官。某些州的宪法规定由选举产生法庭成员，并准许数次连任。我敢预言，这项改革迟早会导致极坏的后果，而且将来终究有一天要发现，如此削弱司法官员的独立性，一方面会使司法权受到打击，另一方面还打击了民主共和制度本身。

除此之外，千万不要以为在美国只有法院才有法学家精神。这种精神早已经扩展到法院以外。

因为法学家是人民所信赖的唯一知识阶级，所以大部分公职都被法学家占去。他们不仅仅垄断了立法机构，而且还主持了司法机构。因而，他们极大地影响着法律的制定和行使。然而，他们不得不服从于对他们有牵制作用的舆论。尽管他们行动不受限制，但人民也很容易及早发现其不轨的苗头。尽管美国人在政治法方面作了很多改革，在民法方面他们费了很大的周折却只作了一点微小的改革；尽管许多民法中的一些规定与美国的社会现实格格不入，但他们仍然能够泰然处之，不作更改。这种情况产生的原因在于，在对待公民权利的问题上，多数总是交给法学家们去处理，而美国法学家却自行其是，不肯改革。

在美国，法国人听到人民抱怨法学家的惰性和喜欢维持现状时，着实为此感到震惊。

法学家精神所影响的已经远远超出了我已确切指出的范围。

在美国，几乎一切政治问题迟早都要转化成为司法问题。因此，各党派在其日常论战中都不可避免要借用司法的概念和语言。公务人员中的大多数几乎都是或者曾经是法学家，所以把自己固有的习惯和思想方法都应用到具体的公务中。陪审制度更是把这一切推广到所有阶级。因而司法语言差不多转化成为了普通语言；法学家精神原本产生于学校和法院，现今却早已逐渐走出学校和法院的大墙，在整个社会中得到扩展，在最低阶层中得以深入，全体人民都或多或少地沾染上了司法官的习性和爱好。

在美国，法学家形成一个权力，它并不可怕但难于察觉，它没有自己的旗帜，因而能够对时代的要求灵活自如地应对，对社会的一切运动不加抵抗地顺应。然而这个权力却在整个社会中扩展，深入社会各个阶级，其实暗中推动社会，潜移默化地影响社会，最后将社会按照自己的意愿加以塑造。

陪审团在美国被视为政治机构

作为人民主权表现形式之一的陪审团制度，必须与确立这一主权的其他法律协调一致——美国陪审团的结构——陪审制度影响着国民性——陪审制度对人民的教育作用——陪审制度是怎么树立司法官员的影响力和发展法学家精神的

因为我的讲题引导我去叙述美国司法制度，那我就不可避免地要谈到陪审制度。

在谈到陪审制度时，必须区别这个制度的两种作用：首先，它作为司法制度而存在；其次，它作为政治制度而起作用。

如果谈到陪审制度在哪一方面有助于司法行政，特别是在民事方面是否有助于司法行政的健全，我将承认陪审制度的功用存在争议。

陪审制度形成于社会尚不发达的时期，那时只有一些简单的诉讼提交法院审理。但是，要想使陪审制度与高度发展的社会需要相适应，便不那么轻而易举了，因为此时人与人之间的关系已经变得非常复杂，形式多样，并且需要人们运用科学和理智加以判断。①

而今，我的主要目标是走向陪审制度的政治方面，任何其他的途径都会使我离题。对陪审制度作为司法手段这一点，我只能一带而过。当英国人采用陪审制度时，他们还是半野蛮的古老民族。后来，他们逐步发展成世界上最文明的民族之一，而英国人对这一制度的爱慕，仿佛也随着他们的文明的发展与日俱增。他们走出自己的祖国，向世界各地发展。结果，有些地方转变为他们的殖民地，而另一些地方则建立了独立主权的国家。一些国家依然承认英王是君主，而在许多殖民地，却已建立了强大的共和政体，但所有英裔国家都提倡陪审制度②。它们要么到处建立陪审制度，要么就是马上恢复陪审制度。这个伟大民族的司法制度便得以长期存续，存在于文明的各个

---

①把陪审制度作为司法制度来研究，探讨这个制度在美国产生的效果，考察美国人是怎样以这个制度来制约政党的，将是一项有益和有趣的工作。如果只考察这个问题，你可以找一本专门研究这个问题的著作和一本专为法国人写的著作。这样，你可以从中得出美国陪审制度的哪些部分能够用于我国和对我们有多大帮助。在美国，最能使我们了解这个问题的州是路易斯安那州。这个州的居民包含英裔和法裔。这个州的两种法制，使他们形成了两个并立的民族，但他们也在逐渐融合。可以向读者推荐两部好书：一部是两卷本的《路易斯安那州法令汇编》（本书的全名、出版地点和年月为：《路易斯安那州1804—1827年立法机关通过的法令汇编》，2卷本，新奥尔良1828年），另一本是可能更好一些的讲述民事诉讼程序的，是用英法两种语言写成的《论民事诉讼程序》，1830年由布依松先生出版于新奥尔良（见美国国会图书馆藏路易斯安那州法令、文件集）。这部书非常适合法国人阅读，因为其中附有英法对照的术语表，并对这些术语作了精确的权威的解释。在所有国家，法律用语都有其一定的含义，特别是在英国，同一法律用语，其含义就可能不同于其他国家。

②英美的法学家在这一点上是意见一致的。现任联邦最高法院法官的斯托里先生，在《美国宪法释义》中，一再强调民事案件实行陪审制度的好处。他说："赋予陪审团参加民事案件审理的特权，毫不次于陪审团参加刑事案件审理的特权，因为这实质上等于让人人享有政治自由和公民自由。"（第3卷第38章第654页）

阶段，被各地区和各政府所采用，且不曾遭到司法界的反对①。

但是，我们暂时不谈这个问题。仅仅把陪审制度看做一种司法制度是十分狭隘的，因为既然它深刻影响着诉讼的结局，那它由此也会深刻影响着诉讼当事人的命运。因此，陪审制度首先应当是一种政治制度——评价陪审制度应当始终遵从这个观点。

所谓陪审制度，即随时请来几位公民，组成陪审团，暂时将参加审判的权力赋予他们。

我认为，利用陪审制度惩治犯罪行为，会使政府建立的共和制度更加完美。其理由如下。

陪审制度一方面可能是具有贵族性质的，另一方面又可能是具有民主性质的，这要取决于陪审员所处的阶级。然而，只要这项工作的实际领导权不在统治者那里，而是使它掌握在被统治者手里或部分被统治者手里，它将始终可以保持共和性质。

通常来说，强制而来的成功常常转瞬即逝，而被强制的人民随即会产生权利观念。一个政府如果只能在战场上击败敌人，那么它也会很快被人推翻。因而应当加强政治工作，而政治的真实法律惩治就必须在刑法里得以体现。一旦没有了惩治，法律迟早会失去其强制力。因此，社会真正的主人就是主持刑事审判的人。实行陪审制度就可使人民本身，或至少使部分公民拥有法官的地位。陪审制度实质上就是将领导社会的权力赋予人民或这一部分公民手中。

在英国，陪审团是从该国的贵族中选出来的。贵族一方面制定法律，另一方面又执行法律并惩治违法行为（B）。一切都需要得到贵族的同意，所以英国可以算是一个贵族的共和国。而这一制度在美国时则应用于全体人民。每一名公民都享有选举权，都有参加竞选和当陪审员的资格（C）。依我看，美国人同意实行的陪审制度，如同普选权一样，都是人民主权学说产生的直接结果和最终结果。陪审制度和普选权，是两个能够使多数进行统治的力量相等的手段。

那些想以自己作为统治力量的源泉来领导社会，同时期待以此取代社会对其领导的统治者，他们都破坏或削弱过陪审制度。例如，都铎王朝曾使拒绝判决有罪的陪审员入狱，拿破仑曾指使自己的亲信挑选陪审员。

---

①要想详说陪审制度作为司法制度的好处，还有诸多论据。现列举如下。

审判工作有陪审员参加，能够有效减少法官的人数，且不会导致工作不便。这就是一个很大的好处。当法官人数众多而又采用晋升制度时，只有在职的法官死去才能够出缺，使活着的法官晋升补上。因此，司法人员常常祈祷他人早死，而这种心理又自然使他们对多数或有权指定补缺的人产生依附。法官这种晋升办法，就好比军衔的递进。然而这种办法却与良好的司法行政和立法机构的意向背道而驰。有人主张法官终身制，以保持法官独立。然而只要法官不自愿辞职，没有人能够罢免他，这也不失为一种良策。

当有很多法官时，难免有人滥竽充数。但是，承担重大责任的法官绝不能够由普通人担任。因此，法庭如果由平庸之辈组成，会造成法院组织中最坏的环节。

至于我，我宁肯把案件的审理交由一位精明强干的法官领导的不太懂法的陪审团，也不情愿把它交给绝大多数对法学和法律仅仅一知半解的法官审理。

即便前人提供了显而易见的大部分真理，却并没能够打动所有人，法国人仍然对陪审制度持有模糊不清的观点。要想知道什么人能够当选陪审员，只需将陪审制度视为一种司法制度，讨论陪审员在参与审判工作时必须具备什么知识和能力就可以了。其实，在我看来，这并不是问题的重要部分，因为陪审制度首先是一种政治制度，应当首先把它看做一种人民主权的形式。人民的主权一旦被推翻，陪审制度就会被丢到九霄云外；而当人民主权存在时，陪审制度就得与建立这个主权的各项法律协调一致。好比议会是国家中负责立法的机构一样，陪审团则是国家中负责执法的机构。为了使社会能够稳定和统一，就不得不使陪审员的名单适应选民名单，随之扩大或者随之缩小。依我看，立法机构需要经常注意这一点。而其余的一切都可以算作次要的。

因为我坚信陪审制度首先是一种政治制度，所以在民事诉讼中应用这一制度时，我依然是这样看它。

只要法律不以民情为基础，就不可避免陷入不稳定的状态。一个民族唯一的坚强耐久的力量正是民情。

当陪审团只参与审理刑事案件时，它的作用只能逐渐地被人民发现，并且只是对个别的案件而言。人民不习惯于在日常生活中应用陪审制度，只是认为能够通过这样一种手段获得公道，却并没有把它看作获得公道的唯一手段①。

相反地，当陪审团参加审理民事案件时，其作用便会时常显现。此时，它将牵动所有人的切身利益，每个人都请求得到它的帮助。因而，它便逐步深入一切生活习惯中，使它的工作方法为人们所适应，甚至将它与公道等量齐观。

因此，陪审制度如果只用于刑事案件，必将永远处于困境；而一旦在民事案件中运用它，就能够经得住时间的考验并且抵御了人民的反抗。如果英国的统治者从民情中排除陪审制度能像从法律中排除陪审制度那样容易，那么英国的陪审制度恐怕早在都铎王朝时期就销声匿迹了。因此，事实上，正是民事陪审制度拯救了英国的自由。

无论怎样应用陪审制度，它都不可避免地会对国民性产生重大影响。不过，陪审制度越早应用于民事案件，这种影响就越发无限加强。

陪审制度，尤其民事陪审制度，能使公民养成法官的某些思维习惯。而这种思维习惯，恰恰是人民需要养成的使自己得到自由的习惯。

这种制度教导一切阶级要尊重判决事实，并且要养成权利观念。如果它没起到这两种作用，人们对自由的热爱便只是一种破坏性的激情。

这种制度教导人们要办事公道。每个人在陪审邻人时，常常想到有一天也会轮到他由邻人审判。特别是对民事陪审员来说，这种情况尤为接近现实。几乎所有人都担心自己有朝一日会成为刑事诉讼的对象，而且确实人人都有涉讼的可能。

陪审制度教导所有人都要对自己的行为负责。这是大男子汉的气魄，这种气魄一旦消失，一切政治道德都不复存在。

---

①当陪审制度只用于某些刑事案件时，这个论点尤其是真理。

陪审制度将一种主政的地位赋予所有公民，使所有人感到自己应当对社会负有责任并已经参加自己的政府。陪审制度迫使人们去做与自己毫不相关事情，通过此种办法克服个人的自私自利这种社会积垢。

对判决的形成和人的知识的提高，陪审制度有着举足轻重的贡献。在我看来，这恰好是它最大的好处。应当把陪审团视为一所常设的免费学校，在这里每个陪审员运用着自己的权利，经常能够接触上层阶级最有教养和最富有知识的人士，因而学习法律的运用，并依靠律师的协助、法官的指点、甚至于两造的责问，而使自己对法律精通。我认为，美国人所掌握的政治常识和实践知识，主要是通过长期运用民事陪审制度而获得的。

我确信陪审团对主审的法官有利，但不知道陪审团是否对涉讼的人有利。在我看来，陪审团制度堪称社会教育人民的最有效手段之一。

以上所述是针对一切国家而言，而下面的内容则是专门针对美国以及一般的民主国家而言。

前文已述，法学家和司法人员构成了民主政体下唯一能够缓和人民运动的贵族团体。这部分贵族不具有任何物质力量，而只对人们的精神产生保守性的影响。然而，他们的权威主要根源就在于民事陪审制度。

社会反对某人的斗争即为刑事诉讼，在参与审理这种诉讼时，陪审团倾向于把法官视为社会权威的消极手段，常常怀疑法官的意见。然而，刑事诉讼要完全依据于依靠常识就可辨认的单纯事实。在这一点上，法官和陪审员拥有平等的权利地位。

民事诉讼的情形显然与此不同。民事诉讼中，法官是激烈争论的两造之间不偏不倚的仲裁人。陪审员要相信法官，洗耳恭听法官的仲裁，因为陪审员的法律知识远远不及法官的。法官能够在陪审团面前陈述陪审员们已记不清的各项法律根据，能够引导陪审团完成曲折的诉讼程序，能够向陪审团指明事实的要点并且启发它应当如何回答法律问题。总之法官对陪审员产生了无限的影响。

或许会有人问我，何以对陪审员无权在民事案件中引证法律根据一事表示坦然？

因为在民事诉讼中，陪审团只是在形式上参与了司法审理，而对不涉及事实的问题，陪审团几乎都无从发言。

陪审员宣布法官所作的判决。他们通常以自己所代表的社会权威，以理性和法律的权威认定法官的判决。（D）

在英国和美国，法官对刑事诉讼结局的影响是法国法官闻所未闻的。产生这种情况的原因不难理解：在民事诉讼中，英国和美国的法官首先确立了自己的权威，而后却又把这种权威全盘搬到他们在那里本无权威的另一个舞台。

对某些案件，一般是重大案件，美国法官往往有独自宣判的权力①。这时，他们通

①联邦的法官几乎总是独自解决直接触犯联邦政府的问题。

常与法国法官处于同样的地位，但其道义力量却大得多，因为陪审团的影响仍然有利于他们，法官的声音几乎与陪审团所代表的社会的声音同样洪亮。

甚至于法院本身的影响都远远不及法官们的影响，原因在于，在私人的娱乐中，在政治活动中，在公共场所以及在立法机构内部，美国的法官都不断遇到一些人，他们惯于认为自己的智慧不如法官的，并因此向法官们致敬；而且在美国法官们处理完案件以后，法官权力仍然影响着在办案当中与他们结识的那些人的整个思维，甚至影响他们的内心世界。

因此，陪审制度表面上看限制了司法权，实际上却使司法权的力量有所增强，而且，其他任何国家的法官，都不及人民分享法官权力的国家的法官那样强大有力。

美国司法人员能够把法治精神渗透进社会的最低阶层，就是因为借鉴了民事陪审制度许多优点。

因此，陪审制度既是人民实施统治的最有力的手段，也是人民学习统治的最有效的手段。

第九章　有助于美国维护民主共和制度的主要原因

美国实行的是民主共和制。本书的主要目的就是阐述这一选择的原因。

在这些原因中，由于我要连续叙述一个问题，因此就有几项要被迫略过，或者是在叙述当中一笔带过。因此，仍然有一些原因我还没来得及讨论；然而已经被我提到的一些，也由于我过多地叙述细节而被抛诸脑后了。

因此我认为，在继续往下叙述和评述美国的未来之前，我应当集中谈论一下可以表明美国现实状况的一切原因。

在集中讨论这些原因的时候，我会说得简明扼要，因为我只想让读者概括地回顾一下所有已经讲过的内容，而对还没有机会讲到的，我也只能选其中的主要的原因加以叙述。

我一直认为，有助于美国维护民主共和制度的原因，可以归结为以下点。

第一，上帝为美国人安排了幸运的、独特的地理环境；

第二，法制；

第三，生活习惯和民情。

有助于美国维护民主共和制度的偶然的或天赐的原因

美国联邦没有强大的邻国——没有巨大的首都——美国人生来就很幸运，出生在这个适合的地方——地广人稀——这种地理环境是怎样大力帮助美国维护民主共和制的——美国人是怎样开发荒野的——英裔美国人占有新大陆上的荒野的贪欲——物质福利对美国人的政治观点的影响

有许多不随人们的意志而转移的环境条件，就使得美国比较容易实行民主共和制度。其中有一些是大家都知晓的，还有一些是比较容易看到的，但我只想谈最主要的。

美国人没有强大的邻国，所以不用担心大战、金融危机、被人征服和入侵，也不必有巨额的税收、人数众多的军队和伟大的将军，他们几乎不会因为比这些灾难加在

一起对共和制度危害还大的祸害，即军事的荣誉而受累。

我们不能否认军事的荣誉会对人民的精神造成难以置信的影响。曾被两次选为国家首脑的杰克逊将军，是一个性格粗暴和才能平庸的人，在整个任期中，没有一件事能够证明他有资格统治一个自由的民族，所以联邦的知识界有相当一部分人都反对他。最终，是人民把他拥上总统的宝座并使他得以连任。记得在20年前，他在新奥尔良城打过一次胜仗。然而这次胜仗不过是一次普通的军事胜利，只因为发生在一个战事不多的国家里，才能长期在人们的心里留下印象。一个被虚荣迷住心窍的民族，无疑是世界上一切民族中最冷酷无情、斤斤计较和不懂得军事的民族，甚至可以说，也是最平凡的民族。

美国没有可以让自己对全国各地产生直接或间接影响的首都[①]，我将这一点看做美国能够保持民主共和制度的重要原因之一。在城市里，人们集会议事、聚群起哄和突然采取激烈的行动这些事情是无法防止的。城市好像是一个以其市民为会员的人民大会。城市的人民对其司法和行政官员具有极大的影响，而且常常不经官员的同意便自行采取行动。

所以，让地方服从首都，便是把全国的命运不公正地交给一部分人，而且非常危险地交给一些自做主张的人。如此一来，首都的绝对优势便对代议制造成了严重的威胁。这种优势令现代的共和国犯了跟古代的共和国一样的错误，古代的共和国正是由于没有了解这一点而灭亡了。

在这里，我能够毫不费力地列举出很多对美国民主共和制度的建立做过贡献，如今又在对这一制度进行维护的次要原因。然而，我发现在这一大堆有利的环境原因当中，有两个是比较主要的。我现在就来讲这两个原因。

本书第一部分第二章里说过，对美国目前的繁荣作出过最重要和最有力的贡献的，恰是美国人的起源，或我所称的他们的出发点。美国人生而有幸并生得其所。当年，他们的祖先把身份和资质平等带到他们如今居住的土地上，因此民主共和制度在有利的自然环境下就必然会应运而生。因为除了共和的社会体制外，他们的祖先还给子孙后代留下了最能促进共和制度成功的习惯、思想和民情，所以这还不是所有的情况。当我对这个根本事实所产生的后果进行深刻的思考时，我好像从第一个在美国海

---

①虽然美国还没有大的首都，却已有一些很大的城市。1830年，费城已有居民161000人，纽约已有居民202000人。居住在这些大城市的下层人民，是比欧洲的贱民还要危险的一群人。这群贱民大部分是被解放的黑人，法律和舆论都将他们看做卑贱和世代贫困的居民。其中也有很多由于运气不好或行为不轨而被赶到新大陆的欧洲人，他们将我们欧洲的一些恶习带到美国，也不想放弃这些恶习。定居在这片国土时，他们没有公民资格，因此准备为所欲为，以便从中捞到好处。所以，从某个时期以来，我们便看到费城和纽约时常爆发恶性的暴乱。然而其他地方还未出现这种暴乱，这便没有让社会感到不安，由于城市的居民到现在还不能对乡村的居民产生任何影响。

然而，我认为美国某些城市的豪华壮丽，尤其是这些城市居民的性格，是对新大陆的民主共和制度的未来构成威胁的真正危险；而且我敢预言，除非政府建立一支随时准备支持多数的意旨，能够保护城市居民的自由并能镇压他们的暴力行为的武装力量，某些地方的民主共和制度便将会因为这一危险而寿终正寝。

岸登陆的清教徒身上便看到了美国未来的整个命运，就像我们从人类的第一个祖先身上看到了人类的整个命运一般。

被美国人选来居住的这片土地，在曾对美国建立民主共和制度作出过贡献，而如今依旧在维护这一制度的有利环境因素中，是最为重要的。他们的祖先把爱平等和爱自由的风俗留给了他们，然而把他们安排在这片广袤无际的大地上，并授予他们以长期保持平等和自由的方法的，却是上帝自身。

因为民主政府的安定取决于最大多数人的情绪，而且主要是取决于最贫困阶层的情绪，所以社会的普遍富裕有利于所有政府的安定，而对民主政府的安定又特别有利。当人民对国家进行治理时，只要没有人颠覆国家，人民便必然幸福。希望国家动荡不安的只有怀有野心想称王当皇帝的人。由此，排除法制的原因不讲，能够促进普遍富裕的物质因素，在美国比在世界上的其他所有国家都多，而且比在历史上任何时期都强。

在美国，不但立法是民主的，而且大自然自身也在为人民出力。

请大家回想一下，历史上什么时候出现过我们在北美所看到的类似的情况？

古代的那些声名显赫的国家，都是在打败周围的敌国，巩固自己的地位之后才建立起来的。一些现代民族看到南美的某些地区里的大片土地被那些不够开化，然而已占有并耕种那片土地的民族居住着，于是，就想在那里建立自己的新国家，这些现代民族必然要消灭或征服众多的土著居民，并用他们的胜利去玷污文明。

然而在北美，只有一些漂泊不定的游牧部落，他们从来没想过利用土壤的天然能力。从严格意义上说，北美尚是一个不见人烟的大陆，一片有待人去居住的荒野。

所有这一切，都令美国的社会情况和法制十分独特。然而，他们生活于其上的土地是更与众不同的。

当土地被创世主赐予人们的时候，大地上是地广人稀，物资是取之不尽，用之不竭的。然而，人们缺少能力和知识去利用它。当人们掌握了开发大地的宝藏而获取好处的手段时，大地上已经布满了人类。不久，人们就必须为获取在一个地方居住和自由生息的权利而彼此厮杀。

恰在这时，北美被发现了。它好像是一直被上帝收藏着，如今才从洪水中露面似的。

当它在人们面前出现的时候，依旧保留着创世之初的面貌，上面有一条条源头永不干涸的河流，一块块湿润青葱的绿野，一片片没有触过犁铧的广袤无际的土地。它就这样呈现在人们的面前，然而这时的人已经揭开了大自然的主要奥秘，与同胞们团结一致，从5000多年的经验中得到了教训，已经不是初民时期那种孤立、无知的野蛮人了。

我写这部书的时候，已有1300多万文明的欧洲人在这片富饶的土地上和平地生活着，但他们自身对这块土地的资源和面积尚没有准确的认识。在他们前面，有三四千名士兵在对没有固定居处的当地土人进行着追赶。一批批披荆斩棘的拓荒者跟在这些武装人员后面。他们穿过森林，把野兽驱走，开辟了内河航道，把文明向荒野的胜利进军的道路铺平了。

在行文当中，我经常提及美国人享有的物质福利，并指出这种福利是令他们的法制成功的重大原因，理由已经有许多作者在我之前解释过了。因为这个理由容易被欧洲人理解，所以也被我们接受了。所以，对这个经常被人论述和容易理解的题目，我不想再多谈，而只打算补充几个事实。

一般人都认为，每年来到新大陆的欧洲移民是美洲荒野开发的全部力量，而美国的居民依旧留在他们祖先早已开拓的土地上繁衍着。然而这是一个错误的看法。欧洲人漂洋过海来到美国，在这里无亲无故，而且一文不名。为了生存，他们不得不被人所雇佣，很少有人离开大洋沿岸的大工业地带到内地进行开发。缺少资本和贷款，怎么能开垦荒地，而想到森林里去冒险，就必须先锻炼身体，以便适应新环境中的凛冽气候。所以，美国人自己实际上是长期离开自己的出生地，到遥远的荒凉地区创业的。欧洲人是最初放弃自己的茅屋，来到大西洋彼岸定居的人；但如今，深入美国中部的荒野的，是在同一岸边出生的美国人。这种两次性移民运动从未停止过。即最初从欧洲的基地开始，继而来到大洋彼岸；之后再由大洋沿岸进军新大陆的中部荒野。数以万计的人，同时向地平线上的一点进军。他们的语言、宗教、习俗都不一样；然而他们的目标却是相同的。有人对他们说，到西部能够发财致富，因此，他们就听信这句话，急急忙忙奔向西部。

大概除了那次罗马帝国崩溃时期的大迁徙之外，没有一次大迁徙能够与这次相媲美。当时也像今天一样，人们成群结队地奔赴同一地点，乱哄哄地在同一地方相遇，然而上帝给人们作出的安排，却是今昔大不相同了。当时，每个新来的人到了以后，发现等待他们的是毁灭和死亡；但现今，每个新来的人则带来了繁荣和生命的种子。

对我们来说，美国人的这种向西部迁徙的行为会带来的后果，还是一个有待解决的谜团。然而其直接结果，则是大家都能看到的：一部分老户居民陆续离开他们出生的州，而这些州虽然建立已久，人口却增加得甚为缓慢。康涅狄格州就是这样，它每平方英里平均仅居住着49人，40年来，全州的人口只增加了四分之一；但在同一时期，英国的人口却增加了三分之一。所以，欧洲的移民不断地来到美国，因为这里人口还不太多而且工业方面又缺乏劳动力。他们变成了富裕的工人，但他们的儿子，却到地广人稀的地区去找寻发财的机会，最终成了大财主。父亲聚集资本，儿子用资本去创业：从外迁来的与在当地出生的都不贫穷。

在美国，法制能够使财产尽可能地分散，然而还存在一个比法制更强大的因素在防止财产太过分散[①]。在之后才开始人烟稠密的一些州里，此种情况尤其明显。马萨诸塞州是开发得比较早的地区，然而其每平方英里土地上的居民仅有80人。这个人口密度比法国小很多，法国每平方英里土地上有162人。

---

①在新英格兰，土地就是一小块一小块地分散在农户手里，然而已不能再往小分割了。

然而在马萨诸塞州，因为这里一般由年长的子女继承父业，其余的子女都要到荒野去创业，所以土地再往小分割的现象已经很少见了。

虽然法律已废除年长子女的这种特权，然而上帝又几乎将这个权利恢复了，而且没有任何人抱怨，或至少没有丧失公允。

一个简单的事实向我们昭示出很多的人离开新英格兰到荒野去安家立业。这个事实如下：1830年，全体国会议员中有36人是出生在康涅狄格这样的小州，然而它的人口仅占全美国的四十三分之一，但它提供的议员人数则占到总数的八分之一。

然而，康涅狄格州本身选入国会的代表仅有5人，剩下的31人进到国会是作为西部新建的几个州的代表的。假如这31人依旧留在康涅狄格州居住，他们也许不会成为大财主，而继续当一文不名的庄稼汉，一生默默无闻而进入不了政界，想当上有权的立法人员更是无从谈起了，他们甚至还会成为危险的公民。

美国人跟我们一样，也有过这样的评论。

前衡平法院首席法官肯特在其《美国法释义》（第4卷第380页）中讲道："当土地过于分散，以至于每一小块土地不足以满足一家人的需求时，一定会产生巨大的灾难。但是，这样的不良后果至今还没有在美国发生，只有再过很多代以后才会出现。我们的国家地广人稀，尚待开垦的土地甚多，而从大西洋沿岸向内地迁徙的人流不断，现在足以而且在将来的很长时间内都可以防止土地过于分散。"（第4版，纽约，1840年）

对美国人扑向命运为他们安排的这些大量的猎物的贪欲进行描述是很不容易的。为了追捕猎物，他们不怕印第安人的毒箭和荒野上的疫病，他们不怕森林里的寂静，也没有被猛兽的来袭吓退。总而言之，鼓励他们的勇气不断前进的是一种比对生命的热爱还要强烈的激情。在他们面前展现的是一片无边无际的大地。他们说，担心那里已经不存在空地了，因此匆匆忙忙前进，唯恐去晚了丧失机会。这是一些旧州的居民往外迁移的情况。那么一些新州的居民是如何外迁的呢？俄亥俄州成立不到50年，然而它的大部分居民已不是在该州出生；它的首府才建成不超过30年，它的境内还有大量的土地没有开发，然而它的居民已经开始奔赴西部了，其中大部分到了伊利诺伊州的肥沃大草原上定居。这些人为了追求幸福而离开他们最初的第一个故乡，又为了追求更大的幸福而离开第二个故乡。几乎随处都有幸福在等待他们，然而这个幸运并不是所有的人都能拥有的。希望获得幸福的人，都有一种无法抑制的热烈激情，而这种激情又随着不断得到满足而继续增强。他们已经将把他们系于出生地的那些纽带切断了，而且之后在新地点也没有结成这种纽带。对他们而言，外迁是源于一种追求幸福的需要；但在今天，在他们的眼里，外迁好像已是一场他们想赢多少便能赢到多少的赌博。

他们有时前进得太快，致使荒野在他们身后又重新出现。森林刚刚屈服在他们的刃下，然而在他们离开以后，就又立刻茂密地生长出来。在你经过西部的一些新州时，经常遇见一些被遗弃在树林里的住房，或者是深处的一些破壁残垣，让你对拓荒者的行动有些无法理解，他们同时证明了人的能力和人的无常性。在这些被遗弃的田野上，在这些不久之前产生的废墟上，原先的森林又快速长出新枝，野兽又一次建立它们的王国。如此，大自然又微笑着用绿荫和鲜花把人的足迹覆盖了，并将轧出不久的车辙很快抹去。

我记得，在我穿过往昔满布森林的纽约州的一个林区，来到一个四周都是原始森林的湖泊的岸边时：一座小岛立在水中央，上面的树木用它繁茂的枝叶将小岛包起来，令小岛的周边都被绿荫覆盖着。湖滨没有人住过的痕迹。只见天边有一缕炊烟从树梢上笔直升起向云端冲去，它好像是从天而降，而不是从地上升起的。

沙滩上，一只印第安人的独木舟系在那里，我决定驾着它到这个引起我注意的小岛上去看一看。不一会儿，我便登上了小岛。全岛是一片使人心旷神怡的幽静，而新大陆的这种幽静，几乎让文明人对野人生活感到羡慕。青葱的草木用它的繁茂证明了这里土壤的肥沃。这里也像在北美荒原上一般，到处是一片寂静，唯有野鸽的咕咕声和啄木鸟的啄木声，才偶尔把这种沉寂打破。因为大自然在这里还保留着它原来的面貌，所以我决没有想到这样的地方曾有人居住过。然而，当走到小岛的中心时，我马上确信眼前的一切是人的活动遗迹。我仔细地看了看周边的景物，立刻不再对曾有一个欧洲人来到这里栖身的说法予以怀疑。然而，他劳动过的现场已经发生了巨大的变化。当初他匆匆忙忙砍倒而用以搭架小屋的圆木，又重新抽枝生叶；小屋的篱笆，已经变成了一圈生长茂盛的树墙；他的小屋则变成了一个树丛。几块被火烧黑了的石头还可以在这榛莽荒秽的灌木丛中见到，石头旁边还有一小堆灰烬。毋庸置疑，当时的炉灶便设在这里。已经坍塌的烟筒，把它的碎块覆盖在炉灶的上面。我站了一会儿，便对大自然的强大本领默默地赞叹并深感人力的渺小。当我最后要离开这个迷人的场所时，我又再三悲伤地叹息：为什么这么快便成了废墟！

在欧洲，我们常把人心的激荡、人们对财富的贪求和对自由的过分爱好看做一大社会危险。但是，恰是这一切对美国的共和制度的长治久安提供了保证。如果没有此种好动的激情，人口便汇集中在某些地点，而且不久也会像我们在欧洲时一样，感受到难于满足的匮乏。新大陆是幸运的，因为那里的人的恶习，几乎跟人的德行一样对社会有利！

这对怎样对东西两个半球的人的行动予以评价具有重大的意义。我们所说的唯利是图，美国人往往把它称做值得敬佩的勤勉，但我们所称道的清心寡欲，却往往被他们看做胆小怕事。

在法国，国家安宁幸福的最大保证是趣味单纯、习惯朴素、家庭情感、安土重迁。然而在美国，好像再没有什么东西比这些美德更对社会有害了。加拿大的法国人依旧保持自己古老的传统习俗，然而在自己居住的地区，他们已经感到难以生活下去了。在加拿大刚刚形成的这个小小人民集团，不久就将为他们的古老民族的沉痼作出牺牲。在加拿大，为了唤醒人民不要满足于他们还觉得不错的小康现状，最有知识、最有爱国心和最有人道精神的人正在作着非凡的努力。他们对致富的好处予以盛赞，假如他们到了法国，会为一些平庸之辈变成暴发户而喝彩。他们用来刺激人们大脑发热的精力比让人们头脑冷静下来所作的努力还大。在他们眼里，不在故土安贫乐贱，而到外面去致富享乐；不固守田园，而砸碎锅碗瓢盆到外地去大干一场；不惜放弃生者和死者，而外出去追求幸福，都是最值得赞扬的。

现在，美国给人们提供了广袤无际的土地，只要你勤劳，你就可以任意开垦。

在美国，因为所有的知识既可能为有知识的人带来好处，又可能对没有知识的人有用，所以知识大有用武之地。这里对新的需求的出现不会感到害怕，因为几乎所有的需求都很容易获得满足。激情的变化太快也不足为惧，几乎所有的激情都可以找到有益的和便于发泄的场所。由于他们从来也没想过让人滥用自由，因此这里也不会让感觉太过自由。

现在的美国共和社会，就像一个为开发新大陆的土地和经营兴隆的商业而共同组建起来的大批发公司。

最能振奋美国人的激情不是政治激情，而是商业激情。或者不如说，他们将商人的习惯带到了政界中。他们偏爱秩序井然，没有秩序，事业便不能发达。他们遵守信誉，将信誉视为营业兴隆的基础。他们甘愿凭常识去慢慢开创事业，也不愿靠天赋冒危险去发大财。按常规办事的思想可以使他们的头脑保持警惕，不作一些不切合实际的打算。他们对实践的重视要甚于理论。

所以，到了美国便必须了解使物质福利影响政治行动，甚至影响合理的舆论的是什么力量。对外国人而言，主要应当考察这方面的实况。从欧洲迁来的移民，大多数是因为在故乡贫困、向往自由并希望改变困境才来到新大陆的。我在美国有时碰到一些由于政治见解而被迫迁来的欧洲人。他们的言谈令我十分吃惊，而其中有一个人最令我惊奇。一次我路过宾夕法尼亚的一个最偏僻地区，因夜色已深而去找住处时，我敲开了一个富裕的种植园主家的大门。主人是一个法裔美国人。我被他请到壁炉旁边坐下，就像离开故国两千里之遥而在他乡的森林里相遇的亲人一般，我们俩开始无拘无束地交谈起来。我终于知道，我的主人在青史上留有名字，他40年前是一位伟大的平等派活动家和激进的鼓动家。

所以，听到他能像一位经济学家一般谈论土地所有权时，我简直不敢相信自己的耳朵：我几乎要喊他为大地主了。他谈及了财富在人们之间建立的必不可少的等级，谈及了对已定的法律的服从，谈及了共和制度对善良民情的影响，谈及了宗教观点对秩序和自由的支持作用。甚至他更进一步，不经意间引用耶稣基督的权威来支持他的政治见解。

我一边倾听，一边感叹人类理智的脆弱。怎么能从学说的变化无常和经验的教训不同当中去对它的真假予以断定呢？他的一段自白，把我的一切疑问都驱散了：我原本很穷，但现在变得富有了；只要富裕生活在对我的行动施加影响，我的判断岂能不任凭我自由！实际上，我的观点是伴随着我的财富多寡而改变的，而在对我有利的一切事件中，我才真正发现了我之前所没有注意的决定性论据。

富裕生活给美国人造成的影响比在其他国家更广泛。美国人一直认为，秩序和社会繁荣是携手并肩向前的。在他们眼里，秩序与社会繁荣的分离是不可想象的。所以，他们决不会像欧洲人那样，将在小学学到的东西都弃之不用。

法制对美国维护民主共和制度的影响

对民主共和制度予以维护的三大原因——联邦的形式——乡镇的制度——司法权

本书的主要目的，原本是让读者了解美国的法制。如果说这个目的已经实现，那么读者就已经能自行判断哪些法律对维护民主共和制度有帮助，哪些法律对民主共和制度有损害。如果说在本书的以上各章我没有实现这个目的，那么，在本章我就更不能实现这个目的了。

我并不打算折回已经走过的路，而仅用几段文字就总结我已经说过的一切。

看来，有三件事情比其他事情对在新大陆上维护民主共和制度更有帮助。

第一是美国人采用的联邦形式，它促使美国把一个大共和国的强大性跟一个小共和国的安全性相结合在一起。

第二是乡镇制度，它既对多数的专制予以限制，又让人民养成爱好自由的思想并掌握行使自由的艺术。

第三是司法权的结构。我已经指出法院是怎样对民主的偏差予以纠正的，以及怎样约束和引导多数的运动但又从来不对这种运动予以禁止的。

民情对美国维护民主共和制度的影响

在前面我已经说过，我认为民情是美国民主共和制度得以持续的重大原因之一。

在这里我使用的民情（moeurs）一词，含意跟拉丁文字 mores 相同。它不但指通常所说的心理习惯方面的东西，而且涵盖了人们拥有的各种见解和社会上流行的各种观点，以及人们的生活习惯所遵循的全部思想。

所以，这个词被我理解为一个民族的整个道德和精神面貌。在这里，我只想考察其中有助于维护政治制度的几项，而不是具体描述美国的民情。

作为一种政治设施的宗教是怎样有力地帮助了美国人维护民主共和制度

北美是由信奉民主和共和的基督教徒开发的——天主教徒的到达——天主教徒今天形成了一个最民主、最共和的阶级的原因

在每一种宗教旁边，都有一种由于意见一致而跟它结合的政治见解。

假如人类的理性可以为所欲为，那么它将用统一的办法对政治社会和天国进行统治；甚至我敢说，它将想办法让人世和天堂和谐一致。

一些先是反对教皇的权威而后又不承认宗教的至高无上的人开发了英属美洲的大部分地区。所以，他们将一种除了称之为民主的、共和的基督教以外，再没办法用其他词汇来称呼的基督教，带进了新大陆。这一点，当然对在政治活动中确立共和和民主制度有很大的帮助。在此，一开始政治和宗教便协调一致，而且之后从没有中断过这种关系。

爱尔兰的天主教徒大约在50年前开始拥向美国。美国的天主教随着他们的到来增加了许多教徒。如今在美国，信奉罗马教会真理的基督教徒，已有100多万人。

这些天主教徒忠诚地履行着他们的宗教仪式，热烈而又虔诚地信奉他们的教义。然而在美国，他们却形成了一个最共和和最民主的阶级。乍一看，这种情况令人吃惊；然而经过思考，其内在原因也是很容易找到的。

在我看来，将天主教说成民主的天然敌人是一个错误。我认为，在基督教的不同宗派中，天主教是最主张身份平等的教派。在天主教的宗教社会中只有神职人员和普通教徒这两种成分。唯有神职人员比信徒高，全体信徒虽然都位于神职人员之下，然而都是平等的。

天主教认为，人的资质在教义方面都处在同一水平，它要求智者和愚夫、天才和庸人都遵守同一教规的要求，它让富人和穷人都履行同样的宗教仪式，它让强者和弱者都进行同样的苦修；对一切坏事决不妥协，对所有人一视同仁；它主张所有的社会阶级都混在一起做弥撒，这就好像是将所有社会阶级都领到神的跟前。

天主教虽然要求信徒服从，然而它不准许信徒之间存在不平等现象。我认为新教便不是如此。一般说来，新教是让人趋于独立自由，而不是让人趋于平等。

天主教就像一个专制君主国。假如抛开君主不谈，在这个君主国，人们的身份比在共和国还要平等。

天主教的神职人员常常辞去神职，到社会里任公职，从而步入社会的等级行列。有时他们也利用自己的宗教影响来为自己参与创造的政治秩序持久地提供保证。所以，人们才能够看到天主教徒常常从他们的宗教立场出发对贵族政体表示拥护。

然而，神职人员一旦退出政府，例如，在美国发生此种情况时，便再也没人能像天主教徒那样用其信仰把人们身份平等的观念带到政界。

所以，即便说美国的天主教徒不是由于信仰而被迫接受民主共和的观点，那么至少可以说他们并不是天生便对这种观点持反对态度的。而且，他们的社会地位，以及他们的有限人数，也会令他们去制定维护此种观点的法律。

天主教徒大部分是穷人，因此他们要求全部公民参政，以便使自己未来能够参政。天主教徒的人数比较少，因此他们要求尊重一切权利，以便为自由行使自己的权利提供便利。这两个原因，促使他们不自觉地对那些如果他们有钱有势就会不那么热烈赞同的政治学说表示赞同。

美国的天主教神职人员从未试图对这种政治倾向表示反对，反而想办法证明其合理性。美国的天主教教士，将全部知识分为两类：他们不加讨论就接受的神所启示的教义属于第一类；他们认为神让人们自由探索的政治真理属于第二类。所以，美国的天主教徒一方面是最驯服的教徒，一方面又是最独立的公民。

所以可以说，美国不存在对民主共和制度抱有敌意的宗教学说。那里的一切神职人员都有共同的语言，他们的见解跟法律一致，可以说只有一个思想能够对人们的灵魂进行统治。

在美国的一个大城市，我曾做过短暂的停留，并被邀请参加一个公共集会。集会的目的是支持波兰，为他们提供武器和金钱。

我看到两三千人聚集在一个大厅里，这个大厅是为开会而准备的。不久，一个身穿教袍的神甫走上讲演台。在场的人都摘掉帽子，静静地站在那里听他讲话。他讲道：

“全能之主！万军之主！当我们的祖先维护自己的民族独立的神圣权利时，是您让他们的信心更加坚定并指导了他们的行动。您让他们打败了可恨的压迫者，将和平与自由赐予我国人民。啊，主啊！请您把恩慈的目光转到另一个半球，垂怜俯视一下如今仍像我们以前那样为捍卫权利而进行战斗的英雄民族吧！主啊！既然您用同样的模式创造了整个人类，那就不要让暴政将您的创造毁坏，不要在世上建立不平。全能之主！请您对波兰人的命运关注一下，让他们自由吧！愿您的智慧给他们的筹划以启示，愿您的力量对他们的行动以支持。让他们的敌人感到恐惧，让试图瓜分他们的列强分裂，不要让已被世人目睹50多年的不义之举再继续发展。主啊！您的强大的手，好像掌握着世人的心一样，同样掌握着各民族的心。愿您把同盟者唤起，让他们为正义的神圣事业而战斗，让法兰西民族从其领袖创造的无为状态中走出来，再一次带头为世界的自由而斗争。

“啊！主啊！请您不要离开我们，俯允我们可以永远成为世界上最虔诚和最自由的民族。

“全能之主！请您今天对我们的祈求予以满足：拯救波兰人吧！我们以您的爱子的名义，即以为了拯救全人类而死在十字架上的耶稣基督的名义，向您提出这个请求。阿门！”

全场虔诚地齐呼：“阿门！”

宗教信仰对美国政治社会的间接影响

各教派一致主张的基督教道德——宗教对美国民情的影响——对婚姻关系的尊重——宗教是如何把美国人的想象力局限在某些范围内和节制美国人的激情的——美国人对宗教的政治功用怎样看——美国人为扩大和确保宗教的权威所进行的努力

方才我讲述了宗教对美国的政治产生的直接影响。我认为，在这方面宗教的间接影响更为强大，而且别看它对自由避而不谈，却很好地教导了美国人掌握行使自由的技巧。

美国有不胜枚举的教派。虽然各教派在对它们所应崇敬的创世主的礼拜仪式上有所不同，然而在人跟人之间的义务上却意见一致。所以，虽然各教派用各自的方式去崇敬上帝，却都以上帝的名义去对同一道德予以阐释。对一个人而言，教派可能十分重要，然而对整个社会来说却并非是这样。对来世，社会既无所惧，又无所望。对社会来说，最重要的是全体公民信奉宗教，而不是全体公民信奉什么教派。况且在美国这样的社会，所有的教派都处在基督教的大一统之中，基督教的道德在哪里都是一样的。

可以认为，一些美国人主要是出于习惯，而非出自信仰来奉行崇敬上帝的某种礼拜仪式。此外在美国，主权者必须信奉宗教，因此伪装信教的现象是普遍存在的。然而，美国依旧是基督教处处都能够对人们的灵魂产生强大的实在影响的国度，而且再没有什么东西可以表明它比宗教更对人有利和合乎人性，因而这个国家在宗教的影响下，已经成为最文明和最自由的国家。

我曾经提及，美国的神职人员全都主张公民自由，甚至不同意信教自由的那些人也不例外。然而，他们并不对任何一个特定的政治派系予以支持。他们对政治漠不关心，也不参与党派之间的钩心斗角。所以，不能说宗教对美国的法律和政治见解都有影响，然而它却在引导民情，而且通过约束家庭进而对国家产生约束作用。

我没有一刻怀疑，美国的民情表现出的极端严肃性，首先源于宗教信仰。在美国，人们为命运给他们安排的无数良机所诱惑，宗教往往无力阻止这些事情。宗教并不排斥人们一心要发财致富的热情，然而它对妇女思想的控制则是绝对的，而民情的主要创造者却恰恰是妇女。美国确实是世界上对婚姻关系最尊重的国家，美国人对夫妻的幸福也抱有高尚的和正确的看法。

在欧洲，社会上的所有混乱现象几乎都来自家庭生活，而不是来源于婚姻。欧洲的男人有对家庭的天然结合和合法乐趣予以轻视的表现；他们喜欢混乱，心中不能保持平静，愿望一直在变。在这些往往会扰乱家庭生活的起伏不定的激情影响下，一个欧洲人很难服从国家的立法权。但一个美国人，当他从政界的激烈斗争中隐退而回到家中后，马上会生出秩序安定和生活宁静的感觉。在家里，他的所有享乐简朴而自然，他的兴致纯真而淡泊。他好像由于有了生活秩序而得到幸福，而且容易调整自己的观点和爱好。

欧洲人喜爱用扰乱社会的办法来忘记家庭烦恼，但美国人却从家庭中汲取对秩序的热爱，之后再把此种感情带到公务中去。

在美国，宗教不但支配着民情，而且将它的影响扩大到人们的资质方面。

在英裔美国人中，有些人出于对教义的真诚信仰而信奉基督教的教义；但另一些人信奉基督教的教义，却是由于害怕别人说他们没有信仰。所以基督教能够毫无障碍地发挥支配作用并使得所有的人予以承认。结果，恰如我在前面提过的，在道德即精神方面，一切都是之前确定和决定了的，但在政治方面，则一切都可以讨论与研究。所以，在基督教面前，人们的精神从来不存在自由活动的余地：虽然它十分果敢，但也经常要在一些不能逾越的障碍面前停步。不论人们的精神有什么革新，都必须事先接受一些早已规定下来的重要原则，让其最大胆的设想服从于一些会推迟或阻止其行动的清规戒律。

即便美国人的想象力飞翔得很高，他们也是小心谨慎和犹豫不决的。他的行动受到束缚，目标很难达到。这些谨小慎微的习惯，在政治社会也可以看到，并且极其有利于国家的安定和所定制度的持久。美国的居民被大自然和环境造就成大胆果敢的人；当你看到他们穷尽一切办法去追寻幸福的时候，会认定他们的确大胆果敢。假如他们能够摆脱所有束缚，那当中有些人很快便会成为世界上最大胆的革新者和最有逻辑的理论家。然而，美国的革命家必须公开表示自己真诚尊重基督教的道德和公理。当他们依自己的意图执行法律时，基督教的道德和公理不允许他们对所执行的法律随便违反；即便他们可以不顾良心的谴责而违法，也会因为同党人士的谴责而止步。到现在，还不存在一个人敢在美国提出以下的箴言：一切听从社会的利益。这个对宗教有点蔑视的箴言，好像在某个自由时代有人提出过，用以给他们未来的暴政作舆论准备。

所以，虽然法律允许美国人自行决定一切，宗教却阻止他们想入非非，禁止他们恣意妄为。

在美国，宗教始终不直接参加社会的管理，却被看做政治设施中的最主要的一部分，由于虽然它没有向美国人提倡爱好自由，却让美国人能够轻松地享用自由。

美国的居民自身，恰是从这一角度去看待宗教信仰的。谁能钻到人的心里去看呢，所以我不知道所有的美国人是否真信他们的宗教。然而我确信，他们都认为必须对共和政体予以维护。这个看法是整个民族所共有的，而并非一个居民阶级或一个政党所独有。这种看法，所有的阶层都有。

在美国，一个政治家对某一教派予以攻击，不能被隶属这个教派的同党当做反对他的理由。然而，假如他攻击全国所有的教派，那么人人都会躲开他，让他变成孤家寡人。

在美国期间，我得知一个证人被传到切斯特县（属纽约州）出庭作证，但此人在法庭上宣称："他不相信上帝的存在，也不相信灵魂不灭的说法。"庭长说："由于证人在作证以前已失去了法庭对他的信任，所以拒绝此人宣誓作证[①]。"这条消息被报

①下面是1831年8月23日《纽约旁观者报》对此事的报道："切斯特县（属纽约州）民事法庭，几天前斥退了一位宣称自己不相信上帝存在的证人。法庭的庭长指出，在没有作证以前，他就说他不相信有真上帝存在；如此的声言等于对法庭上的所有证言的惩罚，而且他也清楚，在信奉基督教的我县，不允许不相信上帝存在的证人为案件作证。"

纸刊登出来，然而未作评论。

美国人的头脑中几乎将基督教和自由混为一体，致使让他们想这个而不想那个根本是不可能的。然而在美国人身上，这并不是那种从以往传到现在的，好像将要灭亡然而又生根于灵魂深处的信仰贫乏的表现。

我曾看到美国人将神职人员派遣到新建的西部各州，并在那里建立学校和教堂，还自发组织起各种团体。他们担心宗教在西部各州的森林里绝迹，惧怕迁移到那里的人不会像在原籍时那样自由。我曾遇见一些新英格兰的居民从故土离开，长途跋涉来到密苏里河两岸或伊利诺伊州的大草原上，以便在这些地方给基督教和自由奠基。宗教的热情在美国就是如此在爱国主义的温床上不断提高的。你可能认为这些人完全是为了来世；然而你想错了，永生仅是这些人关心的事情之一。当你跟这些基督教文明的传播者谈话时，你会为他们一直论及今世的美好，为他们原是教士但跟你谈话时却以政客的面目出现而吃惊。他们会对你说："美国的各共和州是彼此依赖的；假如西部的一些共和州陷入无政府状态，或被戴上专政的枷锁，那么，在大西洋沿岸繁荣昌盛的共和制度，便会遇到严重的危险。所以，我们希望新建的各州同样信奉宗教，从而能让我们将自由维护下去。"

这便是美国人的见解，然而有些书呆子觉得我的观察有误。他们总是旁征博引地向我证明美国的一切都是好的，然而其中单单缺少我所赞美的宗教精神；我向他们指出，人们关于自由和人类幸福的看法，在大洋彼岸，仅是没有跟斯宾诺莎一样相信世界是永恒的，没有跟卡巴尼斯一样主张思想是头脑的分泌物罢了。说实话，对这些话不需作答，仅能说，讲这种话的人从未到过美国，也未曾见过笃信宗教和享有自由的民族。所以，我只好等他们去过以后再谈。

在法国，有些人将共和制度看做显示自己伟大的临时手段。他们用眼睛把穷困苦难的他们跟有钱有势的显贵隔开的那条鸿沟估量了一下，便想用废墟上的残垣破壁将这个深渊填满。他们主张自由，正像中世纪的自由佣兵维护国王。不论他们穿着何种颜色的服装，参加战斗都有自己的打算：希望共和制度可以长久到将他们从当前的卑微中解救出来。另一种人，而不是这样的人，才是真正向往自由的。这种人把共和制度看做一种长治久安的政体，是理想和民情迫使当代社会必须追求的目的。他们真心希望将人教育成为自由的人。这些人是出于自己的激情，而不是出于自己的利益攻击宗教。专制制度能不要宗教信仰而进行统治，但自由的国家却不能这样。在他们所赞扬的共和制度下，宗教，比在他们所批判的君主制度下更为必要，而在民主共和制度下，比在任何其他制度下更为必要。当政治纽带松弛但道德纽带并未得到加强时，社会怎么能避免崩溃呢？假如一个自主的民族不服从上帝，它能做出什么呢？

宗教在美国发生强大影响的主要原因

美国人注重政教分离——法制、舆论和神职人员本身都为实现这一目的而努力——宗教在美国能对人们的灵魂发生强大影响，应归功到这一原因——为什么——人们今天在宗教方面所处的自然状态是怎么样的——在某些国家，是哪些特殊的和偶然的原因在阻止人们习惯这种状态

18世纪的哲学家们用一种十分简单的方法解释宗教信仰的渐渐衰退。他们说，伴着自由意识和知识的提高，人们的宗教热情势必逐渐消失。遗憾的是，此理论完全不符合事实。

在欧洲，有些人只是由于愚蠢无知而不信宗教；但在美国，你却能够看到作为世界上最自由和最有教养的民族之一的美国人，用极大的热情履行着宗教义务。

一到美国，最先引起我注意的，便是宗教在这个国家的影响。在美国我逗留的时间越长，越感到这个让我感觉新鲜的现象的政治影响之强大。

我在法国看到宗教精神跟自由精神几乎一直背道而驰；但在美国，我则发现两者是紧密配合的，共同对国家进行统治。

我想找到造成这一现象的原因的愿望一天比一天强烈。

为了查明这个原因，我曾跟各个教派的信徒交谈，特别是对属于不同教派和终生献身于宗教事业的教士们的团体进行了访问。因为我本人信奉天主教，所以我极其愿意跟天主教的神职人员接近，对和他们的大多数人亲密交谈的机会我从不放过。我向他们中的每个人谈到我的惊讶和疑问。最后我发现，他们仅是在细节问题上看法不同，然而都将宗教在美国发挥和平统治的作用归功于政教分离。我可以断言，在美国逗留期间，我从未遇到一个人，不论是神职人员还是俗人，在此问题上有不同看法。

这便令我比之前更加专心于考察美国神职人员在政界的地位。我惊奇地发现，他们没有一个人出任公职①。我没有看到一个担任行政职务的神职人员，在众议院和参议院里也没有看到他们的代表。

在许多州里，法律将他们进入仕途的大门关上②；在所有的州里，舆论都不允许他

---

①不包括他们大部分人在学校里担任的职务。美国的大多数学校是由神职人员建立的。

②见《纽约州宪法》第七条第四项。

见《北卡罗来纳州宪法》第三十一条。（托克维尔所引系1776年宪法）

见《弗吉尼亚州宪法》。

见《南卡罗来纳州宪法》第一条第二十三项。（1790年宪法）

见《肯塔基州宪法》第二条第二十六项。（托克维尔所引系1799年宪法）

见《田纳西州宪法》第八条第一项。（1796年宪法）

见《路易斯安那州宪法》第二条第二十二项。（下转208页）

们从政。

后来，当我对神职人员对这个问题的看法进行考察时，发现他们大部分人好像自愿不搞政治，而将这一行的荣誉让给他人。

我听到他们对野心和邪恶信仰的痛斥，而不论这些东西用什么政治观点来遮掩。然而，在听的过程中，我得知他们认为，只要一种政治观点是真实的，上帝并不惩罚抱有此种观点的人；政府管理方面的错误，与盖错一座房或犁错一垄地相比，罪过并非更大。

我看到他们小心翼翼地躲开所有党派，唯恐对自己利益有所损害，尽力避免跟它们接触。

这一切让我坚信他们的话都是真实的。因此，我准备探讨事实的成因，即寻找到底是什么力量在对宗教的表面影响予以削弱的同时却加强了它的实际影响。我确信我可以找到这个力量。

仅仅60年的短暂人生，还不足以让美国人发挥其全部的想象力；不是十全十美的现世生活，也决不能让他们心满意足。在所有的生物中，只有人总是希望人生无可限量，对本身的生存有一种天生的不满足感。人既害怕死亡，又轻视生命。这些不同的情感促使人的灵魂凝视来世；而正是宗教把人引向来世的。所以，宗教只是希望的一种特殊表现形式，而正同希望本身的自然合乎人心一样，宗教的自然也合乎人心。只有精神的暴力对人的天性施加影响，或人的理智迷乱，才会让人放弃宗教信仰。然而，却有一种不可战胜的力量让人恢复宗教信仰。有信仰才是人类的常态，没有信仰只是偶然的现象。

当只从人的观点来考察宗教时，一切宗教都能从人本身汲取用之不竭的力量因素，这是由于这种因素是人性的主要构成之一。

过去的某些时代，宗教除了本身固有的这个影响之外，还可以得到指导社会的现世政权的支持，以及法制的人为帮助。在那样的时代，人世的政府曾与宗教紧密结合，从信仰和恐吓两个方面去控制人们的灵魂。然而，当宗教与人世的政府建立这样的联盟时，我敢说它会像一个人犯错误那般，即它可以为取得它不应有的权力而放弃自己的合法权力，为现在而牺牲未来。

当宗教把它的帝国建立在所有人都一心向往的永生愿望上的时候，它就可以获得普遍性。然而，它只要与一个政府结成联盟，那么就必然采取只适用于某些人的原则。所以，宗教与一个政权结盟之后，将失去支配一切人的可能，而增加对某些人的权力。

宗教只有依靠让所有人都能得到安慰的感情，才能将人类的心吸引到自己的方面来。而当它与人生的苦难情感结合在一起的时候，有时则会被迫去帮助那些要求利

（上接207页）《纽约州宪法》有关的条文如下：

“鉴于神职人员以服务上帝和拯救灵魂为主要职责，且不得松懈，所以任何教派的神职人员或 教士……都不得或不能在州里出任任何文职或军职。”（1821年宪法第七条第四项）

而不是要求爱的盟友，并且会把那些全力反对它，但还在继续爱它的盟友的人斥为敌人。所以，宗教不会分担统治者所煽起的仇恨的后果，如果它不分享统治者的物质权力的话。

表面上建立得很巩固的政权，并不能保证比一个时代的利益或一代人的观点更持久，并且往往会比一个人还要短命。法制可以改变看来似乎十分稳定和十分牢固的社会情况，并且在改变社会情况的同时也可以改变其他一切。

像人生在世一样，人们在社会上建立的权力，都是转瞬即逝的，如白驹过隙。权力的迅速更替正像人生的苦乐多变。至今还没有看见一个政府一直依靠一种永不消失的利益，或者一直受到始终不变的人心的支持。

有史以来，人们的偏好、感情和激情，总是以同样的形式反复重现。一种宗教只要被它们所支持，便能在一段时间内得势，至少不会被另一种宗教消灭。然而，宗教一旦依附于现世利益，几乎又会和世上的一切权力一样脆弱无力。只有宗教能够永垂不朽，然而与那些短命的权力结盟，就是把自己拴在这个权力的命运上，并且经常是伴随着昔日支持这些权力的激情的消失而灭亡的。

所以，宗教同各种政治权力结盟时，只会让自己担起沉重的盟约义务。不需要依靠政治权力的帮助，宗教就能生存，而假如给予政治权力以帮助，就会使自己灭亡。

我刚刚指出的危险，虽然不总是表现得那么明显，但在任何时代都是存在的。

在某些时代，政府仿佛是永垂不朽的；然而在另外一些时代，社会的生存又好像比人的生命还要脆弱。有些政体让公民处于昏睡状态，而另一些政体则使公民保持兴奋状态。

当法制好像十分稳定，政府好像十分强大的时候，人民察觉不到政教结合可能产生的危险。

当法制显得十分不稳定，政府显得十分软弱的时候，危险是有目共睹的，却已经来不及避免了。所以，必须学会很早便预见出危险。

随着一个国家的社会本身日益走向共和，社会状况日益趋向民主，政教结合的危险性也必定渐渐增强，因为在这个过程中，政治理论将相继迭起，国家权力将经常易手，人事、法律和制度都将处于飘忽不定的状态，而且不是一时半会儿，而是长期这样。喜变和爱动是民主共和制度的本性，就好比昏睡和停滞是专制君主制度的定则一样。

既然美国人每一年改选一次地方官员，每两年改选一批新的立法者，每四年改换一次政府首脑，不让宗教沾政治的边，而把政治不断地交给新手去做试验，那么，宗教在众说纷纭和舆论常变之中能够依靠什么呢？它在党派的斗争之中能到哪里去找自己应享有的尊重呢？它在所有一切都处于毁灭状态之下时能够永垂不朽吗？

美国的神职人员，早于他人看清了这个情况，并依据这个情况采取了行动。他们已看明白，想取得政治权力，就不得不放弃宗教的影响力。结果，他们分享国家兴衰的苦乐，而宁愿不要政权的支持。

宗教在美国，或许不如它早先某些时期或在某些国家里那样强大，然而它的影响力却更为持久。它仅仅依靠自己的力量造成影响，任何人也剥夺不了这个力量。尽管它的活动领域是单一的，但它可以在这个领域里通行无阻，且能毫不费力地控制这个领域。

在欧洲，我听到四面八方都在呼吁人们设法让宗教恢复它先前的某些权威，到处都在抱怨缺乏宗教信仰。

我认为，在我们这个时代，首先应当仔细地考察一下，人们在宗教方面的自然状态应当是个什么样子。只有知道了哪些是可以希望的，哪些是应当害怕的，我们才能够清晰地看到应当努力去达到的目标。

威胁宗教生存的两大危险，是人们对宗教的漠不关心和教派的对立。

人们在宗教的狂热时代有时会放弃一种宗教，但这仅仅是摆脱了这一宗教的束缚，而被另一宗教所约束了。虽然信仰改变了目标，但是它并没有死亡。这时，旧的宗教不是遭到人们的痛恨，便是激起人们的热爱。有些人以一种新的虔诚皈依了它，而另一些人则怒气冲冲地脱离了它。这就是说，不是没有宗教信仰了，而仅仅是信仰的目标不同了。

然而，当一种宗教信仰被我称之为否定的学说暗中破坏的时候，情形就不同了，这是由于否定的学说在宣布这种宗教虚假之时，并没有论证另一种宗教是真实的。

于是，在没有激情的协助之下，人们思想中的巨大变革便发生了，甚至可以说是发生在人们毫不知情之中。人们就如同遗忘了什么似的，抛弃了他们最心爱的希望目标。一股无情冷漠的思潮向他们袭来，他们不仅没有勇气阻挡，甚至胆怯地表示屈服。于是，他们追逐把他们引向失望的怀疑，而放弃了心爱的信仰。

在我刚刚描述的那种时代，人们放弃自己的信仰的原因，与其说是出于厌恶，还不如说是出于冷漠。应当说，是信仰脱离了人，而非人自动放弃了信仰。尽管不信宗教的人不再相信宗教是真实的，却仍然认为宗教是有用的。他们从人生方面去看待宗教信仰，所以承认宗教信仰对法制的影响，承认宗教信仰对民情的教化作用。他们知道宗教信仰能够让人安然对待死亡与和平生活。他们为失去了一笔他们深知其价值的财产而担心手中尚存的财产再被人夺走，他们为丢失了信仰而感到惋惜。

此外，不怕公开承认自己的信仰的人则是那些继续信教的人。他们把不具有他们的信仰的人看成值得可怜的人，而非看成敌人。为了能够得到这些人的尊重，并不一定非要效法他们，因此他们决不盲从任何人。他们所在的社会并没有被他们看成宗教与无数死敌进行斗争的沙场，因此他们既谴责同时代人的软弱无力，又爱护他们的同时代人，而且为同时代人的错误而发出叹息。

因为不信教的人并不是真的不信教，且信教的人又公开表示信仰，因此舆论有利于宗教，即引导人们支持、热爱和颂扬宗教，并将触及人们的灵魂深处，找到灵魂所受到的创伤。

永不会放弃宗教情感的人民群众，不会让这种情感与已建立的信仰脱离开来。对来世的向往这一本能愿望，可以毫不费力地指引人民群众到教会去接受洗礼，把他们的心扉敞开来接受信仰的告诫和安慰。

这样的描述不能适用于我们的原因是什么呢？

在我们法国，我看到有些人也没有皈依其他宗教，尽管他不再信奉基督教。

我也看到另一些人在疑惑之中徘徊，有的已宣称不再信教。

更有甚者，我还看到一些基督徒竟然不敢宣称自己信教，虽然他仍在信教。

最后，在这些激烈的反对者和温和的教友中间，我还发现有少数的信徒甘冒一切危险，准备冲破一切障碍，去保卫自己的信仰。这些人竟以暴力去对付人的弱点而不顾舆论。在这种冲动的驱使之下，他们甚至忘乎所以，不知道在何处停步。然而，因为他们知道在他们的祖国，人们用来取得独立的第一个方法便是攻击宗教，因而他们害怕自己的同时代人闹事，而且怀着恐怖的心情排斥同时代人所追求的自由。他们把不信教看做一件新事，所有新的东西，他们都一律仇视。他们同国家和时代处于作战状态，把当时人们提出的每一个见解，都看做信仰的死敌。

在宗教方面，这不应当是人们今天所处的自然状态。

所以，在我们中间有一个偶然的和特殊的原因在阻止人们的精神按其天性发展，促使它越过应当自动停止的界线。

我深信这个偶然的和特殊的原因，便是政教的密切结合。

欧洲的不信教人士，不是把基督徒当做宗教敌人加以攻击的，而主要是把他们当做政治敌人。他们之所以仇恨宗教信仰，不是把它视为一种错误信仰，多半是把它视为一个政党的意见。他们排斥教士，不是因为教士是上帝的代表，而是因为教士是政府的朋友。

在欧洲，基督教曾准许人们把它与俗世政权紧密结合起来。今天，那些与基督教结合的政权已经衰落，而基督教本身则仿佛被埋在那些政权的废墟堆里。它虽然还活着，却被死去的政权压在底下；只要清除压着它的瓦砾，它就会立刻站起来。

我无从知晓怎样做才能使欧洲的基督教恢复其青春的活力。只有上帝能够做到这一点，但不管怎么样，至少要人们相信它依然保留的全部力量是有用的。

美国人的习惯、教育和实践经验是如何促进民主制度获得成功的

应当如何理解美国人的教育——人的理性在美国受到的培养没有在欧洲深刻——可没有一个人仍处于无知状态——为什么——就算在半开化的西部各州，思想的传播也很迅速——对美国人而言，书本知识为什么没有实践经验实用

我在本书的很多地方，已向读者指出了美国人的习惯和教育对维护他们的政治制度所起的作用。所以，我在这里只想补充几个新的事实。

美国至今只出现过几位著名作家，连一个诗人也没有，它也没有伟大的历史学

家。它的居民是用一种不十分赞成的眼光看待真正的文学的。若论每年出版的文学作品数量，欧洲的一个三流城市也比美国24个州加起来要多。

美国人根本不追求理论上的发现，他们的思想缺乏一般观念。实业和政治本身也不引导他们去进行此种研究。在美国，还没有出现过一个探讨法律的一般原理的大学者，虽然他们一直不断地制定新的法律。

美国有评论家和法律顾问，但没有政治家。他们向世界提供的，在政治方面，不是教训，而主要是范例。

对技术，也可以这样看。

美国人对欧洲的发明创造利用得很好，并在根据本国需要进行完善和改进方面做得令人赞叹。美国有实业家，可他们没有受到科学的训练。美国有优秀的工人，可发明家不多。富尔顿在为外国人服务多年之后，才得以将自己的天才贡献给祖国。

我们应当从两个不同方面去考察英裔美国人的智力水平。如果你在调查时将无知的人包括进去，你又会觉得美国人的知识水平在世界上是最高的；如果你考察的全是学者，你会为美国学者之少而感到吃惊。

我在本书的另一处已经说过，美国人民的知识水平处于最低者和最高者之间。

新英格兰的每个公民都受过初等教育，并且在这种教育中他们还学到了宗教方面的若干论据和知识。他们知道本国宪法的要点，了解本国的历史。在马萨诸塞州和康涅狄格州，对这些事情一无所知的人，简直可以说是怪物，我们很难碰上一个对这些事情一无所知的人。

当我拿罗马和希腊的共和制度同美国的进行比较，拿前者的手抄本珍贵图书和无知群众同后者的无数报刊和知识分子进行比较，随后再回顾我们为了古为今用，依据2000年前的经验来推论我们的未来而仍然在进行的一切努力时，我真想把我的书全部烧掉，这样我才能用全新的观点来考察这样全新的社会情况。

然而，我所述的关于新英格兰的一切，也不能一股脑儿地推及整个联邦。越往南或越往西，人民的知识水平越低。也像欧洲一样，在濒临墨西哥湾的各州，有些人连初等教育也没有接受过。然而，想在美国发现一个全是无知人居住的地区是不可能的。理由很简单，欧洲各国是从野蛮和愚昧状态走出来，朝向开化和文明前进的。但各国的进步是不平衡的：有的在途中耽误了一些时间，有的在途中走得快了一些，还有的在途中停下来睡大觉。

美国的情况则不一样。

本来英裔美国人都已开化，在来到新大陆后又继续繁衍子孙。他们只要不忘记原来的东西就可以了，不用从头学起。然而，这些美国人的子孙，之后又年年迁往内地的荒野定居；而随着他们的定居，也带来了原有的知识，并且继续尊重知识。教育让他们知道了知识的功用，而且让他们把这些知识传给后代。所以，美国在建立时就已经成熟，它的社会没有摇篮时期。

美国人从不使用农民一词。之所以不用这个词，是因为他们不知道这个词的含义。在他们的印象中，不知道什么是初民时期的无知、乡村的粗野和田野的单调，也不知道文明早期阶段的那些鄙俗、粗犷、德行和恶习。

在人口稠密地区与荒野的接壤地带，或是在联邦的边远地区，一些大胆的冒险家在那里落户。他们为了不在家乡挨饿受穷而深入美国的荒僻地区，不怕艰险地在那里建立新的家园。一到可供安身之处，这些拓荒者便立刻伐倒树木，在树荫之下盖起木房。再也没有比这些孤零零的住所更让人感到凄凉的了。在夜幕降临的时刻，旅行者走向这种住房时，遥见灯火闪闪发光；当走进屋里以后，便见炉火通红；在夜里有风吹过时，便可以听到用树叶覆盖的屋顶在大森林里晃来晃去作响。谁都会以为这座可怜的小屋是粗鄙无知的人的栖身处。但是，拓荒者的栖身之处与其精神面貌之间毫无共同之处。他周围的一切虽然粗野和原始，但他本人却可以说是体现着19世纪的经验和劳动。他说着城市的语言，穿着城市的衣服；他知道过去，正视现实，憧憬未来。他本是一位很文明的人，过了一段时间就适应了森林里的生活。他在进入新大陆的荒原时，只随身带来一把斧头、一部《圣经》和一些报纸。思想在这些荒原里传播得神速，这是很难用笔墨形容的①。

我不相信，在法国人口最多和最开化和地区，能有如此规模庞大的知识传播活动②。

毫无疑问，美国的国民教育对维护民主制度是很有帮助的。并且我相信，在匡正人心的教育和启迪人智的教育不相分离的地方，情况更会如此。

然而，我不想夸大这个优点，并且我也远远不像大多数欧洲人那般，以为只要教会人们写字读书，他们就立刻会成为公民。

真正的知识主要来自经验。如果美国人不是逐渐地习惯于自治，他们学到的书本知识今天也不会对他们的成功起太大作用。

我同美国人在一起生活过相当长时间，我无法表达我是多么钦佩他们见识广泛和经验丰富。

千万不要让美国人谈论欧洲，他们很看不起欧洲，一谈起欧洲，总是表现得非常自负。这时，他们也只是发表一通在所有的国家仅仅能唬住无知人的笼统的泛泛之论。然而，当你把话题转到他们的国家的时候，你会看到笼罩着他们理智的乌云立即散去：他们的思想和语言变得准确清晰了。他们将告诉你，他们都有什么权利并知道

---

①我曾乘坐过一种两轮无棚的马拉驿车，去过美国的部分边远地区。在无边无际的林海里，我们开辟出的道路上，驱车疾驰了一个昼夜。我们的向导在天黑得伸手不见五指的时候，燃起一束松枝，用火光引导我们继续赶路。在走了很长一段路程之后，我们才遇到一所位于森林深处的木房。这是个驿站旅店。邮件押送员卸下一大包信件，放到这所孤零零的房屋门口。我们便又继续登程，让这附近的居民来取他们最期盼的东西吧！

②1832年，法国诺尔省平均每个居民支付的邮费为1法郎4生丁（见《1833年法国政府决算》第623页）。这一年，佛罗里达州平均为1法郎5生丁，密歇根州每个居民平均支付的邮费支为1法郎22生丁（见《1833年美国大事记》第244页）。然而，在这一时期，密歇根州的人口密度每平方里约为7人，佛罗里达州为5人，而这两个州的实业和教育却不如美国大部分州发达，可是在法国工业最发达和文化最高的省份之一的诺尔省，每平方里约则有居民3400人。

应当怎样去行使这些权利。他们也明白依照哪些惯例在政界活动。你会看到，他们懂得法律的机制，而且对行政制度十分熟悉。美国的居民不从书本中去汲取实证思想和实际知识。书本知识仅仅能培养他们接受实证思想和实际知识的能力，而不能向他们提供直接的东西。

美国人是通过参加立法活动这种手段学会法律的，而掌握政府的组织形式则是通过参加管理工作得来的。每天的社会的主要工作，都是在他们的监视之下，甚至可说是通过他们自己的手来完成的。

在欧洲，教育主要是培养人们处理私人生活的能力；公民很少需要事先学习而参加公务活动。而在美国，对人们所进行的一切教育，都是以政治为目的的。

一瞥欧洲和美国的这两种社会形态，这方面的不同就会立即出现在你的眼前。

在欧洲，我们经常把私人生活的一些习惯和观点带到公共生活中去，因此当我们一下子走出家庭的生活圈子去管理国家时，我们往往像是在家里同朋友谈话那样去讨论国家大事。

美国人就与此完全不同，他们总是把公共生活的习惯带到私人生活中去。在他们那里，代议制的方法，被用来组织宴会；而陪审制度的思想，甚至在学生的游戏当中就有所反映。

就美国对民主共和制度的维护而言，法制比自然环境更好，而民情比法制的贡献更大

民主的社会情况，美洲的所有人民都拥有——但民主制度仅仅得到英裔美国人的支持——虽然与英裔美国人一样，南美的西班人同样得益于自然环境，但南美人未能维护民主共和制度——仿效美国宪法的墨西哥也是这样——西部的英裔美国人维护这种制度比东部的英裔美国人更难——为什么造成这种情况

我已经说过，美国能维护民主制度，应归功于法制、民情[1]和地理环境。

大部分欧洲人仅仅知道这个因素中的地理环境的方面，且赋予它以实际上没有的重大作用。

不错，身份平等被英裔美国人带到了新大陆。他们当中既没有贵族，也没有贫民。行业的偏见和门第的偏见均不曾出现。这样，因为社会情况是民主的，所以民主制度也就不难获得胜利了。

然而，这个情况并不是美国所特有的。几乎所有的美洲殖民地，都是由一些迁来后变得平等或原本就平等的人建立的。在新大陆的任何部分，欧洲人都未能建立起贵族政体。

①在这里，我烦请读者回想一下我所说的“民情”一词的一般含义。人在一定的社会情况下拥有的理智资质和道德资质的总和，我是这样理解的。

然而，民主制度却只在美国得以发展。

美利坚合众国没有需要对立和反抗的敌人。它屹立于北美的广野，就像大洋中的一个孤岛般。

然而，大自然也一样让西班牙人屹立于南美，而这种同外界隔绝的状态，并未妨碍西班牙人建立常备军。他们在没有外敌的时候彼此交战。迄今为止，能够以和平方法自立的民主制度的只有英裔美国人建立的民主制度。

美国的领土，向劳动和实业提供了用之不竭的资源，为人类的活动提供一片无边无际的园地。在这里，社会的繁荣扑灭了派系斗争的烈火，发财致富的欲望代替了争权夺利的野心。

然而，在地球上的哪里能够找到比南美的资源更待开发，比南美的平原更肥沃的平原，比南美的河流更大的河流和更取之不竭的资源呢？但南美却没有能够建立起民主制度。假如说可以在地球上占有一块土地，并且只要随意向荒无人烟的地区扩大，便足以使人民幸福的话，那么南美的西班牙人埋怨自己的命运不济就很不应该了。虽然他们没有享受到美国居民那般的幸福，可至少也让欧洲人感到羡慕。但是，世界上却再也没有一个国家比南美诸国更悲惨的了。

可见，自然环境不仅没能给南美带来像北美那样的结果，而且使南美在某些方面还不如自然条件差的欧洲了。

所以，自然环境对一个国家的命运所起的作用，并不如人们想象的那么大。

在新英格兰，我看到一些人准备离开让他们安居乐业的故土，到荒地里去创造幸福。在离新英格兰不远之处，我见到了加拿大的法国移民，他们甘愿挤在一个无法再挤的狭小地区，也不肯开发近在咫尺的荒地。从美国迁来的移民花费很少的收入，便在荒地里购进大片的地产；而加拿大的法国移民却愿意花费比在法国还要高的价格去购买人口稠密地区的土地。

可见，尽管大自然也把新大陆的荒地赐给了这些欧洲人，可是他们却始终不会好好利用这个礼物。

我觉得，美洲其他国家的繁荣致富的自然条件，同英裔美国人的完全一样，可它们的民情和法制不如英裔美国人的。这些国家现在都非常贫困。所以，英裔美国人的民情和法制是让他们强大起来的特殊原因和决定性因素，而这个因素或原因也正是我所要研究的对象。

我决不认为美国的法制可以应用于一切民主国家，也不是说美国的法制已经十全十美。我认为在美国现行的法律中，对美国本身而言有些法律是有危险的。可是无法否认，总的来说，美国的立法是极其适应它所治理的国家的性质和人民的天赋的。

所以，美国民主政府所取得的成就，有很大一部分应归功于法制，美国的法制是良好的，可我也并不认为法制是美国获得成功的最主要原因。尽管我认为法制对美国人的社会幸福的影响大于自然环境；另一方面，我又有理由相信，法制的这种影响要比民情小。

美国立法的最重要部分，当然是全联邦性的法律。

墨西哥所处的地理位置有利性不亚于美国，而且它还制定了与美国相同的法律，然而墨西哥缺乏建立起民主政府的民情。

所以，除开自然环境和法制之外，还有另外一个原因使民主制度得以在美国建立。

然而，对这个原因还须进一步证明。居住在联邦境内的人，他们说着同样的语言，服从于同样的法律，受着同样的物质条件的影响，以同样的仪式礼拜上帝，而且几乎都是同一种族的后裔。

我们所要考察的他们之间的差异又是从何而来的呢？

为什么在联邦东部，共和政府的管理是强而有力、有条不紊和稳健成熟的呢？又是什么使得政府的一切活动具有了持久性和明智性呢？

与此相反，为什么在西部，各行各业的活动表现得有点混乱和头脑发热，而且几乎可以说有点发狂，以至于不考虑长远的未来呢？为什么社会的管理工作显得有些紊乱呢？

我要在他们之间互相对比，而不再拿英裔美国人与外国人作比较，并考察他们未能一致的原因。在这里，取自法制差别的和取自自然环境的论据对我都没有用处。我要重新寻找原因。这个原因，又能到什么地方去找到呢，只能到民情中去寻找。

英裔美国人长期实行民主管理制度的习惯和经验和最有利于维护这种制度的思想，都是在东部形成的。在这里，民主制度逐渐深入人们的思想、习俗和生活方式中，并反映在社会生活的一切法制和细节方面。也是在东部，人民的实际训练和书本教育最为完善，宗教也最富自由色彩。这些思想、习惯和习俗的总体，假如不是我所说的民情，那么又是什么呢？

那西部就不同了，这些优势至今仍有一部分未在那里出现。西部各州的美国人，大部分出生在森林地带，他们把粗野的生活习惯和思想掺进了他们父兄的文明中。他们的宗教道德比较薄弱，性格比较暴烈，思想不够坚定。在那里，因为彼此才刚刚认识，所以谁也不管谁，谁也管不了谁。因此，在某些方面，西部的居民还像处于摇篮时期的民族，习惯于粗野，没有经验。在东部，他们的社会虽然是由旧社会的人组成的，但很明显是刚刚凑在一起的。

所以，使全体美国人能够维持民主制度的独特因素，是美国人特有的民情。英裔美国人在各州建立的民主制度之所以在发展程度上和细节有所不同，也正是因此才导致的。

所以，欧洲夸大了一个国家的地理位置对民主制度的寿命的影响。此外，他们对民情的重要性也评价得过低，而对法制的重要性又评价得过高。毋庸置疑，这三大原因都对指导和调整美国的民主制度有所贡献。然而应当按贡献对它们进行分级。我认为，自然环境比不上法制，而法制又比不上民情的作用大。

我确信，即便有最好的法制和最佳的地理位置，没有民情的支持也无法维持一个政体；民情能减弱最坏的法制和最不利的地理环境的影响。这种重要性是经验和研究不断提醒我们应当注意的一项普遍真理。我认为应当把它视为我观察的焦点，并且我也把它看做我的全部想法的终点。

最后，对这个问题，我只想补充如下一点。

假如说我在本书的叙述中，还不能让读者明白我所指出的美国人的实践经验、见解和习惯，即民情在维护他们的法制上所起的重要作用，那么，我便没达到我在写作本书时为自己设定的主要目的。

民情和法制在别处能否比在美国更足以维护民主制度

假如英裔美国人返回欧洲，他们将必须修改他们的法律——应当区分开美国的民主制度与一般的民主制度——可以设想出优于抑或至少不同于美国的民主所提供的民主法制——美国的例子只能证明在民情和法制的帮助下有望建立民主制度

我已说过，美国民主制度的成功，有赖于它的民情和法制本身多于其自然环境。

然而，我们可以由此而认为同样的这些因素放在别处也能发生同样的作用吗？既然自然环境代替不了民情和法制，那么民情和法制能不能取代自然环境呢？

不难知道，我们没有证据对此予以肯定。不错，除了英裔美国人外，在新大陆上还有其他民族，而且这些民族也具有和英裔美国人相同的物质条件，因此可以对两者进行比较。

然而，除美国人之外，世界上并没有本身不具备英裔美国人那样的优越自然条件而去实行他们那种法制和拥有那种民情的国家。

所以，我没有用来和美国进行比较的对象，只能随便谈一些看法。

首先，我觉得必须严格地把一般的民主制度同美国的民主制度区分开来。

环顾欧洲的现况，看看那些大国、庞大的军队、复杂的政局、人口众多的城市，在不大幅度改变他们的法制的条件下，我不相信英裔美国人能够带着他们现在的宗教、思想和民情迁回到欧洲并生存下去。

然而，可以假设一个民主国家不按美国那样的方式来建立。

那么，能否假设一个政府真正按照多数的意愿来建立，但这个多数为了国家的安定和秩序，可以违反自己的要求平等的本性，同意将一切行政权限授予一个个人或者一个家族呢？是不是可以假设有一个民主社会，其国家权力比美国更为集中，其人民对国家工作的影响尽管不全是不可抗拒的和直接的，但每个拥有一定权利的公民都可以依赖这些权利来参加国家的管理呢？

英裔美国人那里的一切让我确信，假如将以上假设的民主制度谨慎地移植于一个社会中，而它在这个社会里又能逐渐深入人民的思想，渗入人民的习惯，那么，在美国以外的其他地方，就同样能建立起这种民主制度。

如果美国的法制真是人们可以设计出来的人们可能遇到的最完善的法制，那我对此仅能作如下的结论：美国的法制的成功，什么也不能证明，仅仅能够证明一般的民主法制可在自然条件较差的国家获得成功。

如果我认为美国的法制在许多方面尚有缺欠，并且我也容易想象出其他一些良好的法制，那么，美国特有的自然环境也不能让我们得出这样的结论：民主制度不能在自然环境不够有利但法制却很好的国家获得成功。

如果人们生活在美国时的表现与生活在其他地方时的表现不一样，人们的社会地位让他们在美国形成的观点和习惯同他们以同样的社会地位在欧洲形成的观点和习惯不一样，那么，民主制度在美国所产生的一切也不能和它在其他国家所产生的一切完全一样。

如果美国人的爱好也同其他民主国家的人民一样，而这些国家的立法者又能够依靠国家的环境的优点和自然条件把他们的爱好约束在正当的范围之内，那么，对希望以美国为榜样但没有美国的自然条件优势的国家，美国的一些首先应当归功于纯自然原因的繁荣并不是没有借鉴作用的。

然而，这些设想还没有一个被事实所验证。

美国人表现出的激情，也和我们在欧洲见到的激情相同：其中有一些来自社会的民主制度，有一些则来自人心的天性本身。

例如，在美国我见到焦急的情绪，这是在人人都有同样的机会进取，人们的身份都接近平等时自然会产生的感情。我还见到民主忌妒感，它会以许许多多不同的形式表现出来。我曾说过，美国人处理工作的过程常常有不懂装懂和自以为是的表现。我也曾因此总结说，在美国也同在法国一样，人们同样有痛苦和失败的经历。

然而，当我仔细研究美国的社会制度的时候，很快就发现，美国人曾付出过巨大的可贵的努力去纠正民主的天然缺陷和去克服人心的这种缺点。

在我看来，公民的永久无法满足的野心被美国的各种各样的地方性法律限制在一个狭小的范围内，一些可能破坏国家的民主激情转化为对地方造福的激情。我觉得，美国的立法者在以宗教道德的不变对抗政界的经常变动方面，在以权利观反对忌妒感方面，在以人们处事的熟练习惯抵消欲望的急切方面，在以人们的经验弥补他们的理论无知方面，并不是没有取得成功。

所以，美国人并不是依赖国家的自然环境的优势而战胜来自他们的政治法和制度的危险的。迄今只有他们才拟出了对一切民主国家所共有的弊端的补救办法。虽然他们是第一个采用这种办法的，但是他们却成功了。

美国的法制和民情，并非只对民主国家适用；并且美国人已经证明，以民情和法制来调整民主制度还是有希望的。

如果其他国家在借用美国人的这个有益而普遍的思想时，并非照搬美国人实际应用这个思想的独特方法，而是试着依据上帝为我们这个时代的人规定的社会情况采取自己的办法，以避免无政府状态和专制，那么，我们没有什么理由认为它们的努力一定会失败。

在基督教世界建立和组织民主制度，是我们这一时代的重大政治问题。毋庸置疑，这个问题美国人并没有解决，却为试着解决这个问题的人提供了不少经验。

已经发生的事情对欧洲的重要性

读者不难发现我要用这样多的时间专门讨论上面的问题的原因。我提出的这个问题，不仅涉及一个国家，而且涉及整个人类，不仅与美国有关，而且与全世界有关。

如果那些具有民主的社会情况的国家只能在荒凉地区保持自由，那么，我们只好对人类未来的命运表示绝望了，因为人类正在迅速地走向民主，并且荒凉地区也快住满人了。如果民情和法制确实不足以维持民主制度，那么，除了个人的专制还有什么制度可供选择呢？

我知道仍有许多心地善良的人没有被这样的未来吓倒，但他们喜欢躲开令人厌烦的自由的风暴而偏安。

但是，对自己即将驶向的避风港，他们也并不熟悉。他们囿于从前的偏见，不按绝对权威在今日可能显出的表现去评价它，而按它的过去表现来进行评价。

如果在欧洲的民主国家重新恢复绝对权威，我不怀疑它会采用一种新的形式，呈现出一些特点，而这些特点是我们的祖先所不知道的。

有一段时间在欧洲，人民的支持和法律的规定，曾让国王们拥有过近似于无限的但几乎未能加以利用的权力。

我不想谈那些可以阻止国王滥用权力的权力，比如，最高法院的强制执行权、贵族的特权、行会的权利、地方的优惠权等。这些权力一方面使人民保持了反抗的精神，另一方面又减缓了当局的压力。尽管这些政治制度妨碍个别人抑或是个别集体的自由，但能让人们的心中保持对自由的爱好，而对自由的行使，这种爱好是十分有用的。除了这些政治制度之外，民情和社会舆论还在王权的周围筑起一道不惹人注意但作用非常大的高墙。

臣民的忠心、君主的仁慈、宗教、荣誉感、习惯、舆论、家庭情感、地方的本位主义等因素都在限制着王权，国王的权威被局限在一个隐而不现的圈子里。

当时，虽然制度是专制的，但是民情是自由的。尽管君主有权，但他无法全部行使，并且也不想全部行使。

之前防止暴政的樊篱，现在在哪里呢？

区别善恶的标准完全颠倒了，宗教正在丧失对人们心灵的控制力，从道德世界看来一切都变得不可靠和不可信了，君民任意行事，没人能说清专制的放纵极限和自然的界限在哪里。

人们对国家元首的尊重被连绵不断的革命永久地驱散了。从此以后释去受公众尊敬的负担的君主也可以肆无忌惮地滥用其权力了。

当国王看到臣民的心倾向他的时候，他就宽宏大量，因为他觉得自己是强大的。他十分爱惜臣民对他的忠心，因为他知道这种忠心是王位的支柱，这时，君民之间的感情交融，就像在家里那样亲密无间。臣民或许会发发牢骚，但当发现君主因此而不快时，又会感到后悔。这时，君主将像父亲惩罚子女一样，只轻轻地拍打一下臣民而已。

但是，一旦王权在革命的纷乱中丧失威信，抑或登上王位的国王一代不如一代，人民感到他的行为残暴和权力减弱时，就不再把君主视为国父，而仅仅把他看做一个头子。他强大，人们便憎恨他；他软弱，人们就轻视他。国王心中充满了恐惧和怒气，他在国内形同外人，而他也将臣民看做被征服的敌人。

当国家里的城市或各省变成一些不同的小国时，它们便都拥有了各自的特别的意志。这种意志是完全与原先的服从一个中央的共通意志相悖的。然而，假如先让帝国所属的各个部分丧失各自的独立、习惯、成见甚至是名称和主权，接着再让它们习惯于服从同一法律，那么，现在将它们整合加以统治，与原先分别统治时相比，并不算困难。

贵族制度的声誉，在贵族享用权力的时期，甚至是在他们丧失其权力之后的相当长一段时期内，都会给予个人的抵抗行动以很大的力量。

所以，有些人虽然那时已经没有权力，但是，他们敢于单枪匹马地抵抗国家权力的压力，并依然能保持高尚人格。

然而在今天，当君主制度的声誉几乎扫地而又没有德行来补救，没有任何东西促使人们上进的时候；当所有的阶级都几乎混为一体，个人的出众表现逐渐消失在群众之中，从而变得默默无闻的时候；谁能说得明白弱者的服从和强者的要求将在何处止步呢？

反对暴政的人，只要还有家庭情感就一天也不会孤立无援，他的周围有他的近亲、世交和追随者。就算没有这种支持，他的后代也将接替他的事业，他也会感到祖先在督促他前进。然而，当种族的差别不久就要消失，祖传的家业日益分散的时候，又到哪里去寻找家庭情感呢？

在一个不断改变面貌或已经完全改变面貌的国家，假如它的一切暴政都有先例可援，一切罪行都是例行公事，现存的古老事物消亡而没有人感到惋惜，凡是能够想象出来的新鲜事物人们都敢去尝试，那么，它的习惯法还有什么力量呢？屡遭践踏的民情又能提供什么抵抗力呢？

当没有一个人、一个家庭、一个团体、一个阶级、一个自由结社可以代表和鼓动舆论时，当没有一条共同纽带将这么多人联系在一起时，这个舆论又还能有何用呢？

当每个公民都一样无能，一样贫穷，一样孤立无援，且仅能以个人的软弱去对抗政府的有组织的暴力时，舆论又会有何用呢？

我们这一代人所不能预见到的是国家在某些方面是否会出现类似局面。也许我们应当回顾可怕的罗马暴政时代，追溯古代的史实。在那个时代，意志动摇，传统中断，习惯腐败，风气颓废，自由被法律破坏而无容身之地，人性被人玩弄，公民不受保护也不能自保，君主不再开恩而是强迫臣民逆来顺受。

在我看来，只有那些神志已经不清到了极点的人才希望复兴亨利四世或路易十四的君主政体，至于我，当我预见一些国家将要达到的状况和看到许多欧洲国家的现况时，我就情不自禁相信它们很快便会作出抉择：不是走向专制者的暴政，就是走向民主的自由。

这是值得人们深思的。假如面对这项抉择的社会统治者不是逐渐将群众提高到他们的水平就是让公民降到人的水平之下；假如人们将来不是全部自由就是全体被奴役，不是全都拥有平等权利就是权利全被剥夺，那么，只要坚定信心，战胜疑虑，教育每个人自愿作出巨大的牺牲，这不就已经足够了吗？

所以，难道不应当认为逐渐发展民主的民情和政治制度，是使我们自由的唯一而且最好的手段吗？其次，假如不喜欢民主的政府，又怎能把它作为医治目前社会弊病的最好和最适合的药剂而加以利用呢？

让人民参加政府的管理工作非常难，而让他们拥有管好国家的意识和积累管理的经验则更难。

我承认，民主的意向是常变的，它的法制还不完备，它的执行者还不精干。然而，假如在独夫的压迫和民主的统治之间确实没有中间道路可走，与其自暴自弃地屈从于前者不如倾向于后者，并且，如果我们必然最后变得完全平等，那么，让自由把我们拉平比让一个暴君把我们拉平要更好。

假如读过我的这本书之后，有人断定我写此书的意图就是让已经具有民主社会情况的国家仿效英裔美国人的民情和法制，那么他就大错特错了。这样的读者没有认识到我的思想的实质，而只注意到外表。我的目的是以美国为例来说明：法制，特别是民情，能让一个民主的国家保持自由。可我不认为我们应当照搬美国为达到目的而采取的手段，照抄美国提供的一切，因为我知道，一个国家的历史和自然环境，同样对它的政治制度会产生某种影响；并且，假如自由要以同样的面貌出现于世界各地，我还认为那是人类的一大不幸呢。

可是我觉得，假如我们不向全体公民灌输那些使他们首先懂得自由和随后享用自由的思想和感情，不逐渐采用并最后确立民主制度，那么，不管是贵族还是有产者，不管是富人还是穷人，谁都无法独立自主，暴政就将统治所有的人。我还能够预见，假如我们不及时建立绝大多数人的和平统治，那么我们迟早会陷于独夫的无限淫威之下。

第十章 概述美国境内的三个种族的现况及其可能出现的未来

现在我为自己规定的主要任务已经完成了，我已尽我的所能说明了美国的民主法制，也解释了美国的民情。我本来可以就此停笔，但是读者可能觉得他们的期望还没有得到满足。

在美国，除了广泛而完善的民主制度之外，还有一些其他的东西值得研究。例如，从另一个角度我们还可以研究居住在新大陆的人民。

我在讲述的过程中，话题常常触及印第安人和黑人，但是我一直无暇说明在我所描述的这个民主国家中这两个种族所占的地位。我已经说明英裔美国人组成联邦是根据什么精神和法律的；对威胁这个联邦存在的危险，我顺带说明了一下，但说得很不全面。除了美国的法制和民情之外，我对国家的长治久安的条件也没有做详尽的叙述。在描述合众国的共和制度时，对这个制度能否在新大陆长期存在的问题，我从未做过随意的臆测；在经常提及联邦盛行的商业活动时，我也不能预测作为一个商业民族的美国人的未来。

虽然这些问题都与我的主题有关，但是我对它们并没有进行深入的研究。虽然它们都与美国人有关，却与民主无涉。我主要想研究的是美国的民主，因此最初我要把这些问题暂时搁置起来。但是现在当我要完成本书的论述时，我认为应该回过头来谈一谈这些问题。

为美国联邦所占有的或者被宣称为它所拥有的领土，现在已经从大西洋海岸一直延伸到太平洋海岸。所以它的边界，无论是东面还是西面，都是大陆的边界。往南几乎伸进热带；往北则到达北部的冰原。

分布在这个广大空间的人，不像在欧洲那样是同一种族形成的数个分支。一眼看去，就可以发现在他们中间有三个体形面貌不同，而且几乎可以说是互相敌对的种族。教育、法律、血统，甚至外貌特征，都筑起了一道他们无法逾越的屏障。在这块土地上，虽然命运把他们集合在一起，但是却不能把他们混合起来形成为一个整体。他们各自按照自身的条件往前发展着。

在差别如此巨大的人群中，引人注意的，首先是在知识、力量、生活享受上均属于第一的白人，也就是欧洲人，或者可以说是杰出的人。在他们之下，就是黑人与印第安人。

这两个不幸的种族，在族源、外貌、语言和民情上各不相同；他们的不幸则是唯一的相同之处。在其所住的地区，他们均处于低卑地位，两者都受暴政的摧残。虽然所受的虐待不同，但是虐待却都来自同样的一些人。

从世界的既往情况来看，欧洲人对待其他种族犹如其他种族对待动物。他们奴役其他种族，而其他种族不服从时就会被消灭。

欧洲人的压迫，就把非洲人后裔的人类特权几乎一下子全都夺走了。现在美国的黑人，连自己原来的祖国都不知道。他们祖先所讲的语言，他们已经不再用了；他们不再信仰原来的宗教，也忘记了原来的民情。他们离开了非洲，却未能享受如欧洲人那般生活的权利。在两个社会中他们居于中间，过着和另外两个种族不一样的生活，被卖掉之后再被另一个人转卖。普天之下，只有主人为他们安排的住所，才能给他们留下关于故土的模糊记忆。

黑人没有家庭，女人只是男人寻欢作乐暂时的伴侣。从出生之日起，他们的孩子就与他们处于同样的地位。

这种对极端悲惨的境遇的无动于衷，甚至对这种不幸的根源采取的一种可鄙的大方态度的心灵状态，应该被称做是上帝对人们的慈悲还是对人们最严厉的怒斥呢？

被这种灾难困扰的黑人，只是对他们的不幸处境刚刚有所感觉；暴力将他们变成奴隶，受人役使的习惯则又使他们养成了奴隶的思想和奴性的奢望。他们对自己的残暴主人的羡慕要远胜过憎恨，并因卑躬屈膝地仿效他们的压迫者而得意和骄傲。

黑人的智力下降到与心灵同样低的水平。

他们一出生就是奴隶。我还能再说些什么呢？他们在娘胎里就往往被人出卖，可以说在出世之前就注定了奴隶的命运。

他们既没有欲望，也没有享受，对他们来说这些都没有用。他们从出生到懂事，就已经知晓自己是别人的财产，要为这个人的利益贡献自己的一生。他们认为，不必由自己操心照料生活，甚至用头脑思考问题的这种思考能力在他们看来都是上苍的无用恩赐。对于自己的卑贱地位，他们感到心安理得。

他们即使获得解放，也往往把独立看做是比奴役还要沉重的枷锁，因为他们只学会万事服从，却没有学会服从理性，当理性要指引他们的时候，他们根本不予理会。那些向他们袭来的众多新要求，他们也没有足够的知识和能力来应对。他们本应当反对主人的要求，可是他们只知道屈服和顺从。所以他们陷入了痛苦的深渊，在这个深渊里，奴役使他们失去理性，放弃自由而让他们走向灭亡。

压迫对印第安人造成的影响同样不小，但是后果却大不相同。

在白人来到新大陆之前，居住在北美的人一直安居于林野之中。他们过着野人生活，历经沧桑，仍然保留着原始未开化人的恶习和德行。印第安诸部被欧洲人赶进深山老林以后，被迫去过痛苦得无法形容的漂泊不定的生活。

野蛮民族只受舆论和民情的支配。

北美的印第安人因欧洲人的暴虐而失去了故土的观念，他们的家庭被拆散，传统被遗忘，记忆的链子也被打断，他们的一切习惯都被改变，并且贫困化进程也大大加快，这就使得他们比以前更加杂乱无章和不文明了。这些部落的身心状况不断恶化，随着他们苦难的加重而日益野蛮。尽管如此，欧洲人并没有能彻底改变印第安人的习性，他们甚至用国家权力来摧残印第安人，但一直也没有能够制伏他们。

黑人被奴役到不能再奴役的地步，而印第安人则自由放任到了极限。与黑人相比，奴役并不比放任自由对印第安人造成的后果更为致命。

黑人没有任何财产，甚至没有人身自由。要是他们出卖自己，就等于侵犯了他人的财产。

但是，只要野蛮人能行动，就是自己的主人。他们几乎不明白什么叫家长权，自己的意志从来没有向族长权屈服，谁也无法让他们区分清楚自愿服从和可耻屈从，在他们那里甚至连法律这个词汇都没有。自由在他们看来就是摆脱社会的一切羁绊，不受任何束缚。他们满足于这种野蛮的独立，宁愿选择独立而毁掉自己，也不肯放弃一丝一毫的独立。对这样的人，文明起的作用并不大。

为进入那个始终在排斥他们的社会，黑人做了许多徒劳无功的努力。他们屈从压迫者的意愿，接受压迫者的观点，压迫者的一举一动他们都企图仿效，以便同其混为一体。从幼年时代起，他们就被告知是天生比不过白人的种族，而且这种说法他们也推翻不了，他们因此便自觉不如白人。他们发现自己的一举一动都有奴隶的倾向。如果可以的话，这一切他们都愿意丢掉。

印第安人则与此相反，在想象中他们以为自己出身很高贵。他们把生和死都寄托在那种自以为了不起的梦幻中。他们根本不屑使自己的民情服从欧洲人的民情。他们把野蛮生活当做自己种族的独特标志来热爱。他们拒绝接受文明，拒绝的原因主要不是出于仇恨文明，而是出于害怕变得与欧洲人一模一样[①]。

他们只能用原始的弓箭来对付我们的先进武器，用毫无军纪的野蛮来对付我们

①北美的土著以史无前例的坚定保留着自己的观点，甚至坚守着他们习惯的微小的细节。200多年来，漂泊不定的北美部落虽经常与白人接触，但几乎拒绝全部的白人的思想和习惯。不过欧洲人还是对野蛮人造成了极大的影响。即他们只是使印第安人更加衰败，却无法将他们欧化。

1831年夏天，我到密歇根湖畔一个名叫绿湾的地方，这是西北部印第安人在美国的最北界线，在这里我结识了一位美国军官H少校。有一天他长篇大论地给我谈完印第安人的坚定性格后，又向我讲了以下这样一个故事："以前，我认识从新英格兰一所学院毕业的一个印第安青年。他学习很不错，外表同文明人完全一样。在1810年同英国人作战期间，我又见到了这位青年。他在我们的部队里服务，指挥他们部落的战士。只是在印第安人答应不以残忍的办法活剥被俘者的头皮的条件下，美国人才准许他们参加部队作战的。这位叫C的印第安青年，在……战斗后的夜晚来到我们的野营，他在营火旁边坐下。我问他白天的战况。他谈了战斗的经过，而且对自己的战绩越谈越高兴。最后他解开军装的纽扣对我说：'可不要出卖我，你看！'H少校接着说：'在他的衬衣里，我看到有一块带着头发的英国人的头皮贴肉藏着，而且还滴着血。'"（参看托克维尔的《美国旅行记》，J.P.梅耶编：1960年纽黑文版第37页。这里的H少校为拉马尔少校）

的战术，用自发的本能对付我们的老谋深算。在这场力量悬殊的斗争中，他们接连失败。

黑人希望同欧洲人融合为一体，但是他们却无法办到这一点。在一定程度上印第安人可以做到这一点，但是他们不屑于这样做。一个是奴性注定了命运，另一个是因傲慢让自己走向灭亡。

还记得，我在途经亚拉巴马州的森林时到过一个拓荒者的一个木房前边。我不想进美国人的住宅，便停在离这所木房不远的一个水池旁边休息。我刚坐下就来了一个印第安女人（这里离克里克部的居住区不远），用手拉着一个五六岁的白人小女孩，貌似是拓荒者的女儿。跟在她们后面的是一个黑人女人。这个印第安女人的打扮，可算是野蛮人华丽装饰之大成了：鼻孔和耳垂都挂着铜环，头发缀着玻璃珠披散在肩上。看得出她还没有结婚，因为她还戴着贝壳项链，根据习惯，如果她是新娘，就该把它放在新婚的床上。而那个黑人女人，则穿着破烂的欧式服装。

她们三人都来到水池边坐下。年轻的印第安女人抱起小姑娘，对她像母亲一般爱抚。坐在旁边的黑人女人，用各式各样的办法逗弄这个白人小姑娘。这个小姑娘在她那慢条斯理的动作中表现出一种优越感，与她的幼小年龄形成了鲜明的对照，好像是在屈尊接受同伴的关怀一样。

在小主人的面前，黑人女人蹲在那儿想尽办法迎合她的意愿，好像既怀着一种母爱，又带有一种唯恐得罪小主人的奴性心理。而那个印第安女人，在她的温柔表情中，则流露出自由自在、有点骄傲和近似于愤世的神气。

我默默地看着这个场面，向她们走去。显然我的好奇心已经引起印第安女人的不快，她霍地站立起来，把孩子粗暴地推到一边，怒视了我一眼以后，就走进丛林里去了。

我经常看到北美的这三大种族混合集会的场面。通过多次的不同观察，我看到了白人的优越地位。但在我刚才描述的这一场景中，却有特别动人的一种情景，那就是感情上的一种联系，把压迫者和被压迫者在这里结合在一起，大自然为了使两者接近而在进行努力时，反而让两者之间的偏见和法制的鸿沟更加令人触目了。

在联邦境内居住的印第安部落的现况及其可能出现的未来

土著部落的逐渐消失——消失是怎样进行的——被迫迁徙给印第安人带来的苦难——北美的野蛮人逃避灭亡只有两条出路：不是进行战斗，就是接受文明——他们已经无力战斗——他们在能够接受文明时为什么不愿意接受，当他们愿意接受文明时而又为什么不能接受了——克里克部和柴罗基部的例子——个别州对待印第安人的政策——联邦政府的政策

世世代代居住在新英格兰境内的印第安部落中，纳拉干部、莫希干部和佩科特部这

几部，除了留在人们脑海中的记忆，已经不剩下什么了；而在特拉华湾150年前欢迎佩恩的勒纳普部，现今也不存在了。我见到过的几个仅存的易洛魁人都在乞讨以维持生活。方才我提到的诸部，昔日满布于北美各地，甚至发展到海岸。而如今，只有深入到内陆100多里约，才能见到印第安人。这些野蛮人不仅向内陆逃离，而且正在逐步消失[①]。随着印第安人的远徙和死亡，不断迁来的大量的居民就把他们的地盘都住满了。在人类的历史上，一个发展得如此惊人而又消失得如此迅速的民族还是头一回出现。

要问这种消失是怎样进行的，这并不难解释。

在印第安人还是后来被他们逐出的那片荒野上的唯一居民时，他们的需求很少，他们自制武器，唯一的饮料是河水，他们用兽皮做衣服，用兽肉做食物。

欧洲人把火器、铁器和酒带到了北美的土著居民中间。印第安人跟他们学会了改穿纺织品制成的服装，把原先只能满足于简单需要的野蛮人的服装都丢掉了。在沾染上新的嗜好后，印第安人并没有学到满足这些嗜好的技术，他们只得依靠白人的工业。为了交换自己不能制造的这些物品，野蛮人除了在森林里还可出产的毛皮财富外，再也拿不出别的可以进行交换东西了。这样，狩猎就不仅为维持生活，也为满足欧洲人的奢望。印第安人不能再单纯地为了获得食物而打猎，还要为了取得以物易物的物资[②]。

土著的需求就这样日益增加，但是他们的资源却在不断减少。

欧洲人自从定居在印第安人居住的地区附近以后，飞禽走兽都逃进了森林[③]，而面对在森林里漂泊的居无住所的数千名野蛮人，它们并不害怕。但是，某个地方一旦传出欧洲人的劳动声音，它们就开始逃走，退藏到西部。指引它们在西部找到无边无际的荒野的是它们的本能。卡斯先生和克拉克先生在他们的1829年2月4日报告中说：

“成群的野牛不断地后退，它们几年以前还经常出没在阿勒格尼山麓。但是没多久，

---

①在最初的13个州里，现在印第安人只有6373名。见第二十届国会（第二次会议）第117号立法文件第20（？）页。

②克拉克先生和卡斯先生于1829年2月4日在提交给国会（第二次会议）的报告（众议院文件第117号）第23页（和以下几页）中写道：

“很久以前，不依靠文明人的工业品，印第安人就可以获得必要的猎物以供吃穿。在密西西比河以西，还可以在有些地方见到大批的成群野牛，住在这里的印第安人部落，就跟随这些野生动物一起迁徙。同我们谈话的印第安人，能按照祖传的方法把猎获的野牛养活起来，野牛而今已在不断减少。现在不准再用陷阱、火枪、夹子等来猎取熊、黄鹿、河狸、麝鼠之类的小野兽了。对于作为印第安人生活必需品的小野兽，更不准采取这样的办法了。

“在印第安人不得不靠辛苦的劳动来维持生计的西北地区，尤其应当这样。往往猎人追逐猎物数日而一无所得。全家在这期间就得用树皮和树根充饥，或者饿死。每年冬天都因此而有很多人饿死。”

印第安人不愿像欧洲人那样生活，但现在他们既离不开欧洲人，又不能完全按照祖辈那样生活。一个事实就足以说明这个问题。我也是通过官方的文件了解到的。苏必利尔湖畔的印第安人的一个部落中，有人杀了一个欧洲人。联邦政府就下令禁止同这个部落贸易，直到把杀人的罪犯捉拿归案为止。

③沃尔内在其《美国气候与土壤概述》（巴黎，1822年）第370页中写道：“从文森斯到卡斯卡斯基亚，五年前在今伊利诺伊州境内到处是野蛮人（1797）。你经过的草地无不有四五百只成群的野牛，而今全不见了。因不堪猎人的追击，尤其是不堪美国人牲畜的铃声的干扰，野牛涉水逃到密西西比河的对岸。”〔托克维尔用过的此书原本，现藏于托克维尔旧居（在芒什省）〕

在沿着落基山脉伸展的广阔原野上，它们的踪影也难以被发现了。”有人自信地向我指出，白人来临的影响，在离他们住区200里约远的地方就可以感到。他们也对一些刚刚知道族名的部落造成了影响，在认识苦难的制造者以前，这些部落早就尝到了被掠夺的痛苦[①]。

一些勇敢的冒险家，很快深入到印第安人的居住地区。越过白人居住区的边界，他们向前深入15或者20里约，就在野蛮人的居住区内建起了文明人的住所。他们没有遇到任何困难，因为狩猎民族的边界本就是不明确的。更何况狩猎的领地是属于全族的，而不是个人的，所以保护领地的任何部分都与个人利益无关。

一些欧洲人举家搬到印第安人居住地区，相隔很远的一些据点就在那里建立了起来，不久就把一切据点之间的野兽吓走而且不再回来。在那里原来还算丰衣足食的印第安人，现在处于难以维持生计的境地，而他们要获得以物易物所需的东西就更加困难了。他们的猎物被赶走，后果等于我们农民的耕地变得贫瘠不毛一样。他们的生活手段在不久以后就几乎完全丧失。到处漂泊的这些不幸的人，就像在荒山野林里徘徊的一群群野狼。安土重迁的本能，让他们热爱自己的出生地[②]，然而在那里他们只能是受苦和饿死。于是他们终于决定离开，跟踪大角鹿、野牛和河狸的迁徙路线，让这些野兽指引他们去选定新的家园。有人竟因此说撵走美国土著的是饥荒，而不是欧洲人。这真是以往的学识渊博之人都没有找到的而却由现代的有识之士发明出来的高论。

这种随着被迫迁徙而来的可怕苦难是不堪设想的。当印第安人离开世代居住的家园时已经筋疲力尽，衰败不堪；而他们新选定的落脚地，则早已被对新来者怀有敌意的其他部落居住。他们的背后是饥荒，面前又是战争，真是多灾多难。面对这么多的敌人，他们只好分散开来活动。每个人独自默默地去寻求谋生的手段。就像文明社会里无家可归的人那样，他们在无边无际的荒野之中漂泊生活。很早以来就已削弱的社会纽带，到这时已经完全断裂。对于他们来说，已经不再有故国，甚至很快就将不再算是一个部族。因为家庭已经难以保全，而且他们正在失去共同的族名，共同的语言也逐渐被人遗忘，族源的痕迹也将消失。作为一个民族，他们已经不存在了。他们的族名也许还勉强地留在美洲考古学家的记忆里，也或许只有欧洲的某些学者还记得。

我想我在这里所叙述的一切读者都不会不信。我要把我目睹的一些悲惨情境都描述出来，也尽可能地把我所看到的苦难再现出来。

1831年年底，我来到密西西比河左岸被欧洲人叫做孟菲斯的一个地方。我在这里停留期间，一大群巧克陶部人也来到这里。路易斯安那的法裔美国人将他们称为夏克

---

①大家可以相信，在这里我所介绍的美国境内的各个印第安人部落的一般情况是真实的（见第二十届国会第117号立法文件第90～105页）。即使欧洲人现在还离美国中部的野蛮部落很远，可以预见到这些部落也会很快相继灭亡的。

②克拉克先生和卡斯先生在致国会的报告第15页上说，印第安人之所以不愿意离开故土，同我们一样，是出于安土重迁的感情。他们另外还把不愿意让出上天赐给他们祖先的土地的思想，和对某些与从来没有向欧洲人出让过土地或者只向欧洲人出让过土地的部分部落具有重大影响的迷信思想联系起来。“我们不出售埋有我们祖先遗骨的那些土地”，就是他们对前来要求购买他们土地的人说的第一句话。

塔部。这些离开故土的野蛮人想到密西西比河右岸去，自以为可以在那里找到美国政府准许他们栖身的一处地方。当时正值隆冬，这一年冷得很反常。地面上的雪凝成一层硬壳，河里漂浮着巨冰。印第安人带领着家属，后面还有一批老弱病残跟着，其中既有刚刚出生的婴儿，也有垂垂老矣的老人。他们既没有帐篷，也没有车辆，只有一点粮食和简陋的武器。他们上船渡过这条大河的情景被我看见了，我永远也不会忘记那个严肃的场面。密密麻麻的人群中，既没有人哭喊，也没有人抽泣，一片沉默。由来已久的苦难让他们感到无法摆脱。他们已经登上运载他们的大船，狗却仍旧留在岸上。最后，当这些动物发现主人将永远离开它们的时候，就一起狂吠起来，紧接着跳进浮着冰块的密西西比河里，跟着主人的船游着过河。

对印第安人的剥夺，在今天经常以一种正规的或者可以说是合法的形式在进行着。

在欧洲人开始进驻被一个野蛮部族占据的荒凉地区时，通常美国政府都先向这个部族派去一名官方信使。白人随后将印第安人召集到一个空场里，一起大吃大喝一通，然后对他们说："在你们祖先的这块土地上你们能干出什么来？你们过不了多久就得靠挖祖先的骨头来生活。这块土地难道比别的地方好？除了你们住的这个地方，难道别处就没有森林、沼泽和草原吗？普天之下，难道除了这里就没有能够居住的地方了吗？在天边的那些大山后面，在你们的土地西面尽头的那个湖的对岸，还有一大片土地，上面有许多野兽奔驰着。把你们的土地卖给我们，到那边的土地上幸福生活吧。"这一番话讲完后，在印第安人面前，他们拿出一些火枪、呢绒服装、成桶的酒、玻璃项链、金属手镯、耳环和镜子[①]。如果印第安人看到这些物品后还不动心，就可以慢慢说服他们对他们提出的要求不要拒绝，同时向他们暗示将来政府也无法保证他们行使自己的权利。结果会怎么样呢？在一半说服和一半强迫之下，印第安人离开了这片土地。他们来到其他的荒凉地区住下，而白人也不会容许他们在那里太太平平地住上十年。就这样美国人以非常低廉的价格，买到了欧洲最富有的君主也买不起的大片的土地[②]。

这些深重苦难我已描述过了，但是我还需要补充一句：这些苦难是无法挽救的。我

---

①参看国会第117号立法文件（第15页及以下几页）对这种交易的描述。下面的细致描写，见于刚才我引用的克拉克先生和卡斯先生1829年2月4日致国会的报告。刘易斯·卡斯先生现任美国陆军部长。

克拉克先生和卡斯先生写道："印第安人来到签约地点时，样子十分可怜，几乎是一丝不挂。他们在这里看到并试用了他们觉得十分珍贵的许多物品，这些就是美国商人特意带来的。想要满足自己需要的妇女和儿童，立即开始纠缠亲人要这要那，对有权出卖土地的人施加种种影响。印第安人的目光短浅，是经常性的和无法说服他们改变的。解决妇女儿童的这些迫切需要和满足他们的愿望，是野蛮人的不可动摇的一种感情。长远利益对他们而言只有微不足道的影响。他们容易忘记过去，根本不考虑未来。他们的要求如果不能立即满足，你怎么恳求他们出让一部分土地也是枉然。你务实地指出他们所处的困苦境地时，你不会为使他们的痛苦得到某些缓解而引起他们的热烈表情而感到吃惊。"

②1830年5月9日，爱德华·埃弗雷特向众议院报告说，根据协定，美国人已在密西西比河以东和以西获得23000万英亩土地。

1808年，奥赛治部以1000美元让出4800万英亩土地。

1818年，夸保部以4000美元让出2000万英亩土地。他们保留了100万英亩土地用来狩猎。（下转229页）

相信北美的印第安种族注定会灭亡。我也坚信，欧洲人一旦在太平洋海岸立足，那里的印第安人也将不复存在[①]。

北美的印第安人得救的出路只有两条：要么对白人开战，要么自己接受文明。换句话说，不是消灭欧洲人，就是变成同欧洲人一样的人。

在白人建立殖民地之初，本来印第安人只要联合起来就可以赶走刚刚登上这个海岸的一小撮外来人[②]。他们曾试图这样做并且接近成功。今天，由于力量的对比悬殊，这种想法已经不可能实现了。在印第安人中间，有些杰出人士仍会预见到蛮族未来的厄运，而且试图把所有的部落联合起来，共同对付欧洲人。他们的努力却无济于事。邻近白人的部落，已经衰弱得无力进行有效的抵抗；而一些其他部落，就出于野蛮人的天性，只会采取听天由命的态度，等待明天厄运的来临，而不思考对策。当中有的部落是无力采取对策的，有的部落则是根本不想采取对策。

不难预见，他们不是永远不想接受文明，就是在意识到应该这样做的时候已经为时甚晚。

文明是人们在同一个地方长期劳动的结果。它代代相传，每一代都得益于上一代。最难让文明在其中建立统治地位的民族，是狩猎民族。虽然游牧部落经常更改住地，在迁徙的过程中却总是依照一定的路线，最后会回到原处。狩猎部落的住处，就随着他们所追捕的动物的栖息地而改变。

曾有人多次试图深入印第安人的居住地区，在那里传播知识，同时任其保持漂泊流动的习性。在加拿大，耶稣会士试图这样做过，在新英格兰，清教徒也试图这样做过[③]。无论是耶稣会士还是清教徒，都没有能够长期坚持下去。文明在猎人的茅屋里开

（上接228页）他们发誓要保住这块土地。但是没过多久，这块土地也被侵占了。

1830年2月24日，印第安人事务委员会报告人贝尔先生向国会报告：“为了能够利用被印第安人宣布为他们所有的荒地，我们从印第安部落手里购买猎物已经绝迹或者已被打光的狩猎用地。这种做法是最有好处的，也当然最符合法律程序，比用武力侵占野蛮人的土地合乎人道。

“购买印第安人土地所有权的做法，不外乎是在获得新大陆的土地时用人道和权宜之策取代过去的暴力方式。同样这种做法能使我们成为宣布是我们自己发现的土地的主人，而且保证我们文明人能在被野蛮部落占据的土地上安家立业的权利。

“许多交易至今都是当着印第安人的面压低价格成交的，这样的交易将来也会很顺利地使他们向我们出让土地。所以，向野蛮人购买占有权的做法没有影响美国繁荣的飞快进度。”〔第二十一届国会（第二次会议）第227号立法文件第6页（及以下几页）〕

①而且，我认为美国的所有国务活动家都持有这种看法。”

卡斯先生向国会报告说：“根据过去推断未来，印第安人的人数将逐渐减少，他们的种族将会完全灭绝。为了避免这样的结局，必须停止开发边境，使野蛮人在那里定居，或者改变我们同他们的关系，而现在这种关系，他们永远不会认为是公道的。”

②其中特别应当提出的反抗有：瓦帕诺部抵抗白人的战争，由美塔科姆领导的几个部落于1675年联合反对新英格兰殖民者的战争，1622年在弗吉尼亚英国人受阻的战争。

③参看各种有关新英格兰的历史著作。参看夏尔瓦的《新法兰西的历史》和《布道通讯》。

（《布道通讯》开始发表于1712年，后来汇成一部集子，共34卷，包括1703年至1776年的通讯。增订版于1780年问世。参看吉贝尔·希纳尔：《美洲遐想》，巴黎，1934年，第438页。再参看夏尔瓦：《新法兰西的历史》第333页及下面几页）

花，到森林里又枯死了。在印第安人中间，这些传播文明的人所犯的最大错误就在于他们不明白：想要使一个民族接受文明，就必须先让它定居，要使它定居，就得叫它种地务农。因此，印第安人应当先成为种田人。

印第安人不仅缺乏文明的这个无法回避的前奏，而且很难叫他们进入这个前奏。

人们一旦沉迷于游猎的冒险生活，对农耕所需的经常而有规律的劳动，就会产生一种几乎无法克服的厌恶感。这种情况也见于我们的文明社会，但是在狩猎的习惯已变成全民所有的民族中，就表现得尤为明显。

除了这个一般原因之外，还有一个很重要但只见于印第安人的社会的原因。这个原因在前面我已谈到，但这里我认为应该再重复一次。

北美的土著不仅把劳动视为坏事，而且觉得它是不光彩的。他们的傲慢与他们的懒惰同样顽固[①]。

印第安人不认为在树皮盖的茅屋里生活就会失去个人尊严而觉得可悲。他们认为辛苦的劳动是下贱的，因此将种田的人比作耕田的牛，而我们的每一种手艺都被他们看成是奴隶的劳作。对白人的能力和高超智慧他们倒是不乏钦佩之感，但他们在赞扬我们勤劳的成果时，又却瞧不起我们这种成果的获得手段；在承认我们的高超时，又觉得他们比我们还高明。他们认为，打猎和打仗是唯一值得人干的工作[②]。印第安人在他们的森林里过着悲惨的生活，他们的思想和观点和中世纪的古堡里的贵族简直完全一致。只要他们变成征服者，就与中世纪的贵族一般无二了。真是怪事一件！而今重现欧洲古老偏见的地方，并不是欧洲人居住的新大陆沿岸，而是土著人所在新大陆的林野。

在本书的叙述当中，我曾不止一次试图让读者明了：社会情况对于法制和民情具有重大的影响。请允许我在这个问题上再补充几句。

我们的祖先日耳曼人和北美的游猎部落在政治制度上存有相似之处，当我察觉到当年塔西佗描写的日耳曼人的生活习惯和我目睹的印第安人的生活习惯之间存有相同之点时，我不禁在想：同样的原因既然在两个半球造成了同样的结果，那么，在纷繁不一的人类活动中要想找出少数几个促使其他事实产生的主要事实不是不可能的。所以，我认为在我们所称的日耳曼人的政治制度中一定能找到野蛮人的习惯，在我们所

---

①沃尔内在其《美国气候与土壤概述》第423页上写道："在所有的部落里，还有年老的一些战士在看到有人使用犁时，喊叫这是在破坏古风。他们觉得，使用这种新玩意儿，只能让野蛮人堕落，而为了他们的荣誉和威望得以重振，只要他们的古风恢复就可以了。"

②下面的描述摘自官方的一份文件：

"一个青年男子，在没有同敌人打过仗时，不能以战功来夸耀自己之前，不会有任何人尊重他，把他差不多看成一个女人。"

"他们在表演战争的大型舞蹈中，立在场上的一根杆子被所有的战士轮番去敲，喊叫挑战和叙述他们的战功。他们的亲友和战友是在场的听众，听众如果在他们讲话时洗耳恭听，立即在讲话结束后高声欢呼和热烈鼓掌，则表明他的话给听众留下了深刻的印象。在这样的集会上没有讲过自己战功的青年男子，被认为是最无用的；而兴高采烈的青年战士突然离开跳舞的地方，去取可以显示自己战功的战利品和使他自豪的证物的大有人在。"

说的封建思想中找到野蛮人的观点。

恶习和偏见尽管在妨碍北美的印第安人去从事农耕和接受文明，现实的需要却有时也逼得他们非进行农耕和接受文明不可。

南部相当大的几个部落，其中尤其是柴罗基部和克里克部[1]，现已被欧洲人包围。这些欧洲人有的来自大西洋沿岸，有的顺着俄亥俄河而下，有的沿密西西比河而上，蜂拥地来到他们的周边。这些部落没有像北部的部落那样从一处被撵到另一处，而是在各自所在地区，被逐渐压缩在很小的土地上，就像猎物被猎人围住，只能束手就擒了。被置于文明和死亡之间的印第安人，只好依靠白人那样的劳动糊口了。他们因此就开始种田，但是他们原来的习惯和民情并没有完全被遗弃，只是为了生存而作出必要的牺牲。

柴罗基部和其他部落相比更加进步。他们建立了相当稳定的管理组织并且创造了文字。同时，由于新大陆里的一切都是发展得飞快的，所以他们在过着裸体生活的时候就出了一份报纸[2]。

混血儿的出现，在印第安人中间明显地加速了欧洲人的生活习惯的传播[3]。混血儿从父方学的知识，又没有完全放弃母方种族的野蛮人习惯，于是，他们便成了文明和野蛮之间的天然纽带。混血儿多的地方，野蛮人就逐渐改变他们的社会情况和民情[4]。

---

①现今这两个部落分布在佐治亚州、田纳西州、亚拉巴马州和密西西比州。

在南部以前有以下四大部落（现在尚有部分残余）：巧克陶部、契卡索部、克里克部和柴罗基部。

这四个部在1830年尚有75000人左右。在英裔美国人占有和购进的领土境内，现在印第安人约有30万。〔见《纽约市印第安人事务管理处文件集》；（下面的精确数字摘自1829年7月22日发表的《纽约市土著居民迁移指导管理处关于土著居民现况和进步的报告》）〕根据向国会报告的官方资料显示，精确数字为313130人。如果读者想了解英裔美国人领地内印第安诸部的族名和情况，请参照方才我引用的文件〔第二十届国会（第二次会议）第117号立法文件第90～105页〕。

②我还把这家独一无二的报纸带了几份回法国。

③参见印第安人事务委员会致第二十一届国会（第二次会议）第227号报告第23页。其中指出在柴罗基部混血儿的人数有所增加，主要的原因可以追溯到独立战争。参加英方的佐治亚英裔美国人，在独立战争中被迫逃到印第安人居住的地区，并同印第安人在那里结婚。

④遗憾的是，毕竟混血儿的人数不多，而且在北美产生的影响不如他们在其他地方的影响大。

美国大陆上的这一地区是由欧洲的两大民族开发起来的，即法国人和英国人的移民。

很早就有法国人同土著的姑娘结为夫妇，但不幸的是新郎官对印第安人和自己人要隐瞒婚姻关系。他们没有把文明人的生活嗜好和习惯传给野蛮人，反而爱上了野蛮人的生活方式。他们成了荒野地区的最可悲的外来人，需要靠吹捧印第安人的恶习或者德行来获得认同的友谊。1685年，加拿大总督塞农维尔向路易十四奏称："长期以来，想要使野蛮人法国化，必须让他们与我们接近。其实这种想法是错误的。野蛮人与我们接近并没有法国化，而是经常在他们中间出现的法国人却变成了野蛮人。"〔夏尔瓦：《新法兰西的历史》第2卷第345页（应是325页，此书的全称为《新法兰西的历史与通志》。托尔维尔引用的版本，是1774年巴黎出版的六卷本。此书的谢伊英译本，1870年出版于纽约，1962年又重印于芝加哥，亦为六卷本。）〕

英国人则不一样，他们固守祖先的观点、风俗和一切习惯，仍然在美洲的荒凉地区过着像在欧洲城市里那样的安静生活。他们因此不想同他们所蔑视的野蛮人结婚，千方百计地避免自己的血液与野蛮人的混合。

因此，对于印第安人，法国人没有任何有利于他们开化的影响，而对于英国人，印第安人又一直把他们看成是外来人。

柴罗基部的成就证明印第安人有能力接受文明，但是决不能证明他们一定会成功。

在接受文明方面，印第安人难于获得成功，是有一个他们无法摆脱的普遍原因存在着。

如果仔细地阅读一下历史，就可以发现：一般来说，依靠自己的努力，野蛮民族都能逐渐地变得文明起来。

当他们主动从外族汲取文化知识时，在这个异族面前，他们总是处于征服者的地位，而不是处于被征服者的地位。

当开化的民族成为被征服的民族时，进行征服的民族是半野蛮的民族时，比如像罗马帝国遭遇北方民族入侵时，或者像中国被蒙古人入侵时，蛮族的胜利使他们足以达到文明人的水平，并把他们的平等地位保持到文明人可以与之对抗的时候。一个人依靠武力，另一个则凭借智力。前者钦佩被征服者的学识和技术，后者羡慕征服者的权势。野蛮人最后把开化人请进他们的宫殿，而开化人也开放他们的学校给野蛮人。然而当拥有物质力量的一方也同时具有智力优势时，被征服的一方就很少能够走向文明，他们不是后退就是灭亡。

总之，野蛮人可以说是手持武器去寻找知识，而不是凭自己的资质去接受知识。

现今大陆中部的印第安部落，如果当初凭借自己的力量，设法使自己坚定地开化，也许它们可以成功。它们当时已经比周围的部族优越，可以逐步地发展自己的力量和取得经验；后来当欧洲人出现在它们的边界时，即使它们保持不了独立的地位，也能至少让欧洲人承认它们的土地所有权和进入征服者的行列。但是印第安人的不幸，在于他们在同一个最开化的民族接触，我再加上一句，与地球上最贪婪的民族接触的时候，他们自己还处在半野蛮的状态。这就是说，印第安人的不幸，来自于找到的教员要做他们的主人，因此他们在接受文明的同时也接受了压迫。

在北美的森林里，印第安人贫困地生活着，但在任何人面前他们都没有自卑感。他们自从试图进入白人的社会阶梯后，就总是感到自己处于最下层，因为他们在走进被知识和财富所统治的一个社会时，自己既无知识又一文不名。在经历了一段动荡不安、充满灾难和危险，但又开心和自豪的生活以后[①]，他们只好去忍受单调无味和浑浑噩噩的一生。在他们看来，在遭别人白眼的条件下用辛勤劳动赚钱买面包就是他们所赞扬的文明的唯一成果！

---

①在狩猎民族的充满危险的生活中，我知道有一种诱惑力在吸引着人心，使人大脑发热从而不顾理性和经验。读完《坦纳回忆录》后，这个真理就可以被人相信了。〔约翰·坦纳：《困厄记事和在北美内地印第安人中生活三十年》，纽约，1830年，欧内斯特·德·布洛斯维尔法译本名为《约翰·坦纳回忆录或在北美荒野里三十年》（2卷本，巴黎，1835年。）〕

坦纳是欧洲人，在六岁时被印第安人掠走，同印第安人在丛林里生活了30年。比他所记述的还要可悲的惨状他不可能见到。他向我们描述了失去了首领的部族和与部落离散了的家族、无家可归的个人、携带着老弱病残的强大部族，在加拿大的冰天雪地和荒原之中无所适从地漂泊着。他们饥寒交迫，每天好像都在等待死亡。民情在他们那里，不再起任何作用，传统已经没有力量。人们变得一天比一天粗野。（下转233页）

就连这一点点成果，他们也不是总有把握取得的。

当印第安人着手效仿他们的邻居欧洲人种田的时候，他们立即受到了激烈的竞争带来的严重损害。农业技术是白人所精通的，印第安人则是开始刚刚学习陌生的技术。前者毫不费事就可以获得丰收，而后者就要千辛万苦才能让土地长出庄稼。

居住在生活需要与自己相同的人们中间的欧洲人，对这种需要也了如指掌。

孤立于与他们为敌的白人中间，野蛮人不了解白人的习俗、语言和法律，但又离不开白人。只有与白人交换自己的产品，他们才能获得生活必需品，因为他们的同族已不能再向他们提供本来就很少的援助。

印第安人因此在打算出售自己的劳动果实时，并不是像白人农户那样总能找到买主。他们只有付出高额的费用，才能生产出白人用低价出售的产品。

就这样，印第安人刚刚走出野蛮的生活苦海，又掉进了走向开化的民族的更加悲痛的深渊。在我们的富裕环境中生活，他们觉得其困难并不亚于在森林中生活。

他们漂泊的生活习惯还没有完全丢掉。他们的传统也没有失去作用，狩猎的爱好依然如故。森林里的昔日的蛮族欢乐，只在模糊的记忆中留下了鲜明的印迹。他们认为，忍受在森林里的贫苦反而不可怕了；而以前在森林里遇到的危险也不算什么了。他们在彼此平等的人们中间，以前享有独立，现今与他们在文明社会所处的奴隶地位形成了鲜明的对照。

另一方面，曾让他们长期和平生活的荒野依然近在咫尺；只要几个小时，就可以走回旧地。他们的那块赖以勉强糊口的半荒半垦的土地，如果被他们的邻居白人用在他们看来不小的一笔款项买去，而且欧洲人给他们的这笔钱可以让他们远离白人去过

（上接232页）这一切厄运坦纳也遭遇到了。他后来知道了自己是欧洲人，当时也没有人阻止他与白人往来，所以他每年都能同白人做生意，在白人的家里做客，白人的舒适生活他也看到了。他知道自己一旦要回到文明生活中去，这种生活也很容易就过上。于是当他在荒凉的地区待了30年，之后想要就这样回到文明社会里的时候，他还坦白地承认，他所描写的悲惨的生活，仍有一种莫名其妙的隐在魅力。他抛弃这种生活，但十分后悔不该离开那么多不幸的人之后，还经常回到那里去。最后当他在白人中间定居下来时，白人的儿童还不让他分享白人的舒适安宁生活。

在苏必利尔湖的入口处我亲眼见过坦纳。他给我留下的印象是：在他身上，野蛮人的气质多于文明人的气质。

坦纳的著作没有叙述印第安人的制度和生活习性，但是作者却信笔描述了印第安人的成见、激情和恶习，尤其是他目睹的惨状。

欧内斯特·德·布洛斯维尔子爵先生，是一部有关英国的流犯殖民地的名著的作者，他把坦纳的回忆录译成法语。而且译文附有非常有趣的注释，可以使读者用坦纳所目睹的事实与之前和现在的大批观察家所记录的事实作对照比较。

凡是想了解北美印第安人的现状和预测他们的未来的人，都应该读一读布洛斯维尔先生的著作。

幸福安稳的生活，那么他们就会放下犁头，拿起武器，重新回到荒野中去[①]。

我已提到的克里克部和柴罗基部的情况，就能够证明这幅悲惨的图景是真实的。

印第安人在他们所做的这些少数的事情上表现出的才干，与欧洲人在他们的大事业上表现的才干无疑是不相上下的。但是一个民族如同一个人一样，它的智力和能力不管如何高强，也是需要时间学习的。

野蛮人在致力于开化期间，欧洲人从四面八方包围他们，而且包围圈逐渐缩小。这两个种族最终相会了，并且直接接触。印第安人已经进步于他们的野蛮祖先了，但是仍然大大不如他们的白人邻居。依靠自己的物力和知识，欧洲人就把土著因占有土地而能得到的好处很快据为己有。他们定居在土著的居住地区，使用武力强占土著的土地，或者以低价购买他们的土地，他们通过毫无办法应对的竞争来使对方破产。印第安人被孤立在自己土地上，一个人数众多和占有统治地位的民族把他们包围，这个民族又把他们的所在地区看成了不够安分守己的异族的殖民地[②]。

华盛顿在他的一篇致国会的咨文中说过："我们比印第安诸部落文明和强大；但是为了我们的荣誉，我们对他们就必须和善，甚至宽容。"

然而，这一高尚而合乎道德的政策并没有被遵守。

---

①这种非常开化的民族对不大开化的民族的影响，欧洲人自己也有所察觉。

在差不多一百多年前，在荒野中的沃巴什河畔，法国人建立了文森斯镇。美国的移民来到以前，他们一直在那里过着安宁的生活。不久美国的移民就开始依靠竞争排挤那里的老住户，用低价收购他们的土地。沃尔内先生在向我详细介绍这种情况的时候，法国人已经减少到一百多人，大部分还准备迁往路易斯安那和加拿大。这些老实厚道的法国人没有文化和手艺。他们已经沾染了野蛮人的部分习惯，大概在道德方面还不如美国人，但却在智力方面比他们占有更大的优势。美国人受过教育，家里有钱，都有手艺，而且习惯了自我管理。

我到加拿大亲自做过考察。在那里，两个民族的文化差距比上述描述的要小得多。在加拿大的土地上，美国人以经营工商业为主，并且发展到四面八方，法国人则被挤到范围很小的土地上。

路易斯安那的情况也是如此。英裔美国人掌握着那里的工商业。

得克萨斯的情况，在某些方面更使人震惊。大家都知道，得克萨斯是墨西哥的一个州，与美国接壤。英裔美国人在数年以前，就以个人身份渗入人烟稀少的地区，收购土地，开办工厂，并立刻喧宾夺主。如果墨西哥不立即阻止这一运动，可以预计，很快得克萨斯就会脱离墨西哥。

欧洲人之间既然在文化上出现的不算太大的差距都导致了这样的结果，那么对于在最完善的欧洲文化与印第安野蛮人接触后必然出现的结果就不难想象了。

②关于白人用各种方法侵占印第安人土地的事件，可以参看第二十一届国会（第一次会议）第89号立法文件。英裔美国人有时候以别处没有空地为由，请国会派部队驱赶印第安人，然后到印第安人的地区去定居，他们有时先掠夺印第安人的牲畜，把他们的房屋烧毁，把他们的庄稼割倒，对土著的人施加暴力，然后去定居。

这些上述材料证明，土著经常是暴力的牺牲品。一般联邦政府都在印第安人居住地区派驻代表。我在引用的文件中，谈到代表与柴罗基部的关系时，指出代表总是替野蛮人讲话。根据这个文件第12页所记载，代表政府的说："侵入柴罗基部地区的白人，将使在这里居住的贫困而不惹是生非的人破产。" 过了几页以后，他指出佐治亚州打算将柴罗基部的住区缩小，并且界线已经确定。这位联邦代表声称，界线是白人自己划定的，没有同对方商量，自然是无效的。

通常，移民们的巧取豪夺与政府的暴政相结合。尽管柴罗基部和克里克部在欧洲人还没有到来之前就已经在他们的土地上定居，美国人却往往像对待外来的民族那样对待他们，他们所在的各州都一直不愿意承认他们是独立的民族，并且这些刚从森林里走出来定居的人被强迫服从本州的行政管理、习惯和法律[①]。贫困曾经促使这些不幸的印第安人走向了文明，而现在的压迫又把他们赶回到野蛮。在他们当中有许多人放弃了半开垦的土地，又恢复了野蛮人的生活习惯。

只要去看一看南部各州的立法机构采取的一系列暴虐措施，去看一看那些州的统治者的行径和法院的判例就不难相信：完全把印第安人撵走，曾是这些州的全部措施所想要达到的最终目的。住在联邦这一地区的美国人，以贪婪的眼光盯着仍被印第安人占据的土地[②]。他们觉得这些印第安人没有放弃野蛮人生活的全部传统，所以打算在文明让这些人安心定居以前，就让他们破产并且绝望，而且逼着他们离开。

克里克部和柴罗基部受到所在州的压迫，去向中央政府告状。中央政府对他们的不幸没有置之不理，而是真心拯救这些残存的土著，愿意保护他们的占有土地的自由[③]。当中央政府着手实施这项计划时，却遭到那几个州的坚决反对。中央政府为了不使联邦陷入危机，只好把心一横，听任那几个野蛮的部落自生自灭。

联邦政府无力保护印第安人，后来又曾设法减轻他们的痛苦。为了达成这个目的，它决定出钱把这些印第安人迁往别处。

在北纬33度和37度之间，有一片广阔的空地，以一条流经域内的大河而命名，这就是阿肯色。它有一侧与墨西哥接壤，还有一侧濒临密西西比河。境内的很多河流纵横交错，气候温暖，土壤肥沃，其上只分布有几个野蛮部落。

联邦政府于是想把南部的残余土著迁徙到这个同墨西哥毗邻而离美国白人居民点较远的地区。

到1831年年末，据说已有一万多名印第安人被迁往阿肯色河两岸，而且每天都在增加。但是国会对于得到命运支配权的人，没有作出完全一致的决定。有一些印第安人，高高兴兴地离开了白人肆虐的地区；已经开化的印第安人，却不愿意放弃正在生

---

①1829年，亚拉巴马州在克里克部居住地区设县，印第安人被置于欧裔美国行政官的管辖之下。

1830年，密西西比州将对巧克陶部和契克索部实行同化为白人的政策，并且宣布：对反对的带头人处以1000美元的罚款和一年徒刑。

当这项法令被密西西比州用于其境内的夏克塔部印第安人时，这个问题曾被这个部落的印第安人集会讨论。白人的意图被他们的首长揭穿了，人们号召反对白人的法律。野蛮人同声宣布：他们宁愿重新回到荒山老林去。（参看密西西州的法令）

②佐治亚州的白人非常讨厌他们的印第安邻居，导致那里人烟依然稀少，每平方英里才只有7个人。这样的地区在法国应当每平方英里有162人。

③国会在1818年下令组织一个考察团，在克里克部、巧克陶部和契卡索部的联合代表团的陪同下去阿肯色地区访问。考察团的主要成员有肯纳利、麦科伊、沃什·胡德和约翰·贝尔诸位先生。考察团的报告和日记，记载于国会（众议院）第87号文件中。

长中的庄稼和刚刚建造起来的新房。他们认为，一旦接受文明的进程中断，就无法恢复。他们担心，定居生活习惯刚刚养成，会在仍是野蛮人居住而且未做任何农耕准备的地区失去而且无法恢复。他们知道，到了新的荒凉地区，他们将会遇到一些敌对部落，对于抵抗敌人，他们既没有和野蛮人一样的体力，也没有文明人那样的智力。此外，到了新地点后印第安人立即发现，为他们所做的安排都是暂时性的。

在新的住区，谁能担保他们平平安安地生活下去呢？到那里后，美国政府答应保护他们，但是对他们现在所在的地区，美国政府也曾信誓旦旦地这样保证过①。不错，美国政府没有抢占他们的土地，但是却听任别人去侵占。再过几年，聚集在他们周围的这伙白人也会把脚插到阿肯色，再次挤压他们。那时他们将会遭到同样的苦难，却没法再次进行补救。土地要从他们手中流失，他们只有等待死亡。

对待印第安人，联邦政府实行的政策没有各州那样贪婪和暴虐。但联邦政府和州政府都不守信用。

这些州把它们所谓的法律恩典施于印第安人时，就已经预料到了印第安人宁愿选择远走他乡，也不愿意接受这些法律的束缚；而且中央政府给这些不幸的人在西部安排永久住所时，它也不是不知道不能保证他们可以永久住下去②。

这些州把野蛮人撵走时全靠暴力；联邦政府则利用它的许诺和财力，帮助这些州驱逐了野蛮人。虽然措施不同，但是它们追求的目的是一致的③。

柴罗基部在提交国会的请愿书④中他说道："奉统治宇宙的我们的在天祖先之旨

①1790年在同克里克部签订的条约中有这样一条："合众国庄严地保证，在联邦境内凡克里克部占有的土地，均属于该部。"

1791年7月（2日）在同柴罗基部签订的条约中，也有类似的内容："合众国庄严地保证，凡以前柴罗基部没有让出的土地，均属该部（第七条）。如果某一合众国公民或者其他任何印第安人迁到柴罗基部境内定居，合众国则将撤销对该公民的保护，将他移交柴罗基部，他的处分将由该部决定（第8条）。"（参看《印第安人条约、法令及有关印第安人事务条例集》第117页，华盛顿，1826年）

②这并没有阻止它冠冕堂皇地作出保证。请看，1829年3月23日总统致克里克部的信（见《纽约市印第安人事务管理处文件集》第5页）中写道："在大河（密西西比河）彼岸，为了让你们到那里安家立业，你们的祖先早已准备好大片的土地。在那里你们的白人兄弟不会打扰你们，对你们的土地他们没有任何权利。在那里，你们可以使自己和子女像草木长青和永流不止的河水那样，过着安宁舒适的生活。那里的一切永远是属于你们的。"

1829年4月18日在陆军部长给柴罗基部写的一封信中，这位官员告诉他们不要以在现今居住的土地上安居乐业而自满，他保证他们搬到密西西比河彼岸后会比现在更好（同上文件集第6页）。现在这项权限他也没有拥有，在当时好像他就拥有了似的！

③要想明确了解各州和联邦对待印第安人的政策，应当首先查阅各州有关印第安人的所定的法律〔这些法律汇辑于第二十一届国会第319号立法文件（参议院第二次会议第319号报告）〕，其次查阅联邦政府关于这个问题所定的法律，特别是1802年3月30日法令（这项法令收于斯托里：《美国法律》）第2卷第838以下各页。要想了解联邦与所有印第安部落关系的现况，可以参看美国陆军部长卡斯先生1823年11月29日的报告。

④1829年11月19日提出。以下的引文是逐字译出来的。

意，美洲的红色人种变得弱小了，白色人种变得强大和有名了。”

“你们的先人在登上我们的海岸时，红色人是强大的；尽管当时红色人无知和野蛮，但是却以和善的态度接待了他们，让出干爽的土地并且供他们疲劳的双脚休息。当时我们的先人和你们的先人，握手言欢，和平共处。”

“凡是白人提出的要求，印第安人没有不欣然答应的，并且都予以满足。印第安人当时是施主，白人是乞者。今天局面却改变了：红色人的力量被削弱了。邻居的人数增加，红色人的权力越来越小了。布满合众国各地的许多昔日强大的部落，而今能免于大灾大难的已经所剩不多了。在我们当中往昔以强大著称的北方诸部落，如今也几乎灭绝。这就是至今美洲红色人的遭遇。”

“我们幸免于难的这些红色人，难道也得一样去死吗？”

“从无法追忆的远古时期起，我们共同的在天祖先，把我们现在所占据的土地给了我们的先人，我们先人把它作为遗产又传给了我们。我们以尊敬的心情把它保留了下来，因为这里有先人的遗骨埋藏着。什么时候我们会让出或者放弃这块遗产？请允许我们冒昧地问一问：除了继承权和最先占有权之外，还有什么更加充分的权利可以使一个民族拥有一片土地呢？我们知道，现在佐治亚州和合众国总统硬说我们已经丧失这项权利了。但是这是毫无根据的。在什么时候我们丧失了它？我们犯了什么罪行导致我们丧失这项权利呢？你们是在指责我们在独立战争时期在大不列颠国王的旗帜下曾经同你们打过仗吗？假如这就是罪行，那在这次战争后签订的第一个条约中，你们为什么没有指出我们已经丧失对土地的所有权呢？当时你们为什么没有在这项条约中加进去‘合众国愿意同柴罗基部媾和，但是为了惩罚它参战，兹宣布：只把柴罗基部视为土地的佃户，当与柴罗基部接壤的州要求它撤走时，它必须服从’这样的条款呢？你们那时是这样可以说的，但是当时谁也没有想到，我们的先人也没有同意使他们丧失最神圣的权利和土地的条约。”〔托克维尔实际上是节译的。全文见第二十一届国会（众议院）第一次会议第311号报告第7页以及下面几页〕

这是印第安人说的，而且都是实情。他们所预见的事，看来是不可避免的了。

无论从哪一方面考虑北美土著的命运，他们的灾难好像都无法避免：他们如果继续保持野蛮，白人就会一面前进一面驱赶他们了；他们如果想要避免开化，与比他们开化得多的人接触后，自己就要受到压迫和忍受贫困；如果从一块荒野继续漂泊到另一块荒野就会灭亡；如果设法定居，也还是会灭亡。只有依靠欧洲人的帮助他们才能开化，但是欧洲人的来临却让他们的处境更糟糕了，欧洲人又把他们驱回到野蛮的生活中去了。只要在荒野里继续生活下去，他们的民情就不会发生改变。当他们被迫去改变时，就为时已晚了。

西班牙人曾用他们的猎犬像追逐野兽那样追逐印第安人。他们不分青红皂白，像摧毁一座城市那样毫无怜悯地洗劫了新大陆。但是他们没能把印第安人杀光，疯狂也总有一个限度。幸免于难的印第安人，在大屠杀过后与他们的征服者融合，并且也接受了他们的宗教和生活方式①。

与西班牙人相反的是，对待土著人，美国人表现得还比较讲究规矩和法制。如果印第安人愿意保持他们的野蛮状态，美国人决不干涉他们，而且是以独立的民族来看待他们。在按照条约中规定的手续购买以前，绝对不允许任何人侵占印第安人的土地。某一印第安部落因为不幸事故而在原地无法生活下去时，美国人就会伸出兄弟的手，把他们送到一个远离故土的地方去，让他们在那个地方自生自灭。

西班牙甘冒天下之大不韪，让自己遭到奇耻大辱，用史无前例的残酷手段，也没能灭绝印第安种族，甚至未能阻止印第安人与他们分享权利。美国人则用十分巧妙的手段，不慌不忙地通过合法的手续，以慈善为怀，避免流血，不违反伟大的道德原则②，都实现了双重目的。消灭人是通过尊重人道的法律途径来进行的，这是美国人的一绝。

在美国的黑色人种的处境③和他们的存在给白人带来的危险

废除蓄奴制和消除其一切痕迹为什么在现代比古代更为困难——在美国，对黑人的偏见似乎随着蓄奴制的废除而日益加深——在北方和南方各州黑人的地位——为什么美国人要废除蓄奴制——让奴隶致蠢的奴役不再能使奴隶主发财致富——俄亥俄河左岸和右岸之间的差异——这种差异应归因于什么——随着黑色人种向南方退却蓄奴制也转移至南方——这一现象怎样解释——废除蓄奴制在南方所遇到的困难——将来的危险——人们的忧虑——在非洲建立一个黑人殖民地——南方的美国人为什么在厌恶蓄奴制的同时反而加剧了这种制度的残酷性

印第安人生存在孤立状态中，并将被消灭于孤立的状态中。黑人的命运却几乎总要和白人的命运交织。这两个种族互相联系，却不混为一体。既不能把它们完全分开，又不能使它们完全结合。

---

①在本书第一版的发行期间，跟我一同前往美国旅行的古斯塔夫·德·博蒙先生正在写作一本题名为《造成这种结果的荣誉，不该属于西班牙人》。如果在欧洲人来到之前不是印第安诸部已经定居务农，也无疑使南美的印第安人会像北美的印第安人那样走向灭亡了。

②有关这一点，首先应当看一看1830年2月24日以印第安人事务委员会的名义的贝尔先生提出的报告。在这份报告的第5页，他以非常合乎逻辑的推论旁证博引地论证："印第安人绝对没有权利因为他们祖先的占有而拥有产权和主权，我们从来没有公开或暗自放弃过这一主要原则。"

听到这份出自一位高手的报告时，我们真为作者的信口开河而吃惊，他的论据不以自然权利和理性为基础，即被他称为抽象的理论原则。其次我感到，文明人和未开化人之间存在的差别，以是否合乎正义的观点来看，就在于前者对后者的权利的正义性提出疑义，而后者听任前者侵犯自己的权利。

③在讲述这个问题之前，请读者回想一下我曾在本书的绪论里提到的一本书。这本书即将出版，它的作者是一起同我去美国考察的古斯塔夫·德·博蒙先生，他的主要目的是让法国明白在美国黑人处于什么地位。德·博蒙先生深刻地阐述了我只能在这里略加说明的问题。

他的书里收藏了大量珍贵的、从未发表过的立法文件和历史文献，并且附有鲜艳而真实的图片。凡想要了解一旦统治违反自然和人道将是如何逐步加剧压迫的读者，不妨去读一读这本著作。

在威胁美国的未来的灾难中，最可怕的是黑人出现在这片国土上。虽然观察家们的出发点不同，但他们在考察美国目前的困境和未来危险的原因时，总是要归结到这一主要事实。

一般来说，人们好高骛远和拼命追求，常常会导致长期的灾难。然而有一种灾难却悄悄地降临于世界上：它最初是以人们刚能察觉的形式出现在一般的权力滥用之中，肇始于历史上没有留下名字的一个人之手；随后，它像可怕的病菌被撒在大地的某一些点上那样，经过自身的繁殖，轻易向四处地蔓延，随着它所在社会的发展自然地成长起来。这个灾难就是蓄奴制。

最初的基督教废除了奴役，而在16世纪，基督教徒又将它恢复了。但是他们决不是把它作为一种例外实施于他们的社会，这种实施是针对一个种族的。他们使人类再次受到创伤，虽然这次创伤的规模不大，但是要治愈它就困难多了。

对蓄奴制本身和蓄奴制后果这两件事要加以区分。

蓄奴制造成的直接灾难，在古代和现代基本是一样的；而这种灾难的后果，在现代就与古代大不相同。在古代，奴隶与主人属于同一种族，奴隶的教育和知识水平往往要高于他的主人[①]。他们之间的唯一差别是有无自由。奴隶一旦拥有自由，奴隶与奴隶主就容易混为一体。因此古代人取消蓄奴制的办法非常简单：就是把自由给予奴隶，而且他们只要普遍采取这个办法，就会获得成功。

但在古代，取消奴役以后，奴役的痕迹还在一个时期内继续存在着。

有一种偏见让人看不起比自己地位低的人，而当这些人与自己平等以后，他还会长期看不起人家。在财富或者法律造成不平等之后，总是有一种扎根于民情的想象的不平等产生出来。但是在古代，奴役的这种第二次效果有一个限度。一旦奴隶获得自由后，与生来自由的人就将完全一样，以致很快就难以把他与那些自由人区别开来。

改革法制是古代人的最大困难，改变民情是现代人的最大困难；现代人的真正困难又和古代人所要解决的困难有联系。

因为现代人把蓄奴制的无形的和短期的压迫与种族差别的有形的和长期的压迫极为有害地结合在一起了。每当回忆起蓄奴制，某些种族就会感到耻辱，而且这些种族又难以摆脱这种回忆。

非洲人没有一个是自由来到新大陆的海岸的。因此今天居住在新大陆的非洲人，不是奴隶就是已经解放了的奴隶。于是，黑人将其耻辱的外在标志传给了他们的后代。奴役可以被法律废除，但是抹去奴役的痕迹唯有上帝能做到。

现代的奴隶与奴隶主不仅在自由上，而且在族源上，都是不同的。你可以让黑人获得自由，但是你却无法让欧洲人把他们当成是同类人。

---

①大家知道，一些古代著名作家就是奴隶或者曾当过奴隶。希腊的伊索和罗马的忒伦底乌斯就是这样。被蛮族抓去当俘虏的奴隶很少，蛮族的战争目的是要奴役文明人。

情况还不仅仅如此。他们生下来就低人一等，是以奴隶的身份进入社会的异类，我们只勉强承认他们有人类的一般特点。我们觉得他们的面貌可憎，智力有限，趣味低下，几乎把他们视为介于人兽之间的生物①。

现代人在废除蓄奴制以后，还要破除比蓄奴制还要不好对付的三个顽固偏见。这就是奴隶主的偏见、种族的偏见和肤色的偏见。

我们有幸生在大自然让我们都相似和法制让我们都平等的人们中间，但是这一情况也使我们遇到了极大的困难。这个困难就是让我们很难理解那条把美国黑人与欧洲人隔开的鸿沟。但是我们可以用类比推理的方法得出一个不会特别离谱的看法。

在我们国家，有过一些主要由立法所造成的较大的不平等。纯粹由法律规定的尊卑，是人们所能想象出来的最大虚构！这分明是在同类人之间建立的永恒差别，是对人性的最大程度的违反！这种差别却存在了数个世纪，现在仍然存在于许多的地方，并到处留有只有时间才能抹去的存在于想象中的痕迹。既然纯粹由法律规定的不平等都如此难以根除，那么怎样才能消除那种看起来还有不可动摇的基础的不平等呢?

至于我，当我想起一些贵族团体，不管性质如何，不管怎么脱离人民群众；一旦想起这些贵族团体时，为了将把它们与人民群众隔开的思想屏障保护起来，一连几个世纪煞费心机时，要想看到一个举着鲜明旗帜的贵族制度自动消灭，我觉得是没有希望的。

因此我认为，那些希望欧洲人与黑人会有一天混为一体的人，是在异想天开。我的理性告诉我，这一天是不会到来的；我在观察事实时并没有见到此种形迹。

凡是白人强大的地方，迄今为止黑人都处于屈卑和被奴役的地位；凡是黑人强大的地方，黑人就会消灭白人。这两个种族之间向来如此，他们唯一的结局只能是这样。

现在来谈今天的美国。我清楚地看到在一些地方，正在消除把两个种族隔开的法律屏障，但是民情方面的屏障并没有被消除。我发现，蓄奴制衰弱了，可它所造成的偏见还在。

美国的有些地方，黑人已经不再是奴隶，他们与白人是不是更接近了呢？在美国待过的人都会看到相反的情况。

在已经废除蓄奴制的州，我觉得种族偏见反而比在尚保存蓄奴制的州更加强烈；没有一个地方的种族偏见像在从来不知蓄奴制为何物的州那样不能令人容忍。

不错，法律在联邦的北部，准许黑人与白人合法结婚，舆论却要辱骂与黑人女人结婚的白人男人了，这种婚配的例子也难以见到。

凡是废除了蓄奴制的州，都差不多授予了黑人以选举权；但是他们如果去投票，就会遭遇生命危险。受到迫害时他们可以去告状，但是当法官的都是白人。法律准许黑人充当陪审员，偏见却排斥他们出任陪审员。为欧洲人子女开设的学校，黑人的子

①为了让白人放弃关于黑人智力和道德都不如古代奴隶的观点，黑人必须去转变，如果不能转变，白人的这种观点仍将存在下去。

女不能进去。在剧院里，黑人即使有钱也买不到和曾经是他们主人的白人并排的票。他们在医院里与白人分开。虽然黑人也和白人一样做礼拜，但是不能在同一教堂里祈祷。黑人有自己的教士和教堂。虽然天堂的大门没有对他们关闭，不平等的地位却让他们停在来世的墙外。当黑人死去时，他们的尸骨就被扔到一旁，身份的差别甚至造成了死后的不平等。

可见，虽然黑人获得了自由，但是他们并没有分享到向他们宣布的权利、苦乐和劳动机会，甚至死后都进不了同一墓地。无论是在生前，还是在死后，他们与那些人都无法做到平等。

在南方仍然保存着蓄奴制，黑人与白人的隔离还没有如此严格。有时候黑人还能与白人一起劳动和娱乐，在一定范围内白人也同意与黑人在一起。对待黑人的立法很严，然而人们的习惯却有着比较宽容和同情的精神。

南方的奴隶主不怕把奴隶的能力提高到与自己相等的水平，因为他们知道，他们有权随意把奴隶投进垃圾堆里。在北方，虽然白人把自己与劣等种族之间的壁垒不再看得那样森严，但他们总是小心翼翼地避免同黑人接触，唯恐同黑人混为一体。

在南方的美国人中间，有时候造物主收回它的权力，让白人与黑人之间暂时恢复平等。在北方，骄傲感已经达到让人的真实感情都不敢流露的地步。北方的立法者如果宣布黑人女人无权与白人男人同床共枕，北方的白人男人倒是也可能找一个黑人女人作为临时伴侣；然而如果法律允许她可以成为他的妻子，他出于害怕心理反而不敢接近她。

所以在美国，排斥黑人的偏见仿佛随着黑人不再是奴隶而加深，日常生活中的不平等也随着法律废除不平等而加强。

但是，居住在美国的这两个种族的地位既然对比悬殊，那么美国人在北方为什么废除了蓄奴制，在南方却还保留着蓄奴制呢？为什么他们又使蓄奴制的残酷性更加严重了呢？

答案非常容易找到。这是因为基于白人的利益美国才废除了蓄奴制，而并不是基于黑人的利益。

1621年左右，第一批黑人被输入弗吉尼亚[①]。因此美国也像世界其他地方一样，蓄奴制始于南方，从南方逐渐向其他地方发展。但奴隶的人数仍然是越往北越少[②]。所

---

①参看贝弗利：《弗吉尼亚史》；《杰斐逊回忆录》。对弗吉尼亚输入黑奴和1778年颁布的禁止输入黑奴第一个法令，后者作了极为详尽的叙述。

②虽然北方的奴隶人数不多，为获得贩卖奴隶的好处进行的争论却要比南方激烈。纽约州的立法机构1740年宣布：尽量应当鼓励直接输入奴隶，并将走私贩子严惩，走私会挫败正直商人的积极性。（肯特：《美国法释义》第2卷第206页）（托克维尔所引系在纽约印行的1827年第一版）。在《马萨诸塞历史学会论丛》第4卷第193页上，记载有对新英格兰蓄奴制的贝尔纳普的详尽论述。据贝尔纳普说，新英格兰始于1630年输入黑奴，但是从一开始输入黑奴，立法当局和社会舆论就有反对蓄奴制的表示。（托克维尔所引的部分，记载在1795年出版于波士顿的该论丛第191页及以下各页）

从中可知，开始是舆论，随后是法律，最后使蓄奴制废除。

以，新英格兰很少见到黑人。

等到一些殖民相继地建立起来时，时间过去已经100多年，一个奇怪的现象开始引起大家的注意。几乎没有奴隶的地区，在人口、财富和福利方面，发展得都比拥有奴隶的地区迅速。

在没有奴隶的地区，居民要自己种地或者雇人种地；在有奴隶的地区，居民有不必付酬而供自己使用的人手。前者虽然要自己出力出钱，但是后者可以安闲自在和省钱，但是前者却总比后者收益更多。

这样的结果很难解释，南北的移民因为都同样是欧洲人，有着同样的习惯、文明和法制，只是在一些不甚明显的细节上略有不同。

时间继续前进。越来越多地英裔美国人从大西洋沿岸离开，开进了西部的荒野。在那里他们找到了新的土地，适应了新的气候，各种性质的障碍都被克服了。各方的人都混在了一起：有的人是从南北上，有的人是从北南下。这些因素都同步地导致了一样的结果。一般来说，没有奴隶的殖民地，比盛行蓄奴制的殖民地要越来越人多、越来越繁荣。

随着各殖民地的发展，人们开始隐约地发觉：奴隶被如此残酷地奴役，正在对奴隶主造成致命的后果。

而当在俄亥俄河两岸视察时，你会发现这个真理最为真实。

这条被印第安人亲切地称为“美丽的河”的俄亥俄河，流经有史以来人们居住过的最好的河谷之一。在俄亥俄河的两岸延展着起伏不平的土地，都在为人们每天提供用之不竭的财富。在河的两岸，空气有益于健康，气候也温和宜人。在河的每一岸，各是一个土地辽阔的大州的边界。在左以蜿蜒曲折的俄亥俄河水为界，名为肯塔基州；在另一岸的州以河名为州名。这两个州的唯一差别，就是肯塔基州允许蓄奴，而俄亥俄州则不准存在奴隶①。

一个人乘船沿俄亥俄河而下，旅行到该河一直注入密西西比河的河口，就像在自由和奴役之间航行。只要他放眼看一下两岸，就可以立刻断定哪一岸对人类而言是更为有利的。

在河的左岸，人烟稀少，偶尔见到在半荒半垦的土地上一群奴隶无精打采地游荡，原始森林被砍伐后又长出新树。社会可以说已经入睡，人们懒散，只有大自然还呈现出一派生气勃勃的景色。

反之，从这条河的右岸可以听到机器的轰鸣，说明在远方有工厂。田里的庄稼长得茂盛，雅致的房舍显示出农场主的爱好和兴趣，到处是富庶的景象。这里的人们看似都

①不仅俄亥俄州不准蓄奴，而且已被解放的黑人禁止其入境，任何人都不准收容他们。参看俄亥俄州的法令。

很有钱，并且感到很知足，因为这是自己的劳动成果[①]。

肯塔基州建成于1775年，俄亥俄州比它晚建12年。美洲的12年胜过欧洲的50年。俄亥俄州的人口现在已经比肯塔基州多了25万[②]。

蓄奴制和自由造成的后果不同是不难理解的，而且足以说明古代文明与现代文明之间的差异。

人们在俄亥俄河左岸，把劳动与奴役混为一谈；在这条河的右岸，人们则把劳动与致富和进步紧密联系在一起。劳动在左岸是下贱的，而在右岸却是光荣的。白人劳工在河的左岸是见不到的，因为白人害怕与奴隶混在一起，黑人去做一切的苦活。而很难在河的右岸找一个懒汉，所有的精力和智慧，白人都用于各种劳动。

在肯塔基州生产物质财富的人，因此既没有热情又没有文化；而能够有这两种东西的人，不是什么也不干，就是渡过俄亥俄河，到对岸去发挥自己的才智，并且不受侮辱地运用才智。

在肯塔基州，奴隶主不必付酬，但是奴隶的劳动成果并不大，而且他们付给自由工人的钱，大大高于工人劳动价值的应得收益。

对自由的工人要付酬，他们的工作效率比奴隶要高，而工作速度就是经济效益的主要因素之一。他们的劳动力被白人出卖，但是他们的劳动力只在有用时才会有人购买。黑人不要求付酬，但是奴隶主却要养活他们一辈子，也就是在他们的老年和壮年，在不能创造收益的童年和精力旺盛的青年，在生病和健康时期，奴隶主都得养活他们。因此要使这两种人劳动，同样都得付酬。自由的工人所得的是工资，花在奴隶身上的钱，则是教育费、扶育费、生活费和服装费。为养活奴隶支付的费用，是长期的和不定的，所以不容易引人注目。自由工人的工资则要整笔支付，得到钱的人好像发了财。然而最后算起来，使用奴隶的花费要大大高于雇用自由工人的花费，奴隶的劳动效益却并不高[③]。

蓄奴制的影响比这还要广泛。甚至它已经触及奴隶主的心灵，特别是能够左右他们的思想和爱好了。

在俄亥俄河两岸，虽然造物主让人们具有大胆敢干和坚定不移的性格，但是在发

---

①在俄亥俄州，不仅个体劳动者积极，州政府还建有巨大的项目。比如，在伊利湖和俄亥俄河之间开凿了一条运河，联结起了密西西比河流域与北方的水系。有了这条运河，欧洲商人来纽约做生意才可以经由水路穿过约500多里的陆地到达新奥尔良。

②1830年人口普查的精确数字显示，肯塔基州的人口为688844人，俄亥俄州的人口为937699人。（根据此次的人口普查报告，后者应为937679人）

③除了到处都有自由工人以外，他们比奴隶的劳动更有效率和更省费用的原因之外，还有一个只有美国才有的原因应当指出。在美国全境，只有密西西比河流入墨西哥湾的河口一带适宜种植甘蔗。在路易斯安那种植甘蔗收益最大，因此任何地方的农民都没有在这里赚钱多。因为资本和产品之间总有一定的比例关系，路易斯安那的奴隶生活费用也因此较高。但是在路易斯安那加入联邦后，它从美国各地输入奴隶，导致新奥尔良市场上一个奴隶的价格就高于其他所有市场。在土地的生产效益小的地方，使用奴隶种地的费用高得惊人，这就提高了自由工人的竞争力。

挥这个共同品质时，河两岸的人们却有不同表现。

右岸的白人生活必须依靠自己的努力，并且人生的主要目的是追求物质福利。由于土地有供他们使用的取之不尽的资源，有吸引他们去争取的不断更新的迷人前景，所以他们的进取精神超过了人类贪心的一般界限，致富的欲望让他们大胆地踏上了为他们开辟的每一条幸运道路。不管他们是去当水手还是去开荒，不管去做工还是去种地，坚定不拔的毅力都在支持他们的劳动和克服不同行业可能遭到的风险。他们的聪明才智有不可思议的地方，他们争取胜利的决心包含着一种英雄主义的气概。

左岸的美国人不仅轻视劳动，而且看不起劳动所成就的事业。他们悠闲自在地生活，有着懒汉的志趣。金钱在他们眼里，失去了一部分价值；他们追求财富的劲头，远远不如他们追求放荡与游乐；用于这方面的精力也不亚于他们的邻居在其他方面的精力。他们热爱打猎和打仗，疯狂地消耗体力。玩枪动刀就如家常便饭。从很小的时候开始，他们就学会在单人搏斗中玩命。因此，蓄奴制不但没有使白人发财致富，反而打消了他们发财致富的愿望。

同样的原因，200年来在北美的英国殖民地一直起着各自不同的作用。以致在南方人和北方人的经商能力之间出现了惊人的差别。在今天，只有北方有航运业、制造业、铁路和运河。

这些差别不仅在对比南北方时可见，在对比南方各地的居民时也可以发现。在最南的几个州里经营商业和想从蓄奴制中得到好处的人，几乎都是来自北方。现在，这一地区每天都有北方人前来，因为在这里不必担心竞争。他们发现这里的资源还没有被当地人注意，于是就利用他们本来反对的制度，去汲取比建立这个制度并维护它的人的好处还要多的好处。

再对比下去，我将不难证明：在性格上美国南方人和北方人表现出的差异，几乎全部来自蓄奴制。但是这会使我离题，我现在所要考察的不是奴役已造成的后果，而是奴役将会给对赞同奴役的那些人或那些地区带来什么影响。

蓄奴制对财物生产的影响，在古代没人能充分理解。奴隶当时普遍存在于整个文明世界，不知道奴隶为何物的民族都是蛮族。

基督教废除蓄奴制，不过是替奴隶争取了权利而已。人们现在可以用奴隶主的名义去攻击蓄奴制，因而在这一点上利益和道德就协调一致了。

随着这个真理在美国变得日益明显，蓄奴制在经验的光照之下开始节节败退。

始于南方的蓄奴制随后又发展到北方，然而今天正在败退。自由发轫于北方，不断向南方推进。在一些大州当中，现在宾夕法尼亚州是蓄奴制的北限；在这个州里，蓄奴制已摇摇欲坠。紧挨着宾夕法尼亚州南界的马里兰州，都在准备废除蓄奴制。马里兰州下方的弗吉尼亚州，已经在讨论蓄奴制的功用和危险了[①]。

---

①方才我提到的最后两个州，要求它们废除蓄奴制是出于一个独特的理由。

在这一地区的老户联邦居民的财产，积蓄起来的主要是依靠种植烟草。这里的奴隶全都（下转245页）

人类的各项制度发生重大变化的原因，几乎没有不涉及继承法的。

长子继承制通行于南方时，每个家庭都有不需劳动而且也不想劳动的一个富人为其代表。那些依法没有与他同样权利继承遗产的家属，像寄生植物攀沿在一棵大树上那样，围着他过着同样的生活。那时美国南方的一切富裕家庭中的情景，在今天欧洲某些国家的贵族家庭中仍然可见。在这些贵族家庭中，虽然弟弟妹妹不如哥哥姐姐富有，但是与他们同样地游手好闲。

这个相同的后果，仿佛是由于类似的原因而产生于美洲和欧洲的。在美国的南方，白人形成了一个贵族的集团，由一定数目的特权人物领导。特权人物的这些财产是世袭的，他们的悠闲生活也是辈辈相传的。这些美国贵族的领袖，使白色人种的传统偏见继续存在于他们所代表的集团之中，体面地保持着悠闲自在的生活。在贵族集团的内部也可以见到一些穷人，但他们并不是劳动者。他们宁可受穷也不愿意找点活干。黑人工人和奴隶因此便不会遇到任何竞争，并且不管白人对他们的劳动成果持有什么看法，都非得雇用他们不可，因为只有他们才能够替白人劳动。

废除长子继承法以后，各种财产就开始分散化小，所有的家庭也因此必须依靠劳动维持生计。现在有一些家庭已经消失，而且所有的家庭都预感到，以后的日子必须自食其力。虽然今天还有一些富人，但是他们已经不能形成紧密结合的世袭集团了。他们也不可能再有壮大自己和影响社会各阶层的精神力量了。因此大家开始一致放弃轻视劳动的偏见。穷人的数目增加了，但是可以自食其力就不觉得脸红了。因此，平等地分配财产最直接的成果之一，就是创造了自由的工人阶级。自由工人同奴隶竞争以后，就暴露出奴隶的劣势来，而蓄奴制本身的原则，即要维护奴隶主利益这个原则也受到了打击。

随着蓄奴制的败退，黑色人种也踏上蓄奴制的退路，一起回到了当初他们离开的热带地区。

这个现象最初令人觉得奇怪，但不久就被人们理解了。

在废除奴役的原则上，美国人并未让奴隶自由。

如果我不举出一个例子，对我以后的叙述，读者恐怕就很难理解了。我现在举纽约州的例子。1788年，纽约州在境内禁止买卖奴隶。这是以间接办法禁止奴隶的输入。黑人的人数从那以后只是依靠自然繁殖而增加。该州8年以后采取了果断的措施，颁布法令：从1799年7月4日以后，凡是父母均为奴隶的新生儿，一律获得自由。于是，一切使奴隶人数增加的途径均被堵死。虽然还有奴隶，但蓄奴制可以说已经不复存在了。

在北方的一个州禁止输入奴隶以后，就没有人从南方向北方贩卖黑人了。

（上接244页）替人种植这种作物。多年以来，烟草逐渐失去可赚大钱的价值。而奴隶的价格仍然保持原样。生产费用与产品的比例已经因此改变。马里兰州和弗吉尼亚州的白人居民，不管他们仍用奴隶种植烟草，还是已经不种植烟草，不使用奴隶了，都觉得自己的处境不如30年以前了。

从北方不准买卖黑人开始，这种不再是得心应手的财产持有人虽然在北方无法出售奴隶，但只要他们向南方输送奴隶，还是可以获利的。

在北方的一个州宣布奴隶的子女出生后获得自由的时候，虽然奴隶因此而失去被人出售赚钱的大部分价值，但是把他们输送到南方，还是可以赚一笔大钱的。

因此，一条同样的法令，虽然让南方的奴隶无法来到北方，但却又把北方的奴隶赶到了南方。

然而在这里还有一个原因比我所说的还要强而有力。

一个州的奴隶人数减少，该州就日益感觉需要自由的工人。自由工人随之进入工矿企业，奴隶劳动的生产效益就日趋降低。奴隶就因此而成了价值不大或者用处不大的财产。

但在南方使用奴隶，还能得到很大的收益，因为那里的竞争不大。

废除蓄奴制因此并没有使奴隶自由了，而只是使奴隶的主人改变了，即把奴隶从北方送到了南方。

至于已经获得自由的黑人和在蓄奴制被废除后出生的黑人，虽然他们没有离开北方去南方，但他们的处境在欧洲人中间，与土著的印第安人并没有区别。在远比他们有钱和有知识的白人中间，他们是半开化的和没有权利的人。他们既是法律的虐待对象[①]，又受民情的排斥。他们在某些方面比印第安人还要可怜。一想起奴役他们就不能自抑，不能像印第安人那样提出原来某块土地是自己的。他们中有许多人都在饥寒交迫中死去[②]，而其余的人就在一些城市里聚居，做粗活，过着悲惨的朝不保夕的生活。

而且，黑人的人数虽然仍按照他们未获自由时期的速度增长，但是白人的人数却在蓄奴制被废除后以两倍于从前的速度增长，不久以后，黑人就将淹没在白人的人海之中。

奴隶居住的农业地区，比白人聚居的农业地区人口少。由于美国是一个新的国家，所以在废除蓄奴制的时候，一个州多半尚有一半的土地没有人居住。刚刚一个州取消奴隶身份之后，就立即感到自由工人的匮乏，于是成群结队的大胆冒险家，就从四面八方拥了进来。他们赶来的目的，是想从刚刚对实业开放的新资源中牟取利润。把土地分给他们，在分得的每块土地上白人的家园被建立起来。就这样欧洲的移民不断开进了废除蓄奴制的各州。到新大陆寻找安乐和幸福的欧洲穷人，如果停在视劳动为下贱事的地区，他们能干什么呢?

由于自然繁殖，也由于大量的移民，白人的人口迅速增加起来；黑人的人口却没有得到移民的补充，因而日渐减少。两种人口之间的比例，不久就颠倒过来。黑人变

---

①凡是已经废除蓄奴制的州，一般都让获得自由的黑人留在本州过着艰难的生活。在这一点上各州之间很有默契，不幸的黑人只能选择最坏的地方定居。

②在废除蓄奴制的各州，白人与黑人的死亡率对比悬殊。从1820年到1831年，每年费城白人的死亡率为42∶1，而黑人却为20∶1。在黑人奴隶中这个死亡率还不算是高的。（见埃默森：《医学统计》第28页，费城，1831年）（精确的数字为42.3∶1，黑人21.7∶1）

成了可怜的破落户，成了居无定所的小小的穷困部族，在人口众多和拥有土地的白色人种之中消失。因而现在他们忍受不公正的和严酷的待遇而别无他法。

在大部分西部的州里，至今尚无黑人；在所有的北方州里，黑人也日渐减少。因此黑人将来的重大问题，将是他们日益被挤到一个狭小的地区。虽然这个问题不那么令人担忧，但解决起来也并不容易。

随着黑人的南下，有效地废除蓄奴制就越来越困难。这个结果来自必须加以阐述的几个自然原因。

第一个是气候。大家都知道，欧洲人越是靠近热带地区，劳动对他们就越困难。甚至大多数美国人断言，在那样的纬度下干活，最后只有死亡。而在那里黑人却能忍受而没有危险[①]。但是我并不认为这个只能促使南方人变得懒惰的这个想法，是有一定经验作为基础的。美国的南方并不比西班牙和意大利的南方热[②]。在那里欧洲人为什么不能像在西班牙和意大利那样劳动呢？意大利和西班牙废除奴隶制度后奴隶主并没有死亡，联邦那么为什么就不能这样呢？我不相信大自然由于怕佐治亚和佛罗里达的欧洲人累死而不让他们靠自己的土地谋生，但在那里他们肯定要比新英格兰的居民辛苦，收益却不如人家[③]。在南方，自由的劳动者也失去他们对奴隶的一部分优势，所以蓄奴制的废除就延缓了。

欧洲的作物能在联邦的北方生长，但是南方却有其独特的产品。

人们发现，利用奴隶种植，是一种昂贵的经营方式。在没有蓄奴制地区种植小麦的农户，已经习惯于少雇长工，只在播种和收割的季节多雇一些短工，并且供给他们临时的食宿。

在有蓄奴制的州经营农业的人，为了完成只需要几天就可以完成的收割和播种工作，也得长年养活一大批奴隶，奴隶不像自由工人那样依靠自己的劳动生活，而是等待别人来雇他们。为了使用奴隶，就必须把他们买下来。

除了这些不利因素，田间作业的性质，在种植谷物的地方，蓄奴制也不如在种植其他作物的地方适用。

种植烟草、棉花，特别是甘蔗，与种植小麦不同，它要求不断地进行田间管理。妇女儿童在这时候都能派上用场，种植小麦却不是这样。从田间作业的性质来说，蓄奴制是更适合种植我刚才提到的那几种作物的。

烟草、棉花和甘蔗只适于生长在南方，它们是当地的主要财源。南方废除蓄奴

---

①种植水稻的地区的确是如此。稻田在各地有害健康，尤其在烈日炎炎的热带是更为危险的。欧洲人如果一定要生产大米，他们在新大陆的这一部分种植水稻，当然必定会吃一些苦头。但是不种水稻就不能生活了吗？

②南方的几个州都比意大利和西班牙离赤道近，但是和欧洲大陆比美洲大陆要冷一些。

③西班牙人以前把亚速尔群岛的一些农民运到路易斯安那的一个叫阿塔卡帕斯的地方。这是一次实验，所以对这批农民也没有实行蓄奴制。这些人今天仍在那里种田而不是奴隶，然而他们的种田技术很差，以至于仅能维持生活。

制，就要面临以下的抉择：要么必须改变原来的耕种制度，在劳动和经验上同北方人展开激烈的竞争；要么仍然种植原来的作物而不使用奴隶，和没废除蓄奴制的南方其他州展开竞争。

由此可见，南方有其保留蓄奴制的独特原因。

在这方面，还有一个比其他所有都更为有力的理由。南方其实本来也是可以废除蓄奴制的。但是，黑人将怎样安置呢？废除蓄奴制和解放奴隶在北方是同时进行的。同时获得这个双重结果在南方是没有希望的。

为了证明蓄奴制在南方比北方更加合乎自然，更加有利，我只要指出南方的奴隶人数非常多就可以了。输入第一批非洲人的是南方，南方也使奴隶人数日益增加。越往南去，以悠闲自在为高尚的偏见就越强。在临近热带的几个州里，从事体力劳动的人中没有一个白人。南方的黑人人数因此自然多于北方。像我在前面已经说过的，这种趋势还在日益加强，联邦的北方一旦废除蓄奴制，黑人就会向南方汇集。南方黑人之所以增加的原因，不仅和人口的自然繁殖有关，而且还有北方黑人的被迫南迁有密切关系。南方非洲人种的激增原因，同在北方的欧洲人种迅速增加的原因是一样的。

在缅因州，每300个居民中有一个黑人。在马萨诸塞州，这个比例为100：1，在纽约州为100：2，在宾夕法尼亚州为100：3，在马里兰州为100：34，在弗吉尼亚州为100：42，而南卡罗来纳州的比例竟然达100：55[①]。这是1830年黑人与白人人口的比例。这个比例后来不断改变：黑人在北方所占的比例越来越小，而在南方则越来越大。

显而易见，联邦最南的各州如果像北方各州一般去废除蓄奴制，一定会遇到北方各州不必担忧的严重危险。

北方各州是怎样废除蓄奴制和解放奴隶的我们已经都看到了。它们用使活着的黑人一代仍然为奴，而只能解放他们的新生子女的办法，使得黑人被逐渐吸收到社会里来；对那些解除其奴隶身份后滥用他们有可能获得的自由的人，要事先教育他们管理自己并且享用自由，之后才能解放他们。

这种办法在南方实行起来就有困难。如果宣布从某年某月开始准许黑人的新生子女获得自由，就会使自由的原则和思想进入奴隶们的心里，让按立法规定身为奴隶的黑人看到自己的子女自由获得后，就会对他们之间出现的命运不平等表示惊讶，并且焦急和气愤。于是，蓄奴制便在他们的眼目中失去历史和习惯为它创造的道德力量，

---

①根据美国人凯里在1833年发表的关于移民协会的通信记载："40多年以来，南卡罗来纳州黑人的增加速度大大高于白人。统计最先使用奴隶的南方五个州——马里兰州、弗吉尼亚州、北卡罗来纳州、南卡罗来纳州和佐治亚州的人口时，我们发现从1790年至1830年期间，这5个州的白人人口增加了80%，而黑人人口增加了112%。"（凯里著作的全称、出版地、出版年及引用页码为：《关于殖民社会及其可能结果的信札》，费城，1833年，第12页及下面的几页）

1830年，美国白人和黑人的人数分别如下：已废除蓄奴制的各州共有白人6565434人，黑人120520人，仍然保留蓄奴制的各州共有白人人口数为3960814，黑人为2208102。

而变为一目了然的暴力的滥用。北方就不担心黑人进行这样的对比，北方的黑人为数极少，白人为数甚多。而一旦自由的曙光在南方普照200多万黑人，压迫者就必定要发抖。

在奴隶的子女被解放以后，南方的欧洲人很快就被迫把同样的好处普及于全体黑色人种。

在前面我已经说过，在美国的北方，自从蓄奴制废除以后，甚至预计即将废除蓄奴制的时候，一种双重运动就已经开始了：奴隶们离开北方被送往南方；他们的位置就由北方各州的白人和欧洲的移民来填补。

这两种情况无法同样地出现在最南面的几个州。一方面是那里的奴隶人数太多，无法把他们迁出去；另一方面是欧洲人和北方的英裔美国人，也不愿意去劳动还没有恢复其荣誉的地区定居。他们还有理由认为，在黑人的人数超过或者等于白人的州里，容易遇到不幸，他们因此而怀有戒心，不敢到那里去创业。

因此南方人在废除蓄奴制后，无法像北方同胞那样使黑人逐渐获得自由。他们不但没有使黑人大量减少，而且继续容纳黑人。这样下去，只要几年工夫，在一个国家之中就将出现与白人几乎平等的庞大的黑人自由民族。

如今这种以滥用权力维持蓄奴制的办法，就可能成为那时候让白人胆战心惊的严重危险的根源。现在，只有欧洲人的后裔拥有土地，他们就是一切实业的主人，只有他们有钱、有知识和军队。在这些方面黑人一无所有，但是他们没有这些东西时也能活下去，因为他们是奴隶。如果自由了，需要自食其力了，没有这些东西他们还能维持生活吗？在蓄奴制存在时期白人所做的一切，在蓄奴制废除后就有遭到破坏的危险。

继续让黑人处于奴隶地位，就可以促使他们保持近乎野蛮的状态。他们如果自由了，就无法阻止他们增长知识，从而知道自己不幸的严重程度和找到根除不幸的办法。而且，还有关于相对公平的一个重要原则在人心之中牢固地扎根。同一阶级内部存在的不平等大大高于不同阶级之间的不平等。人们可以看到蓄奴制的存在，但是怎么能理解长期以来几百万公民忍受的耻辱和遭到的那些苦难呢？已经获得解放的黑人，在北方仍在忍受这种苦难和遭到不公正待遇，他们的力量很小，人数也在日益减少。而在南方黑人的人数很多，力量也大。

如在一块土地上白人与被解放的黑人同住，把彼此视为异族，则不难预见会出现两种可能：黑人与白人不是将要完全混为一体，就是将要永远分离。

在前面我已经表示对第一种可能的看法[①]。我不认为将来会有一天白人和黑人在某

---

①这个看法已经得到更有权威的另一个想法的支持。例如，《杰斐逊回忆录摘要》中写道："黑人解放的命运，再没有什么东西比它写得更清楚的了，再没有什么东西比完全自由的两个种族在同一政府下的整合困难写得更明确的了。在两者之间，性格、习惯和观点划出了不可逾越的界限。"（见康塞伊编：《杰斐逊回忆录摘要》）。（托克维尔的引文摘自康塞伊编：《杰斐逊政治和哲学论文合集：回忆录和通信摘要》，2卷本，巴黎，1833年）这段引文亦见于《杰斐逊文集》（英文版）第1卷第49页。

个地方以平等的资格一起生活。

在我看来，这方面的困难在美国要比在别处大得多。一个人抛弃国家偏见、宗教偏见和种族偏见倒是有可能的，而如果是一个国王，在社会上他还会引起一场惊人的革命；整个民族恐怕无法这样超脱。

如果一个强权的铁腕人物把美国人和他们先前的奴隶置于同一屋檐下，就有可能使他们混合起来。但是，只要还是由美国的民主来决定国家大事，做这样的设想就是难以想象的，而且可以预见，如果美国的白人越来越自由，这样的人也会越来越孤立①。

在前面我说过，欧洲人和印第安人之间真正的纽带是混血儿。同样，混血儿也是白人和黑人之间的真正桥梁。凡是黑白人混血儿多的地方，两个种族之间的混合就不是不可能的。

美洲的有些地区，欧洲人与黑人的混血已经达到很难遇到一个纯粹白人或者纯粹黑人的程度，即可以说是两个种族已经达到混合的地步，或者说是出现了一个两者结合的与任何原来一方都不相同的第三种族。

欧洲人中最少与黑人结婚的是英国人。美国南方的黑白混血儿要多于北方，但又远远少于欧洲人在美洲其他地区建立的殖民地。美国的黑白混血儿很少，本身毫无力量，在种族纠纷中一般都倾向白人一边，类似于在欧洲常见的那种大贵族的仆人以贵族自居而轻视普通人民的情况。

这种种族骄傲被英国人认为是理所当然的，又因民主自由所造成的个人骄傲而在美国人身上有所加强。美国的白人既自负于其种族，又自负于其为美国人。

此外，白人和黑人为什么没有在联邦的北方混合而却在南方混合呢？我们可以认为一直生活在身心均占有优势的白人与黑人之间的南方白人会想与黑人结合吗？有两种担心使南方的美国人永远保持这种超然孤立的状态：第一，害怕与原来的黑人奴隶平等，认为这是有失身份的事；第二，害怕自己的地位不如北方的白人。

如果对未来做绝对的预测，我将要说：从一般事物的发展来看，南方废除蓄奴制后，白人对黑人的反感会加深。这个看法的依据是我以前对北方做过的类似论断。我说过，立法机构逐渐废除种族之间的法律屏障，北方的白人将随之越来越不愿与黑人接触。为什么南方不会发生这种情况呢？在北方，白人之所以不敢与黑人混合，是出于害怕想象中的危险。而这个危险在南方不是想象中的，而是现实存在的，所以害怕的心理也不会有所减轻。

一方面既然已经看到（事实也无可怀疑）黑人逐渐向南聚集，而且繁殖的速度快于白人；另一方面又确信不能预见何时黑人可与白人混合和何时可从社会现况中取得同样的利益，难道不能凭此推论出黑人和白人迟早要在南方各州发生冲突吗？

最终，这场冲突的结果将会如何呢？

---

①安的列斯群岛的英国人如果实行自治，也会使人们预想到他们不能同意祖国下达的解放黑奴的法令。

对于这个问题我只能做个大致的推测。对于未来，人的头脑中只能勉强画出其大致轮廓，但在这个轮廓内，偶然的因素还会影响人们所做的努力。在未来的蓝图上，偶然的因素就像一些黑点，使智慧之眼也不能看清画面。有一点却是可以预见的，即在安的列斯群岛，似乎白人注定要屈服；而在大陆上，黑人则注定要屈服。

在安的列斯群岛，白人孤立地处在不计其数的黑人之中。黑人在大陆上则是处于一个民族的海洋当中。从加拿大的冰原到弗吉尼亚的南端，从密西西比河岸边到大西洋海岸，这个民族已经结成紧密的集团，凌驾于黑人之上。北美的白人如果保持团结，黑人就很难逃脱正在威胁着他们的灭亡：结果不是屈服于枪炮，就是毁灭于灾难。但是，如果两个种族间的斗争刚一开始，美国联邦就解体，那么聚居在墨西哥湾一带的黑人就有机会得救。一旦联邦的纽带断裂，南方的白人就不要指望北方的同胞对他们进行持久的支援。北方的白人十分清楚，危险永远不会降临到他们的头上。如果承担的义务迫使他们支援，就可以预言：种族的同情心也是无能为力的。

然而，斗争不管爆发于何时，南方白人如果得不到北方的同胞支援，仍然可以依靠知识和武器的巨大优势奔赴战场，而黑人则是全凭人多势众与不怕死的精神同他们斗争。一旦黑人手中掌握了武器，那这些东西就会转化成相当巨大的战斗力。到那时，也许南方的白人会遭受到西班牙摩尔人那样的命运。在那里盘踞了几个世纪之后，也许他们被迫要逐步退回到祖先迁来前的地点，把上苍注定要给黑人的这块土地还给他们，因为在这里，黑人会生活得更好，劳动起来也比白人觉得轻松。

尽管南方白人与黑人目前暂时不可能发生冲突，但迟早是不可避免的。它就像一场噩梦，经常萦绕在美国人的脑海中。这种危险尽管对北方居民并没有什么直接威胁，但还是他们的日常话题。他们想要找到一种能够防止他们所预见的不幸的办法，但是始终都没有成功。

在南方各州，人们对此保持沉默。南方人向来不对外人谈论未来，即使对亲友也回避不谈，每个人都把话藏在心里。这种属于南方人的沉默，有些地方比北方的惊喊要更可怕。

这种普遍忧虑，使他们办起了至今还不为人知的一项事业。可能这项事业会改变一部分人的命运。

一些美国人由于害怕我方才谈到的危险，便组织了一个协会，目的是由他们出资，把企图摆脱暴政压迫的自由黑人送到几内亚海岸去居住①。

我所说的这个协会于1820年在非洲北纬7度附近设立了一个居民点，并取名为利比里亚。根据最近的消息，已经有2500多名黑人在此处聚居。他们把美国的各项制度带回自己祖先的国土上。利比里亚实行代议制，因此就存在有黑人行政官、陪审员和教

---

①这个协会名为“黑人移民协会”。

可以参看这个协会的年度报告，特别是第十五次年报。然后可以参看前面已经提到过的凯里：《关于移民协会的通信》，费城，1833年4月（15）。

士，也建有教堂，能够出版报纸。历经沧桑的他们奇迹般地回到故地后，便不准许白人到他们那里定居[①]。

这真是一场异想天开的运动！自欧洲人强迫黑人背井离乡并把他们运到北美海岸进行出售，已经过去200多年了。欧洲人现在又把这些黑人的后代装在船上，渡过大西洋，将他们送回祖先被掠走的地方。这些野蛮人已在被奴役之时学会了文明人的知识，并且在实行蓄奴制的地方学会了享用自由。

那时非洲对白人的技术和科学一直采取闭目塞听的态度。这些被带回来的欧洲文明，在这里也许能开花结果。因此在建立利比里亚时，人们怀有一种美好而崇高的理想。但是，在旧大陆可能创造丰硕成果的这种理想，并没有给新大陆带来好处。

黑人移民协会12年来共向非洲运去了2500名黑人。在这个期间，美国大约又有70万黑人婴儿出世。

即使利比里亚殖民地预备每年接收数千名新居民，即使新居民可以在那里过上好日子，即使联邦政府负责协会的一切事物，每年由国库出钱来支援协会[②]，国家提供船只往非洲地区运送黑人，也抵消不了美国只因自然繁殖而造成的黑人人数增加。由于每年新出世的黑人人数要比每年运出的人数多，所以也就无法阻止黑人的苦难不断加剧[③]。

黑人永远不会消失于美洲大陆的海岸，只要新大陆存在，黑色人种就会存在，并且受欧洲人的贪欲和恶习的影响而堕落。美国居民可以推迟他们所担心的灾难的来临，但是造成灾难的根源他们现在还没能消除。

直言不讳地说，我并不认为在南方各州废除蓄奴制是推迟两个种族之间斗争的手段。

黑人可能长期为奴而从来不去抱怨；但是他们在加入自由人的行列以后，很快就会因为几乎被剥夺了所有的公民权而发怒，而且由于无法与白人实现平等，也会立即把白人当做敌人。

北方的一切条件都有利于解放奴隶，不必担心废除蓄奴制以后自由黑人会闹事。他们的人数很少，因而永远无法伸张自己的权利。而在南方却并非如此。

在北方，蓄奴制问题对奴隶主来说只是一个商业和工业上的问题；而对南方的奴隶主来说，这就是生死存亡的问题。因此在蓄奴制的问题上，南北方根本无法相提并论。

上帝不允许我像某些美国作者那样为奴役黑人辩护。我只是说凡是曾经赞同这种原则的人，现在也绝对不肯轻易放弃它。

---

①这项规定的制定是这个居民点的建设者们自己完成的。他们在非洲害怕出现那种美国南部的情况，担心黑人与比他们开化的种族接触后，会像印第安人那样在自己开化前就被消灭了。

②在这项事业中，还会遇到一些其他的困难。例如，联邦政府如果为了从美洲向非洲运送黑人而要赎买身为奴隶的黑人，黑人越来越少将导致其价格上涨，很快就会达到惊人的程度，而且我们相信北方各州不会拿出对它们毫无好处的这笔款项，联邦政府如果采取强制办法，按它规定的低价去赎买南方的奴隶，它就又会遇到南方各州的无法镇压的反抗。打通这两条道路都是不可能的。

③1830年，美国有奴隶2010327人，被解放的奴隶319439人。合计共有2329766名黑人，占当时美国人口总数的五分之一。

在考察南方诸州时，我坦白地承认，这个地区的白人只有两条出路：不是解放黑人并和他们混合，就是仍然孤立他们并且长期奴役他们。在我看来，折中的办法不久将导致十分可怕的内战，两个种族中必有一个会由此毁灭。

美国南方的白人就是从这个观点出发来看待问题并且依此而行动的。他们不想与黑人混合，所以也不愿意给黑人自由。

这并不是说南方人都认为蓄奴制是奴隶主发财致富的必要手段。在这一点上，他们当中的大多数人与北方人见解一致，并且也同样愿意去承认奴役黑人是一种罪恶。但是他们又认为，得让这种罪恶为了生活而持续下去。

在南方，蓄奴制对奴隶主并不都是有利的，随着教育的普及和提高，这一地区的居民已经日益认识到了这一点。而这种教育也更清楚地向他们表明，暂时他们还不可能废除蓄奴制。于是，一种奇特的南北对照就出现了：随着蓄奴制在南方越来越受质疑，它在法律上却日益得到加强；蓄奴制的原则在北方逐渐被废除，而在南方，同样的原则却产生出越来越严酷的后果。

如今南方各州对奴隶的立法具有史无前例的残酷性，对人类的法律而言，这简直是一种严重的滥用。只要看一下南方各州的立法，我们就能够断定出居住在那里的两个种族是十分敌对的。

这并不是表示南方的美国人只顾着加强奴役的残酷性。奴隶的物质生活条件也同时得到了改善。古代人对奴隶制度只知道用铁和死亡来维护；而南方的美国人却发现了持久保证他们权力的更聪明的一些办法。在我看来，他们已经把专制和暴力宿命论化，而且使奴隶们从心灵上能够接受这一点。奴隶主在古代是想尽办法去阻止奴隶打碎枷锁；而现代奴隶主却是设法不让奴隶产生这种思想。

古代人给奴隶戴上链子，但是让他们思想自由，允许他们去学习知识。奴隶主的言行也比较一致，他们遵守所定下的原则。受奴役的期限在古代并不是固定的，奴隶随时随地都有可能获得自由并且与主人平等。

南方的美国人从来没有想过他们与黑人会有混为一体的一天，于是便严禁奴隶去学习识字。他们不希望黑人被提高到与自己相等的水平，所以便使得奴隶尽可能地保持原始的生活状态。

自古以来奴隶都憧憬自由，希望改善自己的悲惨处境。

南方的美国人十分明白，只要获得解放的奴隶无法达到与其主人同化的地步，这场解放黑人奴隶的运动就终究会带来危险。一个人被给予自由，但同时又被留在苦难和屈辱之中，这不是为奴隶的造反提供了一个未来的领袖吗？而且很早就有人指出，一个自由的黑人会在还没有获得自由的黑人心中埋下一个隐患，使他们的脑海里出现一丝微光，即权利观念的产生。南方的美国人在大多数情况下都剥夺了奴隶主想要解放自己的奴隶的权利①。

①既然解放黑奴的运动没有被禁止，那么就应该服从给这个运动带来麻烦的手续。

在美国南方我遇见过一个老头，他同一个女黑奴曾经长期非法同居。他们生了几个孩子，这些孩子出世后就成为了父亲的奴隶。这位老人曾多次想把自己的权利传给这些孩子，至少给予他们自由，但是经过多年的努力，他都没能克服立法当局为解救黑奴所设下的障碍。在这期间他已经年老，并且即将离开人世。当时，他主动向我讲述了他的几个儿子从一个市场被拖到另一个市场，离开母亲的爱抚被送到一个陌生人手下被鞭笞的情景。这一可怕的情景，使老人心中已经衰竭的思维又活跃起来。看到他在受着绝望的痛苦折磨，我也领悟了大自然真会雪洗法律使它蒙受的耻辱。

这种灾难无疑是可怕的，但这就是蓄奴制的同一原则注定要在现代产生的必然结果吗?

当欧洲人从另一个种族中掠取奴隶时，大多数人都认为这个种族比其他种族低下，唯恐将来和它融合在一起，于是便妄想使蓄奴制长存，因为他们认为，在奴役的极端不平等与人们独立所自然产生的完全平等之间，是不会出现能够持久的中间状态的。欧洲人觉得这似乎是真理，又始终不确信，因此从他们与黑人打交道以来，其行为就有时受利益和高傲的偏见所支配，有时则受他们的怜悯心所影响。他们先侵犯了黑人的人权，后来又教会他们明白这些权利的珍贵性和不可侵犯性。他们对奴隶开放了他们的社会，但当奴隶试图进入这个社会时，他们又狠心地将其驱逐出去。一方面他们希望奴役黑人，另一方面又身不由己地或者不知不觉地使自己受到自由思想的影响。他们既不想丧尽天良，又不敢伸张正义。

既然无法预测何时南方人会使自己的血与黑人的血混合起来，他们会甘愿冒着自己毁灭的危险而允许黑人获得自由吗？而且，他们既然为了拯救自己的种族曾用铁去对付黑人，难道现在为了达成这个目的而采取更有效的一些手段就不可以原谅吗?

联邦南方所发生的一切，在我看来，既是蓄奴制的最可怕结果，又是极其自然的结果。当我看到自然秩序被推翻，听到人性与法律作着徒劳无功的斗争而呼叫时，我觉得不该怒斥制造这些罪恶的当代人，而要憎恨享受了一千多年的平等之后又使得奴隶制度重现于这个世界的那些人。

此外，不管南方人尽了多大努力去维护蓄奴制，他们也永远达不成目的。被基督教斥为不义和被政治经济学指为有害的而仅存于如今地球一角的蓄奴制，在现代的民主自由和文明社会中决不是可以持久存在的制度。它将来不是被奴隶推翻，就是被奴隶主废除。然而在这种情况下，预料都将发生严重的不幸。

南方黑人的自由如果得不到承认，他们也迟早会以暴力去取得；而如果承认他们的自由，他们很快又会滥用自由。

美国联邦长久存在的机缘是什么和威胁着它存在的危险是什么

优越权力的根源存在于各州而不是联邦——构成联邦的各州愿意隶属联邦一天，联邦就能够存在一天——促使各州继续联合下去的原因——联邦的存在对抵抗外敌和防止外敌入侵具有什么功用——上帝没有在各州之间设立天然屏障——没有使各州分裂开来的物质利益——从发展和联合南方与西部中，北方可以得到好处，南方可以由此从北方和西部那里得到好处，西部也能够从其余两方得到好处——让美国人联合起来的非物质利益——舆论的一致——联邦的危险是来自于各地居民的性格和感情的不同——南方人和北方人的性格——其主要危险之一是联邦的迅速扩大——人口向西北移动——势力向这方面发展——这种形势的快速发展引起的激情——这样下去会使它的政府变得强大还是软弱——联邦政府软弱的不同迹象——政府内部的改革——荒地——印第安人——银行业——关税——杰克逊将军

联邦的各州得以维持现况，一部分有赖于联邦的存在。因此首先必须探讨联邦的未来命运如何。在进行这项探讨之前，我愿意先肯定一点：即如果现存的联邦解体，组成联邦的各州也不会恢复最初的独立的状态，这是毫无疑问的。在那时将会出现几个联邦来代替现在的这一个联邦。这些新联邦将在什么样的基础上建立我不想过多研究，我只指出可能导致现存联邦解体的几个原因。

为了实现这一目的，我不得不折回老路，把已经叙述过的几个问题再谈一下。我知道，读者可能会指责我重复。但是问题的重要性尚有待于研究，这也就容易理解了。我宁愿多说几次，免得读者读后还不解其意。我宁愿自己挨骂，也不会放过任何一个问题。

1789年宪法的制定者们，曾一再努力使联邦政权除了具有独立性以外，还具有另外一种优越权力。

然而他们受到了需要解决的问题的本身条件的限制。他们当时的任务不是要组建一个单一国家的政府，而是要让几个各自享有主权的州联合起来。另外，不管他们是否愿意，都得使这些州共享国家的主权。

为了让人更好地了解这样分享国家主权所造成的后果，我需要简略地区分一下主权的内容。

依其本身的性质来说，有些事务是全国性的，即管辖权只归于作为一个整体的国家，只能委托代表整个国家的某几个人或者某个集体来行使。战争和外交方面的工作就可以算作这种事务。

还有一些事务是地方性的，他们只归于各地方政府管辖，由该地方政府作相应处理。编制地方的预算就属于这种事务。

还有一些事务是混合性的，从它们涉及各地的个人或者单位方面来说，它们是全国性的，而从国家本身不必出面处理这方面来说，又是地方性的。比如，有关公民的民事活动权利和政治活动权利的调整问题就是这种事务。任何社会体制都包含公民权利和政治权利。因而这些权利就与全国公民有着同样的利害关系，但无关国家的生存和繁荣，因而不是非由中央政府进行管理不可。

因此，只有战争和外交这两项必要的事务，其管辖主权是属于国家的。只要是组织健全的国家，不管其社会契约建立于什么基础之上，都得有全国性的和地方性的上述两大类事务。

虽有普遍性但非全国性的事务，就像在最高的主权和最低的主权之间漂移着的一堆游浮不定的东西。这些事务我把它称为混合性的。它们既不完全属于国家，又不完全属于地方，而是根据各省或者各州所达成的协议，以不损害联合的目的为条件，分别交给全国政府或者地方政府去处理。

其情形最常见的是：由几个人联合组成最高权力当局，国家再由最高权力当局来建立。在最高权力当局设立的全国政府之下，只能有个体的或者集体的权力分别代行小的一点主权。因此，全国政府不仅要主管本质上属于全国的事务，而且理所当然地要处理大部分的混合性事务。地方政府只拥有一小部分主权，这对本地方的福利是不可缺少的。

有时由于联合之前的历史状况，最高权力当局系由早已存在的几个政治团体所组成。地方政府这时就不仅管辖在性质上完全属于地方的事务，而且要管理全部或者部分无明确规定的混合性事务。这是因为联合起来的几个国家或地区还拥有联合之前的主权，或者继续行使其主权的最重要部分，而只是同意让中央政府去行使那些不可缺少的职权。

当全国政府除了本身性质自带的特权之外，还可以规定主权中的混合性权限时，它就具有了一种优越权力。它不仅自身有广泛的权力，而且也可以干预自身之外的权力，所以人们担心它会剥夺地方政府固有的必要的特权。

相反，如果授予地方政府以规定混合性事务的权力，社会上就会出现反对中央政府的趋势。优越的权力就这样留给了地方政府，而全国政府却无法拥有，所以人们害怕全国政府会因为失去维持其存在所必需的特权而垮台。

因此，单一的国家就有走向集权的自然趋势，而联邦国家则有走向分裂的自然趋势。

现在，就用这些通行的观点来评述美国的联邦。

在美国，就把决定地方事务的权力完全留给了各州。

另外，各州还保留了规定公民的民事行为能力和政治行为能力的权力，调整公民之间关系的权力以及对公民进行审判的权力。按性质来说，这些权力是全国性的，却不一定非属于全国政府不可。

我们已经说过，在国内联邦政府以一个单一的独立体行动时，才能以全国的名义发号施令。对外它代表国家，领导全国力量共同对敌。简而言之，纯属于全国性权限的事务都归它主管。

这种主权的分享中，乍看来联邦的主权好像大于各州的主权。但深入考察一下就会发现：联邦能够分享的主权事实上是较小的。

虽然联邦政府主管的工作非常广泛，却较少见到它去办理。虽然地方政府办理的事务很小，但是它从来没有停止工作过，每时每刻人们都能感到它的存在。

联邦政府对全国的普遍利益非常关心，但是一个国家的普遍利益，对个人的幸福来说只有难以预料的影响。

相反，对本地居民的福利，地方政府会起到立竿见影的作用。

联邦政府保障国家的独立和强大，但是这与个人没有直接的关联。各州负责维护各自公民的自由，对他们的权利进行调整，从而来保护他们的生命财产和整个未来。

联邦政府疏远百姓，地方政府则与人民近距离接触。只要地方政府一声令下，人民立即便可以行动起来。中央政府依靠少数希望领导它的优秀人物的热情，而地方政府则是依靠一些二流人物的关心。这些人只希望在本州掌权；他们贴近人民，对人民有很大的权威性影响。

和联邦政府相比，美国人对州政府的期待和恐惧更多些；从人心的自然趋势来看，依附于州政府的美国人显然多于依附于联邦政府的人。

美国人的习惯和感情在这方面是与他们的利益一致的。

当一个国家实行主权分享和联邦制度时，将长期存在遗风、习俗和惯例与法律的斗争，并且中央政府受到了法律所不容许的压力。而当人民联合起来组成一个单一的主权国家时，这几个因素就将起到相反的作用了。假如法国变成美国那样的联邦共和国，我毫不怀疑，一开始它的政府就会比美国的联邦政府更强而有力；而美国如果把它的政体改成法国这样的君主政体，我觉得美国政府将要长期软弱无力。当英裔美国人建立国家时，地方政府的存在已经是既成的事实，乡镇和所在的州之间必要的关系也已经建立起来，人民已经习惯用共同的观点看待一些问题和像代表一项特殊利益似的专心于某项事业。

作为一个庞大联合体，美国联邦是一个只能给爱国主义提供捉摸不定的对象的存在；而各州具有固定的组织形式和明确的地域范围，来执行居民们知道和重视的一些工作。州政府的想法就是它那块土地上的人民之所想，它珍惜人民的财产就像珍视自己的那样，对待家庭、遗风、现在的工作和未来的理想均是如此。所以其往往不过是个人自私心的一种延伸的爱国主义，只存在于州，几乎不会涉及联邦。

因此人们的利益、习惯和感情都趋于将真正的政治生活集中于州，而不是集中于中央。

只要考察一下州政府和联邦政府在其职权范围内如何行使职权，很容易就能够看出两种权力的差异。

每当州政府与一个人或者一群人交涉时，它都是使用明确的和命令式的语言。联邦政府与个人对话时也是如此，但它与一个州交涉时，就会改用谈判的口气，来解释它的动机和为它的行为辩解，也就是要讨论和商量，不能直接下命令。在宪法规定的权限上，如果两类政府发生争执，总是州政府敢于提出自己的权利要求，并采取坚定的措施维护自己的权利。联邦政府在这期间则要阐明自己的道理，诉诸全国人民的良知、国家的利益和荣誉。它要见机行事，与争执的州谈判，不到迫不得已决不能采取行动。乍一看，人们还以为掌握国家大权的是州政府，而国会只是代表一个州罢了。

因此，联邦的立法者们尽管作了种种努力，但是仍如我以前所述，联邦政府从本身的性质来说是软弱无力的，比其他任何政府都需要被统治者的支持来予以维护。

联邦政府的目的不难看出，它就是要顺利实现各州继续联合的愿望。这个基本条件已经实现，这表明联邦政府是明智的、灵活的和有力的。立法者们当时是要把联邦政府组织得既能像一般政府那样镇压个人的反抗，又能战胜人们对公共决定的故意抵制，但是他们预先没有想到的是联邦可能解体或者几个州可能主动退出联邦。

今天联邦的主权既然常与各州分享的主权产生纠纷，因此不难预见联邦会有支持不下去的时候。甚至我认为，难保两者的斗争不采用激烈的形式进行。联邦政府每逢受到顽强的抵制时，总是会作出让步。经验已经表明：迄今为止，一个州只要坚持主张，要求得到满意的答复，它的坚持肯定会成功；而当它完全拒绝执行联邦的命令时①，联邦也只能听任它自由行动了。

联邦政府虽然拥有自己的权力，但是国家的现实条件却不利于它的行使②。

美国的领土辽阔，许多州都相距甚远，人口却又分布在仍有一半是荒野的国土上。联邦政府如果用武力去使各州屈服，就会使它陷入类似独立战争时期英国所处的境地。

再说，无论一个政府多么强大，它也不得不遵守当初同意的一项原则。这项原则就是它必须服从公权。联邦是建立在自愿原则的基础上的，在联合的时候各州并没有放弃自己的主权，也没打算组成一个单一的和民族相同的国家。一个州如果现在想把自己的名字从盟约中取消，那它也很难证明不可以这样做。联邦政府要想反对它，也显然没有力量和权利。

为了让联邦政府能够轻松应对某个州对它的反抗，必须就像世界联邦制度史上常见的那样，只能使一个州或者几个州的利益紧密地同联邦的存在相结合。

假如有一个州要独享联邦的优势，或者使它的繁荣依赖于联邦的存在，那么显而易见，它会大力支持并迫使其他州服从中央政权。但中央政权的力量在这时已并非来自于本身，而是基于与它的本性相反的一项原则。各州的人民要结成联邦，只是为了从联邦中获得同等的好处；而刚才所说的那种情况，就等于在联合起来的各个州之间制造不平等，从而使联邦政府得到巩固。

再假如联邦中有一个州的优势大得足以垄断中央政权，就会视其他的州为下属，在其主权得到其他州的尊重后，就要觊觎联邦的主权了。这时，虽然一些大事名义上

---

①请看看北方各州在1812年战争时的表现。杰斐逊在1817年5月14日给法夷特将军的信中写道：“在战争期间，东部的四个州就好像死人拖累着活人那般，紧紧地把我们的手脚束缚住了。”（见康塞伊编：《杰斐逊回忆录》）（参看《杰斐逊文集》第15卷第115页，华盛顿，1905年）

②美国所处的和平安宁的环境，让它没有任何借口建立常备军。如果一个政府没有常备军，就无法提前做好准备，再利用有利时机去消除反抗，用联邦的主权压制地方的要求。

还是出自联邦政府，但是联邦早已名存实亡了[①]。

以联邦的名义行事的政权在这两种情况下会变强，就不顾联邦的原来政体和公认的原则了。

在美国，虽然目前的联邦对所有的州都是有利的，但是并非必不可少。有几个州即使要割断与联邦的纽带，其他州的继续联合也不会受到危害，然而它们的繁荣富强的总成果会有一定的减少。没有一个州的存在和繁荣是完全依赖于目前的联邦的，所以也没有一个州会为维护联邦而甘愿付出重大的代价。

另一方面，就目前的情况而言，还没有一个州怀有野心想要控制联邦。当然，对联邦的立法、司法、行政的影响各州并不完全一样，但是没有一个州能够作威作福，把其他的州当做自己的下属或者不如自己的州来对待。

所以我确信，联邦的某一部分如果真要与其他州脱离关系，不仅没有阻止的可能，而且也没有人想去阻止。因此只要各州愿意联合下去，就能使目前的联邦存在下去。

这个问题既已解决，我就感到轻松了，因为我们的目的不是研究结成联邦的各州是否能够分离，而是要研究它们是否愿意继续联合下去。

在使联邦给美国带来好处的所有原因中，有两个主要原因最引人注意。

虽然美国人几乎是独立于他们的大陆，但是贸易却使同他们有往来的一切国家成为邻国。所以，美国人尽管表面处于孤立状态，但是他们要强大才行，而他们要想强大起来，只有完全留在联邦之内。

各州如果分裂独立，不仅会减弱现有的一致对敌的力量，而且有可能招致外敌入侵。分裂以后，还需要单独建立一套内陆关税制度，对山川大地进行瓜分，使得上帝赐给他们治理的这片大好河山变得支离破碎。

美国人今天没有外敌入侵之忧，所以既不必养兵，又不必为此而征税；而联邦一旦解体，这一切事情就很快变得必要了。

所以，继续维持联邦对美国人具有重大的利益。

另一方面，就目前情况而言，也没有什么物质利益促使某一部分想要脱离联邦而独立存在。

当铺开美国的地图时，看到从东北走向西南的阿勒格尼山脉穿过400里约（1000英里）国土时，我们情不自禁地认为上帝的安排是要在密西西比河流域和大西洋海岸之间建立一道天然的屏障，以阻隔人们的往来以及好像是要为不同的民族划出必要的界线。

---

①尼德兰联省共和国的荷兰省就是这样，再如，在如今的德意志联邦，普鲁士的皇帝就会偶尔号令联邦，利用联邦的权威为普鲁士谋利。

阿勒格尼山脉的平均高度不到800米[①]。它的一些圆形山巅，以及山间的宽敞谷地，方便人们从四面八方进去。注入大西洋的几条大河，即赫德森河、萨斯奎哈纳河、波托马克河，都发源于阿勒格尼山脉上的与密西西比河流域接壤的一片高原。这些河流经过这里[②]，再钻过仿佛逼着它们向西流的屏峦，在流经的山区里为人们开辟出可供通行的数条天然道路。

所以现今英裔美国人居住的各个地区之间，没有任何天然屏障妨碍交通。阿勒格尼山脉不仅没有把他们隔离开，也未能阻碍各州的往来。纽约州、宾夕法尼亚州和弗吉尼亚州包围了这条山脉，并延展向它的西面和东面[③]。

美国24个州以及有居民但尚未取得州的资格的三个大区现在共拥有领土131144平方里约[④]，相当于法国领土面积的五倍。这片领域土质不同，气候条件也各异，物产也是多种多样。

英裔美国人所建各州的土地辽阔，所以有人怀疑联邦能否维持下去。对此要进行分析。在领土辽阔的帝国内，各省或者各州之间利益的对立可能导致彼此之间的冲突。国土的辽阔这时可能对国家的长治久安有害。但是，如果这样广大国土的人民没有利益冲突，国土的辽阔本身就有利于国家的繁荣，因为政府的统一为国内不同产品的交换提供了便利，也便于产品的流通，增加产品的价值。

我确实见到美国的不同地区都有各自不同的利益，但是我从没有发现它们之间存在对立的利益。

南方各州大都以农业为主，北方各州专门从事制造业和商业，西部各州兼营制造业和农业。而在南方，则主要是烟草、棉花、水稻和甘蔗的种植。北方和西部种植小麦和玉米。虽然财源不同，但是联邦却能为人们提供这些财源的机会均等取得条件。

北方把英裔美国人的产品输送到世界各地，把世界其他地方的产品又运回联邦；而为了让美国生产者和消费者的人数保持平衡，它最希望联邦能按目前状况维持下去。北方既是联邦南方与西部的天然桥梁，又是联邦与世界其他地区的中间人。所以，北方希望南方和西部继续留在联邦里共同繁荣，以便于给它的制造业提供原料和租用它的船舶。

在西部和南方，保留联邦和使北方繁荣也和人们的直接利益相关。一般南方的产品都要经由海上出口，南方和西部也因此需要得到北方商业的支援。它们希望联邦拥有强大的舰队，以便有效地保护它们。虽然南方和西部自己没有船舶，但一定也愿意出钱建

---

①据沃尔内《美国气候与土壤概述》第33页记载，阿勒格尼山脉的平均高度为700～800米；而根据达比的说法则为5000～6000英尺。法国的孚日山脉的最高峰海拔约1400米。

②参见达比《美国视野》第64页和第79页，费城，1828年。

③阿勒格尼山脉的最高峰没有孚日山脉的最高峰高，因此也没有像孚日山脉那样为产业的开发制造障碍。阿勒格尼山脉东侧与密西西比河流域的天然联系，类似于法国的弗朗什—孔泰地区、勃良第地区和阿尔萨斯地区间的天然联系。

④按英制，为1002600平方英里，参见达比《美国视野》第435页。

设海上力量，因为欧洲的舰队一旦封锁南方的港口和密西西比河三角洲，那该如何处理南北卡罗来纳出产的大米，弗吉尼亚出产的烟草，以及密西西比河流域生产的糖和棉花呢？联邦预算的每一部分，可以说都有利于保护联邦各州的共同物质利益。

除了这种商业利益以外，联邦的南方和西部还能从它们继续结盟和与北方继续结盟当中获得重大的政治利益。

而今有大量的奴隶存在于南方境内，这部分人口正在威胁着现在，更加威胁着未来。

西部各州地处大河流域。流经其中的河流，发源于落基山脉和阿勒格尼山脉，汇入密西西比河后又流入了墨西哥湾。在西部各州，由于地理位置的关系，呈现与欧洲传统和旧大陆文明的隔离状态。

因此，之所以南方居民愿意维护联邦，是为了让自己不在黑人面前显得孤立；而西部居民之所以愿意维护联邦，是想避免自己被封闭在美国中部，导致与世界其他各地往来不便。

北方之所以不希望联邦分裂，是因为它想把联邦作为纽带，以维系广大的国土与世界其余部分的联系。

因此就可以看出，在联邦的各部分之间，有着紧密的物质利益联系。

在这种联系当中产生的观点和感情，我们认为，同样能够产生人们之间的非物质利益联系。

美国居民对他们的爱国精神谈得很多；那我也愿意直说，我并不相信这是理智的爱国主义，因为它是建立在利害关系之上的，一旦情况发生变化，利害关系也将随之变化。

对美国人经常表示的要把祖先采用的联邦制度维护下去时提出的论点，我并不怎么看重。

那种要把全部公民置于同一政府的保护之下的论点，主要不是出于人民自愿联合的理智，而是出于本能的同意，或者说是出于非自愿的一种同意，这是感情上的类似和看法上的接近所造成的结果。

我绝不认为只是由于承认同一个领袖和服从同样的法律就可以组成社会。只有当人们从同一个角度去考虑绝大多数问题时，只有他们对绝大多数问题具有同样看法时，只有一些事件给他们留下同样的印象和使他们产生同样的感想时，才能存在社会。

运用这一观点研究问题和考察美国现况的人，不难发现美国的居民虽然分散在24个拥有主权的州，但仍然能像统一民族那样继续生活下去。甚至这样的观察家可能认为，英裔美国人联邦的社会状况，比那些只拥有一个立法机构和只服从一个人领导的欧洲国家的社会情况还显得合理。

虽然美国人有好几个教派，但英裔美国人对所有教派都一视同仁。

他们治理国家并不总是采用同样的方法，而是时常改变方式以适应政府的工作，但关于治理人类社会所必要的普遍原则方面，他们却是意见一致的。从缅因州到佛罗里达州，从密苏里州到大西洋沿岸，依法成立的一切机关的权力都是来自于人民。在所有州中，对平等、自由、出版、结社权、陪审制和公务人员的责任，大家都有一致的看法或者观点。

如果从政治和宗教角度，去看制约他们日常生活的行动和指导他们全部活动的哲学和道德思想，我们依然会发现这种一致性。

英裔美国人[①]像承认全体公民是政治权威一样，也把公认的道理看做是道德权威。而且他们认为，必须由公意来判断什么是被允许的，什么是被禁止的，什么是真的，什么是假的。他们中的大多数人都相信，只要清楚自己的利益，就能走向公正和至善。他们确信，每个人从出生就有自己管理自己的权利，任何人都无权强迫他人去追求幸福。他们一致相信，人生是可能达到至善的。他们断言，知识的传播会产生有益的结果这是必然的，导致可悲的致命后果的是无知。他们把社会视为不断进步的机体，把人生视为一幅不断变化的图画，没有一件东西是永久不变的和应当永久不变的。他们承认，在他们看来今天是良好的东西，明天就可能被比它更好的东西所代替。

我不是说这一切观点都是正确的，只是美国人都那样认识而已。

英裔美国人一方面因为这些共同的观点而团结起来，另一方面又因为骄傲的这种感情而与其他民族疏远起来。

50多年以来，曾经有人不断向美国居民宣告，说他们正在成为世界上最虔诚信教、最有知识和最自由的民族。他们认为，民主制度至今只在他们那里得到发展，在世界其他地方都遭受失败。他们因此而自视甚高，确信自己是人类中的突出人种。

所以我们认为，威胁美国联邦的危险，并不是他们之间的意见分歧或者利害冲突，而是美国人的性格变化和激情。

在美国广大领土上居住的人，大都出于同一种族。然而久而久之，气候，尤其是蓄奴制，在性格上就使得美国南方的英裔与北方的英裔产生了特别显著的差别。

我们之间的有一些人认为，蓄奴制造成了美国不同地区之间的利益分歧。这种情况我没有发现。蓄奴制并没有在南方产生与北方对立的利益，南方居民的性格却因此而改变了，并且使得南方人养成了与北方不同的习惯。

我在前面已经指出蓄奴制对南方人的经商能力造成了什么影响。这种影响也波及了南方的民情。

奴隶是百依百顺和不敢吭声的仆人。虽然他们可以暗杀他们的主人，但是他们从来不敢公开反抗主人。没有一个南方家庭穷得没有奴隶。南方人从小就是家庭小霸王。他们所获得的首批人生观念中，就有他们生来就是发号施令者这个观念。他们养成的第一个习惯，就是叫奴隶百依百顺地听从他们的指挥。教育因此就成功地把南方

①我觉得，在使用“英裔美国人”一词时不必说明指的是他们中的绝大多数。在这个大多数中，个别的例外还是有的。

的美国人培养成高傲、狂暴、急躁、易怒的人。他们穷奢极欲，遇到障碍就不耐烦，一旦失败还容易泄气。

北方的美国人，在摇篮里就没有见过奴隶围在他们的周围转。甚至他们没有被雇用的仆人服侍过，因为他们通常都得自食其力。一进入社会，各种观念就从四面八方向他们的脑海袭来。因此他们很早就得学会判断自己权利的界限，以便自力更生。他们不想屈从强加在他们身上的命令；他们还知道，要想得到他人的支持，就得赢得他人的信任。所以他们办事有耐心，思维缜密，对人宽容，行事从容不迫，制订出计划就会坚持到底。

在南方的各州，人们的各种迫切需要总能得到满足。南方的美国人不必为物质生活操心，因为有另一些人在为他们操劳。由于在这方面无忧无虑，所以他们将精力都用在了一些没有意义的事情上。南方的美国人生活奢侈，讲究排场，热衷于沽名钓誉、高谈阔论和寻欢作乐，尤其悠闲自在。没有什么事情值得他们去操劳，并由于他们不必亲自劳动，所以整天睡大觉，从不关注有益的事情。

在北方，蓄奴制已经不复存在，平等的机遇让人们去奋斗，所以在这里人们整天在为南方的白人所瞧不起的实务活而操劳。从少年时期起他们就为生活奔波，并学会把奋斗致富放在精神和心灵的一切享乐之上。他们的想象力都集中在生活琐事上，他们的思想不够丰富和广泛，但是却比较清晰明确和切合实际。由于他们的唯一目标是致富，所以大家都绞尽脑汁全力以赴，希望尽早达成目的。他们令人钦佩，因为他们知道利用自然和人力去创造财富，并且了解使人人幸福和从个人奋斗中去汲取一切好东西的方法，这更令人赞叹。

北方人不仅有实际经验，而且还有学识。但是他们并没有把学习科学当成消遣，而是认为科学是一种手段，并企盼科学早日得到有效的应用。

南方的美国人容易冲动，诙谐坦率，比较大方，也很有才华。

北方的美国人积极主动，办事比较理智，更有才干。

前者的兴趣、偏见、优点和弱点都是属于贵族阶级的。

后者的长处和短处都是中产阶级的特点。

假如让两人联合，并且使他们的利益和见解一致，但是却要使他们的性格、知识水平和文明程度保持不同。他们这时十有八九不会同意。这个看法也在国家或者民族的联合中适用。

因此蓄奴制并没有出于利害关系而直接危害美国的联邦。

1790年共有13个在联邦公约上签字的州。联邦今天已经有24个州。1790年人口有将近400万，经过40年就增加了两倍多，即在1830年达到1300万人①。

这样的巨大变化，不可能没有伴随危险。

---

①1790年人口普查结果为3929328人，1830年人口普查结果为12856163人。

由几个国家或者地方组成的社会，同由个人组成的团体一样，也有三个主要机缘使它能够持久存在。这就是：成员要有理智，成员个体的力量要小，成员的数目要少。

离开大西洋海岸后深入西部地区的美国人都是冒险家。他们忍受不了任何束缚，渴望着发财，而且他们往往是被自己出生时所在的州驱逐出去的。他们到达荒地时都是初次见面，互不认识。既没有传统和家庭感情束缚他们，又没有范例可供效仿。对他们来说，法制的作用不大，而民情的作用更小。因此不断迁到密西西比河流域的人，在各个方面都不如在原来的13个州内居住的美国人。但是他们在西部却对所在的乡镇造成了重大的影响，在学会管理自己之前，他们就已经着手建立起管理公共事务的政府了①。

成员越多，其成员个体的力量就越小；国家或者社会的力量越大，持久存在的可能就越大，因为各个成员的安全在这时全都依赖于它们的联合。1790年，美国各州的人口没有超过50万的②。每个州当时都觉得自己没有成为独立国家的资格，而这种思想促使它们服从联邦当局。但是当联邦的某个州，例如纽约这个面积相当于四分之一法国的州③，达到200万人时，就会自恃强大，而如果它是由于自私而留在联邦之中的，那在它眼中联邦就没有存在的必要了，并且在它同意留在联邦里的期间，就会很快要求占有优势地位。

只是联邦成员数目的增加，就将会加强已经够强的破坏联邦纽带的力量。持有一样观点的人，去观察同样的问题并不一定就会用同样的方法。如果观点不同，当然就更要如此了。因此，随着美国联邦成员数目的增加，成员之间在法制上联合一致的可能性将会越来越小。

今天，虽然美国各州之间的利益不是对立的；然而对一个每天都有新的城市建立，每五年就有一个新州加入的国家，它不远的未来的各种变化谁又能预见到呢?

从英国人在这里建立殖民地以来，大约每22年居民人数就翻一番。我不知道有什么因素能够在今后100年里阻止英裔美国人人口的这种激增。在这100年还没有过完时，美国的领土或者属地就将会有一亿多居民，划分为40多个州④。

---

①这当然只是暂时的危险。但是我毫不怀疑，长久下去，西部的社会将不会再像已经在大西洋沿岸建成的社会那样安定和容易治理。

②1790年，宾夕法尼亚州的人口为431373人。

③纽约州的面积为6213平方里约〔500平方英里（原文就是这样，应约为5万平方英里）〕。参见达比《美国视野》第435页。

④假如在今后100年里，美国人口还像过去200年那样，每22年就翻一番，美国人口将在1852年达到2400万，在1874年达到4800万，在1896年达到9600万。即使落基山脉东坡的土地禁止开垦，情况也不会有变化。已经遍布居民的已开发地区，现在也能轻而易举地容纳这么多人口。在美国目前的24个州和三块属地上把这一亿人口加以安排，平均每平方里约才为762人，远远低于法国和英国（法国每平方里约为1006人，英国每平方里约为1457人），甚至不如瑞士。瑞士尽管湖多山多，每平方里约还有居民783人。见前面引的马尔梯—布伦著作第6卷第2页。（托克维尔所引的为该书的1826年版）

这一亿人应该不会有什么不同的利益。反而他们继续联合会得到同等的好处。但我还是要说，他们正因为有一亿人口，并且将被划为40多个情况不同和力量不等的州，所以联邦政府继续存在，只能说是幸运的偶然事件。

虽然我一再强调我坚信人的向善性，但是人们只要不改造自己的性格，不彻底转变，我仍然拒绝承认以管理面积相当于大半个欧洲的40多个州为己任的政府[①]能够长期存在。这个政府要设法避免各州之间的对抗和斗争，阻止他们怀有野心，它们的自主行动将被协调整合以便去完成共同的事业。

但是，因联邦日益扩大而出现的最大危险，却来自其内部活动的势力的不断迁移。从苏必利尔湖畔到墨西哥湾，约有400里约的直线距离。美国的边疆就以这条长线为轴展开；在有些地方它缩回一点，在更多的地方却是远远越过这条线而深入到荒地。有人统计过，每年白人平均向这片荒地挺进7里约[②]。他们经常碰到不毛之地、湖泊和在途中突然出现的印第安人之类的障碍。前进中的人马这时暂停下来，等到后续的人马跟上来聚拢在一起，然后又开始前进。这种欧洲人种向落基山的节节推进，好像出于神意：人就像潮水，后浪推前浪，在神的引导下不断前进。

在这些第一线的征服者身后，一些城市相继建立起来，几个规模巨大的州也随之成立。在密西西比河流域，1790年只有几千名拓荒者；而今天这个流域的居民人数已经接近1790年全联邦的人数，即将达到400万人[③]。华盛顿市建于1800年，当时还算是地处美国联邦的中心；而现在已经坐落在联邦的四极之中的一极了。西部最远的几个州的议员[④]，为了出席国会而不得不走的一段路程，相当于由今天的维也纳到巴黎。

联邦的各州在同时走向富强，却没有以同样的速度发展和繁荣。

在联邦的北方，伸进大西洋中的阿勒格尼山脉的几个支脉，形成多处宽敞的停泊所和港口，经常能够容纳巨大的船舶。从波托马克河口开始，沿美洲沿岸南下，一直到密西西比河口，海岸却变成平坦的沙质土地。在联邦的这一地区，所有河流的河口几乎都被泥沙堵塞，而这条浅水海岸线上稀稀拉拉地分布着的港口，又没有北方港口那样的深度，不能为船舶提供好的停泊条件，所以为商业提供的便利条件也就远比不过北方港口了。

除了这个因自然条件造成的主要劣势以外，还有一个劣势是由法制原因造成的。

我们已经说过，蓄奴制已在北方消失，但至今在南方还存在着。关于蓄奴制给奴隶主所形成的福利而造成的致命影响，在前面我也叙述过了。

---

①美国领土的面积为295000平方里约，而欧洲的面积，根据马尔梯—布伦的著作第6卷第4页所记载，为50万平方里约。

②参见第二十届国会（第二次会议）第117号立法文件第105页。

③根据1930年人口普查，为3672371人。

④从密苏里州首府杰斐逊市到华盛顿，旅程有1019英里，或者420里约。（《1831年美国年鉴》第48页）

所以北方在商业上[①]和工业上都必定比南方强大；北方的人口和财富也因而必然比南方增长得迅速。

处于大西洋沿岸的各州，人口已是半饱和状态，土地大部分都已经有了主人。它们不能像还有大片土地待开发的西部那样接受大量的移民。密西西比河流域的土地比大西洋沿岸肥沃。全部这些理由都有力地驱使欧洲人奔向西部。这个事实有一些数字可以证明。

就全美国来看，人口40年来增加了两倍多。若只算密西西比河流域[②]，其人口竟同期增长了30倍[③]。

联邦的权势中心总在不断移动。居民40年前大部分都住在沿海，即今天的华盛顿周围。而现在，居民大部分向内地和更北的地方移动。在今后20年内，毫无疑问，大部分居民将要住在阿勒格尼山西侧。只要联邦存在，密西西比河流域必将因其土地肥沃和辽阔而永久地成为联邦权势的中心。在今后的三四十年内，密西西比河流域将会取得应有的地位。不难推算，到那个时候，这里的人口与大西洋沿岸各州的人口相比，将要达到40：11。再过几年，早先建立的各州完全将会失去对联邦的控制能力，而密西西比河流域的人口却将会对联邦的议会产生重大的影响。

联邦的力量和影响逐渐向西北移动的这种趋势，每隔10年就可以显示一次，这是由于在每10年进行一次的全国人口普查之后，要重新规定各州应被选入国会的众议员的人数[④]。

弗吉尼亚1790年有19名众议员。后来这个名额增加，1813年达到23名。名额从那

---

①南方和北方在商业上的差距，只列举出以下几点就可以说明了。

1829年，弗吉尼亚州、南卡罗来纳州、北卡罗来纳州和佐治亚州（南方四大州）大小商船，单是总吨位只有5243吨。

同年，单是马萨诸塞一州的商船总吨位就有17322吨（见于第二十一届国会第二次会议第140号立法文件第244页）。

因此，只马萨诸塞一州的商船总吨位就比上述南方四州多出两倍。

然而马萨诸塞州的面积只有959平方里约（7335平方英里），而人口为610014人；但是上述四州的面积为27204平方里约（21万平方英里），人口为3047767。所以，马萨诸塞州的面积只是四个州面积的三十分之一，而人口是它们的五分之一（参见达比《美国视野》）。蓄奴制对南方的商业发展有几种不利的影响。例如，白人创办企业的精神遭到了抑制，白人培养他们将来需要的水手也遇到了阻碍。一般来说，招募海员只能在下层居民中进行。但是在南方，这一阶层的人都是奴隶，很难让他们从事海运事业，因为他们的工作质量不如白人，而且在海上还要担心他们造反，或者途中逃跑到外国去。

②读者请注意，我在用“密西西比河流域”一词时，并不把纽约州、宾夕法尼亚州和弗吉尼亚州的位于阿勒格尼山以东的地区包括在内，虽然从自然地理方面来说，这部分地区也属于密西西比河流域。

③参见达比《美国视野》第444页。

④我们在最近进行的这次人口普查中看到，有的州人口增长率不高，例如特拉华州只增加5%，有的州人口增长率甚高，例如密歇根州增长了250%。在这10年间弗吉尼亚州人口增加13%，与它而毗邻的俄亥俄州的人口就增加了61%。这些数字都见于《美国年鉴》（第49页及下面的各页）。可见各州的发展是很不平衡的。

以后便开始下降，1833年只有21名了[①]。但是在同期，纽约州的众议员人数不断增加：1790年为10人，1813年为27人，1823年为34人，1833年为40人。俄亥俄州在1803年只有1名众议员，1833年已经达到19人。

一个贫弱的国家与一个富强的国家长期结成联邦是很难想象的；即便在联合之初已经知道后者的富强并不是前者的贫弱的原因，这样的联邦也无法持久。当一方因联合而不再拥有主权，另一方因此而获得权力时，这样的联邦就更加难以持久。

这几个州的迅速而异常的发展，威胁着其他州的独立。拥有200万人口和40名众议员的纽约州想要使国会通过某项法令，或许是可以办到的。即使较强的州不压迫较弱的州，也依然存在着危险，因为压迫的可能性与现实性是几乎同等的。

很少有弱者相信强者主张的正义和理由。因此，发展速度不如其他州的州，总是以猜疑和忌妒的眼光去看那些得益于幸运的州。在联邦的一部分地区表现出的沉重的苦恼和莫名的不安，结果就与另一部分地区显示出的惬意和自信成为了鲜明的对照。南方最近之所以采取敌对态度，我认为原因就在于此。

南方人是最需要维持联邦的美国人，因为如果南方诸州各自独立，吃亏最大的是他们自己。但是最有可能破坏联邦团结的，也正是南方的各州。为什么会这样呢？这并不难回答。因为南方以前出过4名总统[②]，而在现在的联邦政府里南方已经失势，国会里的众议员人数也在逐年下降，而北方和西部的众议员人数却在逐年地增加；而且南方人性格急躁易怒，不够冷静。他们正在以忧虑的眼光看待自己的现在，以怀旧的心情去看待过去。每天他们都自问是不是受了压迫。一旦发现联邦的某项法令对他们不是明显有利，就会马上大喊大叫，提出抗议，说这是对他们滥用职权。如果联邦没有采纳他们的意见，他们就会大发雷霆，威胁说要退出联邦，把联邦说成是只让他们承担义务，而不给他们好处的政府。

1832年，卡罗来纳的居民们声称：“关税法让北方人发了大财，让南方人破产，因为如果不是这样，怎么解释气候寒冷和土地瘠薄的北方能够不断增加财富和权势，

---

①已经在上注里提到，在此期间弗吉尼亚州的人口增长了13%。现在必须说明一下，一个州的众议员人数是怎么随本州的人口增长率下降而逐渐减少的。

就我们上面提到的弗吉尼亚州为例。

1823年弗吉尼亚州的众议员人数（21名），与当时全国众议员总数存在一个比例。1833年弗吉尼亚州的众议员人数，与它在1833年全国众议员总数中所占的比例有关，又与这几年间的人口增长率和全国的人口增长率之比有关系。所以，弗吉尼亚州本届的众议员人数与上届的众议员人数之比，一方面就要取决于全国本届与上届众议员总数之比，另一方面又要
取决于弗吉尼亚州与全国人口增长率之比。弗吉尼亚州要使本届众议员保持原数，就得有一个条件：即本州的人口增长率要高于全国的人口增长率，从而让本州本届众议员人数在全国众议员总数中所占的比例加重。弗吉尼亚州的人口增长率只要低于全国人口增长率，而全国本届众议员总数与上届众议员总数相同，弗吉尼亚州本届众议员的人数就会变少。

②他们是华盛顿、杰斐逊、麦迪逊和门罗。

而堪称美洲花园的南方会迅速衰落呢？”①

我所说的变化如果是缓慢和渐进的，让每一代人都看不出现实秩序对他们有多大影响，危险是会部分减少的。然而在美国社会的进展过程中，有些事情是突如其来的，而且可以说是具有革命性的。一个公民一生中就能看到所在州在联邦中领先，而后又失势于联邦的议会里。英裔美国人建立的州，有几个成长得特别迅速，就像一个人从出生开始，经历了青年和成年，只用了30来年一样。

但是，不要以为失势的州就会人口减少或者一蹶不振。它们仍然会继续繁荣下去，甚至发展速度会高于欧洲的任何一个国家②。但是它们会觉得自己变穷了，因为它们的财富增长速度并没有邻州快；因为突然碰到了一个比自己强大的力量③，它们就自我感觉失势了。它们在感情和欲望上所得的挫伤，并不比在利益上要受的损失小。但是这对联邦的继续存在是不是有很大危险呢？假如各国的人民和国王都只注重真正的利益，战争几乎是可以避免的。

由此可见威胁美国的最大危险就来自于它的繁荣，因为繁荣会使联邦的某些州陶醉于自己的财富增长，另外的州对它们心怀忌妒和猜疑，并且因自己的财富不断减少而觉得难堪。

美国人静观这种奇异的运动，并且感到欣慰；但是我觉得，他们应当是抱有遗憾和恐惧的心情。将来不管发生什么事情，美国人终将成为世界上最伟大的民族之一，后代分布于整个北美。现在他们所居住的大陆已经是他们的领土，将来也不会被他们丢掉。那么今后促使他们继续占有这块土地的是什么东西呢？在他们看来，财富、权势和荣誉是一天也不能缺少的；他们争先恐后地扑向大量的宝物，就如同晚了一分钟就会抢不到了似的。

我以为我已经证明，联邦的存在目前是完全基于各州同意继续留在联邦里的。根据这个论点，我又探讨了可能使某些州要求脱离联邦的因素。但是破坏联邦的方式只有两种。第一，可能某一加盟州要求退出联盟公约，并且粗暴地割断彼此之间共同的纽带；我以前所指出的大部分情况都属于这种。第二，也许联邦政府因加盟的各州要求恢复原来的独立地位而失去权威。逐渐失去特权的政府，终将默认自己的无能，也无法达到自己的目的。于是这第二次联盟也将像第一次联盟那样，因衰败无力而灭亡。

---

①参见选举委员会向全州代表大会提出的在南卡罗来纳宣布关税法无效的报告。（参看《南卡罗来纳州的一般法令集》）

②保证国家富强的首要因素是人口。从1820年到1832年，虽然弗吉尼亚州选进国会的众议员减少了两名，可它的人口仍然增加了13.7%；南卡罗来纳州和北卡罗来纳州的人口在这期间共增加了15%，而佐治亚州的人口却增加了51.5%（参见《1832年美国大事记》第162页）。俄国是个欧洲国家，它的人口增长速度很快，但是在这10年间也只增加9.5%；法国的人口增加7%，整个欧洲的人口增加4.7%（参见前引马梯尔—布伦著作第6卷第95页）（1826年版）

③应当承认，50年来烟草价格的不断下跌使得南方种植园主失去了舒适的生活。但是这种现象既不取决于北方人的意志，也不取决于南方人的意志。

联邦纽带逐渐削弱，最后就可能导致联邦解体，并会在联邦解体之前造成许多其他可能的次要结果。即使联邦政府软弱无力而使国家瘫痪，导致出现无政府状态，全国的普遍繁荣也受到阻碍，联邦也可以依然存在。

探讨可能引起英裔美国人分裂的各种原因后，就要研究一下如果联邦继续存在下去，其活动领域是会扩大还是缩小，其存在是会更加强大有力还是会更加软弱无力。

显然美国人十分担心他们的未来。世界上大部分国家的最高主权的行使，都轻易被少数几个人垄断。因此他们一想到本国也会最终如此，就开始感到惶恐。甚至一些国务活动家也有这种感觉，或者至少装作有此之感。他们之所以要装作如此，是因为中央集权不得民心时，出面攻击中央政府而抓权，是讨好多数的最妙手法。美国人没有发觉，凡是出现他们所害怕的中央集权这一趋势的国家，都是由单一的民族建立的，而美国是由数个不同的民族组成的联邦。基于这一事实，从类比所作出的一切预测都可以被推翻。

我可以坦白地承认，我把美国人的这种恐惧看成是纯粹的假想。我不像美国人那样害怕联邦的主权会加强，而是认为联邦政府的权力明显在减弱。

为了证明这个论断，我不必去求助于古代的事例，只运用我目睹的事例或者当代发生的事例就足够了。

仔细去考察美国的现况，就可以看出这个国家有两个彼此相反的趋势，就如同在一个河床里有两股水流，一股往东流，一股往西流。

到今天，联邦已经存在了45年，时间让最初反对联邦的许多地方偏见趋于消失。依恋本州的乡土观念，已经减少了美国人的排外性。联邦的不同地区，也随之彼此日益熟悉，而且更加亲密了。邮政是人们用来彼此联系的伟大工具，现它已深入到荒漠的腹地[①]了。轮船每天往来于各口岸之间，各种货物以前所未有的速度被运往内河的上游和下游[②]。除了自然和人工提供的这些便利条件，不断驱使美国人离开家乡，而且与他们的同胞广泛交往的原因还有孜孜不息的追求、急于实现的愿望和喜欢发财的心理。他们把全国各地都走遍了，也接触到了国内居住的各类居民。在法国，没有一个省的居民能像1300万美国居民那样相互熟悉。

美国人一方面在混合，另一方面又在同化。他们之间原有的受气候、原籍和制度的不同而造成的差异正在减少。他们越来越接近于同一个类型。每年都会有成千上万的北方人，迁到联邦的其他地方落户。这些北方人带来了他们的信仰、观点和民情，并且因为他们的文化比新落户地区的居民要高，于是很快就主管起了当地的事务，进而把社会改造得适合于自己的利益。这种从北向南的不断移民，对把不同地方的特点

①1832年，密歇根地区由于刚刚开发不久，所以只有居民31639人，但是可通邮的里程已经达到940英里。在几乎全是野蛮人居住的阿肯色境内，已经有通邮道路1938英里。参看1833年11月30日邮政部长报告。仅仅邮递报刊一项的收入，全年就达254796美元。

②从1821年到1831年这10年间，仅密西西比河各支流就相继投入了271艘轮船。1829年，全美国共有轮船256艘，见第140号立法文件第274页。

融合为全国统一的特点，起了重要的促进作用。由此看来，北方的文明注定要成为其他各地总有一天向它看齐的共同标准。

联结联邦各州的商业纽带随着美国工业的发展日益加强，联邦也由最初的见解一致的联合转变为现实需要的联合。时间不断前进，1789年萦绕在人们头脑中的假想的恐惧也终于被一扫而光。联邦政府没有成为压迫者，它也并没有损害各州的独立，没有使联合的各州服从君主制度。小州参加联邦后，也没有使自己依附于大州。在人口、财富和势力方面，联邦均在不断增加。

所以我认为，阻碍美国人结成联邦的自然条件上的困难与1789年时相比，已没有那样强大了，而且联邦的敌人也比那时少了。

然而，仔细研究一下美国建国45年来的短暂历史，也比较容易使我们相信，联邦的权力确实有所下降。

造成这种现象的原因，也很容易找到。

当1789年宪法公布时，全美正处于无政府状态。紧随着这种混乱状态成立的联邦，激起了人们极大的恐惧和憎恨，但也得到了不少人热心的支持，因为联邦表达出一种巨大的需要。尽管联邦政权那时受到的打击要远比今天大，但它很快就使自己的权力达到了顶峰，就像一个政府因全力斗争而获胜时通常所做的那样。在这一时期，对宪法的解释似乎更多的是扩大联邦的主权，而不是约束它，所以联邦在许多方面都表现出是一个不论对内对外都由一个中央政府领导的单一制国家的样子。

但是，为了做到这一点，人民的地位被抬高到几乎凌驾于联邦之上的地步。

各州的个性并没有被宪法消除，而且所有的州，不论其性质怎样，都有一种趋向于独立的内在本能。在美国，这样的每个乡镇都像是一个习惯于进行自我管理的共和制的国家，这种本能就更容易表露出来。

因此，必须经过一番努力才能令各州服从联邦的绝对权威。即便这种努力能够取得很大的成就，也会随着产生这种努力的原因的消逝而减弱。

随着联邦政府逐步巩固了自己的权力，美国恢复了它的国际地位，使和平局面重新在边界出现，再次获得公众的信任。于是，稳定的秩序取代了混乱秩序，使个人的勤奋走上正常轨道并自由发展。

然而，也是这个繁荣本身使人们开始忘却繁荣的来因。危险一经过去，曾经帮助美国人克服危险的那种毅力和爱国精神就被他们丢得干干净净的。曾经使他们困惑的恐惧被解除后，他们便轻车熟路地回到原来习惯的老路上，任凭自己的爱好而恣意妄为。人们一旦认为不再需要一个强大的政府时，就会开始感到它碍事了。当大家跟着联邦一起走向繁荣时，谁也不愿意抛弃联邦，却希望代表联邦的当局尽量少管事情。一般来说，继续联合是各州都愿意的，在有关本州的每项事务上，又都希望恢复原来的独立。任何时候联邦的原则都容易为人所接受，却很少被人应用。所以，联邦政府一方面在建立秩序与和平，另一方面又在导致自己衰落。

人们开始暴露出这种情绪之后，那些专靠人民激情吃饭的政党领袖们，便会兴风作浪，从而为自己谋利。

如此一来，联邦政府的地位就会岌岌可危了，而它的对手却获得了人民的好感，并且正在翘首期盼它垮台，以便取得主持政府的权力。

一走进这样的时期，联邦政府和各州政府发生争执就是常有的事，而且联邦政府几乎总在节节退让。当问题涉及联邦宪法的解释时，其结果经常是有利于州，而不利于联邦。

宪法明确授权联邦政府关心全国性利益。当时联邦政府认为，这是让联邦在国内去做或促进那些重大事业或工程，旨在促进全联邦繁荣，比如开凿运河等。

当各州看到它们的一部分领土由此被另一个权力当局支配时，不免会产生惶恐的思想。它们担心中央政府通过这种办法喧宾夺主，在自己境内发号施令，抢走它们专为本州人民保留的权力。

因此，一直反对联邦政府权力扩大的民主党站出来说话了。它指责国会滥用职权，称国家元首心怀野心。中央政府被这种叫嚣声吓倒，最终只能承认自己的错误，并允诺将来把自己的势力限制在所规定的范围之内。

宪法将同外国交涉的特权授予联邦政府。一般情况下，联邦政府也以这种立场对待与其毗邻的印第安部落。只要这些野蛮部落答应向文明让步，把地盘让给移民，联邦政权就不表示异议；但当某个印第安部落试图在某个地点定居时，紧靠着这个地点的州便会声明自己对这块土地拥有所有权，并对居住在上面的人行使主权。该州的这种做法很快就会被中央政府承认，中央政府在把印第安部落当做一个独立国家同它签订条约之后，就听任该州的立法机构对印第安人实行暴政[①]。

建立在大西洋沿岸的某些州，便开始向西部无限扩张，渗进欧洲人尚未深入的荒野。那些边界已经确定而不能再更改的州，自然对其邻州的这种无可限量的未来表示忌妒。于是，出于和解的目的，也便于联邦行事，这些获得好处的邻州便同意划定自己的州界，把本州以外的土地全部交给联邦[②]。

自此以后，最初组成联邦的13个州境外的全部未开发土地的主权人便成了联邦政府。也就是说，联邦政府获得分配和出售这些土地的权力，并将售地的收入如数纳入国库。这笔收入又被联邦政府用来购买印第安人的土地，修建通向新荒地的道路，从而给其行使加速发展社会的权力提供了便利。

由大西洋沿岸迁来的居民住进各州让出的土地以后，随着时间的推进，几个新州相继成立了。为了全国的利益，国会继续出售已被划入新州境内的荒地。但在这时，几个新州成立后，都要求独立享有出售土地的收入，以供已用。由于新州的这些要求

---

①参看在讲述印第安人的那一节中我引用的国会立法文件，美国总统致柴罗基部的信，以及他关于这个问题与其代表的通信和他致国会的咨文。

②将荒地交给联邦的第一个法案，是纽约州于1780年制定的。随后，弗吉尼亚州、马萨诸塞州、康涅狄格州、南卡罗来纳州、北卡罗来纳州也先后援例制定了同样的法案。佐治亚州在1802年才同意让出荒地，是制定这种法案最晚的州。

越来越具有威胁性，国会便觉得不如让联邦放弃它目前享有的这项特权。于是，国会在1832年年末通过一项法案[①]，规定西部新成立的各州境内的未开垦荒地虽然仍不属各州所有，但准许各州扣留大部分售地收入供自己使用。

只要稍稍考察一下美国，就能看到银行制度给该国带来的好处。这种好处很多，但有一项最为引人注目，即合众国银行的纸币可以在全国流通，其在边远地区的价值与在银行所在地的费城完全相同[②]。

但是，合众国银行却是主要的憎恨目标，它的董事们对总统表示反对，但他们也被有根据地指控滥用自己的影响阻挠过总统的当选。因此，总统以其个人的故意全力报复这些人所代表的银行。曾经支持总统的人，也同时附和总统的报复行动，这使总统觉得他得到了多数民众由衷的支持。

就像国会是最大的立法纽带一样，该银行是最大的金融纽带。而打算建立拥有中央政权机能的独立州的激情，也希望银行垮台。

合众国银行往往持有大量的各地方银行发行的流通券，可以随时拿这些流通券逼迫地方银行兑换硬币。但合众国银行却并不害怕这样的威胁。巨额的流动资金使它可以自如地应付一切提款要求。受到这种威胁的地方银行，因为不能自如地使用自己的存款余额，只能按其资本的一定比例发行流通券。于是，地方银行面对这种有利于货币流通的控制只能不耐烦地忍受。因此，被地方银行收买的报刊，以及因为自身利益而变成它们工具的总统，便猛烈地攻击合众国银行。这些报刊遍布全国各地，煽动地方激情和盲目的民主本能来反对合众国银行。在它们眼里，合众国银行的董事们简直就是一个贵族集团，无处不在地对政府施加影响，总有一天会破坏美国社会所依据的平等原则。

这家银行与它的对手的斗争，不过是美国各州与中央政府之间、民主独立精神与等级服从精神之间展开的大规模斗争中的一个偶然的事件。我绝不认为合众国银行的对手，同那些在另一些问题上攻击中央政府的人完全相同；但我要说的是，前者对合众国银行的攻击与后者对联邦政府的抵制，都有着同样的本性，而且合众国银行的反对者如此之多，正是联邦政府力量衰落的一个可悲的征兆。

然而，联邦从来没有像在那场有名的关税问题上那样表现得软弱无力[③]。

法国大革命和1812年的美英战争，将美国与欧洲的自由往来切断了，促使制造业在联邦北方建立起来。当和平重现，欧洲产品运往新大陆的航路再开时，美国人觉得应该建立关税制度，这样不但能保护本国刚刚发展起来的制造业，而且还可以用关税

①诚然，总统虽然没有批准这项法案，但法案的原则他完全同意。参看1833年12月8日致国会咨文。（杰克逊总统咨文的日期应为1833年12月4日）

②现在的合众国银行成立于1816年，全部资本为3500万美元（折合18550万法郎），它的这项特权至1836年期满。去年，国会通过了一项延长这个期限的法案，但未获总统批准。现在斗争又起，而且双方都表达得十分激烈，料想该银行最近可能关闭。

③欲知晓这个问题的细节，主要可以参看第二十二届国会第二次会议第30号立法文件。

收入偿还在战争时期欠下的债款。

南方各州没有可以受益的制造业，只有农业，所以很快就报怨这项措施。

我不是想在这里考察它们的抱怨是出于想象还是确有依据，只想把事实说明而已。

南卡罗来纳州早在1820年，就在致国会的一份请愿书中声称，关税法案必然是违宪的、暴虐的和不公正的。接着，佐治亚州、弗吉尼亚州、北卡罗来纳州、亚拉巴马州和密西西比州，也相继对关税法案提出不同程度的猛烈抗议。

然而国会并不理会这些抱怨，在1824和1828年又提高了税率，征收关税的原则被再次肯定。

于是，南方又提出或者不如说是恢复了一个名为“拒绝执行联邦法令”的著名主张。

在叙述联邦宪法的时候，我已经指出了联邦宪法的目的是组建一个全国政府，而不是建立一个联盟。根据美国宪法，美国人只是在特定的条件下算是一个单一的民族。也只有在这些条件下，美国才像在一切立宪国家里那样，能够通过多数人表达全国的意志。多数人的意见一旦获得通过，少数人就只能服从。

这是一个合法的学说，也只有这个学说才与宪法的精神和宪法制定者们的公认意图相符合。

南方的“拒绝执行联邦法令派”却与此相反，他们声称美国人联合起来的目的只在于结成几个独立州的联盟，而不在于建立单一民族的国家，所以每个州即使不在行动上，但至少在原则上均保持着主权的完整，并有权自行解释国会颁布的法令，有权在本州境内停止执行在它看来是违宪的和不公正的法令。

用这一派的公认领袖卡尔霍恩1833年向参议院发表的演说中的一段话就可以对“拒绝执行联邦法令派”的整个主张作出概括。

他说：“宪法是一项契约，各州在其中均以主权者的身份出现。而一旦缔约的各方对契约的解释产生分歧时，每一方均有权自行判断其履约的范围。”

很明显，这项主张从原则上破坏了联邦的纽带，令美国人又将再现根据1789年宪法而摆脱的无政府状态。

国会没有理睬南卡罗来纳州的抗议，于是，南卡罗来纳州就以“拒绝执行联邦法令派”的主张来对付联邦的关税法威胁。而国会则坚持自己规定的制度，所以一场风暴最终袭来。

南卡罗来纳州的人民[①]在1832年间成立了一个国民代表会议，对他们最后不得不采用的非常措施进行商讨；这个国民代表会议在同年11月24日以法令形式颁布一项法

①指多数人民，因为一个名为“联盟党”的反对派是主张执行关税法的，他们一直是十分强大和积极的少数。当时，南卡罗来纳州大约有47000名选民，其中主张拒绝执行联邦法令的有30000人，同意执行联邦法令的有17000人。

律，其中规定联邦的关税法无效，对该法规定的征收税款予以反对，对可能向联邦法院提出的诉讼[①]拒绝接受。这项法令定在次年2月正式生效，并且附带声称：如果国会在这期间修改关税制度，那么南卡罗来纳可以同意不再追究。不久之后，南卡罗来纳州又用含糊其辞的口气表示，说它愿意把问题提交给由联邦的所有州组成的特别委员会处理。

南卡罗来纳在等待国会答复期间武装了它的民兵，准备战斗。

国会怎么应对呢？看到老百姓拿起了武器[②]，之前对苦苦哀求的老百姓一直置之不理的国会，就采纳了他们的意见。国会通过了一项税率在十年内递减的法令[③]，一直减到关税收入不超过政府开支所需的程度。可以看出，国会完全放弃了最初的关税原则，而用一种纯财政措施替代了保护关税制度[④]。为了掩饰失败，联邦政府采用了一项软弱的政府所经常采用的应付对策：即在事实上表示让步，但在原则上坚持己见。在修改关税立法的同时，国会又通过了一项授予总统特别权力的法案，令总统可以使用武力去制伏当时已无须再惧怕的反抗。

但是，南卡罗来纳州并没让联邦享用这个微不足道的表面胜利。主张废除关税法的那个国民代表会议再次召开，会上对联邦对它表示的让步予以接受；然而同时它又宣布，它并不因此而不再对 “拒绝执行联邦法令派”的主张予以坚持。而且，为了证明它说话算数，虽然它明明知道授予总统的特别权力永远也不会付诸实施，但是它仍声明授予总统以特别权力和那项法案对南卡罗来纳州无效。

我们说的这些争端，几乎全都是在杰克逊将军的总统任期之内发生的。无法否认，他在关税问题上曾巧妙地、大力地维护了联邦的权力。然而我认为，他也给联邦政府埋下了一个隐患，令现在的联邦政府也必须按照他采取的那种办法来处理类似问题。

对杰克逊将军的政绩，一些没有走出欧洲到美国考察的人持有的一种看法在现实考察了问题的人看来有些荒谬。

按他们所说，杰克逊将军生来便是个暴君，生性和习惯爱用武力，精力充沛，贪图权势，打过无数胜仗。也许这一切说法都是实情，然而从这些实情所作的一切推论

---

①在这项法令发表之后发表的该法令起草委员会的报告中，详述了法令的内容和目的，报告的第34页写道：“当宪法为各州保留的权利遭到肆意破坏时，权利受到破坏的州就应当行使自己的权利，并履行自己的义务，以阻止坏事的发展，反对侵权行为，在各自的范围内维护作为独立的主权者应有的权限和特权。如果各州没有这些权利，则所谓主权岂非空谈。南卡罗来纳州宣布，它不承认地球上有任何可以凌驾于其上的法院。不错，它曾同其他州一起签署过神圣的联邦契约，其他州同它一样享有主权，但它要求并行使根据自己的观点解释契约的权利；并当缔约者或它们建立的政府践踏契约时，还欲享有判断违约情节和采取措施使契约公正的不可置疑的权利。”

②力量强大的弗吉尼亚州是最初使用这种办法逼迫国会采取行动的。这次，弗吉尼亚州的立法机构充当了联邦和南卡罗来纳州之间的仲裁者。所以，那些也声称要采取此种办法的州，也表示完全放弃这种办法。

③1833年3月2日法令。

④克莱先生提出了这项法案，4天之内就被国会的两院以压倒的多数通过。

却极其错误。

有人推测，杰克逊将军想在美国建立独裁统治，对尚武精神予以推崇，把中央政权的权力扩大到足以危害地方自由的程度。但是在美国，还未出现做这样事情的时代，也并未出现此种人物的时期。假设杰克逊将军想用这种方式实行统治，他一定会丧失他的政治地位，甚至危及他的生命。他从来不是这样的冒失鬼，不会试图去干此类蠢事。

现任的总统杰克逊决不想对联邦政府的权力予以扩大；相反，他所代表的党希望将联邦政府的权力控制在宪法所明确规定的范围里，便从来没有对宪法作过有利于联邦政府的解释。杰克逊将军是唯恐失去权力的地方政府的代表，而决不是中央集权制度的战士。他是被地方分权的激情（假如我可以这样说的话）推上代表国家主权的地位的。他全靠不断地讨好激情才保住了自己的地位和声望。杰克逊将军是多数的奴仆；当多数的意志、愿望和本性刚刚显现出来一半时，他就紧紧跟上，或者可以说他自己就有此种激情，并带头鼓动这种激情。

每当州政府跟联邦政府产生纠纷，很少看到总统不站在州政府一边来对自己的权力予以反对，并且几乎总是走在立法机构的前面。当产生解释联邦职权范围的问题时，可以说他往往站在反对自己的那方。他不突出自己，不扩大自己，不表现自己，但这并不表明他生性懦弱或敌视联邦。当多数出来对南方的“拒绝执行联邦法令派”的无理主张予以反对时，他马上站到多数的队首，鲜明而坚决地表达多数所持有的主张，并首先提议用武力解决。假如允许我用美国人的说法来解释，在我看来，在爱好上杰克逊将军是一个联邦主义者，在务实上他是一个共和主义者。

杰克逊将军在如此对多数予以屈服而令自己获取人们的好感以后，就提高了他的地位。从而，他排除一切障碍，向多数所追求的或多数尚且表示怀疑的目标奋力前进。他获得了他的前任们从未有过的强大支持，并到处利用便利条件将自己的私敌打倒在地，这些便利条件任何一位总统没有遇到过。他对自己所采取的一些之前没有人敢实行的措施负责，他在对待全国的议员时，甚至用了一种接近于侮辱的轻蔑态度；对国会的法案他拒绝批准，而且对这个强大立法机构的质问往往不去回答。他就是这样一个仆人，对待主人有时会很粗暴。所以，杰克逊将军的权威在不断加强，但总统的权威却一天比一天削弱。联邦政府在他执政期间是强大的；然而当他的继任者掌权时，联邦政府便将软弱无力。

只要我说的不存在大错，美国的联邦政府便将不断地削弱下去。一些公务会被它逐渐地放弃，它把自己的活动局限在一个越来越小的范围里。生性软弱的联邦政府，甚至会丧失看似强大的外表。另一方面，我还觉得，人们的独立感在美国各州表现得日益明显，对地方政府的爱也显得日益强烈。

人们想要联邦，然而只把它当做一个影子。在某些情况下，人们希望联邦强大，但在另一些情况下又希望它软弱。人们主张联邦在战争时期可将全国的人力和物力集中到自己手里，但在和平时期甚至可以不要联邦。此种一会儿软弱一会儿强大的交替现象，是源于联邦的本性。

人们思想的这一普遍运动，现在我不认为有什么东西可以进行阻止。产生这一运动的原因，还在不停地发生作用。所以，运动将继续进行下去，并且能够预言，除非发生某种意外情况，联邦政府一定将日益削弱下去。

然而我认为，联邦当局无力对自己的生存予以维护，不能对国内和平加以保持，从而自生自灭的日子还离我们很远。民情已经接受了联邦，人们希望联邦存在。联邦的成就是明显的，联邦的好处是大家都可以看到的。当人们发觉联邦政府的弱点足以对联邦的存在造成危害时，我确信会出现一种相反的运动，来增强联邦的力量。

迄今，在世界上建立的一切联邦政府中，最符合联邦的性质而进行活动的是合众国政府。联邦只要不遭受法律解释的直接打击，不严重损害联邦的本质，舆论的变化、内部的危机或战争，都能够立刻恢复自己应当具有的活力。

只有一点是我想指出的，那便是，我们法国的许多人认为美国的舆论趋向中央集权，主张让总统和国会掌握一切权力。然而我认为，美国显然出现了一种与此相反的舆论。我是说联邦政府正在不断趋向软弱无力，并且认为其中只有联邦的主权遭到了破坏，而不是说它因为日益老化而失去权力和威胁各州的主权。这便是当前的实况。这个趋势的最后结果将会怎样？对我所指出的运动，有什么偶然事件会能够加以阻止、推迟或加速呢？这种偶然事件隐藏在未来，我不认为我现在能够揭开它们的帷幕。

论美国的共和制度及其持久存在的机缘是什么

联邦只是一个偶然的存在——共和制度最有前途——就目前来说，共和适应于英裔美国人的自然状态——为什么——如果要破坏共和，就必须要同时改变一切法律，改造整个民情——美国人建立贵族制度即将遇到的困难

假如现在的加盟州之间发生战争，并随着战争而拥有常备军，加重税负和实行独裁，最终因此导致联邦解体，那么终将会危害共和制度的命运。

但我们不能把共和的前途与联邦的前途混为一谈。

联邦只是一个偶然的存在，只要环境对它有利，它就能存在下去；而共和在我看来更适应于美国人的自然状态。除非有相反的因素继续不断地向同一方向发生作用，否则没有任何东西能够使共和制度被贵族制度取代。

联邦的存在主要是依靠组建联邦的法律。只要一场革命爆发，或一有舆论改变，就可使联邦不复存在。但是共和却有着根深蒂固的基础。

在美国，人们把共和理解为是社会对自身进行的缓慢且和平的活动。它真正建立在人民的明智意愿之上，是一种合理状态。在这种管理体制之下，每项决定都要历经长期酝酿，审慎讨论，等到成熟，才能付诸实施。

美国的共和主义者重视民情，尊重人们的宗教信仰，承认各种权利。在他们看来，一个民族越是享有自由，就应该越讲究道德，越是信仰宗教，越应该温文尔雅。在美国，所谓共和，是针对多数的和平统治而言的。多数，在经过彼此认识，且让人们承认自己的存在以后，就会成为一切权力的共同来源。但是，多数本身并不是无限权威。在道德界，居于其上的有人道、正义和理性；在政界，高于其上的有各种既得权利。而多数正承认它在这两方面所受的限制。如果它破坏了这两项限制，那就正像每个人出于激情一样，并且也像每个人激动时可能把好事办坏那样。

然而，在欧洲我们却发现了一些新奇的说法。

据欧洲的一些人说，共和并不是像大家至今所想的那样是多数的统治，而是依靠多数得势的几个人的统治。在这种统治中起领导作用的是那些知道人民具有最大作用的人，而不是人民。这些人经过自己独特的判断，可以以人民的名义行事，却不与人民商量，把人民踩在脚下却要求人民对他们感恩戴德。而且，共和政府是唯一要求人民承认它有权任意行事，敢于蔑视人们迄今所尊重的一切——包括从最高的道德规范到最初浅的公认准则——的政府。

至今他们还认为，不论专制以什么形式出现，都是令人讨厌的。但在如今，他们又有新的发现：在这个世界上，只要以人民的名义来实行暴政和主事不公，暴政也可以成为合法的，不公也可以变为神圣的。

美国人对共和的看法，是美国最便于采用共和，而且能够保证共和持久存在下去。在他们看来，共和政府的政绩即便常常不令人满意，但至少在理论上还是好的。所以，人民最后总是会按照共和的原则行事。

在一开始美国就不可能建立集权的行政，在将来也极难建立。居民们散住在一片辽阔的国土上，又被许多天然障碍所分隔，从而他们只能各自去管理自己的生活细节。所以，美国是一个地道的由乡镇政府和州政府进行管理的国家。

置身在新大陆的所有欧洲人都能感知到这一点，除这个原因之外，英裔美国人还另外添加了几个他们所特有的原因。

英国人在北美的各殖民地建立之初就把他们的法制和民情中的乡镇自由精神带来。英国的移民们不仅认为乡镇自由是必要的东西，而且将之当做他们认为最有价值的东西继承下来。

各殖民地是如何建立起来的这个问题我们已经讨论过了。在当时，一些彼此陌生或因不同目的而相聚在一起的人割据着每个地方，甚至每个教区。所以，在一开始美国的英裔移民就形成了许许多多不属于任何共同中心管辖的小社区，而且由于它们不属于任何一个理应管理它们和可以容易治理它们的中央当局，所以每个小社区都自行管理自己的事务。

由此看来，国土的自然条件，建立英国各殖民地的方式，初期移民们的生活习惯——这些结合起来，就使得乡镇自由和地方自由得到了惊人的发展。

受这个缘故的影响，美国的全部国家制度，在本质上都是共和的；要想在美国彻底破坏构成共和的基础的法律，就必须同时废除一切法律。

今天如果有一个政党试图在美国建立君主政体，那比起现在就想在法国建立共和国的政党，它的处境还要更加困难。法国的王权在建立之前并没有为自己拟定一套立法制度，因此目前只能是一个包围着共和制度的君主政体。

同样的困难，君主政体的原则在向美国的民情渗入时也会遇到。

人民主权学说在美国并不是一项与人民的习惯和一切占有统治地位的观念没有联系的孤立学说，相反地，我们可以把它当成是维系通行于整个英裔美国人世界的观念的链条的最后一环。美国的市民社会和政治社会据以建立的伟大箴言是：每一个人，无论他是什么人，上帝都赋予了他能够自行处理与自己最有密切关系的事务所需要的一定理性。它被家庭用于子女，被主人用于奴仆，被乡镇用于官员，被县用于乡镇，被州用于县，又被联邦用于各州。这个箴言被扩大化用于全国，最终就成为人民主权学说。

由上可知，在美国，共和的根本原则和制约人类的大部分行为的原则是一致的。因此，在我看来，共和在建立其法制的同时，就深入到了美国人的思想、观点和一切习惯中，如果想改变它的法制，就必须改变所有的这一切。在美国，甚至大多数人信仰的也是共和的宗教，因为宗教使来世的真理服从于个人的理性，就像政治让个人对私人利益的关心服从于人之常情。同时宗教同意被引导走向天堂的路都可以由每个人自由选择，就像法律承认每个公民都有权选择自己的政府那样。

非常明显地，只有发生一连串向同一方向发生作用的事件，才能使另一套观点、法制和民情取代这一套法制、观点和民情。

如果有一天共和的原则竟会在美国被消灭，那也只能发生在经过长期的时胜时败的反反复复的社会斗争之后。而在现代的民族被一个全新的民族所取代之前，有些共和原则将会复兴，却不会完全消灭。但是，并没有什么预示这样的革命的东西，也没有任何能表明这样的革命即将来临的征兆。

最使一个初到美国的人感到吃惊的，是政治社会的令人眼花缭乱的运动。他们的法律在不断地改变，从表面上看，你会以为一个信念如此不稳定的民族的现存政府很快就会被一个全新的政府所取代。然而，你的这种担心似乎有点杞人忧天。事实上，政治制度有两种不稳定情况，不能把两者混淆。第一种，是经常改变次要的法律，但对好端端的社会的继续存在并没有影响。第二种，是动摇制度的基础本身，攻击法制的基本原则。动乱和革命经常是跟随着这样的不稳定而来的，而身受其害的国家则处于变动激烈和莫测的状态。经验告诉我们，随着时间和地点的不同，它们有时结合在一起，有时又彼此分离，所以立法方面的这两种不稳定情况彼此之间并无必然的联系。在美国见到的不稳定情况就是第二种，并不是第一种。虽然美国人经常改变他们的法律，但宪法的基础却一直受到尊重。

当今，美国在共和主义统治之下，犹如路易十四时期法国在君主主义统治之下。在当时，法国人不仅喜爱君主政体，而且觉得它不能被别的什么东西所取代。君主政体被他们所接受，正犹如阳光的照射和四季的更迭被人们所接受。那时的法国人，既没有王权的强烈反对者，也没有王权的积极拥护者。

从根本上讲，共和存在于美国正是基于默认或一种consensus universalis（一致同意）而建立，并且无须争辩、反驳和证明。

我认为，如果美国的居民总是像他们在行政制度方面所做的那样改来改去，必将危害共和政府的未来。

立法方面的朝令夕改，常常使人们的计划受挫，所以我们有理由担心，共和终有一天会被人们看成是一种不方便的社会生活方式。到那个时候，次要法律的不稳定所造成的不良后果，同样会使人们对基本法律的存在表示怀疑，并会间接地引起一场革命。不过，距这个时代的到来还十分遥远。

现在我们可以预见的是，共和一被美国人放弃，经过不长时间的君主政体，美国很快就会进入专制的桎梏。孟德斯鸠曾提到过，继共和而建立的君权是最专制的权力，原因是，原来毫不担心地交给一个民选首脑的无限权力，在这时便被一个世袭君主掌握在了手里。这个说法是普遍适用的，但又特别适用于民主共和国。美国的立法行政官员，是由全国的多数，而不是由公民中的一个特殊阶级选举的。他们直接代表人民大众的激情，且完全依靠人民大众的意志，因此他们既不会使人害怕，也不会被人怀恨。但正如我之前说过的，人民在规定他们的职权时，将很大一部分权力交给他们自行专断，而很少划定他们的权力界限。这种事态促成了一些比它本身更有生命力的习惯的形成。美国的立法行政官员，在国会休会期间或去职后，也会对社会产生很大影响，以至于我们很难说暴政将止于何时何地。

在欧洲人当中，有些人希望美国出现贵族政体，甚至已经将贵族政体必然得势的时期明确预言出来了。

我现在需要再次指出，目前美国社会的动向，在我看来是越来越趋向民主。

但是，我决不是断言美国人将来不会在某一天不限制政治权利的范围，或让某一个人独享这些权利而不没收。但是，我也无法相信，在将来的某一天他们会让公民中的一个特殊阶级独占这些权利，或者换言之，在将来的某一天他们会建立贵族政体。

贵族集团由一定数目的公民组成，他们虽与人民大众离得很近，但永远凌驾于人民大众之上。你打不倒这个集团，但你能与它接近；你休想与它混合，但你可以天天与它来往。

比起这种服从，你不可能想象还会有什么服从更违反人的天性和人心的隐秘本能。单纯依靠自己生存的人，是宁愿经常受一个国王的专断统治，也不愿受贵族正规的行政管理的。

贵族制度要想长期存在下去，就要将不平等作为原则，事先便必须将不平等合法化，并在社会实行不平等的同时将它带进自己的家庭。只要是与合情合理的公平截然相反的东西，就必须依靠压制的办法强加于人。

我相信，从有人类社会以来，就找不到这种例子：依靠自己的努力而生存的民族曾在自己的内部建立过贵族制度；但中世纪的贵族制度则是征服的产物。征服者成了贵族，而被征服者沦为农奴。因此，用武力可以把不平等强加于人，而一旦民情接受了不平等，它就可以自己维护自己，并且法律会自然而然地承认它。

某些社会，因为先于它们而存在的某些事件，使它们成了可以说是天生的贵族社会。然而，久而久之，它们就被时代引向了民主。就像罗马人和继他们之后而强大起来的蛮族的命运一样。但是，一个文明和已经实行民主的民族，如果能通过加强身份的不平等而日益团结，通过在自己的内部建立不可侵犯的特权和唯我独尊的等级获得成功，倒是世界上的怪事。

没有任何迹象可以表明，美国注定要在这方面提供第一个范例。

略论美国商业兴盛的原因

美国人由于他们的本性注定要成为一个伟大的海洋民族——他们拥有特别长的海岸线——他们的港口水深——他们的河流长——但是，英裔美国人的商业优势应归功于他们的智力和道德原因之处，要大大多于应归功于自然原因之处——英裔美国人作为一个商业民族的未来——联邦的解体也不能阻止原来组成联邦的人民的海上跃进——探究其原因——英裔美国人生来就是要供应南美居民的需求的——他们将会像英国人那样成为世界大部分地区的商业代理人

从芬迪湾起，到墨西哥湾的萨宾河，美国的海岸线全长近900里约。

美国的海岸是一条延续而无中断的线，它们统一由同一政府进行管理。

除了美国，世界上没有一个国家能那样为商业提供更深、更阔和更安全的港口。

美国的居民构成一个伟大的文明民族，他们被命运安排在一片荒地之上，而离文明的主要中心又有1200里约之遥。所以，美国天天需要仰仗欧洲。然而不久以后，美国人所需要的大部分物品一定会被他们自己生产和制造出来。然而，因为两洲在需求、观念、习惯和民情上的天然联系过于密切，所以它们永远不能完全分开而各自独立地生活下去。

联邦的一些产品，现已成为我们之所需。这是因为我们的土地完全不出产这些东西，或者要用很高的成本才能生产出它们。美国人只能消费这些产品中的一小部分，而将其余的卖给我们。

由此说来，正像美国是欧洲的市场一样，欧洲也是美国的市场。美国的居民为了把美国生产的原材料运到欧洲港口，再把欧洲的制成品运回美国，他们也同样需要海上贸易。

所以，美国不是像墨西哥的西班牙人迄今所做的那样，放弃贸易而专向海洋国家的工业供应大量原材料，从而要使自己成为地球上的第一流海洋强国。这根本就是一个不可避免的抉择，两者必须择其一。

对海洋，英裔美国人始终表现出一种明显的爱好。在独立打断了他们与英国联系起来的商业纽带的同时，他们的航海天才却得到了新的和有力的飞跃。在独立以后，联邦的轮船数递增，其增加速度几乎与居民人数的增加速度一样快。当前，美国人消费的欧洲产品，用自己的船运输的有十分之九[①]。他们还把新大陆的四分之三出口货物用自己的船运给欧洲的消费者[②]。

哈佛和利物浦的码头塞满了美国的船舶，但在纽约港里，英国和法国的船舶则为数不多[③]。

由此看来，美国的商人既敢于在本土同外国商人竞争，也能在外国同外国商人进行有成效的斗争。

其实这一点很容易解释：因为在世界航运中，运费最便宜的是美国船。只要美国的商船继续保持这个优势，它不仅将保有已经取得的成就，而且会使既得的成就日益提高。

这里有一个很难解答的问题：美国人为什么能以比他人低得多的成本经营航运？有人认为，这首先应当归结于美国人的得天独厚的优越物质条件。然而，事实好像并不是这样。

美国船的造价与我们的一样[④]，但船造得并不太好，一般说来使用寿命也不长。

与欧洲海员的工资相比，美国海员的工资更高。很多欧洲人选择在美国商船上工作，就证明了这一点。

那么，为什么美国人的航运成本比我们的低呢？

我个人认为，要到纯智力的和纯精神的特点中去寻找这个原因，从物质的优势中去寻找是徒劳的。

我将用下面的比较证明我的看法是正确的。

在大革命的战争期间，法国人把一种新的战术用于军事中，将一些老将军打得晕头转向，差一点就把欧洲的一些古老王国推翻了。首先他们设法精简了许多东西，这些东西一向被认为是打仗所不可缺少的，并要求士兵付出一些努力，这些努力是文明国家从来没有向军队要求过的。结果，士兵们个个奋勇前进，没有丝毫迟疑地冒着生命危险去达到预定的目的。

---

①至1832年9月30日，这年的进口总额已达101129266美元，而使用外国船运输的进口货物只为10731039美元，连进口总额的十分之一都达不到。

②同期的出口总额为87176943美元，而使用外国船运出的出口货物则为21036183美元，占出口总额的四分之一。（《1833年威廉氏海运统计》第398页）

③在1829年、1830年、1831年三个年度中，驶入美国港口的船舶吨位共为3307719吨，其中外国船只有544571吨，即占吨位的16%。（《美国1833年年度大事记》第304页）

在1820年、1826年、1831年三个年度中，驶进伦敦、利物浦、赫尔三个港口的英国船吨位共为443800吨，而外国船为159431吨，即占总吨位的36%。（《1834年美国指南》第169页）

1832年，驶进英国港口的外国船与英国船的吨位之比为29∶100。

④一般说来，原材料的价格美国与欧洲相比要低，但美国的人工成本却高得多。

在当时，与敌人相比，法国的财力和人力都要弱，它的物力差得更远。可是，法国人却节节胜利，这种情况一直持续到敌人也开始采取他们的战术。

显然地，美国人也将类似的办法应用到了商业方面。美国人将法国人为取得战争的胜利所做的一切，全都用到降低航运成本方面去了。

欧洲的航运公司一向办事谨慎，从不在海上冒险。它们只让船在风平浪静的时候出海，一遇到不测，便让船回港。夜里的时候，船员们会收起一部分船帆；当海上的浪花发白，表明快要接近陆地时，船员会立刻降低航速，并抬头看一看太阳，从而调整航向。

美国人敢于冒险，从不这样小心翼翼。就算风暴还在低啸，他们也还是拔锚起航了。无论白天还是夜里，他们都全帆对风。他们一边航行，一边修复风暴对船舶造成的损伤。当接近航程的终点时，他们继续扬帆前进，就好像已经看到港口似的急欲靠岸。

美国的船舶经常在海上失事，但是哪一个国家的船舶都没有他们的船舶航行得迅速。因为他们用较少的时间做完了与他人相同的工作，所以才能降低航运成本。

在长途航行中，欧洲的商船总得多次靠岸休整。为了寻找靠岸的港口或等待离岸的时机，它们损失了宝贵的时间，并且每天还要支付停泊费。

美国的商船从波士顿出发，去中国购买茶叶。在到达广州后，船停留数日便起航回国。在不到两年的时间内，船已经航行了相当于绕地球一圈的距离，而且在往复途中仅仅各靠岸一次。船员们在历时八个月或十个月的单程航行中，只是喝咸水，吃腌肉。他们要不断同海洋、疾病和厌倦进行斗争。但回程之后，每磅茶叶的售价与英国商人的相比，可便宜四分之一便士。他们便达到了目的。

除了说美国人在经商方面表现出了一种英雄气概，我实在无法再更好地描述我的思想。

欧洲的商人虽然和他们的美国竞争对手是一同行进的，但他们将永远无法赶上对方。因为美国人在按照上述的办法经商时，主要是基于他们的天性，而并非完全出于精打细算。

美国的居民正在体验着前进中的文明所产生的一切苦乐。他们并不像欧洲人那样身处一个一切需要都能够得到满足的社会，所以学习和生活上所必不可少的各种物品常常不得不自己去创造。在美国，有时候一个人既会种田又会造屋，既是钳工又是鞋匠，并且还会织布缝衣。这虽然不利于工业技术的进步与完善，却能够大大发挥劳动者的才智。没有什么比过细的分工，更容易让人变蠢和从产品上见不到匠心了。在像美国这样的如此缺乏专门人才的国家中，掌握一门手艺不一定需要经过长时间的学习。因此，美国人很容易改变谋生之道，可以随时去找有利的工作来做。有些人在自己的一生中当过律师，种过地，做过买卖，还做过教士和医生。美国人虽然在每个行业上都不如欧洲人高明，但几乎没有什么手艺是他们一窍不通的。他们的才能比较一般，但知识比较广泛。所以，美国居民在行业上并没有什么清规戒律，也没形成任何的职业偏见，既不会重此轻彼或者轻此重彼，也不会厚古薄今或者薄古厚今。他们不固守自己的习惯，又容易排除外国习惯可能对他们的精神造成的控制作用，因为他们知道自己的国家与任何其他国家都不同，他们的情况在世界上也是尚属首见。

美国人居住的土地让人觉得奇妙，他们周围的一切都不停地在变化着，每一变动都象征着进步。因此，在他们的头脑中新的思想总是与良好的思想密切结合。人的努力，似乎到处都没有天然的止境。在他们看来，有志者事竟成，应该没有什么办不到的事情。

这种运气好坏的经常反复，这种推动着美国人一致向前的感情冲动，这种公共财富和私人财富的变化莫测的起落，全都会合起来，对一个美国人来说，人的一生就如同一场赌博，如同一次革命，如同一场战役。

这些同样的原因在对每一个人发生作用时，也给国民性打上了无法遏止的冲动的烙印。因此，美国人必然是随时随地都热心于追求、勇于进取、敢于冒险，尤其是善于创新的人。这种精神在他们的一切工作上都有真实的体现。这种精神被他们带入了他们的政治条例，带入了他们的宗教教义，带入了他们的社会经济学说，带入了他们的个人实业活动。他们带着这种精神去到处创业：无论是在荒山老林的深处，还是在繁华热闹的城市，都是如此。正是这种被他们用于海运业的同样的精神，才使美国商船与其他一切国家的商船相比，运费要低廉并且航行迅速。

只要保持着这种精神优势以及它带来的实践优势，美国的海员就将不仅能保障本国生产者及消费者的需求，而且还会越来越像英国人[①]一样成为其他国家的商务代理人。

眼下，他们正在开始实现这样的蓝图。我们已经看到，美国的海运企业正使自己担任几个欧洲国家的商业的直接代理人[②]。

南美的一些由西班牙人和葡萄牙人建立的大殖民地，后来都各自变成了帝国。目前，内战和专制正折磨着这个广阔的地区。人口并没有增多，为数不多的住在这里的居民，每天都在操心着自卫的事情，就连改善自己命运的打算也无从谈起。

但是，情况并不会一直这样。自强不息的欧洲，曾经全靠自己的努力冲破了中世纪的黑暗。同我们一样，南美也是基督教世界。它的法制和生活习惯，也跟我们的一样。在欧洲各种人民和他们的子孙中成长起来的文明的一切萌芽，它都拥有。此外，南美还有我们的榜样可供借鉴。难道它还能一直愚昧下去吗?

很显然，这仅仅是个时间问题。南美人民建成昌盛文明的国家的时期终将到来，这是毫无疑问的。

---

①不要以为英国的商船只从事把本国产品运到外国和把外国产品运回本国的业务。和陆地上的巨大马车运输企业一样，现在，英国的海上船队已为世界各国的生产厂家服务，经营各国之间的交通运输业务。美国人的航海才干，让他们能够建立起与英国水平相同的海上运输企业。

②美国船已经承揽了地中海沿岸的一部分海运。

但是，当感到自身有文明国家的需求时，南美的西班牙人和葡萄牙人还远远无法自己满足这些需求。他们作为文明的后进者，必须要承认文明的先进者已经取得的优势。在学会办工厂和经商之前，他们还得长期务农。他们将暂时需要外国人居间，把自己的产品运输到海外，然后再换回外国的产品来满足他们产生的新需求。

毫无疑问，总有一天北美的美国人要被要求去满足南美人的需求。大自然已经使他们双方为邻，并将为前者了解和调查后者的需求，与后者建立经常的往来关系，并逐渐占领后者的市场提供很大的方便。美国商人是不会失去这种天赐良机的，除非他们远远比不上欧洲商人，更何况在某些方面他们还要比欧洲商人优越。美国人早就对新大陆上的各族人民产生了精神影响，传授给了他们知识。在这同一片大陆上居住着的各族人民，早就已经习惯了把美国人看成美洲大家庭中最有知识、最有力量和最有财富的成员。所以，他们将视线转向美国，一有机会就效仿在那里居住的人民。每天他们都在吸收美国的政治理论并且借用美国的法制。

美国人在南美人面前所处的地位，与当年他们的祖先英国人在意大利人、西班牙人、葡萄牙人和欧洲的一切在文化与工业上没有英国先进并且大部分消费品都要仰赖英国的国家面前所处的地位别无二致。

今天英国已经是与它来往的几乎所有国家的天然贸易中心，而在另一半球，美国将要产生同样的作用。所以，建立或成长在新大陆的每一个国家，它们的建立和成长几乎都有利于英裔美国人。

如果联邦解体，解散后各州的商业发展毫无疑问将在一个时期内放慢脚步，但时间决不会像人们想象的那样长。很显然，无论将来出现什么情况，各州仍要联合在一起来做生意。它们彼此为邻，相互之间在观点、利益和民情上完全一致，并且只有它们才能建立起一个极大的海洋强国。假如联邦的南方与北方分家而独立，没有北方的帮助，南方就会无法生存。我曾说过，南方并非经商的地带，而且并无任何迹象表明它会成为这样的地带。所以，美国的南方人只能长期依靠外人将自己的产品运销出去，并供应他们所需的必要物品。而他们所能找到的居间人中，只有他们的近邻北方人，能保证提供给他们物美价廉的市场。而且，他们自己还会去找北方人，因为商业的最高法则就是廉价。无论是主权意志，还是民族偏见，都无法长期顶制住廉价市场的影响。恐怕再没有比美国人与英国人之间的仇恨更深重的仇恨了。尽管存在着这种敌对的情绪，英国的商人仍然能够让美国人购买他们的大部分制成品；而美国人会买英国的货物，仅仅是因为英国的货物比其他国家的货物便宜。因此，无论美国人是否愿意，美国的正处于发展中的繁荣，并不能给英国的制造业带来不利。

理性正告诉我们，经验也正向我们证明，如果在必要之时得不到武装力量的支援，商业上也不可能持久强大。

美国对这个道理的理解，与其他国家一样明白。美国人已经能使自己的国旗被人尊重，而且不久以后可能会让人望而生畏。

我确信，北美的海上力量即使在联邦解散后也不会削弱，反而会大大增强。今天经商的州与不经商的州在联合，但后者往往仅仅是勉强同意加强与它并无直接利益关系的海上力量。

反之，假如联邦中所有经商的州联合成一个单一国家，商业就会成为它们最主要的国家利益，因而它们会为了保护航运作出巨大牺牲，并且没有任何东西能阻止它们去实现这方面的愿望。

我认为，同人一样，国家也几乎总是在它的青年时期就显露出其未来命运的主要特点。当看到英裔美国人的那种经商的干劲、经商的便利条件和经商获得的成就之时，我就不自觉地相信，总有一天他们会成为地球上排名第一的海上强国。正如同罗马人生来就是要统治世界的一样，他们生来就是要统治海洋的。

结　论

我的叙述马上就将结束。以上，在探讨美国未来的命运时，我总是竭尽全力将题目分为几个不同的部分，以便专心研究每一部分。

现在，我要将这些部分集合在一起进行通观。我所做的通观也许会不够详尽，但是会更加简明扼要。我在分析每个问题之时或许不如从前清晰，但是我可以更准确地掌控全局。我就像一个旅游者，从一座通都大市出来爬到近郊的小山上去。他出了城一直向前走，行人越来越少；他回首城市，房屋已经模糊不清，公共场所已消失在他的视野中，街道也无法分辨了，但是却一眼看清了整个城市的轮廓。于是，他似乎是头一次看到了这个城市的整体。我对新大陆上英裔人的整个未来的考察，也正是这样。这幅巨图的细节部分虽然仍是模模糊糊的，但是我已经看到了它的全景，有了关于它的整体的清晰的概念。

如今，美利坚合众国所拥有或占据的领土，大约是全世界可居住土地的二十分之一。

虽然土地如此辽阔，但是假如你以为英裔美国人会一直停在那里不动，那你就错了。现在他们就已经远远超出了这个范围。

有一个时期，我们在美洲的荒野之上也曾经有可能建立一个大法兰西国，在新大陆上与英国人平分秋色。曾经，法国在北美拥有的领土几乎有整个欧洲那么大。当时北美大陆上三条最大的河流都流经依法属于我们管辖的土地。居住在自圣劳伦斯河口至密西西比河三角洲之间的各个印第安部落，只能听得到我们法国的语言。一些分布在这片辽阔土地之上的欧洲人的居民点，能够让人们想起它们的名称的祖国。比如，路易堡（Louisbourg）、蒙莫朗西（Montmorency）、迪凯纳（Duquesne）、圣路易（Saint-Louis）、万森（Vincennes）、新奥尔良（Nouvelle-Orléans）等，对法国人来说这些都是最亲切和已经听熟了的名称。

然而，由于一连串举不胜举的原因[①]，令我们丧失了这笔可观的遗产。在那些法国

①其中主要者有：喜欢独立和习惯于乡镇自治制度的民族，与其他民族相比，更容易建立起繁荣的殖民地，要想建立一个新的国家，人们必须有独立思考和自我管理的习惯，而这个国家的建立，又有许多方面必须取决于移民们的个人努力。

人本就不多，而他们又没能很好地进行建设的地区，现在连一个法国人都没有了。在那些仍然居住有法国人的地带，他们也都是聚居在一块很小的地区，并且被别人的法律管辖着。在加拿大的40多万法国人，现在就如同是一个古老民族的孑遗，在一个新民族的汪洋大海之中迷失了。他们周围的异族居民渐渐强大，不断向四面八方发展；甚而后来居上，取代了这块土地原来的主人，统治了原来的主人建设的城市，破坏了原来的主人的语言。这批居民就是美国的居民。因此，我有理由断定英裔美国人不会留在联邦的范围之内不动，而是会越过这个范围向东北（西北）方向推进。

在西北方面，只有几个不是很重要的俄国人的居民点；但在西南方面，墨西哥却像一堵大墙一样阻挡住了英裔美国人的去路。

因此，严格来说，只有西班牙人和英国人这两个互相竞争的种族在今天还分占着新大陆。

条约已经规定了这两个种族的分界线。虽然这项条约有利于英裔美国人，但我毫不怀疑，用不了多久，英裔美国人必然会践踏这项条约。

在联邦南部边界的外面，墨西哥境内有一大片尚无人居住的地区。美国人将比有权占有这片荒野的人更早开进这片土地。他们将在那儿占有土地，建立自己的乡镇。而当合法的所有者蹒跚迟来之时，将会发现这片荒地已经被人开发了，已经有外来人在他们的遗产上悄悄定居下来了。

新大陆的土地是谁先占据就归谁，因此占有土地是对捷足先登之人的报酬。

已经有人居住的地区，想保护自己免遭这样的侵犯也要付出很大的努力。

我已经说过发生在得克萨斯境内的情况。美国的居民每时每刻都在渗入得克萨斯，在那儿购置土地。他们虽然也服从当地的法律，但是却逐渐让自己的语言及民情占据了统治地位。目前得克萨斯地方仍归墨西哥管辖，但不久之后便会没有墨西哥人居住在那儿。所有英裔美国人与不同种族接触之地，都将会出现相似的情况。

毋庸讳言，与居住在新大陆上的其他一切欧裔人相比，英裔人占有极大优势。在文化、实业和武力上，他们远远优越于其他欧裔人。只要他们面前还有荒地或者人烟稀少之地，只要在他们前进的途中不遇到他们无法穿过的人口稠密地区，他们就将一直不停地扩张下去。他们不会停在条约规定的边界线上，而只会在各地越过这种假设的障碍。

在加速英裔人的这种发展的过程中，他们在新大陆所处的地理位置就起到了令人感叹的有利作用。

在他们北部边界的上面，是北极的冰原；而只要越过他们南部边界几纬度，就进入了热带地区。因此，新大陆上气候最温和、条件最适宜人居住的地区正是英裔美国人所在的地方。

有一些人认为，美国人口增长的飞速运动，仅仅是开始于独立之后，但这个观点并不正确。在殖民制度时期，这里的人口增长与现在一样迅速，即差不多每22年就翻了一番。只不过当时的绝对增长数字是以几十万计，而现在则以几百万计而已。在一个世纪以前，同样的现象没有被人发觉，而现在却被所有人看得一清二楚。

属于同一国王管辖的加拿大英国人的人口增长和扩散几乎和生活在共和政府下的英裔美国人一样迅速。

人口在持续了8年的独立战争期间仍然能按上述比例不断增长。

虽然西部边界上有和英国人结盟的印第安部落，但向西部的移民运动也可说是从未放慢速度。肯塔基州、宾夕法尼亚的西部地区、佛蒙特州和缅因州在敌人洗劫大西洋沿岸期间就已经住满了人。战后的杂乱无章，也并没有妨碍人口增加以及阻止他们向荒地继续进军。由此可见，法制的差异，和战的不同以及秩序的好坏对英裔美国人的不断发展仅仅产生了微不足道的影响。

这一点不难理解，因为对如此辽阔的国土上的所有地点，没有任何因素足以全面影响到它们。因此，国内总有极大的回旋余地，为受灾地区的人民提供避难场所，而且无论灾难多大，总是魔高一尺道高一丈。

因此，不要以为可以阻止得了新大陆上的英裔人的飞跃发展。虽然联邦的解体和它在大陆上引起的战争，共和的废除及由此而出现在大陆上的暴政，能够延缓他们的发展，却无法阻止他们追补现实注定让他们完成的使命。世界上没有任何力量能够让移民们止步，能不让他们开进这片为勤奋之人敞开大门，为遭受苦难之人提供休养生息场所的沃野。无论未来发生什么事情，都不能夺走美国人的气候、内海、大河和沃土。不良的法制、革命和无政府状态，既不能消灭似乎已经成为了这个种族的主要特征的致富爱好和进取精神，也无法完全摧毁让他们开化的知识。

所以，在未来无法确知的事件之中，至少有一件事是能够肯定的。那就是，在可说是即将到来的一个时代里（因为我们在这里说的是一个民族的生命），英裔美国人将布满从北极冰原到热带之间的整个辽阔的大地，并且自大西洋沿岸一直扩散至太平洋之滨。

我估计，将来总有一天，英裔美国人占据的领土会达到全欧洲面积的四分之三[①]。总的来说，联邦的气候要比欧洲的气候好。在自然条件方面，联邦也比欧洲具有较大的优势。很显然，总有一天，联邦单位面积的人口也能与欧洲抗衡。

在这个被分成了这么多国家的欧洲，在经历了连绵不断的战争和中世纪野蛮统治的欧洲，到现在每平方里约的居民还能达到410人[②]。有什么样的强大力量可以阻止有一天联邦单位面积的人口达不到这个水平呢?

美洲英裔人的几个分支只有再过几个世纪才会出现差别，失去它们共同的外貌。我们无法预见他们会在什么时候在新大陆建立持久的不平等制度。

因此，无论由于战争或和平、自由或暴政、繁荣或匮乏，英裔美国人大家庭各支的命运会出现什么样的差别，他们今后仍然能够保持相同的社会情况以及在这种情况

①现在，只是美国本土的面积就已相当于欧洲的一大半。欧洲的面积为50万平方里约，人口为20500万人。见马尔梯—布伦著作第6卷第114册第4页。（实际上，马尔梯—布伦在此处写的人口数字是20000万，但在第92页上，他估计说，这个数字可能高达20500万。所以，硕学的托克维尔引用的是后一个数字。参看该书的1826年版）

②见马尔梯—布伦著作第6卷第116册第92页。（1826年版）

下流行的习惯和观点。

在中世纪，仅仅以宗教为纽带就将这些居住在欧洲的不同种族联合在同一文明之下。新大陆的英裔人之间有着千丝万缕的联系，而且他们正在一个人人都趋于平等的时代中生活。

中世纪正是一个教派分立、群雄割据的时代。每个民族，每个地方，每个城市，每个家庭，在当时都力图自保和独立。但是在今天，却出现了一种相反的趋势，似乎各个国家都在走向统一。各个国家之间的文化联系正在把世界上最遥远的地区联合在一起。人们也无法继续孤立着而不相往来，或者无法继续对地球上任何角落发生的事一无所知。现在我们已看到，尽管欧洲人同他们在新大陆的后裔之间隔着汪洋大海，但是他们之间的差别还比不上13世纪一些只有一河之隔的城市之间的差别。

既然这种同化的趋势正在使互为外国人的人民彼此接近，那么它将会更加有力地阻止同一民族的后代互为外国人。

因此，总有一天我们能够看到北美大地上住着1.5亿人口[①]。他们之间彼此平等，属于同一个大家庭，出自同源，具有一样的文明、一样的语言、一样的宗教、一样的习惯、一样的民情、一样的思想方法，以及一样的肤色。虽然其他方面尚难断言，但有一点是可以肯定的，那就是世界上将会出现一个即使拥有丰富的想象力也能想象不出的全新局面。

现今世界上有两大民族，他们自不同的起点出发，但似乎是在走向同一目标。这就是俄国人与英裔美国人。

在神不知鬼不觉之中，这两个民族壮大了起来。它们在人们的视线只顾及他处之时突然跻身于各国的前列，而且全世界也几乎同时承认了它们的存在及强大。

其他一切民族似乎已经接近了它们发展的自然极限，除了保持原状之外别无他图，但唯有这两个民族却在不停地壮大[②]。其他的民族不是停滞不前，就是在历尽艰辛地前进。只有这两个民族，正在沿着一条尚看不到止境的道路轻松而神速地前进。

美国人在和自然给他们设置的障碍进行斗争，俄国人则在和人进行斗争。一个在和荒野与野蛮战斗，另一个在和全副武装的文明战斗。因此，美国人是用劳动者的犁进行征服，而俄国人则靠士兵的剑进行征服。

为了达到自己的目的，美国人将个人利益作为动力，任凭个人发挥自己的力量与智慧而不进行限制。

而为了达到这个目的，俄国人则几乎将社会的一切权力都集中在一人手中。

前者将自由作为主要的行动手段，后者则将奴役作为主要的行动手段。

他们的起点不同，道路也各异。但是，其中每一个民族都似乎受到天意的密令指派，总有一天要各自主宰世界一半的命运。

---

①这是在欧洲每平方里约的居民为410人的基础上计算出来的。

②俄国人口的增长速度在旧大陆的所有民族中按比例来说是最快的。

原著者注

第一部分

(A) 第15页

参看朗少校在国会资助下到欧洲人还没涉足的整个西部地区去的两次考察报告。

关于美国的大沙漠，朗少校特别指出，可以紧靠东经20度（以华盛顿为0度[①]）并和这条经线大致平行，从鲁日河到普拉特河画一条线。在这条假定线到密西西比河谷的西界落基山之间，延伸着一些面积比较大的平地，平地上一般都覆盖有一层无法生长植物的沙子，或者布有花岗岩石块。在这里，成群的野牛和野马有很多，也有一些印第安人的部落，但是每个部落的人数并不多。

朗少校曾听人说过，上溯普拉特河，在该河上游的左岸也常常遇到这样的沙漠，但他没能亲自考察来证实这个传闻。参看朗少校的考察报告第2章第361页。（朗少校：《从匹兹堡至落基山的考察报告》，共2卷，费城，1823年）

在朗少校的描述中，有些地方是可信的。但也不能忘记，他仅仅横越了他所说的地区，而并没有反复细致地考察他所经过的路线的两侧。

(B) 第15页

在南美洲的南北回归线之间的地区，到处都有这种通称为美洲野藤的攀绕植物，它们种类繁多。在安的列斯群岛的植物区系之中，仅美洲野藤现在就有40多种。

这种攀绕植物之中，鸡蛋果藤是最优美的。根据德库蒂兹在他记述安的列斯群岛植物界的著作（《安的列斯群岛的观赏和药用植物志》，共3卷，巴黎，1833年）中所说的，这种可爱的植物利用其生长在身上的卷须爬上大树，从而在林中形成一条条拱廊或者柱廊。这些拱廊或柱廊上缀有深红间蓝的美丽花朵，显得富丽堂皇，而且花朵散发出的香味还能使人们的嗅觉更加敏锐。见第1卷第265页。

大豆荚金合欢是一种很粗的藤本植物。它从一棵树爬向另一棵树，生长得很快，有时甚至可以蔓延到半里约以上。见第3卷第227页。

---

①以华盛顿为0度的东经20度，与以巴黎为0度的西经99度大致相当。

（C）第17页

关于美洲土著的语言

从北极圈一直到合恩角，美洲印第安人使用的语言都是已定型的语言，具有相同的句型以及相同的语法规则。因此，基本上能断定，印第安人的各部都系出同源。

美洲大陆的各个部落，都有各自不同的方言。然而，能符合严格定义的语言却为数很少，因此有人仍然在试图证明处于新大陆的各族并没有特别古老的族源。

但是，美洲土著的语言毕竟还是很有规律的。大概，现存各部落还没有经历过巨大的革命，没有被迫或者自愿地与外来的民族混合。因为一般说来，当几种语言混合在一起后，一定会出现语法规则上的混乱。

不久之后，语言学家认真研究了美洲土著的语言，尤其是北美土著的语言。他们立刻发现，野蛮人的这种土语是一套极其复杂的观念的产物，组织得非常合理。他们认为，这种语言非常丰富多彩，创制者在创制它之时特别注意到了听觉的细微辨别能力。

与其他语言相比，美洲语言的语法体系在许多方面都大不相同。

在欧洲的一些民族之中，德语就有一个与其他语言不一样的特点：必要时它能够把几个词连接在一起，有的词还能表达很多意思。更令人惊奇的是，印第安语扩大了这个特点，甚至达到了可说是仅用一个词就可以表达一大堆概念的地步。通过杜邦索先生在《美国哲学学会报告》中引用的下面这个例子，可以很容易地说明这一点。

当一个特拉华族的妇女逗弄一只小猫或者小狗之时，能够听到她反复说kuligatschis。这就是一个由多个词合成的词。其中 k 表示第二人称，意思是“你”或“你的”；uli 读作 ouli（乌利），是 wulit 一词的中段，意思是“美丽的”和“可爱的”；gat 是 wichgat 一词的末段，意思是“爪子”；最后的 schis，读作 chise（西斯），是个表示小形的爱称词尾。由此，这个印第安妇女仅用一个词就表达了“你的可爱的小爪子”这个意思。

这里，还有一个例子能更令人信服地说明美洲的蛮族非常善于连接他们的单词。

一个特拉华族的男青年自称pilape。这个词由 pilsit（意思是“纯洁的”、“无辜的”）和 lenape(意思是“人”）组成。这个词的意思也即是说，他称自己是“纯洁的人”。

这种把几个词连缀起来的特点，尤其在动词的合成方面比较常见。一个极其复杂的动作，往往只需要用一个动词表示。意思上的几乎所有的细微差别，都可以通过动词和改变动词的词形表示出来。

我只是略微提及这个问题，凡是想进行详细了解的人，可以去读：

1）杜邦索先生和赫克维尔德牧师之间关于印第安语的通信。这封通信刊载在阿伯拉罕·斯莫尔主编的1819年在费城出版的《美国哲学学会报告》第1卷的第356～464页。

2）盖伯格[Geiberger（应为David Zeisberger）]的《特拉华语或勒纳普语语

法》。这本书一共三卷，全面分析了特拉华族的语言。前面附有他在考察特拉华族时结识的杜邦索先生所写的序言。

3）《美国百科全书》第5卷末尾收录的上述语法书的摘要。

(D) 第18页

在夏尔瓦的《新法兰西的历史》[全称为《新法兰西的历史与通志以及奉王命去北美旅行日记》（共6卷，巴黎，1744年）]的第1卷第235页，记载着1610年加拿大法国人对易洛魁人的第一次战争的历史。虽然易洛魁人使用的是弓箭，但是他们却对法国人及其同盟者进行了殊死抵抗。夏尔瓦虽然不是写作的高手，但是他在记述这段历史时却妙笔生花，通过鲜明对比的手法描述了欧洲人及野蛮人的品德，还有这两个种族对待荣誉的不同态度。

他写道："法国人纷纷争抢卧死在疆场上的易洛魁人的海狸皮衣，而他们的同盟者休伦人则鄙视这种行为。他们开始对俘虏施以他们习以为常的酷刑，并吃了一个被他们杀死的人。法国人真是被吓坏了。"夏尔瓦接着说："这些野蛮人以无私不贪为荣，对我们没有这种想法表示惊奇，而且不理解扒死人的衣服为什么远远不如吃死人的肉那么坏，因为在他们看来，这同吃野兽的肉相比并无不同。"

夏尔瓦在第1卷的另外一处，即第230页，还对尚普兰首次目睹的割肉酷刑以及休伦人回到自己村舍之时的情景进行了转述。

他写道："走了8里约以后，我们的同盟者们停了下来。他们拉出一名俘虏，对他施以他们的同族战士落到这个俘虏所在的部族手中时受过的所有酷刑，同时对他宣布他的结局应当如此；并接着说：假如你有勇气，你就以歌声来伴奏。这个俘虏立即唱起战歌，还把他所会的所有歌都唱完了，歌声十分悲怆。尚普兰说，野蛮人的音乐竟有如此悲伤的调子，这一点他以前从来没有机会得知。这种处死办法还伴以我们随后即将谈到的各种酷刑，这可把法国人都吓呆了。这种惨状他们实在不忍目睹，迫不及待地希望尽快结束这个场面。……当天夜里，一个休伦人做了一个梦，说他们受到追击，他们的退却，简直变成了逃命；而野蛮人紧追不舍，完全将危险置之度外。……"

"他们一看见自己的村舍，就砍了一些长竿子，把各自分得的被处死俘虏的头发拴在竿头上，挑起来表达凯旋之意。妇女们看到这种场景便都奔来，纷纷跳进水里，登上几只独木舟，从自己丈夫的手里接过沾满血污的头发，然后系在自己的脖子上。"

"休伦人的战士把这样一件令人生畏的战利品赠给了尚普兰。此外，还把几张弓、几支箭和他们本来打算自己留下的那张仅有的易洛魁人皮送给了他，并托他把这张人皮上呈给法兰西国王。"

他独自一人在这些野蛮人之中生活了整整一个冬天，自己的人身和财产始终没有受到侵害。

（E）第27页

虽然英属美国殖民地在美洲的建立初期占有支配地位的清教徒的清规戒律早就大大减少了，但是在习惯和法律中仍可看到很明显的痕迹。

法兰西共和国在1792年反对基督教时便开始了其昙花一现的存在时期，一项强迫公民遵守礼拜日的法律就是马萨诸塞的立法团在这时公布了的。该法的序言和主要条款读者值得一读：

"鉴于遵守礼拜日是一项公益活动，可以使劳动得到有益的中断，还可以给人们带来反省人生的意义和人类在所难免的犯错误的机会，让人们自己和集体礼拜创造和管理世界的上帝，并使人们专心于这种使基督教社会增辉和安宁的善行。"

"鉴于信教不笃或轻佻浮华的人在忘记礼拜日应该尽的义务和社会给予他们的好处时，会亵渎神明而耽于游乐或为自己而劳动；鉴于这些行为有违基督徒固有的义务，会给没有效仿他们的人带来干扰，会给整个社会带来真正的危害，并在社会上形成放纵的风气和浮夸的习惯；

"参议院和众议院兹命令如下：

"第一条　任何人在礼拜日，不能在自己的作坊或店铺里干活。在这一天，任何人也不得从事任何劳动和公务，不得出席任何音乐会、任何舞会或观看任何性质的演出，不得进行任何种类的狩猎、游戏或娱乐，违者罚款。每次罚款的金额不低于10先令，但也不超过20先令。

"第二条　外出旅行者和车船的驾驶者，除非必要，否则不得在礼拜日出行。违者处以与第一条相同的罚款。

"第三条　小酒馆主人、小店铺主人和小客栈主人应阻止本乡镇的定居居民于礼拜日这天在其店铺停留、娱乐或办事。如有违背，店主和客人将同被罚款，而且可以吊销店主的执照。

"第四条　身体健康而又没有正当理由在三个月之内少向上帝进行一次公开礼拜的人，要处以10先令的罚款。

"第五条　在教堂的围墙之内做出不当行为的人，要处以5至10先令的罚款。

"第六条　负责执行本法的是乡镇的十户长（Tithingmen）①。他们有权在礼拜日巡视旅店和其他公共场所。拒绝十户长进店内巡视的店主，将处以40先令的罚款。"

"拘留旅客，查问其在礼拜日滞留于旅途的理由，是十户长拥有的权力。拒绝回答的人，将处以5英镑的罚款。"

"如果十户长对旅客回答的理由不满意，可将其送交县的治安法官处理。"1792年3月8日法令，载《马萨诸塞普通法》第1卷第410页。

1797年3月11日，以一项新法预定增加罚款的金额，其中一半归拘留该轻罪犯人的人所有。见上述法令汇编第1卷第525页。

---

①每年改选一次的十户长，从职务上说，他相当于法国的兼为乡镇警卫和司法警察的官员。

1816年2月16日，又有一项新法批准这些措施。见上述法令汇编第2卷第405页。

在1827年和1828年纽约州修订的几项法律中，类似的条款也有（见《增订纽约州法令集》第1编第20章第675页）。其中规定，在礼拜日任何人不得打猎钓鱼，不得在酒店停留和进进出出。除非必要，否则任何人不得在礼拜日出行。

上述这些，并不是初期移民的宗教精神和严格习俗留在法律上的唯一痕迹。

在纽约州增订的法律集第1卷第662页，可以见到如下的条款：

"因为赌博或打赌而在24小时内输赢25美元（约合132法郎）时，即被定为轻罪，并根据确凿的证据处以不低于所赢或所输金额五倍的罚款。此项罚款全部交给本乡镇济贫工作视察员收管。"

"输25美元或以上的人可以向法院进行申诉。如果不申诉，则济贫工作视察员可以作为赢方，收下输方的输款和相当于输款三倍的罚款，以供济贫工作使用。"

我们摘引的都是最近新实施的几项法律，但是如果不追溯到这些殖民地的初始时期，谁又能理解这些法律呢？我丝毫不怀疑，在我们这个时代，采用这种立法方式制定刑法的只有个别地方。民情已经适应时代的进展，但是法律仍然没有发生改变。严守礼拜日，依然是美洲最使外来人感到惊奇的做法。

特别是美国有一个大城市，整个社会一到星期六晚上就像停止了运动似的。如果你在本应是成年人应邀参加交际和青年人应邀赶会的时候去这座城市逛一逛，你会觉得自己进入了一个悄无声息的世界。你既听不到工业的轰隆声，也听不到人们的高歌声，更听不到闹市区的喧闹声。在教堂的周围绷紧着生活的锁链。阳光一缕一缕地透过半开半掩的百叶窗射进居民的室内。好不容易才可以在远方看到有一个人独自默默地穿过十字路口，一条长长的大街上竟无一个人影。

第二天清晨，辚辚的车辆声，铁锤的敲打声，人们的喊叫声，又开始传入你的耳朵里。整个城市又睡醒了：成群的人，急急忙忙地拥向城市的工商业中心；全部的人都在行动，精神焕发，在你的周围忙来忙去。继一种麻木不仁的状态之后，出现了这种急急忙忙的场面，好像人人觉得要想发财和由此享乐，只有今天一天似的。

（F）第31页

不用说，我在这一章里不想叙述美国的历史。让读者因此了解初期移民的观点和民情对每个殖民地和整个美国后来发展的影响才是我的目的。所以，我只应引用一些有关的片段。

这样做我不知道是否正确，但我觉得这可以绘出或表示出美国各个共和州的早期画面。一般的读者不仅会注意这幅画面，而且肯定会向国务活动家提供便于他们深入研究的资料。我本人虽然不是美国历史专家，但为别人提便于方便我还是愿意的。因此，我觉得应当在这里列出一篇简短的书目，并扼要地分析一下我认为最宜于引用的几部著作。

在大量可供引用的一般性的文献中，我首先要推荐埃伯尼泽·哈泽德编的收有各州文件和其他可靠文献的《美利坚合众国历史资料汇编》。

这部汇编在1792年于费城出版，其第1卷收有英国国王颁发给移民的所有特许状的全文，以及每个殖民地政府自成立以来的主要法规。除此之外，还有跟这一时期的新英格兰和弗吉尼亚事务有关的大量官方文件。

第2卷几乎都是关于1643年联盟的文件，其中有新英格兰各殖民地之间为抵御印第安人而结成的这个联盟的公约。英裔美国人宣布联合的第一个实例就是这个联盟。直到1776年北美殖民地宣布独立，才有数个与此性质相同的联盟出现。

在费城出版的这部历史学文献汇编，在王家图书馆中就藏有。

此外，每个殖民地还有属于自己的历史文献，其中有些是十分珍贵的。首先我要提到弗吉尼亚的名字，它是移民开发最早的州。

在研究弗吉尼亚的所有历史家里面，它的创造者约翰·斯密斯船长应该是首屈一指的。斯密斯船长给我们留下的是一部16开本的著作，书名为《弗吉尼亚和新英格兰通史》，1627年于伦敦出版（本书亦藏于王家图书馆）。斯密斯的这部著作还带有多幅地图和一些十分漂亮的版画，并且还标有制作的日期。这位历史学家从1584年一直写到1626年。斯密斯的著作得到了很高的评价，而且受之无愧。斯密斯是一位有名的冒险家，他诞生于冒险家辈出的时代，并最终获得胜利。这本著作洋溢着冒险开发的热情，也就是人们在那个时代特有的冒险进取精神。从这部书中，我们还可以嗅到混有经商致富味道的行侠仗义气息。

但是，在斯密斯船长身上最突出的表现是，他除了具有同时代人的美德之外，还具备他们当中的大部分人所没有的一些品质。他的文章简洁精练，叙述逼真，没有一点矫饰。

这位作者让我们知道了在欧洲人发现北美时期印第安人的生活情况。

第二位可供咨询的历史学家是贝弗利。他的著作为48开本，1707年出版于阿姆斯特丹，已经被翻译为法文。作者的记述始于1585年，止于1707年。该书第1章载有殖民初期的历史文献。第2章，有趣地报道了印第安人在这个扩张时期的生活情景。第3章，让人清楚地了解到当时弗吉尼亚的民情、社会状况、法律以及政治习惯。（《弗吉尼亚州的历史和现在》，伦敦，1705年）

贝弗利出生于弗吉尼亚，因此他一开始就说：“由于我出生在印第安人的土地上，对语言的纯洁性没有过多的专注，故我的著作请读者不要以过于严格的批判观点来审查。”虽然这位移民后代表示自己做得不够，但他的著作通篇都在证明，他是情不自禁维护母国的最高主权的。从贝弗利的著作中，我们还可以看到当时曾经鼓励美洲英国殖民地前进的那种公民自由精神的很多痕迹。各殖民地之间长期以来存在的并且一直延续到独立时的不和睦痕迹在书中还有留存。贝弗利对他的邻居马里兰的天主教徒表示的痛恨，比英国政府的这种情绪要大。这位作者的文章简要，叙述总是充满同情心而且令人信服。在王家图书馆可以找到贝弗利著作的法文译本。

威廉·斯蒂思写的《弗吉尼亚最初发现与定居开发史》也是一本值得推荐的著作，我在美国读过，但是在法国还没有找到。此书叙述得详尽而有趣，但我认为有些冗长。

关于卡罗来纳的历史，约翰·劳森的一部16开本的薄书《卡罗来纳史》是可以推荐的最早和最好的著作，此书1718年出版于伦敦。

劳森的著作首先记述了卡罗来纳西部的发现经过。这部书是用旅行记的形式写作的，作者的叙述有些杂乱，其观察也很肤浅。只是对当时野蛮部落中流行的天花和酗酒所造成的荒废情景进行了深刻的描述，而对那些部落风行的并因为欧洲人的到来而又加剧的道德败坏行为，也记述得饶有风趣。

劳森著作的第二部分，对卡罗来纳的自然状况和物产进行了专门的描述。

劳森著作的第三部分，生动有趣地叙述了当时印第安人的风尚、习俗和管理组织。

在该著作的这一部分，作者的才华和独到之处充分显示了出来。

劳森的这部著作，写到查理二世时期赐给卡罗来纳以特许状为止。

这部著作的基调是轻快的，但总是失于下流，与同一时期在新英格兰出版的著作的深沉笔调完全不同。

劳森的这部著作，现在在美国已经很难见到，而在欧洲就更难找到了。但还有一部孤本存于王家图书馆。

我从美国的最南部分一直游历到它的最北部分，这其间的广大地区直到很晚以后才有移民开进。

我首先应该介绍一部非常值得一读的汇编，名叫《马萨诸塞历史学会论丛》，1792年出版于波士顿，1806年再版。这部著作没有被王家图书馆收藏，而且我相信其他图书馆也不会有。

这部论丛（仍在继续编辑）收载了关于新英格兰各州历史的大量珍贵文献，其中有尚未公开发表的通信和地方档案馆收藏的原始文件。这部论丛是古金主编的，也收有与印第安人有关的材料。（参看第1卷第140页以下）

在本注所在章的行文中，我曾经多次提到纳撒尼尔·莫尔顿的《新英格兰回忆录》。我在这里只想补充一句：凡是想了解新英格兰历史的人，都应当读一读这部著作。莫尔顿的著作为32开本，1826年在波士顿出版。王家图书馆没有收藏此著作。

大教士科顿·马瑟的《基督教美洲传教史或1620—1698年新英格兰教会史》是讲述新英格兰历史的最珍贵和最重要的著作。这部书为32开本，共两卷，1820年在哈特福德出版。我不认为在王家图书馆能找到它。

该书被作者分为七册。

作者在第一册讲述了新英格兰的筹建和建设的历史。

作者在第二册记述了新英格兰的几位初期总督和主要行政官员的生平。

作者在第三册叙述了当时指导人们思想的福音会牧师们的生平和事迹。

作者在第四册报道了剑桥（在马萨诸塞）的大学的成立和发展过程。

作者在第五册陈述了新英格兰教会的教义和教规。

作者在第六册讲述了据马瑟说是表明上帝向新英格兰居民施福的一些事件。

最后，作者在第七册，向我们讲述了当时存在的异端邪说和新英格兰教会加以反对的动乱。

马瑟生于波士顿，是一个福音会牧师，也在波士顿终其一生。

他在引导人们建设新英格兰的那种宗教热心和激情的鼓舞和激发下写了这部著作。他的文笔经常暴露出不够典雅的缺欠，但这是不可避免的，因为他只想依靠宗教的狂热去打动每位读者。他过于偏执，而且经常过于轻信，但决不要觉得他企图以此进行欺骗。他的这部著作，偶尔也有精彩的片段和真实深刻的思想。例如，他在第1卷第1章第61页说道：

“在清教徒到来之前，英国人就曾多次有意向我们现在居住的地方迁移，但是他们好像对能够得到物质利益所抱的希望并不高，所以一遇到困难，就马上心灰意冷，退缩回去。然而在崇高的宗教思想推动和支持下来到美洲的人，肯定不会这样。这些人遇到的敌人虽然远比任何一个殖民地的创建者遇到的敌人要强大得多，但是他们能够坚持自己的信念，致使他们创建的东西至今依然存在。”

在马瑟笔触严肃的叙述中，有些时候也插进一些温情脉脉的描写。例如，他谈到一位英国妇女，在宗教热情的鼓舞下同她的丈夫一起来到美洲，但是不久之后便难以忍受流亡生活的艰难困苦。他随后接着说：“至于她那道德高尚的丈夫，却试图独自一人留在那里，但是他没能活下来。”（第1卷第71页）

马瑟的著作，对他所描述的时代和地区，作了令人叹为观止的报道。

他为了让我们清楚地了解清教徒是出于什么动机到大洋对岸去寻找避难所的，写道：

“上帝向我们当中居住于英国的人发出号召。上帝在号召那些不相识的人的时候，要求他们下定决心抛弃在故乡的安适生活，横渡波涛汹涌的大洋，在那令人生畏的荒野上安家立业；无条件地服从上帝的戒命，就是这样做的唯一目的。”

他接着说：“在做长篇大论之前，应该说明一下他们进行这种冒险是出于什么动机，以使后代清楚地知道他们的动机，而尤为重要的，是提醒我们今天的人怀念他们，切勿忘记祖先追求的目的，对新英格兰的真正关心不要减少。所以，在这里我要介绍一部手稿里谈到的某些人当时的动机。

“第一个动机：为教会作出最大的贡献，即向世界的这一部分（北美）传播福音，建起一座能够保卫基督徒的堡垒，以反对企图在世界的剩余部分建立统治的非基督徒。

“第二个动机：欧洲其余所有的教会都已被破坏，害怕我们的教会也受到上帝这样的惩罚，所以决心开辟这个地方（新英格兰），为大部分人提供免遭大破坏的避难场所。

“第三个动机：我们所在的国度好像在折磨居民，最重视财物的人却最轻视他们所踩着的土地。人们把子女、邻居和朋友视为最沉重的累赘，他们尽力躲开穷人。如果事物依照这样的秩序发展，要被排挤出这个世界的就是最能创造享乐的人。

“第四个动机：我们的放纵行为已经达到极点，好像有钱才能在同类中保持应有的地位，而没有钱就要受人轻视。所以，各行各业的人都去寻找以不道德的方法来致富的门路，从而便宜了那些因为有钱而能荒淫无耻生活的富人。

“第五个动机：讲授科学和宗教知识的学校办得太差，这就致使大部分儿童，尤其是最优秀和最有才华的儿童以及人们觉得最有成才希望的儿童，在耳闻目睹的大量坏榜样和身边的腐化现象的影响下学坏了。

“第六个动机：上帝的花园是大地，上帝把大地赐给他的儿子亚当去耕种，我们为什么要让自己因为没有土地而饿死，并让这片本应供人使用的宽广土地无人居住，荒芜不毛呢？

“第七个动机：要成立一个革新的教会，并从成立之初就要支持它；要把我们的力量跟一个虔诚的民族的力量相联合，从而巩固和发展这个教会，使它摆脱那些没有这种支持就可能成为它的重大灾难的危险。对一个基督徒来说，还有什么工作能比这项工作更为高尚和壮丽呢？还有什么事业能比这项事业更值得做呢？

“第八个动机：在这里（英国） 一个信仰虔诚并享有荣华富贵的人如果能放弃因致力建设这个革新的教会而获得的好处，并且愿意分担苦难，他将为人们做出伟大而高尚的一个榜样，让人们学习他在向上帝为殖民地祈祷时表示自己的虔诚信仰，并把大多数人联合起来。”（见马瑟著作第17页及以后各页）

在离这段引文很远的后面一章中，当马瑟说明新英格兰教会在道德方面的原则时，对在宴会上为健康而干杯的做法表示强烈反对，说这是异教徒、可恨的习俗。

他对妇女对头发进行任何装饰也同样严厉地反对，同时无情地谴责妇女穿着袒胸露臂的时装。

他在其著作的某一章里，给我们举出了许多曾经使整个新英格兰震惊的妖魔作怪的例子。在他看来，恶魔在这个世界兴妖作怪，千真万确的是事实。

他用了大量篇幅去阐述同时代人所特有的追求公民自由和政治独立的精神，说他们每迈进一步都要遵循他们的自治原则。例如，马萨诸塞的居民就是如此：自1630年之后，即在普利茅斯建立殖民地以后的十年里，他们用400英镑在剑桥创办了一所大学。

我们如果从新英格兰的全部历史转而研究新英格兰各州的历史，首先则应该提到马萨诸塞地方副总督哈钦森的《马萨诸塞殖民地史》。该书为32开本，共两卷。该书王家图书馆藏有一部，是1765年于伦敦出版的第二版。

我在本注所在章里曾经多次引用这部著作，其叙述开始于1628年，终于1750年。此书写得十分真实，文笔精练，朴而不华，是一部翔实的历史著作。

关于康涅狄格的历史，本杰明·特朗布尔的《康涅狄格全史：世俗史和宗教史，1630—1764》是值得推荐的最好著作。该书为32开本，共两卷，1818年在纽黑文出版。我觉得王家图书馆不会有这部著作。

这部著作深刻而清晰地描述了在书名所指时间段内发生在康涅狄格的所有重大事件。作者引用了珍贵的历史文献，而且叙述相当确切。他写到康涅狄格初期的事件时，讲得十分有趣。第1卷第5章（《一六三九的康涅狄格》）第100页，以及第1卷第7章（《康涅狄格的刑法》）第123页最应该读一读。

我们有理由高度评价杰理米·贝尔纳普的《新罕布什尔史》。该书为32开本，共两卷，1792年在波士顿出版。第1卷第3章最应当读一读。在这一章里，作者对清教徒的政治原则和宗教教义，以及他们的移居原因和移居法律，叙述得极其翔实。下边是1663年的一段布道讲话："新英格兰需要永远记住它的创建目的不在于商业，而在于宗教。人们在前进中要坚持清教徒的教义和纪律。所以，商人和一个铜板一个铜板攒钱的人也要永记，创建这些殖民地的目的不在于金钱，而在于宗教。我们当中如果有人在评价世界和宗教时觉得世界值13，而宗教只值12，那么，这个人就不具备新英格兰的真正男儿的情感。"从贝尔纳普的著作里，读者可以看到，他比至今研究美国历史的其他作者更多地提到普遍观念并强调思想具有的威力。

在我们所研究的已经存在很久的几个主要州中，最为突出的是纽约州和宾夕法尼亚州。关于纽约州的历史，威廉·斯密斯的《纽约史》是记述得最好的一部著作。此书为48开本，共一卷，1757年在伦敦出版；1767年出了法译本，也在伦敦出版。斯密斯为我们提供了法英两国在美洲进行的战争的细节。在研究美国历史的所有著作中，它尤为详尽地介绍了著名的易洛魁联盟。

关于宾夕法尼亚的历史，我想推荐的只有罗伯特·普劳特的《宾夕法尼亚自创建与定居：1861年威廉·佩恩就第一任领主与总督直至1742年以后的历史》。该书为32开本，共两卷，1797年在费城出版。

这部书很值得读者细读，其中收有关于佩恩的大批珍贵文献，其中谈论到了教友会的教义以及宾夕法尼亚初期移民的性格、风尚和习惯。据我所知，王家图书馆并未收藏此书。

不用说，在研究宾夕法尼亚的主要著作中，富兰克林和佩恩本人的著作也占有一席之地。他们的著作广大读者都很熟悉。

以上所介绍的这些著作，我在旅美期间就已看过其中的大部分。现在承蒙王家图书馆的好意，我又读到其中的几部；其余的几部，是美国前驻巴黎总领事沃登先生给我找到的，沃登先生也写有一部跟美国历史有关的杰出著作。在结束这个注的时候，请沃登先生接受我对他的谢意。

(G）第36页

杰斐逊在自传中写道："在英国人于弗吉尼亚建立殖民地初期，当土地什么也不能向人们提供或只能提供少量的产品的时候，很多有远见的人便拥有了大量的租让地，并且，把这些财产都传给了后代以保持其家庭的荣华富贵。因为财产逐代传给同姓人，一些独特的家族集团便随之产生了。家族集团依法享有永远保持财富的特权，进而依靠自己强大和富饶的州而形成显赫的贵族阶层。而国王也照例是从这个阶层中

选派州的议员的。”见《杰斐逊文集》。（第1卷第36页）

英国法律中关于遗产继承的一些重要规定，在美国全部被否定了。

肯特先生说，在遗产继承问题上我们作的第一个规定是：“人死而无遗嘱时，他的财产由直接亲属继承；如果只有一个男性或一个女性继承人，他或她独得全部遗产；如果有数名同顺序的继承人，就不分性别，遗产由数人平分。”（见肯特：《美国法释义》1840年版第4卷第374页）

起初，这项规定在纽约州以1786年2月23日法令通过，后来又进行过修订〔见（《增订纽约州法令集》）第3卷；附录，第48页〕。现在，这项规定被美国各州所采用，只是佛蒙特州有一点不同，那里的男性继承人能够得到两份遗产（见《美国法释义》第4卷第375页）。

肯特先生在该书第4卷第1~22页，叙述了美国的限嗣继承立法史。他总结说，美国在独立之前，每个殖民地采用的都是英国的限嗣继承法。后来，弗吉尼亚根据杰斐逊的意见（见《杰斐逊自传》），从1776年废除了遗产限嗣继承制度。1786年纽约州也废除了这种制度。紧接着，北卡罗来纳、肯塔基、田纳西、佐治亚和密苏里，也相继废除了限嗣继承法。而在佛蒙特、印第安纳、伊利诺伊、南卡罗来纳和路易斯安那，从来就没有采用过这种限嗣继承制度。觉得应该保留英国的限嗣继承法的各州，也对限嗣继承制度加以修订，将其中的贵族立法主旨去掉。肯特先生写道：“我们在国家管理方面的一般性原则，是致力于促使财产自由流通。”

使研究美国遗产继承立法的法国人大为惊异的是，比起美国的继承法，法国的继承法简直民主得无边。

美国的法律规定父亲的遗产子女平分，但这需要父亲没有另立遗嘱，因为纽约州的法律规定（《增订纽约州法令集》，第3卷，附录，第51页，阿尔巴尼，1829年版）：“任何一个人都有完全的自由、权限和资格立遗嘱处理其财产，即对某一政治机关或者是社会团体留下遗言，将其财产全部或部分遗赠给某人。”

法国的法律规定立遗嘱人可以将其财产平分或是近于平分给继承人和受遗赠人。

现在，美国的大部分州还实行限嗣继承制度，只是缩小了它的效果。

法国的法律在任何情况下都不准限嗣继承。

美国的社会情况比我们的民主，然而我们的法律则比他们的民主。这最能说明一个值得人们深思的问题：在法国，民主安于遭受损害；而在美国，民主能在废墟之上泰然自立。

(H) 第40页

美国的选举资格概要

各州均赋予年满21岁的人以选举权。在各州，均要求选举人应该在其参加选举的县居住过一定的时间。

关于财产资格：马萨诸塞州，被选举人必须有3英镑收入或60英镑资产。

在罗得岛，选举人必须拥有价值133美元（约合704法郎）的地产。

在康涅狄格，选举人必须拥有可以赖以收入17美元（约合90法郎）的财产。在民兵中服役一年，也可以享有选举权。

在新泽西，选举人应有50英镑的财产。

在南卡罗来纳和马里兰，选举人必须拥有50英亩土地。

在田纳西，选举人应该拥有任何一种数量足够的财产。

在密西西比州、宾夕法尼亚州、佐治亚州、弗吉尼亚州、俄亥俄州、特拉华州和纽约州，只要是纳税，就可以成为选举人，但是其中的很多州，在民兵中服役就等于纳税。

在缅因和新罕布什尔，凡是没有被列入赤贫名单的，都可以作为选举人。

最后，在密苏里州、阿拉巴马州、伊利诺伊州、路易斯安那州、印第安纳州、肯塔基州和佛蒙特州，对选举人的财产没有作任何规定。

有一点我还想指出，只有在北卡罗来纳州，对参议员的选举人规定的资格与众议员的不同：参议员要拥有50英亩土地，而众议员只要纳税即可。

（I）第65页

美国实行关税保护政策，所以少数海关人员最容易走私，而大多数海岸地区则是最易走私的地区，但是并不像其他国家那样漫无限制，因为任何人都可以参与缉私。

美国不设消防警察，因此火灾多于欧洲，但是一般说来，可以及早扑灭，因为周围的居民不会袖手旁观，而是会迅速赶赴火灾现场帮忙。

（K）第66页

说中央集权产生于法国大革命，那是不正义的。法国大革命只是完善了中央集权。在法国，对中央集权的喜爱和对典章制度的狂信，可以追溯到法学家进入政府的时期，即可以使我们回想到美男子腓力四世统治法国的时代。从那个时期之后，这两种倾向一直没有停止发展。下面，是1775年马尔泽尔布先生代表最高税务法院向路易十六国王的进言摘录[1]：

“……把自己管理自己事务的权利留给每个机关和每个公民社团或者每个村镇；现在我们不应当说这项权利将被写进王国的第一部宪法里，这主要因为天赋的权利和合情合理的权利这两项权利是很古老的。但是，您的主要东西已被它夺走。我们和陛下都不要害怕说：在这方面，我们的管理工作已经变成可以说是儿戏。

“自从几位有权有势的大臣提出不能召集国民议会的政治原则以来，所有的官员们便上行下效，以至于村镇的居民不经总督的允许，什么决定也无法作出。所以，如果某个村镇要想花钱办一项事业，就得去恳求总督的下属官员，从而要根据官员同意的计划来进行，雇用他们喜欢的工人，按照他们的指示支付工资。村镇中如果有人要打官司，也得经总督允许，即在向法院起诉之前，先要把案件送到总督那里进行初审。如果总督的意见与打官司的居民相反，或者诉讼的对方是总督的亲信，村镇就

①参阅《根据税务资料论法国公法史》，布鲁塞尔，1779年，第654页。

失去了保卫自己权力的能力。总督老爷就是通过这些办法尽量全部窒息地方自治精神的，而如果有可能，则必将除掉公民心中的这种精神。也可以说，全国人民都被宣告为禁治产人，并且给他们指定了监护人。”

怎么今天还能说法国大革命在中央集权这方面所做的一切就是征服呢？

杰斐逊1789年在巴黎给一位友人写信说：“我们的国家决不是一个统治狂热的像法国那样根深蒂固以及造成许多灾难的国家。”这是他1789年8月28日致麦迪逊的信。（见《杰斐逊通信集》，第15卷，第364页，普林斯顿，1958年）

实际上，几个世纪以来，法国的中央政权为了扩大其行政集权，做到了它所能做到的一切；在这方面，从来没有限制过它的权力。

法国大革命产生的中央政权，比起它的任何一个先行者都走得远，因为它比任何一个先行者都更有力量、有学识。例如，路易十四只是使村镇生活的一切服从于一位总督的享乐；拿破仑只是使村镇生活的一切服从于一位大臣。原则始终相同，只是后来的发展有大有小而已。

（L）第69页

法国宪法的这种不可变性是我国法制的必然结果。

先以规定王位继承的法律为例来说明，这是一切法律中最重要的法律。还有什么法律比这个以父传子继的自然顺序为基础的政治规定在原则上更不可更改的呢？路易十八在1814年让人承认了他的家族永久地拥有这一政治继承权。为1830年7月革命善后的那些人，效仿了路易十八的做法，只不过把这个政治继承权转让给另一个家族而已。在拥立新王朝时，他们也仿效了大法官莫普的做法。当莫普在旧的最高法院的废墟上建立新的最高法院时，他没有忘记在国王的诏令中写进新的大法官也同他们的前任一样是不能罢免的。1830年的法律也同1814年的法律一样，修改宪法的问题根本就未曾涉及。而且，这个要求，一般的立法手段满足不了，这也是显而易见的。

国王依靠什么运用它的权力呢？答案是依靠宪法。贵族院议员呢？也依靠宪法。众议院议员呢？仍然是依靠宪法。国王、贵族院议员和众议院议员在这种情况下如何会联合起来对他们的权力所唯一依靠的法律进行任何修改呢？离开了宪法，他们也就没有什么地位了。那么，他们在什么条件下才能修改宪法呢？下述两种条件必居其一：一是在他们无力反对人民能够不按他们的意愿，却是以他们的名义继续实行宪法的一些条款的时候；二是在他们赖以凭借的法律不复存在，他们自己不再有什么地位，而要求改变宪法的时候。后来。他们自己破坏了宪法，后来便自取灭亡了。

这一点在1830年的宪法中比1814年的宪法中表现得还要清楚。在1814年，可以说王权是在宪法之外或以上的；而在1830年，王权已经同意由宪法来规定，因此王权离开宪法，就没有任何作用了。

结果，法国宪法的各个部分都没有变动，因为人们把它与一个家族的命运联系在了一起；法国宪法的全体也没有变动，因为修改宪法的合法手段人们还未曾找到。

这些论述都不适用于英国。英国没有成文宪法，谁能说英国修改过成文宪法呢？

(M) 第69页

研究英国宪法的几位著名学者，对议会的这种无限权威争先恐后地论述过。

德洛姆在其著作第10章第77页（见《英国宪法》，休斯编，伦敦，1834年）写道："英国法学家坚信的基本原则，是觉得议会除了不能把女人变成男人或者把男人变成女人之外，别的事情它都能做到。"

布莱克斯通说得虽然不像德洛姆那样坚定，但也十分明确。下面的话就是他说的：

"爱德华·科克爵士觉得议会的权力和司法权（第4项第36款），不管是对人，还是对事，都过于广泛和绝对，以至于它的活动任何限制都禁止不了。他补充说，对这个最高的法院简直可以说是：Si antiquitatem spectes，est vetustissima；si dignitatem，est honoratissima；si jurisdictionem，est capacissima.（论资格，它最古老；论荣誉，它最光荣；论权力，它最强大。）在制定、认可、扩大使用范围、停用、废除、恢复使用和解释教会法令或世俗法令、民法、军事法、海运法、刑法等名目众多的法律方面，议会享有至高无上和不受监督的权力；而正是王国的宪法授予议会这种可以左右政府每个部门的绝对权力的。凡是跟申冤和要求赔偿损失有关的案件，都可以越过普通法院而送到这个特殊的法院去处理。它能够修改或新订王位继承法，例如亨利八世和威廉三世，就是由它拥上王位的。它能使国家改信某一教派，例如在亨利八世以及他的三个子女统治时期，它就曾经以各种理由使国家来回改宗。它可以修改和改变王国的宪法和议会本身，例如它曾经为通过英格兰与苏格兰联合的法案，以及关于三年和七年举行一次选举的各项法令，就这样做过。总之，本来不能做到的一切它能做到，所以它在使用自己的权力时好像毫无顾忌，以可以说是有些过于大胆的姿态表现了议会的万能。"（见布莱克斯通，《英国法释义》第1卷第160页）

(N) 第77页

美国各州的宪法，在政治审判制度方面的规定彼此最为一致。

各州的宪法都定有这种制度，并将起诉的专权授予州众议院，只有北卡罗来纳州宪法把这项权利授予大陪审团（第23条）。

所有州的宪法几乎都把政治审判的专权授予州参议院，或者有州参议员列席的审判团。

政治法院只能够作出罢免或不准再任公职的处罚。只有弗吉尼亚宪法允许政治法院可以作出各种不同的处罚。

可以送交政治审判的罪行有：联邦宪法第2条第4项、印第安纳州宪法（1816年宪法）第3条第23项和第24项、纽约州宪法（1812年宪法）第5条和特拉华州宪法第5条规定的叛国罪、贿赂罪和其他重罪或轻罪；

马萨诸塞州宪法第1章第2条、北卡罗来纳州宪法（1776年宪法）第23条和弗吉尼亚州宪法第252页（？）规定的渎职罪和玩忽职守罪；

新罕布什尔州宪法第105页？规定的贿赂罪、医疗事故罪和玩忽职守罪（第38

条）；

佛蒙特州宪法第2章第24（54）条规定的玩忽职守罪；

南卡罗来纳州宪法（1790年宪法）第5条、肯塔基州宪法第5条、田纳西州宪法（1796年宪法）第4条、俄亥俄州宪法第1条第23项和第24项、路易斯安那州宪法第5条、密西西比州宪法（1817年宪法）第5条、亚拉巴马州宪法第6条和宾夕法尼亚州宪法（参看1790年宪法）第4条规定的渎职罪。

伊利诺伊州、佐治亚州、缅因州和康涅狄格州的宪法没有列举罪名。

（O）第118页

不错，欧洲列强可以对美国进行大规模的海战；但是与对付陆战相比，美国对付海战要容易得多，而且危险也比较小。海战只需要一种武力。在商业国家，只要人民同意给政府提供必要的资金，就能够永远拥有强大的舰队。而且与让人民在生命和人力上牺牲相比，让他们在金钱上牺牲要容易得多。此外，海战的败绩也很少损害战败国的生存和独立。

至于陆战，欧洲国家明显不能给美国造成危险。

即便是一个拥有将近200万人口的国家，向美国运去25000名士兵并在那里供养他们也很困难。如果这样的一个欧洲大国同美国交战，就等于一个拥有1200万人口的国家同一个拥有200万人口的国家打仗。而且，美国人拥有各种物资，欧洲人离他们有1500里约，何况美国的广阔疆土是在征服它时将要遇到的最不可克服的障碍。

第二部分

（A）第130页

1704年4月，美国的第一份报纸于波士顿出版。见《马萨诸塞历史学汇集刊》第6卷第66页，波士顿，1880年。

如果认为历来在美国出版期刊是完全自由的，那就错了。在那里，曾经也设立过预先检查和提交保证金之类的制度。

马萨诸塞州1722年1月14日法令就有这类规定。

州下院（立法机关）委派的检查新闻工作的“新英格兰报刊委员会”，鉴于 “被告的报纸有嘲弄宗教和令人轻视宗教的倾向，允许一些著名作者在上面发表亵渎宗教和对神不敬的文章，诬蔑传播福音的教士所进行的行为，辱骂国王陛下的政府，扰乱本地的和平和安宁，兹建议：禁止该报出版人兼发行人詹姆斯·富兰克林继续出版和发行该报，或令其把要发表的所有文章送交本地行政长官处审核；责成萨福克县治安法官令富兰克林先生交纳保证金并保证自己今后一年以内将会循规蹈矩。”

委员会的建议被采纳并作为法律实施，但没有产生任何效果。报纸在边栏把发行人詹姆斯·富兰克林的姓名改为本杰明·富兰克林，就逃避了禁令，而舆论也觉得这样做是合法的。

（B）第190页

改革法案在1832年通过之前，郡的选举人（地产的代表）必须拥有可以获得40先令纯收入以维持生计的自有地产或租用地产。原法案是在亨利四世时期于1450年前后制定的。亨利四世时期的40先令，就相当于现在的30英镑。但是，15世纪定下的这个法案一直到1832年始终没有变。这就表明英国的宪法逐渐走向民主了，即经过了那么久的时间，还没有变动为选举人规定的财产资格。参考：德洛姆著作第1卷第4章；布莱克斯通著作第1卷第4章。

英国由郡长推选陪审员（德洛姆著作第1卷第13章）。郡长一般都是本郡的知名人士，主要管司法和行政工作；他在本郡代表国王，每年由国王任命（布莱克斯通著作第1卷第9章）。郡长的地位容易被人怀疑收受诉讼当事人的钱财，当他被怀疑有不法行为时，人民可以不让由他任命的陪审团进行审理，改由另一名官员负责推选新的陪审员。参考布莱克斯通著作第3卷第23章。

有权当选陪审员的人，一定要拥有可以获得不少于10先令收入的地产（布莱克斯通著作第3卷第23章）。应该指出，这个条款是在威廉和玛丽统治时期，也就是在1700年前后规定的，当时的币值比现在要高得多。大家知道，英国的陪审制度，也像该国的其他所有政治制度一样，是根据人的地产而不是根据人的能力来建立的。

最后，佃户也可以充任陪审员，但是他必须是长期为善的人，并且交了地租以后，他的纯收入必须要达到20先令（布莱克斯通著作第3卷第23章）。

（C）第190页

按照联邦宪法的规定，联邦系统的法院也像各州在本州系统的法院实行陪审制度那样采用陪审制度。但是，联邦宪法对如何推选陪审员没有作出具体规定。联邦系统的法院从每个州按照该州规定的办法选定的常任陪审员中抽调出一些陪审员。所以，要说明美国的陪审制度的原理就要依据各州的法律来进行。参阅斯托里：《美国宪法释义》第3卷第38章第654~659页；萨金特：《美国宪法》第165页；以及1789年、1800年和1802年联邦有关这个问题颁布的法令。

为了详细了解美国陪审制度的原则，我查阅了几个相距很远的州的法律。下面就是我从查阅中获得的总印象。

在美国，只要是有选举权的公民都可以充任陪审员。但是在纽约那样的大州，陪审员的法定资格与推选人的法定资格略有不同，而且这种不同跟法国法律的规定正好相反，即纽约州的推选人的法定资格比陪审员的法定资格规定得高。在美国，总的说来，推选陪审员的权利，也同推选议员的权利一样，可以及于一切公民。但是，这项权利的行使，并不是在所有人之间没有明确规定的。

每年，乡镇或者选举区的行政当局请有权推选陪审员的人，为本地区推选一定人数的有权担任陪审员或者预计有这种能力的公民为陪审员。在新英格兰是请乡镇的行政委员，在纽约州是请乡镇行政长官，在俄亥俄州是请遗孤财产保管人，在路易斯安那州是请县长。如果这些官员本人当选为陪审员，也不会遭到他人的反对。他们有非常广泛的权力，而且这种权力具有强制性质，一般同州的行政官员没有什么区别，尤其在新英格兰，他们往往有权罢免没有能力的陪审员或是不称职的陪审员。

将这样选出的陪审员的名单选交给县法院，然后用抽签的方法从中选出有权参与各种案件审理的陪审团成员。

除此之外，美国人还通过一切办法使陪审团接近人民，并尽一切可能给陪审团减轻负担。陪审员的人数很多，每人最多可以连任三年。法院在每个县的县城开庭审理案件。美国的县（county）大致相当于法国的区（arrondissement）。所以，法院离陪审团很近，而不像法国那样在法院开庭时才去召集陪审团。最后，陪审员是有报酬的，但是因为案件不同，有的由诉讼当事人支付，有的由州支付。除去旅费外，一般来说每人每天可收入1美元（相当于5法郎42生丁）。在美国，人们把当陪审员看做是一项必须承担的义务，但是这项义务并不难完成。

参阅布雷瓦德：《南卡罗来纳州法令汇编》第2卷第338页，第1卷第454和第456页，第2卷第218页。（共5卷，查勒顿，1814年）

参阅立法机构编辑和出版的《马萨诸塞普通法》第2卷第331页和第187页。

参阅《增订纽约州法令集》第2卷（阿尔巴尼，1829年）第720页、第411页、第717页和第643页。

参阅《田纳西州法令集》第1卷（诺克斯维尔，1831年）第209页。

参阅《俄亥俄州法令集》第95和210页。

参阅《路易斯安那州立法汇编》第2卷第55页。（共2卷，新奥尔良， 1828年）

（D）第192页

在仔细研究英国的民事陪审制度时，我们很容易发现陪审员没有办法摆脱法官的控制。

当然，陪审团对刑事案件和民事案件所作出的裁决，在其扼要的讲述中也包括事实和权利。比如，有一所住宅，彼得说这所住宅是属于他的，因为是他花钱购买的，这就是事实问题；但是，他的反对者却说，出售人没有行为能力，这就是权利问题。陪审团只要说这所住宅归彼得所有，这就等于认定了事实和权利。陪审团对刑事案件的裁决只要有利于被告，英国人就同意陪审团的裁决没有错误；但是在民事方面运用陪审制度时，英国人就不会保留这种想法。

如果法官觉得陪审团的裁决在法律的应用方面存在错误，他可以拒绝接受，并且驳回给陪审员重新进行审理。

法官如果把陪审团的裁决搁置起来，不予复审，就意味着诉讼还完全没有结束，因为他有办法抵制陪审团的裁决。其中主要的方法就是，要求法院撤销原判，并成立新的陪审团。事实上，这样的要求很少得到满足，而且以后他也再没有别的办法。这样的事情我亲眼看到过。参考布莱克斯通著作第3卷第24章和第25章。

下卷

lunmeiguodeminzhu

序　言

有赖于美国的某些法制和美国人关心政治的民情，他们才具有民主的社会情况。

在这样的社会情况下，他们产生了许多欧洲的旧贵族社会所不知悉的思想和观点。这些思想和观点的存在使得昔日的各种关系得以改变或纯粹被破坏了，并且建立起了新的关系。市民社会面目的改变，丝毫不亚于政界面貌的改变。

在5年前，我出版了本书的上卷，在其中，我研究了美国民主的主要问题。在本卷中，我将讨论它的次要问题。这样，上下两卷相辅相成，就合成为一部完整的著作。

我在此敬告读者，请不要产生那些有可能严重歪曲我的原意的错误。

因为我把那么多不同的结果都认为是平等所带来的，所以读者就有可能认为我把平等当做现在发生的所有事情的唯一原因。这种看法其实就是认为我的观点太过偏颇了。

在现在，人们的很多观点、情感和本性，并非是完全来自平等，或者完全与平等相悖的。因此，以美国为例，我能够非常容易地证明它的国家性质、其居民的起源、早期定居者所信仰的宗教，以及他们已有的知识和习惯，过去曾经和现在仍然在对这个国家的人民的思想和感情产生极为重大的影响，而这一切都和民主没有任何关系。在欧洲发生的诸多事情有着各种不同原因，而这些原因对于在美国发生的大部分事情也是适用的，但都与平等没有关系。

所有这些不同原因的存在和产生的作用，我全部都知道，但这些并不是我想要研究的对象。我并没有想要探讨我们的所有倾向和所有思想产生的原因，而只想着在某些章节中谈论一下平等对所有倾向和思想的改变所发生的作用。

对此，人们可能感到比较奇怪：既然你坚决认定我们目睹的民主革命是无法抗拒的，并且知道抗拒是毫无希望而且有失明智的，那么，你在本书中又为什么会对这个经由革命所创造的民主社会这样时时加以严厉指责呢？

对此，我的回答非常简单：正因为我不反对民主，因而我才想认真对待民主。

人们必然无法从敌人那里得到真理，而他们的朋友也很少提供给他们真理。这就是我要这样做的原因。

我相信，有不少人都愿意抛头露面，报道平等许诺给人们的新的益处：而极少有人敢指出平等可能会给人们带来坏处。所以，我的注意力就集中在这些坏处上，而且在清楚地了解它们后，敢于把它们揭露出来。

我希望读者在本书的下卷能够发现我的立论是不偏不倚的，而这一点在上卷中，他们应该亦有所发觉。面对那些将我们的国家分成诸多派别的彼此对立的意见，我努力将我对其中的任何一项意见所抱有的同情或反感的情绪暂时地隐藏于内心之中。如果读者发现本书中有任何内容是在讨好曾经将我们的国家搞得天翻地覆的那些大党中的一个，或者是在讨好现在正扰乱国家和削弱国家实力的小派系中的一个，那就请他们大声谴责我吧。

我所要探讨的问题的范围是非常广泛的，当今世界的新形势下所产生的观念和思想，大多都包含其中。在这个范围内，有一些问题已经超过了我的能力，虽然我对它们也做了一些研究，但是我并不满意。

但是，即使我未能达成预定目的，读者最起码也会承认我为了抛砖引玉才计划和着手写作这部书的出发点是正确的。

第1部分

lunmeiguodeminzhu

第一章　关于美国人的哲学方法

我认为，像美国那样最不注重哲学的国家，在文明世界里是没有的。

美国人不仅没有自己的哲学学派，而且对欧洲的互相对立的所有学派也都漠不关心，甚至连它们的名称都可以说是几乎一无所知。

然而，我们很容易就能发现，几乎所有的美国居民，都在根据同样的准则运用他们的头脑，都在用同样的方法指导他们的头脑。也就是说，美国人尽管从未在解说他们的准则上下过工夫，可是他们却有一种大家共通的确定的哲学方法。

摆脱一统的思想、习惯的束缚、家庭的清规、阶级的观点，更或者在一定程度上摆脱民族偏见；而仅仅把现存的事实视为创新和改进的较为有用的学习材料，把传统视为一种习得的知识；全凭自己的实践并依靠自己的力量去探索事物的原因；不管用手段去获得结果，不注重形式而去深究本质——这一切便是我将要称做美国人的哲学方法的主要特征。

假如想再进一步从这些特征中找出一个足以概括其余一切特征的最主要特征，那么，我们便会发现每个人在运用他们的头脑时，大部分仅仅依靠一己的理性努力。

所以，美国可以算是世界上研究笛卡儿的学说最少，但却实行得最好的一个国家，这并没有什么好奇怪的。

因为美国人的社会情况不需要进行思辨的研究，所以他们不读笛卡儿的著作；而他们按照笛卡儿的名言行事的原因，则是由于这个同一社会情况自然地让他们的思想接受他的名言。

在民主社会里盛行的接连不断的运动之中，上一代和下一代之间的联系会逐渐松弛甚至断绝，每个人容易忘记祖先的观点且并不为此而感到不安。

生活在这种社会环境中的人，会不再信守他所属的阶级的见解，因为阶级这种事物可以说将不复存在，而目前依然存在的阶级也是由一些游移不定的分子来构成的，以致他们的团体自身根本不会有能够控制其成员的真正能力。

在公民们的素质差不多完全一样的国家里，一个人的智力对另一个人的智力的影响，必定是极其有限的，由于大家的能力比较接近，谁也不承认别人必然比自己优越和强大，大家都时刻用自己的理性来进行判断，认为它才是真理的最近便和最明显的源泉。这不仅表明人们不相信某一特定的人，而且也没有相信任何人的什么话的兴趣。

所以，每个人都自我封闭起来，试图从封闭的小圈子里来对世界进行判断。

美国人的这种只依靠本身确立判断准则的习惯，就使另一种思维习性在他们的头脑中产生了。

因为他们认为自己不经他人帮助就完全可以解决现实生活中所遇到的一切小困难，所以，他们容易由此得出世界上没有什么事情为人的智力所不逮，一切事情都是可以解释的这种断言。

所以，他们不愿承认有的事物是他们所不能理解的，以至于很少相信反常的离奇事物，而对于超自然的东西则是几乎到了厌恶的地步。

他们之所以喜欢把自己研究的事物弄得一清二楚，是因为他们习惯于相信自己找到的证据。所以，他们要想方设法揭去事物的层层外皮，排除使他们与事物隔开的所有东西，推倒妨碍他们观察的所有东西，以便于在最近距离内和光天化日之下对事物进行观察。他们的这一观察事物的方式，又很快导致他们轻视形式。在他们看来，放在真理与他们之间的形式是无用而令人讨厌的屏障。

所以，美国人是从自己身上找到这个方法的，他们用不着到书本里去汲取那些哲学方法。其实，我觉得欧洲也曾出现过同样的情况。

随着身份日趋平等，在欧洲，人们之间越来越没有差别，这种方法就已经建立起来并且逐渐普及了。

现在，让我们来谈一谈欧洲发生的一些事件的时间联系。

在16世纪，宗教改革家们对许多教义仍避而不作公开讨论，虽然他们已经开始用个人的理性去论证这些古老的信仰中的某些教义。到了17世纪，笛卡儿在狭义的哲学方面，培根在自然科学方面，都放弃了一直被人们所公认的公式，打破了传统在学术界的统治，推翻了巨擘们的权威。

接着，18世纪的哲学家们又将上述的原则推广开来，试图用每个人的个人体会去论证他们所信仰的一切东西。

大家都清晰地了解，笛卡儿、路德和伏尔泰采用的是相同的方法，只是他们在运用上有或多或少的不同之处。

然而，宗教改革家们非要只在狭窄的宗教观念的圈子里打转转的原因又是什么呢？笛卡儿本来能够在一切事物上应用他的方法，可是他只想把它用于某些特定的问题上，并且认定人们应当自行判断的不是政治的事物，而只是哲学的事物，这一切的原因又是什么呢？到了18世纪，这个同一方法突然得到普遍应用，而在这之前，它是笛卡儿及其先驱者们未曾想到或拒绝推广的，这其中原因又是什么呢？再者，我们所说的方法为什么在这个时期突然走出学术界，渗入社会，成为智力活动的共同准则，并在法国得到了推广，而后，欧洲的所有国家都暗中遵行或公开采用了它呢？

我们所说的哲学方法尽管早在16世纪就已经产生，在17世纪达到一般化和精确化，可是在这两个世纪均没有能够得到普遍的应用，其原因就是当时的社会情况、政治法令和这些主要原因所造成的思维习惯都在阻止它的推广。

这种方法出现于人们开始趋于平等和彼此相差无几的时期，只是得以被普遍遵行，则是在人们差不多完全一样和身份几乎完全平等的时代。

所以，18世纪的哲学方法是具有广泛的民主性的，而并非法国人所专有，这就是它能在全欧盛行，并使全欧的面貌为之一新的原因。法国人之所以能使世界有天翻地覆的变化，是因为他们首先提出了一种能够使人容易攻击一切旧的东西并为一切新的东西铺平前进道路的哲学方法，并且普遍推行了这种方法，而并不是说因为他们改变了自己的古老信仰，革新了自己的古老民情。

假如现在有人问我：法国人现在能比平等更为源远流长而且已经相当完备的美国人更严格地遵行和更经常地使用这种同一方法的原因是什么？我的回答就是：这有一半归因于下列两种情况。我们必须首先了解清楚这一点。

我们决不能忘了，正是宗教使英裔美国人的社会得以建立的。所以，在美国，宗教是同它在这个国土上产生的全部情感和整个民族的习惯交织在一起的。这就让宗教获得了一种特殊的力量。

除了上述的这一强而有力的原因之外，还有一个发挥了不小作用的原因。它就是，宗教在美国仅仅掌管宗教方面的事情，政治事务和宗教事务完全分离，因此人们可以容易地改变旧的法制而不触动旧的信仰。

所以，基督教对美国人的思想仍然保有巨大的控制力量。其次，我还想着重指出，基督教不仅仅是作为一门经过论证而被接受的哲学在发生着支配作用，而且还是作为一种不需要论证就被信仰的宗教在发生着支配作用。

在美国，基督教的各教派林立，而且不断地在改变自己的组织，然而基督教本身却是一个不可抗拒和基础稳固的存在，既没有人想去保卫它，又没有人想去攻击它。

美国人在未经过论证而接受基督教的基本教义之后，也就承担了接受基督教所提出和支持的诸多道德真理的义务。所以，这就把个人的分析活动限制在了狭小的范围之内，让人们的主要观点多数不受个人的分析。

我上面所说的两种情况中的另一种情况如下：

美国人有民主的宪法和民主的社会情况，可他们却没有经历过民主的革命。当年他们到达这片土地时，其情况依然几乎与我们今天在这片土地上看到的相同。这一点很重要。

任何革命都需要动摇旧的信仰，贬低原来的常规思想，削弱当局的权威。所以，或多或少地，所有的革命都要产生一种让人自主和为每个人的精神开辟近乎无限的活动空间的效果。

当旧社会的各阶级间的长期斗争结束，人们的身份逐渐平等时，对他人的忌妒、憎恨和轻蔑感，以及自己的过分自信和高傲感，可以说就会立马涌上人们的心头，并且会在一段时间内对人起到支配作用。对在人们之间创造隔阂，让人们只依靠自己去获得知识而互不相信对方的判断起到巨大作用的，正是这种与平等背道而驰的现象。

于是，每个人都力图自理自立，并荣于凡事自有主见。人们之间的联系不再依靠思想，而只是出于利害关系。并且可以说，人们的见解已经不过是一堆飘散四方的智力尘埃，再也无法收拢和集结在一起。

所以，伴随着平等而来的精神的独立感，从未像在平等开始建立的时候与为巩固平等而努力奋斗的这期间表现得那样强烈，那样过分。所以，必须细心地把革命所造成的无政府状态，和平等可以提供的那种智力活动自由区分开来。为了不对未来期望过高或恐惧过甚，人们应当对两者分别进行研究。

我决不认为生活在新社会的人应当经常滥用他们的个人理性，虽然我相信他们会经常应用自己的个人理性。

我是根据一个最能广泛地适用于民主国家的原因才这样说的。久而久之，个人的思想独立性一定会被这个原因限制在固定的，有时甚至是狭小的范围之内。

在下一章，我将叙述这个原因。

第二章 关于民主国家的信仰的主要源泉

教条性信仰，会由于时代的不同而有多有少。产生这种信仰的方式不完全相同，而且它们的形式和对象也可能有所改变。但是，人们是无法使教条性信仰，即人们不进行论证就予以接受的某种信念不存在的。假如每个人都努力形成自己的观点，而且沿着自己开辟的道路独自去寻求真理，那么决不会有太多人愿意团结在同一个信仰之下。

因此，一个社会如果没有这样的信仰，就不能够欣欣向荣，这并不难理解；甚至可以这样说，一个缺乏共同信仰的社会，是根本无法存在的，因为如果没有共同的思想，就不会有共同的行动，在这种情况下虽然有人存在，但根本构不成社会。因此，为了达到使社会成立，甚至欣欣向荣的目的，我们就有必要用某种主要的思想把全体公民的精神经常聚拢起来，并使之保持整体性。但是，除非每个公民都时刻从同一根源去汲取自己的观点，愿意接受已有信仰当中的一部分信仰，否则是没有可能做到这一点的。

现在，我们单独就一个人而论，也可以印证：他无论是为了独自生活，还是为了和他人一起行动，都不能缺失教条性信仰。

如果每个人都要去亲自证明他们每天利用到的真理，那么他们的求证工作将永远没有尽头，或者因为要求证先遇到的真理而被累得筋疲力尽，导致无法继续去求证后面遇到的真理。人生非常短暂，一个人不仅没有时间去那么做，而且由于智力有限，也根本没有能力去那样做。所以，他还是不得不相信很多他没有时间和能力去亲自考察和验证，但是早就已经被高明人士发现或者被大众普遍认可的事实和真理。他只能在这个初始的基础上，去建造自己思想的大厦。但这并不代表他自愿如此去接受其他人的指挥，而是由于他自身的条件有限而不得不如此。

世界上的任何一位伟大的哲学家都是通过认可别人的论断而认识许多事物，并且接受不是他本人发现的大量真理的。

这不仅是必然的，而且也是他所期望的。任何事都只依靠自己去认识的人，用于每件事上的时间和精力都必然是有限的。这样的方式会使他的精神处于一种永无休止的忙乱状态，导致他不能够深入研究任何一项真理和坚定不移地认可任何一项确定的事实。虽然他的智力活动完全独立了，但却是软弱无力的。因此，首先要做的就是对人们议论的各种事物进行一次筛选，并不加论证地接受早已存在的大多数信仰，然后再择优选择有必要留待考察的少数问题进行深入研究。

的确如此，凡是以听信他人的言论为基础而接受某一观点的人，都是在奴役自己的精神，不过这是一种对他能够正确利用自由大有裨益的奴役。

所以，无论什么时候，在智力和道德世界都必须有某种权威的存在。权威的所在处或许会变化不定，但它必然要有一个所在处。个人的独立性可能有大有小，但它并不是毫无限制的。因此，问题并不在于了解民主时代是否有智力权威，而仅仅在于是否了解这个权威的所在处和它拥有的力量的强弱。

我在上一章中提到过，由于身份平等，人们对超自然的东西开始采取一种出自本能的怀疑态度，而对人的理性却作出非常高的，而且往往是过分的评价。

因此，在这个平等时代生活的人，不会把他们所信服的智力权威放在超人的位置上，或者到人类以外的地方去寻找这个权威。他们总是从自身或从自己的同类那里汲取真理的营养。这样就能够证明，在这样的时代，建立新的宗教是不可能的，并且任何建立新宗教的企图，不但会被人视为是荒谬的和不合理的，甚至会被人视为是邪恶的。我们可以作出这样的预言：民主国家的人民不会很容易就相信神的使者，他们敢于质疑新冒出来的先知，并要从人类本身之中而不是到人类之外去找寻自己信仰的主宰。

当身份不平等和人们之间存在差别时，就会涌现一些很有能力的个人，这些人非常有见识、非常有学问，而且智力很高超。同样地，也会出现一大批非常无知而能力又极其有限的人。因此，在贵族制度时代生活的人，自然会把某一个人或某一阶级的高超理性作为自己思想的指南，同时他并不想承认群众永远是正确的。

然而在平等的时代，情形就与此正好相反。

随着公民在社会中日益平等，差别渐消，那种使人盲目相信某一特定的人或特定的阶级的倾向，将会逐渐减弱。与此同时，相信群众的趋势将会增强，并一步步地变成支配社会的观点。

民主国家中，大众的意见不仅是个人理性的唯一向导，而且与任何其他国家相比，都拥有更大的无限权力。在民主时代，由于人人彼此都相同，谁也不必信赖他人。但是，由于具有这种相同性，人们对公众的判断就会怀有近乎无限的信任。因为从他们的角度来看，如果公众的判断和他们大家拥有的相同认识并不接近，那么绝大多数人是不会承认它的真理性的。

如果生活在民主国家的人，以个人和周围的其他人作比较，他就会自负地认为自己和每个人都同样平等；而当他环顾周围的全体同胞，并拿自己与这个大整体作比较时，他又会立即惭愧地觉得自己的力量微不足道，没有什么了不起的。

原来使他觉得自己在每一个同胞面前都能自主的这种同一平等，现在却将他孤立起来，以致他不能反抗绝大多数人的行动。

由此可以看出，民主国家的公众拥有强大的力量，而这种力量是贵族制国家的人民无法想象的。公众不是通过说服这种办法，将公众的意见强加于和最终渗透于人们的头脑中的，而是通过全体精神大力压服个人智力的办法。

在美国社会，多数必须承担向个人提供大量的现成见解的责任和减轻个人构思己见的负担的义务。在政治、哲学和道德方面，还有一大套理论，这些理论都是关于每个人应不加论证的接受公众的信念这一观点的。再仔细观察一下就能够发现，在美国，宗教本身主要是作为一种共同的见解，而不是一种神启的教条，来发生统治作用的。

我知道，美国人认为政治法令就是一种法律，而这种法律能保证多数对社会实行绝对统治。这就使多数对智力活动自然发生的支配力量大大增加，因为认为压迫自己的人比自己智慧高是人们习惯性的想法。

在美国，多数的这种无限政治权威，确实加强了舆论对每个人的精神产生的影响，但它并不是这种影响的基础。我们不应当到平等的人们可能建立的或多或少得到人们拥护的制度当中，而应当到平等当中去寻找这种影响的根源。一般可以认为，在绝大多数对智力的控制作用方面，一个由国王统治的民主国家，也许不如一个纯粹的民主国家那样绝对，但毕竟还是非常绝对的；而在平等时代，不管统治人民的是什么政治法令，都可以预知人民对舆论的信赖将成为一种以多数为先知的宗教。

综上所述，智力的权威虽然可能有所不同，但是它决不会式微。我认为它非但绝对不会消失，而且会很容易强大起来，能够做到将个人的理性限制在极小的范围内，而这种范围与人类的伟大和幸福是很不相称的。我清楚地看到平等所带来的两个趋势：一个是使每个人的精神都趋向新的思想；另一个是很容易使人不去思想。我也看出，民主的社会情况促成的智力活动自由，也会通过某些法制的治理，被民主制度所取消。因此，智力活动自由在打碎某个阶级或某些人以前加给它的羁绊以后，又将被大多数人的普遍意志紧紧地束缚起来。

假如民主国家推翻了曾经过分妨碍或推迟个人理性飞速发展的各种强权，而只受一个多数的专制权力的统治，那么，这就仅仅是换上了一件性质不同的邪恶外衣而已。人们仍然没有办法找到独立自由的生活，而只会发现自己在做一件蠢事，即又沦入一种新的奴役状态。所以，在这里，我不免要再次强调这样一些人——认为智力活动自由是神圣事业的人，不仅憎恨专制君主而且憎恨专制制度的人应当三思而行。对我而言，当我感到权力的手在我面前挥舞时，我不必管这是谁要压迫我，最好的反应就是欣然听命，将自己的脑袋伸进枷锁，因为在我面前有千万只手正举着枷锁。

第三章 为什么美国人比其祖先英国人更倾向和更喜好一般观念

上帝决不一般地观察人类。它对人类一瞥，就能分清人性中包括的一切东西，从每个人身上看到让人们彼此接近的相似点和让人们彼此疏远的差异处。

所以，上帝并不需要一般观念。这便是说，上帝从未感到有将大量的类似东西置于同一形式之下，以便于对它们进行更为细致的思考的必要。

人就跟上帝不同了。人的头脑想对映入脑际的一切个别的东西独自进行考察和判断，立刻便会陷入五里雾中，对这些东西的所有细节茫无所知。在如此窘迫的处境下，他只有向一种不够完善然而又必要的办法求助。这种办法既使人的缺点暴露出来，又对人的缺点进行了补救。

人对一些事物进行表面的观察，并看出它们的相似处后，便赋予它们一个共同的名称，然后将它们放在一边而去考察其余事物。

一般观念的建立并不能证明人智强大，反而倒是其软弱无力的证明，因为自然界中决不存在两个完全一样的东西，决不存在两个一模一样的事实，决不存在可以不加区别地运用的规章，也决不存在可以同时用于许多事物的同一方法。

一般观念也有它值得称赞的地方，即它可以让人同时对大量的事物迅速地作出判断。然而另一方面，它所提供的向来都不是完整的概念，它让人理解到的东西也常常不够准确。

社会一方面在老化，另一方面又在生成新的事物，几乎每天都有某些个别的真理是在不知不觉中获得的。

这种真理人知道得越多，自然他得到的一般观念也越多。人如果不从无数的个别事实中找出它们的共同纽带，便没办法分别地观察它们。几个个体能够形成“种概念”，而几个“种概念”便能够引出“类概念”。所以，一个民族的文化越是悠久和广博，它对一般观念的习惯和爱好也越大。

然而，使人们能或不能把他们的观念一般化的原因并不仅限于此。

与英国人相比，美国人更经常使用一般观念，并且喜欢更持久地使用。假如注意到这两个民族是同文同种，在同样的法则下生活了好几个世纪，至今在思想和民情方面还没有中断往来，那么，乍一看到此种情况，便会感到非常奇怪。假如我们把视线转向欧洲，并拿居住在这里的两个最开化的民族进行对比，其鲜明的对照会使人感到更吃惊。

我们可以看到，英国人的思想仅能极其勉强和极其惋惜地对别个事实的沉思予以放弃，因为他们要从此种沉思中找寻因果关系；另外，英国人之所以接受一般观念，也不是出于自愿。

与此相反，我们法国人对于一般观念的爱好，达到了事事都要满足这种热爱的地步。我每天一早起来，总是听到人们又发现了我以前从未听过的某个一般的、永久的规律。即便是一个平庸的小作家，也跃跃欲试，企图发明一些能够治理大国的经验；他一定要在一篇文章中把全人类都写进去，否则他是不会心满意足的。

这两个最开化的民族之间的此种差别，着实让我吃惊。要是我再把注意力转向英国，并对它50年来发生的一切进行考察，我认为自己能够证明，随着英国的古老制度的式微，英国对于一般观念的爱好正在加强。

所以，对于人喜欢或回避一般观念的原因，只根据文明的进步的大小进行解释还不够。

当人们的身份极不平等，而且不平等现象长久存在的时候，人们之间将越来越不同，致使有多少种不同的人，便会出现多少个阶级。然而，人们向来只是对其中的一个阶级同时予以关注，而把这些阶级集聚于广大人群中的一般联系忽略了，即忽略了一般的人，而只看到了个别的人。

所以，在贵族制社会里生活的人，根本不会产生有关本身的一般观念，而这又完全可以使他们在习惯上不相信一般观念，在本能上厌恶一般观念。

相反，居住在民主国家的人发现他们彼此都接近，没有太大的差异，因此他们的视野开阔，一直扩大到全人类，而不会只专注于人类的某一部分。他们认为，但凡可以用于本身的真理，对其每个同胞或同类都可以同样地或以同样方式应用。一旦他们在自己苦心从事的和最感兴趣的研究工作中染上喜欢一般观念的习惯，便会在其他工作中移用这种习惯。于是，找出所有事物的共同准则、将大量的事物总括在同一的形式之下、仅用一个原因对无数事实需要进行解释，便变成人们思想的一种热烈的而且常常是盲目的激情。

最能证明我上述的一切都是真理的就是古代人对于奴隶的看法。

人是相似的，对自由生下来就拥有同等的权利，这本是一个非常一般而且同时又是非常简单的道理。然而，罗马和希腊的最精明最博学的天才，从没达到如此的思想境界。他们试图用种种方法对奴隶制度是合乎自然的，并且将永远存在下去进行证明。但是，所有的史料又在证明，古代有些名人在没有获得解放之前曾是奴隶，其中还有很多人有著作传世。虽然他们也曾看到今天这样的奴役现象，然而他们当时依旧认为奴隶制度是合乎自然的。

古代的所有大作家，要么本身就是奴隶主贵族的一分子，要么就至少认为当时建立的贵族制度是无可非议的。在他们的思想向四面八方扩展之后，依旧一直未超出贵族的思想范畴。只是耶稣基督降世之后，他才教导人们说：所有人生下来都是一样的，都是平等的。

在平等的时代，每个人都是各自独立的，然而处于孤立和软弱的状态。在他们看来，不该有上级的意志来不断指导大家的行动。所以，人类在这样的时代里好像是自行前进的。为了对世界上发生的一切现象进行解释，人们必须去寻找某些对我们人类的每个成员都发生相同的作用并令我们自愿地走上同一道路的重大原因。这样寻找工作自然而然地促使人的头脑想出一般观念，并致使人们喜欢使用一般观念。

在前面我早已指出身份平等是如何导致每个人喜爱亲自寻找真理的。很容易可以看出，这样的方法也必然逐渐地让人的精神向一般观念倾斜。当我不被先例所左右，放弃阶级、职业和家世的传统，而仅靠自己理性的努力去寻找自己应走的道路时，我自然要倾向于到人的本性中去汲取自己观点的原因。如此，我就一定而且几乎是在不自觉中获得大量的非常一般的概念。

上面所说的一切，对英国人不如他们的邻居法国人和他们的后裔美国人那样愿意和喜欢把概念一般化的原因，以及今天的英国人在这方面比他们的祖先走得远了的原因给予了充分的说明。

长期以来英国人一直是个既非常开明又很固守贵族制度的民族。他们的开明文化，令他们对非常一般的观念不断地去追求；但他们的贵族习惯，又令他们囿于十分个别的观念。所以，英国人的哲学既是大胆与怯懦的，又是豁达与狭隘的。迄今为止，英国仍受控于这种哲学，人们的思想被限制着以至于停滞不前。

几乎所有的民主国家都喜爱一般观念，而且对其往往是热烈追求的。它们之所以如此，除了上面我讲述的原因之外，还有一些不太明显然而并非无力的原因。

对这些一般观念必须加以区分。有些一般观念是长期的、细致的、精心的智力劳动的结果，而这些观念正是人的认识扩大的凭借。

但另一些一般观念，却是精神一触即发的结果，产生得比较容易。它们仅能导致人们形成十分肤浅和非常不确切的概念。

生活在平等时代，人们都是好奇心多但悠闲心少。他们的生活务实、复杂、紧张和活跃，致使没有太多的时间去进行思维活动。因为民主时代使人们不必操心去研究个别的事物，所以他都喜爱一般观念。我甚至可以这样说：民主时代能够用小小的容器收藏大量的东西，在短短的时间里获得巨大的收获。所以，在作了一次粗心而简短的考察之后，这个时代的人就会认为发现了某些事物之间的共同关系，不再进一步对这些事物进行深入研究，也不对这些纷纭的事物在哪些方面相似或有别进行详细考察，而是匆匆忙忙将它们归类，之后就不去作深入考察。

人人都喜欢轻易地获得成功，贪图眼前的享乐是民主时代的显著特征之一。知识界这样，其他人同样是这样。大部分生活在平等时代的人都雄心勃勃，然而一旦失败了就会马上变得颓靡，而成功时就会更加活跃。他们希望马到成功，大获全胜，然而懒于多花费精力。这种有害的本性，令他们直接去追求一般观念，并且夸夸其谈，说什么利用一般观念可以很容易地绘出大千世界的图景，轻而易举地引起公众的注意。

然而，我不敢肯定他们的这种想法就是不对的，因为他们的读者同他们一样，希望不经努力就获得知识和痛痛快快地享乐，而害怕进行他们本来可以进行的深入研究，懒于进行正常的思维活动。

假如说贵族制国家没有对一般观念进行充分运用，而且往往轻率地蔑视一般观念，那么，民主国家的人民就与之相反，他们无时无刻不在准备滥用这种观念，准备积极地对这种观念进行应用。

第四章　为什么美国人从来没有像法国人那样热烈追求政治方面的一般观念

我在前面说过，与法国人相比美国人并不那样热爱一般观念。此种情况在政治方面尤其显著。

虽然在立法方面美国人采用的一般观念比英国人多得无限，在用人们的实践对理论进行武装方面比英国人做得多，然而美国没有一个曾像法国的制宪会议和国民公会那样喜爱一般观念的政治机构；整个美利坚民族，从来没有像18世纪法国人那样热烈追求一般观念，而且也不对任何理论的绝对善和绝对真予以盲目相信。

美国人与法国人的此种差异来自数个原因，然而其主要者如下：美国人是一个民主的民族，一直由自己来对公共事务进行管理；但我们法国人，虽然同样是一个民主的民族，然而长期以来，只限于在口头上议论怎样更好地对公共事务进行管理。

我们的社会情况，早已使我们想出了一些有关政府工作的非常一般的观念，然而我们的政治制度，却依旧在妨碍我们对一般观念通过实践进行矫正，令我们仅能慢慢地去发现原有一般观念的欠缺。然而，在美国人那里，这两件事情，也就是一般观念和政治制度，却常常处于彼此适应的状态，从而能够彼此修正。

这里所讲的，乍一看来，与我以前所讲的民主国家能从其实际生活的紧张活动中汲取热爱理论的力量的说法，相差甚远。然而，只要仔细考察一下，便会发现其间并不冲突。

因为生活在民主国家的人的空暇不多，所以他们都渴望一般观念，而有了一般观念，他们便无须浪费时间去考察个别的问题了。这固然是事实，然而只应以不是他们所常想的或必想的问题为限。例如，商人对他们本来应当密切注视的有关哲学、政治、科学和艺术的一般观念是渴望了解的，并希望他人能够提供，然而只有通过商业方面的考验，他们才能接受这些一般观念，或者只是有保留地接受。

政治家当涉及关于政治的一般观念时，情形也是这样。

所以，在一个特别有危险的问题上，当民主国家的人民盲目地和过分地追求一般观念时，每天在实践中考察这个问题是他们能够采用的最好解救办法。如此一来，他们就必须深入到问题的细节，而问题的细节将会令他们发现理论的缺点在哪儿。

这种解救办法经常是令人苦恼的，然而它的效果却是肯定的。

所以，强迫每一个公民实际参加政府管理工作的民主制度，可以对人们对平等所造成的政治方面的一般理论的过分爱好予以节制。

第五章　宗教在美国是怎样得以利用民主的本能的

在前面的一章里我已经证明，人如果没有教条性信仰是没办法生活下去的，而且也十分希望有这样的信仰。在这里我再补充一句：我认为在一切教条性信仰之中宗教方面的教条性信仰是人们最希望的。即便你只想重视现世的利益，也明显可以得出这个结论。

不论人认为他的任何行动有什么特殊性，几乎都来源于他所持的对上帝、对他与人类的关系、对自己灵魂的本性、对自己的同类应负的义务非常一般的观念。谁都必须让这种一般观念成为其余所有事物所由产生的共同源泉。

所以，人渴望对上帝、对自己的灵魂、对造物主和自己同类应负的各种一般义务，形成一种坚定不移的观念，因为假如对这些基本问题抱有怀疑的态度，便将使自己的行动混乱和无力，或者说是任其听任偶然因素的支配。

由此可见，我们每个人都应当有坚定不移的观念，乃是一个十分重要的问题；然而遗憾的是，我们每个人都是单枪匹马，只凭自己的理性努力去获得这种观念，所以又令这个问题很难解决了。

这些如此不可缺少的真理，唯有完全摆脱日常的生活琐事、观察入微、工作细心和训练有素的人，经过长期和精心思考之后才能发现。

我们还可以看出，这样的哲学家自身同样几乎总是满腹疑团，他们每向前一步，给他们启示的智慧的自然之光就会暗淡一些，甚至有熄灭的危险；尽管他们竭尽全力，他们所发现的依旧可能是为数很少的而且是彼此矛盾的概念。人们的思想千百年来就是在这些彼此矛盾的概念当中游来荡去，没能牢固地掌握真理，甚至没能发现新的错误。这样的研究一般人的能力远远不能及，即便一部分人有能力做这种研究，显然他们也没有这种闲心和余暇。

虽然有关上帝和人性的确定不移观念是人的日常生活实践所不能缺少的，然而这个生活实践却在妨碍人对这种观念的掌握。

在我看来，这是一个绝无仅有的问题。在一切科学当中，有些知识是对每个人都有用的，而且靠他们自己的能力也可以学到；然而另一些知识不是多数人能够研究的，而是只有少数人才能够理解的。应用后一种知识对于大多数人来说是极其间接的。虽然他们无力对这种知识进行研究，然而这种知识对于他们的生活实践又是不可或缺的。

所以，一切观念中最适于使个人理性避免习惯性影响的观念就是有关上帝和人性的一般观念。承认一个权威的存在，对于个人理性来讲，是得之者多，而失之者少。

对这些重要问题中的每个问题能够提供一项清晰的、准确的、人人都能够理解的和永久性的解决方案，是宗教的首要目的及其主要好处之一。

有些宗教是十分可疑和荒谬的，然而可以认为，但凡属于我所指出的范围里的宗教，只要它不从这个范围脱离出去，并且不像若干宗教那样试图从各方面对人们思想的自由翱翔予以压制，便能使智力活动得到有益的规范。即便宗教不能令人在来世得报，那至少它对人在今世的幸福和高尚化还是非常有用的，这一点也应当承认。

对生活在自由国家的人民来说，这尤其是真理。

当宗教在一个国家被破坏的时候，那些智力高的人将变得迟疑，不知所措，而其余的人多半会处于麻木不仁的状态。对于同自己和同胞最有利害关系的事物，每个人仅能习以为常地抱有混乱的和变化不定的概念。他们不是把自己的正确观点放弃，就是保卫不住它。于是，他们由于无力自己解决人生提出的一些重大问题便陷入绝望状态，以至于自暴自弃，索性不去想它们。

这样的状态只能令人的精神颓靡不振，意志的弹力松弛，培养出准备接受奴役的公民。

一个民族沦落到这种状态后，不仅会任凭别人夺走自己的自由，而且往往会自愿献出自由。

在宗教方面一旦也像在政治方面那样不再存在权威，人们立马会对因此而出现的无限独立的情景感到惊恐。一切事物的此种经常动荡状态，将令人们坐立难安和筋疲力尽。由于在精神世界一切已经发生动摇，因此人们便想尽力在物质世界建立巩固的秩序。然而，他们再恢复昔日的信仰已不可能，所以把自己交给一个人去统治。

至于我，我对人们能够永远既保持宗教的完全独立，又保持政治的充分自由表示怀疑。我一向认为，人如果没有信仰，就必然会遭到别人奴役；而如果想有自由，就必须信奉宗教。

所以，在身份平等的国家，宗教的这种巨大功用比在任何其他国家都明显。

应当承认，虽然平等给世界上的人带来了很大益处，然而却使人养成了一些非常危险的禀性。这一点我以后将会指明平等让人们彼此独立，让每个人自顾自己。

平等还给人心敞开了喜爱物质享受的大门。

焕发与此相反的禀性是宗教的最大功用。

所有宗教都是把人的追求目标放在现世幸福之外和之上，而使人的灵魂顺势升到比感觉世界高很多的天国的。同样所有宗教都是叫每个人要对人类承担某些义务或跟他人共同承担义务，要求每个人不要完全自顾自己，而要分出一定的时间去照顾他人。即便是最虚伪的和最危险的宗教，也都是如此。

所以，民主国家的短处自然正是笃信宗教的国家的长处。这清楚地说明，人们在达到平等的同时又维护宗教，是十分重要的。

宗教信仰被上帝利用超自然的手段注入人心。对这种手段我既不想考察，也无权考察。现在，我是单纯从人的观点来考察宗教的。我想探讨在我们即将进入的民主时代宗教用怎样的办法才能轻而易举地保持它的影响力。

我已经讲过，教条性信仰在文明和平等的时代只有经过一番努力才能深入人的精神，而让人的精神感到十分需要这种信仰的，则恰恰是宗教。这首先说明，宗教在这样的时代比在其他任何时代都要更加慎重自持，不要超越自身固有的范围，由于宗教如果想把自己的权力扩展到宗教事务之外，就有在所有事务方面失信的危险。所以，宗教应当注意对自己的活动范围予以规定，仅在这个范围里对人的精神加以影响，而在这个范围以外就任其完全自由。

穆罕默德自称从天而降，他不但把宗教的教义放进了《古兰经》，而且把政治的原则、民法、刑法和科学理论也都放进去了。与此相反，基督教的《福音书》只讲人与上帝和人与人的一般关系。除此之外它什么都没有教导，对人们必须信什么也没有要求。撇开许多其他的理由不谈，仅仅这一点就已经是这两种宗教中的前者不能在文明和民主的时代长期发生统治作用的充分证明，但后者不论在这样的时代还是在其他时代，都注定会起支配作用。

我们假如进一步进行这项研究，就可以发现：站在人的立场上，宗教如果想在民主时代维持下去，仅是小心翼翼地把自己的活动控制在宗教事务的范围之内，也还是不够的；在许多方面，宗教的力量还取决于它所遵奉的信仰的性质、它所采取的外在形式以及它给信徒规定的义务。

在前面我所讲的平等令人们产生非常一般和非常广泛的观念的问题，主要应该从宗教方面来理解。彼此相同和平等的人，容易产生关于单一神的概念，认为这个神给每个人规定了相同的准则，给每个人在来世授予了价值相等的幸福。关于人类的这个一致性的观念，不断地对人们产生认为造物主也是一致的观念进行引导。与此相反，在人们彼此隔绝和相互差异非常大时，存在多少个民族、等级、阶级和宗族，便会随意创造出多少个神，并给各自绘出无数条通往天国的道路。

毋庸讳言，在某些方面，基督教自身也受到社会和政治情况对宗教信仰发生的这种影响。

当基督教诞生的时候，上帝无疑已为它的出世做好了准备，即人类的大部分已经被集结在一起，使他们像一支庞大的部队在罗马皇帝的麾下活动。虽然这一大群人相互之间有很多不同，然而他们之间有一点是相同的，即都遵守同样的法制。每个人各自跟皇帝的伟大相比，他们是软弱和不值得一提的；但就他们全体与皇帝的关系来说，他们又都是平等的。

应当承认，处于这种新的和特殊的情况下，人类当然会去接受基督教宣讲的一般真理，而基督教在当时能够顺利和迅速地深入人心的原因，也正是来自这里。

罗马帝国崩溃后，与此相反的情景便出现了。

这时，罗马帝国垮台了，也可以说是分崩离析了，每个原来受它统治的民族又恢复了以往的独立。不久之后，在这些民族的内部，一些阶层无限地壮大，产生了种族差别，而每个民族又被等级分成若干集团。这个各民族共有的动向，好像在竭尽其所想和所能，要把人类社会分成无数小块。在这种情况下，基督教也未放弃它向人们宣扬的主要一般观念，还尽量准备适应人类分裂后出现的新趋势。创造和庇护万物的唯一的上帝继续受人们崇拜。然而，每个民族、每个城市，甚至每个人，又相信自己能够获得某些特权，令至高无上的上帝变成自己的保护者。因为不能把一个神分成许多个，因此他们只能增加神的使者的人数，把使者的权力过分地提高。从而，大部分基督徒将对天使和圣徒的崇敬，几乎变成了一种偶像崇拜，致使人们一时有理由担心：基督教是否也要蜕化为早被它打败的那几种宗教。

很明显可以看出，将人类中的各民族隔离开的障壁和将每个民族内部的公民隔离开的障壁的消除的同时，人们自然会对关于单一的而且万能的存在的观念予以接受，认为这个存在可以并用同样的方式平等地将法律施与每个人。所以，到了这样的民主时代，最重要的事情是不允许把人对神的使者的崇敬与仅应对造物主的崇拜相混淆。

我认为，另一个真理同样很清楚：即在民主时代，应使宗教的表面仪式给信徒带来的负担比其他任何时代都要轻。

在论述美国人的哲学方法时我说过，在平等的时代，使自己的观念服从于形式是人的精神最厌恶的。生活在这个时代的人，对用图像渲染事物予以反对，认为象征的手法是一种儿戏，它是为了掩盖或粉碎真相，避免将真相赤裸裸地暴露于光天化日之下。对宗教仪式他们表示冷淡，认为礼拜的细节仅有次要的意义。

在民主时代负责规定宗教的外在形式的人，必须对人们智力的这种自然本性予以审慎考虑，避免跟它发生不必要的冲突。

我坚决地认为形式是必要的。我知道，形式能让人的精神沉于抽象真理的思考，帮助它坚定地追求真理，让它热烈地相信真理。我决不认为一种无外在的仪式的宗教能够维持下去。然而，另一方面，我又认为：在我们正在步入的时代，对宗教的外在仪式过分地讲究是极其危险的；当然要有一定的仪式，然而必须限制在延续教义本身所绝对需要的程度，因为教义才是宗教的本质[①]，而礼拜仅是它的形式。在人们越来越平等的时代，拘泥于细节、死板不化、迫使信徒谨守清规戒律的宗教，很快大多数人将放弃对它的信仰，而只剩下一群狂热的信徒。

我知道肯定会有人反驳我说：宗教追求的目标是一般的和永恒的真理，因此它不能随波逐流，随着每个时代的特点的改变而更改其目标，从而不会在人们面前丧失其

①在任何宗教中，仪式都与信仰的本质本身有密切联系，而且最好不加以任何改变。在形式与内容永远密切联系得像一个整体的天主教中，尤其是如此。

可信性。我对此的答复依旧是：必须把一种信仰能够成立跟神学家们所说的信条能够建立的那些主要观点，与由这些观点派生出来的从属概念加以严格区分。不论时代有什么特点，宗教都必须经常对前者予以坚持；然而在万事都在变换其位置，人们的思想已经习惯了人间事物的千变万化而不想墨守成规的时候，宗教同样慎重地注意自己跟后者的经常联系。在我看来，只有在市民社会本身停滞不前的时候，表面的和次要的事物的不变性才能有机会持续下去。这种不变性，在其他任何场合，我都认为是一种危险。

我们可以看到，在一切由平等所造成的或促成的激情当中，有一种特别强烈并同时振奋每个人的心的激情，这就是人人都具备的喜欢安乐的感情。民主时代的突出的和不可消失的特征就是爱好安乐。

可以认为，企图消灭这个主要的激情的宗教，最终会被这个激情所消灭。假如宗教想让人们对现世的幸福完全放弃，而让人们专门去追求来世的幸福，那么，我们可以预言，最后人们在精神上将摆脱宗教的束缚，并为了专门去追求眼前的物质享受，而远离宗教。

净化、调整和节制人们在平等时代过于热烈地和过于排他地喜爱安乐的情感是宗教的主要任务。所以我认为，假如宗教要试图对人们的这种情感予以完全压制和破坏，那将大错特错。宗教绝对无法让人放弃爱财之心，然而它还是能够说服人们仅用正当的方式去致富的。

我现在来进行最后一项考察。从某种意义上来说，这项考察也是对上述各项考察的概括。随着人们日益相似和平等，跟每日都在变化的尘事谨慎地保持一定距离的宗教，更加不需要跟一般人都接受的观念和在群众中发挥着支配作用的利益，进行没有必要的对抗，因为公众的意见日益成为最主要的和最无法抵抗的力量，而在这种力量之外，宗教是没有办法获得足以长期顶住它所受到的攻击的强大支持的。不管是在一个共和制的民主国家，还是在被专制君主者进行统治的民主国家，基本上都是这样。在平等的时代，虽然君主常能使人服从，但能使人们信服的却是人民中的多数。所以，所有不违背自己信仰的人，都倾向多数的意见。

在本书的上卷我说过，美国的神职人员是怎样不问政治的。这是他们谨慎自制的明显例子，然而还不是唯一的例子。美国的宗教是一个专门由神职人员来统治的独立天地，而且神职人员从来不想走出这个天地；在这个天地内，他们指导人们的精神，但在这个天地外，任由人们自主和独立，让他们依据自己的本性和时代的要求对他们固有的好动精神予以发挥。我从未见过哪个国家的基督教像美国那样不讲究形式和不重视繁文缛节，然而却对人的精神有最清晰、最简明和最一般的了解。虽然美国的基督徒分成许多宗派，然而他们对各宗派都一视同仁。不论是对天主教，还是对其他教派，都能够这样说。所有地方的天主教神职人员，都没有像美国的天主教神职人员那样对信徒的礼拜琐事不予过问，不采用格外的和特殊的礼拜方法，不拘泥于教义的文句而重视教义的精神。只对天主礼拜而禁止对圣徒礼拜的天主教的教义，在美国宣讲得最清晰也遵行得最好。但是，美国的天主教徒却是最驯服和最虔诚的。

另一个可以适用于美国各教派神职人员的特点是：美国的神职人员是让人心更多地注意现世，而决不把人的视线引向和固定于来世。他们认为，现世的幸福在宗教上虽属次要，然而仍有它的重要性。虽然他们不从事实业活动，然而至少对实业的进步还是关心和赞扬的。他们在不断向信徒宣讲来世才是人们应该害怕和希望的伟大目标的同时，并不禁止信徒用正当的方法对现世的荣华予以追求。他们仔细地研究用什么方法使来世和现世结合和联系起来，而并不怎么多讲它们的差别和不同。

多数对人们思想的支配作用被美国的全体神职人员所承认，且他们尊重这种作用。除非必要，他们一定不反对多数。他们不参加党派的斗争，然而随时接受全国和当代的共同意见，随着振奋周围所有人的感情和思想的潮流前行，而不加以抵制。他们决不与同时代人搞对立，而致力于引导同时代人向善。所以，舆论向来不与他们为敌，反而对他们予以支持和庇护。他们布讲的信仰，借助多数的力量并通过他们本身的努力而同时发挥作用。

所以，宗教通过对不与它对立的一切民主本能予以尊重，并利用其中的一部分，就可以顺利地对它的最危险的敌人即个人的独立意向予以抵制。

第六章　关于天主教在美国的发展

美国是世界上最民主的国家，而根据可信的报告，它同时又是天主教最发达的国家。乍一看来，人们可能对此会觉得奇怪。

我们应明确区别两个问题：平等一方面使人们愿意自行判断，另一方面又使人们喜欢和希望社会有一个统一的、单一的对大家都一律相待的权力。因此，在民主时代生活，人们都力图摆脱一切宗教权威的制约。但是，如果他们想服从某一宗教权威，那么，他们必须让这个权威是单一的，且只能有一个。所有并非指向同一中心的宗教权力，自然会使他们的精神感到不快，而且几乎会轻易地让他们认为，与其有好几个宗教，不如没有宗教。

在我们这个时代，我们发现天主教徒远没有以前任何时代虔诚了，但基督教新教的教徒却纷纷改信了天主教。如果从天主教的内部来看，它似乎是衰退了；而如果从它的外部来看，它又好像是进步了。其实，这个现象是容易理解的。

我们这个时代的人，虽然很少有虔诚的信仰，但他们一旦决定信教，很快就会觉得自身有一种内在的本能，这种本能在不知不觉地把他们推向天主教。他们吃惊于罗马教会的若干教义和教规，但在内心却对它的纪律表示钦佩，也被它的牢固团结所吸引。

如果天主教最后能够将它所引起的政治恩怨置之度外，那么，我可以笃定，似乎与它抵触的时代精神，不仅不会对它极为不利，相反，还会使它立即获得巨大的成就。

这是人们的智力活动最常见的一个弱点，即愿意调和互相对立的原则，甚至不惜牺牲逻辑以求和解。因此，无论过去还是现在，总有人在使自己的某一宗教信仰权威服从一个权威以后，又想放弃这个权威而另找其他权威，任凭自己的精神游荡在服从和自由之间。但是，我还是相信与其他时代相比，这样的人在民主时代不会更多。而将来我们的后代必然日益分化，但最后只能分成两大类：一类完全脱离基督教，另一类则皈依罗马教会。

第七章 民主国家人民的思想倾向于泛神论的原因

虽然我准备以后来谈在政治方面，民主国家对于最一般观念的突出爱好是如何表现的，但我现在就要指出，这种爱好对哲学发生的主要影响。

不可否认，在我们这个时代泛神论得到很大发展。欧洲一些国家的著作，就带有明显的泛神论色彩。它被德国人带进哲学中，被法国人带进文学中。一些在法国出版的虚构作品中，大部分包含着向泛神论借来的某些观点或论调，或使人感觉它们的作者有一种趋于泛神论的倾向。我认为这有其久远的原因，而并非偶然。

随着身份日趋平等，人与人之间越来越无差别，个人日益变得渺小、无力，人们也就习惯于对每个公民不再重视，而只重视全体人民，只考虑人类整体而忘记了个体。

在这样的时代，人的精神喜欢包罗万象，希望是一个单一的原因造成了无数的不同结果。

人的精神被统一的观念纠缠着，以至于它到处去寻找统一的观念。一旦人们找到这一观念，就会在内心自愿存放它，高枕无忧地躺在它的身上。这样一来，人们不仅认为世界包括天地万物，而且相信世界只有一个造物主。但是，他们并不满意于对万物进行的这种初步分类，于是他们又去设法拔高和简化自己的想法，也就是把神和宇宙汇成为一个单一的整体。假如我遇到一个哲学体系，它能把世界上的万物均视为一个巨大存在的不同组成部分，不管是物质的还是非物质的，不管是可见的还是不可见的，而即使组成部分不断变化和连续改观，这个巨大存在都能永远存在下去，那么，我可以毫不费力地断定：虽然这个哲学体系破坏了人的个性，但它对生活在民主制度下的人而言具有神秘的魅力，也许正是由于它破坏了人的个性，这种魅力才会产生。人们的一切智力活动习惯都在引导着人们去理解这一哲学体系，并将人们领上接受这一体系的道路。同时，这一哲学体系自然会引起和加强人们的想象力，并使人的精神自豪感和人的精神愉快感得到提高和满足。

在各种帮助哲学寻找解释世界方法的体系当中，我认为泛神论是适于笼络民主时代人心的体系之一。只要是坚信人类真正伟大的人，就应当团结一致反对泛神论。

第八章　平等是怎样唤起美国人产生人可无限完善的观念的

平等在唤起人的思想产生一些只有它才能引来的观念，并改变着早已存在的差不多全部观念。现在我以“人可以不断完善”这个观念为例，因为它是人的智力所能想出的主要观念之一，而且它本身就是一大哲学理论，每时每刻都在实际生活中验证自己的论据。

虽然人与动物在有些地方是相似的，但人所独有的一个特点就是能自我完善，而动物则不能自我完善。人类自产生以来就发现自己与动物有这种差别。因此，人可完善的观念，同世界本身一样古老。并非平等本身创造了这个观念，但平等却使这个观念具有了新的特点。

当公民按等级、职业和出身进行分类时，每个人都不得不沿着全凭偶然步入的道路前进时，人人都会认为人力的极限就在自己身上，谁也不想与不可抗拒的命运对抗。贵族制国家的人民，并不是绝对没有自我完善能力，而只是没有认识到这种完善可以无限。他们只想改进，却不想变革。他们只希望社会地位逐渐变好，除此之外别无他求。虽然他们承认人类至今已经取得了很大进步，今后也还会有所进步，但又事先把人类置于一定的限界之内。

因此，他们并不会认为自己已经达到至善、已经获得绝对真理(其实，没有一个人或一个民族这样妄想过)，但他们愿意让自己相信，已经很接近人类不够完善的本性所能达到的伟大和明智了。同时，因为他们看到周围的一切好像仍然维持原样，没有变动，所以容易觉得一切均已各得其所了。于是，人民和国王只喜欢建造耐久的建筑物，立法者们愿意制定永久性的法律，现代的人为后代的人操劳，事先为他们注定了命运。

随着等级的消失，以及各阶级的接近和人们的日益混合，习惯、礼仪和法律也在变化；随着新事物的出现、新真理的发现、新观点取代旧观点，人们的脑际就会出现一个理想的形象，但这个形象又总是不够固定和完善。

于是，转瞬即逝的不断变化每时每刻都呈现在每个人的眼前，有些人的处境变坏了，于是，他们便开始清晰地认识到，不管一个民族或一个人怎么有智慧，都不能永远不犯错误。另一些人命运得到了改变，于是他们由此断言，人一般是有能力无限完善自己的。总之，受挫的人认为，任何人都不能吹牛可以找到绝对的善；在兴奋之余，成功的人会继续去追求新的成功。因此，人人都在不断追求，跌倒后又爬起来，虽然经常感到失望，但又决不绝望。他们沿着尚待跋涉的漫长人生道路，不停止地走向他们的伟大目标，即使只能渺茫地看到终点。

这种认为人可无限完善的哲学理论，曾使人们心甘情愿地做出了许多事实。它对那些只在行动上与它有关而在思想上与它无涉，在活动中又好像不知不觉地与它吻合的人来说，发生的奇妙影响几乎是令人难以置信的。

我问过一位美国船员，为什么美国的船造得不太耐用。他毫不迟疑地回答说：航海技术飞速进步，再好的船用上几年之后也会不堪再用了。

从这位大老粗脱口而出的答话中，我看到了一个伟大民族一般的和有体系的观念，这种观念他们在任何事情上都会遵循。

民主国家扩大了人可完善的范围，而贵族制国家自然要过分限制这个范围。

第九章　为什么美国人的例子不证明民主国家不会爱好并致力于科学、文学与艺术

应当承认，在当代的文明国家中，在高级科学方面美国的进步是不大的，它的大艺术家、出名诗人和卓越作家也寥寥无几。

一些欧洲人对这种情况表示惊异，认为这样的结果是平等所自然造成的，不可避免。他们甚至认为，如果民主的社会情况和制度立刻席卷全球，那么引导人类走向的开化之光将逐渐暗淡下去，而人类将重新回到黑暗时代。

我认为，作出这种推论的人，混淆了一些本应当分开并加以单独考察的观念。他们把民主的东西与美国人所独有的东西无意之中混在一起了。

初期移民将他们信奉的宗教传给了他们的后代。这种宗教在仪式上是简单的，而在教义上却是严肃的，甚至可以说是苛刻的。它反对外表的浮夸和繁文缛节。这种宗教自然对美术的发展不利，只重视消遣性文学。

美国人属于一个非常古老和开化的民族，后来迁到一片广袤的新国土，这可使他们任意开发，且很容易丰产。这在世界上是史无前例的。因此，在美国，每个人都有发财致富的便利条件，这在其他地方是没有的。他们的贪欲总是十分强烈，头脑时时幻想和进行理性活动，完全被追求财富的目的所吸引。和其他国家一样，美国有工商业者阶级，但其有其他国家所没有的一种现象，即全国人人都从事工商业。

但是，我敢肯定，假如全世界只剩下了美国人，而且他们不改变固有的激情，仍然保留着祖传的自由和知识，那么他们很快就会发现：假如不研究理论，科学的实用是无法长足进步的，而一切艺术也应当相辅相成地去完善。不管美国人为达到其所追求的主要目标怎样绞尽脑汁地努力，他们不久终究要承认，为了顺利地达到目标，有时还得离目标远一点。

何况文明人的自然心理是喜欢精神上的享受，所以高度文明的民族都迷恋这种爱好，而且还有一批人在专门研究它。一旦这种精神上的需要出现，就很快会得到满

足。

但是，重视学术和文艺的欧洲在美国人只顾科学的实际运用、寻找使生活舒适的方法的时候，已在致力于探索真理的共同源泉，同时完善人们可以享得的一切享乐和人们应当得到满足的需要。

美国的居民认为，有一个民族在旧大陆的一切开化民族中最为突出，居于榜首。他们和这个民族同源同俗，因而两者之间的关系也非常密切。他们看到这个民族有著名的科学家、才华出众的艺术家、伟大的作家；他们也能从这个民族汲取知识财富，不必为了积累这种财富付出劳动。

虽然美洲与欧洲远隔重洋，但我认为两者是不可分的。我把美国人民看做英国人民的一部分，他们以开发新大陆的深山丛林为己任，而在英国的那一部分，则清闲自在，很少为谋取生活资料而操劳，因此能把精力更多地用于深化思想方面，从而在各方面发展人的精神。

所以，美国人的际遇完全是一个例外，我相信以后不会再有一个民主的民族能拥有这样的际遇。原本他们都是清教徒，习惯专门从事商业，居住的国土又好像不让他们使用智力去研究科学。他们的欧洲邻居，使他们即使不研究科学也不会重返野蛮状态。这一大堆独特原因只是我就其主要者列出的，它们必然使美国人的精神特别注重于纯物质方面的事物。人们的激情、需要、教育和环境，实际上好像都在驱使美国人去面对现世。宗教只能偶尔使他们抬起头，漫不经心地望一望天堂。

因此，我们不应根据美国人民的外在表现去推论所有民主的民族，而要根据其自身的特点去研究它们。

我们可以设想有这样一个民族，其内部没有区分门第、等级和阶级，法律也不承认任何特权，规定遗产由继承人平分，但它没有使人民享有知识和自由。这个设想并不是没有根据的，因为一个暴君可以将其恩泽平等地施舍于臣民，但同时让臣民们愚昧无知，以便于更容易奴役他们。

这样的民主的民族不但不能在科学、文学和艺术上表现其才华和爱好，而且使人相信它永远也不会有这种表现。

它的继承法本身就是以一代接一代地将财产化小分散为己任，民族的成员谁也不会去创造新的财富。穷人因为没有知识和自由，所以都不会产生致富的想法；而富人根本不知道如何自救，听任自己沦于贫困的境地。这样的民族在它的这两类公民之间很快就会建立起完全的平等，这种平等无法克服。如此一来，没有人有时间和兴趣去从事劳动和智力活动。然而所有的人都将麻木不仁，沦于同样的愚昧无知、同等的受奴役状态。

一想到这样的民主社会，我就立刻觉得自己好像被抛进一所低矮、昏暗和沉闷的小房子里，虽然外面有时会射进一道一道光线，但这些光线很快又变得微弱，直至终于消失。我突然觉得心情无比沉重，闷得喘不过气来；我在黑暗中四下摸索，希望可以找到一个出口，好见到阳光，到外面吸点新鲜空气。但是，对于一个开化已久，在废除规定财产永久归于个人或某些团体的特殊法令和继承法之后仍保有自由的民族而言，这里所作的一切假想并不适用。

当一个开化的民族生活在一个民主社会里时，他们不难明白：没有任何东西应当限制、强迫他们安于现状。

因此，他们每个人都会想尽办法去改变现状，如果他们都是自由的，则每个人都将大显身手，只是不一定都能获得同样的成果。当然，立法机构不会再给予人们特权，但天赋会给予人们这种特权。天赋的差异是很大的，所以根据每个人运用其才智去致富的情况的不同，财富也会出现不平等。

虽然继承法仍阻止富裕之家世世代代富裕下去，但它并没有不准富人存在。继承法不断地使公民们趋于相同的水平，可公民们却在不断地使自己避开这个水平。随着知识的日益提高和自由的日益扩大，公民的财富也愈加不平等。

在我们这个时代有一派因其才华和狂妄而出名的人士，他们主张先将一切财富集中于中央当局，然后再由中央当局按每个人的贡献给所有的人分配财富。他们认为，通过这个办法，可以躲开那种好像可以威胁民主社会的完全、永恒的平等。

还有一种比较简单的救治办法，其危险性也小。就是不让任何人享有特权，给予每个人以同等的知识和同等的独立性，让每个人自己去关心寻找本身应占的地位。但是，天赋的不平等马上会显示其作用，导致财富也自然地落入最能干者之手。

因此，在民主而自由的社会里经常会有一批富裕或殷实的人。这批富人不会像以前的贵族阶级成员之间那样密切联系。他们的本性不同于贵族阶级，没有那么多充裕时间去享乐，但在人数上他们将比过去任何富有阶级都多得多。这批人不会整天忙于物质生活，他们会进行智力活动和享受精神生活的快乐，但程度比不上以往的贵族。他们这样去支配自己的时间是合理的，因为人的精神一方面要有一个物质的和实用的目标，即无限的目标，另一方面还要有一个非物质的和喜欢美的目标，即无限的目标。物质的需要使人的精神倾向现世，但当人的精神无法被物质的需要吸引时，它就要自我崛起。

不仅能够鉴赏精神产品的人数将要大大增加，而且人们对智力活动的爱好也将逐步提高，达到贵族时代人们的水平，那些人们似乎没有时间和能力从事这种活动。

当世袭的财产、阶级的特权、门第的优越感不再存在，每个人只靠自己的努力前进时，人的智力决定了财富方面的高下之分。凡是可以激励、发挥和扩大智力的东西，都将马上身价倍增。

知识的功用将极其明显地呈现在人们眼前。即使一个人没有感到知识的魅力，也将尊重知识的成果，并要付出一定的努力以享有这种成果。

在民主、开明而自由的时代，任何力量都不可以把人与人分隔开来，或将人限制在其原来的位置不动。人人都可能突然发迹，也都可能很快变穷。各个阶级因为相处甚密，每天相互见面。他们之间不断互相往来和混合，彼此模仿，互相敬慕。于是，人民的一些在等级森严、社会停滞的时代所不可能有的观念、概念和思想就产生了。

在这样的民族里，仆人可以与主人共同劳动、享乐，穷人与富人也可以如此；乡下人将会努力向城里人学习，地方将会努力向首都学习。

这样一来，谁也不会只专注于生活的物质方面，连最简单的手艺人也会贪婪地或偷偷地看一看高级的智力活动世界。贵族制国家采用的关于读书的观点和方法不会再被使用；然而读书人的范围将不断扩大，最后扩及全体公民。

人们开始关心精神劳动以后，就会发现取得荣誉、权力和财富的主要手段全在于在某些方面自己胜过他人。因平等而产生的跃跃欲试的野心，马上会从其他方面转到这一方面来。研究科学、文学和艺术的人，将会大量增加。知识界将会出现一种不可思议的积极性。每个人都要设法为自己开辟一条道路，并努力吸引他人跟着自己走。这同美国政治界的情况有些类似。虽然美国人的工作往往不够完美，但是其数量却是很大的。尽管个人努力的成果一般是很小的，但是总成果却往往是巨大的。

因此，说在天性上，生活在民主时代的人就不关心科学、文学与艺术，与事实不符；应当承认，他们是以自己的方法来研究科学、文学和艺术的，在这方面他们有其固有的特点和不足之处。

第十章 为什么美国人在科学方面不关心理论而偏重实践

民主的社会情况和制度既然没有抑制人的精神发展，那么它们肯定是从这一方面或者那一方面推动了人的精神发展，这一点几乎是毫无疑问的。尽管它们的作用有一定的限度，但却是十分强大的。这里请允许我暂停片刻，先来谈一谈它们的作用。

在讲述美国人的哲学方法时我们提出的几个论点，在这里也肯定有用。

因为平等，每个人产生了凡事自行判断的愿望，轻视事物的传统和形式，对所有的事物都怀有明显的、切实的爱好。本章要单独讨论的主要内容就是民主的这些一般本性。

那些在民主国家研究科学的人，总是害怕自己陷入空想而迷失了方向。他们敢于向已有的体系挑战，喜欢紧紧地抓着事实并亲自研究事实。他们既不会轻易地相信某一成名的同行，也不会盲从某一权威的论断。相反，他们在不断地寻找名人或权威的理论的弱点。学术的传统对他们影响不大，他们从来就不长期拘泥于某一个学派的烦琐议论，而且某人的豪言壮语也从不会使他们受骗。他们尽量深入到所研究对象的各主要部分，并且喜欢用通俗的语言来表达它们。这样，科学虽比以前更加自由和确切了，但却不如以前高大了。

我认为，可以按照人的精神追求，把科学分为三个部分。

第一部分，以现在还不知道如何应用，或者在遥远的将来才能应用的最纯理论原则和最抽象概念为内容。

第二部分，由虽然现在还属于纯理论范围，但能够通过直接而便捷的途径应用的一般真理构成。

第三部分，由应用的程序和执行的方式构成。

我们可以单独研究构成科学的三个不同部分的每一部分，但人们的理性和经验证明，如果将其中的任一部分与其他两部分截然分开，使它与其他部分完全隔离，它便不可能长期地繁荣下去。

在美国，人们往往潜心于科学的纯应用部分的研究，而在科学的理论方面，人们只注意研究对应用有直接必要的那一部分，在这方面的研究上，他们也经常表现出求真、自由、大胆和创新的精神。但是在美国，却几乎看不到一个人专心研究人类知识在本质上属于理论和抽象的那一部分。美国人在这方面把所有的民主国家都有的，但我认为不如美国那样强烈的一种倾向，表现得特别突出。

对于高级科学或科学的高级部分的研究，最需要沉思，但是在民主社会的内部，却很少有东西适于沉思。民主社会不像贵族制国家那样，拥有那种因为自己有钱就可以高枕无忧的人数众多的阶级，也没有贵族制国家的那种因为没有希望改善处境就不再进取的阶级。每个人都在积极地活动：有的人希望掌握权力，有的人希望发财致富。在这种熙熙攘攘、利害冲突频繁、人们不断追求财富的环境下，哪里还有必要的安静供人们进行深刻的构思呢？当你周围的一切都在活动，而你已经被裹进了席卷万物的激流，并且每天都在这激流之上漂浮的时候，你如何能停下来思考高级科学呢？

我们必须把下面两种运动决然分开，即一种是建立已久的、平安无事的民主社会中发生的经常性运动，另一种则几乎是伴随民主社会的诞生和发展而发生的骚乱性和革命性的运动。

如果暴力革命发生在一个高度文明的国家，人们的情感和思想肯定会遭到突然的刺激。

尤其在发生民主革命时，情况更是如此，因为这个革命能把民族的所有阶级一下子都发动起来，并且会使每个公民的心中同时产生出巨大的野心。

如果说在横扫旧封建社会残余的同时，法国人让精密科学一下子产生了惊人的进步，那么，这个突然成果的来因并不应该归功于民主，而应把它归功于从未见过、发展如此迅速的革命。由此而产生的成果只是一个偶然现象，如果将它看做一般规律，是欠妥的。

我认为民主国家发生大革命的情况不会多于其他国家，甚至只会少于其他国家。但是，在民主国家里，却时常发生一些使人感到不快的轻微的不和谐运动，即人们之间经常互相排斥。这种不和谐运动并不能激发和振奋人心，相反，只会扰乱和涣散人的精神。

生活在民主社会的人不仅难于沉思，而且对这种思维活动也不够重视。在民主的社会情况和制度下，大部分人经常处于动的状态。但是，适于这种动态的习惯，并不总适于思维活动。以这种习惯进行活动的人，常常满足于不求甚解，因为如果他们要是追求每一细节都十全十美，便达不到他们预期的目的。他们经常要依靠他们无暇深入研究的思想，因为相比较这个思想的严密正确性而言，不失时机地利用这个思想对他们更为有用；而且总的说来，与其消耗时间去证明自己的所有原理的真实性，还不如冒点风险去利用某些错误的原理。更何况整个世界也不是根据长期不变的、确凿无疑的论点运动的。世界上的一切事情都是这样被人们掌握的：一瞥某一特殊的现象，经常观察群众的千变万化的激情，随时而机智地抓住所发生的事实。

因此，在人人都处于活动状态的时代，人们一般都过于重视智力的快速成果和肤浅的论据，而轻视了深刻的和缓进的智力劳动。

这样的舆论影响着从事科学研究的人的判断，且说服他们相信：不用沉思也可以在研究当中获得成果，或者对那些需要沉思的科学不予研究。

研究科学有一些方法。许多人有一种利己主义的爱好，即把智力活动得出的发明创造用于工商业。但不应该将这种爱好与少数人心中燃起的追求真理的无私热情混为一谈，因为前者是希望利用知识，而后者则完全是希望求知。我毫不怀疑，一些人对于真理会随着时间的推移产生无限的热爱，但这种热爱只会靠自己成长和不断壮大，而且决不会自我满足。人们达到真理的抽象源泉，从那里汲取最根本的观念正是由于这种对真理无私而自豪的热爱。

假如帕斯卡尔只是为了荣誉而活动，或者他的眼中只有某种名利的话，我相信他决不会那样尽其全部智力去清晰地揭开造物主的奥秘。每当我想到他为了全神专注于这项研究，甚至可以说使精神摆脱了人生的一切杂念，以至于他过早地耗尽了自己的心力，未届40岁便匆匆离开人世时，不禁感佩不已。而且我认为，他能付出如此非凡的努力，决不是因为一种通常的原因。

在贵族制社会出现的这种如此罕见、如此丰产的求知热情，或许将来也会出现在民主社会中。但是至于我，我坦白承认，我还很难相信这一点。

在贵族制社会里，指导舆论和政务的阶级，之所以自然而然地会对本阶级和人类抱有一种优越的观念，是因为它可以世世代代永远居于群众之上。这个阶级喜欢使尽浑身解数让自身享有荣誉，为达到此目的，它会为自己制定出宏伟的目标。尽管贵族常有极其残暴和不人道的行为，但很少有低级下流的想法。对于一些小型娱乐他们虽然也很爱好，但却常常抱有某种看不起的轻视心理。他们的这种表现，间接地提高了一般人的心灵境界。在贵族时代，对于人的尊严、力量和伟大，一般都有非常高大的看法。这种看法对研究科学的人及其他人，都发生着影响：它促使人们的精神境界自然而然地向更高层次发展，并使人们的心里对真理自然而然地产生崇高，甚至几乎是神圣的热爱。

因此，这个时代的学者都潜心于理论的研究，而对于理论的应用则往往持有不屑一顾的轻视态度。普卢塔克说过：“阿基米德的治学精神非常崇高，甚至到了不肯自贬身价去撰写一部制造兵器的著作的地步。关于发明和组装机器的一切科学，以及一般与应用有某种实利关系的一切技艺，在他看来，都是没有价值的、卑贱的和向钱看的。他把自己的精力和研究全部用于撰写其美处和妙处跟实际需要毫无关系的著作上了。”这就是贵族在科学上的追求。

而在民主国家，就不会有这种情况。

民主国家的人民，大部分都在强烈地追求物质，贪图眼前的享乐。由于他们总是不满意自己的处境，并且总有摆脱这个处境的自由，所以他们满脑子想的都是如何改变处境和如何增加财富。对于持有这种思想的人来说，人类智力的最优秀成果包括一切可以成为发财致富捷径的新方法，一切可以降低生产成本的工具，一切可以节省劳力的机器，一切便于享乐和增加享乐的新发明。民主国家的人民主要是从这个角度出发去钻研、认识和尊重科学的。在贵族制度时代，人们对于科学的要求，主要是精神上的享受；而在民主制度下，则主要是肉体上的享受。

可以设想，一个国家越是民主、开明和自由，就会有越多的人对科学的天才进行这样的评价，而那些能够直接应用于工业的发明，就越能使发明人得名得利，甚至得权。因为在民主制度下，从事劳动的阶级参加政务，而那些为政府服务的人，则要从那里获得荣誉和金钱。

所以人们不难想象，在这样组织起来的社会里，人的精神会不知不觉地忽视理论，而以无比的精力去追求科学的应用，或者去追求那一部分对应用来说不可缺少的理论。

在这种情况下，即使本能的求知欲使人的精神上升到了最高的智力活动领域，结果也将一无所成，因为现实的利益驱使人们甘于位居中等的智力活动领域。而人的精神只有在这个中等的智力活动领域，才能发挥它的力量、持久的积极性，创造出最好的成果。这就是为什么连力学的一个普通定理都没有发现的美国人，却能够在航运业领域推出一部使世界的海运面貌为之一变的新机器。

当然，我并不是说当代的民主国家要坐待人的精神之光趋于熄灭，更不是说它们不能再发出新的光芒。世界发展到了今天，有很多开化的国家都在兢兢业业地发展工业，所以那些把科学的各个不同部门联合起来的各种关系，便必定会引起人们的注意；甚至对于那些合理的应用的爱好，也一定会促使人们重视理论。如此众多的试验或实验每天都在反复地进行，在这些过程中，不可能不发现最一般的规律。这样看来，即使不会出现太多伟大的发明家，但伟大的发明必将层出不穷。

另外，我相信科学的崇高使命。虽然民主制度不会引导人们为了科学而去研究科学，但是从另一方面来看，它却会使研究科学的人大量增加。别以为在如此大量的研究人员当中不会随时出现专门热爱真理的天才从事理论研究。我们可以肯定，不管他们的国家和时代受什么精神所支配，这样的天才都会努力去揭开大自然的深邃奥秘。他们自行前进，不需要别人的帮助，他们只期望在前进的道路上不要给他们设置障碍。我在这里讲了这么多，其实是想表达一个观点：身份的恒久不平等，会使人们囿于抽象真理的研究，虽然这种研究不能带来任何实惠，但人们觉得这种研究是高尚的；而民主的社会情况和制度，却会使人们只追求科学的直接而有利的应用。

这种趋势是自然的，而且是不可避免的。了解这种趋势很有趣，而且指明这种趋势又或许是必要的。

如果负责领导现代国家的人能够清晰地、长远地认识到这种最终会不可抗拒的特性，就会知道，在民主时代生活的人有了知识和自由之后，就自然会去改进科学的工业应用部分，而政府当局的全部力量，是今后应当支持高级科学的研究和创造研究科学的高度激情。

在我们这个时代，首先应当让人的精神重视理论，然后再使其自然地转向实践，而不应当让它总是追求次要效用的详细研究。最好是先让人的精神暂时放弃这样的研究，将它提高到沉思初始原因的地步。

因为罗马的文明是随蛮族的入侵而灭亡的，所以我们可能太过相信，只要不再发生类似事件，我们的文明就不会灭亡。

如果有一天，照耀我们前进的光要熄灭，那也只能是逐渐地暗淡下去，而且要像是自消自灭的。如果强制人的精神只注重应用，就会使人忽略原理；而如果完全忘却原理，由原理产生的方法也不会太多。结果，人们就不能发现新的方法，而只能无知地和不熟练地使用那些他们并不理解其原理的良好工作方法。

300年前欧洲人初到中国，当他们看到中国几乎所有的工艺都已达到一定的完善阶段时，感到非常惊异，他们认为再没有别的国家会比中国的工艺更先进了。不久以后，他们发现中国人的一些高级知识已经失传，只留下了一点残迹。虽然这个国家的实业发达，大部分科学方法还在那里保留着，但科学本身已经不复存在。由此就说明这个民族的精神已经陷入了一种罕见的停滞状态。中国人只知道跟着祖先的足迹前进，却忘记了曾经引导他们祖先前进的原理。他们还在沿用祖传的科学公式，但却不去追究其中的精髓、真谛。他们还使用着过去的生产工具，但却不再设法改进和改革这些工具。因此，中国人未能进行任何变革。他们也必然会放弃维新的念头。为了保证自己一刻也不偏离祖先走过的道路，避免陷入莫测的歧途，他们时时刻刻，在所有方面都竭力效仿祖先。人的知识源泉已经几乎干涸。因此，尽管河水仍在流动，却已不能卷起狂澜或改变河道。

但是，中国还是安然无事地生存了许多世纪。即便是征服了中国的外族，都采用了它的习俗，那里的秩序依然井然，一种物质的繁荣景象依然到处可见。革命在中国极其罕见，战争可以说是闻所未闻。

因此，绝不要以为蛮族离我们很远就高枕无忧，因为如果说有的民族曾任凭异族从自己的手中夺走文明的火把，那么，有的民族也曾用自己的脚踏灭过文明的火把。

第十一章　美国人以什么精神对待艺术

每个人的财富都是大致相等的，谁也没有过多的剩余财富，每个人都希望生活得更加舒适，大家都在不断努力追求安乐，这将使人的内心处于这一状态——爱好实用而不太爱美。对于这一切我不想再一一赘述，以免浪费读者和我自己的时间。民主国家都存在这种现象，所以它们首先要发展的艺术，不是用来点缀生活的艺术而是可以使生活更加舒适的艺术。习惯上他们以实用为主，使美居于其次。它们的希望是：美的东西同时也要是实用的。

但是，我还想更进一步地指出这一特点，之后便描述其他一些特点。

一般说来，在承认特权的时代，几乎所有的艺术都是其从业者的特权，也就是说每一种职业都是不准其他行业涉足的独立世界。甚至在各行各业已经自由的时候，由于贵族制国家由来已久的停滞性，仍会使从事同一行业的那些人形成一个独特的阶级，且这个阶级的成员永远是原来的那几个家族。由于他们彼此之间非常熟悉，因此不久就产生了同业的公意和同行的自尊。在这样的一个实业阶级内部，每个手艺人做工作并不只是为了赚钱，还是为保持自己的荣誉而努力。他们的行为准则就是他们的集团利益，这种利益既不是他们自身的利益，也不是他们雇主的利益。所谓团体的利益，就是指每个手艺人都必须制造出杰出的作品。因此，在贵族制度时代，艺术追求的目标不是加快制造速度，更不是降低造价，而是尽量做出精美的制品。

反之，当人们处在这种环境下（每一种职业对所有的人都开放，人人都可以随时进入或离开某一行业，同一行业的成员彼此视为外人，几乎都不相识和互不关心的时候），行业的社会联系便不复存在，每个从业者都只能靠自己的努力，这样他们便只求用最少的费用来赚取尽可能多的钱。唯能够抑制他们的消费者的意志是从。但是，消费者对他们同时也会采取相应的对策。

在这样的国家里（财富像权力那样集中于少数人之手并且永远为他们所占有），社会的大部分财富将永远为同样的一小撮人所享用；而其余的一切人，或由于贫困，或由于习俗，或由于自我节制，而被排除在这种享用之外。

这个贵族阶级处于荣誉的顶点并且保持不动，范围既不扩大又不缩小，所以它感到自己的需求永远都是一样的，而且永远以同样方式享用。这个阶级的成员，因为他们居于高人一等的世袭地位，而爱好最精致和最耐用的物品。

这种情况普遍影响了全国人民对待工艺品的态度。

在这样的国家里，哪怕是农民，也经常喜欢购买最好的物品，否则宁肯不买。

因此，在贵族制社会里，手艺人只对人数有限而且非常挑剔的顾客服务。他们完全凭借自己高超的手艺赚钱。

当所有的特权均被取消，等级的界限消失，人人都可以在社会的阶梯上时沉时浮时，上述的情况就不复存在了。

人们经常可以看到这样的情况，在一个民主国家里，许多人的家产都是越来越分散，越来越小。他们在家业兴旺时期染上的某些需求根深蒂固，并不会因为他们无力再满足而消失。于是，为了满足这些需求，他们费尽心力，急切地寻找某些可以找到的间接办法。

另一方面，在民主国家里，我们也常见到一大批人的财产日益增加，但他们欲望的增长速度比财富的增长速度还快。在他们尚未得到财富之前，就已经把贪婪的目光盯在他们预计可以得到的财富之上了。为了尽快享用，这些人千方百计地寻找捷径去得到那些即将到手的财富。这两种原因合在一起，便在民主国家产生了如下现象：尽管一大批公民的需求已经并非他们的能力所及，但他们宁愿勉强地满足自己的愿望，也不肯放弃所期求的对象。

因为手艺人本身也有这种感情，所以他们容易理解这些人的感情。在贵族制社会，他们向少数人高价出售自己的制品，而现在，他们发现有更便利的办法使自己发财，这就是降低制品价格，扩大销售面，向大众廉价出售制品。

但是，只有两种办法能够降低商品的价格。

第一种办法是探索出最好、最快和最妙的生产方法。第二种办法是大量生产品质基本上一样但价格较低的制品。在民主国家，从业者的智力几乎全都用在了这两个方面上。

他们努力去发明新的工艺，这种工艺不仅可以把产品制做得更好，而且可以做得更快、造价更低廉。如果做不到这一点，他们就设法降低其所制作的制品的原有质量，但同时又不能使制品的规定用途下降。以前手表只有富人才戴得起，因此显得特别珍贵。而现在，手表已经不再是什么稀罕物，几乎所有的人都拥有。所以说，民主制度并没有只使人的精神专注于实用工艺，它还使手艺人们快速地大量制造不够完美的制品，而消费者们也满足于这样的制品。

但这并不是说，在民主制度下，在必要的时候也不能制造出更好的制品。只要买主肯出钱使手艺人的时间和劳动得到良好的报酬，手艺人也会经常造出品质优秀的制品。这场斗争各行各业都参加进来，通过广泛的竞争和大量的实验，自会出现一些手艺高超的达到本行业高峰的木匠，但显示他们手艺的机会并不多，而且对自己的手艺他们都吝惜到了极点。他们审慎持重，不愿意大显身手。虽然他们有能力超过他们所承担的任务，但却往往只满足于完成任务而已。反之，在贵族制度下，手艺人总是尽其才智而为，一心想要达到其行业的高峰。

当我到达一个国家，看到该国的工艺提供出的一些令人赞美的作品时，我还不能使我理解该国的社会情况和政治制度。但是，只要我发现该国的工艺品数量很多而且价格便宜，但却不够完美，我就可以肯定：处于这种状态下的国家，特权正在逐步消失，各阶级正在混合，而且在不久的将来，它们就会融合在一起。

生活在民主时代的匠人，不仅要使自己造出的有实用价值的制品能够售给全体公民，而且还要设法使其全部制品具有它们本来并不具有的异彩。

在各阶级互相混杂的社会里，人人想装出一副不代表自己的真实情况的模样，并为装得像样而大费苦心。民主制度不是这种感情的成因，因为这种感情完全出于人心的自然。但是，民主制度却在使人把这种感情用于物质方面。道德方面的虚伪在任何时代都是存在的，但奢侈方面的虚伪则是民主时代所特有的。

虚荣心是人的一种新的需要，为了满足这种需要，人们便在工艺上进行种种欺骗，有时甚至做得过分，从而使工艺本身受到损失。现在，已经出现了足以以假乱真的假钻石。等到发明出的制造方法达到十全十美，使人们难以辨别真假钻石的时候，人们就可能对这两者都会不感兴趣了，会把它们视为一般的小石子了。

说到这里，我想谈一谈艺术之中的那种被我们特称为“美术”的艺术。

我不认为，民主的社会情况和制度必然产生使从事美术的人减少的效果。但是，这样的社会情况和制度，将会对美术工作者的造就方式产生巨大的影响。一方面，那些原本对美术深为爱好的人，大部分将要变穷；另一方面，许多尚未富裕起来的人，将会附庸风雅，开始爱好美术。结果，总的说来，美术品的顾客将有所增加，但是，其中真正识货和特别有钱的人却为数不多。这样，我在前面对实用艺术讲过的那类现象也将在美术方面发生，即美术品的数量大大增加，但每件美术品的价值却下降了。

在那时人们不再追求伟大，而只注意优美和悦目，主要看外表而不重实质了。

在贵族制度下，产生了很多幅伟大的绘画作品，建造了一些青铜像；而在民主国家，则出现了大量的平凡绘画作品，塑造了一些石膏像。

当我坐船从大西洋驶入伊斯特河，首次到达纽约的时候，遥望离市区不远的地方，看到沿着河的两岸建有一些白色大理石造的小型宫殿，其中有几处还有点古香古色，我大吃一惊。但是，当第二天我到特别引起我注意的一处去就近仔细观察时，却发现它的墙是砖砌的，只是表面涂上了一层白粉，而它的木制柱廊上则涂上了带色的油漆。原来使我钦佩不已的那些伟大建筑物，竟然全是这样的货色。

民主的社会情况和制度，还能使一切模仿性艺术具有一种一眼便可看出的独特倾向。这种独特的倾向往往是使艺术只专注于描绘形象，而不重视刻画灵魂，因而情感和思想的描写便被动作和感触的描写所取代了，而现实就占去了理想应当占据的地位。

我猜想，拉斐尔应该没有像现代的画家那样去细致入微地研究过人体的结构。在这一点上，拉斐尔认为不必要求得那样严格，不需要画得分毫不差，因为他所追求的是神似而不是貌似。他要把人画得像人，而又有些地方超越人。他要把美本身画得更美。

反之，大卫和他的学生们，不仅是著名的画家，而且是著名的解剖学家。他们能够极其真实地再现他们面前的模特儿，但也仅是如此，他们很少把想象的成分渗入其中。拉斐尔在追求比自然更美的东西，而他们却在一丝不苟地按照自然写生。虽然大卫他们给我们留下了精细入微的肖像画，但拉斐尔却能使我们从他的作品中窥到神韵。

关于绘画方法，以上我所述的一切，也可适用于题材的选择。

文艺复兴时期的画家所选的伟大题材，一般都超越了他们本身或他们所处的时代，并且这些题材能使他们发挥巨大的想象力。而当代的画家，则经常用自己的天才来分毫不差地再现他们眼前不断出现的私人生活细节，并且他们只按照自然界到处可见的原物去复制平凡题材的一切方面。

第十二章　美国人为什么既建造一些如此平凡的建筑物又建造一些如此宏伟的建筑物

我刚才说过，在民主时代，艺术制品的数量越来越多，但却也越来越不伟大。我应该马上指出，在这方面也是有例外的。

在民主国家，代表民众统治民众的国家是非常强大的，但是，每个个人都是非常软弱的。任何国家的公民都不会像民主国家的公民那样看起来非常渺小，任何国家都不会像民主国家那样看起来非常强大，任何一个国家的精神都不会像民主国家的精神那样具有开阔性。在民主社会里，当人们想到自己，他们的想象力就会立即缩小；但当他们想到了国家，想象力就会无限放大。所以，人们在小屋子里过惯了平凡的生活，如果要建造什么公共建筑时，就总想把它建造得非常宏伟。

在美国人准备建都的地方，他们已在那里规划了一个巨大的城市。现在这里的人口还不如法国的蓬图瓦兹多，但在他们的计划中，这里有一天要有100万居民。他们把方圆约10里约以内的树木全部伐光，给计划中的未来的首都居民创造便利的条件。他们还在城市的中心建造了一座宏伟的大厦，供国会使用，还给它起了一个好听的名字：国会大厦。

每天，美国的各州也在筹建或正在建设一些巨大的工程，一些欧洲大国的工程师都因其工程之大而叹为观止。

因此，民主制度一方面引导人们去生产无数微不足道的制品，同时也促使他们去建造一些非常宏伟的建筑物。但于这两个极端之间，却是一片空白。所以，散见于各地的巨大建筑物，还不能显示出建造它们的民族的社会情况和社会制度。

我再说一句听起来有点离题的话：这些建筑物对人们理解这个民族的伟大、文明和真正繁荣并没有什么帮助。

一个政权在任何情况下，都能让全民去专门建设一项工程。它会付出巨大的努力去搞宏伟的事业，即便他们的科学水平不高，而且要用很多时间。但是这种做法，并不足以判定这个民族是最幸福、最文明，甚至是最强大的。当年西班牙人到达墨西哥城的时候，宏伟的庙宇和巨大的宫殿随处可见。但西班牙仍然只靠600名步兵和16匹马就征服了墨西哥帝国。

如果罗马人稍微懂得一些水力学原理的话，就不会在今已变成废墟的城市的周围构筑那么多水道，而是更好地利用他们的人力和物力。他们从罗马帝国向四面八方修筑了长长的石头大道，如果他们已经发明了蒸汽机，就不会修所谓的“罗马道路”了。

这些宏伟的工程只能供后人凭吊了，它们既在证明罗马人的无知，又在证明着他们的伟大。

一个只在地下铺设了几条管道，在地上架起几座铁架之外再没有留下任何宏伟的工程的民族，也许比罗马人更能征服自然。

第十三章　民主时代文学的特征

走进美国的书店，看一看书架上摆着的美国出版的图书，你会觉得书的数量很多，但是知名作家的人数却少得可怜。

首先，你会看到一大堆初级读物向人们介绍基本知识，并且其中大部分都是先在欧洲出版，后由美国人翻印的。其次，是数不胜数的宗教书籍，比如，《圣经》、布道集、醒世故事集、教义辩论书和慈善团体报告等。最后，是数量不少的政治小册子。在美国，各党派并不出版互相论战的专门著作，但却以令人难以置信的速度印发小册子，但这些小册子在出版当天就被人们忘记了。

在这一大堆乌七八糟的人类精神产品当中，偶尔也会见到少数几个，能被欧洲所知或值得称为名家的作者的杰作。

在当代的文明国家当中，可能美国是最不关心文学的国家，但那里也有很多人对精神方面的事物感兴趣。虽然他们并不将一生的时间都用在这方面的研究上，但至少他们在业余时间会研究这些。不过，这些人需要的书籍，大部分都是英国供应的。英国的一些重要的著作，几乎全都被美国翻印了。大不列颠文学天才把他们的光辉射到了新大陆森林的深处。在拓荒者的小木屋里几乎都能找到几本莎士比亚的作品。我记得，我第一次读史剧《亨利五世》，就是在一间用圆木构筑的小木屋里。

我们可以确定，美国人除了从英国的文学宝藏中汲取精华，还在自己的国土上发展了英国文学。美国从事文学创造的人并不多，而且大部分原来都是英国人，所以在表现手法上也往往是英国式的。所以，他们在自己的民主制度中植入了一些被奉为楷模的贵族制国家流行的文学思潮和风格。他们的作品很少受到人们的喜爱，因为他们总是利用外来的情调来渲染自己的作品，所以几乎无法再现自己所在国土的现实。

美国的公民也认为这些作家的作品不是为他们写的，人们开始高度评价一位作家往往是因为他在英国有了名声。这就好比迫使画的原作者判断自己作品真伪的权利。

所以从严格意义上来讲，美国的居民还没有文学。在我看来，只有美国的新闻记者称得上是美国的作家。这些人虽然算不上大作家，但他们用的是美国人的语言，而且说出来的话是说给美国人听的。至于其他作家，我都把他们看做外国人。美国人对这类作家的看法，就好比在文艺复兴时期，我们对模仿希腊罗马文学的作家的看法一样，我们只对他们表示不可思议，但是却没有引起普遍的共鸣。这些作家没有起到移风易俗的作用，只是快慰了人们的精神。

我已经说过，造成这种情况的原因不是仅仅在于民主，还要到与民主无关的某些独特的环境条件中去找原因。

在目前的社会情况和法制下的美国人如果另有来源，并被移居到另一个国土，那我毫不怀疑，他们也将会有自己的文学。我相信，虽然他们目前如此，但总有一天，他们会拥有自己的文学。不过，这种文学在性质上不同于当代美国书刊表现的，而要具有自己的特点。预先来描摹一下这个特点的轮廓，并不是不可能的。

如果一个贵族制的国家拥有着繁荣的文学，这个国家的智力劳动和政务工作都被一个阶级统治着，那么它的文学活动也会和政治活动一样，也几乎全被集中在与这个统治阶级或与它最密切的几个阶级之手。这样，我就足以得到解决其余一切问题的钥匙了。

如果有少数的几个人同时在做同样的工作，并且总是这几个人的话，那么他们就能彼此了解，共同制定出每个人都必须遵守的若干准则。如果这几个人所从事的是文学工作，那么不久他们就会将这种精神劳动置于一系列明确的守则之下，谁也不得违背。

如果在国内这些人有着世袭的地位，那么，他们不仅要为自己制定一些固定的准则，还要遵守祖先给他们留下的规章。他们的规章制度是严格的，又是世世代代相传的。

他们不必为物质生活操劳，实际上也未为此操劳过，他们的祖辈同样如此，因为这样，他们才能够一连几辈人都专注于精神劳动。他们向来理解文艺，并始终为文艺而爱文艺，他们看到自己适于文艺工作而有一种博闻强识的快慰感。

这种并不是全部情况。因为我所说的这些人终身都过着安逸富裕的生活，所以他们自然要从享乐中优中选精，爱好精美和高雅的消遣。

此外，在这种长期而平安无事地享用荣华富贵当中不断形成的某种温和精神和心理，使他们不太爱好过于突然和过于激烈的享乐。他们要的是安乐，而不是激动。他们愿意从享乐中生趣，但不会因享乐而发狂。

如果你现在设想我刚才说的这些人如果写了或为他人写了大量的文学著作，那么，你不难发现，这种文学都是按照一个调子写成的，并且不敢逾越前人的规范。即便是一部微不足道的作品，也要在最小的细节上努力着笔润色。在所有的方面，这种文学都要显示出作者的技巧和功力。它的每种体裁都有其不得随便逾越的独特章法，而且不能与其他体裁混合。

在这种文学中，文体和思想几乎被认为一样重要，形式和内容也几乎被认为一样重要，而笔调则必须洗练、文雅和高洁。写作的态度则永远保持着一副绅士派头，极少有轻狂的表现。作家所追求的不是丰产，而是完美。

文艺界的人完全生活在自己人的圈子里，而且只是为了自己人而写作，所以他们有时会完全忘掉外界的一切，而陷入过分考究，甚至荒谬的泥潭里。他们囿于只有他们自己使用的烦琐的写作规则，因而在不知不觉间就违背了人们的常识，所以最后导致他们脱离了现实。

他们力求避免使用通俗的语言，而去使用那些贵族惯用语，这些语言与人民群众所用的美丽语言相去甚远。

这一切便是贵族制社会自己为文学的发展设置的障碍。

在政治方面同人民群众完全隔离的贵族是软弱无力的，在文学方面也是如此。[①]

现在，我们把图翻过来，看看它的背面。

也就是说，我们来考察一下民主社会。无论是这个社会的古老传统，还是现代文明，都能让人感到可以获得精神方面的享乐。这里的等级混合在一起，形成一个整体，知识和权利都被无限分割，如果让我说的话，我敢说已被分散到了各个角落。

在这里的五行八作和三教九流，都要求在智力活动方面满足他们的希望。这些新人物爱好精神享乐，并没有受过同等的教育，文化水平也不等；他们不但与祖辈或父辈不同，而且由于他们的住所、情感和财富都在不断变动，所以他们自身也在不断变化着。因此，他们彼此之间在精神上并没有被传统和共同的习惯联系起来，并且一直以来，他们都没有彼此交换意见的耐性、愿望和时间。

这群人其貌不扬并且很容易激动，而作家就是从这群人中产生的，并且是依靠这群人而发迹和成名的。

既然情况是这样的，要想在这样的民族的文学中去找贵族时代的读者和作者都一致承认的那些严格规则，哪怕是其中极少的几个，也是不可能的。这一点我不用费工夫研究就能知道了。这样的民族即使在某一时期都同意采用这些规则中的某几个，也不能说明以后都会如此。因为在民主国家里，每一代新人都形同一个新的民族。因此，在这样的国家里，使文学服从狭隘的规章很难，而且这样规范的规章是很难持久存在下去的。

在民主制度下，从事文学创作的人并不是都受过文学教育，就算搞的是所谓的纯文学，他们也大部分都兼搞政治或者从事其他的职业，只是偶尔抽时间去体验精神上的享乐罢了。所以，对于这种享乐，他们认为只是对终生劳碌的一种暂时的、必要的排遣罢了，并不是生活中的主要妙趣。他们对于文艺的理解，决不会深刻到足以欣赏文艺之美的地步。他们体会不出文笔的细微差别。他们想把写作的时间充分地利用起来，因为他们用于写作的时间很少。他们喜欢的书都是价钱便宜、很快可以读完并且浅显易懂的。他们所要求的美，是那种浅显得让他们一看就入迷并且能随时欣赏到的；那些能让他们感到新鲜和意想不到的东西才是他们特别需要的。他们已经习惯了

①对于长期和完全服从于一个王权统治的贵族制国家来说，情况尤其如此。当自由在贵族社会占有统治地位的时候，上层阶级将不断加惠于下层阶级，并通过为下层阶级服务而与下层阶级接近。这样，民主精神的某些东西便不断地进入上层阶级中间。随后，在负担统治任务的特权集团当中，便养成进取的习惯以及对活动和热闹的爱好，而这又不能不影响整个文学活动。

既有冲突又单调的现实生活，所以那些能让人马上就冲动起来的感情，令人惊异的妙笔，真伪明显、立即感动他们和好像有一股力量能驱使他们马上动笔的故事才是他们所要求的。

我还有必要赘述吗？我不用解释，谁都知道我接下来要说什么。

总之，贵族时代的文学喜欢描写秩序、规则、科学和艺术，但民主时代的文学不这样，它一般不重视形式，有时甚至轻视形式。它的文体往往是无序的，冗长而啰唆的，但又总是热情奔放的。它的作者不愿意进行细腻的描写，他们只求快速。所以短小的作品比巨幅长篇要多，作者凭才气而不是实学来创作，这些作品富于想象但却缺乏深度。在这种文学中追求的目的，思想被一种粗野的，甚至是蛮横的力量统治着，但作品却又多种多样，产量甚至大得惊人。作家们追求的目的，与其说是使读者快慰，不如说是使读者惊奇。作家们的努力方向，与其说是让人获得美的享受，不如说是让人兴奋激动。

当然，偶尔也会出现一些作家，他们打算走另外一条道路，如果他们才华出众的话，不管作品好坏还能赢得一批读者。但是，这毕竟只是个例，而且，这些作家虽然在作品的总体上来看脱离了常轨，但是在细节的描写上又总是回到了常轨上。

以上，是我谈的两个极端的情况。但是，从第一个阶段到第二个阶段是不能一下子就逾越过去的，这中间需要经历无数的阶段去逐渐地过渡，任何一个民族都是如此。一个尚文的民族由一个极端向另一个极端转移，在引导它转移的过程中，总要经历一些时间，在这些时间中，要让民主的民族的文学天才和贵族的民族的文学天才相遇，并让他们一致表示愿意去共同影响人的精神。

虽然这段时间是过渡性的，但会大放异彩：作品丰产并且没有滥竽充数的，活动积极并且都很有序。18世纪的法国文学就是这样。

我的意思不是说一个民族的社会情况和政治制度决定了它的文学。我知道，除了这两个决定因素之外，还有其他的一些使文学作品产生了某种特点的原因。但我认为，社会情况和政治制度是起决定作用的原因。

一个国家的社会和政治情况，同它的作家们的天才是紧密相关的；要想完全弄清后者，必须先了解前者。

第十四章　关于文学的商业性

民主制度不仅使实业阶级有了文学的爱好，还把商业精神也引进了文学界。

在贵族制度下，读者的人数不多，并且吹毛求疵；而在民主制度下，读者人数众多，却不难迎合读者的心意。所以，在贵族制度的国家文人要想获得成功，就必须付出巨大的努力，这种努力可能会让文人获得很高的荣誉，但是决不会让他们赚取大量的金钱；而在民主制度的国家，通过廉价推销作品，一个作家可以获得大量的金钱和小小的名气。为了达到这个目的，他不需要人们的钦佩，而只要人们的欢迎就足够了。

因为读者的数量越来越多并且需要日新月异，所以没有什么价值的书也能畅销。

在民主时代，读者大众对待作家就像国王对待他的宫内侍臣一样。读者大众让作家发了财，但是看不起他们。试问：对于一个出生在宫廷或因蒙宠而生活在宫廷里的御用文人，除了如此还应当如何对待他呢?

在民主国家的文学界里，总有一批作家，他们把文学看做商业，而且那里出现的某些大作家，其个人的作用就能超过数千名的思想小贩。

第十五章　为什么在民主社会里研究希腊和拉丁文学大有用处

古代的一些最民主的共和国所说的人民，和我们今天所说的人民的含义是不一样的。在雅典城邦，全体公民都参与管理公共事务，但在它的35万居民中只有2万人是公民，其余全是奴隶，他们所做的大部分工作是我们今天所说的人民和中产阶级所做的工作。

因此，虽然雅典人实行普选制度，但雅典城邦仍然是一个贵族共和国，只有全体贵族才有平等的参政权。

我们也要用这种观点来分析古罗马的贵族和庶民之间的斗争，只能把这种斗争看成是同一家族的长辈与少辈之间的内讧。事实上，古罗马的庶民也属于具有贵族阶级精神的贵族阶级。

还应该指出的是，在整个古代，书籍很少，并且价格昂贵，在出版和发行上都有很大的困难。因为这样，对文学的热爱和享用集中在了少数人的身上，小的贵族文学集团便在大的贵族政治集团中应运而生。所以，说古希腊人和古罗马人把写作看成一种实业是缺乏证据的。

古希腊和古罗马的人民必然使他们的文学创作带有贵族时代的文学所特有的优缺点，因为他们不仅是国家的贵族，还是最文明、最自由的民族。

事实上，只要我们翻阅一下传世的古代作品，就会发现，作者有时虽然在体裁上的变化不大，有时在思想上不够大胆、活跃和概括，但是在情节的描写上的技巧和匠心却令人非常佩服。他们的作品没有随意或匆忙下笔的痕迹，所有的作品都是写给行家看的，字里行间都充满着对纯美的追求。古代文学如此突出地表现出的这种特点，是后来的任何文学都不具备的，而民主时代的作家自然也不会有这样的特点。所以，如果在民主时代不能很好地研究古代文学，真正的文学就不会产生。要克服民主时代内在的文学缺点，就没有比这种研究更好的了。至于文学的自然特点，是不需要学的，因为它完全是自然产生的。这一点必须认识清楚。

这项研究可能对一个民族的文学有用，但对这个民族的社会和政治需要来说就不会有用。

在人们习惯依靠暴力去增加或维护自己的财富的社会里，如果坚持只对人民进行纯文学的教育方针，那么造就出来的公民将是非常文雅又非常危险的，因为社会和政治情况促使他们不断产生一些他们的教育所无法满足的新的需要。于是，他们就以希腊人和罗马人的名义扰乱国家，使国家的实业得不到发展。

显然，在民主社会里，个人的利益和社会的安全都需要对大多数人进行教育，首先是科学、商业和工业教育，其次才是文学教育。

各级学校本都不应该教授希腊文和拉丁文，但是有些人由于出身或命运的缘故注定要学习文学或者对文学感兴趣，对这样的人来说，也应该开设一些学校，使他们能够完全掌握古代文学或将精力完全投入古代文学的学习中。为了达到这个目的，办几所好的大学要比办一大批坏的专科学校好，因为坏的专科学校的学生得不到高质量的教育，反而会影响以后的必要深造。

在民主国家里，要想在文学方面有所建树，必须经常从古代作品中汲取营养。这个办法是非常有益的。

我的意思并不是说古代的作品没有一点缺点。我只是认为古代的作品有一些特殊的优点，这些优点可以帮助我们抵消我们所特有的缺点。古代的作品可以把我们从歧途引上正路。

第十六章　美国的民主是如何改变英语的

语言作为思想的主要表达手段，其本身受到的民主社会情况和制度的影响，如果读者已经完全了解了上面我就整个文学所述的一切的话，就不难明白。

其实，可以说美国的作家主要是在英国的环境下生活的，而没有在他们自己的国土上生活，因为他们一直在研究英国作家的作品，并且整天将英国的作家作为榜样。但是，人民本身并不是这样的，因为对人民最有直接影响的，是只能对美国发生作用的那些独特原因。所以，我们要想了解贵族的惯用语成为大众的语言时可能发生哪些变化，就必须注意口语，而不必注意书面语。

一些有教养的英国人，和一些能立刻就辨别出语言的这种细微差别的让我望尘莫及的人，一再叫我相信：美国的有教养阶级，同大不列颠的有教养阶级在语言方面上有明显的差别。

他们不仅指责美国人使用大量的新词(英美两国的差异和距离的遥远造成了这种现象)，还指责说这些新词主要是从各政党和各行业的用语以及业务术语中借用来的。他们还说，美国人赋予了英语中的一些旧词新义，并加以使用。最后他们说，美国的居民在说话时常常加入一些让人听起来莫名其妙的词语，有些词在他们的母语中本是不能混用的，但是美国人却把这些词当成同义词使用。

这些话有很多值得我相信的人向我说过，这引发了我对这个问题的思考。我根据理论得出的思考结论，同他们据实际观察所得出的结论是一致的。

在贵族制社会里，一切事物都处在停滞状态，语言也是这样。在这种社会下产生的新词不多，因为它的新事物不多。就算出现了新事物，人们也会尽力用含义早已固定的通用词来附会。

就算贵族制社会的人精神终于自己振奋起来，或被外部射进的光芒刺醒，为了表示它绝不是来自民主社会的，它所创造的新词也会具有一种学究气、辞藻色和哲学味。君士坦丁的陷落使科学和文学移向西方之后，法语当中立即出现了一些新词，而这些新词全都可以在希腊语和拉丁语中找到根源。于是，流行新词的风气在法国出现了，但是都是有教养的阶级在使用这些新词，而且流行的效果并不明显，只是在人民群众中普及要经过很长的时间。

欧洲的所有国家中，都先后出现过类似现象。仅弥尔顿一个人，就给英语增添了600多个几乎全来自拉丁语、希腊语或希伯来语的新词。

反之，语言和事物的面貌不断被民主社会内部发生的连续运动改变着，世间万物都在变化。在这种万事都在变化，并且人们的思想也在互相竞争的过程中，相继出现了很多新的观念，而一些旧的观念则渐渐消失，或在消失之后又出现，不过更多的是发生极其微小的变化。

所以，常常是一些词必然变成废词，而另一些词又被拿来使用。

而且，民主国家本身就喜欢变动。语言如此，政治亦然。所以，民主国家即使无须改用新词，有时也想要改用新词。

民主国家人民的天才，不仅在他们大量使用新词方面有所体现，而且在这些新词所代表的观念性质方面也有所体现。

在这样的国家里，一切法律都由多数制定，语言方面的规则自然也要由多数制定。多数的意志，无论是在语言方面，还是在其他方面，都起着决定性的作用。而且，多数从事实业和政务的人比从事研究学问的人要多，重视政治和商业利益比重视哲学或纯文学的思辨更甚。多数创造或采用的词，大部分都带有由此产生的习惯的色彩。这些词主要服务于表达实业的需要、政党的激情和公共行政的细节。将来这些方面的语言还会不断发展，而形而上学和神学方面的语言则会逐渐被抛弃。

至于民主国家新词的来源和创造方法，都是不难解答的。

在民主国家生活的人，对罗马人和雅典人使用的语言一无所知。他们缺乏的词汇没必要到古代的语言中去寻找。就算有时他们也会求助于高深的词源学，一般也是为了满足自己也能对已经逝去的语言进行探微的虚荣心，而绝非因为他们的头脑天生就能如此博学多才。所以，最爱探求词源的人，有时反而表现得最无知。总想把自己的民主愿望拔高，为了显耀自己并不高贵的职业，他们经常喜欢使用一个希腊或拉丁的名称。在他们看来，职位越是低下，说明自己越没有学问，而名称越是好听，就可以显示自己学识渊博。例如，法国的走索演员，就用希腊语的Acrobate和拉丁文的funambale来称呼自己。

虽然民主国家的人民对已经逝去的语言一无所知，但他们随时可以到现在使用的语言中去借用新词，因为各国人民之间来往密切，并且能在与日俱增的互相接触中彼此仿效。

但是，民主国家的人民，主要还是从本国语言中去寻求革新的手段。有时，他们重新使用一些早被遗忘的用语，或者引申某个阶级专有的用语，让它成为普通话。一些专门用语原来只属于某一派别或职业，现在便成为一般的用语了。

民主国家改革语言文字的最常用办法，就是赋予流行已久的用语以新义。这种办法非常简便易行，不需要什么学识就能运用，甚至没有学识的人更便于应用。但是，它却会给语言造成极大的危害。民主国家的人民用这种方法增加一个词的新义，有时会使新词意和原词意混淆。

一个作家先把一个通用的词汇解释得同原意略有差别，为了让那个词汇更符合自己的目的，就这样将词义修改了。也会出现另一个作家，从别的方面来理解这个词汇的词义。第三个作家可能对这个词汇又有新的解释。结果，因为没有一个公断人，也没有一个常设的法庭能够最后确定这个词的意义，从而使这个词的词义处在了一个游移不定的状态。所以，作家们在表达思想的时候，似乎不止一个解释，而是有一大堆解释，得让读者去猜测作家的原意。

这是民主的一个令人遗憾的结果。我宁愿让我们的语言混杂着中国语、勒鞑语或休伦语的单词，也不愿法语的单词词义混淆不清。谐音和押韵，只是语言的次要美。一般在这类问题方面都有许多规定，只是可以不必严格遵守。如果没有明确的词义，那就不会是好的语言。

平等也必然使语言有所变化。

在贵族时代，各个民族都喜欢保持自己的特点，都闭关自守，互不往来，因此几个民族本来是同源的，却也往往将彼此视为外人，以致不能团结一致。最后，它们的语言也不再相同了。

在这样的时代，每个民族的内部又存在着若干阶级，各个阶级之间也很少往来和混合。各个阶级都养成并固定自己的特有的智力活动习惯，选用一定数量的单词和用语代代相传下去，像遗产一样。所以，即便是同一种通行的语言，又会有穷人用语和富人用语、文人用语和通俗用语之分。阶级之间的界限越明显，阶级之间的壁垒就越严格。语言方面，也必然是这样的。我敢断言，在印度的不同种姓之间，语言的差异大得让人感觉难以置信，不可接触者的语言同婆罗门的语言差异巨大，大得同他们之间的服装差异几乎相同。

反之，当人们不再受到等级的限制，而可以不断相见和交往时，即在种姓制度消灭、阶级界限取消，而人们混合为一体时，语言的一切词汇就是通用的了。只要一个词汇不能被大多数人采用，那它必然要被淘汰；而保存下来的词汇，就会形成公用的词汇总藏，人人都可以随便从中选取自己使用的词汇。使欧洲出现几种通行语的一切方言，几乎都将明显地趋于式微。在新大陆上，已经没有方言土语了。旧大陆上的方言土语，也会逐渐地消失。

社会情况的这种变化，影响了语言，更影响了文体。

这样的话，每个人都要使用同样的词汇，并且要对每个单词有同样的理解。在文体方面所作的规定，几乎将被全部废除。词语将不会再有粗野和文雅之分。无论到什么地方，无论从事什么行业，大家使用的都是共同的语言和词汇。词的来源将完全被人们忘记，就像人的出身一样。语言的浑然一体，将同社会的浑成一体一样出现。

我知道，词的好坏不是由社会的形式决定的，而是其他的因素决定的，这个因素必然来源于事物的同一性。有些词语和句子所表达的意思是低级下流的，所以粗野；而另一些词语和句子描写的对象的品质是高尚的，所以文雅。

等级之间的界限逐渐消失，在此过程中，并不能完全取消等级的差异。但是，思想方式方面的那些纯属任意和硬性规定的东西不能不被平等破除。除民主国家之外的其他国家重视我上面所说的词必然有好坏之分，但是我认为民主国家将永远不会像其他国家那样重视这些，因为在民主国家，人们不能在教育、知识和时间方面使自己长期去研究语言的自然规律，人们也不会通过自己考察这些规律而让它们得到重视。

讲到这里我不能就此停止，我还要讲民主国家的语言与其他国家的语言的最后一个不同的特点。

民主国家的人民爱好甚至是热爱一般的观念，这一点我在前面已经提到过。这既源于他们固有的优点，又源于他们固有的缺点。对一般观念的这种爱好通过长期使用通用的词语和抽象的观念，以及如何运用这些词语和观念表现在民主国家的语言上面，也体现了这种爱好。这既是民主国家语言的一大优点，又是一大缺点。

民主国家的人民之所以热爱通用的词语和抽象的观念，是因为这样表达自己的思想可以将思想升华，能把大量的对象囊括在一个小小的范围之内，并有助于智力的活动。

一个民主的作家如果要说一个人有才能，他只喜欢用“才干”这个词来抽象地说明，而不会具体地说明才干的具体应用细节。对于目前发生的一切，他会用“现实”一词一笔带过；对于世界上在他说话时可能出现的一切，他会用“偶然性”一词去解释。

民主的作家在不断创造着这类抽象的名词，或者使语言中的抽象名词的含义更具抽象性。

除此之外，他们还把抽象名词所代表的事物人格化，使它好像是一个真人在活动，以使写作简洁。例如，他们说：物力喜欢让人才来支配它。

我的这个想法用我自己的例子来说明，是最好不过的了：

我用“平等”这个词的时候，往往使用它的绝对意义，我也在很多地方把“平等”一词拟人化。例如，有时我说平等可使某事如何，有时又说平等不会使某事如何。我们可以断定，路易十四时期的人是绝对不会说这样的话的。因为他们没有亲身享受过平等，所以他们的头脑里也不会想到享受平等。与其说他们没有使用这个词，倒不如说他们没有亲自体验过平等。

这类抽象名词在民主国家的语言中随处可见，而且人们在使用的时候不必将它和特定的事实联系起来，正因如此，它们一方面在扩大思想，另一方面又在模糊思想。它们虽然使语言的表达简洁了，但却使含义不明确了。然而，从语言的实际运用角度来说，民主国家的人民不愿意下工夫推敲，他们更喜欢模糊不清。

民主国家的人民用这种模糊的语言来讲话和写作，我不知道这种语言对他们是不是有某种隐秘的吸引力。

生活在民主国家的人，要经常靠个人的智力活动能力进行判断，所以他们的活动总是处在迟疑的状态。而且，再加上他们所处的环境在不断变化，所以就算他们的财产没有变动，他们的思想也不会永远停在这一点上。

所以，在民主国家生活的人，似乎总是有一种犹疑不定的思想，他们需要用泛泛的词语来概括这种思想。既然他们没办法知道今天所表达的思想是否适合明天遇到的新情况，所以他们自然要爱好抽象的词句。抽象的名词就像一个两层底的箱子，你想把什么样的观念放在里面都行，而把它取出来时又能不让别人发觉。

一切民族语言的基础原本都是笼统的和抽象的词汇。所以，我不认为这种词语只出现在民主国家的语言中。我只是说，在民主时代，人们特别喜欢去创造这类词语，经常能孤立地使用最抽象的词义，而且不管在什么场合都拿来使用，即使在交谈中没必要使用抽象的字眼时，他们也还是照样使用。

第十七章　论民主国家诗的某些源泉

人们对“诗”一词下过很多定义，并且这些定义意义非常不同。如果逐一地来讲解这些定义，并从中选一个最好的，那只能让读者厌倦。所以，我宁愿开门见山地解释我所选择的定义。

我认为，诗是对理想的探索和描绘。

在描写过程中去除一些现实的东西，融入一些想象的成分，加入一些并非巧夺天工而真实存在的手法而壮丽自然的人，都是诗人。所以，诗的目的并不在于将真实再现出来，而在于将真实美化并且为人们提供一个美好的精神世界。

虽然，韵文是语言的理想美，而且从这个意义上说是富有诗意的，但是我认为，如果一个文只有韵还不能被称为诗。

我要探讨的是，在民主国家人民的行动、感情和观念中，有哪些能并且应该成为理想的想象对象，换言之，可被视为诗的自然源泉的有哪些。

首先应该承认的是，民主国家人民对于理想的爱好，从玩味理想中得到的快慰，并不像贵族制国家人民那样深刻和广泛。

在贵族制国家，人民的肉体活动有时似乎是自然的，而精神活动则离不开恬静。贵族制国家的人民本身，常常有诗的爱好，他们的意境往往比周围的一切都要高深悠远。

但在民主国家，人们喜欢物质上的享乐，希望改善环境，相互进行竞争，渴望马到成功等心理，这些心理就像一根根锥子刺激着人们，让他们每迈一步都要面向自己所抱定的事业而且片刻也不允许他们离开自己的事业。人们把主要精力都用到这方面了。他们的想象力依旧存在，但是他们想象出来的东西都是实用的东西，它能再现的东西也几乎都是现实的东西。

平等让人们不重视对理想的描写，而且将刻画这类对象的范围也缩小了。

在维护静止的社会的过程中，贵族制度既有助于正统宗教安定、持久，又有助于政治体制稳定。

它不仅能让人坚信一种信仰，还能让人在坚信了一种信仰之后不会皈依另一种信仰。贵族制国家的人民总是喜欢在神和人之间设置一些中间权力。

贵族制度也因此表明对诗的创作是有利的。当人们的感官不能感知宇宙间的一切时，只有人们的精神才能发现超自然的存在时，想象力便可以自由翱翔，诗人描写的对象便会以千计，而能够欣赏诗人创作的读者也会数不胜数。

反之，在民主时代，人们在法律上犹豫不定，在信仰上也是。这样，怀疑又把诗人的想象力拉回到眼前世界，将诗人封闭在可见的现实世界里。

虽然平等不能动摇宗教，但却能简化宗教，使信徒的注意力离开次要的崇拜对象，而主要去崇拜最高的。

贵族制度自然要把人的精神带到沉思过去中，并将它固定在这沉思之中。民主制度恰好相反，它让人本能地反感一些古老的东西。从这一点上说，贵族制度要比民主制度更利于诗的创作，越古老的事物越让人有壮丽、宏伟的感觉，在这种思古的幽情的影响下，这种事物就更适合成为理想的描写对象。

平等将诗描写过去的权利剥夺以后，又抢走了它的描写现在的一部分权利。

在贵族制国家里，总有一些人享受着特权，可以说他们的存在是处于一般人之上和之外的。他们好像专有着一切好的东西，如权势、财富、荣誉、智慧、文雅和高尚。群众无法走近他们身边观察他们，或者说无法详细观察他们，但是要想富有诗意地去描写这些人却是很容易的。

另一方面，这样的国家也存在着一些无知但却温顺的人。由于他们本身过于粗野和悲惨，所以也成为了诗的创作对象；另一些人，因为本身文雅和高尚也成为了诗的创作对象，这两种情形是一样的。此外，贵族制国家的各个阶级彼此之间是互不了解的，相互隔离的，因此想象力在再现他们的时候，总是加进和放弃一些东西，即不是缩小实际情况，就是夸大实际情况。在民主社会里，每个人都很平凡，彼此之间都是差不多的，所以要想知道他人的情况，只要看看自己就可以了。所以，在民主社会生活的诗人，绝对不能只把一个人作为其描写的对象，因为这个人明摆在大家面前，真实而平凡，是无法成为抒发理想的题材的。所以，自从世界上出现了平等，诗的古老源泉大部分就干涸了。

现在，让我们来考察一下诗的新源泉是如何被平等开发的吧。

当怀疑使人不再向往天堂，当平等的发展使人越来越相似和渺小的时候，因为诗人还没想象出什么可以替代同贵族制度一起消逝的大题材的东西，所以他们的目光开始转向了没有生命的自然界。诗人开始描写山川，因为他们的眼中已经没有了英雄和诸神。

于是，在上一世纪，被人们特称为“山水诗”的诗便诞生了。

有些人认为，这种诗描写大地上的有形而无生命的物体，是民主时代所特有的，但我认为这种看法是错误的。我认为这种诗只是一个过渡时期的代表。

我相信，经过一段时间，民主必将会让想象力从身外之物转向人自身，并最后专注于人。民主国家的人民向往自然可能是由于一时的高兴，但他们真正向往的却是认识自己。民主国家的人民只能从这方面去发掘诗的自然源泉，所以我敢说，如果一个诗人不想发掘这个源泉，那么就打动不了他试图感动的那些人的心灵，而这些人看到他的大作之后也只能无动于衷。

我在前面已经提到过，人类都希望进步和无限完善，这种思想，是民主时代所固有的。

民主国家的人民不留恋过去，而愿意梦想将来。他们一想到将来，想象力便会充分发挥，并逐渐扩大和升高。

这便扩大了诗人的视野，并提供给诗人一片广阔的天地。民主为诗关上了通向过去的大门，却让诗踏上了通向未来的坦途。

民主社会的公民彼此大致是平等和相同的，正因如此，诗人不会专门去描写某个人，但是民族本身却可以成为诗人描写的对象。人与人是相似的，不适合单独成为诗的内容，但是诗人可以把所有的个人合成一个同一的形象，从而对整个民族进行描绘。民主的民族对于本身的容貌，要比其他任何民族都有更清晰的认识，而这个伟大的容貌则成为了塑造理想的最好的素材。

我可以同意美国没有诗人的说法，但是说美国人没有诗的意境的论断我不能接受。

欧洲人大谈美国是一片荒凉，但美国人自己却没有这种感觉。他们没有被无生命的大自然的奇观所打动，直到他们周围的森林被伐光，他们才感到它的壮丽。他们的注意力完全被另一个景色所吸引。当时的美国人只是一心想横越这片荒野：他们一边前进，一边排干沼泽、修整河道、开垦荒地和克服自然困难。他们自身绘出了一幅壮丽的图景，它不仅逐渐地进入美国人的想象，而且成为了引导他们智力活动前进的旗帜，永远印在了每个人的一举一动上。在美国，人们的生活最渺小、最枯燥、最无味，总之，最没有诗意，不能引发人们的想象力。但是却永远有一种充满诗意的意念存在于指引着生活前进的思想中，这种意念就像潜藏在体内的，支配着其余一切活动的神经。

在贵族时代，每个民族或每个个人，都同其他的民族或个人隔离着，处于一种静止不动的状态。

在民主时代，由于人们的积极好动和强烈的愿望，他们不断地改变着住所，这样来自不同地方的人便能杂居相处、彼此交往和取长补短。已经是同胞的同一民族成员是如此，不同的民族也在被同化。结果，乍一看来，这些人在各个方面都一致，好像形成了一个民主大集团，在这个集团中每个公民都像同一民族的一样。人类的本来面貌由此显示出来，这是有史以来的第一次。

一切与全人类的生存、演变和未来有关的事物，都能成为诗的最充足的源泉。

在贵族时代生活的诗人，在取材于一个民族或一个人的事迹的创作中描写得让人叹为观止，但是他们却没有把人类的命运列为其创作题材；而民主时代的诗人，在写作上却可能做这样的尝试。

在每个人都能放眼世界，而开始认识人类本身的时代，神也能越来越充分地、全面地在人的精神中反映其威严。

如果说在民主时代的人们对正统宗教的信仰经常动摇，对他们随便定名的一些民间权威已失去了信任；那么，另一方面，这个时代的人对神意的认识却会日益广泛和深刻，而且在他们看来，神意将会不断扩大对人世的干预。

因为他们认为人类是一个整体，所以他们也很容易相信了支配人类的命运的是同一个神意，并能在每个人的行动上看到被神经常用来指导人类的总计划的影响。这样的认识，还可以被认为是这个时代为诗开辟的一个十分充足的源泉。

如果民主时代的诗人试图赋予鬼神和天使以肉体，并让他们从天上来到地上相互斗法，那么，这种诗人必然显得平凡无力。

反之，如果他们能把自己所要描写的重大事件同神的总旨意联系起来，并且不显示至高无上的主的手让人看，而只是揭示神的思想，那么，他们定将受到赞扬和得到共鸣，因为与他们处于同一时代的人的想象力也是顺着这种道路发展的。

我们也可以想到，民主时代的诗人所要描写的，不是人物本身和他们的行为，而是人物的激情和思想。

民主时代的人的语言、服装和日常行为，并不能激发人们向往理想。这些东西本身不能入诗，因为它们没有诗意，并且诗人所要感动的那些人，对这些东西太熟悉了。这就迫使诗人不能只停留在感官所能发现的表层，而是不断地深入到里面去找灵魂。最能塑造理想的人恰恰是最能进入自己灵魂深处的人。

要寻找那些兼有伟大和渺小，黑暗和光明同在，而又能立即让人为之怜悯、赞美、轻视或恐怖的动人题材，我不必遍历天上和地下去寻找。我只要考察一下自己，就会发现：人从“无”中来，经过一段时间后又会回到上帝的怀抱。人生在世，从生到死，只是转眼即逝而已。

如果一个人浑浑噩噩，缺乏对自己的认识，那么他永远不会有诗意，因为他描写不出自己想象不出来的东西。而如果他过于清楚地认识自己，那么他的想象力仍然无用武之地，不能为他的描写增光添彩。幸运的是，人既有聪明的一面，又有糊涂的一面：聪明的一面让他能够清楚地认识自己的某些方面，而糊涂的一面又让他能容忍其余方面处于莫测的黑暗之中，让他永远在这个黑暗中摸索，但又永远搞不清其他方面。

所以，不要幻想着民主国家的诗会以传奇引人入胜，会以传统和古代传闻为养料，会让读者和作者本人不再相信的超自然存在再现于世界，会把本身能使人看得清清楚楚的善与恶拟人化。这不会成为诗人的取材源泉。但是，人依旧存在，而且对于诗来说，光是人就足够它取材的了。民主国家的诗的主要的而且几乎可以说是唯一的源泉就是，人类的命运呈现在大自然和神的面前的不管什么时代和国家的人，和这种人的激情、疑虑、罕见的得志和难以想象的悲惨。我们只要看一下世界走向民主以来出现的那些伟大诗人的作品，就能知道这个论断的正确性了。

当代的作家在惟妙惟肖地刻画恰尔德·哈罗德、勒内、若斯兰等人的形象时，没有刻意地去描写他们个人的行为，而是着力于彰显依然深藏在人心中的某些方面。

这就是民主时代的诗。

因此，平等并没有将诗的所有题材都破坏，而只是减少了题材的数目，但却使题材的范围更广泛了。

第十八章　为什么美国的作家和演说家总爱夸张

我经常看到，美国人平时说话非常简单直接，毫无修饰，而且率直到近乎粗俗，但当他们发表富有诗意的言论时，就立即夸大其词。一篇讲稿全篇都是华丽的辞藻，当你听到他们如此渲染他们想象的一切时，你会以为他们说话总是夸张的。

英国人这种毛病不多。

我们可以很容易地找到这方面的原因。

民主社会中，所有公民都习惯于为和自己有关的一件小事而煞费苦心。但是，他们一扩大眼界，往远处看，马上能看到整个社会的巨大形象或全人类的更高大的形象。因此，他们的观念不是非常特殊、明确，就是非常一般、模糊，而在两个极端之间，则是断层。

当他们的眼界扩大，告别以自己为中心的小圈子时，他们总是期待人们向他们提供某些新奇、怪异的事物以供他们考察；基于此，他们才同意暂时把那些激励和鼓舞其生活的琐碎的事物放一边。

在我看来，仅凭这一点就足以说明一般情况下只注意自己的小事的民主国家的人民，却要求他们的诗人进行那样广泛的观察和那样夸张的描写的原因。

另一方面，这种夸张的本性是他们的作家本身具有的，所以他们自然乐于这样做。于是，作家们不断地扩张其想象力，甚至扩张过度，以致言过其实，夸饰伟大，使伟大失真。

诗人们希望以这种方法马上抓住广大读者的眼球，并使读者的视线集中在他们身上。他们的这个希望是经常能够实现的，因为读者只要求诗能够写得天马行空，既没有时间去研究诗中所写的是否符合实际，又无足够的欣赏能力去轻易地指出不符合实际的地方。结果，作家和读者都没有得到好处。

但是，我们仍然认为民主国家的诗的源泉非常好，只是不够充沛，不久就会干涸。诗人们由于不能从真实中找到塑造理想的素材，所以完全脱离真实，而创造出一些怪诞的东西。

我既不怕民主国家的诗表现不够，也不怕它和人世太近。我所担心的是它时时刻刻都有陷入五里云雾中的危险，并会由于描写毫不实际的国土而结束。我害怕民主国家诗人的作品满篇都是无意义的和互不相关的说教，充斥华丽的辞藻和怪诞的描写。我也害怕这些诗人的奇谈怪论，有时会对不起现实世界。

第十九章　略论民主国家的戏剧

当一个贵族制国家的社会和政治情况的革命开始涉及文艺界的时候，首先受到影响的一般都是戏剧，而且这种影响总是显而易见的。

看戏剧的人，感情大都不受控制地随着演出而起伏。他们在观剧的过程中没有时间仔细体味剧情，也没有时间和比自己高明的人讨论剧情。他们根本不想压制自己身上开始产生的新的文学兴趣。他们还没有弄清楚这种新兴趣之前，早已向它低头了。

作家们能及时发现大众的爱好在悄悄地倾向于什么方向。于是，他们也悄悄地使自己的作品转向那个方向，而他们写的剧本，在还未通过上演来预示革命行将来临时，就已推动了革命。所以如果你想预测一个走向民主制度的国家的文学发展，你只要研究它的戏剧就好了。

除此之外，贵族制国家文学中最富有民主精神的部分就是剧本。在所有的文艺享受中，观剧是最容易使群众得到满足的。不需要准备或研究，人们就能欣赏戏剧。不管你持有什么偏见，不管你多么无知，你都会被戏剧深深吸引。当一种还是雅俗参半的精神享受的爱好开始在一群公民中流行起来的时候，很快他们就会被推向剧院。经常进入贵族制国家剧院的观众，没有属于贵族阶级的。贵族制国家中，剧院是唯一能使上层阶级与中下层阶级接触，并觉得可以不听取中下层阶级的意见也能容许发表意见的场所。剧院也正是使博学之士和有教养的人总是难以防止群众的爱好追随自己的爱好，也总是难以防止自己被群众的爱好所吸引的地方。因此，上层阶级常常在剧院里订包厢。

既然贵族阶级都不能阻止人民群众进入剧院，那么，我们就很容易知道，一旦法律和民情承认民主的原则，不分等级，大家在智力和财产上的差距减小，上层阶级连同它的世袭财产、权势、传统和安逸生活消失，人民群众在剧院中占据统治地位就是必然的。

因此，民主国家的人民对文艺的爱好和从事文艺活动的本性，最初在戏剧方面显现；而且我们可以推测，这种爱好和本性，将十分有力地渗透到戏剧中。贵族制度在文艺写作方面订立的清规戒律，将一步步地、一个阶段一个阶段地改变，也可以说这种改变是通过了合法的手续的，而它在戏剧方面订立的清规戒律，则将由人民高调地推翻。

戏剧可以明显地反映出民主文艺内在的大部分优点和几乎全部缺点。

民主国家的人民，并不十分重视才学，罗马和希腊的光辉过去根本没放在他们眼里，只单纯欢迎作家讲他们自己，也就是要求作家只描述当下。

因此，如果在舞台上经常出现古代的英雄和故事，而人们又显示出十分忠实于古代传统，就足以肯定民主的阶级还没有对戏剧发生支配作用。

拉辛在他的《布里塔尼居斯》的序言中，对儒尼叶被他作为侍奉女灶神维斯塔的一名贞女来进行艺术加工这件事，进行了十分谦逊的辩解。他依照格利乌斯的记述说："那里禁止收小于6岁和超过10岁的女孩。"我认为如果他在今天写这个剧本，决不会为这样的错误自咎和辩解。

这个事实不仅让我知道了那个时代的文艺的情况，同时让我知道了那个时代的社会情况。一个民族已处于民主制度之下是决不能以民主戏剧的存在来证明的，因为正如我在上面指出的那样，即便在贵族制度下，舞台也会受人民的民主爱好影响。但是，整个社会是贵族制度的却足以用贵族的精神完全控制戏剧来证明；而且可以大胆断言，那个有学识和有教养的阶级不仅领导着作家，也对公民和政务发号施令。

当戏剧的创作和演出被贵族控制时，贵族们几乎总是以自己的文雅爱好和高傲气质为出发点去判断人的本性。他们喜欢有一定社会地位的人物出现于舞台，因为他们对这些人物最感兴趣。他们认为，不仅一定的善最值得重现于戏剧，甚至一定的恶也值得如此。至于除此之外的一切，他们都对其不屑一顾。他们进入剧院，也像到其他地方一样，只愿意同大领主们交谈，在演出当中也只会感动于王公们的悲欢离合。他们所持的这种态度还在剧文的体裁上有所表现。他们希望一切都与他们的腔调相符，因此随意给剧作家规定某些台词。

因此，戏剧经常是只描写人的某个侧面，有时甚至演出了脱离人的本性、根本不存在的东西，也就是有些东西超越了人的本性、不符合人的本性。

在民主社会里，观众就没有这样的偏爱，也很少有贵族的那种对除此之外的一切不屑一顾的反感。他们喜欢舞台上重现的耳闻目睹的各种人间百态：不同出身的人物，各种的感情和各式各样的思想。因此，民主社会的戏剧比以前更真实、更通俗易懂和更感动人了。

当然，民主社会的剧作家有时也可能脱离人的本性，但他们这样做的目的与他们的前辈不同。由于他们过于希望活灵活现地重现当代的小人物、小事和某些人的特点，从而忽略了对人类的一般特征的描写。

当民主的阶级控制戏剧的时候，无论是戏剧题材的选择，还是对题材的处理剧作家都是可以自由决定的。

在民主国家的所有文艺爱好当中，戏剧的爱好与人的本性是最相符的，所以戏剧的作者和观众以及演出，在民主国家，都是与日俱增的。作者和观众非常之多，而且又分散在各地，所以不可能采取同样的办法，让他们服从同样的规则。首先是有太多的人评论戏剧，他们互不认识，各有自己的观点，要他们作出一致的评论是不可能的。如果说民主制度的实施只是使文学方面的规则、章法普遍松弛了，那么在戏剧方面，可以说民主制度把这些规则和章法全都废除，而任凭每个作家和每个观众去各行其是了。

我在前面的有一章里论述过民主文艺的体裁和技巧，这种论述也同样适用于戏剧。我们在阅读路易十四时期剧评家对当时的戏剧作品所作的评论时，对于某些地方感到惊奇。那就是：观众特别重视情节的真实性，要求剧中人的举止要与他本人的性格相符，不能做出使人难以理解或无法解释的动作。另外，我们也会惊奇于下述事实：当时人们十分重视语言的表达形式，剧作家会因为台词上的一点小毛病而受到责难。

由此看来，路易十四时期的人太过重视在舞台上表现不出来，而在书斋里细读剧本时可以体味的细节。要知道，虽然戏剧作品的主要目的是演出，而它的主要作用则是感动观众。但在路易十四时期，一些人往往既是戏剧的观众，也是剧本的读者，他们看完演出后，便请剧作者到家里，当面加以评论。

在民主时代，人们只是到剧院去听戏，并不阅读剧本。坐在剧院里的观众，大部分是去寻求感情的刺激，而不是去追求精神的享乐。在看戏的过程中，他们不想听到华丽的戏词，只希望看到热闹的演出。只要剧作家能够正确地运用本国语言，使其通俗易懂，剧中人物能够引起观众的兴趣和共鸣，观众就满足了。观众知道戏完全是虚构的，看完戏后，他们马上又回到现实。戏剧的文体并不十分重要，因为在演出的过程中，你发现不了它是否遵守了这方面的规定。

再说剧情的真实性问题，如果让剧情与事实完全相符，那往往就没有新奇、突然和急转直下可言了。因此，剧作家不看重真实性，而观众也容许如此。观众的心只要能被你写出的戏打动，他们是不会理会你使用了什么方法的。即使你没有遵守戏剧的规则，但观众感动了，他们也不会责难你。

美国人一进剧院，我方才所述的种种特点就会被他们清晰地表现出来。但是，应当指出，至今美国人到剧院去看戏的人仍然不多。不错，40多年来，美国的戏剧观众人数和演出次数都增加了很多，但人民对于这种娱乐仍然持有审慎的欢迎态度。

我在前面已向读者交代了造成这种情况的特殊原因。但为了唤起读者的回忆，我要再补充几句。

创建美国最初几个州的清教徒，不仅反对各种娱乐，而且对于戏剧有一种特殊的恐惧。在他们心中，戏剧是一种可憎的消遣，所以戏剧的演出不会出现在清教徒的精神占有支配一切的地位的任何地方。初期移民的这种观点深深地影响着他们后代的精神。

另一方面，对戏剧艺术的发展至今还在产生不利的影响的，还有美国人的规规矩矩的生活习惯和死板严肃的民情。

在没有巨大的政治变动，而男女一谈上恋爱就会不经挫折而轻易走上结婚道路的国度，戏剧的题材是不可能出现的。从周一到周六天天忙于赚钱，而周日去礼拜上帝的人，戏剧的女神也与其无缘。

只举一个事实，就足以证明在美国人们是不太欢迎戏剧的。

美国的法律允许公民在一切方面有言论的自由，甚至有信口开河的自由，但剧作家不得不接受一种检查制度。只有经过市镇行政官员的许可，才能够演出戏剧。这个事实清楚地表明，全体人民和个人对戏剧的态度是没有差别的。全体人民和个人非常热心地对待他们的主要关心对象，而千方百计地阻止他们不爱好的对象的侵入。

在一切文艺当中，只有戏剧与社会的现实情况的关系是最繁杂和最密切的。

如果有一场重大的革命使民情和法制在两个时代之间发生了变化，则前一个时代的戏剧决不会适于后一个时代。

人们仍然可以阅读前一个时代的伟大剧作家的作品，但不会观看前一个时代观众所写的戏剧。过去的剧作家只能靠他们的著作而让后人铭记。

某些人的传统爱好，人们的好奇心和好胜心，以及某演员的精彩表演，可能使贵族时代的戏剧在民主时代上演、兴起一段时间，但不久以后，就会自动消失。这不是被人们推翻的，而是被人们抛弃的。

第二十章　论民主时代历史学家的某些特有倾向

贵族时代的历史学家，总是把一切历史同某些个人的独特意志和性格相联系，喜欢将重大的革命归于一些并不重要的偶然事件。他们能凭借非凡的见识找出一些微小的原因，但对一些比较重大的原因往往视而不见。

而与他们完全相反的就是民主时代的历史学家。

在他们大部分人看来，个人对人类的命运几乎没有影响，而少数公民即使能影响也不能影响全民的命运。但是，他们却把所有的特殊的微小事实用一些普遍的重大原因去解释。我们完全可以理解这种对立的倾向。

当纵观世界舞台时，贵族时代的历史学家首先看到的是少数的几个正在舞台上表演的主要演员。这几个站在舞台前面的主要人物，深深地吸引了他们的视线，使他们目不转睛地盯着这几个人。他们专心去研究这几个人的一言一行的隐秘动机，而对其余的一切毫不关心。他们因为对于某些个人的重要性非常重视，所以就想将个人可能发生的影响扩大，自然而然地就要用一些个人的个别行动去解释群众的普遍运动。

相反，在民主社会中公民们各自独立，每个公民都同样是软弱无力的，没有人会对群众拥有异常强大的和极其长久的权力。这样看来，在这样的社会里，个人对于社会好像是毫无作用的，可以说社会是在全体成员的自由的和自发的竞争中前进的。

这种情况，自然而然会使人的精神自动去探索既能启发人智又能使人智指向在同一方面的普遍原理。

我坚定地认为，在民主国家里，国家命运的自然进程会因某些个人的天才、德行和劣行而推迟或加速，但这些是偶然的和次要的原因，是容易变化的，比较隐秘、复杂和力量弱小的，因此在平等时代去发现和研究这些原因不如在贵族时代容易。在贵族时代，历史学家只从众多的一般事实中挑选出某一个人或几个人的个别活动进行分析。

历史学家这样进行研究后不久就感到厌烦了。他们就像进入了迷宫，晕头转向的，弄不清和无法透彻地说明个人的影响力，而只好对这种影响力加以否定。我们则主张从种族的特点、国家的自然环境或文明的精神面貌入手进行研究。这样能极大地提高效率，而且能使读者满足。

拉法夷特先生在其回忆录中说过，过分重视、强调一般原因的研究方法，会使二流政治家得到极大的慰藉。我补充一句：这同样会使二流历史学家得到极大的慰藉。因为这会使他们可以总是凭借冠冕堂皇的理由巧妙地回避其著作中最难解决的问题，掩饰其无能和懒惰，而空享研究深刻的荣誉。

在我看来，无论在任何时代，发生在这个世界上的任何事件，都有一部分是因为非常一般的事实，而另一部分则是因为非常个别的影响。这两种原因虽然各自所占的比重有所不同，但经常是交织在一起的。在民主时代，用一般原因可以说明的事实比贵族时代的多，而个别影响造成的事实却比贵族时代的少。在贵族时代，个别的影响非常强大，而一般原因则作用不大，甚至几乎不承认身份不平等这个事实是允许某些个人压制其他所有人的天赋意愿的一般原因。

因此，当历史学家试图描述民主社会发生的一切事情时，他们就有理由用一般原因去说明大部分问题，并在探索一般原因上花费大部分精力。但是，如果他们因为难于确定和查明个人的个别作用而否认这种作用，那也是不正确的。

在民主时代，历史学家不但喜欢为每个事实找出一般原因，而且致力于将各种事实联系起来，为他们定出一个系统。

在贵族时代，历史学家始终关注个人的作用，所以他们忽略了事件之间的联系，也可以说他们根本不相信它们之间有联系。在他们看来，历史的进程随时都有可能因为一个人的逝去而中断。

反之，在民主时代，历史学家对演员不太重视，而对演出特别重视，所以他们在各场演出之间建立有系统的联系和秩序是很容易的。

古代文学给我们留下了美丽的史诗，但它并没有建立一个完备的历史系统；而现代文学尽管十分简陋，却为我们提供了这样的系统。看来，被今天的历史学家经常搬用的一般理论并没有被古代的历史学家充分利用。

民主时代的历史著作家，还有另一个倾向也十分危险。

当个人对国家的影响消失时，往往会使人觉得世界虽在运动，但隐藏的原动力却看不见。由于了解和分析那些对每个公民分别发生作用，而最终引起全民运动的原因很难，所以人们只好认为这个运动不是随意的，一个最高权力必然无形中支配着社会。

甚至即使终于发现世界上的确有一般原因在支配所有人的意志，也不能拯救人类的自由。一个原因如果可以广泛地同时用于千百万人，而且强大得足以控制同一阵营的全体，那它大概是最难抗拒的。人们只要服从了这个原因，就只好认为不能再抗拒。

因此，在民主时代，历史学家不但不承认某些公民有支配全民的命运的能力，而且认为全民本身也没有改善自己的境遇的能力。他们有时认为正直无私的天意摆布着人民，有时认为荒唐的宿命支配着人民。在他们看来，每个民族的地理位置、起源、历史和性格，都使这个民族与它无法改变的某种命运紧密地联系在一起。他们依次研究每一代人，再从一个年代研究到另一个年代，由一个必然事件研究到另一个必然事件，一直追溯到世界的起源，然后铸成一条环环相扣的大锁链，把整个人类的所有事件一一放进去，使它们联系起来。

他们不满足于指明事件是怎样发生的，而且还喜欢叫人知道事件的未来发展趋势。他们研究完一个发展到一定历史阶段的民族，便对这个民族是不得不按至今走过来的路前进的进行论证。这样的研究方法，最容易指引这个民族将来如何选择更好的道路。

在阅读贵族时代的历史学家，特别是古代的历史学家的著作时，我们总觉得那时候的人只要把握好自己，就能成为自己命运的主人，并管理好同胞。而我们在阅读现代人写的历史著作时，就会觉得，人无论是对自己，还是对周围的人，都无能为力。古代的历史学家教导人们自主，现代的历史学家只教导人们学习服从。在现代的著作中，作者总使自己显得伟大，而把别人视如草芥。

如果这个现代的历史学家如此沉迷的有害学说从作者传到读者，并渗透到全体公民，控制了舆论，那么，我们可以断言：不用很长时间，这个学说就将使新社会的运动瘫痪，使基督教徒变成土耳其人。

我还要指出，在我们现在所处的时代，这样的学说特别危险。当代的人对意志自由十分怀疑，因为每个人都认为自己在各方面都是软弱无力的；但是，他们也不否认人结成团体时是具有力量的和自主的。这个思想应当被发扬，因为现在需要振奋人的精神，而不应当压抑人的精神。

第二十一章　关于美国的议会辩才

在贵族制国家，人人彼此牵连和互相依靠，有一种等级制度可使人人各得其所，使每个等级各安其分。这种国家的政治团体的内部也会出现类似的情况。在贵族制国家中，自然要有一些首脑来领导其政党，而党员则是出于一种习惯成自然的本性服从首脑。这个大社会里的习惯做法也被他们搬进小社会里。

在民主国家，虽然表面上看来大多数公民是朝着同一目标前进的，但实际上每个公民是自行前进的，或至少自认为是自行前进的。由于他们有按照自己的意志去采取行动的习惯，所以在行动时他们不愿意接受外来的指导。这种自主习惯的爱好，也被带进全国的会议里去。一个人即使同意与别人共同去实践相同的计划，至少也要将以他为主作为前提，希望共同的成果是按他的办法取得的。

种种情况表明，除非国家遇到严重危机，否则民主国家的政党是难于容忍受制于人和表示服从的。在这种情况下，国家首脑虽然有权命令政党如何行动，如何发表意见，但国家首脑的权威还不足以使政党闭口不言。

贵族制国家中，各种政治性会议的代表都是贵族，每个代表本身就处于很高的和固定的职位。在他们看来，他们在国家机关中的地位通常比他们在议会中所占的地位显要。这就便他们在议会中不肯积极讨论议案，也不愿意在议会中激烈争辩一般问题。

在美国，议员出面做某项工作通常依据的是他在议会中的地位。因此，他要尽自己最大努力在议会中获得重要地位，并非常急切地希望自己的建议被采纳。

他这样做，不仅是为了给自己争光，也是为了给自己的选民争光，还是为了必须继续得到选民的支持。

在贵族制国家，立法机构的成员几乎不严格地依附于选民，选民们往往自然地视他们为代表，有时选民们还会完全依附于他们。如果他们不被本区的选民推选，还可以轻易地被其他选区的选民选举出来；或者，即使脱离公职不当议员，还可以照样享受闲适的生活。

在像美国这样的民主国家里，议员很难长期支配选民的思想。不管一个选区有多么小，受民主的不稳定性影响，它也会不断改变面貌。因此，议员必须时时刻刻讨好选民。但要做到这一点，并没有完全的把握。因为他的地位本来就不是高得足以让人人皆知，所以如果他不再被选民推选，就会马上失去支持。何况在公民完全自主的情况下，朋友和政府随意把他塞进他所不熟悉的选区去当选是不可能的。因此，他不得不在其所代表的地区种下使他足以良好发展的善因。他要想步步高升，对人民发号施令，进而影响世界的命运，也必须以这个小小的角落为起点。

因此，在考虑问题时民主国家的政治性会议的代表会把选民放在其所在党派之上，而在贵族制国家的政治性会议的代表则把他们的政党放在选民之上，这是极其自然的。

但是，为讨好选民而发表的言论，不一定就是对自己信奉的政治观点有利的言论。

为了维护本党的最大利益，一个政党往往不允许身为它的党员的议员谈论它本身尚未认识透彻的重大政治问题，可能影响大问题的小问题也尽量少谈，最常见的是，干脆什么也不谈。一个平庸的议员能够对国家大事作出的最有益的贡献就是缄口不语。

但是，选民们的看法并不是这样。

一个地区的一名公民被人民选出去参与国政，是因为这位公民的长处被他们清楚地认识到了。因为人在周围的人越是庸庸碌碌的时候才显得越是高大，所以可以设想，当选代表的能力被要求得越高，人们越是难找到适任的天才，而如果一个庸才被选出当上代表，又必须要求他要付出与他享有的荣誉地位相称的努力。

一个议员不仅是国家的立法者，还是被他所代表的选民视为本选区在立法方面的天然保护人。他被每个投票支持他的人看做自己的代理人，而且他们相信他会用维护国家利益那样的热忱去维护本地区的利益。

因此，选民们早就想好，他们所选的议员要是一个能说会道的演说家，能够把握每次发言的机会；即使他的发言时间受限制，也要尽力争取在简短的发言中对一切国家大事提出质询，并将本区所抱怨的一些小小不平加入陈述中；在他不能发表长篇大论的时候，就要抓紧时间将所有的问题言简意赅地讲出来，提出他与其选民对问题的杰出而全面的见解。唯有这样，他才可能再次当选。

这样，就使那些有自知之明或不愿意自我表现的老实厚道的人，不想问津此道了。如果这样的人当上议员，在他的朋友们面前他可以侃侃而谈，而在全是演说家的议员当中他一定会把辩论搞得一塌糊涂，使参加会议的人感到厌倦。

所有使当选的人日益依附于选民的法律，不但要像我已经指出的那样会使他们当上议员后的行动改变，而且也会使他们的语言改变。这样的法律同时影响国务工作和讨论国务工作的方式。

可以说每一个告退还乡的美国国会议员都会预备好一份讲稿，在国会上慷慨陈词，讲述他为联邦的24个州，特别是他所代表的地区，作了多少贡献。因此，他向听众发表的长篇大论，要么是连他自己也不明白，甚至毫无逻辑的大道理，要么是使人难于发现和不屑一顾的一些鸡毛蒜皮的琐事。以致在这个大机关里进行的辩论，往往是空洞、杂乱无章的，好像只是在故意拖延时间，不想向指向的目的靠近。

我认为，类似的现象在民主国家的议会中都存在。

比美国的现任国会议员优秀的大批人才也许会因为良好的政治环境和健全的法制，被吸收到一个民主国家的立法机构里去，但你无法阻止庸才在议会里夸夸其谈和到处招摇过市。

我认为，在美国，这个弊端已经很严重，无药可救，因为这不仅源于国会的组织，而且也源于宪法，甚至还源于国家的制度。

美国人自己好像也是这样认为的。他们对国会的活动习以为常，遇到拙劣的发言也能耐心地听下去，而不会退席。他们甘心忍受这种病痛，因为他们的经验告诉他们这是无法治愈的。

以上讲的只是民主国家议会的政治辩论的细节，现在我们针对它的主要问题谈一谈。

150多年以来，英国下院的议事活动从来没有在国外造成轰动，发言人表达的思想和感情，甚至在离不列颠这个自由大舞台最近的一些邻国，也从未引起过共鸣。但是，美洲殖民地在革命时期召开的几次小会议的最初辩论，却在整个欧洲造成了轰动。

这当然有其特殊的和偶然的原因，但还有其一般的和必然的原因。

我认为，在民主国家议会里最值得敬佩和最有影响力的是辩论国家大事的大演说家。因不存在可以代表为本身利益而辩护的阶级，所以议员们总是为全国人民和以全国人民的名义而发言。这就扩大了思想的影响，加重了发言的分量。

在这里，前例的作用不大，特权也不再与一定的财产挂钩，世袭权力也不再与一定的集团或个人关联，所以人们不得不依靠与人性相符的一般原理去处理他面对的个别问题。因此，在民主国家进行的政治辩论，无论其规模多么小，都具有一种与人类命运相关的普遍意义。这关系到所有的人，因为辩论涉及人，而人在世界各处都是一样的。

然而，在一些大贵族制国家中，处理某些重大的问题都依据一个时代的习惯和一个阶级的权力所规定的某些特殊理由。只有有关的阶级，最多还有这个阶级所在的民族，对这些问题感兴趣。

鉴于此，法兰西民族的政治辩论有时会在全球引起巨大的反响。当然，还在于法兰西民族本身的伟大和其他国家的愿意倾听。

我国的演说家在向本国的公民发言时，常常也就是面对全世界的人发言。

第2部分

lunmeiguodeminzhu

第一章　为什么民主国家爱平等比爱自由更热烈和更持久

身份平等所造成的第一个和最强烈的激情，不用说，当然是对于这种平等本身的热爱。所以，我在这里就先把它提出来进行讨论，这也是顺理成章的。

任何人都可以看到，在我们这个时代，尤其是在法国，这种热爱平等的激情，日益扩大其在人们心中的地位。人们一而再、再而三地指出，和对自由的热爱相比当代人对于平等的热爱要更炽烈、更强大。可是，我还没有看到过有人充分地探讨其原因所在。现在，我想对其试作探讨。

我们可以设想有一个终极点可以使自由和平等会合并结合成一体。

现在我们假定，任何公民都参与政府的管理工作，并且每个人在这方面都有平等的权利。

这样，不管是谁，跟别人都没有差别了，谁也不能要求享有压制他人的专权了，因为人人都将完全平等，所以人人也将完全自由；反过来说，因为人人将完全自由，所以人人也将完全平等。民主国家的人民所追求的就是达到这个理想的境地。

在地球上平等可以采取的最好形式就是这个，而其他的许多形式，虽然没有这种形式完美，但是也可以被民主国家的人民所珍惜。

平等可以建立在市民社会里，但是不能在政治界推行。人们虽然不能在政府里享有平等的地位，但是有权在社会上享有同样的享乐，参与同样的行业，到同样的地区居住。总的来说，他们有选择同样的生活方式和用同样的手段去追求财富的同等权利。

有一种平等可以建立在政治界，但是那里没有政治自由。即除一个人之外，所有的人都是平等的，而这唯一的一个人，就是所有人的共同主宰，并且以同样的标准从所有的人中选拔他的权力的代理人。

我们还可以作另外一些假设。例如，一种高度的平等，可能与完全没有自由的制度，或者跟或多或少有点自由的制度顺利地结合在一起。

虽然如果没有完全的自由人就不能绝对平等，而在平等达到其极限时又会与自由融合，但是我们还是有理由把两者区分开来。

人对自由的爱好和对平等的爱好，实际上是两码事。我甚至还敢再补充一句：它们在民主国家中还是两码不调和的事情。

只要我们仔细考虑一下，就会发现，有一个占有支配地位的制约其他事实的独特事实在任何一个朝代都存在。那个时代的基本思潮，或者由此引起并将每个人的感情和思想汇集起来的主要激情，几乎都是由这个事实造成的。这就如同一条大河把两岸的小溪汇集起来一样。

自由曾经在各种不同的时代，以各种不同的方式，出现在人们的面前。它并非只在一定的社会情况下才能产生，在民主国家以外的地方也会产生。所以，自由并不是民主社会独有的特点。

身份平等是能够显示出民主时代的特点的占有支配地位的独特事实。在民主时代，鼓舞人们前进的主要是激情，是对于这种平等的热爱。

我们没有必要追问促使民主时代的人愿意平等地生活的是什么特殊的魅力，也没有必要深究使他们宁愿不要社会提供的其他福利也要抱着平等不放的特殊原因有哪些，因为他们生活的时代的最基本特点就是平等。他们喜爱平等胜过喜爱其他一切，只通过这一点，就能得到充分的证明。

但是，除了这个理由之外，在每个时代还有几个理由，使人们习惯于喜爱平等胜过于喜爱自由。

即便一个民族能够亲自将他们的内部享有的平等破坏或是缩小，也需要经过社会长期而艰巨的斗争。为此，它就需要改变原有的社会情况，废除原有的法律，放弃原有的观念，改变原有的习惯，改造原有的民情。但是，要想废除原有的政治自由，只要不实行它就可以了。这样政治自由就可自消自灭。

所以，人们既因为觉得平等可贵而维护平等，又因为相信平等必定永远长存而依恋平等。

如果政治自由运用得过分，就会危害个人的安全、财产以及生命，这一点是认识能力有限和肤浅得不能发现这个问题的人也会承认的。相反，唯有头脑清晰和观察力强的人才会发现平等给我们带来的危险，但是这些人一般对于这种危险总是避而不谈。因为他们知道这种危险只会在遥远的未来造成灾难，说什么这是以后几代人应该操心的事情，现在的一代人不必担忧。而自由偶尔造成的灾难，则是直接的，不管是谁都会一目了然，而且每个人都可能或多或少地身受其害。极端的平等所造成的灾难，只会渐渐地显示出来，逐渐地给社会机体带来侵害。人们只有经过一段时间以后才能发现它，而在它将要造成非常严重的危害的时候，因为习惯成自然，人们反而会不以为然了。

自由带来的好处显现出来需要经过很长时间，而且这种好处的来因，又经常不容易被人分辨出来。

平等带来的好处是立竿见影的，人们在感觉到它的时候，就会立即知道它的来源。

政治自由可以使人们享受到最大的慰藉，但这种慰藉不是经常性的，而且只能使某些公民享受到。

平等可以每天向每个人提供大量的极小慰藉。人们时时刻刻都能感受到平等的美好，且这种美好及于每一个人：高贵的人不能没有感受，普通老百姓皆大欢喜。所以，平等造成的激情不仅是强烈的，而且还是普遍的。

人如果不付出一定的代价，那么就享受不到政治自由；而要获得政治的自由，就得付出巨大的努力。但是，平等带来的快乐是自动产生的，在私人生活的每一细节上都能感觉到，人只要活着就能体会到。

民主国家的人民在任何时候都喜爱平等，只是在某个时期，他们追求平等的激情可能会达到狂热的地步。在这个时候，摇摇欲坠的旧的社会等级制度，经过一次内部的最后决斗，最终将被推翻，最后，使公民隔离开来的障壁也将消失。于是，人们将会像获得战利品一样去争取平等，像怕被人抢走宝物一样抱着平等不放。人的内心完全被追求平等的激情控制了，且这种情形在人的心中日益扩展和弥漫。这时，你不能警告他们如此盲目地专门追求平等将会失去最宝贵的权益，因为他们压根就听不进去；你也不能向他们指明这样做只会使自由从他们手中丢掉，因为这时他们的眼中只有平等，或者可以说他们看到只有平等才是天地间最值得羡慕的东西。

以上所讲的一切，是对所有的民主国家而言的。下面我要专门谈谈法国。

在很多现代国家，尤其是在欧洲的所有国家，只有在人们的身份开始趋于平等的时候，对于自由的爱好和观念才会产生和发展起来，并且是作为这种平等的结果出现的。而正是那些专制的君主最致力于拉平自己的臣民等级。在这样的国家里，平等是先于自由而存在的。所以，当自由还是新鲜事物的时候，平等已经存在很久了。当前者刚刚出现不久，初见阳光的时候，后者已经创造了自己固有的观念、习惯和法律。所以，当自由还只是人们的一种想法和爱好的时候，平等已经深入到人们的习惯里面了，并且已经控制了民情，使生活的每一个细小行动都具有了追求平等的倾向。所以，我们这个时代的人把平等置之于自由之上，也就没有什么好惊奇的了。

我觉得，民主国家的人民天生就喜爱自由，你根本不用去管他们，他们自己就会去寻找自由，喜爱自由，而一旦失去自由他们就会觉得痛苦。但是，他们追求平等的激情更为热烈，更为持久，难以遏制。他们希望在自由之中享受平等，在不能如此时，也愿意在奴役之中享受平等。他们可以忍受贫困、隶属和野蛮，但不能忍受贵族制度。

在任何时代都是如此，尤其是在今天这个时代更是如此。追求平等的激情是一股不可抗拒的力量，凡是想跟它抗衡的人或者权力，都必将被它摧毁和打倒。在我们这个时代，如果没有它的支持，自由就不可能实现，而没有它专制制度本身也难以统治下去。

第二章 关于民主国家中的个人主义

在平等的时代里，每个人是怎么样依靠自己确定其信念的，我在前面已经讲过。现在，我要对在这样的时代，每个人怎么样使其一切感情以自己为中心进行说明。

个人主义(Individualism)是一种新的观念创造出来的一个新词，我们的祖先只知道利己主义(Égoïsme)。

利己主义是对自己的一种偏激的、过分的爱，这种爱可以使人们只关心自己和爱自己胜过一切。

个人主义使每个公民与其同胞大众隔离，同亲属和朋友疏远，它是一种只顾自己而又心安理得的情感。所以，当每一个公民各自建立了自己的小社会之后，他们就不管大社会而任其自行发展了。

利己主义来自一种盲目的本能，而个人主义与其说来自不良的感情，还不如说是来自错误的判断。个人主义的根源，既有理性缺欠，又有心地不良。

有美德的幼芽都可因利己主义枯死，而首先公德的源泉会因个人主义干涸。但是，久而久之，个人主义也会打击和破坏其他一切美德，最后沦为利己主义。

利己主义这种恶习跟世界一样古老，它的出现与社会属于什么形态没有关系。

个人主义是民主主义的产物，随着身份平等的扩大它会逐渐发展。

在贵族制国家，家庭的情况数百年都不会改变，而且一个家庭往往会在同一地方居住，几代人住在一起不分开。这种情况，可以说是代代相传没有异样。祖先的身世几乎每个人都知道，并且他们对祖先很敬重。他们在活着的时候，就已经能亲眼看到曾孙的出世，并对这些后代极为亲爱。他们彼此愿意承担义务，而为已经死去的或为还没有出生的牺牲自己的安乐，也是不鲜见的。

贵族制度还有把每个人与其他多数同胞紧密地联系起来的作用。

阶级之间的差别在贵族制国家极为明显，谁属于哪一个阶级就永远属于哪一个阶级，所以每个阶级自行变成一个小国家，并觉得与他们的大同相比自己的这个小国家更值得亲近和爱护。

在贵族制社会等级层次分明，每一个公民都有其固定不变的地位，所以每一个公民都时常意识到在他之上有一个肯定能够庇护他的人，在他之下也会有一个他有义务扶助的人。

所以，在贵族时代生活的人，几乎总是跟其自身以外的某些事物有着密切的关联，并经常为了这些事物而忘我牺牲。不错，在这样的时代，同胞这个一般观念是不明确的，也没有人会想到为全人类的事业去献身。但却时常发生为了有些人而牺牲自己的事情。

与比相反的是，每个人对全体的义务在民主时代会变得日益明确，而为某一个人尽忠的事情却比较少见，因为人与人之间的爱护情谊虽然广泛了，但却稀薄了。

在民主国家，新的家庭也会不断出现，而另外一些家庭又不断绝户，所有的家庭都处于兴衰不定的状态；时代的联系随时都有可能断开，前代的事迹逐渐湮没。对于前人，容易遗忘，对于后人，根本就没有人去想，只有最亲近的人才是人们所关心的。

但在每个阶级相互接近而融为一体以后，大家就会彼此漠不关心，互相把对方视为外来人了。贵族制度把所有的公民，从农民到国王，都结成一条长长的锁链；而这条锁链却被民主制度打断了，环环脱落。

大量的个人随着身份日趋平等出现了。这些人的财富跟权力虽然对其同胞的命运不足以发生重大影响，但是他们拥有或者保有的知识和财力，却可以满足自己的需求。这些人没有什么可辜负人们的，也没有什么有求于人们的。他们习惯于独立思考，并且觉得自己的整个命运只掌握在自己的手里。

所以，民主主义不但使每个人忘记了自己的祖先，而且还使每个人不顾后代，并疏远同代人。它使每个人遇事总是只想到自己，而最后完全陷入内心的孤寂。

第三章　个人主义为什么在民主革命完成后比在其他时期强烈

民主社会在贵族制度的废墟上刚刚建立起来时，人们彼此间的孤立跟随之而来的利己主义就会很容易引起人们的注意。民主社会不仅有大批早已独立的公民，而且每天还会充实进来一些昨天刚刚获得独立并陶醉于新得到的权力的人。这些新充实进来的人很自负，他们相信自己的力量，并觉得今后没有必要求助于他人。他们的一言一行，很容易就证明了他们只知有己。

贵族制度唯有经过长期的斗争才肯屈服。在这个斗争的过程中，各个阶级之间都会闹得仇深似海。即使是在民主获得胜利以后，这种仇恨也不会马上消失，仍然可能在接下来的民主混乱时期兴风作浪。

公民当中原来那些高高在上的人，也不会马上忘记他们往日的高贵。他们会长期把自己视为新社会的局外人。他们觉得，使他们看到的所有的人，都是命运未卜不值得同情的压迫者。而那些往日同他们地位一样的人他们不会去看，也不想根据共同的利益而与这些人的命运挂起钩来。他们每个人都孤处一隅，觉得除了自己之外，根本用不着去管别人。相反，过去社会地位卑微而现在由于革命而跟众人平等的人，虽然也享受了新得来的独立，但是内心里还会有一种不安的感觉。如果遇到某一位老上司，他们总是先投以既表示胜利又表示害怕的目光，随后远远地躲开。

所以，在民主社会刚建立的时候，公民们总是愿意独善其身，不跟别人接触。

因此民主制度给人们所带来的不是使同胞们彼此接近，而民主革命则使人们互相回避，且原来的不平等所造成的仇恨被永远留存在新建立的平等的内部。

美国人建立民主制度时没有经历民主革命，而且他们是生下来就平等的，而不是后来才变成平等的，这是他们所占的最大便宜。

第四章　美国人是怎样以自由制度对抗个人主义的

专制在本质上是害怕被统治者的，所以它觉得使其长存的最可靠的保障是人与人之间的隔绝，并且总是竭尽全力地使人与人之间隔绝。利己主义在人们内心的所有恶之中，最欢迎只要被统治者不互相爱护，专制者也就很容易原谅被统治者不爱他。被统治者是不会被专制者请来帮助他治理国家的，只要被统治者不想染指国家的领导工作，他就心满意足了。他颠倒黑白，称齐心协力创造社会繁荣的人为乱民歹徒，称只顾自己的人为善良公民。

所以，专制所造成的恶，也就是平等所助长的恶。专制和平等这两个东西，是以一种有害的方式相互依存的。

平等可以让人们并立，不让他们有可以结合起来的共同联系。专制在人们之间筑起壁垒，把他们隔离开来。平等使人们不考虑别人只顾自己。专制使互不关心被人们当成一种美德。

因此，专制在任何时代都是危险之物，而在民主时代尤其可怕。

我们很容易看到，在这样的时代里，人们最需要的就是自由。

当公民们全都参与国家的治理工作时，他们一定会走出个人利益的小圈子，有些时候还会放弃自己的观点。

一旦人们都去参与公共的工作，那么每个人都会发现自己不能像当初以为的那样可以远离他人而独立。而为了得到他人的帮助，自己就要经常准备帮助他人。

当公众治理国家时，每个人都会感到公众的相互照顾的好处，任何一个人都要致力于相互照顾，以博得同自己一起去治理国家的人们的尊敬与好评。

于是，一些可以使人心灰意冷和产生隔阂的感情，必定沉于心底而逐渐收敛起来。不再流露傲慢之心，轻蔑之意也不敢现形。利己主义自身也感到恐惧了。

在自由政体下，大多数公职是由选举产生的，所以对于那些自恃才高志大而将自己封闭于个人生活小圈子里的人，将会终日感觉到没有周围人的支援是没法生活下去的。

于是，这些人开始想到他人，这是出于一种野心，而且经常发现忘却自己反而会给自己带来一定的好处。我明白，有些人可能向我提出反对意见，说什么选举是钩心斗角的，候选人经常用一些卑鄙的手段，且互相中伤。这些确实在选举中存在，而且选举的次数越多，敌对的程度就会越强。

这些毫无疑问都是很大的弊端，但是这只不过是暂时的，而选举带来的好处却是永久的。

希望当选的迫切心情，有些时候会使某些人采取战斗的姿态，但是这种心情也会逐渐使人采取互相援助的立场。即便在一次选举当中两位原来是朋友的人可能不幸反目，但是选举制度本身却可以使原来一直互不相识的众多公民长久地接近下去。自由制造个别的仇恨，而专制则产生普遍的冷漠。

平等所造成的个人主义被美国人用自由加以抵制，被战胜了。

美国的立法者们觉得，只是在全国实行代议制，还不足以医治社会机体在民主时期自然产生的而且危害极大的病患。他们还觉得，使国内的各个构成部分享有自己的独立政治生活权利，以使公民们能够共同行动和时刻感到必须互相信赖的机会无限增加，是合理恰当的。

他们明智地实施了。

只由一些主要公民来操作全国的共同大事。这些公民也只是隔一段时间聚在一起开开会，而且常常是会后彼此间就很少再见面了，因此他们彼此间的联络不是永久性的。但是当地方上的事情由当地居民主管时，这些居民经常接触是理所当然的，甚至还可以说他们彼此不得不认识或是互相讨好。

使一个人放弃自我然后去关心整个国家的命运并不容易，因为国家的命运会给他个人的境遇带来影响，这一点他不是太理解。但是，如果要修筑一条公路通到他的家园，他立刻就会知道他的大私事与这件小公事之间存在的关系，而且不需要别人告诉他，他就会立马发现个人利益和整体利益之间存在的紧密关系。

所以，如果让公民们少管大事而多管小事，他们反而会关心公益，并且感到必须不断地互相帮助去实现公益。

一个人可以因为一次光明磊落的行动而博得人民对他的好感，但是他需要长期不断地服务或者是做些不被人注意的好事，养成始终为善的习惯，经常被赞誉廉洁奉公，才能保证得到周围人的敬爱。

地方性自由可以使大多数公民注重与邻里和亲友之间的情谊，所以那种使人们相互隔离的本能会被它抵制，而不断地导致人们恢复彼此间协力的本性，并迫使他们互相帮助。

在美国，最富有的公民也十分注意不脱离群众，而且还要不断地接近他们，喜欢倾听他们的建议，时常与他们交谈。最富有的美国公民知道，在民主制度下，富人经常需要穷人的协力，在民主时代，对穷人友好才是争取穷人的心最有效的手段，而并不是小恩小惠。施给穷人的恩惠越大，就越会显出贫富的差距，因此受惠者的心里就会暗生反感。但是，和蔼待人却具有难以抵抗的魅力，因为亲昵足以动人，而粗暴则会伤人。

然而富人并不是一下子就领悟到了这个真理。在民主革命进行的过程中，富人们一般都反对这个真理，甚至在完成这场革命以后，这个真理也没被他们马上接受。他们虽然愿意为人民做一些好的事情，但是还想继续同人民保持一定的距离。他们觉得这样就已经足够了。可是他们这种想法是错误的，即便他们倾家荡产，也不会重新温暖周围人的心。因为周围人要求于他们的，是为了让他们放弃自身的骄傲，而并不是为了让他们牺牲金钱。

在美国，人们的所有想象力可以说都被用去发现致富之路和满足公众需求的良方上去了。任何一个地方的最有学识的居民，为了促进这个地方的繁荣，都会不断用自己的知识去发掘新的秘诀；一旦他们找到某种新的秘诀，就会立马把它告诉大家，然后一起享用。

在对美国的为政者身上常见的缺点跟弱点仔细考查时，人们会吃惊于美国民主制度的日益繁荣。但是，由这样的对照而产生的吃惊是不正确的，因为致使美国的民主制度繁荣昌盛的原因并不是被选举出来的行政官员和立法官员而是因为这些行政官员跟立法官员是通过选举产生的。

如果觉得美国人的爱国精神和他们每一个人为其同胞的福利所表现的热心并不是出自真诚，那未免有失公允。尽管美国人在大多数行动受私人利益的支配这一点上，并不亚于其他一些国家，但是在美国，私人利益不能支配人的全部行动。

应该指出，我不止一次看到美国人为公共事业作出巨大的、真诚的牺牲，并且多次发现都在必要的时候他们几乎都能够忠实互助。

美国居民所享有的自由制度，以及他们可以充分行使的政治权利，使每个人从各个方面时刻都能感到自己是生活在社会里面的。这种制度和权利，也使他们经常想到为同胞效力既是人的义务，同时对自己也有一定的好处。同时，他们没有任何个人的理由去憎恨同胞，因为他们既不是他人的主人，也不是他人的奴隶，他们的内心容易同情他人。他们为公益起初是出于必要，后来则转为出于本意。后来靠心计完成的行为变成一种习性，而为同胞的幸福进行的努力劳动，最后却成为他们对同胞服务的习惯和爱好。

许多法国人觉得第一大恶是身份平等，第二大恶是政治自由。当他们不得不忍受前者时，至少要想尽一切方法避免后者。在我看来，同平等所产生的诸恶进行斗争，政治自由是唯一有效的方法。

第五章　关于美国人在市民生活中对结社的运用

在这一章里，我不想谈人们为了抵御多数的专制和反对王权的侵犯而进行的政治结社。关于政治结社这个问题，我已经在另外一个地方讲过了。显而易见，如果任何一个公民都会随着个人的日益软弱无力和最后不再能单枪匹马地保住自己的自由，且更加没有办法联合同胞去保护自由，那么，随着平等的扩大暴政必将加强。在这一章，我只想谈一谈那些在市民生活中自然形成的而完全没有政治目的的结社。

美国存在的政治结社，只不过是美国五花八门结社中的一种。

美国人不管年龄多大，不管处于什么地位，不管志趣是什么，没有一个不在时刻组织社团。在美国，不仅有每个人都可以组织的工商团体，还有其他成千上万的团体。既存在宗教团体，也存在道德团体；既存在十分认真的团体，也存在非常无聊的团体；既存在非常一般的团体，也存在非常特殊的团体；既存在有规模庞大的团体，也存在有规模甚小的团体。美国人会因很多事情组织团体，如为了举办庆典，美国人都要组织一个团体创办神学院，开办旅店，建立教堂，销售图书，向边远地区派遣教士。他们也会用这种方法设立医院、监狱以及学校。在以示范的办法感化人或者想传播某一真理的时候，他们也要组织一个团体。凡是创办新的事业，在法国，都会由政府出面；在英国，则会由当地的权贵带头；在美国，则会看到人们组织的社团。

我坦白承认，我在美国遇到过一些我向来一无所知的社团，并且为它们能够巧妙地使美国居民动员大多数人的力量共赴目标和使人们自行前进的方法赞叹不已。

后来，我到英国去游历。虽然美国人的一些法律和许多习惯都来自英国，但是我认为与美国人在应用结社权上的彻底和熟练相比，英国人还差得很远。

美国人做一些小事也要成立一个社团，而英国人则不是这样，他们总是单枪匹马地去干一番大事业。很显然，英国人只觉得结社是强大的行动手段，而美国人则好像把结社看做是采取行动的唯一手段。

所以，我们看到的这个能使所有人民最长于共赴一致希望的目标，并且还能把这种新方法用于最多数对象的国家，是世界上最民主的国家。那么这究竟是偶然的结果呢，还是结社与平等的必然联系在其所发生的作用呢?

在贵族制社会里，大部分群众自身没有什么作为，而少数几个人却非常地强大和富有，他们里面的每个人都能独自做出一番大事业。

贵族制社会里面的人，因为本来就是紧密地联合在一起的，所以没有必要为了采取行动而联合。

在这个社会里，每一个有钱有权的公民，都像是一个永恒存在的社团的首脑，且这个首脑是强制成立的，而那些由他驱使去执行他的意图的大众就是这个社团的成员。

相反，在民主国家里，所有公民都是独立的，但又是软弱无力的。他们几乎不能单独靠自己的力量去干一番事业，其中的任何人都不能逼迫他人来帮助自己。所以，他们如果不学会主动地互助，那么就会全都陷进无能为力的状态。

民主国家的人如果没有权力和志趣为政治目的而结社，虽然他们的财富和知识可以长期保全，但是他们的独立却要遭遇巨大的危险。而如果他们压根没有在平时生活中养成结社的习惯，那么文明本身就会受到威胁。一个民族，如果它的成员没有养成共同去做大事业的习惯，而又已经失去了单凭自己的力量去干一番大事业的能力，那么它不久就会回到野蛮状态。

更加不幸的是，促进民主国家的人民必须结社的社会情况，同时又使他们与其他国家的人民相比更难以结社。

在贵族当中，只要有几人有结社的打算，那么他们就可以轻而易举地办到。因为他们每个人都在社会上拥有很大的势力，所以他们的团体只要有几个成员就可以了。而且在成员的人数很少时，彼此也很容易认识，互相了解，建立固定的规章制度。

这一点在民主国家就很难做到，因为民主国家的社团如果想拥有一定的势力，就必须使成员的人数特别多。

我知道，许多当代人压根就没有注意到这一点。他们觉得，公民越是软弱无力，政府就越应当能干和积极，以至于政府能够创办个人不能创办的事业。他们相信并且声称一切困难都能够解决。但我觉得，他们的想法是错误的。

或许政府可以代替美国人的某些巨大的社团，并且在联邦内部已有几个州这样做了，但是美国人平常依靠社团进行的那些数量庞大而规模却很小的事业，该由哪个政府当局去代替办理呢?

不难预料，人们生活上最常用和最需要的东西越来越不能单独由自己来生产的时代，正在逐渐靠近。所以，政府当局的任务将会不断增加，而且这项任务也会因政府当局自身的活动而日益扩大。政府当局越是要取代社团的地位，私人就越是不想联合起来，而是越要依靠政府当局的援助。这个原因和结果将不断循环，这样下去，只要是一个公民不能独自经营的事业，最后不就全要由公共的行政当局来管理吗？其次，如果土地过度分散下去，分散得无法再分，以至于只能由耕作者组织社团来经营时，政府的首脑岂不要挂冠而去扶犁吗?

一旦一个民主国家的政府到处都代替社团，那么，这个国家在道德方面和知识方面的危险将不会低于它发生在工商业方面的危险。

人只有在相互作用之下，才会使自己的情感以及思想焕然一新，才会使自己的胸怀更加宽广，才会使自己的才智更好地发挥出来。

我在前面已经说过，在民主国家，这样的相互作用几乎是零。所以，民主国家要人为地创造这种作用，而能够创造这种作用的就是结社。

当贵族集团的成员接受一种新的思想或是体会到一种新的感情时，几乎都要把这种思想或感情放在自己活动的主要舞台上进行玩味，并且会让其他的成员看到自己在这样做，以使这种思想或感情更加顺利地进到周围人的心里和头脑里。

在民主国家，从属性上来说只有政府当局才能够这样做。但是，不难看到，政府当局的这种作用往往是不充分的，甚至经常是有危险的。

在一个大的国家里，政府不能够靠自己的力量去维持或者是改变人们的思想以及感情的交流，就如它不能只靠自己的力量去管理一切实业部门一样。只要一个政府试图走出政治活动的范畴而步入这条新的道路，它就会不知不觉地要实行一种暴政，这种暴政令人难以容忍，因为政府只会颁布严格的规章制度，只会支持它所赞同的感情和思想，而且总是让人们很难分辨出它的这种表示究竟是忠告还是命令。

如果政府觉得自己的真正利益在于严禁人们发表意见，那么，情况就会更加糟糕。这个时候，政府将会无所作为，并且由于喜欢酣睡而任由自己迟钝下去。

所以，必须使社会的活动不由政府包办。

在民主国家，应该代替被身份平等所消灭的个别能人的唯有结社。

美国的居民中只要有人提出一个准备并且向世人推广思想或者意见，他就会立刻去寻找同道；而一旦找到了同道，他们就要组织社团。社团成立以后，他们就是一个远处的人也可以知道和行动将被人们仿效的力量，而不再是孤立的个人。这个力量不仅能够发表意见，而且人们也能够倾听它的意见。

我起先听到美国有十万个人公开宣誓不喝烈性酒时，还以为这是在开玩笑，并不是实在的。我起先完全无法理解那些很有自制能力的公民为何宁愿坐在家里喝白开水。

但是后来我终于了解到，这十万个美国人是惊于他们周围的酒鬼越来越多，才下定决心戒酒的。他们的行动就像一个大人物穿上一身朴素的衣服，以引导一般公民戒除奢华。我坚信，如果这十万人是法国的居民，只要他们每个人分别向政府进行申请，要求政府令王国境内的所有酒馆禁酒便可以了。

我觉得，美国智力活动的结社和道德方面的结社是最值得我们重视的。最容易被我们注意的是美国人的政治结社和实业结社；而其他的结社，则经常被我们放过。即便我们看到了其他的结社，我们对它们也不是很理解，因为我国基本没有类似的结社。但是，我们不得不承认，这类结社对于美国人的必要性，并不亚于政治结社和实业结社，甚至更有必要。

在民主国家，结社是一门主要学问。其他一切学问的进展都取决于这门学问的进展。

在规定人类社会的一切法则中，有一条法则是：如果人类打算文明下去或者是走向文明，那就需要使结社的艺术随着身份平等的扩大而逐渐发展和完善起来。这条法则好像是最正确和最明晰的。

第六章　关于结社与报刊的关系

当巩固的和永久性的联系不再存于人们之间时，除非说服每个必要的协作者，让他们相信他们的个人利益在要求他们将自己的力量与其他一切人的力量自愿地联合在一起，否则是没有办法使许多人携起手来共同行动的。

要想经常地和顺利地做到这一点，唯有利用报刊。能在同一时间将同一思想灌注于无数人的脑海的，也唯有报刊。

一份报刊就像一位顾问，它不请自来，可以天天向你扼要地报道国家大事而又不会扰乱你的私事。

所以，随着人们日益趋于平等和个人主义日益趋于强烈，报刊也就日益成为人们不可缺少的东西。如果觉得只有维护自由才是报刊的作用，那也未免降低了报刊的作用。其实报刊还可以维护文明。

在民主国家，报刊经常引导公民去共同进行一些非常欠妥的活动，这一点我并不否认。但是，如果没有报刊，人们就几乎不能有共同的行动。所以，报刊的功用远远大于它所带来的害处。

报刊的功用除了向大多数人提出共同的计划外，还在于向大多数人提供所拟计划的共同执行的方法。

贵族制国家的一些主要公民彼此都很熟悉；如果他们想把自己的力量联合起来，只需要吸引一批人追随他们，便能共同前进。

相反，在民主国家，常常是大多数人渴望联合以及需要联合，但是办不到，因为他们每个人都微不足道，且分散于各地，彼此间也不认识，不知道去哪里找到志同道合者。但是，有了报刊，就可以让他们当中的每个人可以知道他人在同一时期，但却是分别地产生的想法和感受。所以，大家立刻就会趋向这一曙光，而长期以来彼此不知道对方在何处的、一直在黑暗中寻找的志同道合者，也最终会合并且团结在一起。

报刊使他们团结起来了，但是为了使团结不散，他们还得需要报刊。

在民主国家，一个社团必须人多，才能有力量。而由于成员的人数太多，所以他们只能把这些成员分散在广大的地区，每个人仍要留在原来的地方，去过他们的那种比上不足比下有余的生活，为万千小事而操劳。所以，他们必须找到一个可以让他们不用见面就能彼此交谈，不用开会就能得出一致意见的方法。这个方法就是利用报刊。所以任何一个民主的社团都是离不开报刊的。

总之，有一种必然的联系存在于社团与报刊之间：报刊在制造社团，社团也在制造报刊。如果说随着身份的日益平等社团的数目一定会增加的说法是真理，那么，也不能说下面这个意见是不正确的：报刊的种数也将会随着社团数目的增加而增加。

所以，在世界上社团和报刊最多的国家就是美国。

报刊的种数与社团的数目之间所存在的这种关系，还会使我们发现报刊的发行情况与行政的组织形式之间的另一种关系，并且知道在民主国家，行政集权的程度是与报刊的种数成反比的，即行政越集权，报刊种数越少；行政越不集权，报刊种数越多。这是因为在贵族制国家中，人民会将地方权力托付给几个主要公民去行使，而在民主国家中却不是这样。民主国家要取消这样的权力，而由当地的绝大多数人去行使。这些人可以依照法律组织一个握有实权的常设机构，以便管理本地的行政事务。于是，他们就需要一份报刊，可以使他们每天都能知道本地发生的小事，以及了解全国发生的大事。地方权力机构越多，依法行使地方权力的人也就越多；越是需要时刻知道本地和全国的事情，就越需要更多的报刊。

因为美国的行政权的过于分散胜于政治的广泛自由和出版的绝对自由，所以的报刊种数多得惊人。如果美国的所有居民都是选民，而它又只实行由选民选举全国的立法机构的办法，那么，美国只需要少几份报刊就可以了，因为在这种情况下，选民们非常重要的共同行动的机会只能有少数几次。但是在美国，除了全国性的大型集会之外，法律还规定在选举地方(州)、城镇，甚至乡村的行政官员时进行小型的集会。立法者就是这样使每一个美国公民不得不经常与其他同胞协力去进行共同事业的，而且每一个美国公民要想知道其他公民的所作所为，就得看报读杂志。

我觉得，一个民主国家[①]如果没有全国性的议会，而是有许多地方性权力机关，那么它的报刊种数与另一个实行行政集权并经过选举产生全国性立法机构的民主国家相比，一定会更多。我认为，因为美国人既享有广泛的全国性自由，又享有各种各样的地方性自由，所以美国每天出版的报刊种类繁多。

然而在法国和英国，人们普遍觉得，只要取消现在对报刊的课税，报刊的种数就会无限增加。这未免夸大了免税的效果。报刊种数的增加既与销路好坏有关，还与绝大多数人是否需要互通信息和共同行动有关。

我也同样觉得，报刊的影响力之所以日益增加，主要是因为一些最普遍的原因，而不是因为人们经常提到它。

一种报刊要想存在下去，只能反映出多数人的共同思想和情感。所以，一种报刊经常是它的长期阅读者所在社团的代言人。

---

①我说的是一个“民主国家”。在一个贵族制国家，地方权力机关是由少数几个人掌握的，所以它可以使行政大大分权而不必发行报刊。掌权的这几个人虽然各自为政，但他们彼此熟悉，而且很容易见面，互相听取对方的意见。

这个社团的宗旨可高可低，范围可宽可狭，人数可多可少。但是，只要有一种报刊在继续出版，就证明一个社团至少已经以萌芽的形式存在于人们的思想当中。

说到这里，我们要作最后一次反思，以结束本章。

身份越是平等，个人的力量就越是薄弱，人们就越容易追随大众，越难独自坚持被多数人所反对的意见。

一种报刊就代表一个社团。也可以说：报刊向每一位读者发言是以全体读者的名义，而且读者的个人能力越弱，报刊就越容易吸引读者。

所以，随着人们日益平等，报刊的影响力一定会逐渐增强。

第七章　一般结社与政治结社的关系

全世界仅有一个国家能使人们每天都有行使政治结社权的无限自由，也仅有这个国家能使公民们想到在社会生活中不断行使结社权，并由此获得文明所能提供的一切益处。

只要是不准政治结社的国家，一般结社也很少。

决不能轻易说这是偶然的结果，而应当断言有一种固有的而且可能是必然的关系存在于这两种结社之间。

几个人可能因为偶然的原因在某一事业上有共同的利害关系。例如，可能他们都要去办一种商业，抑或都要去经营一种工业。于是，他们相会了，并合作了，且渐渐认识到结社的益处。

共办这种小事情的次数越多，人们便会在不自觉中越来越获取共办大事业的能力。

所以，一般结社对政治结社有帮助。然而，另一方面，政治结社又可以使一般结社获得长足发展和惊人完善。

严格说来，在私人生活中，每个人都认为自己能够满足自己的要求。然而他在政治生活中就不会如此认为。所以，当人民参与公共生活的时候，任何一个公民每天都要在脑海浮现结社的思想和愿望：即便本来对采取共同行动有些反感，然而为了党派的利益也必须学会采取共同行动。

所以，结社的爱好和习惯被政治生活一般化了，即令一些向来不过问政治而常常愿意单独行动的人，希望联合并学会结社的技巧了。

政治不仅在创造大量的社团，而且在制造有巨大规模的社团。

在私人生活中，一个共同的利益自然而然地引起一大群人去采取共同行动的情形甚少；只有掌握了共同行动的技巧之后，才能去进行此种行动。

在政治方面，从政治生活中随时都可以找到结社的机会。然而，只有在规模巨大的社团中才能将结社的重要作用表现出来。个人力量薄弱的市民，不会刚开始便对联合起来能够产生力量有清晰的概念；而要让他们理解这一点，就必须向他们示范。然而，在为一个共同的目的而结社时，人数越多越容易起示范作用。例如说，一千人联合起来可能不会使他们看到好处，而假如人数达到一万就有希望看到。人们在政治方面联合起来能够做大事，而重大事情方面的结社所产生的益处，又会通过实践使人们明白在小事情上互助同样有好处。

政治结社能够同时把许多人拉到自己的阵营来，令他们摆脱原本因年龄、思想、贫富而产生的隔离状态，进而发生彼此往来和接触。只要他们相会过一次，就会想办法再次相会。

在大部分的一般结社中，人们都是拿出自己财产的一部分去参加。例如，所有的工业公司和商业公司便是这样。当人们还没有充分了解结社的方法，并且对结社的基本原则不知道时，让他们开始用结社的方式进行合作，他们难免要为自己付出的重大代价而担心。所以，他们不肯甘冒合作将会带来的风险，而宁愿放弃可以导致成功的有力手段。然而，让他们参加他们认为没有危险的政治结社，他们便不会左思右想，因为他们没有用金钱去冒险。然而，参加这样的结社后不久，他们便会知道在这样一大群人中应当遵守怎样的秩序和采取怎样的步骤，才能让他们步调一致并首尾一贯地奔赴共同的目标。在这个政治社团里，他们要学会令自己的意志服从全体的意志，使个人的努力与共同的行动相配合。这些事情，不论是在一般结社，还是在政治结社，都是每个成员必须知道的。

所以，政治结社可以被看做是开办一所免费的大学，每个公民都能够到那里对结社的一般原理进行学习。

政治结社虽然不能直接有助于一般结社的发展，然而假如前者被查禁，后者也会受害。

当公民只可以在极少数情况下结社时，他们会把此种结社看做特殊的和例外的办法，因此也不会把它放在心上。

然而，在准许公民在一切事情上都可自由结社时，最终他们可以发现人们为了实现自己所追求的各种目的的通用方式就是结社，甚至能说是唯一方式。只要一种新的需要出现，人们便会马上想到结社。从而，结社的技巧便成为我在前面所说的基本知识。所有的人都要对它进行学习，而且都要对它予以应用。

假如某些结社被查禁，而另一些结社依旧被允许存在，则继续存在下来的结社何日不被查禁很难预测。在这种犹豫不决的情况下，人们将会对一切结社敬而远之，同时社会上将会出现一种舆论，致使人们认为不论是何种结社，都是一种胡作非为，甚至是非法的活动。[①]

---

①在行政当局可以肆意查禁或准许结社活动时，更是如此。

如果立法部门制定法律，规定哪些结社为非法，违者将受到法律制裁，那么，弊端就会少得多，因为有了法律的明文规定，每个公民在行动之前就可以知道自己行为的后果，即自己可以像一个法官那样事先进行判决，避免参加被禁止的结社，而努力去参加法律所准许的结社活动。因此，所有的自由国家也就总是承认结社权是可以受限制的。但是，如果立法机构指定由某人负责事先判断哪些结社是危险的哪些结社是有益的，并允许此人可以任意将一切结社消灭于萌芽状态或让它们继续生成，那么，任何人都无法事先知道在哪些情况下可以结社，在哪些情况下应当敬而远之，而结社的精神亦将完全枯萎。前一种法制只禁止某些结社，而后一种法制则针对整个社会，使全社会受害。我认为，前者是一个讲法制的政府应当采取的，而后者任何政府均无权实行。

所以，假如认为结社的精神仅在某一点上受到限制后对它在其他方面继续发展不会产生影响，抑或认为只要对人们在某些事情上可以进行共同行动予以准许，他们便会迫不及待地开始试图进行共同活动，那都是空想。当公民们在所有事情上都有结社的能力和习惯时，不论在小事上，还是在大事上，他们都会自愿地结合起来。然而，他们仅被允许在小事上结社的时候，他们的结社热情和才干全会消失。你想让他们在商业上联合，从而准许他们在商业上可以完全自由联合，你的目的也达不到；你让他们行使已经给予他们的权力，他们也会不屑一顾；你竭尽全力地去劝他们不要组织查禁的结社之后，你又会惊奇地发现你不能说服他们去成立法律准许的社团。

我并不是说一个政治结社被禁止的国家便不可能存在一般结社，因为人生活在社会里就必须委身于某些共同的事业。然而，我坚决认为，在这样的国家里，一般结社的数量也总是不会太多，它们缺少想象力，并没有熟练的运营能力。它们没有宏伟的计划，抑或有却难以实现。

由此我自然想到，政治方面的结社自由给社会的安定带来的危险，并不会像人们所想象的那样大，甚至在令国家出现一段动荡时期以后，还能令国家巩固。

政治社团在民主国家可以说是一些企图统治国家的强大个体。所以，现今的各国政府对政治社团的看法就像是中世纪的国王对国内的大诸侯的看法，从本能上便对政治社团存在一种恐怖感，只要有机会便打击它们。

与此相反，各国政府却对一般社团抱有天生的好感，因为它们很容易发现，一般社团是把公民的注意力从关心国家大事上拉走，使公民逐渐埋头于自己的全靠国家安定才能实现的活动，从而可以阻止公民发动革命，而不是指导公民去关心国家大事。然而，现在的各国政府并没有注意到，政治结社能够令一般结社发展并加强活动，因此它们在防止了一种危险的弊端的同时，却失去了一种能够有效地矫正弊端的手段。当你看到美国人为了鼓吹一种政治见解，推捧一位政治家参加政府，或从另一位政治家手中夺取权力而每天都能够自由结社的时候，你会很难理解这样独立不羁的一群人为何没有恣意妄为。

然而，另一方面，当你想到美国有不计其数的实业在被人们共同经营，看到美国人都在到处孜孜不倦地推行某些宏伟的计划，而这些计划遭遇一场小革命都会前功尽弃的时候，你又会很容易理解如此忙的人们没有给国家制造麻烦和没有破坏他们都受益的社会安定的原因。

我们不能够面对这些事实进行孤立观察，而不去寻找其中的内在联系。正是政治结社使美国人逐日形成不问地位、思想和年龄而结社的普遍爱好和养成利用结社的习惯的。通过政治结社，他们多数人可以相互认识，交换意见，倾听对方的意见，一起去做各种事业。之后，他们又把由此获取的观念带到日常生活里，并在各个方面予以运用。所以，美国人恰恰是因为享有一种带有危险性的自由，才学会了可以尽可能减轻自由所带来的危害的方法。

假如我们只选一个民族的某个历史时期进行考察，则很容易证明政治结社是让国家动乱和实业瘫痪的因素。然而，就这个民族的整个历史来考察，我们或许容易证明政治方面的结社自由不仅对公民的福祉有利，甚至对他们的安宁也有利。

在本书的上卷中我说过："政治结社的无限自由，又与出版自由不完全相同：前者的必要性不如后者，但其危险性却大于后者。一个国家能够限制结社自由，并使其永远处于国家的控制之下；但是，国家有时也需要要些手腕，才能使结社自由存在。"在隔了几段之后，我又说："不能否认，政治方面结社的无限自由，是在一切自由当中最后获得人民支持的。既可以说这种自由没有使人民陷入无政府状态，也可以说它时时刻刻都在使人民接近这种状态。"

所以，在我看来，一个国家永远不会赋予公民享有政治结社的无限权利；我甚至怀疑，在任何国家，在任何时代，对结社自由不加以限制是明智的做法。

有人说，只有把结社权限制在狭小的范围内，国家才可以保持内部的安定，才有希望维护法律的尊严，建立起持久的政府。内部的安定，法律的尊严，持久的政府，毫无疑问都是极其珍贵的。而且我认为，一个民族要获得和保持这些珍贵的东西，就必须自愿给自己暂时戴上沉重的枷锁。然而，假如一个民族清楚地知道为得到这些珍贵的东西它是要付出代价的，那就更好了。

锯掉一个人的一只胳臂以拯救他的生命，这我是可以理解的。然而，我决不敢保证他在断臂以后依旧会像以前那样灵活。

第八章　美国人是怎样以“正确理解的利益”的原则同个人主义进行斗争的

当少数几个有钱有势的人统治社会时，他们喜欢培养人们对义务的崇高思想，乐于主张忘我是光荣的，认为人应该像上帝本身那样为善而不图报。这便是当时的官方的道德原则。

我怀疑在贵族时代的人会比在其他时代的人更有德，然而我又确信在那个时代人会不断地探讨德行之美；对于德行的功用是什么，他们仅可以在私下议论。然而，随着人们的想象力一天比一天衰竭，每个人就开始只顾自己，探讨道德的人也在如此的自我牺牲精神面前望而却步，不敢再向人们宣扬这种精神了。于是，他们仅去研究公民的个人利益是不是在于为全体造福的问题；而一旦他们发现个人利益与全体利益有相符和相通的地方，就急着去阐释。后来，这样的发现一天比一天多，而原本仅是孤立的观察就变成了普遍的原理。他们最后终于认为自己发现了：人为他人服务就是在给自己服务，个人的利益在于为善。

在本书的许多地方，我已经说过，美国的居民是怎样几乎经常把个人的幸福跟同胞的幸福结合起来的。在这里我想要说明的，是他们可以做到这一点的一般原理。

人们在美国几乎绝口不谈德行是美的。他们仅相信德行是有用的，而且每天都依此信念做事。美国的道德家们决不劝他们的同胞用牺牲自己的方式表现自己的伟大。然而他们却敢于宣称，对于牺牲者本人和受益者，这种牺牲精神都是同样必要的。

他们知道，在他们的国家和他们的时代，有一种无法抗拒的力量在驱使人们自己关注自己；而在他们没有办法制止人们这样之后，就仅有想办法去因势利导了。

所以，每个人都可以追求自己的利益，这一点他们决不反对，然而他们又极力证明个人的利益应当来自诚实。

因为在这里叙述他们提出的理由的细节会使我离题，所以我不想多说了。我仅指出他们的同胞已经接受他们的理论就行了。

蒙坦很早以前就说过：“我走上一条捷径并不是由于它笔直，而是由于我从经验中获悉它是一条最便于我和最适于我达到所定目的的道路。”

可以知道，“正确理解的利益”的原则，并不是新的东西。然而，仅今天的美国人才普遍承认了这个原则。这个原则在美国还在推广，并深入到人们的所有活动，存在于人们的一切言论中。不论是穷人还是富人，都把这个原则挂在嘴上。

“正确理解的利益”的原则在欧洲没有在美国那样完善，而且应用的范围有限，尤其是很少有人公开主张。在欧洲，人们依旧每天装出一副非常具有献身精神的样子，事实上这种念头在他们心中早已不存在了。

与此相反，美国人喜欢利用“正确理解的利益”的原则去对他们的几乎一切行动进行解释，扬扬得意地说明他们的光明磊落的自爱是如何让他们彼此援助和为国家的利益而甘愿牺牲自己的一部分时间和财富的。因为在美国也跟在其他国家一样，公民们也是有出于人的本性的义无反顾的无私激情的，所以在这一点上，我认为他们对自己的评价常常并不全对。然而，美国人决不承认这种感情冲动能左右他们，他们宁愿让自己的哲学生辉，而不愿让自己本身增光。

我可以就写到这儿，不对我刚才所述的一切进行评价了。也许我可以将问题过于困难作为托词。然而，我决不想用这个当借口。我宁肯让读者看清我的目的后不随我走，也不想把读者悬在那里。

“正确理解的利益”的原则并没有那么高深，而是十分清晰易懂的。这个原则是要不费太大力气就能达到所追求的一切，而不以达到伟大的目的为主旨。任何文化程度的人都能理解它，因此人人都容易学会它，这并不难掌握。因为它切合人的弱点，因此很容易对人产生巨大影响。而且，因为它以个人的利益来对抗个人本身，并在引导个人的激情时能产生刺激作用，所以影响的力量也容易保持下去。

“正确理解的利益”的原则仅促使人们每天作出小小的牺牲，而不要求人们发挥伟大的献身精神。光靠这个原则并不足以养成有德的人，然而它可让大批公民循规蹈矩、自我克制、温和稳健、深谋远虑和严于律己。它虽然不是直接让人凭借意志去修德，然而能让人比较容易地凭借习惯走上修德的道路。

一旦“正确理解的利益”的原则完全支配道德世界，无疑不会出现太多的惊天动地的德行。然而我也认为，怙恶不悛的歹行到那时候也将极其稀少。“正确理解的利益”的原则对某些人的妨碍可能大大超出人的一般水平，然而位于这个水平之下的为数众多的人，听到这个原则以后必定抓住不放。从某几个人来说，这个原则让他们下降了；然而从整体来看，它却让整体向上了。

实话实说，我认为，“正确理解的利益”的原则是所有哲学学说中最符合当代人的需要的理论；而且，我还从其中发现了当代人还可以用来抵制自己的最有力保证。所以，当代的道德家应当注意的主要是这个理论。即便他们觉得这个理论还没达到十全十美，但仍须把它看做是必要的东西并加以采纳。

我不认为我们全体法国人的利己主义比美国人大，在利己主义上我们和美国人仅有一点不同，即美国人公开主张利己主义，而我们则口头上不说却实际上奉行。每个美国人都知道牺牲个人的一部分利益能够保全剩下的部分。我们是要把全部利益都保住，而结果常常是丧失全部。

既然我看到周围的人好像天天都想用自己的言行教导当代人相信追求功利一定不是不正派的，那么，是否意味着我就永远不能发现有人教导当代人相信正派的行为也是追求功利的呢?

世界上没有任何力量阻止人们日益发展的身份平等思想或者团体的每个成员囿于自己的小圈子的思想。

所以，必须承认，个人利益即便不是人的行动的唯一动力，至少也是现有的主要动力。然而，还要弄清每个人对于自己的个人利益是怎样理解的。

假如公民在平等以后依旧处于无知和粗野的状态，那么很难预料他们的利己主义不会令他们做出怎样过分愚蠢的行为；而假如他们舍不得牺牲自己的某些个人福利去造福他人，那么很难说他们不会陷入怎样的可悲境地。

美国人所宣扬的“正确理解的利益”的原则的所有组成部分我不认为都已清清楚楚。然而，其中所包含的大部分真理却是明明白白的，只要对人进行启发教育，人人都能够理解。可见，只要尽心尽力地进行教育就行了，由于盲目的献身和本能的为善的时代已成为遥远的过去，而自由、公共安宁和社会秩序本身通过启蒙和教育能够实现的时代即将到来。

第九章　美国人怎样在宗教上应用“正确理解的利益”的原则

假如“正确理解的利益”的原则只考虑到现世，那还差得很远，因为有许多牺牲要到来世才能获得补偿。不论你付出多大精力去证明德的功用，你也终究难以令一个不想死的人去行善。

所以，必须知道“正确理解的利益”的原则是不是可以很容易地跟宗教信仰协调。

对这个原则加以倡导的哲学家跟世人说：如果想生活得幸福，就必须节制自己的激情，时时刻刻将它控制在适当的范围里；如果想获得持久的幸福，就只能放弃转瞬即逝的、为数众多的享乐；为了更好地关心自己，便要永远克制自己。

差不多所有宗教的创始人，都如此说教。他们只是把目标向后移了，而并没有向世人指出什么新的向善方法。也即，他们把人们作出的牺牲的报偿不是放在现世，而是放在来世。

然而，我决不认为依靠宗教精神修德行善的人的目的都是获取报偿。

我见到过一些基督徒，他们十分虔敬，终生忘我，热情地为所有的人造福；我也听到他们说，只要这样做，便能在来世获得善报。然而，我又必须认为他们是在自欺。因为我十分尊敬他们，因此只好相信他们。

确实，基督教对世人宣称，为了升入天堂，就要屈己来就人。然而，基督教又对世人宣称，人是因为爱上帝而施惠于他人的。后一种说法非常好。这说明人是凭借自己的智慧而体会上帝的意旨，认识到上帝的目的是一切有序，并对上帝的这一伟大计划慨然参加。而且，在牺牲个人利益来实现这个美好的万物有序的计划时，除为自己能深信这一计划而感到喜悦外，决不希求其他任何报偿。

所以，我不相信利益是宗教人士的唯一动力。然而，我认为利益是宗教自身用来指导人的行动的主要手段，并确信宗教完全有赖于此才能够抓住人心，并广为流传。

所以，我认为没有可靠的根据说“正确理解的利益”的原则会令人对宗教信仰敬而远之。正好相反，我倒认为有明确的理由说这个原则会令人接近宗教信仰。

假设有一个人，他为了获得现世的幸福，而时时跟自己的本能进行斗争，能从理智上对日常生活中的一举一动进行冷静的考虑，不盲从一时出现的感情冲动，而有办法克制这种冲动，并养成了宁愿牺牲暂时的利益来获得终生的长久利益的习惯。

这样的一个人一旦皈依了他所信奉的宗教，服从这一宗教的戒律就不会使他觉得痛苦。理智自身会劝导他服从，而习惯同样为他忍受戒律做好了准备。

即便他后来对所期望的目的表示怀疑，也不会轻易地放弃，而会认为用现世的一些财富作筹码去赢得在来世继承巨额财产的权利是明智的。

帕斯卡尔说过："误信基督教是真的，所失不大；而误信基督教是假的，则损失严重！"

美国人既不对他们想要躲避的危险采取天真的满不在乎的态度，又不装作对来世漠不关心。

所以，在进行宗教活动的时候，他们既不觉得自己软弱，又不觉得可耻。然而，在他们的虔诚当中，通常有一种不可名状的坦然，按部就班和胸有成竹的表现，以致使人觉得是理智引导他们走进教堂的，而不是信仰。

美国人不但基于利益而信奉宗教，而且常常把他们从信奉宗教当中可能取得的利益放在现世。中世纪的神职人员一张嘴就是来世，从来不为证明一个虔诚的基督徒在现世同样能成为幸福的人而操劳。

然而，美国的传教士却不断提醒信徒关注现世的幸福；他们只有通过一番巨大努力，才能令信徒的视线不停留在现世。为了打动听众，他们总是向听众说明宗教信仰怎样有助于自由和公共秩序。在听他们布道的时候，使人经常很难辨别宗教的主旨是求现世的康乐还是求来世的永远幸福。

第十章　关于美国人对物质福利的爱好

对于物质福利的热爱，在美国并不是个别的，而是普遍的。虽然不是所有人都用同样的方式去热爱，然而至少每个人都有这种热爱。在那里，对身体的微不足道的需要予以满足，为生活创造小小的便利，同样是人们普遍关心的所在。

某些类似的现象也出现在欧洲，并且越来越明显。

在使两洲产生同样现象的许多原因当中，有几个跟我讨论的问题接近，而且我应当加以阐述。

当财富被几个家族世代相传而所有时，虽然会有一大群人享受物质福利，然而他们并没有觉得只有他们在独享这种好处。

人心最容易激动的时刻，是在他们想要得到一种贵重物品但未能完全如愿，而在部分地满足之后又时时害怕失去的时刻，而不是在他们顺顺利利得到这种东西的时刻。

在贵族制社会，富人从来不知道还存在跟他们的现实生活不同的生活，压根不担心自己的生活会有变化，几乎想象不到还有另一种生活。所以，对他们来说，物质福利不是生活的目的，而是生活的方式。可以说，他们把物质福利看做人生的当然，身在福中而没有意识到是福。

因为他们对物质福利的天生的和本能的爱好能够如此无忧无虑地获得满足，所以他们就将自己的精力用在别处，专心于某些更困难和更伟大的工作，并被这种工作所激励和吸引。

恰恰因为这样，虽然有些贵族身在物质享乐之中，然而又对这种享乐抱有一种傲慢的轻视态度，并在必须放弃享乐的时候可以表现出惊人的毅力。推翻或打倒贵族制度的历次革命都曾证明，过惯了舒适安逸生活的人能很容易地忍受清苦；但历经千辛万苦过上好日子的人，在丧失幸福的生活之后，反而很难生活下去。

当我们从上层阶级转而观察下层阶级的时候，同样可以发现类似的现象，然而它产生的原因不同。

在社会被贵族统治，并保持安定的国家，一方面是富人惯于摆阔，另一方面是一般老百姓惯于安贫。富人不必为物质享乐操心的原因，是他们能够唾手而得；穷人断了物质享乐的念头的原因，是他们没有希望获得并且享乐的欲望不强。

穷人的想象力在这种社会里全部用于来世。虽然现实生活的悲惨处境限制着他们的想象力，然而他们可以逃出这个限制，对远在天上的安乐进行想象。

与此相反，当等级的界限取消，特权不再存在，财产越来越分散，教育和自由普及的时候，穷人的心里同样会产生获得享乐的念头，但富人则害怕失去享乐。结果，产生了许多小康之家。享有小康生活的人获得的物质享乐，虽能令他们体会到这种享乐的好处，然而还不能令他们觉得这种爱好已经获得充分的满足。他们只有通过努力才能获得这种享乐，而且在尽情享用的同时还抱有战战兢兢的心情。

所以，他们一直是在热心追求或竭力保持一种非常心爱，然而又无法充分满足和不能确定获得的享乐。

假如问我人的哪种激情受出身低下和家业不丰的影响和制约最大，我将认为是人对物质享乐的爱好。此种追求物质享乐的激情本质上是中产阶级的激情，它伴随这个阶级的发展而发展，伴随这个阶级的强大而强大，并伴随这个阶级的占有优势而占有优势。此种激情恰恰是从中产阶级向社会的上层和一般老百姓扩散的。

我在美国遇到的贫穷公民，无一不对富人的享乐表示向往和羡慕，他们的想象力也一直没有离开命运令他们未能得到的财富。

另一方面，我在美国见到的富人，没有一个对物质享乐表示傲慢的轻视。但在最富裕和最放荡不羁的贵族身上，却时常有此种表现。

美国的富人大多数曾是穷人。他们饱尝辛酸，长期跟逆境作斗争，对贫困深有体会，而今刚刚获得胜利，因此原来的斗争热情依旧未减，好像还沉醉于40多年来所追求的小小享乐里。

这并不是说美国跟其他国家不同，没有相当一部分富人是凭借继承遗产和毫不费力就过上富裕日子的。然而，即便是这些人，对于物质生活的享乐同样兴趣不减。喜爱物质生活的享乐，正在变为全国性的，并占据统治地位的爱好。所有的人正被人心所向的这股巨流卷进它的狂涛。

第十一章　物质生活享乐在民主时代产生的特殊效果

看到这里，读者可能会以为，这种对物质生活享乐的热爱，将不断地把美国人引向破坏道德、扰乱家庭，甚至最终危害社会本身的道路。

然而，事实并非如此，因为追求物质生活享乐的激情在贵族制国家中产生的那种效果，并不会同样产生在民主制度下。

有时，贵族的心会因厌烦政务、贪财过度、失却信仰、国家衰落等情况，而逐渐完全倾向于物质生活的享乐。有时，王权的强大和人民的软弱，又会使贵族只保有财产而丧失权力，将他们飞黄腾达的前进道路堵死，而使他们满腹牢骚。这时，他们便会回到自己生活的小圈子里，寻找物质上的享乐，把曾经的伟大抛至脑后。

当一个贵族集体的成员都沉迷于物质生活的享乐时，他们通常就要把长期掌权所积蓄的能量全部用在享乐上。

这样的一些人，决不会仅仅满足于追求享乐。他们还要奢侈荒淫，以致达到腐败透顶的地步。他们无上崇拜于物，好像甘心于争相比赛自我堕落之术。

一个原来越强大、越光荣和越自由的贵族集体，它现在就越要堕落至极点。尽管它的德行曾经光芒四射，但我敢预言它的恶行的魔光终将压倒这个光芒。

然而，对物质生活享乐的爱好，定然不会把民主国家推上这样的极端。在民主国家里，虽然对享乐的热爱是一种强烈的、排他的和普遍的激情，但却是能够控制的。在那里，不会为了满足一个独夫尽情享乐的欲望，而建筑金碧辉煌的宫殿和巧夺天工的花园，也就不会因此产生耗尽天下财富的问题；人们所追求的，不过是能多购几亩良田，经营一个果园，建筑一所住宅，以及过上更加舒服和安康的生活，少惹是生非，并在省力又省钱的原则下满足微小的需要。这些虽然都是小事，但人人均梦寐以求。人们的心每日每夜、时时刻刻都在想它们，以致忘却了世界上的其他一切东西。有时候，在人的心目中，它们会成为仅次于上帝的存在。

有人会认为，这种说法仅适用于没有很多财产的小康之家，而富裕之家则仍需要有贵族时代的那种爱好。我并不认同这种意见。

在物质生活享乐方面，民主社会最富裕公民的爱好并不会跟一般公民差别不大，因为他们同样来自一般公民，事实上他们有和一般公民一样的爱好，并认为自己应当服从一般公民的爱好。在民主社会，公众的享受欲望，会以一种热而不狂的有节制的形式表现出来，并且每个人都必须如此表示他们的愿望。在那里，想要背离共同的准则去做坏事，跟想背离共同的准则去做好事一样困难。

因此，在民主国家生活的富人的主要目标并不在于过度的享乐，而在于满足日常生活的各种细微需要。他们只求能够满足无数的小小愿望，而决不放情纵欲。因此，他们主要是及时行乐，而不至纸醉金迷。

民主时代的人对物质生活享乐表现出的这种特殊爱好，是不会同秩序对立的。正好相反，为了满足这种爱好，还经常需要秩序。它也不会成为整饬民情的阻碍，因为良好的民情对社会的安定、实业的发展都有利。它甚至往往能同一种宗教的道德感相结合，因为它既希望能尽量在现世得到满足，又不放弃到来世去寻找机会。

有的物质生活享乐是一种犯罪行为，人们应注意时时克制自己。还有一些物质生活享乐则为宗教和道德所允许，人们都会去梦想、追逐这类享乐，并促其实现。但在努力追求这种享乐的过程中，他们也会忽略那些最宝贵的可使人类荣耀和伟大的享乐。

我并非因为平等诱使人们去追求被禁止的享乐而责难它，而是因为它使人们完全埋头于被准许的享乐。

这样，终有一天世上会出现一种温存的唯物主义。这种唯物主义会净化人们的灵魂，而不会使人们的灵魂遭到腐蚀，最后使所有的精神紧张在不知不觉之中得到缓和。

第十二章 为什么有些美国人那样醉心于唯灵主义

尽管美国人最主要的激情是对获得现世幸福的渴望，但他们也有暂时中止这个渴望的时候。此时，他们仿佛一瞬间就粉碎了束缚心灵的物质枷锁，从而使自己的心灵直奔天堂。

有时，在美国各地，尤其是在人烟稀少的西部各州，你会看到一些巡回教士到处向人们宣讲上帝的福音。

有些家庭，为了去听巡回教士的布道，全家男女老幼不惜跋山涉水，去很远的地方。见到巡回教士以后，他们一听就是几天，连正常工作都放下不管，甚至到了废寝忘食的地步。

在美国社会，到处都能看到一些醉心于唯灵主义的人。这些人对于唯灵主义的追求，几乎到了疯狂的地步，而这在欧洲是绝无仅有的。一些标新立异的教派，试图开辟直达永久乐境的道路，并随时都可以掀起这种狂热。在美国宗教狂是很普遍的一种现象。

对此我们无须惊讶。

人们爱好永生和喜欢不死，并非后天生成的。这些崇高的本能绝不是人的意志能够随意产生的。它们不依人的努力而存在，而是将基础深深地植根于人性中。人们可以阻止它们的发展，改变它们的形式，但是却无法消灭它们。

有一些需要对心灵来说是必须予以满足的。即使你设法分散心灵的注意力，由于感官活动的影响，它也会立即产生不安、烦恼和激动的表现。

假如大部分人都去追求物质生活的享乐，那么，另一部分人的心灵也可能会出现奇特的反应。这一部分人将在精神的世界中驰骋，唯恐自己再因为堕入肉体希望他们留在其中的陷阱而受累。

因此，在只考虑尘世的社会里出现少数几个一心奔向天堂的人，实在不足为奇。使我感到惊讶的反而是，在一个只顾自身福利的民族中神秘主义是如何迅速地销声匿迹的。

有人说，这个结果的产生要归因于迫害和大屠杀，就像罗马皇帝把他们的迫害和在大圆形剧场中进行的大屠杀带到埃及的底比斯沙漠一样。但我认为，这不如说是那些类似罗马的奢华生活和希腊的伊壁鸠鲁哲学等因素造成的。

美国人的精神被社会情况、地理位置和法制牢牢地束缚起来，他们只顾追求物质生活福利，如果不是这样，那么我们相信，他们一旦开始从事非物质性的活动，将会日益积累丰富的知识和经验，并且不难自我改进。然而，美国人现在已经感到自己的精神正被束缚着，可是他们似乎又不想随时冲破这些束缚。因此，他们一旦摆脱这些束缚，就会不知如何自处，经常到处乱撞，以至于做出一些背离常理的事情。

第十三章　为什么美国人身在幸福之中还心神不安

今天，有时候还能在旧大陆的某些偏僻地区，看到一些在普遍动荡中似乎被人遗忘了的小村镇。它们的周围在前进，它们却仍然维持原样不动。居住在这些地方的居民，大部分都极其愚昧和贫困。他们并不过问国家大事，但却经常被政府压迫。即便如此，他们依然能够怡然自得，而且时常保持心情愉快。

在美国，我见到了一些最自由和最文明的人，他们的生活在全世界也是最幸福的。但我总觉得时常有一层乌云布于这些人的脸上，即便在他们欢乐时，也会让人觉得他们心事重重，似乎心怀隐忧。

之所以产生上述两种情况的主要原因在于：生活在欧洲的偏僻小村镇的居民根本想不到自己的处境是不幸的，而美国人则总在盘算着怎样才能弄到自己没有的东西。

美国人那种疯狂追求福利，以及唯恐找不到致富的捷径而表现出的愁眉苦脸的样子，实在是令人感到惊奇。

美国的居民希望自己得到尘世的一切美好的东西。有时他们好像认为自己能够长生不老，有时又表现得十分急迫，恨不得一下子就把可以得到的东西弄到手，以致在外人看来，觉得他们好像唯恐此生短促，会没有福分享受快乐。他们每一件都想抓，但一件都抓不牢。抓到一件之后，他们很快就会把它丢掉，重新去寻找新的东西。

在美国，一个人精心地盖着一座房子，准备用来养老，但在还没有封好屋顶之时，他就把房子卖了；接着他又去开辟一个果园，没等到树结果，就又把果园出租出去了；即将丰收的庄稼，他也许会转给别人去收割。一个人本来有个不错的职业，可是他可能随时把它丢掉。一个人选择一个地方定居，可是不久以后他会因为自己的志向改变，就又迁到另一个地方去了。在处理私事之余，一个人还可以涉足政界。假如在辛勤了一年后还几日闲暇，他一定会被好奇心驱使着去游遍美国各地，在短短的几天之内走完数千里的行程而大饱眼福。

终于，死亡降临了，这使他只能在尚无倦意时，眼看着追求十全十美幸福的这一还没完成的事业而离开人间。

乍一看这实在使人觉得奇怪，如此幸福的人们在如此富裕的环境中竟然表现得如此好动不安。虽然自有人类以来就已存在这种情况，但是整个民族都是这种表现还属首次。

应当将美国人对物质生活享乐的爱好，看做他们暴露在行动上的这种内心的不安以及他们每天以实际行动让人看到的这种好动性的主要原因。

一心追求现世幸福的人因其寻求、抓取和享用幸福的时间有限，所以永远是显得迫不及待的。一想到光阴易逝，人生苦短，他们就会快马加鞭。即使手里已经握有一些美好的东西，他们也要时时刻刻渴求其他的数以千计的美好的东西，唯恐在他们还没有享用之时，死神就已经来临。这种想法让他们恐惧、焦急和懊丧，使他们的精神永远处在焦灼不安之中，以致常常变更计划和住所。

一旦对物质生活享乐的爱好同任何人都可以不受法律和习惯的限制而自由改变自己的地位的社会情况相结合，那么这种人心的不安状态就会变得更加激烈。这时，由于害怕找不到使自己获得幸福的最快捷径，人人都会不断地改变他们的路线。

同样，不难设想，一个醉心于追求物质生活享乐的人如果有很高的期望，那么他必然容易失望。既然以享乐为最终目的，那么达到目的的手段就要简易，否则，为了追求享乐所付出的辛劳将远远超过享乐本身。因此，这时大部分人的心情都会变得既狂烈又委顿，既紧张又消沉。有时虽然不怕死，但是却害怕继续努力去追求渴望的目标。

我以上所说的各项效果都能由平等通过更直接的途径产生。

一旦取消了出身和财产的特权，各种职业对所有人平等开放，每个人都能依靠自己的能力登上本行业的高峰时，则有雄心壮志的人都认为自己拥有无限光明的前程，觉得自己命中注定要成就一番大事业。但这是一个可以通过经验立刻得以矫正的错误观点。这种使每个公民都觉得自己前程远大的平等，事实上使全体公民各自都变成了软弱无力的个人。这种平等在各方面都限制着人的力量的同时又在扩大着人的欲望。

他们不仅自身软弱无力，而且每前进一步，都要遇到前所未有的强大阻碍。

他们虽然推翻了一些同胞拥有的特权，但又遇到了这样一种局面——不得不和所有的人进行竞争。限制仍然存在，只不过是改变了形式而已。当人们到了彼此几乎都相同和走着同一条道路的时候，任何人都很难迅速前进，无法快速穿过彼此拥挤的密集人群。

平等使人产生了追求享乐的欲望，但它并未向人提供满足欲望的方法，所以这两者之间存在的这种永远相背，时常使人感到苦恼并且受尽折磨。

可以想象，人可以获得使他完全满意的一定自由，从而无忧无虑地享受自身的独立自主。但是，使自己感到满足的平等则是人决不会获得的。

不论一个民族如何努力，都不可能在其内部建立起完全平等的社会条件。如果有一天这种绝对而完全的平等局面真的出现了，那么智力的不平等将仍然存在，因为这种不平等是由上帝直接赐予的，人间的任何法律总是对它无可奈何。

即使一个民族的社会状况和政治制度都是民主的，仍可认为该民族的每个公民几乎总觉得自己在某些地方受人制约，并可预见他们会把自己的视线永远放在这方面。当不平等成为了社会的通则时，即使是最显眼的不平等也不会被人注意；而当所有人几乎都处在相等的水平时，最微小的一点儿不平等也会让人无法忍受。因此，人们越是平等，平等的愿望就越是难以满足。

在民主国家，人们很容易就能获得一定程度上的平等。但他们无法得到自己所期望的平等。这样的平等在人们将要把它抓住之时就跑掉了，但又跑得并不远，使人们能够看到它。结果是它在前面跑，人们在后面追。人们总认为自己可以抓住它，可是它总让人无法抓住。它就在人们的眼前，人们已经能够闻到它的香味，可是却无法将它抓到手，而当人们即将尝到它的甜头时，它便离开了人间。

民主国家的居民时常在富裕生活中表现出来的奇异的忧郁感，以及他们有时在安逸宁静的生活中生出的厌世感，也应当归因于此。

人们抱怨法国的自杀人数在日益增加，相反美国的自杀者却很少，但是人们可以看到，精神失常者在美国的人数要多于其他任何的国家。

法美两国患着一样的病，但它们的症状却不相同。

不管美国人的心情有多不好，他们都不会自杀，因为他们的宗教不允许自杀。尽管美国人普遍追求物质生活的享乐，但可以说他们完全没有唯物主义思想。

美国人意志坚强，但他们的理性却往往薄弱。

享乐的机会在民主时代要多于贵族时代，而且在民主时代爱好享乐的人也特别多。但是，另一方面，民主时代的人们的希望和欲望也更容易落空，精神更容易激动不安，忧郁感也要更加深重。

第十四章　美国人是怎样把对物质生活享乐的爱好与对自由的热爱和对公共事务的关心结合起来的

当一个国家从民主国家变成君主专制国家时，人们以前表现在公私两方面的积极性将被立即集中到私的那方面。这样，最初将会出现一段物质极其繁荣的时期，但是不久以后，速度就会放慢，随之生产的发展也会逐渐停滞。

我不知道是否能从都灵人或者佛罗伦萨人和英国人那里找到一个例子，来证明只要是经营工商业的民族都不是自由的民族。所以在自由和实业之间，存在有紧密的联系和必然的关系。

所有的国家一般来说，都是如此，而民主国家尤其如此。

我已经在前面谈过，生活在平等时代的人所希望的几乎一切福利永远都要通过结社才能获得。在另一方面，我也曾经指出，广泛的政治自由能够完善和普及结社的技术。因而，在平等的时代，自由对于财富的生产非常有益。反之，你能看到专制对于财富的生产非常有害。

在民主时代，专制权力的特点是烦琐与干扰，而非暴虐与凶狠。这类专制并不践踏人性，但却直接压制人们经商的才能和办厂的能力。

因此，民主时代的人要想获得他们长期以来不断追求的物质生活享乐，就必须自由。

但是，由于过分爱好这种享乐，他们有时一遇到强权便表示屈服。于是，追求福利的激情便被一种相反的激情所取代，从而使他们忘记原来追求的目标。

事实上，民主国家的生活中存在着一个非常危险的转变过程。

当这样的国家的物质生活享乐爱好的发展速度比该国文化和自由习惯的发展速度更快时，就会出现一个激动人心而且似乎无法自制的时期，一旦人们看到新的物质生活享乐，就想得到它。他们一心一意想发财，便再也不去理会联系他们个人幸福与全体繁荣的紧密纽带。你不需要去剥夺他们已经享有的权利，他们就会主动交出来。在他们眼中，尽公民的政治义务是一种让他们无法专心于自己实业活动的讨厌的障碍。如果让他们去选举代表，或帮助当局亲自做些工作，或共同负责一些公共工作，那么他们就会推托没有时间，不肯把自己宝贵的时间用去做没有收益的工作。在这些人看来，对于认真追求生活中的重大利益的人来说，这些是不宜做的无聊勾当。这些人相信正确理解的个人利益原则，但对于这个原则的认识却显得较为粗浅；而由于他们过分关注自己所指的个人事情，反而却将一件重要的事情忽略了：自己应当继续做自己的主人。

由于人们只顾自己的工作，不愿关心公共事务，而过去将自己的时间完全投入到操劳公共事务中去的阶级又已经不复存在，因此此时的政府似乎出现了空缺，无人管理。

如果一个精明强干的野心家想要在此危机时期执政，那么，他会发现，篡取各项大权的大门正向他敞开着。

只要他在一段时间内能专注于搞好各项物质利益，人们就会很容易地听任他去做其他事情，而不管好坏。保证良好的秩序是他要做的最主要的事情。热心追求物质生活享乐的人，通常在没有看到自由是如何有利于他们获得物质福利之前，往往先发现滥用自由将会如何破坏物质福利。一旦公众的激情稍微影响到他们私人生活的小小安乐，他们会立刻警惕起来，坐卧不宁。而长期恐惧无政府状态的心理，又使他们常常提心吊胆，一旦出现骚乱就准备放弃自由。

我完全赞同社会安宁是一件大好事的观点；但我也不愿意忘记，每一个国家在出现暴政之前，都曾有过一段秩序良好的时期。当然，这并非指任何国家都应当轻视社会安宁；但也不应该说，一个国家只有社会安宁就足够了。一个只要求他们的政府维持秩序的民族，他们在内心深处已经成为奴隶，即也已成为自己财富的奴隶，而在不久之后将要统治他们的人也就可能出现了。

这样的民族除了要提防个人专制外，也应提防党派专制。

当全体公民都只关注自己的私事时，即使是一些小党派也不会放弃其主宰公务的希望。

因此，在全世界以及在我们自己国家的政治舞台上，不乏由少数几个人代表大多数人演出的情况。他们只是以未出席的或不关心政治的群众的名义发言；活动在舞台上的只有他们几个人，其他人都未参加演出。这些人任意规定一切事物，随意改变法律，恣意践踏民情。当你看到一小撮无能卑鄙之徒竟操纵着一个伟大的民族时，不能不为之震惊。

古往今来，只有美国人幸运地避开了我上面所指出的一切暗礁。在这一点上，他们的确值得人们羡慕。

恐怕世界上没有哪一个国家能像美国那样很少有游手好闲的人。在美国，一个人只要有劳动能力，就会热火朝天地去追求财富。美国人虽然以极其强烈的热情去追求物质享受，但他们却很少乱来。他们具备的理性虽然无法抑制他们的热情，但是却能够指导他们的热情。

一个美国人，在其专顾私人利益的时候，就好像在这个世界上只有他自己；而当他热心为公务而活动时，又似乎忘记了全部的私人利益。他有时好像被强烈的利己主义私欲所驱使，有时又似乎被崇高的爱国主义推动。按理说，人心是无法这样一分为二的。但是，美国人却能将同样强烈的热情交替地运用，时而用它追求财富，时而则用它去追求自由，以致让人们以为他们将用在这两方面的热情合二为一了，把它们统一在了心灵的某个地方。事实上，美国人既认为自由是获得幸福的最佳工具，又认为它是获得幸福的最大保障。他们爱自由的同时，也爱幸福。所以，他们从不认为投身公务是自己的分外之事。恰恰相反，他们相信要有一个政府来保护自己的主要活动：这个政府让他们获得自己期望的财富的同时，又不妨碍他们平安地享用得到的财富。

第十五章　宗教信仰是怎样时时使美国人的心灵转向非物质享乐的

在美国，每当到了一个星期的第七天，全国的工商业活动都好像完全停顿了，也听不到任何的喧闹声。人们迎来了安静休息的时间，抑或不如说是庄严的凝思时刻。灵魂又恢复了自主的地位，并同时开始自我反省。

这一天中，市场上没有人迹；每个公民都领着自己的孩子们到教堂去，他们在这里倾听似乎没怎么听到过的陌生的布道讲演。他们听到了贪婪和高傲造成的数不清的害处。传教士告诉他们：人必须压抑自己的欲望，人只有通过美德才能得到高尚的享乐，人应当追求真正的幸福。

从教堂回到家后，他们并不去看自己的商业账簿，而是打开《圣经》，在其中寻找那些有关造物主的善良与伟大，有关上帝无限壮丽的功业，有关人的最后归宿、职责和追求永生权利的美好动人的描写。

就是通过这种方法，美国人挤出一点儿时间来净化自己，暂时放弃那些生活上的小小欲望和转瞬即逝的利益，使自己立刻进入到纯洁、伟大和永恒的理想世界。

在本书上一卷，我考察了美国人的政治制度能够持久的原因，并认为其中的一个主要原因是宗教。现在，我则要研究宗教对个人的影响，并且我认为这种影响对每个公民的作用并不会小于它对于整个国家的作用。

美国人用行动证明：他们认为要让民主制度具有德化的性质必须依靠宗教。美国人对于这个问题的看法，正是所有民主国家都应该理解的真理。

我确信一个国家的社会及政治制度，必将使这个国家形成一定的信念和爱好，而且在它们产生之后还会不断地充实它们。同时，这些因素还会让这个国家毫不费力地，甚至是毫无所觉地放弃某些观念和倾向。

立法者的才能正表现在他们可以在事前就正确识别人类社会的这些趋势，从而了解到哪里需要公民的帮助，哪里最好减少公民的帮助。要知道，随着时代的不同，公民的这些义务也是不同的。人类所追求的目的并非是永远不变的，而达到这些目的的办法同样也是不断变化的。

如果我生活在贵族时代一个贫富差距悬殊的国家，在这个国家中，某些人累世富贵荣华，而另一些人数辈一贫如洗，这种情况使两者都放弃了改善自己处境的想法，让他们变得麻木不仁并且只把希望寄托于来世；那么，我真希望自己可以挺身而出唤醒这些人认识自己的需要，我要设法寻找最快速、最简捷的办法来满足因我的唤醒而使他们产生的新欲望，我还要指引他们以最大的精力去从事物理学研究，以鼓励他们去创造财富。

如果有一天某些人真的不顾一切地醉心于追求财富，并表现出对物质生活享受的过分热爱，我也丝毫不会感到不安，因为这只是个别例外的情形，当整个社会都去追求财富之时，它就不再是例外了。

民主国家的立法者则会关注其他的地方。

当你让民主国家的人民享有自由和受教育的权利之后，就应放手让他们自己去做所有的一切。他们能够轻松地从这个世界取得它能够提供的所有美好的东西，不断完善每一项有用的技术，过着日渐安逸、舒适的方便生活，而社会情况也很自然地会把他们推到这些方面去。我并不担心他们会止步不前。

但是，当一个人用这种诚实且合法的办法过分地追求幸福时，最终会有让自己非凡的才华失去用武之地的危险；而假如他仅仅忙于改善自己身边的一切，最终又会降低自己的人格。这才是危险的所在，并且将再无其他的危险。

因此，处于民主国家之中的立法者及所有的有德有识之士，应当毫不松懈地努力去提高人们的灵魂，并将之引向天堂。所有关心民主社会未来之人，都应该团结在一起，携手努力，使民主社会能够洋溢着永恒的爱好、崇高的情感和对非物质享乐的热爱。

假如民主国家的舆论界中有人宣扬有害的理论，说一切都将随着肉体的消灭而消灭，那就应当把这些人视为这个国家的大敌。

我在很多方面都反感唯物主义者。我认为他们的学说是有害的，并且讨厌他们的妄自尊大。若说唯物主义体系对人还能有一点儿用处，大概就是它让人们有了一个对自己的朴素认识。但是，唯物主义者本人却不这样认识自己。当他们自认为有充分证据证明自己也不过是兽类时，反而表现得十分高傲，仿佛自己就是神明。

在所有国家，唯物主义都是人的精神的危险病症。但唯物主义在民主国家尤为可怕，因为它会同在民主国家中的人心常有的那种邪恶巧妙结合。

民主主义鼓励人们喜爱物质享受。但这种爱好如果超过了限度，就会很快让人相信这一切都只不过是物而已，而唯物主义就会使人狂热地追求这种物质享受。这也是民主国家摆脱不掉的宿命循环。若它们能够在看到危险后自我节制，那就好了。

大部分宗教都是通用、简便和实用的宣传灵魂不灭的工具。一个民主国家能够有信仰，主要应归功于宗教；而且，与其他任何国家相比，民主国家更需要有信仰。

因此，在一个民主国家，不管是什么宗教深深扎下根时，你都不要去干涉它，而要把它当做贵族时代的珍贵遗产去加以保护；你也不要用一种新宗教观取代人们的旧宗教观，以免在由一种信仰皈依另一种信仰的过渡阶段时，人们的心灵出现信仰空白期，那么对物质享乐的爱好便会在此时乘虚而入，日益扩大范围，以致完全占领整个心灵。

当然，轮回说也没能比唯物主义强上多少。但是，如果一个民主国家必须从两者之中择其一时，我确信它一定选择前者，并且我认为，使公民们认为自己的灵魂会托生为猪，总比让他们确信根本没有灵魂会少暴露一些兽性。

信仰与物暂时结合的、非物质的和永恒的原则，是使人高尚化所不可缺少的，因为这种信仰还会在人们不相信因果报应的观点时，和只相信神赐予人的灵魂在死后将还给神，或转到神所创造的其他物身上时发挥良好的作用。

即使是这样的信仰，也会将肉体看成我们人生中次要的和低级的部分。因此，它承认肉体影响的同时又轻视肉体；对人的非物质部分表示由衷的尊重和赞美之时，又会在有时拒绝服从非物质部分的命令。单凭这一点，就足以使它的观点和爱好具有某种高大的外貌，使它自动地而非出于利害关系去接近崇高的思想和纯洁的情感。

苏格拉底及其学派肯定人死后有来世，这种思想并不正确；而只有他们所立足的认为灵魂与肉体并无共同之处和人死后灵魂依然存在的这个信念，才会给柏拉图的哲学提供使它能具有自己特色的强大动力。

在阅读柏拉图的著作时我们得知，在柏拉图之前以及与他同时，许多作家都鼓吹唯物主义。这些作家的著作不是没有传世，就是只流传下来一鳞半爪。在任何时代几乎都是这样，能流传于世的名著大多都是主张唯心主义的。人类的本性和爱好维护唯心主义，并且往往不以人的意志为转移地将它从危难中拯救出来，使倡导它的人得以名垂不朽。因此，绝对不要相信，在任何时代，实行任何政治体制，追求物质享受的激情以及由它产生的观点都能够使全体人民满意。人心远比人们想象的要宽，它能够同时容下对现世幸福的爱好以及对天国幸福的向往。有时它似乎疯狂地热衷于其中之一，但是没过多久它就又去追求另外一个。

指出在民主时代尤其需要让唯心主义观点占据统治地位很容易，但要说明民主国家的统治者要如何使这种观点占据统治地位就比较困难了。

我不相信官方的哲学可以做到繁荣和长存。至于国教，我一直认为虽然暂时看来它是有利于政权的，但是它迟早会损害教会。

有人会认为，提高宗教在人民心目中的地位，并使人民尊重宗教所提倡的唯心主义的最好方法是间接将法律所未给予教士的政治影响力赋予他们。对这种观点，我不敢苟同。

我认为，一旦宗教信仰的解说人参与到政治中去，信仰就将产生几乎无法避免的危机；我认为，现代民主国家应当不计代价地维护基督教。因此，我宁可将神职人员关在教堂里，也不愿让他们越出教堂的大墙一步。

那么，政府又怎样使人民相信唯心主义的观点或皈依宣传唯心主义观点的宗教呢？

我下面的答案并不被政治家们赞同。我认为，为了使灵魂不灭论受到人民的尊重，政府能够采取的唯一有效的办法，就是每天在行动上表明它也相信灵魂不灭论；我还认为，只有政府在大事情上认真遵守宗教道德，它才能以身作则教导公民在小事情上承认、热爱并且尊重宗教道德。

第十六章　过分热爱福利为什么可能损害福利

在肉体享受的改善和心灵境界的提高之间，存在着人们想象不到的密切联系。人们可以随意处理这两种完全不同的事情，并且轮流地对其加以重视，但是，绝不能把它们完全分开，否则哪一种都做不好。

兽类的官能与人类的一样，并且它们的贪欲也与人类的接近。兽类的要求满足身体需要的激情，和人类的没有什么不同，在狗的身上和人类的身上都可以找到这种激情的萌芽。

但是，为什么我们人类能无限地改变并且不断提高我们自身的需要，而动物却只能满足它们最基本的和最低级的需要呢？

我们在这方面优于兽类的地方，就在于我们能用心灵去探求物质福利，而兽类则只能依靠本能去探求。在人类社会，有聪明人教导笨人学习满足自己需要的技能。人类之所以能成倍地提高肉体享受，而提高的程度又是兽类无法想象的，是因为人不仅能够超越肉体享受，并且能轻视生命本身，而兽类根本不知道生命是什么。

一切可以提高、充实和扩大心灵的事物，都最能使心灵去完成与其本身毫不相干的事情。

反之，只要是可以削弱和贬低心灵的事物，都足以破坏心灵处理从最小到最大的一切事情的能力，使它任何事情都做不成。因此，最关键的是让心灵处于有力而强大的状态，并可能随时以这种状态为肉体服务。

假如，有人的目的只是追求物质财富，那么我们可以相信：他的生产物质财富的才能将逐渐丧失，最终会跟兽类一样，既无鉴别物质财富的能力又不会使物质财富的生产发展。

第十七章 为什么在平等和怀疑盛行时期应当把人的行动目标放长远一些

在宗教信仰的影响非常强大的时期，人生的最终目标被人们放在来世。

因此，这个时期的人自然而然地，或者说心甘情愿地习惯于凝视着一个固定不动的目标，一连多年，并不停地努力奔向这个目标；在随心所欲的前进过程中，他们学会了抑制许多转瞬即逝的小小欲望，而满足于自我心中的那个伟大而永恒的志望。就算是这些人在忙于现世的事情，这种习惯同样也在指导他们的行动。在现世的一切行动中，他们愿意为自己定出一个明确的总目标，并愿意尽他们的最大努力直奔这个目标。他们有总的规划，并孜孜不倦地终生去追求，而不会天天改换目标，以追求新的志趣。

正因此，笃信宗教的人民能够经常完成目标长远的事业。人们可以看到的是，他们在追求来世的幸福的同时，也掌握了获得现世幸福的重大秘密。

宗教使人养成了待人处世都考虑来世的习惯。从这一点而言，宗教对现世幸福的促建作用并不亚于其对来世幸福的这种作用。这也是宗教的主要政治作用之一。

然而，随着信仰之光的暗淡，人们目光逐渐变得短浅，最后让人觉得自己的行动目标每天都摆在眼前。

人们一旦习惯于不再考虑死后将是怎么样，便会轻易对未来采取满不在乎的态度，而这种态度又是最适合人类的某些本性的。人们一旦不习惯于把自己主要的希望置于长远的目标，自然而然地，他们就想尽快实现眼前的一些小欲望；当他们对永生表示失望后，他们急于追求现世幸福的样子，就仿佛他们真的只能活一天了一样。

因此，在怀疑盛行的时代，最可怕的便是人们不断地受日常偶发的欲念的驱使，抛弃那些必须经过长期的努力才能达到的长远目标，而不愿意再去做那些长期的、稳妥的和伟大的事业。

处于这种状态的民族，如果有一天它的社会情况民主化了，则上述危险将会变得更加严重。

当广泛的竞争为所有人敞开大门，每个人都在不断设法改变自己地位的人，财富在民主的动乱当中一瞬间就可以失散或积聚时，人们的头脑便极易出现各种各样的幻想，想到突然发财，想到得失俱易的巨额财富等。社会情况的这种不稳定性，又不断加剧了人们欲望的易变性。由于命运的这种变化莫测，人们便只顾眼前了。于是，现在掩盖了未来，人们也不再想了明天。

在由于不幸的巧合而使民主制度和不信教的思想同时风行于一个国家时，哲学家和执政者要做的大事便是应当不断地号召人们以长远的眼光看待人的行动目标。

道德家们在潜心研究自己所处的时代和国家的精神时，应当学会保护这种精神。他们应当不断努力，向同时代的人指出，就算在动荡连绵的条件下，人们也可以规划并实施长期的事业，而且不像想象中的那么困难。他们还应当让同时代的人明白，虽然人类的生活条件有所改变，但人们可以用来促进现世繁荣的方法仍未改变。不管是不是民主国家，人们要使渴望幸福的共同激情得到满足，只有抗拒眼前的许许多多的个别小欲望。

执政者的任务也是非常明确的。

无论在什么时代，领导国家的人都必须高瞻远瞩，特别是在民主和怀疑盛行的时代，更是应当如此。民主国家的领导人照此做了之后，不仅可以通过自身的实例使人们学会处理私事的方法，而且可以使国运昌盛。更重要的是，执政者在为政当中，必须尽一切力量排除没有长远打算的侥幸心理。

在贵族制时代，因为整个制度和舆论已使人们积久成习，只会循规蹈矩，慢慢腾腾前进，所以侍臣的无功受禄和突然得宠，只能在贵族国家里产生短暂的影响。

但是，由于在民主国家，人民只顾着忙自己的私事根本不关心这些事，假使出现这样的事情，便会产生极大的恶果。因此，在怀疑主义和平等同时盛行的时代，首先应当防止君主或人民的随心所欲，使人尽其才。不能让那些野心家轻易地登上高位，应当使每一次晋升都是本人努力的结果，使任何目标都必须经过长期努力奋斗才能达到。

政府应当努力使人们恢复对未来的憧憬，这已经不能指望由宗教和社会情况来恢复，而要以实际行动来教导公民，让他们知道财富、名誉和权力等，都是靠劳动取得的，明白要想获得巨大的成就，必须订立长远的目标，而凡是经过艰苦努力获得的东西都是持久的。

当人们习惯于预见目前应做的事情的长远发展，并仔细规划工作的时候，就永远不再会使自己的思想被现实生活束缚，而是能随时冲破限制，往远处看。

因此，假使人民习惯于在现世便考虑未来，则用不着指示他们，他们就会自动去接近宗教信仰。

由此可见，使人们不经过宗教而能达到指定目标的办法，大概就是我们今天仅有的，通过漫长而弯曲的道路让人类建立起信念的办法。

第十八章　为什么美国人认为一切正当的职业都是高尚的

在没有世袭财产的民主国家里，人们都依靠劳动生活，有的依靠劳动的积蓄，有的依靠也是劳动者的父母而生活。因为劳动是每个人人生必要的、自然的和正常的条件，所以有关劳动的观点从四面八方进入人们的思想。

在这样的国家里，舆论不反对劳动，都赞成劳动，劳动不但不下贱，反而非常光荣。比如在美国，每个富人都认为，正是因为有舆论支持，他们才可以用自己的余暇去尽某些应尽的公共义务。如果他们一生只为自己度过，死后将会声名狼藉。许多美国的富人，为了逃避这种劳动义务而逃到欧洲。在欧洲，他们寻找到了仍把清闲自在视为光荣的贵族社会的残余。

平等不仅恢复了劳动观点的名誉，更为重要的是，它提出了靠劳动牟利的观点。

在贵族社会，其实人们并不是轻视一切劳动，而只是轻视牟利的劳动。如果劳动是为了实现个人的抱负或者只是为了修德时，劳动依然是光荣的。但是，在贵族制社会，这些为荣誉而劳动的人往往同时趋利，他们只是会把这两种愿望藏在内心不向外表露。他们伪装得非常好，并且他们容易隐瞒，他人完全看不出两种愿望是相结合的。在贵族制国家，几乎所有官员都在要求为国家服务的同时表示放弃利益的。在他们看来，薪俸是小事。他们对此并不斤斤计较，并且常摆出一副根本不会去考虑这个问题的姿态。

因此，牟利的观念仍然和劳动的观念有所不同。虽然在事实上这两个观念有时结合在一起，但是在思想上它们还是分开的。

相反，在民主时代，这两个观念总是昭然联结在一起的。由于每个人都有追求财富的欲望，每个人的财富都为数不多并且时时在改变，他们都需要多增加自己的财富，同时为子女多积点财富，所以他们都清楚：自己的劳动，就算不全是为了牟利，但至少也有部分是为了牟利。甚至于那些主要为追求名誉而劳动的人，也必须得承认自己的作为并不只是为名而已，并且不论愿意与否，他们总是把求生的愿望混进求名的愿望中去。

如果每个人都认为劳动是人生光荣的必然条件，而贵族因为接受薪俸而承认劳动纵使不是全部为利，至少也是部分为利，则存在于贵族制社会中的那种职业之间的鸿沟便将消失。虽然各行各业并不完全相同，但至少有一点是相同的。

这一相同点即是：每一个行业都是为了赚钱而付出劳动的。每个人都领取的工资或薪金让彼此具有了相同的外貌。

仅这一点就足以说明美国人对于各种职业的看法。

在美国，从事服务行业的人觉得自己是在劳动，而且看到周围的人无不劳动，所以他们决不认为自己低人一等。他们不会因想到自己领取工资而觉得低下，因为就算是美国总统也是为了领取薪俸而劳动的。总统是因发号施令而得报酬，而同他们为服从命令而得报酬没有本质不同。

在美国，各种职业从无高低之分，都是比较辛苦的，也是比较容易赚钱的。所有的正当职业都是高尚的。

第十九章　什么东西使几乎所有的美国人都喜欢从事实业

在民主国家中，我认为农业或许是进步得最慢的有用技术。有人甚至常说农业处于停滞不前的状态，因为好像其他行业都是在跑步前进。

但是，由平等所带来的几乎一切爱好和习惯，却自然而然地在引导人们去从事工商业。

假设有一个聪明、能干、小康、自由并且充满希望的人。从能过上非常安逸舒适的生活上而言，他还很穷；但从无须担心缺吃少穿上而言，他又是够富裕的。他总是在想办法来努力改善自己的命运。他已经尝到了物质享受的好处，而摆在他的眼前的还有其他许多享受的好处。他开始努力追求这些爱好，并增加用来满足这些爱好的手段。然而，人生是如此短促，时间是如此有限，他应当怎么办呢？

种地，可以让他的努力得到一定的成果，但是不仅得来得太慢，还要付出艰苦的劳动，并且只能是逐渐地富裕起来。农业只适于已家财万贯的富人或只求糊口的穷人。我们假设的那个人作出了自己的选择：他卖了土地，离开家乡，去另谋一种虽有风险但可赚钱的行业。

在民主社会，这样的人非常多，随着身份平等的日益普及，其人数还在不断增多。

因此，民主制度不仅让劳动者的人数不断增加，而且还促使人们去选择自己最喜欢的工作。同时，民主制度也使得人们不爱从事农业生产，而把人们引向工商业。[①]

这种精神甚至也见于最富有的公民。

---

①有人屡次指出工商业者过分爱好物质享受，并因此谴责工商业。我认为，他们在这个问题上是本末倒置了。并不是工商业启示人们爱好物质享受，而是因为人们指望在工商业中使自己的要求得到更加充分和迅速的满足，也就是说是这种爱好把人们带进了工商业。如果说工商业加强了人们追求物质享受的欲望，那只是因为人们从事工商业的时间越久，他们的欲望也就越强，他们越是努力满足欲望，欲望就越是提高。使人喜欢在现世享福的一切原因，都可促进工商业的发展。平等就是这些原因之一。平等对于商业的促进，并不是采取直接使人产生经商爱好的办法，而是采取间接加强和培养人爱好幸福生活的办法。

在民主国家，无论一个人是如何富有，也差不多总是不会满足于已有的财富，因为他认为自己仍不如前人富，更害怕子孙不如他富。因此，民主国家的大部分富人不断地想办法发财，他们认为致富的最快和最有效的办法是工商业，他们自然而然地将注意力转向了工商业。在这一点上，一贫如洗的穷人的本能同他们的本能一样，说得更准确些，他们也受最迫切的需求的支配，当然这种需求不同于穷人的那种希望温饱的需求。

在贵族制国家，富人同时也是统治者。因为他们一直都专心于重大的公共事务，所以根本无暇去做工商业。纵使是他们中的某一部分人想去经商，他们的阶级意志也会马上挡住他们的去路。虽然他们想反对本阶级的多数的统治地位，但他们却仍没有办法完全摆脱这个多数的限制，而在贵族集团内部，却存在着一个专门进行统治的多数，虽然他们坚决不承认人民的多数的权利。(A)

在民主国家，金钱不仅不能导致有钱人掌权，甚至还会让这些有钱人远离政界，所以民主国家的富人都不知道怎么去打发他们的余暇。他们的大量财产和他们的远大希望，以及那些不管用什么方法致富的人常有的异常爱好，都在激励他们行动。但是，向他们敞着的却只有经商这条路。在民主国家，商业是最伟大、最光辉的行业。它吸引了每一个人的注意力，成了群众向往的目标，使人们的最热烈的激情都向它那里集中。即使富人自己对经商有偏见，或他人对经商有偏见，也无法阻挡富人去经商，任何东西也阻挡不了。民主国家的富人，从来不组织拥有自己的独特规章和制度的社团。这个富人阶级的特有观点，对他们并没有束缚力；全国的一般观点，则对他们有促进作用。在民主国家中出现的巨富们，几乎全是靠经商发家的，并会一代一代接着经营下去，直到财富的所有人完全没有了经商的习惯。

因为民主国家的富人们不愿意从政，所以他们将自己的全部精力都投入到了商业中。在这方面，他们可以专心发展，并利用自己得天独厚的优势。可以这样说，这应当归功于他们敢于创办实业的伟大精神。但假如他们生于贵族制社会，则很难想象他们会有创办实业的机会。

在民主社会，不管是穷人抑或富人，都有如下的一致的表现。

那些生活在情况易变的民主社会的人，眼前浮现的总是变幻莫测的偶然因素的影子，所以，他们都热爱从事偶然因素在其中发生作用的事业。

因此，他们都选择去经商，而经商的目的又不仅仅是为了牟利，还因为喜欢商业给他们带来的冲动。

美国从英国的殖民地束缚下解放出来后，至今只有半个世纪，所以它的大富之家不多，资本也很有限。但是，世界上却没有任何一个民族像美国人那般在工商业上获得过如此迅猛的发展。现在，美国已是世界上第二大海运国家，它的制造业虽然还要克服一些几乎无法克服的天然障碍，但每天仍有新的发展。

在美国，因为全国人民都参加工业活动，最穷的人和最富的人都愿意在工业方面将他们的力量联合起来，所以经营大型工业企业没有难处。因此，当你看到这个可以说并不富强的国家所举办的大型工程时，肯定会惊讶不已。虽然美国人踏上他们现在居住的土地的时间还不长，但他们已使自然界改观，并为他们服务了。他们沟通了赫德森河和密西西比河，在陆上建设了500多里约的道路，把大西洋与墨西哥湾接连在一起。几条大的铁路，也已在美国建成。

但让我感到最惊讶的，并不是美国的某些工业企业规模特大，而是它的企业数不胜数。

美国的农业经营者，几乎都是实行的农业商业联营，大部分都是亦农亦商。

美国的种植业者，老守田园的不多。在西部的一些新州尤其如此，那里的人并不是为了自己种而开垦一块土地，他们是为了出售；他是预见到居民增加以后，当地的形势将立即发生变化，可以将农场高价卖出去，才建设一个农场的。

每年都有大批北方居民蜂拥至南方，在盛产棉花和甘蔗的地区定居。这些人来到南方种地的目的，是希望用不了几年时间就能让自己发财致富。他们来到这里后，就已估计到总有一天会回老家享用在这里获得的财富。就这样，美国人把经商精神也带入了农业，使它们经营实业的激情也在农业方面表露出来。

美国人让工业获得了空前巨大的发展，因为他们全都在搞工业。但也正是因此，他们经常成为突如其来并且危害甚重的工业危机的袭击对象。

因为他们全都从事商业，所以他们的商业活动也就要受到许许多多的复杂因素的影响，以至于无法预见到可能遇到的障碍。因为他们每个人都或多或少加入到了工业活动中，所以只要工商业受到冲击，不仅他们个人的财产要遭受损失，而且整个国家也要因之震撼。

总而言之，我认为，周而复始的工业危机，是现代民主国家的固有通病。民主国家无法将其根治，只能减轻它的危险性，因为这种危险是民主国家的本性使然，而并非出于偶然。

第二十章 实业为什么可能产生贵族制度

我已指出民主制度为什么能对实业的发展有利并使实业家的人数无限增加。现在，我来研究下实业通过什么样的迂回的道路可使人走回贵族社会。

我们已看到，当一个工人每天只做同样的一个零件时，由零件组装而来的产品的生产便会更加方便、迅速和经济。

并且我们也已看到，一个工业企业资本越多，办得越大，信用越高，它的产品则越价廉。

人们早已经察觉这两项真理，而在我们这个时代才把它们明确指出来。人们早已把这两项真理应用于一些最重要的工业部门，而逐渐受它们支配的还有一些小的工业部门。

在政治方面，我认为立法者最应当注意工业科学方面的这两项新原理。

当一个手艺人始终如一地只制作一种产品时，他的手艺必然会十分熟练。但同时，他用其精神全面指导工作的能力将会丧失。他的手艺虽越来越熟练，但他也越来越不动脑筋。可以这么说，虽然他作为一个工人在技术上日益进步，但是他作为一个人在本质上却是日益下降的。

一个一生做了20多年别针帽的人，你能期待他有什么作为吗？人的智力是常常能做出惊天动地的事业的，但除能用智力去研究制作别针帽的最优方法外，这个人今后还能把智力应用于其他什么地方呢？

一个工人如此使用他毕生的绝大部分时间时，他的思想也就永远离不开他每天所做的那一种物品，而他也就养成了一些永远无法摆脱的习惯。一句话，他已经属于他所选择的职业，而不属于自己。在此条件下，虽然民情与法制在想办法拆除他周围的樊篱，为他另辟出千百条致富的道路，但仍是徒劳；民情和法制远没有实业的原理更有力量，这个原理把他绑在一种行业之上，往往让他固定于某个地方从而无法离开。而且，实业的原理还规定了他在社会中的一定地位，让他无法改换。整个世界虽然在不停运动，然而实业的原理却让他静止不动。

伴随着分工原则的普遍应用，工人日益处于从属地位，日益软弱无力，并日益缩小活动范围。手艺人的工艺虽是进步了，精神却退化了。另一方面，当一种工业的产品随着该生产部门的规模不断扩大和资本不断增加而大量增长时，那些有知识和有钱的人，也都会去经营迄今仅仅是由没有知识或生活不富裕的手艺人所从事的工业部门。如此巨大的需求量和无限的利润，在吸引着那些最有钱和最有知识的人。

因此，实业科学在抬高了老板阶级的同时，不断地贬低着工人阶级。

当工人将自己的智力越来越多地用于去研究那些小事的时候，老板每天却在注视着全盘的工作。于是，工人的眼界日窄，而老板的眼界日广。不久以后，工人只用体力而不动脑筋，而老板却需要科学和甚至天才去获得成功。工人越来越像牛马，而老板则越来越像一个大帝国的行政长官。

因此，老板和工人现已不仅仅是毫无共同点，并且差距每天都在不断地加大。他们就像一条长链两端的环，各自站在为他们所规定的位置，而且谁也不能离开。一方对另一方处于必须永远严格从属的地位，似乎一方是为了发号施令而生，而另一方则是为了服从而生。

这不是贵族制度又是什么呢?

在一个国家的人民越来越平等以后，他们对于工业产品的需求也将越来越增加并普及，而事业成功的最大因素则是低价将产品送到一般人家里。

因此，每天都可以看到这样的事实，最有知识和最富裕的人在将自己的学识和财富用于经营工业之上，并用开设大工厂和实行严密分工这样的办法来满足各个方面的新需求。

长久以后，随着人民群众转向民主制度，而专门经营工业的阶级便越来越贵族化。人与人之间一方面越来越相似，而另一方面却又越来越有差距。最终，不平等现象在大多数人中间虽然减少了，但少数人与大多数人之间的不平等现象却是加大了。

正因此，当你追溯到根源的时候，便会感觉一个贵族集团好像靠的是一种自然的力量从民主社会中产生而来的。

但是，这批贵族和从前的贵族是完全不一样的。

首先你将会看到，这批贵族只专心搞实业，抑或说只从事某类实业部门，在整个社会里他们是一批怪物，与众不同。

在现代的广大民主社会里，一些实业界人士建立起的贵族小社会，同古代的贵族大社会一样，也包括两类人：大量非常穷困的人和少数十分富裕的人。

这些贫穷的人中很难有能够脱贫致富的，然而富人却可能随时会变穷，抑或致富之后而弃商。所以，贫穷阶级的成员几乎是固定不变的，但富裕阶级的成员则并非如此。因为这些富人既无共同的精神，又无共同的目标，既无共同的传统，又无共同的希望，所以坦白说，今天虽有富人，但没有富人阶级。因此，他们决不算一个团体，而仅仅是一伙人。

不仅富人之间无坚定的团结可言，而且可以说穷人和富人之间也无可靠的联系。

他们之间的联系不是长久的，随利害关系的变化每时每刻都在离合。工人通常依靠老板，但并不总是依靠一个老板。工人和老板只是在工厂里相识，一旦离开工厂后，大家就形同陌路。他们仅仅是在一个点上接触，而在其他点上，则分道扬镳。工人只希望工厂主给他工钱，而工厂主只要求工人给他做工。工厂主无须工人保卫，工人也不需工厂主保护。不管是从惯例上而言，还是从权利义务上来说，他们之间都没有永久的联系。

厂商所形成的贵族，几乎永远不会扎根于它所指挥的实业大军中；他们的目的不在于要统治这批人，而是要使用他们。

这样组织起来的贵族并非想大量地控制一批被雇用者，纵使有时雇用了大量的工人，不久以后也会解雇一部分。他们没有这种想法，而且也不能按此做。

旧时代的地方贵族，在法律上抑或自认为在习俗上，对自己的下属负有救济和减轻他们的苦难的责任。但是，现代的实业贵族，在把他们所使用的人变穷、变蠢之后，如果遇到经济危机，便会把他们推出工厂的大门，让社会去救济他们。这就是事情发展的必然后果。尽管工人和老板之间时时发生关系，但彼此之间并没有真正的结合。

总之，我认为我们亲眼看到其成长的这批实业贵族，乃是世界上有史以来最严酷的贵族。但它同时又是危险性最小和最受限制的贵族。

但是，民主的朋友还是以不安的心情的把视线转向这一方面，因为身份的长久不平等和贵族制度一旦再侵入这个世界，那么便可预言，它们定是从这扇大门溜进来的。

第3部分

lunmeiguwodeminzhu

第一章　民情怎样随着身份平等而日趋温和

如我们所见，近几个世纪以来，人们的身份逐渐趋于平等；同时，民情也渐渐温和。这两种现象仅仅是恰巧同时发生的呢，还是由于两者之间存在一种内在的联系，致使缺少了其中一个的发展就使得另一个不可能前进呢？能够导致一个国家的民情由粗野向温和转变的原因很多，但在我看来，所有这些原因当中最强有力的就是身份的平等。因而，我认为，身份的平等化和民情的温和化不只是同时发生的现象，还是相关的事实。

当一些寓言作家妄图以动物的故事来开导我们时，便在动物身上添加了人的思想和感情。同样，当诗人们描述神鬼和天使时也是如此。他们如果不用借喻的手法来重现我们人类本身，就不会使我们生发出足以触动我们的精神和抓住我们的心灵的那种深刻的痛苦感和纯净的幸福感。

讨论我们现在的问题时，这一点也完全适用。

在贵族制社会之中，按照职业、财产和出身，所有人分属于等级森严的阶级，但是在每个阶级内部自己的成员却被视为同一家族的子女，在成员之间经常存在一种在民主社会中同类公民所不存在的亲切的同情。

然而，这样的同情并不存在于不同的阶级之间。

在贵族制国家之中，不同阶级有不同的观点、感情、权利、习尚和生活方式。从这一角度来看，贵族的成员完全不同于其余公民，其彼此之间并不存在共同的思想和感情，因而很难让人相信他们属于同一国家。

所以，贵族成员无法很好地理解他人的所想、所感，更无法设身处地去考虑他人的感受。

但有些时候他们却也很愿意热情地帮助他人，这一点并不与上述矛盾。

这种贵族制度一方面使同一国家的人被分成不同等级，另一方面却又以十分紧密的政治纽带联合了这些等级。

农奴虽然天生并不关心贵族的命运，然而他却认为自己有义务效忠于使他沦为农奴的人；贵族虽然不认为自己与农奴属于同类，但他的责任和荣誉使他不得不冒着生命危险去保护住在自己所管辖的领地上的农奴们。

不难发现，这种相互的义务不是源于天赋权利，而是源于政治权利，而且个人所能获得的好处远远不及社会由此所能获得的。这种义务是主人对家奴或家奴对主人尽的，不是对自认为应当互助的人尽的。封建制度仅仅给某些人，而并非给全人类带来了巨大的痛苦。封建制度带给民情的风气主要不是温文尔雅，而是慷慨侠义；封建制度的主要目的是让人无限忠诚，而并非让人表现真诚的同情，因为真正的同情仅仅存在于彼此完全相同的人之间。在贵族的时代中，处于相同阶级的成员之间才认为彼此是相同的。

按照出身和习惯来说，中世纪的编年史家们都属于贵族阶层，因而当他们描写某一贵族惨死的情景时，都极力表现出哀伤的情绪。与比迥然不同的是，对老百姓惨遭屠杀和拷打的情形，他们却往往轻描淡写，并且无动于衷。

这并非意味着他们一贯仇恨和历来轻视老百姓，国内的不同阶级之间并未宣战。他们之所以如此，主要是基于他们的本能，而并非感情。因为他们并没有明确认识到穷人的苦难，因而也就不太担心穷人的命运。

当封建关系一旦被破除，普通的老百姓也会如此。在部分家奴表现出对主人们无限忠诚的时代，也偶尔有下层阶级将骇人听闻的暴行施加给上层阶级的现象。

我们不要总是把这种互不关心的现象出现的原因归结于无秩序和无文化，因为在之后的几个已经堪称秩序井然并且文化发达的世纪中，这种现象依旧存在。

1675年，在布列塔尼地方的下层阶级，曾经聚众反对新税。当局残酷无比地镇压了这次骚动。请看，亲眼目睹了这一恐怖事件的塞文涅夫人在写给她的女儿格里娘的信中是如何说的：

“我亲爱的女儿：你从埃克斯给我寄来的信写得实在是太好笑啦！寄出信件以前最少要再检查一遍。你会吃惊于你自己所写的如此多的赞美之词，与此同时你又会对自己这样不厌其烦地写了如此之多而无比欣慰。是不是你早就已经亲吻过了普罗旺斯地方的所有的人？然而，你只要是不爱闻葡萄酒的香味，就意味着你亲吻遍了布列塔尼地方的所有的人，也不会令他们感到满意。（……）你想不想听一听来自雷恩地方的消息？在那里下达了征收10万枚银币税收的命令，一旦不能在24小时内交出，税额就会翻一番，并会有官兵去强制征收。已经有一条大街的所有居民都被当局残忍地撵出了家屋，并严格禁止任何人收留，违令者死。有一大群倒霉的人（包括一些孕妇、老人和小孩）因此被迫恋恋不舍地离开了这个城市，他们为此而号啕大哭；他们不知去往何处，没有食物，也没有可以栖身的地方。就在前天，有一个开舞厅的小提琴师由于偷印花税被车裂。他活活地被五马分尸（……），他的四肢被残忍地放在城市的四个角上示众。（……）截至目前已经有60名市民被捕，他们将会在明天被治罪。这里给别的地方树立了良好的榜样，使得其他地方也同样地尊重总督及其夫人

（……），不得往其花园里投石头[1]。（……）就在昨天，天气特别好，塔朗特夫人到其林园小憩。自然而然要为她准备下榻之处以及饮食。她从柴扉处走进来，又从原路走回去。……

1675年10月3日，寄自罗歇”[2]

她又在另一封信中补充说：

“你往往喜欢同我谈论我们这里发生的一系列悲惨事件。我们这儿不再实行车裂了。为维护正义，每周也只杀一个人而已。当然，我现在认为判处绞刑已经算是很宽大了。自从来到这里，我对正义的看法几乎已经完全改变了。就我而言，你的那些曳船奴隶，真可以说算是一伙不问世事而使生活安宁的好人了。”[3]

假使有人认为写出这些话的塞文涅夫人是个利己主义者和残酷的人，那就大错特错了。她热爱自己的子女，也十分同情朋友的不幸。当你读她的信时，甚至可以发觉她对家臣以及奴仆非常仁慈宽大。然而，她对贵族圈子以外的人们所受到的的苦难却一无所知。

而如今，最残暴的人给最无情的人写信时，也不敢泰然自若地说出以上的这些话，尽管他个人的品质促使他如此做，全国的民情也要禁止他如此做。

这种情况是如何产生的呢？是由于我们现在比我们的祖辈更有感情吗？我并不知晓。但有一点能够肯定，即我们的感情已扩展到更多的事物上去了。

当一个国家的人在地位上几乎平等，在思想与感情上大体一致时，每个人都可马上断定出其他一切人的所想与所感。是说，只要他能够省察一下自己，就能够做到这一点。因而他不难发觉别人的任何苦难，一种内在本能让他在苦难扩大时能够立即看到。当他对待陌生人或敌人时，这种本能也会让他不加歧视，因为其省察会立即发生作用。一旦这种省察同其怜悯心结合，便能够使他在同类受苦的同时也觉得自己身受其苦。

在民主时代，很少存在某些人对另一些人尽忠的现象；然而任何人都有人类共通的同情心。谁也不愿让别人受无谓的痛苦，并且只要对自己没有重大损害，都会尽力去帮助他人减轻痛苦。人人都喜欢如此。虽然他们并不慷慨，但是却很温和。

即使从某种意义上而言，美国人已经将利己主义转化为社会和哲学理论，然而他们并未减少怜悯心。

不存在任何其他的国家像美国的刑事法庭一样从轻治罪。当英国人似乎仍然在思考在他们的刑事立法中珍惜地保存中世纪的残酷遗风时，美国人几乎已经在其刑事法典中彻底地废除了死刑。

我想在这50年以来北美堪称世界上唯一没对政治犯判处死刑的国家。

---

①为了便于读者了解信中最后这句话的含义，应当指出格里娘就是普罗旺斯地方总督的夫人。

②参看：蒙梅尔克编《塞文涅夫人通信集》，法文版，第4卷第205页及以下几页。

③同上书第248页。这封信的日期为1675年11月24日。

美国人这种无比温和的态度主要源于他们的社会情况，这能够从他们对待奴隶的态度上得到印证。

总体而言，新大陆的所有属于欧洲人的殖民地，没有一个地方的黑人的物质生活条件比美国黑人更好。但黑人在美国还是要忍受可怕的苦难，经常受到无比残酷的惩罚。

显而易见的是，这些人的可怜的命运，从来不曾打动他们的主人，使其产生怜悯之心，他们的主人一方面把蓄奴视为有利可图的事业，另一方面还觉得这并非罪恶，不会使危害自己。因而，同样的一个人对同他平等的同类极为人道，然而一旦这些人不再与他平等时，他便会感觉他们的痛苦无关痛痒。显而易见，其温和态度应当归因于这种平等，而绝对不应当归因于文明和教育。

以上我对个人所述的一切，某种程度上也同样适用于国家。

一旦某个国家有了自己独特的观点、信仰、法律和习惯，这一国家便会以整个人类自居，并且只关心本国疾苦，对别国则是一概无动于衷。要是两个持有这种态度的国家交战，那么战况必然会十分残酷。

在罗马人的文化最灿烂的时期，罗马人首先在战车后面拖着被俘的敌人将领以炫耀胜利，继而杀掉他们；罗马人在这一时期，把囚犯投进斗兽场，并让其与野兽相搏斗，以娱乐群众。每当西塞罗谈到公民被钉在十字架上时，就总是会义愤填膺，慷慨陈词；然而对于罗马人在胜利后对战俘实施的种种暴行，他却是缄口不言。由此可见，在他看来，外国人与罗马人并不属于同一种人类。

相反地，随着各国人民逐渐接近，相互之间日益相似，他们互相之间会越发同情彼此的不幸，国际公法也会随之变得愈加宽容。

第二章　民主如何使得美国人之间的日常关系简易化

民主并不能够使人与人之间的关系变得紧密起来，但是却能够使其日常关系变得简易化。

假使有两个英国人在西半球邂逅了，那么他们会像两个语言不通且民情不同的外国人相遇一样。

起初他们两个人将会用好奇的目光望着彼此，并且在心里暗自不安；紧接着便各自走开；而假使他们相遇之后相互交谈，也总会表现得十分拘束，不够自然，通常只是谈一些无关紧要的小事。

然而两人之间并非存在敌意，尽管两人并不曾谋面，然而他们都认为对方是很正直的。那么，为什么他们会小心翼翼地回避彼此呢？

想要弄明白这个问题，就必须先谈谈英国。

当靠家庭出身而不以财产来决定等级划分时，所有人都清楚其在社会阶梯中所处的地位。他并不想往上爬，也不害怕向下跌落。在通过这种方式组织起来的社会中，不同等级的人相互之间总是很少往来；然而，当偶然事件使他们接触时，他们却能够随意交谈，不希望也不担心彼此会混合在一起。他们彼此之间的关系并非建立在平等之上，但这种关系也并非强制的。

当一个以财产为基础的贵族制度取代了一个以家庭出身为基础的贵族制度时，情况就不再是这样了。

尽管有些人的特权仍然很大，然而取得特权的可能性是所有人都有份儿的。因而拥有特权的人总是会提心吊胆，唯恐失去其特权或者其特权被他人分享，而还没有取得特权的人，则企图不惜任何代价去取得；一旦他得不到特权，仍然需要表示这并非不可能的。由于人的社会价值不再因血统而肯定不变和永远固定，而是伴随财产的增减而不断变化，因而尽管等级依旧存在，却无法看清更无法一眼看出某一人属于何种等级。

在公民之间，一场暗斗立刻展开。一些人正在千方百计地进入或者表面上看起来似乎正准备进入比自己高的那一阶层的行列，而另一些人则通过不断的奋战，力图击退想要夺取其权力的人，或者不如说这是一个人在两面作战：一方面在努力设法去爬到高级阶层，而另一方面却又在不断地防御底下的人往上钻。

在目前的英国，其情况就恰恰如此。我在前文所述的，我认为基本上就是基于这一情况造成的。

贵族的傲气在英国人那里还很强大，然而贵族之间的界限已不再分明，因而人们之间都时刻彼此提防着，唯恐他人从自己的亲善待人中得到利益。由于英国人无法立即判断其所遇到的人属于哪种社会阶层，因而他们总是谨慎小心，避免接触那个人。他们担心接受别人一点小惠而结成不适当的友谊，并且对别人的多礼产生疑虑。他们既不受陌生人的恭维，又避免惹别人生怨。

不少人完全用自我的性格来解释英国人这种洁身自好和冷漠寡言的个性特征。不得不承认英国人的气质有作用，然而我认为他们的社会情况有更大的作用。美国人的例子即可证明。

美国人的家庭出身往往不会制造特权，财富也无法使其持有人享有任何独特权利；互不相识的人能够随意在同一地点相聚，他们相互交换思想并非为获得利益，而且也不怕因此带来危险。如果他们在某处邂逅，不会主动攀谈，却又并不回避对话。所以，他们的待人态度是自然的、坦率的、开朗的。显而易见，他们既不打算从对方那儿得到什么利益，也并不担心对方会加害自己；他们既不愿意去炫耀自己的地位，也并不设法去掩饰自己的处境。尽管他们的态度往往是冷淡的、严肃的，然而这并不意味着他们是高傲的、拘谨的。当他们与人相见而一言不发时，往往是由于他们当时的心情不好而不爱讲话，而绝非由于他们认为保持沉默对他们有利。

在异国，一旦两个美国人相遇，就会立即成为朋友，究其原因，只是因为他们都是美国人。并不存在使他们互相排斥的成见，他们共同的祖国将他们吸引在一起。对两个英国人而言，仅仅同种同国还不够，因为只有同一阶级才能让他们接近。

法国人和美国人都见到过英国人之间这种待人冷淡的态度，并且当他们对待我们也如此冷淡时，我们也不以为奇。然而，在血统、宗教、语言和一部分习俗上美国人与英国人是一样的，他们之间的差别仅仅在于社会情况。所以，我们可以说英国人审慎持重的性格来源于他们的国家制度，并非来源于公民的气质。

第三章 美国人为什么在本国不太爱激动而在欧洲又表现得过于激动

就像其他的一切严肃而自重的民族，美国人也有记仇和报复的心理。他们甚至从来都无法忘记其他人对自己的冒犯。然而想要冒犯他们也并不简单，其怒火的爆发固然缓慢，而其怒火的消失也同样缓慢。

在贵族当政的社会中，所有事务都由少数人主管，人们彼此之间的公开往来存在着比较固定的常规。因而，任何人都认为自己清楚怎样对人表示尊重和好意，并坚信别人也同样知礼。

这种上层阶级的习惯，后来便成为其他一切阶级的典范。除此之外，别的阶级也各自定出本阶级成员所必须要遵守的规矩。

因而守礼的规矩发展成一套复杂的繁文缛节，一般人很难掌握，一旦违反就会造成损失。结果，每天大家都在无意中残暴地侮辱着他人或者使自己受到这种侮辱的可能。

然而由于阶级差别的消失，教育和出身不同的人会在同一场所相处并相混，则几乎不可能定出繁文缛节的处世之道。因为礼节没有被明确规定，因而即使是稍有违反也并不算过失，即使是那些知礼的人也这样认为。因而人们重视行为的实质远远超过重视行为的形式，于是逐渐变得不那么彬彬有礼，但是也很少互相争执。

美国人决不会被接连不断的小殷勤所打动。他们认为自己不应该得到这些小殷勤，或者假装并不知道自己应当享有它们。因而他通常不因别人未给自己献殷勤而不满，或者说他们更多的是原谅别人。在这方面他的态度是不拘小节，其性格更为直爽而富有男子气概。

美国人这种相互宽容以及彼此采取的大丈夫的态度，也同样是一个最一般的而且最深刻的原因造成的结果。

对这个原因，我已经在上一章中详细讲述过。

在美国，市民社会中的等级差异很少，甚至在政治界根本不存在等级差异。所以一个美国人并不觉得他应当特别关心其他任何同胞，当然他也从不要求其他任何同胞对自己有特别的关心。由于他从来都不觉得自己的利益在于跟某一位同胞套近乎，因而他也从来都不认为自己在与他人套近乎时会受到他人的欢迎。一方面，他从来不以出身为理由而轻视其他任何人，但与此同时他也不认为其他人会以这种理由来轻视他。只要没有证据证明别人对他进行了侮辱，他从来都不认为别人会存心如此。

美国的社会情况使美国人不容易因一点小事而动怒。此外，他们所享有的民主自由，又把他们宽容的风气灌输到美国的民情之中。

由于美国的政治制度，各阶级的公民彼此之间不断接触，这促使他们齐心协力地去进行伟大的事业。进行伟大事业的人，没有考虑繁文缛节的时间，并且因为过分重视和睦相处而不拘礼节。这就使得他们习惯成自然，在待人接物时特别注重感情和思想，而不是重视仪表；他们也从来都不会因一些琐事而大动肝火。

在美国，我曾经不止一次地见到，使某人意识到其他人讨厌他的讲话绝非一件易事。为打发这个人离开，如果只是一味地采取拐弯抹角的表达方式，是无济于事的。

曾经有一次我一一反驳了一个美国人的论点，以示我极为厌烦其讲话。然而在每次反驳之后，我发现他会更加竭力以新的论点来试图说服我。而之后，我则一直保持沉默，始终一言不发，然而他却以为我在深深沉思他向我所讲的道理。以至于后来当他要接着说下去但是我已经离开时，他却认为我有要事去处理。如果我不向他明说，他将永远无法明白我对他已极度腻烦。

要是这个美国人到了欧洲，他会立即变得非常机灵并容易发火，以致我往往认为在欧洲要想不得罪他，就好似在美国使他生气一样困难。乍一看，这一点特别让人奇怪。事实上，这两种截然不同的表现来自同样的原因。

存在民主制度的国家总会让它的人民觉得自己和自己的国家了不起。

当一个美国人出国时，他总是怀着高傲的心理。但是一旦到了欧洲，他会立即发现我们对于美国及其伟大人民的看法并不如他的想象，这使他开始气恼。

他早有耳闻，西半球的人们的身份并不平等。现在他又亲眼看到，在欧洲各国，等级的痕迹还没有完全消失；财产和出身还是拥有某些他既难以理解又难以界说的不定特权。如此的情景让他变得惊异不安，由于他从未曾见过，并且其国家也不存在相似现象能够帮他具体理解这种情景。因而他完全不明白在这个即将垮台的等级制度中，在这些原本是相互仇恨并且彼此轻视却又互相接近甚至是随时准备混合的阶级中，将自己摆在什么位置上比较合适。他担心把自己摆太高，更担心别人把他摆得太低。这两种情况不断浮现于他的脑海，并且不断干扰他的一言一行。

他知晓欧洲的传统，并且深知欧洲人的礼仪因等级不同而存在巨大差异。他对这些昔日的作风感到困惑不解，并且他更加担心自己无法得到应有的尊敬，然而其实他并不清楚何为尊敬。所以他的一举一动都十分呆板，完全像套中人一般。对他而言，交际已不是愉快的活动，而是一项非常吃力的工作。他琢磨你的一举一动，察言观色，仔细分析你的语句，唯恐其中含有侮辱他的隐语。我不知是否存在别的乡绅比他更加拘泥于处世之道。他极力一丝不苟地遵守繁文缛节，绝不容忍其他人对他稍有失礼。他不仅仅谨小慎微，还妄自尊大。他渴求做得恰当，又唯恐做得过分，因为他无法分清二者的界限，因而往往保持一种高傲而忸怩的神态。

然而这还不是全部。请看人心的另一种乔装。

美国公民总要称赞美国实行的平等政策，并因此为自己的祖国而感到无限自豪。然而在另一方面，他们又十分内疚，总是意图向别人表示他做得还不够好，说他只不过是他所吹嘘的那种正常情况的例外而已。

任何美国人都想将自己的家世与早期移民到殖民地上来的人扯上关系。在我看来，任何一名美国人都能够算做是某一英国大家庭的后裔。

假使是一个美国富翁到了欧洲，他所关心的第一件事，一定会是以奢侈来炫耀其财富，唯恐别人将其视为是一个来自民主国家的普通公民，于是便千方百计地摆阔，使你每天都能够见识到他挥金的新花样。他照例会住在全城中最为豪华的地区，往往有许多仆人前呼后拥。

我曾听到有一个美国人曾经抱怨说，在巴黎，一些大沙龙也只不过是中流的交际场所而已。在他眼中，人们在这些沙龙所行的雅兴并不高尚。他将说服你并使你相信，按照他所说的，人们在沙龙中的仪表也并不够优雅。事实上，他还不习惯我们的风气，看不到这种通俗外表下内藏的精华。

我们不必惊奇于这种截然相反的看法。

如果不是旧的贵族等级区分在美国早就已经不复存在，美国人可能就不会在国内表现得那样淳朴、宽容，也不大可能会在欧洲表现得那样妄自尊大和矫揉造作。

第四章　前三章的总结

当人们对彼此的不幸情不自禁地怀有恻隐之心，频繁而随意的交往使他们能够每天接触，一切冲动都不会使他们分离时，不难理解他们在必要时能够立即互助；当一个美国人向其同胞请求协助时，几乎很少会遭人拒绝。我曾数次见到他们满怀热情自发助人的义举。

假使公路上突然发生车祸，人们会从四面八方赶来救助罹难者。如果某个家庭横遭大难，即使是素昧平生的人也会慷慨解囊；尽管每个人捐助得不多，但是集腋成裘，便能够使这一家人摆脱困难。

在世界上的某些文明国家里，一个不幸的人常常在茫茫人海中孤立无助，就好比一个野人在森林里的遭遇一样。在美国，却并不存在这种现象。尽管美国人的态度向来冷淡，并且往往粗野，但他们几乎没有冷酷无情的表现。即使他们没有及时去帮助别人，也不意味着他们拒绝助人。

这一切与我在前面论述个人主义时所讲的并不矛盾。我甚至觉得它们几乎是互相协调的，而决不是对立的。

一方面，身份的平等使人们感觉到自己的独立，另一方面也使他们意识到自己的软弱。他们的确获得了自由，但是却有无数的意外威胁降临到他们头上。经验使他们很快就能懂得，虽然他们并不总是需要别人帮助，但不可避免地会需要他人的帮助。

在欧洲，我们时常能够看到，具有相同职业的人会随时互助。他们遇到相同的苦难，这能够使他们向彼此寻求支持，而不管在其他方面他们是何等铁石心肠、何等自私。因此，当他们中有的人遇到困难，别人只要暂时牺牲一下或者是格外努力一番就能够挽救时，其他人一定奋力支援，从来都不袖手旁观。这并不意味着他们十分关心那个人的命运，因为一旦他们的努力被证明是无效的，他们就会立即把支援抛到九霄云外，各自去忙自己的事情。然而，他们之间似乎存在着一种几乎是不由自主的默契。根据这种默契，每个人都需要承担暂时支援他人的义务，而当他自己有困难时，也可以请求他人的支援。

如果把我就一个阶级所述的一切推而广之，用于一个民族，大家就能够更了解我的思想。

事实上，在一个民主国家的所有公民之间，有一种契约与我刚刚提到的默契类似。他们认为人们之间存在共同的弱点和危险。他们的利益以及他们的同情心，使他们产生了在必要时进行互相援助的信念。

身份越是平等，人们就越发理解这种互相支援的义务的重要性。

在民主国家，会广为施舍的人并不存在，但人们能够常常帮助别人。每个人很少有效忠精神，但每个人都是乐于助人的。

第五章　民主怎样改变着主仆关系

曾经有一位在欧洲长时间旅行的美国人对我说过："我们惊讶于英国人在对待仆人时所表现出的高傲和专横态度；然而同样使我们难以理解的是，有的时候法国人对仆人过于亲昵，或者甚至可以说他们在仆人面前总是表现得十分客气。这让人觉得法国人好像是害怕支使仆人一样，上级和下级之分还不够明确。"

我认为他的观察是十分正确的，我也曾经多次这样说过。

我一直认为，在我们所处的这个时代，英国堪称世界上主仆关系最为严谨的国家，而与其完全相反的法国则是世界上主仆关系最为松弛的国家。我从来不曾见过任何其他国家的主人地位像这两个国家一样悬殊。

而美国的情况则恰恰处于这两种极端之间。

上文所述，仅仅是表面和外在的事实而已。为了探明这个事实产生的具体原因，还需要进行深入彻底的研究。

自古至今，还不曾出现过身份平等得不存在贫富之分，以至于也不存在主仆之分的社会。

民主制度的出现并不妨碍主仆这两个阶级的存在；然而它却在改变着两者的思想意识，并调整着两者之间的关系。

贵族制国家的仆人形成了一个单独的阶级，如同主人阶级一样，这个阶级向来没有变化。不久，在这样的国家里便建立起来一种固定的秩序。在仆人阶级中，也像在主人阶级中一样，迅速出现了等级、集团和显赫人物，并且他们也世世代代相传，地位一直不变。主人和仆人分别处于一个在上、一个在下的两个社会之中，并且永远保持着这种差别，但他们都遵守着相同的原则。

这种贵族制度对仆人的思想及习尚的影响绝不亚于对主人的这种影响。尽管其在各方产生的结果并不相同，但是不难看出原因是相同的。

在一个大的国家中，主人和仆人会各自形成一个小的国家，从而对公正与不公各有其固定的看法。他们对人生的不同行为，亦各有其独特的、不变的观点。在仆人社会中，也如在主人社会中一样，人与人相互间同样发生很大影响。他们都承认固定的规范；尽管不存在明文规定的法律，却有指导他们行为的舆论。长期形成的习惯，就像规定的制度一样支配着他们。

这些人命中注定会受人支使，他们对名誉、美德、正直和光荣毫无疑问与主人的理解完全不同。然而他们却存在着仆人的名誉观、美德观和正直观，若是我能够用一句话来表现，可以说他们有一种虽然身为仆人但是却自觉光荣的心理。[1]

尽管这个阶级处于低贱卑微的地位，但不要因此认为这一阶级的所有成员都胸无大志。要是有人这样以为，那么他就大错特错了。即便这个阶级处于低下的地位，但其中的一些出类拔萃并且不甘于放弃高高在上地位的人，却处于类似于贵族的地位。这个地位使他们变得趾高气扬，自高自大，认为自己也有大德，也同样能够做出不亚于他人的一番大作为。

在贵族制国家里，往往有一些心地高尚并且精明强干的小人物在为大人物服务。身为仆人，他们却并没有意识到这一点，他们虽然服从于主人的意志，但是并不怕惹怒主人。

但是仆人阶级中的下层，情况则差异极大。可想而知，处于仆人阶级的最下层者，其地位毫无疑问是最低的。

法国人为了称呼服务于贵族的仆人专门创造了一个词，即奴才(Le laquis)。

“奴才”一词可以说是个很难听的词，人们如果想要骂一个最下贱的人，但是却又找不到其他词时，就用这个词来称呼他。在旧君主制度时代，人们如果想骂一个最卑鄙无耻的人时，常说他有奴才的根性。只说这一句话就够了，人们完全能够理解它的含义。

身份的永远不平等一方面使仆人养成了与众不同的德行和恶习，另一方面又使他们在主人面前处于一种十分独特的地位。

在贵族制国家中，穷人自年幼起就驯服于受人指挥的思想。他们的目光不管投向何处，所见到的只有等级森严的社会组织和下级服从上级的场面。

因此，在身份永远不平等的国家内，主人能够轻易地使仆人百依百顺，并且毕恭毕敬地服从自己。原因在于，仆人尊重主人一方面是出于服从主人，而另一方面还出于服从于主人所在的阶级。主人阶级毫不留情地将贵族制度的压力全部压在仆人头上。

仆人的行动受到主人的支配，并且他们的思想也在一定程度上被主人左右。在贵族制度下，主人对服从于自己的人的思想、习惯以及情绪，总是在潜移默化中起着深远影响，甚至于影响的广度远远大于他们的权威的影响。

在贵族制社会不仅存在着世袭的仆人家族，还同时存在着世袭的主人家族，此外，同一仆人家族常常连续几代都为同一主人家族服务(这就好比两条既不相交又不分离的平行线一样)。这一事实使这两类人的相互关系发生了天翻地覆的变化。

在此种贵族体制下，主仆之间尽管不存在天生的共性，并且财产、教育、观点和

①如果对指导这些人行为的主要观点进行仔细考察，就不难发现其相似性，而且你会惊异于，在他们中间，也像在封建等级制的最高层成员中间一样，同样存在着家庭出身的优越感，同样尊重祖先并且爱护后代，同样轻视下层阶级并且害怕接触这些阶级，同样喜欢讲究礼仪，同样重视传统和古风。

权利又使他们彼此之间的处境有天壤之别，然而经过了时间的磨砺，岁月终于使他们结为一体。他们彼此眷恋于对往事的一连串共同的回忆。即使他们在诸多方面存在差异，也能够相互融合。而民主社会则恰恰与此相反，虽然那里的主仆天生就几乎没有差别，然而却总是互相以陌生人相待。

因而，在贵族制国家中，主人通常会视自己的仆人为自家人和下属，并且会在利己主义驱动下关心仆人的命运。

同样地，仆人也有这种想法，偶尔会觉得自己属于主人的集团，所以他们也像主人那样将自己视为主人的附属物。

贵族制度中的仆人处于他们自己无法摆脱的从属地位；然而在他们之上的，则是一些不会失去高高在上的地位的人。仆人们愚昧、贫穷并且要终生都听人支使；主人们则是荣华、富贵并且一辈子都能够支使他人。尽管这两个阶级永远迥然不同，然而却经常接近，而将它们结合起来的联系，只要它们能够存在就不可避免地将继续下去。

做仆人的在这种处境悬殊的条件下，终于不再关心自己。他们逐渐地忘却了自己，也可以说是放弃了自己，或者不如说将自己的一切毫无保留地交给了主人，并自以为通过这样的行为确立了自己的人格。他们以支使他们的人的财富来炫耀自己，并运用主人的荣誉来为自己增辉，用主人的高贵来抬高自己，并且一直陶醉于那些因为仰仗于他人而得来的光荣。他们往往将这种光荣看得比其全权的持有者看得还重要

一旦这两种完全不同的生活情景奇妙地结合在一起，就会既使人感动，又使人觉得可笑。

仆人心里被转移来的主人情感，不可避免地会在仆人的身上缩小或者降低其原有的量度，即变得褊狭和低级。原本存在于主人身上高尚的东西，一旦被移到仆人身上就变成了无聊的虚荣或者是令人生厌的矫饰。身为大人物的仆人们，他们总是摆出其主人所应当具有的派头，甚至比主人还要更加计较一丝一毫的特权。

在法国人中，现在还偶尔能够看见几个这样的贵族老仆。作为这类人的孑遗，不久以后，伴随他们的消失，这类人将会彻底不复存在。

在美国我从未曾见到过这样的人。不仅美国人不知道我所讲的这类人，而且让他们理解这类人的存在也是十分困难的。让他们想象这类人的存在，几乎同让我们想象古罗马的奴隶或者是中世纪的农奴的存在一样困难。尽管所有的仆人都有高低之别，但他们都是同样的原因造就的产物。作为一个整体，他们正从我们的视野中消逝，并伴随使他们产生的社会情况的变化结束其往日艰难困苦的岁月。

身份的平等使得新型的仆人和主人得以产生，而且在他们之间建立起新型的关系。

在身份几乎能够完全平等时，人们就可以不断改变自己的处境。尽管仍然存在仆人阶级和主人阶级之分，然而阶级的成员及其成员的家系并非一成不变的。此时此刻，无论是发号施令的，还是听人支使的，都无法做到永远一成不变。

仆人并非孤立于群众之外的人，因而他们不存在自己固有的习惯、偏见和风尚。他们既没有特定的精神面貌，又不具备独特的感情表达方式。他们没有意识到因地位而导致的善和恶为何物，然而他们与同时代的人一样拥有同等的知识、思想和感情，并且也具备同时代人拥有的那些善和恶。同主人一样，仆人们中间也既有正人君子，又有无赖小人。

同主人之间一样，仆人之间也并不存在任何身份不平等的现象。

在仆人阶级中，既不存在高人一等的等级，也没有永远不变的等级制度。因而你无法从那儿见到在贵族制社会与其他社会中能够常见的尊卑之分。

在美国，我就从不曾见到一个人能够让我想起那些欧洲人还不曾忘记的那些赫赫有名的忠仆；然而也从来没有一个人能够让我想起那些奴才。在美国，忠仆和奴才的痕迹都不复存在了。

在民主制度下，仆人们不仅彼此平等，甚至可以说他们与主人也是同样平等的。

为充分理解这一点，我有必要对此进行说明。

仆人随时都有可能会变成主人，并且他们希望自己能够成为主人。所以，仆人与主人并没有什么不同。

然而何以主人有权支配仆人，而仆人们为何不得不服从自己的主人呢？这源于双方出于自愿，暂时订立了能够随时解除的契约。事实上他们彼此并无高低之分，不过是依据契约而暂时如此罢了。在契约规定的范围内，契约当事人一方为仆人，另一方即为主人。然而在契约规定的范围外，他们只不过是两个公民，是两个同样平等的人。

我希望读者能够特别注意，这不单单是仆人对自己的地位的看法。被雇用的人和主人都持有这种看法，命令与服从的界限在他们的头脑里是非常明确的。

当多数公民都长期处于基本相同的条件之下，而平等成为了久已被公认的事实时，不受任何特殊力量的影响的公众意识，往往会对人的价值定出一定的界限，所有人想长时期超出或者达不到这一界限，都是很不容易的。

尽管贫穷和富贵、命令和服从，偶然会在两个人之间造成巨大差距，但是这并不存在什么危险，由于以事物的常规为基础的舆论将会引导他们走向相同的水平，并且不顾他们身份的实际不平等在他们之间创造一种假想的平等。

这种舆论的力量是无比强大的，以至于最终可能会触动那些从自己本身利益出发而因此反对它的人的思想。在抑制这些人的意志的同时，这种舆论就改变了他们的判断。

主人和仆人在他们的心灵深处不再觉得相互间存在着根深蒂固的巨大差别。一旦他们结成主仆关系而存在差别时，主人从来都不会变得趾高气扬，做仆人的亦不会因此而担心自己受侮。因而，主人不会轻视仆人，仆人也并不会怀恨主人，在日常生活中前者不会蛮横无理，后者也不会卑躬屈膝。

通常情况下，做主人的总会认为其权力的唯一根源仅仅在于那份契约而已；做仆人的也只认为那份契约是他会服从于主人的唯一原因。他们彼此之间从来都不会因为契约所规定的彼此的地位不等而发生争执，他们双方都很清楚地理解自己所处的地位并坚守自己的地位。

在法国军队中，士兵的出身阶级几乎是与军官相同的，而且士兵也可以晋升为军官。除军衔以外，士兵认为自己是与长官完全平等的，而且事实上也确实是这样的。然而，在军旗之下，士兵必须对自己的长官绝对地服从，因为这种服从是自愿的并且是有明文规定的，因而在执行时是非常迅速、确切和易行的。

此例能够让我们联想到民主社会中的主仆之间的关系。

假如有人以为贵族的家臣对主人表现出来的那种深情热爱或者肝胆相照的献身精神也可以在民主社会的主仆关系中见到，那将是十分愚蠢的。

贵族制度下的主仆只可以偶尔相见，有话一般也只能通过第三者传达。然而双方的关系却是巩固的。

在民主国家，主仆之间是很容易接近的，甚至是经常能够直接接触的，但是他们之间并不交流思想。他们的工作是相同的，然而他们的利益却决不一致。

在这种国家的仆人总以为自己是住在主人家的过客。一方面，他们并不知道主人的祖先是谁，另一方面他们从来不过问主人的后代，此外他们也从来不对主人抱有任何长期的希望。那么，他们何以要使自己依附于主人而生存呢？他们又是怎样养成那种忘我的服务精神的呢？这是由于他们彼此的地位发生了变化。正因为如此，他们之间的关系也要随之变化。

美国人的实例恰好可以支持我上述的观点。然而，为了达到这一目的，我有必要去特别留意人物以及地点的选定。

目前蓄奴制依然存在于联邦的南部。因而，我所述的一切在那里是不适用的。

在美国北部，现在做仆人的，大多数是已被解放的奴隶或者其子女。在公众看来，这些人的地位还不曾确定。尽管法律能够使其上升到主人的水平，然而顽固的习惯势力却加以抵制。并且他们自己也不曾清楚地认识自己的地位，因而其表现几乎总是要么粗鲁无礼，要么过分自卑。

然而同样在北部各州，尤其是在新英格兰，也有相当多的白人为了糊口而暂时受雇于自己的同胞，并且听从其支使。就我所知，这些白人仆人往往都恪守职责并且工作认真，他们从来都不认为自己生来就比雇主低下，并且不觉得听从雇主的支使是难堪的。

这让我意识到，他们似乎是把独立和平等造成的刚毅气概，不可避免地带进仆役的工作之中了。一旦他们选择了这条辛苦的生活道路，就从来都不会想方设法去回避艰苦。他们总是相当地尊重自己的为人，并且从来不会拒绝对主人表示他们在契约中所明确同意的服从。

而主人们也只要求仆人忠实地恪守契约。他们并不要求仆人对他们毕恭毕敬，也并不强迫仆人对他们忠心耿耿、关怀备至。只要仆人能够勤勤恳恳，他们就心满意足了。

因而民主制度下的主仆关系绝对不是杂乱无章的。他们的关系是通过另一种方式加以规定的。规章是有的，但是却与以前的完全不同。

在此我并不想去研究我所论述的这种新情况是否比不上先前的情况，或者仅仅是与以前的情况有所不同，我只想说明这种情况是有规章可循的，并且已经得以固定，因为人与人相互最重要的东西并不在于遵守特定秩序，而在于有秩序可循。

然而对于奠基于革命暴风骤雨中的平等所经历的，以及作为一种社会体制的民主制度在建立后仍然不可避免地要同世俗与偏见进行艰苦斗争的那个悲惨的动乱时代，我又该如何说呢？

在法律中明文规定，部分舆论也曾经主张，仆人和主人并不具有天生的、永恒的优劣之分。然而这种新思想还不曾深入主人的头脑，或者不如说主人仍然打心底里反对。在主人的内心深处，仍然自以为高人一等，属于特殊的人。然而他们却并不敢直说出来，仅仅是无法心甘情愿地偏安于一般水平。当他们对自己的仆人发号施令的时候，他们本身既有胆怯的表现，又有苛刻的余威。对于仆人，他们早就已经不再有那种类似于长期大权在握者所经常产生的保护和施惠的感情了，并且让他们自己也惊异的是：不但他们自己变了，他们的仆人也变了。可以肯定的是对自己的仆人并没有过高要求，他们仅仅是希望仆人能够有规规矩矩的和经常保持的工作习惯，希望他们能够对其早晚必然会辞去的职务表示称心如意，能够尽力效劳于一个无法保护却也不至于损害他的人。最后通过长期的联系能够对那些与自己相同，但处境并不比自己强的人适当地表示关心。

在贵族制国家中，仆人一般都不会因为自己受人支使而感到下贱，因为他们只知道做仆人而已，不会想到还有其他工作可以做，认为他们与主人彼此间存在的惊人不平等是上帝的某项神秘的法律必然导致的甚至是无法避免的结果。

民主制度下的仆人从来都不会低三下四，因为在他看来这只不过是他自由选择的临时职业而已；舆论也从来都不会轻视他，主仆彼此之间不存在任何永远的不平等关系。

然而，当一种社会制度向另一种社会制度转变的时候，人的思想不可避免地会经历一段动摇于贵族主义的臣服观念与民主主义的服从观念之间的时期。

因而，就服从者而言，服从的道德价值逐渐丧失，服从不再被服从者们视为某种神圣的义务，并且他们继续用自己不曾过上纯人生活的观点去看待服从。他们眼中的服从，既不是神圣的，又不是符合正义的。在他们眼中，服从虽然并不光彩，但是这一行为却可以获利。

在这段时期内，一种模糊而不完整的平等观念开始浮现在仆人的脑海里。起初，他们并不知道他们有权享受的平等是在处于仆人的地位时就能取得的，还是只有在摆脱仆人的地位之后才能够取得，并从内心深处深深反感自己所处的受人支使却又能够获得收入的卑微低贱的地位。一方面他们同意受雇于人，然而在任人支使时却又面带愧色。他们热衷于仆役工作可以给自己带来利益，但是却并不喜爱主人。更为正确的说法是，他们还不明白为何自己没能够成为主人，而总是认为支使他们的人就是在非法剥夺他们的权利的人。

此时此刻，在每个公民家里便出现了某些现象，这些现象与政治社会里呈现的可悲情景有些类似。换种说法，在公民的家庭里，一些互相怀疑的敌对力量之间总是在不断地进行明争暗斗：主人表面上和蔼可亲但实际上心怀敌意，仆人同样也心怀敌意，但是却并不隐瞒自己的反抗；一方设法推脱其服从的义务，而另一方则是企图利用种种不公正的限制来推脱供养和付酬的义务。管理家务的权柄飘浮在两者之间，双方都想把它抢在自己手里。他们已经无法分清权威和专横、自由和任性、权利和本分的界线，都没有正确理解自己是做什么的，自己能够做什么，自己应当做什么。

这样的状态应当是革命状态，但绝不是民主状态。

第六章　民主的制度和民情为什么倾向于提高租金及缩短租期

在一定范围内，我针对仆人和主人所作的论述，也适用于地主和佃户。然而，关于这个题目，我认为应在这里作单独的讨论。

严格说来，在美国是没有佃户的，每个人都是自己所耕土地的持有者。

应当承认，民主的法制有着这样一种强大倾向，它会促使地主的人数增加，佃户的人数减少。但是在美国，当前发生的一切变化，主要还应当归因于它自身的国土环境，而很少来因于它的制度。在美国，土地价格比较便宜，人人都能轻松地成为地主。土地的收益并不大，其产品仅仅能勉强地抵偿地主和佃户的投资。

因此，美国的情况在这方面与在其他方面一样，都比较特殊，如果拿土地上的制度作为美国的典型制度，那将是不正确的。

我认为，无论是在民主国家还是在贵族制国家，将来都还会存在地主和佃户。但是，民主国家的地主和佃户之间的关系，将会是另外一种样子。

在贵族制国家里，租种土地不仅要支付一笔不菲的租金，而且要对地主表示起码的尊重和关怀，还要为地主服劳役。但在民主国家，佃户只需支付租金就可以了。当一个家庭的地产被分给数个子女或者出卖后，这个家庭与土地的永恒关系也就随之消失；我们看到，地主和佃户之间的关系，只是根据契约而建立的暂时关系。为了商定这个契约的条款，他们会定期相会，定了契约之后就各奔东西。他们本来是两个互不相识的人，只是利害关系才使他们结合在一起。他们做着交易，在那儿讨价还价，唯一的目的就是赚钱。

随着地产日益向小块划分，财富日益向全国各地分散开来，国内到处都出现了家道颓败的破落户和欲壑难填的暴发户。对于所有的这些人来说，任何一点收入都是一件大事，谁也不想让自己放弃一点点好处或者使自己的收入受到些微的损失。

由于不同等级不断地交融，于是巨富和赤贫越来越少，地主和佃户在社会条件上的差距也一天比一天缩小，地主不再天生就比佃户占有绝对的优势。但是，在两个地位平等和都想摆脱困难的人之间，除了金钱之外，还有什么可以成为他们签订租赁契约的基础呢？

一个拥有万顷良田和成百农场的人深深明白，他还要同时赢得成千上万人的心。在他看来，为此好好下一番工夫是很值得的。为了达到这个重大目的，他情愿作出某些牺牲。

但仅有几顷土地的人就不会考虑这些，他没有必要设法去争取佃户的好感。

然而贵族制度却不能像一个人那样在一天之内便死掉，只有它的原则逐渐地不受人们欢迎之后，才能从法律上予以打击。因此，早在向贵族制度宣战以前，使上层阶级与下层阶级得以联结起来的那条锁链就已经开始断裂了。在这个过程中，前者对后者漠不关心甚至表示轻视，而后者对前者又心怀忌妒和仇恨。随着穷人与富人的接触愈来愈少，双方的关系变得愈来愈坏。地租不断提高。所有的这一切并非民主革命的终结，而只是它将要来临的确切的预告。自行走向堕落并最终丧失民心的贵族制度，就像一株根部已经枯死的大树，它长得越高，就越容易被风吹折。

在最近50年里，地租的猛涨现象不仅在法国，而且在欧洲的大部分地区普遍出现。在我看来，工农业在这段时间里取得的惊人进展，并不能很好地解释这个现象。为了说明它，必须求助于另一个更有说服力且比较隐秘的原因。我认为，应当到一些欧洲国家已经采用的民主制度中和正以或大或小的力量激发各国民心的民主热情中去寻找这个原因。

我常常能听到英国的一些大地主庆幸地说，他们现在所收的地租比他们的父辈要多得多。

也许他们的自鸣得意有些道理，但实际上，他们是知其然而不知其所以然。他们自以为得到了一笔纯收入，其实这只不过是一项交易罢了。他们得到的现金是以让出权势为代价的，他们在金钱上获得了好处，可是不久就要在权利上遭受损失。

还有一个迹象可以让人们很容易感到，那就是一场民主大革命正在进行或即将来临。

在中世纪，所有的土地几乎永世出租，至少也是长期出租。我们在研究中世纪的家庭经济时可以发现，那时为期99年的租期比我们现在为期12年的租期还要普遍。

在那个时代里，人们普遍认为家庭是永存不灭的，人们的身份似乎是永世不变的，整个社会好像也是固若磐石，以致人们认为绝不会发生任何动乱。

然而进入平等的时代，人们的思想悄然发生了变化。他们不难形成这样一种观念：认为没有什么事是永远不变的。事物无常的观念掌控了人们的思想。

在这种思想和情绪的支配下，地主以及佃户本人就对如此长期的义务产生一种本能的厌恶感。他们双方都担心自己被眼前对他们有利的租约长期束缚下去。他们的内心忐忑不安，不知道在未来什么时候自己的处境就将发生骤变。他们感到自身难保，唯恐一旦自己的生活方式有变，就可能因放弃往日习以为常的东西而心伤不已。他们的这种担忧不无道理，因为在民主的时代，在一切变化的事物里最容易变化的就是人心。

第七章　民主对工资的影响

上面关于仆人和主人的叙述，我认为大部分也可用于雇主和工人。

随着社会等级的界限变得日益模糊，原来的大人物不断没落，同时小人物不断上升，以及人们的贫富状况不再世世代代不变，工人和雇主之间存在的事实上和表面上的差距也在逐渐缩小。

工人们对个人的权利、前途以及自身的认识越来越清晰，于是产生了新的雄心和新的希望，并不断地提出新的要求。他们时时把贪婪的目光投向他们的雇主的收益。为了能够同雇主分享那些好处，他们极力争取提高劳动报酬，而且往往能够达到目的。

同其他国家一样，在民主国家，大多数实业是由在财富上和教育上都高于所雇工人的一般水平的人经营的，并且都很赚钱。这种实业家人数不少，但因为其利益各不相同，所以他们大多很难通力合作。

但在工人那儿，当他们感到自己的劳动报酬不公平时，几乎都有把握拒绝为雇主服务。

在这两个阶级不断进行的斗争中，工资一直以来都是主要问题。双方的势均力敌，斗争互有胜负。

但是可以断言，工人的利益将越来越占据上风，因为他们已经争得的高额工资将使他们一天天地减少对雇主的依赖，伴随着他们的日益独立，他们将会更加容易争取继续提高工资。

下面，我将以目前在我们法国和世界上的几乎所有国家还很兴盛的一种实业，即种植业为例来说明这个问题。

在法国，大多数为他人当雇工种地的人也都拥有自己的一小块土地。他们即便不去当雇工，仅仅依靠这块土地也可以勉强糊口。当这些人向大地主或附近农户提供劳务时，如果对方给出的工钱太低，他们就会选择待在家里种自己的那块地，并等待更好的受雇机会。

我认为，就农业工人的整体情况来看，可以说工资的缓慢递增乃是在民主社会发生作用的一般规律之一。随着人们的身份走向平等，工资也会越来越提高；同时，因为工资越来越提高，反过来又促使身份越来越平等。

但是，在我们当前这个时代，却出现了一个非常不幸的例外。

我在前面的某一章中已经指出，被挤出政治社会的贵族是怎样转而涉足某些实业部门，进而通过另一种形式在其中建立起他们的统治地位的。

这个情况的出现对工资水平的变化产生了极大的影响。

一般来说，只有本来就非常有钱的人，才有能力创办我所说的大型实业，所以能够创办这种实业的人实在太少了。由于人数少，他们便很容易彼此联合起来，由着他们的喜欢随意规定工资。

相反，他们所雇用的工人却为数众多，而且还在不断增加。因为有时候生意格外兴隆，在这时工资也会比往日高出许多，从而把附近的人都吸收到工厂里来。但是，一旦人们进入工厂劳动，我们将会看到他们再也无法摆脱这种劳动，因为他们在工厂里迅速养成的身心方面的习惯，使他们不适合再从事其他的劳动。一般情况下，这些人文化素质较低，手艺差，积蓄也少。因此，他们几乎完全受雇主的摆布。当因为竞争或者其他意外情况出现使得雇主的利润减少时，雇主几乎可以随意降低工资，并且毫不费劲儿就把财产上的损失从雇工的身上捞回来。

如果工人一致起来罢工，但因为雇主有钱，短期内不至于破产，他们可以悠然地等待，直到贫困迫使工人就范；而工人为了填饱肚子，就必须天天劳动，因为他们除了一双手之外，别无所有。雇主的压迫使他们长期面临穷困，而且越穷越容易遭受压迫。这是一个他们永远无法摆脱的恶性循环。

因此，当看到一个行业的工资有时突然上涨之后又长期跌落下去，而另一个行业的工资虽然一般只是非常缓慢地上升，但毕竟是不断增加时，请不要大惊小怪。

在我们这个时代，产业人口所处的可悲的从属地位只是一个例外现象，这同他们周围的人的境遇形成了鲜明的对照。但是，正因如此，任何其他情况都没有这个情况更加严重和更值得立法者给予特别关注，因为，当整个社会都在变动的时候，很难有一个阶级始终保持不变，而当大多数人都在不断开拓新的生财之道时，也很难让某一部分人安然自得地去满足他们的需要和欲望。

第八章　民主对家庭的影响

在上一章里，我考察了在民主国家，尤其是在美国，身份的平等是怎样改变了公民之间的关系的。

现在，我想再进一步论述，深入到家庭的内部去研究。在这方面，我的目的不是寻找新的真理，而是试图阐明已知的事实和我的题目有什么关系。

可以看到，在我们这个时代，家庭成员之间已经建立起了新的关系，父子之间昔日存在的差距已经缩小，长辈的权威即使没有全部消失，至少也已经大大减弱了。

类似的情况也出现在了美国，但它更加引人注目。

在美国，从来就不存在罗马人和贵族阶级就“家庭”这个词的含义所理解的那种家庭。美国人只在出生后的最初几年才具有传统的家庭意识。在孩子的童年时期，父亲实行家庭专政，子女不得抗拒。由于子女的年幼无知，使这种专政成为必要，借着维护子女们利益的理由以及父亲无可争辩的优势，又使这种专政显得合情合理。

但是在美国，子女成年之后，那种必须服从父母的关系便逐渐松弛。他们先是在思想上自主，不久便在行动上自主。严格地说，美国人是没有青年时期的，少年时代一结束，他们便自己闯天下，开始踏上自己的人生道路。

如果认为这是一场家庭内部斗争的结果，做儿子的在这场斗争中以违反道德的办法获得了父亲拒绝给予他的自由，那将是十分错误的。促使做儿子的要求自己独立的那些习惯与原则，也使得做父亲的不得不承认儿子享有独立是他不可抗拒的权利。

因此，前者绝不会有那种一般情况下人们在摆脱压制他们的权势之后还将长期怀恨在心的愤懑感情，而后者也决不会产生那种在失去权势之后通常会伴随着的痛苦和气愤的遗憾感觉。也就是说，做父亲的早已明白他的权威总有一天会期满，这个期限一旦到来，他便自愿放权；而做儿子的事先也已知道，他独立的日子必将到来，可以毫无悬念地获得自由，这就像一份财产必归他所有，谁也不想来抢似的。①

尝试阐述一下家庭方面发生的这种变化是如何与我们眼前即将完成的社会和政治

①但是，美国人也许从来没有想过，像我们法国人所做的那样，做父亲的死后便被剥夺其处理遗产的权利，从而丧失其权力的主要成分之一。在美国，遗嘱的设立效力是无限的。

和在其他几乎所有方面一样，在这方面也不难看到，美国的政治立法比法国的要民主得多，而法国的民事立法则又比美国的无限民主。这是很容易理解的。（下转455页）

革命密切相关的，也许大有用处。

有一些重大的社会原则，要么被一个国家到处推行，要么不准在各地存在。

在有着森严等级的贵族制国家里，上层人物从来不向其统治下的全体臣民直接发出呼吁或求援，因为人们彼此都受一定的关系约束，所以上层人物只要发号施令就可以了，其余的人保证追随。这种情况也见于家庭以及由一个人领导的一切社会团体。在贵族制国家里，社会实际上只承认父亲的存在，他是不可怀疑的一家之长，做子女的只能通过父亲与社会间接地发生关系。社会管束父亲，父亲管束其子女。因此，做父亲的不仅具有管教子女的权力，而且也被赋予了向子女发号施令的政治权力。父亲既是家庭的创造者，又是家庭生计的维持者，而且也是家庭里的行政长官。

在民主制度下，政府的权力触及人民群众中的每一个人，并且以同样的法律直接地治理每一个人，不需要有父亲那样的中间人存在。在法律上，做父亲的不过是一个比子女年长和有钱的公民而已。

当绝大多数人的身份极不平等，而这种不平等又是永久性的时候，关于首长的观念就在人们的幻想中成长起来；这时，即使法律并未规定这个首长的特权，习惯和舆论也会让他自然地享有。反之，当人们彼此之间没有太大的差别，而且不再永远有高低之分的时候，关于首长的一般观念就将渐渐地淡薄和模糊；这时，即使立法者硬依自己的意志强行把一个人安排在首长的位置上，叫他对他的下属发号施令，那也是没有用的，因为民情在使这两个人彼此日益相近，并逐渐走向同一水平。

因此，即使我们从未见到一个贵族制国家的立法机构曾将独享的特权授予家长，我们也不能不确信贵族制国家的家长的权力比民主国家的更受尊重、更为广泛，因为我们知道不管法律有没有规定，首长在贵族制国家的地位总比在民主国家的高，下属则与之相反，即前者低于后者。

当人们在日常生活中主要是缅怀过去而不是重视现在时，他们更多的是考虑祖先的想法而不是研究自己的想法时，做父亲的便成为过去和现在之间的天然的和必然的桥梁，成为联结上一代和下一代的套环。因此，在贵族制度下，做父亲的不仅是家庭的行政首脑，而且是家庭里传统的继承人和传代人，是习惯的解释者和民情的仲裁人。他说话时，家庭的成员都要洗耳恭听；所有成员对待他时只能毕恭毕敬，并且要始终诚惶诚恐地爱他。

当社会逐渐走向民主，人们开始以自己的独立判断作为基本原则，并认为这样做是正确和合理的，只把传统的信念作为参考而不视为规范的时候，父亲的见解对子女

（上接454页）法国的民事立法是由一个人一手操弄的，他认为在不直接或间接反对他的权力的一切事情上满足同时代人的民主激情，这是符合他的利益的。只要人民不企图利用他们通行的某些原则去干预国政，他愿意让人民利用这些原则去打理财产和治理家庭。而在民主的激流开始冲击民法时，他也有把握用政治法令得到保护。这种做法既巧妙又自私，但是，这样的妥协办法是不可能持久的，因为长此以往，政治社会总要成为市民社会的表现和形象，而且从这个意义上来说，在一个国家里，再没有比民事立法更具有政治色彩的了。

的影响力，正如他享有的合法权力一样，将会大大降低。

民主制度导致的分家，最显著的后果或许正是父子关系的改变。

当身为一家之主的父亲并不富裕时，他将和儿子长期同住在一起，共同参加劳动。习惯和需要的相似使他们联合在一起，并且不得不时刻相互交谈。因此，在这样的父子之间不能不建立起一种不拘形式的密切关系。这种关系使得做父亲的权威减小绝对性，并且很少讲究尊敬的表面形式。

然而，在民主国家里，这些并不富裕的阶级，正是一个能够使思想产生力量和使民情发生转变的阶级。这个阶级使它的意见和意志到处占据统治地位，甚至最想抗拒它的领导的人，最后也任由自己去仿效它的做法。我就曾见到一些激烈反对民主的人，他们容忍自己的子女用“你”而不用“您”来称呼他们。

因此，随着贵族阶级失去权势，父母昔日的那种严肃的、约定俗成的、合法的权威也消失了，在家庭之内建立起一种平等关系。

总而言之，我不知道整个社会是不是由于这种变化而受到了什么损失，但我确信个人却由此得到了好处。我认为，随着民情和法制逐渐民主化，父子关系会更加亲密而温和，而不再像以前那样讲究规矩和仰仗权威；他们之间的信任和眷爱往往是坚定的。看来，父子的天然联系更紧密了，但他们的社会联系却变得松弛了。

在一个民主的家庭中，做父亲的除了表示老人对子女的爱抚以及向他们传授经验之外，并没有任何权力。他的命令或许无人遵从，但他的忠告往往会发生作用。虽然子女们对他可能不是那样毕恭毕敬，但至少会对他表示信任。子女同他交谈不讲究通常的礼节，而是随时随地可以同他谈话，或者向他请教。在这里，家长和长官的身份消失了，但父亲的身份依然存在。

为了判明两种社会情况在这一点上的不同，只需看看贵族时代留下来的那些家书就够了。传统的书信，文体经常是端庄的、死板的和生硬的，而且文字冰冷得使人感觉不到一丁点的热乎气儿。

反之，在民主国家里，儿子写给父亲的信，字里行间总有某些随便、亲密和依恋的表现，一看就知道家庭里建立了新的关系。

这样的变革也在悄然改革兄弟姐妹之间的相互关系。

在贵族的家庭里，也像在贵族社会中一样，每个人的地位是早已规定好了的。不单是父亲在家庭里自成一级，享有广泛的特权，就是子女之间，他们的地位也是不平等的。子女的年龄和性别，永远决定着他们每个人在家里的地位，并使其享有一定的特权。民主制度的伟大之处在于把这些壁垒大部分废除或减少了。

在贵族家庭里，长子继承大部分的家产和几乎全部的权利，所以他在未来一定会成为家长，并且在一定程度上成为兄弟们的主人。他尊贵有权，而兄弟们则卑下平庸，依附于他。但是，如果认为在贵族制国家里，长子的特权只会给他自己带来好处，那也是不正确的，因为这样的话会引起兄弟们对他的忌妒和怀恨。

故此，长子一般都竭力帮助他的兄弟们发财致富，并获得应有的权势，因为一个家族的显赫与否必然反映在它的代表的身上。同样，做弟弟的也会设法协助长兄开拓一切事业，因为族长的显赫和权势使其能更好地扶掖家族的各支。

因此，通常贵族家庭的成员彼此之间联系得极为密切，他们的利益互相关联，他们的想法也比较一致，但是他们的内心很少互通。

民主制度也使弟兄间互依互靠，但其依靠的方式却与贵族的有所不同。

根据民主的法制要求，一家的子女身份是完全平等的，也是自主的。没有任何东西强制他们必须彼此接近，也没有任何东西迫使他们定要互相疏远。因为他们有相同的血统，又在一个家庭里成长，并受到同样的关怀，可以说没有任何特权使他们彼此不同和把他们分成等级，所以他们之间自幼就容易产生亲密无间的手足情感。成年之后，新形成的关系也不会引起他们破裂不和，因为兄弟的情义使他们时刻接近，而不会反目。

因此，在民主制度下，使兄弟们互相接近的不是利害关系，而是对往事的共同追忆，以及思想和爱好的自由共鸣。民主制度虽然要使他们分家析产，但不能使他们的心灵分离。

这种民主的民情，魅力极其强大，以致那些拥护贵族制度的人也不再愿意遵守贵族制度了，并在体验这样的民情若干时日之后，决意放弃贵族家庭的那种毕恭毕敬、刻板冷漠的规矩。只要他们能够舍弃自身原来的社会情况和法制，他们随时都可以接受民主制度下的家庭习惯。但是，这项工作还牵涉这样一个问题，即不能忍受民主的社会情况和法制，就无法享用民主的家庭习惯。

我对于父子之爱和手足之情所作的论述，从人性本身自发产生的一切情感来说，也应当是合情合理的。

当一种思想或感情是由人所处的某种特殊情况产生出来的时候，一旦那种情况发生变化，它们便随即消逝。因此，虽然法律可以把两个公民紧密地联系在一起，但当这项法律被废除后，他们便彼此分离了。再没有什么比封建社会把主仆联系起来的那种民情更具有紧密的联结作用了。但如今，这两种人已各奔东西，互不相识了。之前使他们结成主仆关系的畏惧、感激、敬爱的感情已经荡然无存，以致一点点痕迹也没有了。

但是，人类的天生感情却不会这样。即使法律试图以某种方式驾驭这种感情，也很少能够成功；法律在想增进这种感情时，往往也很少能从中得到什么好处。这种感情仅依靠本身的力量就能永远强大。

民主制度几乎使所有旧的社会习惯失效或消失，并鼓励人们去接受和适应新的社会习惯，从而使大部分旧社会习惯所产生的感情消失。但是，民主制度对于剩下的习惯只是做了一点改进，而且往往是赋予它们以原来没有的活力和温和性。

我认为，可以用一句话来概括本章和以前各章所表述的思想。这句话是：民主制度一方面松弛了社会联系，但另一方面又紧密了天然联系；它在使亲族更加接近的同时，却也使公民彼此疏远了。

第九章　美国年轻女性的教育

任何一个自由社会都有它的民情，而且正如我在本书上卷提到的，社会的民情乃是由女性创造的。因此，在我看来，凡是影响妇女的地位、习惯和思想的东西，都具有重大的政治作用。

年轻女性的行动自主性，在几乎所有的信奉新教的国家里都比在信奉天主教的国家里大很多。在像英国那样的保有或获得自治权力的新教国家里，这种独立自主性就更大了。因此，在这样的国家里，自由便通过政治惯例和宗教信仰而深入每一个家庭。

在美国，新教的教义正和非常自由的政治体制以及非常民主的社会情况互为补充，而且没有任何一个地方的年轻女性能像美国的年轻女性那样完全自主。

美国的女青年早在达到结婚年龄以前，便已开始逐渐离开母亲的监护；在她们还没有完全走出童年时期时，就已开始独立思考，自由地发表自己的见解并单独行动；人生的宏大场面不断地在她们的面前展现开来，父母不但不干预她们去看这个场面，反而让她们每天都细致地去观察它，让她们学会冷静而正确地正视它。因此，社会上的邪恶和危险很早就呈现在她们面前，她们能够看清这些邪恶和危险，并在作判断时对其不抱任何幻想，而且还敢于面对它们，因为她们自信有足够的力量来应付，也自然认为周围的人似乎也在这样想。

因此，几乎不可能指望在美国的女青年身上见到一般女孩子情窦初开时期表现出来的那种处女的稚气，欧洲女青年在从童年过渡到青年时通常伴有的那种天真无邪的风韵就更不可能见到了。美国妇女不论年龄大小，都很少表现出孩子气的怯懦和无知。尽管她们同欧洲的女青年一样也想取悦于人，但她们清楚地知道需要付出什么代价。即便她们没有投身邪恶，至少也知道世间有邪恶。如此看来，与其说她们有高尚的精神，倒不如说她们有纯洁的情操。

当看到美国女青年在快乐的交谈中发生争执时，能够极其巧妙和泰然自若地表述自己的思想和话语，我往往会吃惊不已，几乎为之倾倒。在一条狭道上，一位哲学家可能跌倒百次，美国女青年却能轻易地走过去而不发生任何意外。

其实，不难看出，美国妇女甚至在年纪尚轻的时候就已经完全成为自己的主人；她们尽情地享受一切被允许的享乐，但又从不沉湎于任何一种享乐；尽管她们往往看上去好像很随便，但她们的理智决不会失去控制作用。

在法国，人们还在自己的观点和爱好中令人难以置信地掺有历代陈旧的残余，以致常常对妇女施以贵族时代那样的严加管束、隐居深闺和几乎可以说是修道院式的教育，而在民主社会建立以后，又随即把她们抛弃在这个社会必然产生的混乱之中，而不加指导和支援。

美国人对他们自己的做法是非常满意的。

他们认为，在一个民主的社会里，个人的独立是必不可少的重大原则，年轻人应当早熟，趣味不必那么持久，习惯也可以改变，舆论通常应是不定的和无力的，父权应被削弱，夫权应予否认。

在这种情况下，他们自然而然地认为，压抑妇女发自内心的极其强烈的感情是没用的，而最稳妥的办法是引导她们自己掌握控制这种感情的技能。由于人们无法防范妇女的贞操常遭破坏的危险，所以他们更希望妇女自己去保卫贞操，依靠妇女个人的自由意志力，而不是依靠那些已经摇摇欲坠或被推翻了的限制措施。他们不是让妇女去怀疑自己的能力，而是不断设法来提升妇女的自信力。由于他们不可能也不希望女孩子长期处于完全无知的状态，所以他们很早就教给女孩子以处理各种事务的初步知识。他们不会向女孩子隐瞒世间的腐败情形，而是愿意让女孩子一目了然，使其养成抵制腐败的能力。他们认为，与其高度重视女孩子的贞洁，不如培养她的操行。

尽管美国人民是一个笃信宗教的民族，但他们并不只是依靠宗教来保卫妇女的贞操，而且也设法武装妇女的理智。他们在这方面采用的方法，与在其他许多方面采用的相一致。首先，他们积极努力地使妇女在运用个人的独立自主时有所节制；其次，在用尽人之所能后，才会向宗教求助。

我不是不知道，这样的教育可能存在危险；我也知道，这样的教育可以增强妇女的判断力而压抑她们的想象力，使妇女虽有德行但感情冷淡，从而无法成为男人的娇妻和亲密的伴侣，即使这样的社会比较安定和有序，家庭生活却因之往往缺乏温暖。但是，这些还是次要的缺陷，为了更大的利益，可以不用在意。事情到了现在所说的地步，使我们不能不作出一种选择：必须实行民主的教育，以使妇女免遭民主的制度和民情给她们带来的危害。

第十章　年轻女性怎样习得为妻之道

在美国，伴随着步入婚姻的殿堂，妇女便永远失去她的独立自主。年轻的未婚女性虽然不像在其他国家那样受到严格的管束，但是在为人妻后，就必须承担沉重的家庭义务。年轻的未婚女性出嫁前，在父亲家里可以享受自由和乐趣，而出嫁后住在夫家就如同住进了修道院。

这两种反差强烈的情况，或许不像人们所想象的那样矛盾。事实上，美国妇女从前一种情况进入后一种情况，是很自然的。

笃信宗教的民族和重视实业的民族，都对婚姻持有一种极其严肃认真的态度。前者认为妇女在生活中循规蹈矩是民情淳朴的最好保证和最明显标志，后者则认为这是家庭安定和繁荣的最可靠保障。

美国人民既是清教徒，同时又是商业民族，因此，他们的宗教信仰和经商习惯，都促使他们要求妇女具有自我牺牲的精神，使自己的乐趣永远服从于事业，而在欧洲几乎很少要求妇女这样做。因此，在美国占有统治地位的舆论便把妇女死死地封闭在只顾家庭的利益和责任的窄小圈子里，不允许她们越出雷池一步。

美国的女青年进入社会那一刻起，便发现这些观念早已根深蒂固，也看到了从这些观念推衍出来的规矩，并很快明白一旦自己和当时通行的习惯背道而驰，她的安宁和声名甚至社会存在，都有立即遭受破坏的危险。但是，由于她在理智上已有牢固的认识，她所受的教育又使她养成了刚毅的性格和习惯，所以她具备顺应社会的能力。

可以说，正是由于享有独立，她才在需要牺牲的时候得以鼓起勇气去忍受牺牲，并且毫不抵制、没有怨言。

此外，美国妇女婚后受到束缚，并不是由于自己的单纯和无知而落入预设的陷阱。她们婚前接受的那些教育，已经使她们知道自己将来应当如何，并且结婚这个枷锁是她们在没有他人干预之下自己套在脖子上的。她们勇敢地接受新的生活条件，因为这是她们自己作出的选择。

在美国，父母的管束不严，而夫妇的约束则是很严的，所以，一个青年女性选择结婚，必然经过了慎重考虑和反复衡量。在美国，不会出现早婚现象。因此，美国妇女只有在她们的理智经过锻炼并最终成熟的时候，才会决定结婚；而其他国家的大多数妇女，往往是在结婚之后才开始锻炼她们的理智并使其成熟的。

而且，我决不认为美国妇女结婚后在整个生活习惯方面随即发生的巨大变化定然是出于舆论的压力。绝大多数情况下，她们完全是依靠自己的意志力来承受这个变化的。

择偶时期一到，自由的世界观所培养和加固的那个冷静而严肃的理智便告诉美国妇女：婚后继续轻浮和自我做主只能造成无休止的争吵，决不会得到任何乐趣；未婚女青年的娱乐不能成为已婚妇女的消遣，已婚妇女的幸福之源乃是她丈夫的家。由于她们事先早已看清，只有一条道路可以使她的家庭得到最大幸福，所以她们一开始便沿着这条道路走下去，一直走到尽头而不后退。

美国妇女表现出来的这种意志力，不但表现在适应新的情况所带来的严格义务而不埋怨上，也在她们接受生活中的一切重大考验上反映出来。

世界上没有哪一个国家的个人命运像美国人那样动荡不定。在美国，一个人在他的人生旅程中多次沉浮，即由富变穷又由穷致富的现象是很常见的。

美国妇女总是以冷静而坚定的毅力来对待这种巨大变化，可以说她们的欲望是随着她们的贫富变化或伸或缩的。

正如我在本书上卷所说的，每年向西部荒凉地区移居的冒险家们，大多是早年定居在美国北部的英裔美国人。其中有许多人本已在故乡享有舒适安逸的生活，但仍要大胆地冒险前去追逐财富。他们携妻子同行，使她们共同品尝在干这种事业的初期总要遇到的各种艰难困苦。我甚至在西部荒漠的边缘地带，也常常能遇到一些在大城市的舒适环境中成长起来的少妇，她们几乎是结婚后刚刚离开父母的豪宅，就来到这荒林里的简陋茅屋了。疾病、孤独和沉闷，都没有使她们失掉勇气。尽管她们的面容看上去那样憔悴，但她们的神情却是无比坚毅的。她们既有忧郁的表情，也有果敢的气概。(B)

我深信，这些美国少妇在她们的早期教育中就已经形成她们在这种情况下表现出来的内在力量。

因此，美国的妇女早在年轻时代就已经懂得为妻之道。尽管她们在生活中的担当的角色变了，日常的生活习惯也不同了，但她们的精神仍然照旧。

第十一章　身份平等在美国怎样有助于维护良好的民情

有些哲学家和历史学家曾经说过或当面对人讲过，妇女的情操高低随她们的居住地离赤道远近而变化，即离赤道越远就越端庄，反之就越不端庄。我想，这种说法是回避难题的最好办法，按照这种说法，只需一个地球仪和一个圆规，就可立刻解决人性方面表现出来的最难解决的问题之一。

我认为，这个唯物主义理论并不是依据事实建立起来的。

即便是同一个民族，其在不同的历史时期就有不同的表现，可能一个时期重视贞洁，而另个时期又显得淫荡。因此，一个国家的民情是正派还是放荡不羁，取决于一些可变的因素，而决不只在于该国的不变的地理位置。

不可否认，在一定的气候里，性的相互吸引力激起的情欲是极其强烈的。但是我认为，社会情况和政治制度，经常是可以激发或抑制这种天生的情欲的。

尽管访问过北美的旅游者们在一些问题上意见并不统一，但有一点他们全都承认，就是那里的民情比世界其他任何地方都端庄得多。

显然，在这一点上，美国人比他们的祖辈英国人优越得多，我们只需对这两个国家进行粗浅的观察，就可以得到证明。

像在欧洲所有其他国家一样，在英国，人们总是怀着恶意去评论妇女的弱点。人们经常能听到哲学家或政治家叹惋民情不够正派，而且文学家也在这样每天虚构着他们的作品。

在美国，所有的书刊，包括长篇小说，都把妇女构想得冰清玉洁，没有人在书中讲述男女间的风流韵事。

毫无疑问，美国的这种十分正派的民情，部分地来自它的国土、种族和宗教。但是，在其他国家也有的所有的原因，还不足以说明这个问题。因此，为了很好地解决这个问题，还要求助于某个特殊的原因。

我认为，这个特殊的原因就是平等以及由此派生的各项制度。(C)

身份的平等，不是只依靠其本身来使民情正派，但毫无疑问它能使民情容易正派或加速正派。

在贵族制国家中，出身和财势不同的男女，往往是不能结婚的。情欲可能使他们结合，但社会情况和由此产生的观念，却成为他们正式结成白头偕老的夫妻的阻碍。由此，必然会出现许多露水夫妻和秘密夫妻。这是大自然在暗中报复法律加于它的限制。

当身份的平等把男女间的一切想象的和实际存在的障碍都推倒之后，情形就变成另一个样子了。这时，任何一个少女都可以自信自己能够成为爱慕她的男人的妻子，婚前的伤风败俗行为将难以实现，因为虽然情欲容易使人冲动和轻信，但你无法使一个女性在你完全可以自由结婚但你却不同她结婚的时候，还相信你在爱她。

这个原因对婚后生活也发生着同样的作用，只不过变得间接一些而已。

无论是在正搞不合理之爱的人看来，还是在很多想要搞这种爱的人看来，再也没有比强迫婚姻或随机结合更能使不合理之爱合理化的了。①

在女性可以永远地自由择偶而且教育使她们能够做出最佳选择的国度里，舆论对她们的过错是绝对不会宽容的。

美国人具有的严肃精神，也部分地来因于此。他们认为婚姻是一种负担沉重的契约，但又不能不严格执行其中的一切条款，因为他们事先就知道其中所有的条款，而且享有拒不缔约的完全自由。

使夫妇在婚后必须更加忠贞的约束，也在使他们更加容易忠贞，而不是相反。

在贵族制国家里，结婚的目的与其说是两个人结合，不如说是双方的财产结合。因此，有时在订立婚约时，男方已经上学读书了，而女方还在被哺乳。以联合双方的财产为目的的夫妇结合会使双方同床异梦，这也是不足为奇的。这是契约的本质使然。

反之，当每一个人都能永远自由择偶，不受外来的干涉和指使时，使男女彼此接近的，通常只能是爱好和思想的一致。这种一致又可以使他们相依为命并巩固夫妇关系。

我们的父辈对婚姻有过一种很奇怪的看法。

由于他们见到当时刚刚流行的少数恋爱婚姻几乎都成了悲剧的结局，所以便断言婚姻之事听凭当事人的心意是非常危险的。在他们看来，萍水相逢或许比精挑细选还好。

---

①读读欧洲的各种文学，就很容易确认这个真理。

当一位欧洲作家想要在小说中描写我们在一般的婚姻中常见的悲惨结局时，他必然先向读者交代这是一对很不般配的或强制结成的夫妻，从而引起读者的同情。尽管长期以来，已经养成的过分宽容的人生态度至今仍在松弛我们的民情，但作家如不先把书中人物的缺点表现得情有可原，他就很难使我们对他们的不幸遭遇表示同情和关心。这种写法保准让作家取得成功。我们每天所见的一切，也在熏陶我们采取宽容态度作为长久之计。

美国的作家不会向读者表示他们对书中人物的缺点持有如此明显的原谅态度。他们的习俗和法律不准他们这样，而且由于他们没有指望将来可以描写淫荡情节，所以他们便不想写这些东西了。美国出版的长篇小说之所以很少，部分地应当归因于此。

但是，指出他们所见到的事例也不能证明什么，倒不是十分困难。

首先我要指出：民主国家在赋予妇女以自由择偶的权利时，也要努力在事先使妇女的头脑中具备完成这种选择的知识，使她们的意志能够产生进行这种选择所需要的力量，而贵族制国家中的少女，在不顾父母的权威而私奔，将自己交给一个她们既无时间了解其情况，又没有能力判断其好坏的男子时，就缺乏这一切的保障。因此，她们初次运用自由意志时就会出现失误，她们在没有受过民主教育时就在结婚方面仿效民主的习惯，结果犯了极其惨痛的错误，这都是不足为奇的。

但是，问题还不止于此。

当一对男女想要突破贵族的社会情况所造成的各种桎梏而结合时，他们还面临许多障碍需要克服。在打破或削弱必须遵守父母之命的束缚之后，他们还要付出最后的努力去战胜习俗的势力和舆论的专横。最后，当他们费尽九牛二虎之力终于如愿以偿时，还将忍受亲友的白眼：被他们打破了的偏见，使亲友同他们疏远了。这种情况不久便会挫伤他们的勇气，使他们感到心里难受。

因此，这样结婚的一对夫妻即使一开始就很不幸，后来还可能犯罪，我们也不应归咎于他们的自由选择，而应当归因于他们生不逢时，生在了一个不允许他们进行这种选择的社会里。

也不要忘记：粗暴地阻止一个人不犯一般的错误，几乎总会同时促使他失去理智，合法地使一个人勇于向他的时代和国家通行的观念宣战，同时也要让他在心理上做好进行暴力和冒险的斗争的准备，但凡具有这种性格的人，不管他走到哪儿，都很少能够得到幸福，也很少能够行善。顺便提一下，在一些最必要的和最神圣的革命中之所以极少见到温和而稳健的革命家，原因正在于此。

因此，在贵族制度时代，一个男人和一个女人萍水相逢，一见钟情，除了个人的思想和爱好以外，其他一切条件都不考虑就仓促结为夫妻，但婚后不久就见异思迁、乱搞以致出现悲剧，这是无须惊奇的。但是，如果这种结合能合乎事物的常规和自然秩序，并且受到社会情况的支持，承认父母的权威，得到舆论的赞扬，那么，毫无疑问，家庭内部的和睦将更加提升，夫妻间的忠贞将更好地得以遵守。

在民主国家里，几乎每一个男人都参与政治生活，各自从事一种职业；然而另一方面，由于家庭的财产不多，做妻子的就不得不长年留守在家，以便亲自打理家务，精心管理家庭的一切细节。

男女双方的这种性质迥异的必须承担的劳动，就像一道天然的屏障妨碍着夫妻间的性生活，使一方的性冲动日益减少并且不如以前兴奋，而另一方的抵制也就更加容易。

这并不是说身份的平等一定能使男人忠贞不已，但它的确能减少男人的伤风败俗行为的危险性。由于这时谁也没有闲暇和机会去评说某人是否想保持贞操，所以就出现了既有大量娼妇，又有众多节妇的现象。

虽然这种情况造成了个人的可悲与不幸，但并不妨碍整个社会持续活跃和坚强。

它既不会破坏维系家庭的纽带，又不会使社会民情颓靡，因为使整个社会陷入危险的并不是个别人的严重腐化，而是所有人的普遍堕落。在立法者眼里，卖淫远远不如通奸可怕。

平等使人所过的这种忙乱的、到处奔波的生活，不但使人无暇沉湎于谈情说爱，而且还能通过一个比较隐秘的，但比较可靠的办法，使人避开谈情说爱。

生活在民主社会的人，或多或少都有些工商阶级的思维习惯；他们的头脑较严谨，注重实际，爱用心计，可以随时不拘束于理想而去追逐某一摆在眼前的目标，并把这一目标视为自然的和必然的向往对象。因此，平等并没有破坏人们的想象力，但却限制了它的活动范围，只许它在地面上低空盘旋。

民主国家的公民最不喜欢幻想，也决不喜欢悠然地耽于通常在事前发生的并可能使心潮起伏的孤独冥想。

是的，他们非常看重那种可以使生活美好与安定的深厚的、认真的和恬静的情感，但很不愿意追求那些可以干扰生活并使生命缩短的强烈的难于控制的激情。

我知道，以上所说只适用于美国，目前还不能普遍地在欧洲推广。

50多年来，虽然法律和习惯以空前的努力驱使许多欧洲国家走向民主，但仍难见这些国家的男女关系变得比较正派和纯真。在某些国家，情况甚至还适得其反。有些阶级在这个问题上很严肃，但就整个国家来说，这方面的道德可以说是比较差的。我不怕指出问题所在，因为我的心情主要是想美化和我同时代的人，而不是非难他们。

这个局面当然令人伤心，但也不必过于害怕。

民主的社会情况对习惯的正常化可能产生的良好影响，是唯有经过一段时间后才能显示出效果的现象之一。如果说身份的平等有利于良好的民情，那么，社会在生产这种平等时伴随的阵痛，则有害于良好的民情。

近50年来，法国在不断改变自己的面貌，然而我们并没有获得太多自由，反而动乱却经常发生。在思想发生这样的普遍混乱，舆论处于这样的摇摆不定的时候，在是非、真假、功过混淆得如此难辨的时期，社会的公德遭到怀疑，而个人的私德则处于崩溃的状态。

但是，我国发生的一切革命，不管其目的何在，由什么人进行，最初都产生了同样的后果。甚至那些以加强了道德才结束的革命，在一开始的时候也是松弛了道德的。

我从来不认为我们时常发生的动乱将会长期这样继续下去，一些奇妙的征兆已经显示出了这一点。

最腐败透顶的，是丧失了权力之后仍然保持着财富的贵族，因为他们在享尽了庸俗的消遣之后，仍有大量的时间去花天酒地。他们失去了曾经使他们兴旺发达的热烈激情和伟大思想，而只剩下一大堆看起来很小但腐蚀性很强的恶习，像苍蝇集聚在尸体上一样，紧紧地附着在他们身上。

谁也不否认，上个世纪的法国贵族是极其放荡的。但是传统的习惯和古老的信仰，仍能使其他阶级尊重道德。

谁都会同意，在我们这个时代，贵族的残余还可以在一定程度上维护原则的严肃性，而社会的中下阶层却在逐渐地破坏道德。结果，50年前生活上最放纵的家庭，今天却成了最守规矩的模范家庭，这倒使人觉得民主好像只是通过贵族阶级才使道德向上的。

法国大革命虽然瓜分了贵族的财产，强迫他们把精力集中在自己的私事和家庭上，规定他们必须同子女在一起住，但却使他们的头脑比以前更清晰和严肃了。因此，法国大革命使贵族在不知不觉中学会了尊重宗教信仰、爱好秩序、爱好平凡的娱乐、爱好天伦之乐和家庭幸福，但本来持有这些爱好的其他阶层呢，却借着推翻法制和政治习惯所需的努力的余威，踏上了破坏秩序的道路。

法国的旧贵族承受了大革命所带来的一切后果，但是，他们并没有由此也产生革命激情，也萌生革命前往往会有的无政府主义念头。我们不妨这样设想：他们预料这场革命将会对自己的生活方式发生有利的影响甚至比从事革命的那些人还早。

因此，尽管乍一听来有点不可思议，但是我们仍然要指出：今天在民主自然而然地造成的道德方面表现得最好的，反而是国内最反对民主的那些阶级。

我不能不认为，在我们享有民主革命的一切成果的时候，只要能够消除革命所造成的混乱，现在只为少数人认为是真理的东西，就将逐渐为所有的人所接受。

第十二章　美国人怎样理解男女平等

在上面的章节里，我叙述了民主是怎样消灭或改变社会所造成的各种不平等的。然而，是否仅止于此？民主最终能否对至今似乎始终以人性为基础的重大的男女不平等也发生影响呢？

在我看来，使父子和主仆之类的使尊卑处于平等地位的社会运动，也在提高妇女的地位，并且必将逐渐使男女趋于平等。

但是，我从来没有像在这里这样感到有必要详细说明一下我的意见，因为没有一个题目比这个题目更能使当代人信口雌黄了。

在欧洲，有些人抹杀男女的性别特点，极力倡导男女不但是平等的人，而且是完全相同的人。他们赋予男女以同样的职责，给予男女以同样的义务，授予男女以同样的权利，也即在劳动、娱乐和公务等一切方面抹杀男女间的差别。不难想到：这种强制两性平等的做法，反而会损害双方；硬叫男人去做本来应当由女人去做的工作，或者反过来，必然出现一些柔弱的男人和粗野的女人。

因此，这实在不是美国人所理解的那种男女之间建立的民主或平等。美国人认为，既然上帝使男女在身心方面存在巨大的差别，那么它显然是要让男女各自运用他们的不同特点。美国人确信，进步不是让性别不同的人去做几乎相同的工作，而是让男女各尽所能。美国人把指导当今工业发展的伟大政治经济学原则应用到了两性方面，也就是细分男女的职责，以使伟大的社会劳动达到最佳的效果。

美国比世界上任何一个国家都注意和坚持在两性之间划清行动界线。美国人希望两性同步前进，但所走的道路不要相同。你决不会看到美国妇女去管家务以外的事情，去做生意和进入政界，而且也决没人强迫妇女下田去干粗活，或做需要强壮劳力才能做的重活。即使再穷的家庭也没有例外。

另一方面，既然美国妇女无法走出宁静的家务活动的小圈子，那也就从来没有人强要把她们从中拉出来过。

因此，经常表现出男子样的智力和刚强毅力的美国妇女，却仍保持着极其娇柔的风度，而且尽管她们的头脑和心胸不在须眉之下，但她们在行为举止上却永远是巾帼。

美国人从来不会想到实施民主原则将导致推翻夫权和打倒家庭内部存在的权威的结

果。他们从来都认为，任何团体要想有效地活动就必须有一个首领，而夫妻这个小团体的天然首领就是丈夫。因此，他们决不认为丈夫有权指挥自己的配偶有什么不合适，并且认为在夫妻的小家庭里，犹如在广大的政界，民主的目的在于规定相应的权利并使它们合法，而不是破坏一切权利。

这是一种绝非男性所独有而为女性所反对的意见。

我从来没有见过美国妇女会认为丈夫行使他的权利就是侵夺她们的权利，更没有见过美国妇女会认为这是让她们屈辱服从。恰恰相反，我似乎发现她们把心甘情愿放弃自己的主见视为一种荣耀，将她们的伟大之处表现在自动就范而不反抗方面。这至少是妇德极好的美国妇女的意见，而其他美国妇女并没有公开发表自己的见解和想法。另外，在美国，你根本见不到一个淫乱的妻子在她践踏自己最神圣的义务时会大吵大闹，主张自己的权利。

常有人说：在欧洲，即使男人对女人极尽奉承，也总带有一定的轻视之意；尽管欧洲男人往往表现得像女人的奴隶，但你可以看出，他们从来没有真心认为女性是与他们平等的。

在美国，男人很少去恭维女性，但他们每天的表现，却证明他们尊重女性。

美国男人经常使人们感觉到，他们完全相信配偶的智力、尊重配偶的自由。他们断定配偶的头脑也能像男人那样去发现纯正的真理，配偶的心胸也坚定得足以追随这种真理。他们从未想到从成见出发，用妇女的愚昧无知和胆小怕事来证明自己的德行比配偶的高明。

然而，在欧洲，虽然男人那样容易受女人支配，但男人似乎否认女人具有人类的某些主要属性，认为女人虽然迷人，但不是完整的人，尤其让人惊讶的是，女人自己的看法居然也如此，她们向来认为，表现自己无用、软弱和怯懦是她们的特权。美国妇女决不要求这种所谓的特权。

另一方面，还可以说，我们的民情实际上使男人获得了一种怪异的豁免权，以致好像有一套道德规范是专为男人制定的，而他们的配偶则有另一套道德规范，而且按照舆论，同一种行为在女人身上是犯罪，但在男人身上则是小小的过错。

美国男人决不会理解权利和义务的如此不公平分配，在他们眼里，诱奸者和受害者是同样不光彩的。

是的，美国男人很少像欧洲男人那样向女性百般地奉承，而是常以行动表示他们眼里妇女是贞洁和贤惠的。他们十分尊重妇女的精神自由，以致在有妇女的场合，每个人的谈话都很谨慎，害怕让她们听到令她们感到不快的言辞。在美国，一个年轻姑娘可以只身长途旅行而不必害怕。

美国的立法者虽然减轻了刑法典中的几乎全部的惩罚条款，但仍对强奸罪定有死刑，而且舆论对这种罪也斥责得最为厉害。这是可以理解的，因为在美国人眼里，最珍贵的东西是妇女的贞节，最应该尊重的东西是妇女的自由，最应该严加惩罚是强行使妇女失去贞节和自由的人。

然而在法国，对强奸罪判得很轻，常常很难见到一个陪审团作出有罪判决。试问，这是轻视贞节呢，还是轻视妇女呢？我不能不认为，这是两者兼有的。

因此，美国人虽不认为男人和女人有同样的权利和义务去做同样的事，但对男女的作用却给予同样的估价。他们认为虽然男女的命运不同，但作为一个人来说价值却是相等的。他们没有让女人也像男人那样拥有坚毅的勇气，也没有让女人像男人那样去使用自己的勇气，但他们决不怀疑女人具有这种勇气。他们虽然认为夫妇不应当永远同样地运用各自的理解力和理智，但至少承认女性的理智与男性的是同样清晰的，女性的理解力与男性的是同样可靠的。

因此，让妇女在社会活动上处于下层的美国人，却在智力活动和道德领域中极力把妇女提高到与男人同等的水平，在这方面，他们使我觉得他们对于民主进步的真正含义有着令人钦佩的理解。

至于我，我要毫不犹豫地声明：尽管美国妇女中还很少有人走出家庭的小圈子，在一定程度上还具有很大的附属性，但她们的地位无处不使我觉得还是很高的。现在，在我即将写完这本讲美国人做了那么多重大事情的书的时候，要是有人问我：你认为这个国家的惊人繁荣和国力蒸蒸日上主要应归功于什么？我将回答说：应当归功于它的妇女们优秀。

第十三章　平等怎样将美国人分成许多私人小团体

人们也许会认为，民主制度的最终和必然效果，是使全体公民在私人生活中也像在政治生活上那样融合起来，并强制每一个人全都过同样的生活。

这样，将会对民主所产生的平等作出极其粗浅和蛮横的解释。

没有任何社会情况和任何法制，能使人们相似得在教育、财产和爱好方面没有一点差别；即使有时候不同的人可能发现齐心协力去做同一件事对他们有利，但是你也必须承认，他们决不会从中发现乐趣。因此，他们无论怎么要逃避立法者规定的限制，并在逃脱立法者试图限制他们而为他们的活动规定的某种范围时，就建立起一些因条件、习惯或品德相似而形成的私人小团体，它们与大的政治团体并存。

在美国，凡是公民，谁也不比谁高人一等；他们既不需要相互服从，也不需要彼此尊敬，他们共同执法，共同治国，总而言之，就是大家在一起去处理对共同的命运发生影响的事务。但是，我还从来没听说过有谁主张大家以同样的方式去消遣，或使男女混杂在同一场所玩乐。

在政治集会和司法审判的大厅里经常混在一起的美国人，在私生活方面却谨慎地将自己分成许多很不同的小团体，以便在那里享受私人生活上的乐趣。每个公民都很乐意承认全体同胞一律平等，但只承认其中的极少数人是他的朋友和客人。

我认为这是非常自然的。公共生活的圈子越大，私人关系的范围就会越小。我不但无法想象新社会的公民最后会在生活上趋同，反而觉得他们可能形成许许多多的小圈子。

在贵族制国家，每个阶级都像一座大城堡，本阶级的成员不得出去，其他阶级的成员不得进来。各阶级间不相往来，只是在每个阶级内部，人们是一定要往来的。即便他们的天性并不相同，但身份的基本一致促使他们彼此接近。

而当法律和习惯都没有规定在谁和谁之间建立频繁的和经常的关系时，则观点和思想倾向上的偶然相同，就可能会对建立这种关系发生作用。因此，私人组成的团体各有特点。

在民主制度下，公民永远没什么差别，自然感到彼此接近得随时都可能融为一体，所以便人为地和随意地创造出许多小圈子，而每个人则试图依靠这种小圈子拒他人于千里之外，唯恐不知不觉中与众人合流。

这种情况将会永远存在，因为人们可以改变自己创造的外在制度，但却不能改变自身。无论整个社会如何竭尽全力去使公民平等和相同，个人的自傲心理总要试图阻止人们走上同一水平，并希望在某一方面出现对己有利的局面。

在贵族制度下，人们被不可逾越的高高的壁垒隔开；而在民主制度下，人们被太多的细得几乎看不见的线隔开，虽然人们随时都可以冲断这些线，但这些线也可以不断移动位置而重新联结起来。

因此，无论平等发展到如何高的地步，在民主国家里总会形成为数众多的私人小团体，它们散布在大的政治社会的汪洋大海之中。但是，这些小团体的成员没有一个在仪表上跟领导贵族国家的上等阶级相同。

第十四章　对美国人的仪表的若干考察

乍一看，似乎没有任何其他东西比人的行为的外表更不重要的了，然而实际情况是，人们重视行为的外表却胜过其他一切东西。除非人们生活在一个不讲仪表的社会里，在待人接物时才不讲究一定的举止习惯。所以，社会情况和政治情况对仪表的影响，是很值得认真加以研究的。

一般认为，仪表来自民情的基础；此外，它有时也是某些人之间约定成俗的结果。仪表既是与生俱来的，又是后天习得的。

当一些人认为不费周折和不经努力就可出人头地，觉得每天都有等待他们去完成的重大工作摆在眼前，因而让别人去处理一些小事，感到自己生活在不是由自己创造的财富之中也不怕失去财富的时候，你就可以想象他们对小小的利益和生活上的物质享受持有的一种高傲的轻视感，他们的思想上有一种流露于语言和仪表上的自然的伟大感。

在民主国家里，人们的仪表一般都不怎么威严，因为私人的生活没有高大之处可言。人们的仪表往往不拘小节，因为民主国家的人们只顾忙家务，很少有机会和时间去讲究仪表。

仪表的真正尊严在于常常表现得适得其所，既不高亢也不低卑。这一点，无论农民和王公都能做到。在民主国家里，每一个人的地位并不是自始至终不变的，所以人们的仪表往往显得傲慢，很少有尊严的表现成分。此外，在民主国家，人们的仪表既没有严格的规范，也不需要经过严格的训练。

在民主制度下生活的人极其好动，流动性很大，以致一些人很难形成彬彬有礼的仪表，即使偶然形成了也不能长期保持。于是，每个人几乎都可以随意行动，在仪表上经常有一种不连贯的表现，因为每个人的仪表主要是根据个人的思想和感情形成的，而不是根据供所有的人都模仿的理想典范形成的。

而且，这一点在贵族制度刚刚被推翻时，比在贵族制度已被推翻很久以后表现得更加明显。

结果，新的政治制度和民情，把教育程度和生活习惯有着巨大差异的一些人聚集在同一地点，并往往迫使他们共同生活，进而人们随时可以看到社会斑驳的景色。人们还依稀记得以前有过的严格的礼仪典范，但早已忘了它的内容和出处。人们虽然失去了共同的仪表准则，但还不想永久地抛弃它，而是力图用旧规矩的残迹，来建立某种任意规定的、可以随时改变的仪表准则。结果，其造出来的仪表既不像贵族制度时期人们经常表现的那样彬彬有礼和威严尊重，又不像民主制度下人们有时表现的那样朴素和大方。这样的仪表显得既受拘束又不受拘束。

这并不是正常的状态。

当平等实行得很全面、很持久，而每一个人差不多都有相同的思想和做相同的工作，且不需要经过互相商量和模仿就能使彼此在行动和语言上一致时，人们便可以不断发现，他们的仪表虽然有不少细小的差别，但没有重大的不同。仪表永远不会完全相同，因为它根本没有同一模式。仪表也永远不会有巨大的差别，因为它有同样的社会条件。初到美国时，可能会觉得所有美国人的仪表都完全一样，只有仔细观察，才能发现其中的细小差别。

英国人最喜欢嘲笑美国人的仪表了，但很奇怪的是，向我们作如此可笑描述的作家自己，大多数属于也有类似可笑举止的英国中产阶级。因此，这些总是在笔下无情地挖苦别人的作家，通常都是他们挑剔的美国人的那些举止的践行者。他们没有感到这是自己嘲弄自己，从而令他们本国的贵族觉得非常可笑。

再也没有什么比人们举止的外表形式更有害于民主的了。很多人宁愿容忍民主的缺陷，也不肯采取民主时代应有的仪表。

但是，我并不认为民主国家的人的仪表一无可取。

在贵族制国家，凡是在生活上接近上层阶级的人，一般都力图装得像上层阶级一样，因而常常出现各种荒唐可笑的模仿行为。民主国家的人民没有可供学习的威严仪表做榜样，所以他们至少省去了每天履行可恶的模仿的义务。在民主国家里，人们的仪表从来不像贵族制国家那样追求文雅，但也永远不会粗暴。我们既听不到下流人的那种粗野语言，又听不到上流人的那种出口成章的高雅谈吐。民主国家的习俗往往显得平淡无奇但又绝不粗野和低贱。

我曾说过，民主国家不可能制定一套彬彬有礼的举止准则。这虽有不便之处，但也有它的好处。在贵族制国家里，一套套的礼节规矩迫使人人举止一致。这些规矩从来不顾个人的性格特点，硬是把同一阶级的全体成员塑造成外表相同的人。它们装饰每个人的个性，把它真实的面目隐藏起来。在民主国家里，人们的仪表既不像在贵族制国家那样彬彬有礼，又不像在贵族制国家那样处处离不开规矩，但它往往是诚恳而真实的。在这里，人们的仪表像一层织造得并不是很好的薄纱，但通过这层薄纱却能很容易看到每个人的真正感情和个性化思想。因此，人们行动的外表和内容往往是一致的，它所反映的人的品质虽然不怎么绚美，但却十分真实。从某种意义上说，也可以认为民主的效果并不是完全要使人们具有一定的仪表，相反，而是阻止人们具有一定的仪表。

有时在一个民主国家里，虽然也可以见到贵族的观点、激情、美德和恶行，但你一定不会看到贵族的仪表。当民主革命大功告成的时候，贵族的仪表便不复存在而且永远消失了。

乍一看，似乎没有任何东西能比贵族阶级的仪表更能持久地存在下去，因为这个阶级在丧失其财产和权势之后，它的仪表还能存续很长一个时期；然而，似乎没有任何东西再比贵族的仪表更加脆弱的了，因为在它彻底消失之后便一点痕迹也没有了，以致很难说它曾经存在过。社会情况的变化，造就了这个需要几代人的努力才能完成的奇迹。

贵族制度的那些主要特点，在贵族制度消亡之后尚可成为历史的遗迹；而贵族的高雅的中规中矩的举止方式，则几乎随着贵族制度的崩溃而被人们淡忘。只要人们看不到贵族的举止方式，也就无从想起它了。贵族的仪表的消逝既没有被人看到，也没有被人感觉到，因为人们只有事先在习惯上和教育上有思想准备，才能真正体会到从区别和选择仪表当中获得的那种美好感觉，然而这种美好感觉很容易随着停止采用选定的仪表而消失。

因此，生活在民主国家的人民不但不会有贵族的仪表，而且也不会想到和希望有这样的仪表。他们无法想象贵族的仪表是什么样子。对于他们来说，好像那样的仪表从来没有存在过似的。

对于这样的损失虽然不应当过于看重，但却值得表示遗憾。

我知道，往往会看到这样的人，他看上去举止十分高雅，但其情感却十分庸俗；在法庭上可以清晰地发现，道貌岸然的外表下面往往可能隐藏着极其卑鄙的心肠。贵族的仪表虽然不能算是一种美德，但有时却可以粉饰美德。一个人数众多且力量强大的阶级的通常表现并不是这样，而是每时每刻都以其生活上的一切外在表现来显示其感情和思想好像生来就是高尚的，其爱好好像是高雅和合理的，其举止好像是文质彬彬的。

贵族的仪表让人对人性产生了美丽的错觉。尽管贵族的仪表常常是虚伪的，但它很能使人产生一种喜欢看它的高尚感觉。

第十五章　论美国人的严谨精神和这种精神不能防止美国人往往做出考虑欠周的事情的原因

生活在民主国家里的人，决不会喜欢贵族制度下的人们所热衷的那些淳朴的、喧闹的和粗俗的消遣，认为这种消遣既幼稚又无聊。对于贵族阶级的高雅的文化娱乐，他们也不爱好。他们想要在享乐当中得到那些具有生产价值和实际补益的东西，希望一举两得：既能得到享乐，又能得到实益。

在贵族制社会里，人们容易沉湎于热闹而又痛快的气氛之中，以暂时忘掉生活中的不幸和苦难。民主社会的公民不喜欢这样的放纵忘形，他们一旦失控了，总是表示后悔。他们不喜欢这种轻浮的狂欢，而是喜爱那种同做工作相似又不会使他们把工作抛到九霄云外的严肃而安静的享乐。

在欧洲的大部分国家里，人们在工作的闲暇时候一般都到公共场所去跳舞娱乐，而与这样的欧洲人有着相同职业的美国人却不会如此，美国人要把自己关在家里独酌。他们把两种享乐结合在一起：一面考虑自己的生意，一面在家里微醺于醉意。

我原来以为英国人是世界上最严肃的，但当我看到美国人以后便改变了看法。

我并不想说气质没有对美国人的性格发生重大作用，但我认为，政治制度对他们的性格的影响更大。

我相信美国人的严谨精神，还有一部分来自他们的自尊心理。在民主国家，即使一个穷人也十分重视人格的价值，他认为自己并不比别人差，而且一相情愿地以为别人也会这样看待他。在这种心情的支配之下，他的一言一行都很谨慎，决不会玩物忘形，以免让自己的缺点暴露出来。他认为，要想使人看得起自己，就必须自尊和严肃。

但我感觉，美国人之所以有这种让我感到吃惊的和似乎来自本能的严谨精神，还有着一个更为重要和更为强大的原因。

在专制制度下，普通老百姓虽然有时会忘乎所以，耽于狂欢。但是，一般地，他们还是郁郁寡欢和沉默寡言的，因为他们从心底里害怕专制制度。

在王权受到习惯和民情制约的君主国家，一般老百姓往往心平气和，精神愉快，因为他们具有一定的自由和极大的安全，也不必为生活太过担忧。但是，凡是享有自由的人都是处事严谨的，因为他们始终铭记事业不会是一帆风顺而无艰险的。

对于那些建立起了民主制度的自由国度的人民来说，情况更是如此。在这样的国家里，每个阶级都有不少人经常参与国家大事，同时，那些不想管理公共财产的人，则一心致力于增加个人的财富，因此，严谨精神在这些国家里就不是为个别的少数人所特有，而已成为一个民族的习性。

人们经常谈到古代一些小的共和国，说它们的公民往往戴着玫瑰花环在公共场所聚会，几乎把全部时间都打发在跳舞和观看戏剧上了。我不相信这样的共和国甚于不相信柏拉图的共和国。如果事实真如他们所说的那样的话，我也敢断言，他们所设想的共和国的构成要素与我们所说的共和国的构成要素大大不同，除了名称相同以外，二者毫无共同之处。

另外，也不要以为生活在民主制度下的人觉得终生辛苦与可悲。恰恰相反，没有任何一个地方的人能像他们那样安于自己的处境。要是没有让他们操劳的事情，他们反而会感到人生乏味了。他们乐于操劳甚于贵族乐于享受。

我不禁要寻思，如此严谨的民主国家的人民为什么有时候做事那样欠妥当？

有些经常保持冷静态度，举止也端庄稳重的美国人，却往往不能克制住自我，在心血来潮或轻率判断之下越出了理性的疆界，便做出一些荒唐的事情来，而且似乎还做得很认真。

对这种矛盾现象我们不应该吃惊。

有一种无知是由于知道得太多而造成的。在专制国家里，人们之所以不知道如何行事，是因为没有人给他们任何指教；而在民主国家里，人们之所以会贸然行事，是因为有人想把所有的都告诉他们，使他们知道的东西太多了。于是前者是什么也不知道，后者是把知道的全忘了。双方的主要特点，都是像一幅画似的，只有轮廓却无景物的细致描绘。

让人感到奇怪的是，在自由国家，尤其是民主国家，公职人员有时说话不当或行为轻率，也不会危及他的地位；但在君主专制国家，公职人员只是随便说出的几句话，就足以使他丢官下台，永远无法挽回。

以往的许多事件都足以证明这一点。当你面对乱糟糟的一大群人讲话时，有很多话不会被人听见，而且即便是听到了，也很快会被人遗忘；但是，当你面对一群恭敬地听你的话的人讲话时，哪怕讲的声音很低，也能被听见。

在民主国家里，人们从来不死守在一个地方不动，有很多的机会使他们不断搬家，他们的生活几乎总是被一种我无法称呼的力量，或许可以称之为即兴的力量支配着。因此，他们往往在这种力量的支配下去做他们还不会的事情，去说他们尚未理解的话，去从事他们没有经过长时间学习的工作。

在贵族制度下，每个人只有一个终生追求的目的；而在民主国家，人们的生活极为复杂，同一个人常常是同时怀有几个目的，而且各个目的之间往往又没有联系。因为他们不能对每个目的都有明晰的认识，所以容易停留于一知半解。

民主国家的居民即使不受贫困的逼迫，至少也受着欲望的逼迫，因为他们看到周围的一切财富和福利，没有一件不是他们触手可及的。于是，他们急于去获得一切东西，去做一切事情，而且干得差不多了就满意了，对他们的每个行动从不用一点儿时间去问为什么。

他们的好奇心既永无止境，又很容易得到满足，因为他们所渴望的是尽快地知道很多东西，而不是深刻地认识这些东西。

他们没有时间，而且更重要的是没有兴趣去深入研究事物。

总之，民主国家的人们之所以那么严谨持重，是因为他们的社会和政治情况不断地驱使他们去从事必须认真完成的工作；他们之所以有时行为轻率，则是因为他们只有很少的时间和精力去做每一项工作。

注意力不集中的习惯，应当是民主精神的最大缺陷。

第十六章　美国人的民族自负心比英国人更强烈和更挑剔的原因

一切自由的人民都是自豪的，但民族自豪感的表现形式却不相同。(D)

在同外国人交谈时，美国人对批评一丁点儿都忍受不了，但他们对赞美之词则总嫌不够。一句微不足道的赞美的话，他们都听得舒服；无论把他们捧得多么高，也都很少能使他们满足。他们总纠缠你，希望你赞美他们几句；要是你不赞美，他们就会自我赞美一番。有人说，由于他们自己都怀疑自身的优点，所以总渴望让别人在他们面前称赞他们几句。他们的自负心不但是贪婪的，而且轻浮，还带有嫉妒情绪。这种自负心好进不好出，既想沽名，又想钓誉。

我曾对一个美国人说他的国家很棒，他立即回答我说："是的，世界上没有哪一个国家可以比得上它！"我又赞美美国人享有的自由，他回答说："自由是贵重的礼品！没有几个国家有资格享有它。"我再赞美美国的民情淳朴，他接着说："我想象得出，一个曾在其他所有国家目睹贪污腐败现象的外国人，看到这种淳朴的民情肯定会大吃一惊。"后来，我让他想一想自己做得怎么样，他却叫我回到原来的话题上去，非得让我把方才赞美的话重复一遍不可。这种执拗得令人讨厌的爱国精神，真是令人难以想象，连称赞这种精神的人也感到厌烦了。

然而英国人可不这样。他们并不宣扬本国确有的优点或他们认为有的优点，而只是在内心里自我肯定。他们既不赞美别的国家，也不要求别人赞美他们的国家。听到外国人的贬损，他们不会生气；听到外国人的颂扬，他们也不会欣喜若狂。他们对待全世界持有一种既傲慢又显得无知的冷淡态度。他们的自豪感不需要别人培养，而由自己提供养料。

两个同出一源的民族，在举止和言谈上却大不相同，实在让人惊奇。

在贵族制国家里，位高权重的贵族们自有其高傲感所赖以存在的莫大特权，而不必依靠历数本国的优点来培养这种感情。这些特权是他们从祖辈那儿继承下来的，所以被他们视为自身的一种不可或缺的东西，或者至少是他们与生俱来的天赋权利。因此，他们对于自己的优越性有一种泰然自若的感觉，决不想在他人面前彰显他们的那些本就为人所共知的、没人反对的特权。他们并不觉得这些特权有什么大不了，以致可以拿来当做话题。他们泰然自若，独享高贵，深知不必炫耀也会引起世人的注意，也确信没有人企图去推翻他们。

在贵族处理国政的时候，他们的民族自豪感自然要采取这种自恃甚高的旁若无人的形式，同时国内的其他一切阶级也都随之效仿。

反之，当身份的差别不大时，一丁点的优势也具有重大的意义。每个人一见到周围有成千上万的人也具有与自己完全相同或相似的优势后，他们的自豪感就会转化为贪婪和嫉妒；微不足道的利益，他们也要竭力争取，一旦争到手后，就抓住不放。

在民主国家里，人们的条件经常变动，所以他们的优势几乎总是不断更新。这就使他们无休止地显示自己的优势，以便叫别人看到，也使自己相信自己确实拥有优势。但这种优势随时都有可能失去，所以他们总是心生不安，并极力展示自己还有优势。在民主国家里，人们爱他们的国家就像爱他们自己，并把他们个人的自负心转化为民族自负心。

民主国家人民浮夸和轻佻的自负心，来因于他们的身份平等和条件容易变动，以致一些最高尚的人士在其生活中的一些小事情有所变动时，也会显示出他们的爱憎来。

贵族阶级由于特权的范围大、持续时间长，与其他阶级大不相同。至于贵族成员之间偶尔出现的差异，则只是由于随时可以获得或失去的暂时的小利益而造成的。

但是，对于强大的贵族阶级的成员们，有时为了争夺主子随心所欲赐予的一丁点特权，经常聚集到首都或宫廷里互相争吵。这时，他们必定互相攻击，彼此眼红，这使得民主制度下的人感到可笑，为得到一点儿小利益就互不相让，并用各种理由证明他们需要享有这种利益。

一旦阿谀逢迎的人也有了民族自豪感，我敢断定，他们也会像民主国家的这类人一样来显示这种自豪感。

第十七章 美国的社会面貌为什么既千变万化又单调一致

大概，任何其他东西也不如美国的社会面貌更能激发和产生人们的不可思议感。在美国，人们的命运和思想以及国家的法律，都在不断地改变着。可以说，由于人力每天都在不停地改造自然，本来不动的自然本身也动起来了。

但是，只要长期观察，这个社会的如此变化无穷的景象反而显得那么单调一致；而且，观察者对这个如此变动无常的景象观察一阵子之后，还会感到腻烦。

在贵族制国家里，每个人几乎都永久地固定在自己的活动领域，但人与人之间却有着极大的差别，每个人的感情、思想、习惯和志趣都存在着本质的不同。看上去什么都一样，但样样又都不相同。

反之，在民主国家里，每个人都是相同的，他们做着基本相同的工作。是的，他们要随社会的巨大的、不断的变化而沉浮，但成功和失败又是经常反复的，所以仅仅是演员的姓名改了，剧情并没有变。美国的社会面貌千变万化，因为那里的人和物每时每刻都在变化；但它又是非常单调一致的，因为那儿的一切变化都是千篇一律的。

生活在民主时代的人有用不完的热情，但大部分热情都归结于或出于爱财。这倒不是因为他们的精神境界不高，而是因为金钱的作用在他们那儿实在太大。

当所有的人都是独立自主没有差别的时候，要得到他人的合作，只有依靠金钱。这就使财富的作用被无限扩大，财富的价值随之增加。

以崇古守旧为基础的权威一旦不复存在，出身、地位和职业也不再是区分人的标准，或者说它们已经不能让人有高低之分了，唯有金钱能使人与人之间有显著的差别，能使某一些人比其他人突出。建立在财富之上的高低贵贱的差别，随着其他差别的消失或缩小而迅速扩大。

在贵族制国家，金钱只能把人引到庞大的欲望圈中的某几个点上，而在民主国家，金钱则好像能把人引到这个欲望圈的所有点上。

因此，我们到处都可以看见，爱财是美国人行动的主要或次要动机。这使美国人的所有热情都带上了爱财的色彩，以致你在看到这种情况之后会感到厌恶。

同样的热情这样相继出现，就使人觉得单调了；而满足这种热情的每个具体的过程，也同样是非常单调的。

在像美国这样的秩序安定的民主国家里，人们不能依靠战争、假公济私，或通过政治手段没收财产的办法来获得财富，所以爱财之心使大多数人都献身于工商业了。但是，由于工商业通常会引起严重的混乱和失败，所以如果没有训练有素的经营方法，如果不通过划一的小型活动长期积累成功的经验，将是无法使工商业繁荣的。经营工商业的热情越高，经营方法就也越训练有素，活动也就越能划一。可以说美国人之所以能够如此有条不紊，正是因为他们有强烈的事业心。虽然这种事业心扰乱了他们的心灵，但却安顿了他们的生活。

我关于美国所述的一切，同样也适用于当代的一切人。生活的多样性正在从人类社会中逐渐消失，同样的举止、思想和感情正在走进世界的每个角落。这不仅是各国之间的交往日益增加和相互模仿日益准确使然，而且是因为各个国家的人逐渐放弃了本阶级、本行业、本家族所固有的思想和感情，一起变得更加接近到处都是一样的人的本质。因此，他们即使相互模仿，也能变得一致起来。人们就像分散在一片大森林里的旅游者，而森林里所有道路都通向同一个地点。如果他们共同确定了集中地点，并都向这一地点走去，那么，即使他们不去相互寻找，不见面，谁也不认识谁，也会逐渐不知不觉地接近，而在同一地点相会之后，他们会大吃一惊。不以特定的人而是以人本身作为学习和模仿对象的国家，终将像会合在林中广场的旅游者一样，达到民情上的一致。

第十八章 关于美国和民主社会中的荣誉①

在判断他人的行为时，人们似乎采用了截然不同的两种标准：有时，是根据一个国家和一个时代所特有的是非观念去评价；有时，是按照普及全球的单一的是非观念去判断。这两种标准常常是极不相同的，甚至有时会相互抵触；但是，它们永远不会相互混用，也永远不会相互抵消。

在人们最重视荣誉的时候，比起信仰来，荣誉更能支配人们的意志；而且，甚至在人们毫无怨言和毫不迟疑服从信仰的指挥时，也会基于一种虽很模糊却很强大的本能，感到一个更为古老、更为普遍和更为神圣的行为规范的存在。有些行为，人们既可以断定它是体面的，又可以断定它是不体面的。比如说，拒绝决斗的行为。

在我看来，人们解释这种现象时也可以用某些个人和某些国家的任性来说明，并且至今大家也确实是这样做的。

人类普遍和永远需要制定出一套道德规范，这套道德规范使任何人在任何地方和任何时代都不敢违反，害怕违反时会遭到耻笑和斥责。人们把违反道德规范的行为称为作恶，把遵守道德规范的行为称为为善。

在整个人类的大团体里，人们还建立了范围比较小的团体，并把这种团体称为民族或国家；在这个较小的团体内又要建立一些范围更小的团体，这种团体叫做等级或阶级。

每个这样的团体都会各自成为一个人类中的特殊的种属；虽然它们和人类整个群体都没有本质的区别，但是又独立存在于一定的范围内，其自身也有各自的需要。这些特殊的需要又用某种方式在不同的国家观察人的行为，然后根据这些观察进行评

---

①“荣誉”这个词语在法语中有两层意思。在使用这个词的时候，我并不总是采用它的全部含义。

它首先表示的是人获得他人的赞美、尊敬和尊重。比如，人们在使用这个词义时常说：“赢得了荣誉。”

其次，它表示的还有人们赖以获得这种赞美、这种尊敬和这种尊重的整个行为规范。比如，人们在使用这个词义时常说：“一个人要严格地遵守荣誉对他的要求”“他不顾荣誉”等。在本章中我使用这个词时，采用的总是后一个含义。

价。

不应当互相残杀是人类永恒的和普遍的利益。但是，某个国家或者阶级可能又有其特殊的、暂时的利益，为了这个利益，在某些情况下杀人是值得原谅的，甚至是值得表扬的。

而荣誉不外乎是根据一种特殊情况建立的特殊标准，供一个阶级或一个国家用来进行褒贬。

对启迪人的思想而言，抽象的解释用处不大，因此我要尽快求助于事实。现在，让我用一个例子来说明自己的看法。

我选择的例子是一种最奇特的荣誉。这就是为我们所熟知的而且世界上曾经流行过的封建社会主张的贵族荣誉。一方面我要用上面我提出的观点来说明这个例子，另一方面又要用这个例子来进一步阐述我的观点。

在这里我不准备研究中世纪的贵族产生的时间和原因，为什么它与民族的其余部分有这么巨大的鸿沟，是谁巩固和确立了它的权力。我把它看成既定事实，并试着说明为什么它要用非常特殊的眼光看待人们大部分的行为。

首先，令我吃惊的是，人们的行为在封建社会受到褒贬，永远不是凭借其固有的价值，而评定其好坏有时完全是根据行为的主体和客体，以至于人类的共同良心同评定的结果相抵触。因此，有些行为老百姓对它们完全不在乎，在他们看来无所谓，但会使一个贵族觉得有失体面；但是另一些行为，则会因为行为的受害者是否是贵族而改变其性质。

这种差别对待的观点一旦产生，贵族阶级便会成为独特的与人民隔离的团体，稳坐在高高在上的地位。贵族阶级的力量所在就是这个特殊的地位。为了保住这个地位，贵族阶级便不仅需要有政治特权，而且还要按它的标准来对善恶进行评断。

有些行为出于贵族时是善，出于老百姓时却是恶，反之也是如此。当一种行为的对象是一个平民时，即使有罪也不会受到任何追究；而如果它是施于一个贵族，即便是无罪也会受到惩治，并且常常是随意惩治。但是，用一个人的地位对其行为的荣辱进行判断，事实上是贵族社会的内部组织造成的结果。但凡有过贵族阶级的国家，事实上曾经都是如此。只要依然存在贵族制度的残余，类似这种怪现象还会继续发生。比如，一个美国成年男子诱奸一个有色人种的姑娘，不会使他名誉扫地；让他无脸见人的反而是娶这个姑娘为妻。

在某种情况下，封建主义的荣誉轻视委曲求全，主张复仇；但另一方面，它又要求人们忘我，严令人们自我克制。它不要求温存和仁慈，而是颂扬宽宏大量。它重视布施轻于重视仁政。它不准人们依靠劳动发家，但允许人们凭赌博和战争致富。它不让人去追求微不足道的小利，而宁愿让他去犯滔天大罪。它讨厌吝啬甚于讨厌贪婪。它始终鄙视奸诈和背叛，但却时常鼓励暴力。

这些思想离奇古怪，它们并非来自拥有这些思想的人的异想天开。

一个高于其他一切阶级，取得领导地位，并尽力永远保持这个地位的阶级，必然特别尊敬让它显赫和伟大，并能轻易把它的权势欲与高傲感相互结合起来的德行。它为了在其他阶级前面显示这种德行，甚至不怕违背天理良心。我们甚至可以想象到，它能随意颠倒是非，视厚颜无耻和臭名昭彰的恶行高于温和淳朴的德行。一旦这个阶级在社会上确立了地位，差不多总是要倒行逆施。

中世纪的贵族认为武勇可以代替其他一切的美德，并将它视为最高美德。

这也是一种必然的来自社会状况特殊性的独特观点。

封建贵族是为了战争而存在的，并且是靠战争起家的。它将自己的权势作为武器，并用武器来保持权势。所以，对它来说，武勇是最重要的。自然地，它要说武勇比什么都光荣，并且把它捧得最高。因此，凡是明显表现武勇的行为，即使这种行动违反人道和理性，都能得到它的认可，并且常常是出于它的命令。但是，人的稀奇古怪的念头，只能作用于他的某些行动。

一个人挨了一记耳光，他觉得是不可忍受的奇耻大辱，并和轻轻打了他一下的那个人格斗，并且不死不休，这是出于他的自我判断；而一个贵族不能容忍凌辱，如果挨了一拳之后不还手就会声名扫地，这是出于军事贵族的原则本身和需要。

所以，"荣誉具有任意性"，这句话有一定的道理。但是，荣誉的必要界限始终不能被它的任意性所超越。在我眼中，那些被我们的祖先称之为荣誉的特别行为不可能是出于自我的判断，所以我把封建社会的一些离奇古怪的彼此毫无关系的规定，与它的固定不变的为数不多的需要联系起来并不难。

我如果从政治方面来考察封建社会的荣誉，也就很容易解释它的各种政治措施。

中世纪的政治制度和社会情况的特点，就是国家政权一直都是间接地治理公民。可以说公民根本不知道有什么国家政权，每个人知道的只是他必须服从于某人，并通过这个他素未谋面的人同其他所有人产生联系。正是因为如此，在封建社会里，整个国家制度都建立在属民对他们的领主的忠诚上。一旦这种局面消失，整个国家立刻就会陷入无政府状态。

对政治首领的忠心作为所有贵族成员判断价值的标准被每天使用。因为他们之中的每个人都既是家臣又是领主，既要听从主人的命令又能发号施令。

永远忠于领主，与他同甘共苦，无论他做什么都辅助他，必要时可以为他牺牲：这些都是封建主义的荣誉在政治方面的主要准则。对于臣属的背叛行为舆论口诛笔伐得极其严厉。人们还为这种行为起了一个侮辱性非常大的名字：变节。

但是，作为爱国心，即我要说的古代社会中生命的一种激情，在中世纪的时候就已经只能看到它的痕迹了。爱国心这个名词本身绝不是我们的古老词汇。[①]

封建制度使人认为爱祖国没有多大的必要，看不到祖国。封建制度鼓励的是：人们去爱一个人，从而使其忘掉国家。事实上，对国家的忠诚在封建主义的荣誉中一直

①16世纪之初的法国作家还没有使用祖国这个词汇。

没有被视为必要的条件。

但是，这并不是说我们的祖先不爱国，他们对国家的爱只是一种模糊的和微弱的直觉。对国家的爱随着封建阶级的没落，国家实行中央集权，才逐渐明确和加强。

此种情况，在欧洲各国因评价人所处的时代不同而对它们的一些史实作出了完全相反的评价上，表现得最清楚。波旁王朝时代的人认为：波旁王朝的元帅们最可耻的行为，是他们率领军队攻打国王；而我们这一代人则认为他们最可耻的行为，是他们与自己的国家作战。虽然我们和我们的祖先都鞭挞他们，但鞭挞的原因是不同的。

我选择封建时代的荣誉来说明我的思想，是因为这个时代荣誉的特点比其他时代的明显，并且更能说明问题。对此，我还可以举出其他例证，用其他方法也能达到同样的目的。

尽管我们对我们祖先的了解要多于对罗马人的了解，但我们知道罗马人对荣辱所持的特别观念，并不是来自关于善恶的一般观念。他们的很多行为，因为行为的对象不同，即因为是外国人或公民和是奴隶或自由人，而同时被作出不同的评价。他们把某些德行说得高于其他一切德行，表扬某些恶行。

在《科里奥拉努斯传》中普卢塔克说过："在那个时代，在罗马勇敢比其他一切美德都高尚和光荣。他们把勇敢称为美德，使这个普通名词——美德，具有专门的含义，就是在证明这一点。于是，美德在拉丁文中也有勇敢的意思。"每个人都能从这里看出为征服世界而组成的那个奇怪的国家的特别需要。

正如在前面我所说的那样，一旦人们组成特殊的团体，就会立即产生对于应褒或应贬的事物所持的一套看法，即产生荣誉的观念，所以类似的现象在每个国家都存在。这些特别的规定一般都是源自他们所在的团体的特殊利益和特殊习惯。

一定范围之内，这一点对于民主社会以及其他社会都是适用的。现在我们就以美国人为例来说明。①

欧洲旧贵族关于荣誉的一些观念还零星地存在于美国人的思想中。这些传统的观念数量不多，在美国扎根既不深又没有太大的力量，就像庙还存在，但已没有了人们信仰的宗教一样。

在有关具有异国情调的荣誉的这些明白或晦涩的观念中，出现了一些今天我们还可以称为美国人的荣誉观的新思想。

在前面我已经说过，美国人是如何被不断地推上工商业的。他们的家庭出身、社会情况、政治制度，甚至连他们居住的地区，都在使他们无法抗拒地朝这个方向走。从目前的情况来看，我们可以认为他们正在一个广袤的新国土上建立一个社会，这个社会以开发为主要目的，并且几乎只搞工商业。这就是现今使美国人与别的国家的人之间出现最大差别的特点。

---

①在这里我所说的美国人，指的是在没有蓄奴制的各州的美国人。只有他们能够体现民主社会的完整图景。

所以，凡是有助于工商业的安然稳妥和能够使社会正常发展的德行，在这个国家都会受到特别的尊重，忽略这些德行则将会遭受公众的鄙视。

与之相反，一切慷慨激昂的德行，虽然往往使人目眩，但又常常会给社会带来动荡不安，因此反而被这个国家的人民视为是下等的。人们可以忽略这些德行，而又不致失去同胞的尊重，如果硬要表现这些德行，就会得不偿失。

美国人也会根据自己的判断来对丑行区别对待。

有些爱好，根据人类的天理良心似乎是可以非议的，但却符合美国社会的暂时和特殊的需要。对这种爱好，美国人只会轻轻指责，有时甚至还会加以鼓励。最明显的例子就是美国人对爱财之心和随之而来的某些爱好的看法。为了开垦、耕耘和改造他们拥有的这个人烟稀少的广袤大陆，美国人必须要有坚忍不拔的精神来支撑，而这种精神只能是爱财之心。所以，在美国爱财并不失体面，只要不超过国家机关规定的界限，它还是光彩的。美国人把常常驱使我们的中世纪先人投入新的战斗的好战精神和征服热情称为野蛮的、盲目的酷嗜，而把我们的中世纪先人称之为卑鄙可耻的贪欲的东西叫做值得赞美的、高尚的雄心。

在美国，财产损失之后想要复得并不难。它无限辽阔的国土，蕴藏着取之不竭、用之不尽的资源。它的人民有每个活着的人拥有的一切欲望和需求，有一股用之不尽的力量，他们周围到处都是还未能开发的财富。这种人民担心的是全体人的游手好闲，而不是个别人的倾家荡产。他们迅速发展、国力强大和国威四扬的主要原因在于他们在经营工业企业上所表现出的大胆精神。创办工业对他们来说，就像买政府发行的彩票一样，总是少数人不断输钱，而国家则永远是赚钱的。因此，这个国家的人民尊重和青睐勇敢经营工业的精神。但是，冒险经营的所有企业，会殃及相信它和热衷于此道的人的财产。美国人把冒险经商视为一种美德，他们无论如何都不会瞧不起冒险的人。

正因为如此，对破产倒闭的商人，美国非常宽容，这些商人的荣誉不会因为这样的意外而受到损害。从这方面来说，美国人不仅不同于欧洲各国人民，也不同于一切当代的商业国家的人民，以至于他们在需要和地位上也和其他国家的人民没有任何相同的地方。

与在其他国家相比，在美国，对待破坏婚姻和败坏民风的淳朴性的一切劣行要更严。乍看之下，这与他们在其他方面所表现出的宽容似乎存在让人无法理解的抵触。同一个民族，奉行既严肃又放纵的道德，也会令你感到吃惊。

但是，并不像人们所认为的那样，这一切相互之间没有联系。在美国，舆论对于有利于国家繁荣和工业发展的爱财之心只是轻轻地鞭挞，而对于破坏事业的成功所不可缺少的家庭内部秩序的伤风败俗的行为和涣散人们追求财富的精神却大肆口诛笔伐。为此，美国人必须服从他们通行的习惯。从这个意义上来说，也可以认为他们将荣誉寄托于成为一个纯洁无瑕的人上了。

事实上，美国人的荣誉观和欧洲的古荣誉观在一点上是相同的，即都认为美德之首是勇敢，这是做人的最重要的美德，但两者在看待勇敢的角度上并不相同。

在美国，好战的勇气不会受到很高的表扬。美国人认为最值得称赞的和最好的勇敢，是勇于冲破海洋的惊涛骇浪早日抵达港口，忍受荒漠中的艰苦，以及比所有的艰苦更难忍受的孤寂而毫无怨言。这种勇敢可以在他们几乎不知不觉中使他们辛辛苦苦积攒的财产荡然无存，然后又能使他们以新的努力重新积累财产。对于维持和繁荣美国社会来说，这种勇敢是非常必要的，因此受到美国社会的特别推崇和尊重。如果有人流露出缺乏这种勇气，必然会被人轻视。

现在我来说最后一个特点，以此来突出本章的中心思想。

在美国这样的民主社会里，财产对于生活的保障不太大，也不是可靠的保证。在美国，劳动可使人得到一切，所有的人都劳动。于是由此导致荣誉观发生了转变，新的荣誉观反对游手好闲。

我在美国有时会见到一些有钱的年轻人，虽然他们打心底里不愿干苦活，但也不得不从事某种职业。本来他们的家产和家庭出身可以让他们自在清闲，但舆论坚决反对他们如此，他们也必须服从舆论。而在贵族仍与冲击他们的激流斗争着的欧洲，我却经常会看到一些日益贫穷的人，为了不被和他们一样的人耻笑而游手好闲，他们不肯劳动，宁愿清贫受罪。

在这两种截然相反的劳动观中，任何人都能发现两种均来自荣誉观但性质完全不同的行为规范。

实际上我们的先人标榜的荣誉只是许多荣誉中的一种。他们使类概念具有了种概念的内涵。所以，尽管贵族时代和民主时代都有荣誉观，但发现它在民主时代有另一种表现形式是很容易的。

在民主时代中，不仅关于荣誉的规定不同于以前，而且我们还发现，这方面的规定虽然不够明确但也为数不多，使人们更能遵从它们。

等级在民族中一直处于极其特殊的地位。世界上没有一处例外，到处都有往往是由同一家族组成的小团体，例如中世纪的贵族。这种小团体的目的就是把财富、权势和文化都集中在自己手中，并永远地世袭和垄断下去。

但是，当一个团体的地位越高时，它的特别需要也会越大，适应它的需要的荣誉也会越增加。

因此，有关荣誉的规定，在没有等级制度的国家一般都少于其他国家。如果让任何阶级都难于存在的国家建成，有关荣誉的规定便将减少到为数不多的几条公约，而且这几条公约也将会逐渐接近绝大多数人采用的道德标准。

因此，在一个民主国家，有关荣誉的规定将不会像在贵族国家那样为数众多和离奇。

但是，它们也比较含混，这个必然的结果是由上述的原因造成的。

由于荣誉的标志越来越不明显，越来越少，所以必然难以区别。

当然，还有另外一些原因存在。

人们在中世纪的贵族制国家里只是一代一代徒然地相传，上一代没有给下一代留下任何新东西；每个家族都像一个不死却又一动不动的人；条件在变，但是思想却永远不变。

在这样的国家中，每个人眼睛所见的总是老一套，头脑里所想的总是从同一个观点出发；他们的眼光可以渐渐深入到最小的细节，久而久之，他们的理解力也就变得明确、清晰了。所以，封建时代的人不仅有其独特的判断荣辱的观点，而且能清晰、准确地把每个观点都印在自己的脑子里。

在美国这样的国家永远不会这样，那里的公民全部都在动，社会每天除了改变面貌外也在改变它的需要和观点。在这样的国家里，人们对有关荣誉的规则只能是略知，很少有时间对它仔细研究。

即使社会是静止不动的，依然难以对荣誉一词应有的含义进行规定。

中世纪时，因为每个阶级都有各自的荣誉观，因此从来没有一个能为绝大多数人同时接受的荣誉观，这使各个阶级的荣誉观可以具有明确而稳定的形式；而且由于阶级中具有同样荣誉观的成员立场完全相同并且一致排外，自然能够接受为他们专门制定的法律条款，所以一个阶级的荣誉观更可以具有更明确而稳定的形式。

所以，有关荣誉的规定就变成了一部事先考虑到并安排好一切细节的详尽而完备的法典，成为衡量人们行为的条理分明的和固定的规范。在像美国这样的一个民主国家里，由于已经没有了等级的界限，全社会已经形成一个统一整体，社会成员不完全相同却也很相似，所以不能事先明确规定哪些行为是耻辱，哪些行为是荣誉。

不错，因为某些存在于这个国家的人民内部的全国性的需要，让他们对荣誉有了相同的观点，但这些观点产生的方式向来不同，也不是同时产生的，对每个公民的思想造成的影响也不一样。虽然他们也有关于荣誉的法律，但是常常没有注释。

在像法国这样的民主国家里，这方面的情况还要更加混乱。原因首先是在我们国家，在还不具备混合的条件下，旧社会遗留下来的各个阶级就开始相互混合，相互每天都把自己的荣誉观带进对方的成员里面，这些荣誉观不仅大不相同，而且也常常彼此抵触；其次是在我们国家，每个人都喜欢按照自己的喜好，随便丢弃祖先的一部分观点而却保存另一部分观点；最后是在这么多的自我任意的判断下，无法建立起共同的关于荣誉的规范。所以，如果想事先规定某种行为为荣或者为辱，可以说没有多大的可能。这是一个令人感到痛苦的时期，但持续时间不会很久。

在民主国家里，荣誉的概念不够清楚，必然地，其影响力也不强，因为对此很难坚定而准确地实施一项能够得到公认的规范。虽然舆论是荣誉规范的最有权威的和当然的解释者，但是因为它不清楚褒贬的根据，所以在作判断时总是迟疑。有时舆论会自相矛盾，而更多的时候是听之任之或置之不理。

之所以在民主制度下荣誉的影响力相对减弱，还有另外一些原因。

在贵族制国家，持有同样的荣誉观的只是某些少数人，而且这些人常常自成一个集团，同其他人永远隔离。所以，他们的荣誉观同他们所特有的思想很容易混合并结为一体。在他们眼中，荣誉是他们在人们面前显示身份的标志。他们积极地利用有关荣誉的各种规定为自己的利益服务，如果被允许说的话，我还要说他们使自己的激情服从这些规定的支配。

当看到中世纪的习惯法中载有的关于用决斗来断定是非的条款时，你会感到我所说的这个情况更真实。这项条款写道：贵族在发生纠纷时，以剑和长矛来作决斗的武器；而平民之间决斗只能用棍棒。并且习惯法补充说："这是鉴于平民没有荣誉"。它的意思只是表示在判断贵族的行为和平民的行为时不能使用同样的标准，而不是说像我们今天所想象的这些人是卑贱的。

乍一看使人吃惊的是：有关荣誉的规定一般说来，在荣誉影响力最大的时候也最离奇古怪，以至于使人觉得这些规定越是背离常理就越容易被人遵守，有时甚至因此认定正是因为有关荣誉的规定过于荒谬，所以荣誉的影响力强大。

事实上，强大和荒谬不是前者来因于后者，而是有共同的来源。

越需要为少数人所思慕，越特殊，荣誉观也就越发离奇古怪，而正是因为出现了这种为少数人所思慕的和特殊的需要，荣誉的影响力才变得强大。所以，荣誉的影响力的强大是因为荣誉观的离奇古怪和强大都来自同一个原因，而不是因为它的离奇古怪。

对此，我再作一些说明。

在贵族制国家中，所有的等级不仅各不相同，还固定不变；每个人都有自己的职责，在那里他与同他一样的人生活在一起，住在他不能离开的地区。因此，在这样一个国家里，谁也不必担心或者害怕不能生活，谁也不会因为聪明或愚昧而受到褒贬，不管地位怎么低都有饭吃。

而在民主国家中，情况就变了。在这里，全体公民都混杂在一起，不断相互往来；舆论所谴责的对象可以立即隐藏起来，躲避它的指控，并且它也抓不住把柄。因此，荣誉在民主国家里不是很值得让人自豪，也很少有人会当众显示。由于荣誉只是给人看的，因此它与纯洁的德行不同，德行满足于自我作证，而且是依靠本身而存在。

如果读者对上述的一切完全了解，那就一定会发现我们所说的荣誉和身份平等之间存在着必然的和密切的关系。如果我没有说错的话，这种关系至今还没有被人明确地指出过。因此，为了使其昭然若揭，我要作最后的努力。

即便一个民族与人类的其余部分都隔绝了，放弃某些人类固有的一般的需要，那它也会有自己特别的需要和利益，并且会在内部很快形成自己的被它的公民称为荣辱的或关于褒贬的一定观点。

如果在这个民族的内部形成了一个阶级——有自己的特别利益并同周围的其他一切阶级隔绝，那么，这些特别利益会使它产生特别的观点。由本民族的特别观点和本阶级的更加特别的观点混合而成的这个阶级的荣誉观，与人类一般的和单纯的观点相差得令人难以想象。

在我的论述即将结束时，让我们再回过头来总结一下。

特权已被取消，各个阶级正在互相融合。民族的全体成员恢复为平等和彼此相似的人，因此他们的观点和利益正在融合，一切离奇古怪的被每个阶级用来评定荣辱的观点也行将消失。荣誉观不能有其他来源，只能来自民族本身的需要。每个民族的荣誉观都具有自己的个性。

最后，如果假定所有的种族都将融为一体，世界上所有的国家将会达到需要一致和利益一致，彼此之间不再在任何标志上有所区别，那就再也不用按照规定的不同标准来评价人的行为了，而是要全部按照同样的标准对待彼此，用天良向每个人揭示的人类一般需要作为共同的标准。如此，这个世界上就将出现自然和必然赋予褒贬思想的简单的共同是非观。

如果要用简单的一句话来概括我的全部思想，就是：人们之间的不平等和差异使人们产生了荣誉观；随着差异和不平等的消失，荣誉观也会逐渐减淡，最后与它们一起消失。

第十九章　为什么美国人多怀奋进之心而少有大志

在美国，试图改进自己原来条件的人多到数不胜数，是吸引你注意的第一件事情；而吸引你注意的第二件事情则是：在这个普遍、上进的运动中，以怀有大志而出类拔萃的人很少。美国人没有甘于落后的，但壮志凌云的也非常少见。人人都想权势、财富和名望日增，但很少有志于伟大事业。乍看之下，这让人觉得奇怪，因为美国的法制和民情没有任何阻止人向各方面发展和限制人的欲望的地方。

这种奇怪现象产生的原因似乎很难归咎于身份的平等，原因是在法国实现了这种平等之后，它立即会让一些人产生几乎是无止境的野心。在我看来，还是要到美国的民主民情和民主社会情况中去寻找上述情况的主要成因。

如果说一切革命都是在扩大人们的野心，那么推翻贵族制度的革命就更是如此。

一旦使广大群众无法掌权和成名的陈规旧制被革除，人们就会被卷进一场争先恐后取得而且终于取得的被他们垂涎已久的名利和权势的普遍运动。在这场运动的初胜的鼓舞下，让人觉得好像人可以办到所有的事情。不仅欲望没有止境，而且那些用于满足欲望的权力也几乎是无穷的。在这场法制和习惯的突然的大变动中，在改变了所有的制度和所有的人的这场大混乱中，有的公民马上跌进深渊，有的公民立即飞黄腾达，权力像走马灯似的，从一些人手里转移到另一些人手里，以至于人人都认为总会有自己掌权的时候。

但是不要忘记，那些推翻贵族制度的人都曾生活在贵族制度的法制统治之下，亲眼看到过它的盛况，而且不知不觉地也沾染了贵族的思想和情感。所以，当贵族制度瓦解时，它的幽灵仍会飘浮在群众的头上，在它被完全打倒之后，它的残余仍会长期保存。

正是因为如此，民主革命持续多长时间，人们争名夺利的野心会跟着持续多长时间，而在民主革命完成之后，这种野心还会继续存在一段时间。

一旦人们开始回忆，那些他们所目睹的惊天动地的事件会立即涌上他们的心头。革命所激起的热情并不会随着革命的完成而消逝。这让他们对秩序没有稳定感。在导致成功的动乱平息之后，成功来之容易的思想依然会存在。欲望仍然很大，但是满足欲望的手段却一直在减少。发大财的欲望依然存在，但能够实现的却寥寥无几。结果就是：各种各样的野心膨胀得很大，但怀有野心的人的心中却隐藏着失败的痛苦。

但是最后，斗争的余威慢慢消失了，残余的贵族制度也渐渐地不见了。已经自消自灭的一些重大事件被人们忘记了，和平接替了战争，秩序重新得到建立，欲望符合了实现欲望的手段，感情、需要和思想互相联系起来，人们彼此的平等达到了。民主社会就这样被建立了起来。

假定这样的状态被一个民主国家达到了，并能永远正常地维持下去，那么，我们看到的将会是和我方才所讲的情景完全不同的状态；而且我们不难推断出，如果人们的奋进之心很大，但他们的身份日趋平等，那么在实现平等之后，奋进之心也将失去这种趋大的性质。

这正是由于科学已经普及，巨大的财产已经分散为许多人所有，因而知识和财产不能被任何人独占。一些阶级没有资格享有特权和一些阶级享有特权的现象消失了，曾使人们固定不变的约束也被他们打破了，因此每个人的脑际都出现了奋进的思想，人心也产生了高升的念头，以至于每个人都想从原有的地位爬上去。奋进之心成了人人皆有的情感。

但是，如果身份的平等带来的只是每个公民拥有一定数量的财产，那么，这又会阻止每个公民拥有巨额的财产。这种情况必然会将人们的欲望限制在非常狭小的范围内。由此可知，在民主国家，奋进之心是持久而热烈的，但是一般目标不会太高；人们的一生一般只是热烈地追求可能达到的小目标。

民主国家的人少怀大志的主要原因，是使他们每天忙于致富的努力过于激烈，而不是他们的财力微薄。他们竭尽全力把精力都用在做一些平凡的事情上，这就迅速地束缚了他们的能力，限制了他们的视野。他们也许会变穷，但奋进之心不会减弱。

民主国家少数的富裕公民，也还是会符合这个规律。一个得到权势并一步一步累积起财产的人，在长期辛苦中会养成自知节制和办事谨慎的习惯，以后也不会丢掉这个良好的习惯。人们像扩建房屋那样随心所欲地依次扩大自己的胸怀。

也可以对这样人的儿子这样说。不错，做儿子的生来就是家境富裕的，但是他们的父母也曾经历过贫苦日子。他们打小就在父母的感情和思想的影响下长大，以后也很难摆脱这种影响。所以，我认为他们在继承父母的财产的同时，也继承了父母的习惯和思想。

与之相反，显赫一时的贵族子孙变得贫困之后，倒可能表现出很大的雄心壮志，因为贵族阶级的共同精神及其传统观念只能使他们可以暂时地忍受现实的处境。

令民主时代的人很难立大志去完成宏伟事业的另一个原因是：在他们有完成这项事业的能力之前天年已尽。帕斯卡尔曾说过："出身名门的一大好处，是一个人在18岁或20岁时就能达到另一个人在50岁时达到的地步，这使他便宜了30年。"而民主国家的人一般没有这样的30年来实现他们的宏图伟业。平等让每个人将自己的能力用于取得所有平凡的东西，妨碍了他们迅速地壮大自己。

就像在其他制度的社会里一样，在民主社会里也只有少数人可以达到巨富；升官和致富的大门均衡地向所有的公民敞开着，但全体公民的平均前进速度一定是缓慢的。因为看来有志参加这样的竞赛的人都是一样的，很难从中选定某些人且又不违反平等原则（民主社会奉之为最高法律）。因此首先想出的解决方法，就是让所有的人同步前进，且全体通过考试。

随着人与人越来越没有差别，平等原则日益稳步地深入到整个民情和制度，升级的方法规定得越来越死，而升级的速度也越来越慢；迅速升到某一显赫的地位会变得更难。

因为大家都憎恨特权，不愿意参加竞选，所以所有人不管能力如何，都得在同一个筛子上被筛选，全部都要经过许多预备性的小小训练或实习，导致浪费了自己的青春，自己的想象力也消失了。因此，他们对自己有能力充分享用他们有望得到的好处而就不抱希望了，等到他们终于有能力做出一番大事业时，也就早已失去了兴致。

说到中国，身份不但是很平等的，并且这种平等有着悠久的历史；经过科举考试，一个人就可以由一个官职升迁至另一个官职。这样的考试与官位的晋级是息息相关的，关于这种考试的思想，则早已深深植根在中国的民情之中。我记得我读过一本中国小说，其中的男主人公虽然历经多次失败，但终于因金榜题名触动了女主人公的芳心。在这样的氛围中，人们几乎不可能不怀有巨大的野心。

在这里我就政治问题所说的一切，也同样适用于其他问题。不管在何处平等都会产生相同的效果。凡是不依法管理或规定官职晋升的国家，实行考试制度也会产生这样的效果。

所以，在组织得很好的一个民主社会里，大而快的晋升是很少见的。这样的晋升只能是常规中的例外。它的这个特点甚至让人忘记了它是罕见的现象。

这一切民主时代的人终于渐渐了解了。时间长了之后，他们发现立法者给他们规定了一个不会受到限制的活动范围，他们可以在这个范围内轻易地向前迈步，但没有谁能奢望快速晋升。他们能够看到，在他们和他们的最终的远大目标之间，有很多小小的、必须一个一个地、慢慢地加以克服的障碍。这个前景时常使他们望而生畏，从而挫败他们的志气。因此，他们放弃了这种渺茫而遥远的希望，转而寻找离他们比较近的享受，这个享受虽然不太高但是容易得到。法律并未限制他们的前途，是他们自己缩小了目标。

我曾说过，胸怀大志的，在贵族时代远远多于在民主时代。我还要再补充一点：在民主时代，即使有不顾这些障碍而怀有大志的人，其表现也会有所不同。

在贵族时代，志向的前程常常是远大的，但是它的范围是早就规定好了的。在民主国家里，志向的范围往往比较狭小，但是却可以突破，而且一旦突破，可以说就不会受到任何的限制。因为民主国家的人民力量比较薄弱、经常变动和各自为政，而且在民主国家，法律容易改变，先例的作用也不大，所以对于新鲜事物的抵制力量是很小的，而社会本身既无坚强的组织又无强大的权力。因此，当一些野心人控制了一切权力时，他们就敢于为所欲为；而当他们失去权力之后，他们便会想方设法把国家搞乱，以便重新掌权。

因此，在民主社会，人们在政治方面的雄心大志往往具有革命和暴力的性质，而在贵族社会却很少出现这种情形。

在民主国家里，一个人最初通常有很多十分合理的小志向，然后从此衍生出一种强大的但是欠缺明智的欲望。远大而有节制的与自己的条件相适应的志向，民主国家的人几乎都没有。

我曾在本书中的一个地方指出，平等以某种隐秘的力量使只顾眼前的热情和追求物质享受的激情控制了人心。这种热情和激情混入了希望上进的情感，也可以说希望上进的情感染上了它们的色彩。

在我看来，民主社会怀有奋进之心的人，还不如其他社会的人对未来的规划和利益的关心，因为他们只顾现实，现实耗尽了他们的所有精力。他们宁可迅速地完成非常之多的小事情，也不愿意去做少数几项能够名垂后世的宏伟事业。他们爱荣誉少于爱成功。他们向人提出的最重要的要求是服从，他们最喜欢的则是统治。而他们的行为举止，几乎总是表现得没有他们的社会地位应该表现出的那般高雅。在拥有巨额财富的时候，他们往往表现出极其低级的趣味，在握有最高权力的时候好像只是为了方便享受粗鄙的、小小的乐趣。

我以为，在我们这个时代，必须洁化、调节和引导人们的奋进之心；而污化和过分抑制人们的奋进之心，则是非常危险的。应该努力预先为它规定不得逾越的极限，也要防止太过限制它在允许的范围内发展。

我要承认我对民主社会的担忧，主要是它的平凡，而不是人们欲望的过大。所以，我觉得最可怕的是：人们在一直忙于琐碎的私人生活的小事当中，让奋进之心失去了它的崇高目标和推动作用；人们的激情没有昂扬也没有低落，结果却是使社会一天天走向看来很安宁却缺乏大志的状态。

因此我认为，想使公民们躺在非常平静、单调的幸福上睡大觉的现代社会领袖们的想法将是错误的，他们应该让公民们经常做一些艰难的事业，以便为他们提供大显身手的舞台，激发他们的奋进之心。

道德家们常常埋怨，骄傲是现代人的主要恶习。

在某种意义上，这样说是对的，因为事实上没有一个人认为自己比别人差，没有一个人愿意服从他的上司；但是，从另一个意义来说，这么说又是极其错误的，因为同一个人可能既不愿意享受平等的地位，又不愿意忍受从属的地位，但他可能会自卑，认为自己只能享受通俗的乐趣。他不敢涉足高大的事业，甚至连想也不想，自愿止步于平凡的欲求。

正因为如此，我不觉得应该让与我们同时代的人学习谦逊，而是希望他们用更高的标准来要求自己和他人。我认为对他们来说，谦逊是无益的，最缺少的应是骄傲。我宁可让出我们若干小小的美德，来换取这个恶习。

第二十章　关于某些民主国家里的求官谋禄问题

在美国，一个公民有了一些财源和一些知识之后，就会去经营工商业来致富，或买下一块有林木的荒地来开垦。他对于政府的要求，只是不干扰他的辛勤劳动，以保证他能够获得成果。

在大部分欧洲国家里，当一个人开始感到自己能够实现自己的愿望时，他首先想到的就是当官。对于同一个原因产生的这两个不同的结果，值得我们在这里稍停片刻进行研究。

当公职的位数不多、经常变动且待遇不高，而经营工商业门路很多且可以赚钱时，平等的思想就每天都在制造急于求成的新的欲望，会使人不去政府当官，而全去经营工商业。

但是，如果等级已经平等，人们有羞臊心理或知识尚不完备，而已发展到尽头的工商业只能向人提供缓慢而困难的生财之道时，公民们就要蜂拥到政府首长那里去求助，而不想依靠自身的力量来改善处境。在他们看来，尽管用国库的钱来让自己的生活变得舒适不是唯一的办法，至少也是使他们摆脱非常不称心的处境的最可靠和最容易的办法。于是，求官谋禄便成了最常用的歪门邪道。

实行中央集权的大君主国家，情况尤其如此。因为领取薪俸的官员在这样的国家里人数很多，他们的生活有充分的保障，以至于人人都想得到一个官职，并想犹如享有父母的遗产那样安安稳稳地一直当官。

不需要我言明，这种过分和普遍的求官热是社会的一大弊端，它使行贿与钻营在全国成风并且也在腐蚀公民的独立精神，它还在毁坏光明正大的美德；更不需要我指出，这样的歪门邪道只会产生有害的结果，扰乱国家而无所裨益，这一切都是不言而喻的。

但是，我也要指出，政府鼓励这种倾向会使自己的安定遭遇危险，甚至自己的生存都可能遭到厄运。

我知道，在我们这个时代，人民往昔的那种尊敬和爱戴国家政权的感情正在消失，当权者却可能认为必须从本身的利益出发对每个人加紧控制，并且觉得利用人们的激情使他们遵守秩序和保持沉默是最方便的办法；但是这种局面不会持续很久，而且可能会在一定的时期内出现的力量源泉，时间长久之后肯定会变成助长衰弱和动乱的主要力量。

和其他所有国家一样，在民主国家中公职人员的数量最终总有一个限度，但是追求官职的人数却没有止境，而是会有增无减地随着身份的日益平等而逐渐增加。只有在没有人的时候，它才会有止境。

因此，当希望抛头露面的门径只有公职时，政府最后必然会遭到长期的反对，因为用有限的手段去满足无限增加的需求，是政府没办法做到的。应当承认全世界中最难驾驭和控制的人就是待业求职的人。不管官员怎样努力，也无法满足这些人的要求。所以，必须时常留意这些人，他们只是为了让官位能有空缺，最后也要弄乱政府的组织，甚至改变国家的面貌。

综上所述，假如我没有弄错的话，我相信，全神贯注于由平等激发的各种新欲望并满足它的现代统治者们，最后必然会因为采用这种办法而感到后悔。总有一天他们会发现，把自己的权力用在这样的需求上是轻率的，教育他们的每一个被统治者学会自力更生的技术，才是最稳妥可靠的办法。

第二十一章　为什么大规模的革命越来越少

几个世纪以来，一直生活在等级制度或阶级制度下的人民想要形成民主的社会形态，必须经过一系列长期的艰辛程度不等的改革，借助暴力，在财产、观点和权力等方面相继出现多次剧变后才能实现。

在这场大规模的革命结束之后，在它期间产生的革命习惯还将长期存在，而且会伴随着一些严重的动乱。

因为所有这一切的发生都是在身份逐渐趋于平等期间，所以我们由此可以得出结论：在平等本身和革命之间存在着一种隐藏的关系和一种不外露的联系，以致两者是互相依存的。

在这一点上，推理看来是与经验相符合的。

一个国家的等级在逐渐接近平等时，就没有一种使人与人结合起来和使他们固定于所在的地位的形诸于外的联系。没有一个人有永享的权利、发号施令的权力和受人支配的境遇。但是，所有人都会发现，只要凭借些许的文化和财产，就可以选择自己的道路，并同其他人分开而独自前进。

这一导致公民们各自独立的原因，也在每天促使他们产生新的急于实现的欲望，并在不断鞭策他们。

因此，人们好像就能理所当然地认为：在民主社会，思想、人和物必将持续地改变其外貌和地位，民主时代就是急剧地和不停地变革的时代。

情况真是这样吗？人们真的会因为身份的平等而习以为常地和持续不断地去进行革命吗？身份的平等中存在的某种动乱的根源真的在妨碍社会安定，迫使公民们不停地去更改他们的法律、观念和民情吗？我不认为是这样。我希望读者注意我的评述，因为这个问题很重要。

凡是改变了国家面貌的革命大都是为了使不平等神圣化或者为了破坏不平等而进行的。引发人类社会大动乱的次要原因暂且不论，你几乎总能看到在这里搞怪的就是不平等。也就是说，不是穷人想获得富人的财产，就是富人要约束穷人。因此，如果你能让一个社会中的每个人都有某些东西保存在手，而很少到别人那里去索取某些东西，你就对世界和平作出了巨大的贡献。

我当然知道，在一个大民主国家里，总是有一些非常富有的公民，也会有另一些十分贫困的公民。但是，民主社会的穷人并不像在贵族社会里那样构成民族的绝大多数，而只是很少的一部分人，法律也没有规定他们的祖祖辈辈必须永远贫困下去。

而富人只是一盘散沙，而且力量不大；他们没有令人嫉妒的特权，他们的财产只是一些不太引人注意、甚至是看不到的东西，而不再同土地结合和以土地表示。就像不再有穷人家族一样，世上也不再有富人世家，在芸芸众生中每天都有富人产生，而且也不断有富人变为芸芸众生。因此，他们并未形成一个容易确认和识别的阶级。另外，由于他们与自己的同胞大众有不易察觉的千丝万缕的联系，所以人民要是攻击他们就必然伤害到自己。在民主社会的这两种极端之间，还有不计其数的差不多各方面都相同的人。这些人既不非常贫穷，又不非常富有；他们持有的财产数量使人们看到之后不会造反和嫉妒。

对于激烈的变动，这些人自然反对。地位高于和低于他们的人都因他们的保守性而保持着安静状态，并确保社会机体处于安定状态。

这并不意味着这些人本身对于现有的财产已经感到满足，对他们有利无害的革命也有一种与生俱来的反感。恰恰相反，他们十分迫切地渴望发财，但他们知道这会侵害到某些人的利益，这让他们感到有些为难。这些欲望也被使他们不断产生新欲望的同一社会情况限制在必要的范围之内。它虽然增加了人们进行改革的自由，却减少了人们对改革的兴趣。

在民主制度下生活的人，不仅从心里希望不要发生革命，而且从心里害怕革命。

所有革命都要多多少少地威胁到既得的所有权。在民主国家生活的人，大部分都拥有财产；他们既享有财产的所有权，而且生活在每个人都十分尊重他们的所有权的环境里。

如果我们对社会上的每一个阶级进行仔细的观察，便不难发现所有权所带来的激情在中产阶级身上的表现是最为坚定和执拗的。

穷人往往不在意他们手中拥有的财物，因为他们觉得与其享有少量的财物，不如索性一无所有。富人除了爱财之外，还有其他许多的激情，这些激情也需要得到满足，但长期地、辛劳地经营巨额的财产之后，有时却感受不到财产的魅力了。

但是，既不极端富有又不极端贫穷的人却非常重视自己的财产，因为他们离贫穷还是很近的，深深了解并害怕着贫穷的痛苦。是那不多的家产避免了他们陷入贫困，但这点家产时刻都是他们担心和希望的唯一寄托。他们无时无刻不希望家产更多一些，所以总是关心着自己的家产；他们的家产的增加是通过日以继夜的努力得来的，所以更加依恋家产。他们从来没有想过把一小部分家产让给别人，在他们看来这种思想是不可想象的。他们把失去全部家产看做最大的灾难。但是，身份的平等使这些热衷于保护家产和害怕失去家产的小所有者的人数日益增加。

因此，在民主社会，大多数的公民看不清革命对他们的好处，反而时刻感到革命会从多方面给他们带来损失。

在本书的一个地方我说过，身份的平等自然要促使人们去经营工商业，并使地产持续增加和土地日益被分化成小块。我也曾经指出，身份的平等无时无刻不在鼓舞着每个人去持续地、热烈地追求幸福。这样的事实比任何东西都更能抵制革命的激情。

革命的最终结果可能有利于工商业，但它的最初效果大都是使工商业者倾家荡产，因为革命一开始肯定会改变消费的一般状态，也一定会使生产和需求之间的关系变得不正常。

除此之外，我想没有任何东西比商业道德更能与革命道德形成对立的了。商业自然与一切狂热的激情敌对。商业喜欢平和，喜欢让步，尽自己最大的努力不激怒人。它能忍耐，有柔性，委曲求全，只有万不得已时才会采取极端手段。商业使人独立，引起人们对个人价值的重视，使人愿意自己处理自己的工作，教会人成功之道。因此，商业使人倾向于自由而远离革命。

在革命当中，最感到害怕的莫过于动产的所有者，因为他们的财产既容易被查封，又时刻可能完全丧失。土地所有者就没有必要如此担惊受怕了，因为即使他们的土地收益不在了，在大动乱过去之后至少有可能保住土地本身。因此，当发生革命运动时，前者要比后者害怕得多。

由此可见，一个国家的动产数量越大、种类越多，就越少发生革命。

另外，不管人们从事什么职业，拥有什么样的财产，都有一个共同的特点。

那就是任何人对现有的财产都不会完全感到满足，人人都在不断努力通过不同的办法增加财富。对他们中的每个人的任意一段人生进行考察，就会发现每个人都在不断拟订某些新计划，以增进自己的安乐，和他们大谈人类的利益和权利，那是徒劳的，因为那些琐碎的自家小事占据了他们当前全部的精力，他们希望你允许他们另找时间考虑公众共同关心的事情。

这不仅妨碍他们去进行革命，甚至打消了他们革命的想法。狂热的政治激情很少能够触动也以同样的狂热去追求幸福的人。他们对小事情的过分关注，使他们对大事情的兴趣慢慢消失。

当然，在民主社会里，有时也会出现一些勇于作为和心有抱负的人，他们的巨大欲望不会以按照常规前进而满足。这些人热爱革命，并发动革命；但是，如无特殊的意外机遇的降临，他们是极难发动起革命的。

在反对时代和国家精神的斗争中任何人也不会得到好处。一个人，不管他自认为有多么强大，使他同时代的人接受那种他们的整体愿望和感情厌恶的情感和思想也是非常难的。因此，不要以为身份的平等成了永久确立的事实，并给民情打上了有它的特点的烙印，人们就会轻易地跟随一个鲁莽的领袖或一位大胆的革命家走上冒险的道路。

但是，人们同样不能通过深思熟虑的筹划，甚至通过预先准备好的反抗计划，去公开抵制这样的领袖或革命家。人们不会激烈地反对他们，甚至有时还会恭维他们一下，但却决不会追随他们。人们暗地里以自己的惰性抵制他们的狂热，以自己的保守主义观抵制他们的革命习性，以自己的日常爱好抵制他们的冒险家热情，以自己的良知来同他们的聪明绝顶抗衡，以自己的散文同他们的诗篇抗衡。这样的领袖和革命家也许会历尽艰辛才使人们响应，但过不了多长时间人们就会离开他们，而他们自己则好像因身体过重而摔倒。他们尽自己最大的努力把这些态度冷淡和漫不经心的群众唤起，但最终还是觉得自己无能为力，这不是由于他们自己认输，而是因为他们是孤军奋战。

我从不认为生活在民主社会的人天生就是安静的，恰恰相反，我认为在这样的社会里，起支配作用的是一种永恒的运动，人们在这种运动中永不知停歇；但我相信，人们活动时总有一些不可逾越的界限。他们每天都在改变、改进或改革次要的东西；而对于主要的东西，他们则小心翼翼，不敢触动。他们爱改革，但害怕革命。

尽管美国的一些法律不断被修改或废除，但美国人很少表现出革命的激情。当公众的骚动已成为威胁的时候，甚至在公众的激情已经高涨的时候，他们立刻停下脚步并冷静下来。从他们的这种快速的反应中就不难发现，他们害怕革命，把革命看做最大的灾难，每个人都暗下决心，准备不惜一切代价来阻止革命的发生。世界上没有任何一个国家的人同美国人一样最爱所有权而又怕失去所有权，也没有任何一个国家同美国一样有绝大多数人反对以任何方式威胁或改变所有权制度的学说。

我曾一度指出，具有革命性质的理论，当它只能通过彻底地或突然地改变财产和人的现状才能实现时，那它在美国就不会像在欧洲的一些大君主国那样受到普遍的欢迎。即使有人赞同这个理论，群众也要出于一种本能的反感而反对它。

我敢说，有些在法国被一贯称为民主名言的名言，大部分会被美国的民主所取消。原因显而易见。在欧洲，人们具有的是革命的激情和思想；而在美国，人们具有的却是民主的思想和激情。

如果有一天在美国发生了大规模的革命，那引起革命的原因也就是美国的土地上住有黑人。换种说法就是不是身份的平等，而是身份的不平等造成这种革命的。

在身份平等的时候，每个人都只顾自己，不关注他人。如果民主国家的立法者们不去，这个有害的倾向不被纠正甚至加强它，认为它能消除公民的政治激情，让人民远离革命，那他们将会自食恶果，遭受本想避免的灾难，而且终有一天，整个社会会因为某些人的破坏性激情而经历异常的变故，这种激情正是在大多数人的冒昧的利己主义和胆怯心理的帮助下才发挥作用的。

在民主社会，并没有希望革命的少数派，但少数人可能会制造革命。

我并不是说民主国家能够避免革命，而只是说这种国家没有引发革命的社会情况，或者不如说这种国家的社会情况可以使人们远离革命。民主国家的人民凭自己的能力处理一切，他们不会轻易参加重大的冒险行动。他们只是在没有准备时才被卷入革命。他们有时也经历革命，但这种革命不是他们制造的。我再补充一句：这种国家的人民只要获得了知识和经验，就不会纵容革命出现。

我深知，这方面可能受国家的各项制度的很大影响。它们对来自社会情况的各种习性，起着或促进或抑制的作用。因此，我再强调一次，我并不认为一个国家只有依靠实行身份平等才能避免革命；但我确信，不管这种国家实行的制度是怎样的，它那里发生的革命中使用的暴力总会比想象的小很多。于是我轻易地揣测出，把这样的政治情况与平等结合，就会使我们的社会达到西方社会从未有过的安定。

我在上面就事实所论述的一切，有些也适用于思想和观点。

在美国，有两件事让我们感到惊奇：一是人们的大部分活动有很大的流动性；二是某些原则有很强的固定性。人们在不停地流动，但他们的精神却好像是几乎静止的。

一旦一种观点在美国的土地上传播开来，并扎根于此，那就可以说这块土地上的任何力量都无法把它根除。在美国，宗教、哲学、道德，还有政治方面的通用学说从未改变，或者至少可以这样说，它们只是通过隐秘的而且常常是不易察觉的方法改变的。在人和事物都不稳定的环境中，哪怕一些最粗野的偏见也只能以慢得令人无法想象的速度去消除。

据说，感情和思想时刻不停地变化是民主的本性和习惯。这种情况也许会发生在像古代的那些可以在一个公共场所聚齐全体公民，然后由一位演说家随意鼓动的小共和国里。但是，我没见过这种现象发生在位于我们大洋彼岸的伟大的民主共和国里。在美国，使多数放弃它的观点和它所选定的人是很难的，这使我感到惊奇。书写文章及发表演说对此都毫无用处。只有亲身经历，甚至要多次亲身经历才能使他们改变初衷。

乍一看来，这很让人吃惊，但是，深入研究之后，便可以知道它的缘故。

我认为，让一个民主国家放弃偏见，改变信念，在宗教、政治、哲学和道德等方面用一套新原则替代原有的，简单说就是，在知性方面让这个国家经常进行大规模的革命，的确是非常困难的。这不是说民主国家里的人精神懈怠。那里的人的精神也在不断活动，但它不是在探寻新的原则，而是对现有原则的成果进行没有止境的改变。它不是急速地、直接地奋力冲向前去，而是围绕着自己轻松地绕圈。它凭借不间断的和匆忙的小动作渐渐扩大自己的活动范围，但一定不会突然改变自己的活动范围。

在权利、教育和财产方面都相等的人，换句话说，就是身份相等的人，其需求、习惯和爱好一定会相差无几。由于他们观察事物是从同一角度出发的，所以他们的思想自然也趋于同化。也许每个人都会与他们的同时代的人有差距，也可以会形成自己的信仰，但在最后，他们全体会最终不知不觉地在一定数量的共同意见上重新合流。

随着对智力活动受平等的影响的仔细考察，我越来越深信我们现在所见到的智力活动混乱现象，并不是有些人所想的那样是民主国家的自然状态。我认为，把这种混乱的现象视为民主国家的青年时期特有的偶然状态则更加准确，它只在人们已经冲破以前把他们联系在一起的旧关系后出现，而他们在出身、教育和习惯上的过渡时期还是有很大不同的。因此，在过渡时期，人们只要保留各自不同的思想、爱好和本性，就无法阻止它们表现出来。但当人们的身份日益平等时，人们达到的主要见解将会达到一致。我认为这才是普遍的、常见的事实，而其他的都是偶然的和过渡的东西。

我认为，在民主时代，一个人轻易就形成了一个与其同时代人所接受的思想体系完全不同的思想体系，那是非常少见的。如果真的有这样的一位革命家，那他最初让人们了解他的思想体系时就会遇到很大的困难，而后叫人们接受他的思想体系时困难则会更大。

当一个人的身份几乎与他人平等的时候，是不会随便相信他人的。因为大家都非常相似，在一起学习的东西是一样的，生活方式也是一样的，所以从他们中选出一个人当领导并要求他们追随，他们自然不情愿。人们不会轻易听信与自己身份平等的人的言论。

因此，在民主国家，不仅个别人对知识的信任度降低了，而且如我在本书的另一处说过的，在智力上可能比其他人优秀的某个人的一般观念，很快也会黯然失色。

随着人们日趋同化，智力平等的主张便逐渐渗入人的信念。于是，不管什么样的改革家，想要拥有全国人民的精神，或受到他的重大影响都会更加困难。在这样的社会里，突如其来的智力革命是不易发生的，因为我们浏览世界史就可以发现，最主要的不是理论的力量，而是名望的权威使人们的看法发生了迅速而又巨大的转变的。

还要说明的是，生活在民主社会的人是独立的、不被束缚的，所以对每个人都要进行劝说。但在贵族社会里，只要影响某些人的思想就足够了，因为其他人都会跟着走。如果路德生活在平等时代，而又没有领主和贵族作为他的听众，那么他可能会在改变欧洲面貌的事业中遇到更大的困难。

这并不是说民主时代的人天生就相信自己的意见，并坚定不移地坚持自己的信念。他们往往产生他们任何人也解决不了的疑问。在这样的时代，人们有时也想改变自己的思考角度，但因为缺少有力的推动和指导，所以仍在原地徘徊，静止不动。[①]

在取得了一个民主国家的人民的信任之后，为了让他们尊重你，你还有艰苦的工作要做。如果和生活在民主制度下的人谈话时不涉及他们自身的问题，让他们倾听你

---

①如果由我去探求最便于爆发智力大革命的社会情况，我会于全体公民完全平等和各阶级绝对隔离之间的某一个地方寻到它。

在森严的等级制度下，人们祖祖辈辈相传而固守原有的地位不变，其中有些人不抱更多的希望，也有些人不抱更好的期望。在这种万物沉寂和万物静止的状态下，想象力休眠了，甚至涉及运动的思想，在人们的脑海中也不再浮现。

当没有阶级存在，身份几乎平等的时候，所有的人都将处于不断运动的状态，但每个人都是孤立的、自主的和软弱的。以上两种状态很不相同，但有一点是相似的，即无论是在前者还是在后者，都很少出现人类的精神大革命。

但是，总有一个既使国家闻名内外又使国家处于动荡的中间时代在这两个历史的极端之间出现。在这个时代，身份还没有牢固到足以使智力处于休眠状态，还没有不平等到足以使某些人深深影响另一些人的精神和达到某些人能改变所有人的信念的地步。能够让强大的改革家崛起的和新思想突然改变世界面貌，正是在这个时代。

的话是非常不容易的。他们总是忙着做自己的工作，所以不注意别人对他们讲的话。

事实上，在民主国家几乎没有游手好闲的人。在那里，人们在繁忙杂乱而喧闹的环境之中生活，工作忙得都没有思考问题的时间。我尤其想要指出的是，他们不仅是忙于工作，而且十分用心地工作。他们总是处于工作状态，而且聚精会神地对待每一个行动；他们对事业过于热忱，以致不利于他们的思想迸出火花。

我认为，一个理论如果没有同他们的日常生活实践有明显的、直接的和迫切的关系，想要让民主国家的人们疯狂热爱它是极其困难的。这样的人民很难舍弃他们的旧信念，因为正是这种狂爱才能使人的精神摆脱已经走熟的老路和完成智力大革命或政治大革命的。

因此，民主国家的人民在探求新的见解方面既没有多余的时间又没有足够的兴趣。甚至当他们开始怀疑原有的见解时，也仍要在一段时间内固守它们，因为他们要改变原来的见解必须经过很长的时间和反复的考察。他们保护原来的见解的原因，不是因为它可靠，而是因为它早已确立。

民主国家的人民原有的主张之所以很难发生重大的改变，还有另外几个比较重要的原因。这些原因我在本书的绪言里已经指出过。

在这样的国家内部，个人的影响力是薄弱的，甚至是没有的，而群众却对每个人的精神有着巨大的影响力。我已在其他地方说过原因。在这里我想要指出的是，如果认为这只是受政府的组织形式的影响，以为它的精神影响力会随着多数失去政治影响力而消失，那将是错误的。

在贵族制度下，人们往往拥有独特的高贵性格和力量。当他们发现自己与大多数同胞看法不一致时，他们会选择退让，在家里反省和自我安慰。在民主国家里这种情况就不会发生。在民主国家，受到公众爱戴的必要性就像呼吸空气一样，而完全背离群众就等于失去一个人生活下去的资格。群众没有必要用法律去制伏那些想法不同于自己的人，只要谴责他们就可以了。他们很快会因为孤立感和落魄感而感到抑郁和失望。

只要身份趋于平等，每个人的精神就会因为大家的意见而受到巨大的压力，被包围、指挥和控制。这主要是因为社会组织本身，而很少是因为政治法令。随着人们越来越相似，每个人在大家面前也就越来越感到软弱无力。他们不认为自己有杰出或与众不同的地方，所以在同众人对立的时候，他立即认为错的是自己。他不仅对自己的力量感到怀疑，而且开始质疑自己的权利，当几乎所有人都说他不对的时候，他就会几乎完全认错。多数人只需说服他，而不必强制他。

因此，在一个民主社会里，不管各项权力是如何组织和保持平衡的，要人们接受群众所反对的东西或宣扬群众所谴责的东西都是很难的。

这一点更有利于坚定人们的信念。

当一种见解扎根于民主国家，并在大多数人的脑海中留下深刻的痕迹时，它便会凭借自己的力量存在下去，而且可以不费任何力气地永久存在下去，因为所有人都支持它。最初谴责它不正确的人，最终也会随着大家的接受而接受；而想要坚持反对到底的人，也不会公然站出来。因为他们不想进行一场危险而又无益的斗争。

不错，当民主国家的多数人改变他们的见解时，多数人可能随意在精神世界中猝然掀起一场令人惊奇的革命。但是，很难改变多数的见解，而要确认它的改变，也几乎是一样困难的。

有时，一种信念会渐渐地被时间和事件，或个人的单独思考活动动摇、破坏，但我们无法从表面上看出来。人们无力与这种变化斗争，更不可能为了斗争而集合力量。最终，这个信念的追随者只能陆续悄悄地离开它，但每天也有一些人公开表示舍弃它。最后，信奉它的只有少数几个人。

但即使在这种情况下，它仍起着作用。

它的反对者们始终保持沉默，或者只是暗中交流思想，所以通常他们在很长时期内仍不能确信一场大革命已在酝酿，所以仍在迟疑而一动不动。他们还在观察，保持沉默。大多数人即使已经不再信它了，也仍假装信它；而革命者会因为人们思想的这种假象心灰意懒，然后也保持沉默，被人敬而远之。

在我们生活的时代中，人们的精神发生巨大的变化。但是不用很长时间，人们的基本观点可能就会比我们历史上的许多时代存在过的基本观点都要稳定。虽然这个时期还没有到来，但它可能正在接近我们。

随着对民主国家人民的自然需求和本性的研究愈加深入，我便愈加确信：只要在世界范围内全面而永久地建立起平等，精神大革命和政治大革命的出现就远比人们想象的困难和稀少。

由于民主国家的人表面上看来总是在活动、变化、忙碌，总在准备改变自己的立场和地位，所以人们觉得他们会随时将他们的法律废除，立刻接受新的信仰和养成新的习惯。但是，人们忽视了平等不仅使人发生变化，而且使人知道安定的环境是满足自己的利益和爱好必不可少的条件。平等既推动人前进，又控制人前进；平等既激励人奋起，又让人脚踏实地；平等既将人的欲望点燃，又对人的能力有所限制。

我们不能马上看清这种情况，因为虽然使民主国家的公民独立奋斗的激情是裸露而明显的，但使他们团结合作的力量却是潜藏而不易察觉的。

以后几代人最令我担心的并不是革命。但在围绕我的都是革命造成的废墟的现状下我无法这样说。

如果公民们继续在日益狭窄的家庭利益的小圈子里故步自封，并在其中永不停歇地追求这种利益，我们就可以看到：他们永远不会有那种虽然会使人民动乱，但也能使人民前进和革新的强大的无私奉献的情操。当我看到财产是如此容易地增减，而爱财之心又是如此强烈和热切的时候，我担心人们将会把一切新的理论看做灾难，把一切改革看做轻举妄动，把所有社会进步看做革命的预兆，并因为害怕受牵连而不予行动。我的心在颤抖，而且我承认是由于害怕而颤抖，因为人们现在只顾追求眼前的享乐，把自己将来的利益和子孙的利益都抛诸脑后了，喜欢没有负担地顺从命运的安排，而不肯在必要的时候付出毅然决然的努力去改弦更张。

人们认为新社会的面貌每天都在改变。但我却害怕新社会过于固守原来的制度、偏见和习俗，导致最终毫无成就。结果，人类自己束缚了自己，停止了前进；人的精神逐渐萎缩，并永远自怨自艾而无力创新；每个人都在一些小而无益的独立活动上浪费精力，表面上看所有的人都在不断地活动，但整个人类却不再前进了。

第二十二章　为什么民主国家的人民自然希望和平而民主国家的军队自然希望战争

使民主国家的人民反对革命的那些利益、恐惧心理和激情，也使他们不愿意进行战争。由于同样的原因，尚武精神和革命精神同时减弱。

热爱和平的不动产所有者人数的增加，可以在瞬间毁于炮火的动产的增多，民情的淳朴，人心的温存，平等所激发的怜悯，战时产生的诗意般的强烈激情几乎无法触动的冷静理智——这些联合起来，便足以抑制尚武精神。

在文明国家里，随着身份的日益平等、好战的激情将越来越少、越来越不强烈，我认为，这可被视为一个常规。

战争，是所有国家都可能卷入的不幸事件，无论是民主国家还是其他国家。无论多么热爱和平，国家都必须时时做好迎敌的准备，换句话说，就是要有一支军队。

美国在这方面得天独厚，因其置身于可以说没有邻国的广漠土地之上，由此为它的居民提供独有的条件。就是说，他们只有少数士兵就够了。但是，这只是美国的特点，而不是民主的特点。

民主国家建立军队的义务，并不会因身份平等、民情和基于民情所建立的各项制度而消失，而且它的军队还经常对它的命运产生极大的影响。因此，研究军队的成员的自然本质是什么是至关重要的。

在贵族制国家里，尤其是全凭出身来决定等级的国家，军队中的不平等亦同民族中的不平等一样。军官是贵族，可以发号施令；而士兵是农奴，必须服从指挥。因此，在贵族制国家的军队里，士兵的奋进之心被严格限制在极小范围内。

当然，军官的野心也并不是没有限度的。

贵族阶级是全国等级阶梯中的一个等级，而且其内部还常常有自己的等级阶梯。阶梯上的等级森严，而且永远保持不变。根据出身的不同，人们应征的等级也不同，可能是去指挥一个团，也可能是去指挥一个连。他们达到他们所希望的极限之后便自动停止，安于自己的命运。

此外，还有一个重大原因抑制了贵族制国家军官的晋升欲望。

在贵族制国家里，军官除了有军阶以外，在社会上还属于上等阶层。在他们眼里，前者不过是后者的附属品。贵族应征军官，主要不是为了高升，而是履行家庭出身加于他们的一种义务。他们从戎是为了光荣地度过轻松自在的年华，并把军中生活的一些光荣回忆带回家庭和贵族中间，但他们的主要并不是打算由此发财、成名或掌权，因为他们已经有了财、名、权，不出家门就可以享有这些。

在民主国家的军队里，每个士兵都有机会升任军官，每个人也因此而产生晋升的念头，并将军事野心扩大到几乎没有止境。

军官们则认为没有什么东西可以使他们或强迫他们停止晋升。在他们眼里，每升一个军阶都有极大的价值，因为他们在社会上的等级几乎总是取决于他们在军队中的等级。

在民主国家里，军官只有薪金收入，没有其他收入，只能享有军功荣誉，不会享有其他荣誉。他们经常改变职业，境遇也随之改变，以致好像变成了另外一个人。在贵族制国家的军队里作为充任军官的附带结果的那些东西，成为了民主国家军官的主要东西，决定他们的一切。

在法国旧君主时代，人们用贵族爵位名衔来称呼军官，不用他们的军衔。而在现代，人们只称呼他们的军衔。这一小小的语言表达形式的改变，就足以说明军事制度和社会制度所发生的巨大革命。

在民主国家的军队里，几乎人人都有晋升的欲望，这种欲望是炽烈的、固执的和永远存在的。它随着其他欲望的上升而上升，直到人死为止。但是不难发现，在和平时期全世界各种制度的国家的军队中，民主国家的军队中军阶晋升是最慢的。本来军职的席位就少，所以竞争者几乎不可胜数。但是，平等的固定原则是适用于所有人的，所以谁也不可能迅速晋升，而且有许多人无法晋升。因此，民主国家晋升的要求大大高于其他国家，容易程度大大不如其他国家。

因此，民主国家军队中想晋升的军人都渴望发生战争，因为战争会使军官席位空缺，最后还可以违反按年资晋升的规定，即使这个规定是民主制度的专有特权。

由此我们可以作出如下奇怪的结论：在所有国家的军队中，最迫切地希望发生战争的是民主国家的军队；而在所有国家的人民中，最爱和平的则是民主国家的人民。正是平等引起了这两个对立的效果，形成了这种反常现象。

在人人都是平等的时候，公民每天都觉得有希望并发现有可能改变处境和增进福利。这使他们热爱和平，因为和平可以使工商业繁荣，使每个人安稳地实现其小小事业的目的。另一方面，这样的平等又使从军的人更加重视军事荣誉的价值，让所有的官兵都能更加容易得到这种荣誉，以致士兵做梦都在驰骋于疆场。这两种不同作用的支配导致人心思动，但欲壑难填，大家都有野心，而满足野心的手段则各自不同。

人民和军队的这种背道而驰的倾向，驱使民主国家走上非常危险的道路。

当人民丧失尚武精神的时候，充任军官便不再是光荣，军人也将沦为最低级的公务人员。他们难以受到人们的尊敬，人们也不再了解他们。此时，便出现了同贵族时代完全相反。从军的人只是一些卑微的公民而不是主要的阶级。一个人只有在走投无路的时候才愿意去从军。这就形成了一个恶性循环，难以摆脱。民族的精英逃避担任军职，因为军职不光荣；而军职之所以不光荣，则是因为民族的精英不再参加军队。

因此，当看到尽管民主国家军队的物质条件比其他军队好得多，纪律也不如其他军队严格，但士兵往往牢骚满腹、情绪低落、对处境不满时，你不必表示惊讶。士兵感到自己的地位卑微，这种被挫伤了的自尊心，使他们爱上战争，因为缺少了他们战争就无法进行；他们还喜欢起革命来，因为他们通过革命可能凭借手中的武器获得政治权力和个人尊严，这些是人们原来拒绝给予的。

民主国家军队的成分，使引发革命的危险变得更加可怕。

因为在民主社会，几乎所有的公民都有需要保护的财产；而民主国家的军队领导通常都是无产者。在国家内乱期间，大部分无产者都不会遭到重大损失。在民主时代，人民自然要比在贵族时代更害怕革命，但军队的首脑们却不太害怕革命。

另外，正如我方才所说的，在民主国家中，最有钱、最有教养和最有能力的公民决不会担任军职，所以整个军队最后会变成一个独立小王国。在那里，官兵的知识水平低于全国平均水平，他们的言谈举止却比全国其他人粗野。但是，这个不文明的独立小王国却掌握着武器，而且只有它会运用武器。

实际上，正是公民的和平情绪加强了军队的好战和喜欢动乱的精神给民主国家带来的危险。在一个不好战的国家里，军队是最危险的东西；而全体公民过分爱好安宁的个性使得社会最终全由士兵来支配。

因此，一般可以这样说：如果民主国家出于自己的利益和本性而爱好和平，那它的军队将一步步地把它拖向战争和革命。

贵族制国家从来不担心军人发动革命，而民主国家却经常害怕发生这样的革命。因为这种危险最为妨碍民主国家前进。政治家必须时时刻刻把注意力放在寻找消除这种危险的办法上。

当军队野心勃勃蠢蠢欲动，国家内部动荡不安时，这个国家首先想到的就是如何为这个令人讨厌的野心提供借口，以便发动战争。

我不想诽谤战争。战争几乎总能提高一个民族的意志，开阔它的心胸。有些时候，对于平等所自然造成的某些倾向的过分发展，只有战争才能遏止。这时我们就必须承认战争是医治民主社会的某些痼疾的不可或缺的良药。

虽然战争有一些很大的好处，但也不能把它捧得过高，认为它能根除我主才指出的危险。战争只能暂时阻止这种危险，战争过后危险反而会变本加厉，因为一旦军队尝到了战争的甜头，便更加不愿意维持和平了。战争只能被永远希望光荣的民族用来解救困难。

我可以预言，一些民主大国里涌现出来的军事首领们，会发现率军征伐很容易，却很难在胜利后和平地生活。民主国家很难处理两件事：一件事是开始战争，另一件事是结束战争。

此外，如果战争没有为民主国家带来特殊利益，那民主国家就会遭到昔日的贵族制国家同样未曾放在心上的某些危险。现在，我只谈一谈其中的两种危险。

虽然战争满足了军队的要求，但却限制了不可胜数的公民群众曾在和平时期提出的需求得到满足，战争往往使群众失望。因此，战争就可能导致它本来应当防止的动乱的危险。

在民主国家里，任何一场长期战争都将严重地危害自由。这并不一定是指在每次胜利之后获胜的将军们会像罗马的恺撒和苏拉那样用武力夺取最高政权，而是另一种危险。战争并不总是让民主国家出现军人统治的局面，但它必然使其文官政府的职权无限增加。它差不多必定要把管理万民和处理万事的大权集中到这个政府手中。它是依靠习惯势力慢慢地走向专制，而不是以武力突然建立专制。

任何企图消灭民主国家的自由的人，一定知道战争是达到这个目的的最可靠和最简便的途径。这是他们的第一条科学定理。

当官兵的野心引起人们的惶恐时，一个看似可以自救的办法，就是扩充军队的人数，从而增加军官的编制。但这只能解燃眉之急，也为未来埋下了更大的隐患。

在贵族制社会，扩军可以取得稳定的效果，因为那样的社会中只有一类人有军事野心，而且每个人都能适可而止，从而使一切怀有野心的人差不多都能得到满足。

但是，在民主国家，扩军没有任何好处。因为军队的人数越多，想晋升的人也就越多。被许诺有空缺时就可以就职的人上任后，不久又会出现一批欲望没有得到满足的人，而已经上任的人也很快会牢骚满腹，因为军队中也会有左右民主国家公民行动的那种激动情绪。人们想得到的不是一定的军阶，而是一直晋升。虽然他们的欲望不算太大，但却接踵而来。民主国家扩军只能暂时满足军人的野心，但不久以后，他们的野心将会变得更为可怕，因为想晋升的人越来越多。

我认为人心不安和思动，是民主国家军队的组织内在的而且是不愿意根除的弊端。民主国家的立法者们不要自以为能够找到一种军事制度，可以依靠自己的力量镇压和控制军人情绪，为此作出的所有努力都将是白费工夫。

能够纠正军队的弊端的不是军队本身，而是国家。

民主国家自然会担心动乱和专制。只要使军人的本性变为审慎的、理智的和稳重的情感，问题就可以解决了。当公民们学会和平而有益地运用自由，并领会到自由的好处时；当他们像爱自己女友那样爱秩序，自愿地服从纪律时，他们就会无意识地和似乎是违反本意地把这些习惯和品质带进军队。一旦全民族共有的精神渗入军队特有的精神，这些观点和欲望就会被抑制下去，军队生活所造成的观念和欲望就会受到节制，而依靠舆论的强大力量。有了有知识、守纪律、意志坚定和爱好自由的公民，才会有纪律严明和服从命令的士兵。

法律如果在镇压军队的叛乱精神的同时还在全国范围内加紧压制公民的自由精

神，导致法律和权利的观念黯然失色，那么结果必然适得其反。不但没有消灭军人暴政，反而大大有利于军人暴政的建立。

不管民主国家采取什么预防措施，存在一支庞大的军队总是一大祸害，裁军是消除这个祸害的最有效的办法，但这又是所有国家都无法采用的一项解救办法。

第二十三章　民主国家的军队里哪些是最好战和最革命的阶级

按照提供兵员的人口数与兵员人数的比例来说，民主国家的军队是十分庞大的，这是它的一大特点。我准备以后再谈这一点的理由。

另一方面，生活在民主时代的人，选择担任军职的却不多。

因此，民主国家不久就被迫放弃自愿入伍的募兵制，而采用强制入伍的征兵制。本国情形要求它选择后一种制度，不难预知，人人都要被征入伍。

由于服役是强迫性的，所以全体公民不加区别地平等分担服役的义务。这也是民主国家的条件及其思想的必然要求。民主国家的政府只要向全体人民提出呼吁，就差不多可以进行它想要做的事。一般说来，是负担轻重的不平等而不是负担本身引起了反抗。

但是，由于全体公民都要服役，所以每个人只会在军队里服役几年。

因此，士兵只是军队的过客。然而，在大部分贵族制国家里，当兵却是士兵所选定或被迫接受的终生职业。

这种情况造成了一些差异很大的后果。在民主国家军队中，虽然有些人很爱军人生活，但大多数人是被迫参军的，他们没有把从军看成严肃的任务，时刻准备返回家园，只想离开军队。这些人没有什么高要求，也没有染上一点这种职业产生的奢望。他们当兵只是应付了事，总是惦念着平民生活里的利益和欲求。因此，他们不仅缺乏尚武精神，反而把公民精神带进军队并在军队里保持。在民主国家的军队里，这些淳朴的士兵仍然保留着公民的本色，最大限度地受全国人民的习惯和舆论的影响。士兵们引以为豪的，正是他们把爱自由和尊重权利的思想带进了民主国家的军队，这些思想曾鼓舞人民。贵族制国家的情形与此相反，士兵到最后已与自己的同胞毫无共同之处，对同胞们来说形同外人，甚至是形同敌人。

在贵族制国家的军队里，军官是保守分子，因为只有他们同市民阶级保持紧密的联系，而且一直希望回到市民社会并恢复其原来地位。在民主国家的军队里，保有这种联系和持有这种愿望的则是普通士兵，原因也是完全相同的。

不言而喻，在民主国家军队的内部，军官们往往养成与全国人民完全不同的爱好和欲求。在民主国家里，一个人当了军官，便与市民生活完全断绝关系。而且他也没有一点恢复联系的兴趣。他的真正祖国就是军队，因为他所占的军阶决定了他的一切。因此，他得跟着军队共进退、同沉浮，把自己的将来完全寄托于军队。由于军官的需要不同于国家的需要，所以在全国人民最希望安定和平的时候，他可能锐意制造战争或进行革命活动。

但是，有些因素可以节制军官在这方面的好战和喜欢闹事的倾向。如果民主国家的军队里每个军官都有和持久地有这种野心，则这种野心很少是强大的。下等阶级出身的人，经过在军队内部的几次晋升，到军官的地位，便已经算是扬眉吐气了。因为他已经占据比他在市民社会的地位高得多的地位，并且取得了大多数民主国家公认的不可出让的权利。[1]经过艰苦的努力之后，他愿意暂时停一下，想一想如何享用自己已经获得的一切。由于害怕失去已经到手的东西，所以便不怎么强烈渴望获得尚未获得的东西。克服了妨害他晋升的第一个和最大的障碍之后，他便不那么着急以后的晋升之慢了。随着军阶逐步升高，他们发现危险越来越大，野心也逐渐收缩。如果我没有说错的话，民主国家军队中，高级指挥官永远是最不好战和最没有革命精神的。

我方才所讲的关于军官和士兵一切，对于军士阶级，即在所有的军队中介乎军官和士兵之间的那批人，并不适用。

这个在本世纪之前还未在历史上崭露头角的阶级，我想它今后会在历史上发生作用。

同军官一样，军士已在思想上脱离市民社会，亦把军职视为终生职业；或许还超过军官，把全部希望都寄托在军人职业上。但是，他们还没有取得军官那样较高的和稳固的地位，并没有机会在爬到最高职位以前暂时停止下来，舒舒服服地歇一口气。

由于军士的职务性质是永远不变的，所以军士们的生活注定是庸碌无为、备受限制、毫不舒适，甚至生死难卜的。在他们看来，当兵只是一种危险的职业。他们只知道艰苦和服从而这比头顶危险更难忍受。他们之所以能够忍受眼前的痛苦，是因为他们知道社会制度和军事制度在将来能解除这些痛苦。实际上，日子久了以后，他们也真能当上军官，可以发号施令，得到荣誉、独立地位、权力和享受；虽然这些他们想要得到的东西大量地出现于他们的眼前，但在实际拿到手以前，他们从来不敢确信一定能拿到手。他们的军阶是可以变动的；军队的纪律要求他们必须每天听任长官的摆布。犯一点小错误，或稍有越轨行为，经常能使他们立即失去费了多年的心血才得到的果实。在熬到他们所向往的军阶以前，可以说他们什么成就也没有。只有取得了军官的军阶以后，他们才好像进入了仕途。在充沛精力、需要、激情、时代精神、希望和恐惧心情的不断推进下，他们不可能不燃起铤而走险的野心。

因此，军士永远都迫不及待地盼望战争。如果人们反对战争，他们就希望发生革

---

①实际上，在民主国家，军官的地位远比在其他国家有保证。少数军官主张军阶越高待遇也应越高；而多数立法者也认为，有必要保证军官生活舒适是合理的，而且是必要的。

命，使典章制度失去权威，以便在革命中利用局势的混乱和群众的政治激情，取代被赶下台的长官。他们是可能办到的，因为尽管在感情和欲求上，他们与士兵有很大不同，但他们的出身和习惯却与士兵一样，所以能对士兵造成极大影响。

这种军官、军士和士兵各不相同的对事态度并非只出现于一个时代或一个国家，而是见于一切时代和一切民主国家。

在所有民主国家的军队里，和平的和有秩序的风气的最坏代表永远是军士，而最好代表则是士兵。士兵会把全国民情方面的优点或缺点带进军队，在军队里原原本本地反映民族的面貌。如果一个士兵是无知的和软弱的，那他将被他的长官拉去搞叛乱，虽然这可能是不知不觉的和违反他本意的。如果他是有知识的和坚强的，那他将会约束他的长官，使其遵守秩序。

第二十四章　关于民主国家军队为什么在战争初期比其他国家军队软弱而在战争持续期间则比其他国家军队强劲

凡是在长期和平之后参加战争的军队，都有可能被击败，而经常作战的军队则有很大的获胜机会。这一真理尤其适用民主国家的军队。

在贵族制国家，因为军职是享有特权的职业，所以军人在和平时期也受到尊敬。涌向军界的都是有才能、有学问和有野心的人。军队在各方面都不低于甚至往往高于全民族的平均水平。

而民主国家却相反。在那里，民族的精英都逐渐离开军职，以便通过其他途径去谋求荣誉和权力，尤其是财富。在长期的和平之后，军队各方面的水平便经常低于全国的平均水平，而民主国家的和平时期又很长。参战的军队处于这种状态，对于国家和军队都是相当大的危险。这种危险始终存在，直到战争将其改变。

我曾经说过，在和平时期，民主国家的军队里从军资历是晋升所依据的最高的和不可改动的准则。因为该准则不仅源于这种军队的制度，也源于这种国家的制度，所以这种情况将会长期存在。

另外，由于军官在民主国家中的一切（包括荣华富贵）都取决于他们在军队的地位，所以他们只有到死才会离开或退出军界。

这两个原因给民主国家造成的后果是，经过长期的和平之后，它的军职人员和指挥人员均已老迈。我所说的不止是将军，而且包括一直没有晋升或逐步爬上去的大部分下级军官。在考察民主国家的军队时，你会吃惊地发现，士兵都是毛孩子，而所有的长官均已年迈。在这种情况下，士兵缺乏经验，而长官缺乏精力。

这恰是失败的主要原因。因为使战争顺利进行的首要条件，是要有年轻的人，这一点如果不是近代的一位最伟大的统帅指出过，我是不敢如此说的。

在贵族制国家的军队里，这两个因素就不是这样发挥作用的。

因为在贵族制国家的军队中，晋升的主要依据是出身而不是资历，所以在每个军阶中都有一些年轻人，他们为战争贡献了最充沛的体力和精力。

另外，贵族制国家中谋求军事荣誉的人，都有在市民社会里不愁温饱的地位，所以他们把精力最充沛的年华献给军事生涯之后便自动退休，回乡去安享余年，很少有人在快到年老的时候才离开军队。

长期的和平使民主国家的军队不仅充满了年老的军官，而且所有的军官的身心都养成了不适于作战的习惯。因为长期生活在民主的温文尔雅的习俗气氛中的人，很难适应战争的艰苦工作和严峻义务的要求。如果他有担任军职的兴趣，那他至少要养成阻碍他取得阶级战争胜利的生活方式。

在贵族制国家，市民生活的懒散作风对军队风纪影响不大，因为指挥军队的都是贵族。应该知道，尽管一个贵族在过着富贵生活，但他除了追求这种幸福以外，总是还有其他一些追求，而且为了充分满足这些追求，他可以自愿地暂时牺牲自己的幸福。(E)

我曾经指出，在处于和平时期的民主国家中，军阶的晋升是极慢的。起初，军官们表示无法容忍这种情况。他们闹事，心灰意懒，牢骚满腹。但是一段时间之后，大部分人就会迁就下去。有野心和能力的人离开了军队。其余的人终于屈服于他们的比上不足比下有余的命运，调整自己的爱好和欲求，以市民的眼光来看待军职。他们认为，军职的最可贵处，就是可以带来舒适和安定。他们把未来的希望都寄托于这一小点有保障的收入上，只要求能够平平安安地享受一生。

因此，长期的和平不仅使民主国家的军队充满了年老的军官，而且往往将老年人的习气输送到还是年轻力壮的军官中去。

我也曾指出，在处于和平时期的民主国家中，军职并不算多大的荣誉，因此没有太多人追求。

公众的这种轻视态度对于军人就像是压在其头上的一块又重又大的石头。它好像压扁了军人的士气，但在战争终于爆发的时候，士气又能立即恢复它的弹力和活力。

挫败士气的这种原因，在贵族制国家的军队里并不存在。无论是军官还是他们的同胞，从来都不认为军官的地位是低下的，因为他们的军队和他们本人都是伟大的。

即使和平对这两种军队产生相同的影响，还是会有不同的结果。

当贵族制国家军队的军官失去战斗意志，不愿意靠军职发迹时，他们仍会尊重贵族的荣誉和身先士卒的古老传统。但是，如果民主国家军队的军官不再好战，不再希望利用军职向上爬，他们就保存不下来任何好东西了。

因此，我认为民主国家在经历了长期和平之后参加战争，被打败的危险与其他国家相比特别大。但是，它不会轻易因为败北而气馁，因为战争越持久，胜利的机会就越大。

当战争延续到使得全体公民不能从事和平劳动，破坏他们小小的事业时，他们就会把珍视和平的热情转向支持战争。战争破坏了一切事业之后，就成为唯一的巨大事业。于是，平等所产生的一切热烈又奋进的激情，就都集中到战场上来。这就是为什么虽然民主国家很难发动人民奔赴战场，但一旦让人民拿起武器，有时就会在战场上取得惊人成就的原因。

随着战争将所有人的视线逐渐引到军队上来，加上军队在短期内声威大震并创造出巨大财富，全国的精英便纷纷从戎。这时，被军队吸引去的人，天生具有进取心，勇敢而好斗。他们已经不是像在贵族制国家那样只来自贵族，而是来自全国了。

由于很多人竞争军事荣誉，而且战争又迫使每个人发挥才智，所以不断涌现一些伟大的将领。长期的战争对民主国家军队犹如革命对民主国家的人民，其作用是一样的，即打破常规，使一切出类拔萃的人脱颖而出。和平时期的那些年老体衰的军官离开军队，退休或死去。一批在战争中壮大起来的青年人接替了他们的位置。这些年轻人满怀激情，坚持把战争打下去。他们不惜一切代价追求晋升，实际上也在不断晋升。怀有同样心情和欲望的年轻人接踵而来。只要军队没有限制，这样的人将会一批接着一批涌现。平等使每个人产生奋进之心，而死亡又为各种奋进之心提供机会。死亡不断使各级军官减员，制造缺口。这既为晋升开门，又为晋升关门。

民主国家中，在军人的习性和人民的习性之间，还存在一种隐秘关系，这种关系只有在战时才显露出来。

民主国家的人有一种渴望迅速得到所希冀的东西，然后快活地享受的本性。其中大部分人崇拜冒险，怕穷大于怕死。他们就是在这种精神的支配之下从事工商业的。他们在战场上也发挥出了这种精神，甘愿冒生命的危险，以便在瞬间取得胜利。在战场上大放异彩而且只需冒生命危险就可突然得到的伟大，是最能满足民主国家人民的幻想的。

因此，民主国家人民的利益和爱好使他们离开战争，而他们的思想观念却使他们能打好战争；只要能够让他们从他们的事业和舒适生活的圈子里跳出来，他们很容易就变成好士兵。

如果说和平对民主国家的军队特别有害，那么，战争可以保证它得到的好处会是其他任何军队所没有得过的。尽管这种好处起初不太明显，但随着战争的持续，可能会突显，并由此取胜。

一个贵族制国家在同一个民主国家交战时，如不能在最初的几个回合摧毁对方，就很可能被对方打败。

第二十五章　关于民主国家的军纪

民主国家中占统治地位的广泛的社会平等，久而久之将使士兵不服从军令，破坏纪律。这个观点非常流行，贵族制国家的人民尤其如此认为。

但这种观点是不正确的。事实上有两种纪律，切不可混淆。

当军官是贵族，士兵是农奴时，即当前者富裕且聪明能干，后者贫穷且愚昧无能时，容易在两者之间建立最严格的服从关系。可以说军队纪律不过是社会奴役制度的延伸和完善，士兵在入伍之前就已经在服从军队纪律了。在贵族制国家的军队里，士兵很快就会只知长官的命令而对其他都茫无所知。虽然他在行动但无思想，打胜了仗也不表示高兴，被打死了也没有怨言。在这种状态下，他只是一个被训练得去打仗的可怕动物，而不是一个人。

一旦民主国家看到它的士兵也染上贵族制国家可以轻易加于其士兵身上的习惯，即唯命是从、服服帖帖、千篇一律的盲目服从，它一定感到失望。民主国家的社会环境不会使士兵如此，而民主国家要想人为地使士兵养成这种习惯，则有丧失其固有优点的危险。在民主国家里，军队纪律只能设法引导精神的自由发展，而不应当试图压制精神的自由发展。军队纪律规定的服从并不十分严密，但是很粗野和很简明。这种服从建立在服从者的意志之上，不仅取决于服从者的本能，而且取决于他的理智。因此，如果危险的情况使服从成为必要，服从者往往会自动地严格服从。因为这种纪律是以习惯为基础的，而战争可以打乱这种习惯，所以贵族制国家军队的纪律容易在战争中变得松弛。相反，在大敌当前的时候，民主国家军队的纪律可以自动加强，因为每个士兵这时都非常清楚，为了取胜，他必须严格服从，毫不反抗。

依靠战争来建立宏伟事业的国家，只知道我所讲的纪律。古代国家的军队只征自由人和公民入伍，他们之间没有大的差别，习惯于平等相待。从这一点来说，虽然古代国家的军队的成员都来自贵族内部，但可以说它是民主的。因此，在军队里，官兵之间情同手足。读了普卢塔克的《名人传》，你就会相信这一点。士兵们经常向将军们提意见，而且可以无话不说；将军们也愿意倾听士兵的意见，而且有问必答。将军们通过谈话和示范的方式来领导士兵，这要比管束和惩罚好得多。将军对于士兵来说既是长官，又是伙伴。

我不知道希腊和罗马的士兵是不是也曾像现在的俄国士兵那样，一丝不苟地遵守军队纪律，但我知道这并没有妨碍亚历山大征服亚洲，罗马征服世界。

第二十六章 略述民主社会里的战争

当平等的原则不仅在一个国家而且在相邻的几个国家同时发展时，就像在今天的欧洲这样，这些不同国家的居民，尽管在语言、习惯和法制上存在不同，但都惧怕战争，热爱和平。①用野心和愤怒武装各国君主也没有用处；人民普遍抱有漠不关心和袖手旁观的态度，使君主们被逼无奈地消下气来，丢下手中的宝剑。于是，战争越来越少了。

随着几个国家同时发展平等以及其居民一起拥向工商业，不仅他们的喜好日趋一致，而且利益也逐渐交融。因此，任何一个国家加于他国的危害都会回到自己身上，从而让人们认识到战争是一种灾难，这种灾难对战胜国和战败国造成的损害差不多是相等的。

因此，在民主时代，一方面难以把各国都拉进战争，另一方面则几乎不可能不牵涉其他国家而只有两国交战。因为各国的利益互相交织，具有相同的意见和需要，所以一个国家有风吹草动，其他国家也无法安宁。因此，战争越来越少，但一旦爆发战争，战场的范围必将越来越大。

一些相邻的民主国家，不仅在某些方面变得相似，而且最终几乎在所有方面都变得相同。②

国家之间的这种相似，对于战争具有重大影响。

当我思考为什么15世纪的瑞士曾使欧洲的一些强大国家发抖，而现今它的国力则完全与人口成正比时，我发现瑞士人和邻国人变得相似，所以瑞士现今与邻国的

---

①我认为，不必向读者指出，欧洲各国对战争的恐怖心，并不完全因为平等在这些国家得到了发展。除了这个常常发生作用的原因以外，还有几个十分强大的偶然原因。我首先要指出的是，法国大革命和拿破仑战争所留下的满目疮痍。

②这既是因为各国有了相同的社会情况，也有这样的社会情况自然促使人们互相模仿和融合的原因。

当公民们被分成很多个等级或阶级时，他们彼此各不相同，而且并不愿意，也不希望达到相同；恰恰相反，每个公民都越来越设法对自己的观点和习惯加以保持，维持原样不动。个性的精神非常强韧。

当一个国家内部没有等级或阶级之分，所有公民在文化和财产方面近乎平等，即这个国家具有民主的社会情况时，人的精神就将向相反的方向发展。人们变得相似，差不多可以说如果不相似，他们就会感到痛苦。他们只要求那些仍然会使彼此有别的东西，以便使自己融入共同的群众集体，而不想保存这些东西。在他们眼中，能够代表权利和力量的只有这个集体。个性的精神几乎消失。（下转519页）

差别只在于人口的多寡，而能多派兵的国家必然胜利。因此，欧洲发生民主革命的后果之一，就是人们重视兵力优势，强迫所有小国与大国合并，或至少并入大国的势力范围。

由于兵力是胜利的决定性因素，所以每个国家都竭尽全力派尽可能多的兵员奔赴战场。

在部队里存在某种兵种比其他兵种精锐的时代，如瑞士的步兵和16世纪法国的骑兵存在的时代，人们认为没有征集大量兵员的必要；但是，到了每个士兵的力量都相差无几的时代，情况就不同了。

产生新需要的原因，也为满足需要提供了手段，因为正如我指出的，人人都一样的情况下，大家就都成了弱者。民主国家的社会权力自然大大强于其他国家。因此，这种国家在想要召集全体成年男子入伍时，也有能力办到。在平等时代，虽然人们的尚武精神已经减弱，但军队的规模却在扩大。

在这样的时代，作战的方法也因此而发生变化。

马基雅维利在其《君主论》里写道："相比征服由一个君主及其奴隶治理的国家，征服以一个君主及其诸侯为首领的国家要困难得多。"为了避免侮辱人，我们不妨将"奴隶"改为"公仆"。这样，我们就可以得到一个伟大真理，完全可以将其用在我们讨论的问题上。

一个贵族制大国，无论征服它的邻国还是被其征服，都是极其困难的。之所以不能征服邻国，是因为它无法集结全国的力量并在集结后长期掌握这种力量；之所以不能被邻国征服，是因为许多小防御据点能抵挡敌人的进攻。在贵族制国家里作战犹如在山地里作战，战败者随时可以转入新的阵地固守。

在民主国家，情况就完全相反。

因为民主国家容易把全部可用的兵力投入战场，如果它很富庶且人口众多，则很容易成为征服者。而一旦它遭到侵略，敌人深入它的国土，它就很难御敌了。如果它的首都被敌人占领了，国家就灭亡了。这个道理非常清楚：在民主国家，每个公民都是孤立的特别软弱，没有人可以自卫，也无法支援他人，只有国家的力量是强大的。一旦国家的军事力量因为军队被击溃而消失，行政的力量由于首都被占领而瘫痪，剩下的只是一伙没有组织、没有力量的群众，他们根本无法抗击有组织的入侵力量。我知道，让地方享有自由并建立政权，可能会减少这种危险，但这种办法作用经常不

（上接518页）在贵族制时代，甚至原本相同的人们也想在彼此之间建立起想象中的差别。在民主制时代，甚至原本不同的人们也特别希望彼此互相模仿，并变得相同，因为全人类的前进运动经常吸引着每个人的精神。

在国家之中也存在类似的现象。因为贵族制的精神在于发挥个性，所以具有同样的贵族性社会情况的两个国家之间，可能始终保持特别明显的极大差异；但是，因为民主制的精神要求人们同化，所具有同样的民主性社会情况的两个相邻国家，很快就会采取同样的观点和习俗。

大。这时，人民不但不可能再继续战斗，恐怕连这个念头都没有了。

根据文明国家所承认的国际法，战争的目的只在于占有政治权力而非掠夺私人的财产。只是为了占有政治权力，才偶尔破坏私人财产。

当贵族制国家战败而遭入侵时，贵族虽然身为富人，也宁愿继续单独抵抗而决不投降，因为入侵者一旦成为他们国家的主人，就会拿走他们的政治权力，而相比财产他们更加重视政治权力。因此，他们宁愿继续战斗，而不接受对他们来说是最大不幸的征服。而且，他们容易组织起人民，因为长期以来人民已经习惯跟随和服从他们，他们在战争中几乎不用担心失去什么。

反之，如果一个国家身份平等占有支配地位，则每个公民只有很少一点或往往没有政治权力；另一方面，每个人都是独立的，而且财产可能受到损失。所以，他们不像贵族制国家的人民那样怕被征服胜过怕战争。当战火已经蔓延到民主国家时，也很难判断它的人民是否会拿起武器。因此，必须给予这种国家的公民以政治权力，并增强其政治意识，以使他们觉得自己也享有某些权益，这些权益也曾对贵族起到过鼓舞作用。

民主国家的君主和其他首领必须时时提醒自己：要最有效地抵制追求享受的习惯和激情，只能利用热爱自由的激情和习惯。我认为，不以自由为基础的民主国家在战败时是最容易投降的了。

以前，在战场上双方的兵力都不太多，经常进行小规模的战斗，或长期的围攻。现在，一交战就是大规模的战斗，只要前进的道路无阻，就会一直挺进到敌方的首都，从而一举结束战争。

据说，这套新战术是拿破仑发明的。但只凭一个人的力量是创造不出这种战术的。是当时的社会情况提示拿破仑采用这种战术的。之所以成功，也是因为这种战术特别适应当时的情况，因为他首次将这种战术应用于战争。拿破仑是率军长驱直入由这个国家首都打到另一个国家首都的第一人。但是，实际上是封建社会的崩溃为他打通这条道路的。可以设想，这位非凡人物如果生在300年前，他的战术是不会产生这样的效果的，或者说他将采用另一种战术。

最后我只想就内战问题再说几句，因为我害怕读者不耐烦。

我关于对外战争所述的一切，大部分也适用于内战。生活在民主国家的人天生就没有尚武精神。当他们被迫上战场的时候，也偶尔有点这种精神。但是，大家一起自愿奔赴战场，自愿忍受战争尤其是内战的风险，决不会是民主国家的人要想采取的行动。只有最喜欢冒险的人，才会同意去冒这种危险，而民主国家的大部分群众是不会这样做的。

甚至在人民愿意行动的时候，他们也是难以行动起来的，因为他们在国内已经找不到需要服从的早已确立的权威，没有公认的领袖来团结、统率和指挥希望起来行动的人，没有国家政权领导下的政治力量去有效地支持政府进行抵抗。

在民主国家里，多数的精神力量是巨大的，而多数拥有的物质力量，也是可以联合起来以抵制它的力量所无法比拟的。因此，能够坐在多数的席位上以多数的名义和权利发言的党派，可以转瞬之间毫不费力地打败所有个别的抵抗。这些党派甚至不让个别抵抗萌芽，在酝酿期间就把它消除。

因此，在这样的国家里，凡是想发动暴力革命的人，只能出其不意地占领政府的全部机关，除此之外别无他法。为了达到这个目的，最好发动政变而非战争，因为一旦进行正规战争，胜利者几乎肯定是代表政府的党派。

只有当军队分成两派，一派叛变，而另一派继续效忠政府的，才有可能发生内战。军队本身就是一个小社会，有严密的组织、强大的生命力，能在一定的时期内自给自足。战争可能导致流血，但不会很久，因为叛军一显示武力，或经过初战的胜利，就能控制住政府，战争也随之结束；或最好是战争一开始，没有得到政府的有组织的力量支持的那一派军队很快就自行瓦解或被消灭。

因此，内战在平等时代将会非常罕见和短促，这可视为普遍真理。[①]

---

①当然，这里是就单一的民主国家而非联邦制民主国家说的。在联邦里，尽管有法律规定，但大权总是留在成员政府，而不在联邦政府，所以这里的内战不过是变相的对外战争。

第4部分

lunmeiguodeminzhu

对平等所激发的思想和感情进行阐述以后，如果不说明这些感情和思想对人类社会的政治管理可能产生哪些一般影响，就不算很好地完成本书的任务。

我必须经常回到已经走过的路上去，以达到这一目的。然而我希望，当读者顺着已经熟悉的道路向某一真理行进的时候，不要停下来不再跟着我走。

第一章 平等自然使人爱好自由制度

令每个人都独立的平等，也令人养成仅依照自己的意志进行个人活动的习惯和爱好。人在与自己平等的人交往当中和作为个人的生活习惯而永远享有的完全独立，令人对所有权威投以不满的目光，关于政治自由的思想和对于政治自由的爱好也很快被激起。所以，在这个时代生活的人，都顺着一种引导他们走向自由制度的自然趋势前行。请你随意找一个人问一问，可能的话，你再对他的最主要的本能进行研究，会发现在各式各样的政府中，他首先考虑的并给予最高评价的政府，是由他选举首脑并且首脑行动受他监督的政府。

在身份平等所引发的一切政治效果中，最先引起人们注意的和令胆怯的人最害怕的，便是这种对独立的热爱。因为无政府状态出现在民主国家比出现在其他国家更令人害怕，所以我们不能说这种恐惧是完全错误的。因为公民之间不存在任何直接影响，所以使公民们各得其所的国家政权一旦不再存在，混乱状态必然会马上达到顶峰，公民们各奔东西，社会组织立刻瓦解。

然而我深信，无政府状态并非民主时代应当害怕的弊端，而且是最不值得害怕的弊端。

事实上，平等可导致两种倾向：一种是令人们径自独立，并且可能令人们马上陷入无政府状态，另一种是令人们顺着一条漫长的、隐而不现的，但确实存在的道路走向被奴役的状态。

第一种倾向人民容易看清，并加以抵制；但对于第二种倾向，则人民可能因为发现不了而误入歧途。所以，提醒人们小心勿误入歧途是很重要的。

我决不因为平等鼓吹不服从而指责平等，反而由于它鼓吹不服从而称赞它。我赞美平等的原因是因为它令我看到它把关于政治独立的模糊观念和本能的冲动植入每个人的心灵深处，并由此提供了对它所产生的弊端予以纠正的办法。恰恰是因为这一点，我才爱慕平等。

第二章　民主国家关于政府的观点自然有利于中央集权

有关次级权力存在于君主和臣民之间的观点，经常在贵族制国家人民的脑海里浮现，因为这种权力是某些人或家庭认为自己的出身、文化和财产比他人或家庭优越而应该拥有的，而且这种人或家庭好像认为自己生来便有资格指挥他人。平等时代的人的头脑里，鉴于此相反的理由而自然没有此种观点。仅能人为地把这种观点引入平等时代，而且需要付出极大的努力才能令其存在下去；然而，可以说民主时代的人不用深思便会形成关于由政府直接领导全体公民的单一的中央权力的观念。

除此之外，在政治方面也跟在哲学和宗教方面相同，简明的一般观念更容易为民主国家人民的头脑所接受。他们讨厌复杂的制度，认为一个大国最好由同一模式的公民组成，并由一个权力当局领导。

人们的思想在平等时代形成单一的中央权力的观念以后，自然又将形成有关统一立法的观念。因为每个人都认为自己跟他人没有多大不同，所以很难理解应用于一个人的法规不能同样地应用于其他所有人的原因。所以，尽管是微不足道的特权，他们从理性上都感到可憎；同一国家的政治制度上的最细微差别也能引起他们不快；他们认为，立法的统一是一个好政府的首要条件。

与此相反，在贵族制时代，人们却认为此种对全体社会成员同等地实行统一律法的观点是无法想象的，人们要么拒绝接受它要么就抛弃它。

这两种对立的倾向，最终都成为了盲目的本能和无法克服的习惯，导致除了特殊情况以外，它们至今依旧在支配人们的行动。虽然中世纪各国的情况悬殊，有时各国也有一些完全相同的人，然而这并没有影响各国的立法者对每个人的不同义务和相应权利的规定。与此相反，如今，一些国家的政府却竭尽全力把同样的习惯和法律加在没有变得相同的全体居民身上。

随着一个国家实现身份平等，个人就显得越来越弱小，而社会越来越强大。也可以说每个公民都变得跟其他公民相同，被埋没在群众之中，只能看到人民本身的高大宏伟的形象，别的什么也看不到了。

这自然要令民主时代的人认为社会的特权是极其高尚的，个人的权利是十分低卑的。

他们容易承认社会的利益是全体的利益，个人的利益则不值一提。他们也承认代表社会的权力比每个社会成员有知识并高明得多，它的义务和权利便是引导并领导每个公民。

对我们的同代人仔细研究一下，探究他们的政治见解的根源，就会发现他们有我刚才所讲的观念中的某几个，并为发现看法常常不一致的人们竟有如此一致的观念而感到吃惊。

美国人认为，在各州中，社会的权力都应当直接由人民赋予；然而，一旦这项权力得以依法确立，可以说没人会认为它是有限的，而甘愿承认它有权力去做一切。

对于将个别特权赋予城市、家庭或个人的问题，他们甚至已经忘记了这种观念。他们从未想过能够不把同样的法律统一地用于各地和全体居民。

这些见解正在欧洲逐渐传播开来，甚至渗入强烈反对人民主权学说的国家。这些国家的权力来源跟美国不同，然而对权力特点的看法却跟美国相同。中间权力的观念在所有国家都已经变得稀薄并逐渐消失。关于某个人生来就有权利的思想，正迅速从人们的头脑里消失，并将为社会具有无上权威，即所谓唯一权威的思想所代替。后一种思想正随身份的日益平等和人们的日益趋同而生根和发展。平等令这种思想产生，反过来这种思想又加快平等的发展。

在法国，我所讲的革命，与欧洲其他任何国家相比，都是最先进的，因此这种思想已经完全深入人们的头脑。假如我们仔细听一听我国各政党的主张，便会发现所有的政党都接受这种思想。大多数政党都对政府加以指责，说它工作做得不好；然而它们都认为政府应当继续运行下去并参与一切活动。在这一点上，即便是那些激烈反对政府的人，也是意见一致的。在我们这个时代产生的各种政治制度的显著特点是社会权力的单一性、普遍性和全能性以及法制的统一性。这些特点在各种千奇百怪的无政府主义思想的背后也存在。人在做梦的时候都在幻想这些东西。

假如说一般人的脑海中都能自觉地浮现这种思想，那么，它会更容易地出现在君主们的想象里。

欧洲的旧社会情况正在变化和消失，而对于自己的权能和责任，君主们也有了新的认识。他们第一次知道，他们所代表的中央权力能够而且应当依据统一的计划直接管理国家的所有事务和全体国民。这种见解，我敢说在这个时代之前是欧洲的国王们一直没有过的，但现在它却日益深入这些君主的脑海中。其他所有的理念都摇摇欲坠，仅有它固若磐石。

所以，我们这代人之间，并不像人们所想象的那样意见存在众多分歧。虽然他们不断争论主权的归属，然而对主权的责任和权利却容易取得一致意见。政府被所有的人想象成为一种独一无二的、奉天承运的、具有创造力的权力。

政治方面的所有次要思想都是瞬息万变的，仅有以上的思想是固定不变的，并永久存在的。政论家和政治家都接受这个思想，群众也积极拥护。对于它，统治者和被统治者都同样地热烈追求。虽然它现在才出现，却好像由来已久。

所以，它是人类的现实情况和自然要求，而不是人的精神任意形成的。(F)

第三章　民主国家人民的感情和思想一致引导他们走向中央集权

假如说关于建立强大的中央政权的思想在平等时代容易被人们接受，那么就不应该怀疑，他们的习惯和感情已经先对这样的政权表示了认可。因为大部分理由已在前面讲过了，现在只用几句话便能够说明这一点。

居住在民主国家的人不存在高低之分，没有经常的和必不可少的伙伴，因此他们愿意自我反省，并进行独立思考。在讨论个人主义时我曾经详细地叙述过这一点。

所以，这些人从不让自己的注意力从个人的事业上离开而转到公事上去。他们倾向于把公事交给集体利益的唯一的公开的永久存在的代表去管理。这个代表便是国家。

他们不仅生来不爱管理公事，而且也常常没有时间去管理。个人生活在民主时代是极其忙碌的，人们欲求很大，工作很多，致使每个人基本没有精力和余暇去从事政治活动。

我写此书的主要目的就是同这种倾向进行斗争，所以我决不认为这种倾向是不可克服的。我只认为，在我们这个时代，有一种隐秘的力量促使这种倾向在人心中不断滋长，如果不立即加以阻止，便会占据人心。

我也曾指出，日益增长的享乐之心和不动产化趋势，令民主国家的人民惧怕损失财物。对社会安宁的爱好，是民主国家人民至今仍保留的唯一政治激情，并随着其他激情的减弱和消失而更加积极和强大。这自然让公民们把一些新的权利赋予或让给中央政权，认为仅有中央政权才有兴趣和办法保护自己，令他们免遭无政府主义的侵害。

在平等时代，没人有援助他人的义务，也没人有要求他人支援的权利，因此每个人既是独立的又是软弱无助的。这两种既不可分而又不可混为一谈的情况，令民主国家的公民形成了非常矛盾的性格。他们的独立性，令他们在跟自己平等的人交往时充满自信心和自豪感；而他们的软弱无力，又有时令他们感到需要他人的帮助，然而大家都是软弱和冷漠的，所以也不能指望任何人给予他们援助。迫于此种困境，他们的视线自然转向那个唯一可以超然屹立在这种普遍感到无能为力的情形下的伟大存在。

他们的需要，特别是他们的欲望，不断地将他们导向这个伟大存在；最终，他们将这个存在看做补救个人弱点的唯一的和必要的靠山。①

由此可以理解民主国家常常发生的现象：人们一面叛逆，一面又能忍受长官的支使，他们既傲慢又容易屈从。

随着特权的逐渐减少和缩小，人们对特权的憎恶反而越来越强，因此可以说民主的激情甚至在动因最小的时候反而更加猛烈。在前面我已经解释过此种现象的原因。当身份极不平等的时候，最大的不平等也变得不那么刺眼了；但在人人都拥有平等地位的时候，一小点差别也会让人不快；随着平等日趋完善，此种不快将更加令人难以忍受。所以，爱平等的热情将随着平等本身的发展而不断加强，但在这种热情获得满足的时候又对平等的发展起了促进作用，这是自然而然的。

使民主国家人民有对一切特权的日益炽烈的憎恶，非常有利于所有政治权利逐渐集中到国家的唯一代表手里。因为每个公民都认为与他平等的人可以取消他们从国家元首那里取得的任何特权，所以地位必然并无可争议地高于全体公民的国家元首，而不会引起公民们的嫉妒。

民主时代的人对服从与自己平等的邻人的指点十分反感，不承认邻人在智力上比自己高明，不相信邻人刚正不阿，嫉妒邻人的权势，害怕邻人的同时又瞧不起邻人，喜欢让邻人每时每刻感到他们是属于同一主人管辖的。

因为平等特别便于中央行使权力，使中央扩大和巩固权力，所以顺应这些自然本性的各项中央权力，都喜欢和鼓吹平等。

也可以说所有中央政府都崇尚平等，平等可使政府不必为制定烦琐的细则而操劳；假如不对所有的人采用同一制度，而对不同的人采用不同制度，那么就必须制定细则。所以，政府是爱公民所爱，恨公民所恨。在民主国家，这种意愿一致的共同体，不断把每个公民和国家元首结合在同一思想之下，并在两者中间建立起隐秘的、恒久的默契。因为公民和政府的爱好相同，公民原谅政府的缺陷；唯有政府做得太过分或犯错误时，公民才会对政府表示不信任；然而只要政府改正错误，公民便恢复对

---

①在民主社会里，仅有中央政权是地位相对稳定和活动相对恒定的存在。全部公民都在不断改变其活动场所和改变自己的处境。然而，所有的政府都有继续扩大自己的活动范围的天性。所以，久而久之，政府几乎是一定能获得成功的，因为它用固定的思想和坚定的意志影响地位、观点和欲求每天都在变化的人民。

公民往往无意之中帮助了政府。

民主世纪是实验、改革和冒险的时代，常常有成千上万的人单独进行艰巨的或新颖的事业，而不被他人所干预。这些人主张，作为一项普遍的原则，国家权力不应该对私人事业进行干涉，然而，作为一项例外，对他们进行的特殊事业，他们每个人都希望政府给予援助和指导，同时又想限制政府对他们进行其他一切干预。

因为成千上万的人同时对他们进行的不同事业都有这样的见解，所以虽然每个人都想限制中央政权的活动，然而中央政权的活动范围却一天比一天扩大。所以，民主政府仅是因为它能持久就扩大了它的职权。时间对它有利，每个事件都在促其成长，个人的激情也在不自觉地协助它。所以，可以说民主社会越是长期存在下去，其政府越要中央集权化。

它的信任。虽然民主国家的人民往往憎恨中央政权的专制，然而他们对于这个政权本身一直是爱护的。

如此，我就经由两条不同的道路到达了同一目的地。在前面我指出，平等令人产生了有关整齐划一的和强大的政府的观念；现在我又使读者看到，平等让人们喜欢上了这样的政府，致使如今的各国都竭力建立这样的政府。思想和感情的自然倾向，都在指引人们向这个方面迈进。只要不加阻止，人们便可以到达目的地。

在我看来，在眼前的这个民主时代，个人独立和地方自由将永远是艺术作品，但中央集权化却是政府的自然趋势。(G)

第四章　导致民主国家走上中央集权或避免中央集权的若干特殊的和偶然的原因

假如所有的民主国家都本能地趋向于中央集权，那它们也要采取不同的方式来实现。该国的特殊条件是促进还是阻止社会情况的自然发展决定着它的方式。这种特殊条件数量极多，我选几点进行叙述。

在取得身份平等之前长期生活在自由之中的人民那里，自由所赋予的本性与平等所造成的倾向之间有一定的矛盾。虽然中央政权在他们当中提高了自己的特权地位，然而他们作为个人却是永远不会放弃独立的。

然而，当平等在一个从来不知道或长久以来不知道自由是什么的国家里(比如像在欧洲大陆人们所看到的那样)发展起来的时候，古老民族的习惯便要突然通过某种自然的吸引力而与社会情况造成的新习惯和产生的新信念结合起来，致使所有的权力都好像自动向中央收缩。这些权力以惊人的速度会聚到中央，国家立即达到强大的极限，个人也随之被推到弱小的最后限界。

到新大陆的荒漠建立民主社会的英国人，在他们的祖国已经养成参与公共事务的习惯。他们懂得陪审制度，有过言论自由、出版自由和人身自由，具有权利观念和行使权利的习惯。这些自由制度和刚毅的民情被他们带到美洲，并通过这些东西抵制政府对他们的压迫。

所以，在美国人那里自由早就存在了，但平等却是最近才有的。欧洲的情形跟那里完全相反。欧洲的平等是由专制王权引进的，而且国王认为，在自由渗入人民的思想很久以前，平等就已深入人民的习惯当中。

我已经说过，在民主国家，人们认为统一的中央政权的代表是政府，他们不知道中间权力是什么。这对于借助暴力革命而令平等原则取得胜利的民主国家是适用的。那些管理地方事务的阶级被革命的暴风骤雨一扫而光，而余下来的群众既没有组织，又没有可以管好自己事务的习惯，因此人们认为只有国家才能担起管理一切政务的重任。因此，中央集权成了一种必然的事实。

对于拿破仑独揽大权的行为既无须褒扬，也无须贬斥，因为在贵族和大资产阶级骤然消失之后，这些权力就落到他的手里。不管是拒绝还是接受这些权力，在当时几乎都是一样困难的。美国人就未曾感到有这样的必要，由于他们未经历过革命，一开始便是自己治理自己，从不需要请国家当他们的临时监护人。

所以，中央集权在民主国家的发展，不但取决于平等的进展，而且要看这种平等是用什么方式建立起来的。

在一场大民主革命开始的时候，或在不同的阶级之间的斗争刚刚展开的时候，人民都十分想将全国的行政权集中到中央政府，从而把地方事务的领导权从贵族手中夺过来。因为被打败的贵族害怕已与他们平等而且往往是变成了他们的主人的人民实行的小小暴政，所以在这样的革命将近结束时，他们一般都愿意把所有事务的领导权交给国家。

从这可以看出，力图加强政府特权的常常不是同一个阶级，然而只要民主革命继续下去，国内终究要出现一个在人数上或财富上强大的阶级，它出于跟民主国家一样具有的那种憎恶被邻国统治的感情无关的特殊心理和自身利益，想把国家的管理大权集到中央。我们可以看到，英国的下层阶级正竭力取消地方的独立性而把各地的行政权移交中央，但上层阶级却试图让地方的行政权留存在原来的主人手里。我敢预言，完全相反的情景终有一天会出现的。

以上所说让人们清楚地了解：为什么社会权力在经过长期艰苦的奋斗以后取得平等的民主国家里总要比在公民们一开始便是平等的民主社会里强大，而个人权力在前者要比在后者弱。这方面的明证就是美国人的例子。

美国的居民从没有被按特权分成几等，他们从来不知道主仆的上下级关系。因为他们既不彼此害怕，又不彼此憎恨，所以觉得没有必要请求最高当局来对他们的活动的细节进行指导。美国人的命运是与众不同的：因为他们用不着同贵族进行斗争，他们从英国的贵族那里继承了关于个人权利的思想和地方自由的爱好，并能把两者保全下来。

假如说教育在一切时候都有助于人们维护自己的独立，那么，这个说法在民主时代尤其正确。当人们全都相同的时候，就容易建立起一个单一的和全能的政府，而且只靠本能就足够了。然而，为了在此种环境下组织和维持次级权力，以及在公民都是独立而软弱的条件下建立既可以反抗暴政又可以维持秩序的自由社团，需要人们具备丰富的学识和技能。

所以，在民主国家，中央集权和个人服从不但随平等的普及而增强，而且随公民的开化而增强。

不错，在不十分开化的时代，政府经常缺乏知识去完善专制制度，而人民也缺乏知识去摆脱专制。然而，两者的后果并不相同。

不论民主国家的人民如何幼稚，统治他们的中央政权却不至于没有一点知识，因为它容易从全国各地汲取它所发现的少量知识，而且必要时它能够到国外去寻找知识。所以，在一个既愚昧又民主的国家里，国家首脑和被统治者之间的智力上的巨大差距，便一定会立即暴露出来。这就促使权力集中到国家首脑手里。因为只有国家能够胜任行政管理工作，所以国家的行政权力将不断扩大。

贵族制国家，不论你将它想得如何不开化，也永远不会出现此种情况，由于贵族制国家除了君主之外，一些主要的公民也受过教育。

现在统治埃及的帕夏发现他的人民非常愚昧和绝对平等，于是就到欧洲去学统治人民的知识和经验。君主的个人学识一旦与臣民的愚昧和民主弱点结合，中央集权就将得以无限加强，而君主就会将国家变成他的工厂，将臣民变成工人。

在我看来极端的中央集权最终会让社会失去活力，久而久之，还会令政府自身变得软弱无能。然而我承认在一定时期和特定场所，集权的社会力量能够轻易地实现巨大的事业。就战争而言，这一点是绝对真理，由于战争的胜负主要取决于能否把全国资源迅速投向规定的目的，之后才取决于资源的多少。所以，人民主要是在战争时期才感到应该而且必须扩充中央政府的特权。因为中央集权是军事天才的强有力的后盾，所以他们都喜欢中央集权，但所有的中央集权天才却都喜欢战争。由于战争将迫使国家把全部权力集中到政府手中。所以，在时常准备发动大规模战争和生存时常遭到危险的民主国家，要想对国家的特权加以扩充而对个人权利的民主倾向予以限制，实施起来就要比在其他一切国家迅速和持久。

我已经说过，人们害怕动乱和爱好安乐的心理不自觉地令民主国家扩大中央政府的职能，致使中央政府自认为是强大得、聪明得和巩固得足够防止国家陷入无政府状态的唯一力量。几乎不必补充大家就能知道，致使民主国家产生动荡不安的社会情况的特殊条件使中央集权的这种一般倾向得到加强，促使个人为了社会安定而放弃越来越多的权利。

所以，在刚刚结束一场长期的流血革命的时候，一个国家决不会去扩大中央政权的职能，何况革命在将财产从其原所有者手里夺来以后就动摇了人心，导致人们出现了疯狂的仇恨心理，使国家陷入利害冲突和党派倾轧之中。从而，渴望社会安定的心理成了一种盲目的激情，公民却对秩序产生了一种反常的热爱。

以上我只讲了几个完全对中央集权有利的偶然原因，但对主要的偶然原因我还没有谈到。

国家元首的出身及爱好是在民主国家可能导致元首总揽一切事务领导权的第一个主要偶然原因。

生活在民主时代的人喜欢中央政权，并愿意扩大它的特权，而且，假如这个政权忠实地代表人民的利益，确切地尊重他们的本意，他们对它的信任便几乎是无限的，并准备把自己所能付出的一切献给它。

跟旧贵族制度依旧保持某些联系的君主进行行政集权，将不比在出身、成见、本性和习惯等方面跟平等有不可分割的联系的开创功业的国王容易和迅速。我并不是想说贵族出身但生活在民主时代的国王们不想实行中央集权。在我看来，他们致力于中央集权的心跟其他君主一样积极。对他们而言，平等的好处便在于能够中央集权。然而，他们成功的机会不大，因为公民不会心甘情愿地服从，只能勉强答应他们的要求。在民主时代有一条规律，即国家元首的贵族特质越少，中央集权的可能性也就越大。

当一个国家采用贵族制时，君主的天生成见必然跟贵族的完全相同，但贵族社会的内在弊端将会自由发展，并且无药可救。当贵族世家的后代成为民主国家的领袖时，情况便会相反。君主受自己的教育、习惯和传统的影响，总是偏向于身份不平等；但人民却出于社会情况，时刻都在追求平等的民情。此时，公民们往往试图对中央政权进行抑制，把它看做贵族的政权，甚至看做暴虐的政权。他们坚决维护独立，这不仅是由于他们要成为自由的人，更主要的原因是他们决心继续做平等的人。

推翻旧王朝而令新人出任民主国家元首，可能暂时削弱了中央政权。然而，看到革命开始时出现的某些无政府状态，我们可以果断地预言，扩大和保护这个政权的特权将是一个革命的最终的而且也是必然的结果。

第一个且唯一的令民主社会的政治权力集中的必要条件，便是它要喜爱平等并让人相信他是出自真心。所以，原先非常复杂的专制之术，如今已经简化成一项单一的原则了。

第五章　当今的欧洲国家尽管统治者的地位不如以前稳定但最高权力却日益加强

读者如果琢磨一下上述的一切，就会对欧洲的情况感到惊奇。在欧洲，所有的一切都好像是在促进中央政权增加特权，以削弱个人力量，致使个人日益处于依附的地位，处境日益岌岌可危。

促进美国人走向中央集权的所有一般和长期趋势，在欧洲的每个民主国家都会出现。除此之外，欧洲的民主国家还有很多不为美国人所知的次要原因，在推动它们走向中央集权。可以说它们每向平等迈进一步就等于是向专制接近一步。

只要看一下周围和我们自己，你就会相信情况确实如此。

在之前的贵族时代，欧洲的一些君主相继被剥夺或是自动放弃了他们的部分权力。距离今天不到100年之前，在大多数欧洲国家，很多私人或团体都是相当独立的，他们可以自己审理案件，自己募兵、自己养兵、自己收税，甚至还可以自己制定和解释法律。现在，每个国家均已收回这些本属于国家主权的权限；在管理国家的一切事务方面，国家不再容许在它与公民之间有代表，而是由自己对公民进行全面管理。我无意指责这种中央集权，而只是指出这个事实。

在相同时期，欧洲到处存在着很多代表地方利益和管理地方事务的次级政权。然而现在，这些地方政权大多数已经不存在了，剩下的不是正在消失之中，就是即将完全服从于中央。在欧洲每个地方，领主的特权、城市的自由和地方的行政权，不是已经消失，就是即将消失。

半个世纪以来，欧洲经历了很多次的革命和反革命。这些革命有一点是共同的，即都动摇或破坏了地方的次级政权。在被法国征服的地区，法国没有消除的地方特权，之后也都被战胜法国的君主们给消灭了。这些君主把革命所创造的一切新鲜事物都抛弃掉，唯独没有抛弃中央集权：这是他们唯一肯从革命方面接受过来的东西。

我想指出的是，在这个时代相继从某些阶级、团体以及私人手里抢夺过来的某些权力并没有用来在更民主的基础上建立新的次级政权，而是全都落到了国家首领手里。各国对最低级的公民的领导也开始越来越直接，对每个人的小事也开始亲自管理。[①]

在古代欧洲，几乎所有的慈善事业都被私人或团体掌握着，而今天，所有的慈善事业都或多或少地依附于国家，在有些国家甚至全由国家管理。向饥饿者发放面包，救济或收容病残，还安排无业者工作，这些几乎全由国家办理。国家几乎成了一切灾难的唯一救济者。

在现在的很多欧洲国家，教育事业也跟慈善事业一样，已经成为国家亲自创办的事业。国家从母亲的怀抱里把孩子接过来，甚至是要过来，交给国家设立的机构，由这些机构负责对每一代人进行情感和思想教育。教育制度跟其他制度一样，也是统一的。其差别同自由一样，都在日益消失。

直言不讳地说，几乎当今所有的基督教国家，不管是天主教还是新教，都有被政府控制的危险。这并不是指统治者嫉妒教会可以自行决定教义，而是指他们日益加强对教义宣讲者意志的控制，剥夺教士的财产而且还向教士支付薪金，把教士的势力收为己用，总是任命自己的仆从为教士，同宗教一起携手并深入到每个人的灵魂深处。[②]

但是，这只是整个情景的一个断面而已。

正像我们所看到的，如今统治者的权力不仅扩大到原有的每一个领域，而且并不为此感到满足，它除了要充分行使现有的全部职权之外，还要更进一步，把自己的统治扩大到至今尚未被它染指的独立领域。之前完全不受政府控制的很多行动，现在都已经被政府所控制，而且被控制的行动范围不断增大。

在贵族制国家，政府的权力经常只限于在与国家利益有显著的和直接关系的事务方面的领导或监督，公民自行处理其他一切事务。在这些国家里，政府往往忽略了个人的错误和苦难会危害国家的幸福，忽略了防止个人的破产有时也应该是国家的义务。

当代的民主国家则趋向于另一个极端。

---

①这种个人在社会面前的日益疲软的现象，从不同的方面表现出来。我现在只就关于立遗嘱的问题举例说明一下。

在贵族制国家，人们一般都极为尊重死者的遗愿。这在欧洲的一些古老民族中间甚至成为迷信。比如说，社会权利连死者的奇怪要求都不加限制，至少使其中的部分要求生效，保证死者有一种永久的权利。

当所有的生者都软弱的时候，就不会太尊重死者的遗愿。人们为死者的遗愿规定了一个极小的范围，超过这个范围，国家的最高权力就宣布它无效或监督其执行。在中世纪，立遗嘱的权利是没有限制的。如今在法国，一个人不能不经国家干预便把其财产分给子女。国家统治了一个人的一生之后，还要控制他生前的最后行动。

②随着中央政府职权的扩大，其官员人数也随之增加。这些官员逐渐形成了国中之国，而且分担了维护政府稳定的职责，也就逐渐取代了贵族的地位。

欧洲各国的统治者几乎都采用以下两种方法：让人民害怕官员的现实表现以实现对一部分公民的统治；让公民对官员的未来抱有希望以实现对另一部分公民的统治。

显然，大多数当代的统治者不因治理整个国家而满足，他们认为应当对每个人的行动和命运负责，把指导和指点每个人一生如何行动的责任全都揽在自己身上，在必要的时候，不论人们愿不愿意，都要指点每个人如何获得幸福。

另一方面，老百姓也越来越这样看待政府，一有需要就去寻求政府的援助，并时刻把政府看做导师和向导。

我敢说在欧洲所有政府都是不仅越来越集权，而且管事情越来越小甚至管得越来越严。各国的政府越来越频繁地深入到私人活动领域，越来越直接控制私人的行动而且是微不足道的行动，每天站在公民的身边援助和引导他们，或是站在公民的头上发布号令。

以往，君主靠他的土地收入和税收生活。而现在，他的需求和权力都增加了，所以不能再靠上述的收入生活了，之前，如有需要，一个君主可以制定一种新税，而现在他可以举债。于是，国家逐渐成为大部分富人的债务者，把大量资金集中到自己手里。

它采用另一种办法吸收小额资金。

随着人们日益趋同，身份日益平等，穷人也开始有一点财产了，也开始受到一定的教育，产生一些欲望。他们希望改变自己的处境，并试图用储蓄的办法来达到这个目的。于是，储蓄就导致每天产生出无数的小额资金，也就是慢慢积累起来的劳动果实，而且其数额一直增加。但是如果这么多钱落到一个人的手里，就不会发挥任何功用。这样，就出现了一种慈善组织，如果我没有看错的话，这个慈善团体不久就会成为我们的一个重要政治机构。一些以慈善为怀的人就想出办法，把穷人的储蓄收集起来，使这些储蓄产生效益。在某些国家里，这种慈善团体仍然与国家没有丝毫关系；但在绝大多数国家里，这种慈善团体有被政府吞并的趋势；甚至在个别国家里，它已经被政府取而代之，政府亲自承担着成千上万劳动者的日常储蓄并把这些储蓄汇集在一个场所，并独自负责这个场所的繁重工作。

这样一来，国家既可以通过举债的办法吸收富人的资金，又可以通过储蓄银行而任意使用穷人的财富。国家的财富由政府操纵或支配而不断循环，并随着身份平等而逐渐地增加，因为在一个民主国家里只有政府才能使人信服，然而大家之所以相信政府，则是因为他们觉得只有政府的力量才可以持久一些。①

所以，统治者不仅控制着公共财产，而且还干预私人财产。他是每个公民的上司，往往还是每个公民的主人。另外，他还是公民的管家和账房先生。

现在的中央政权不仅包揽了原来政权的所有工作，甚至这些工作超出了它的范围，得以扩大。同时，动作比以往更有灵活性，更有力量，更有独立性。

---

①一方面，人们对物质的要求越来越高；另一方面，政府对资源的控制越来越严格。

所以，人们经由两条不同的途径走向了被奴役。对物质幸福的追求使得他们不得不支持政府和依靠政府。

欧洲所有国家的政府已经在我们这个时代大大改进了执政方法。它们做的事情比以往要多得多，而且做每件事都比以往快速、有条理和节省经费。他们不断用从私人那里得来的知识丰富自己。欧洲的君主们在他们所管辖地区常驻代表进行严格管理，并且还发明了一些新的方法来直接领导这些代表和监督他们。君主们对于由代表管理所有事务还不满足，于是就直接插手代表管理的事务。结果，公共的行政不但依附于同一个权力，而且越来越集中于同一个地方和被控制在少数人手里。政府在集中它的活动的同时，也就加强了它的特权。这两个是使政府力量强大的主要原因。

当我们考察大部分欧洲国家过去实行的司法制度时，有两件事情会使我们感到惊讶：司法权力不仅是独立的，而且权限也很大。

法院不但审理一切私人纠纷，而且在大多数情况下还是私人与国家间的仲裁者。

我在这里不是指某些国家的法院所篡夺的政治权限和行政权限，而只谈到各国法院拥有的司法权限。在所有的欧洲国家，以前和现在都有很多与一般财产权有关的私人权利。这项权利受到法院的保护，除非法院允许，否则国家不得剥夺。

这是一种可以使欧洲的法院与其他国家的法院区分开来的半政治性权力，因为其他国家虽然设有法官一职，但是根本没有授予法官这样的特权。

如果我们考察一下人们所谓的欧洲民主国家以及其他国家的司法史，就会发现所有的国家除了普通法院以外，还另外设立了不如普通法院独立的法院，专门审理国家与公民之间可能发生的纠纷。原先的法院还保留了独立性，但是它们的审判权变小了，而且人们也越来越倾向于让它们只充当私人利益冲突的仲裁者。

类似于这种法院的数目不断增加，它们的职权也随之增加。所以，政府越来越没有必要让另一个权力机关来批准它的计划和要求了。政府虽然不能绕过法官的管辖领域，但是可以选任法官，并将他们永远控制住。也可以说，在政府与平民之间设立了一个名义上是主持公道，而实质上却是偏袒政府的司法机构。

由上可见，国家并不满足于总揽所有事务，它还越来越自行决定一切而不被控诉和上诉。[①]

在当代的欧洲各国，除了上述各项原因之外，还有一个重大原因可以使它们不断扩大最高当局的活动范围或增加其特权，但是它还没有引起人们的充分重视。这个原因就是平等的进步所促成的工业发展。

工业经常把许多人聚集在同一个地方，然后在这些人之间建立起全新而复杂的关系。工业可以使他们时而大富大贵，时而一贫如洗。这种穷富的变化会给社会的安定带来危害。最后还会出现工业劳动损害受益者和靠此养家者的健康，甚至危害他们的生命的现象。所以，工人阶级比其他阶级更需要制度，更需要监督和控制，而这个阶

①关于这个问题，在法国存在一种奇怪的诡辩理论。当政府与私人之间出现纠纷时，不允许普通法院法官审理，据说这是为了避免混淆行政权力和司法权力。因为这样的混淆不能使政府同时拥有审判权和行政权。而为了达到这个目的，就得采用更加危险和更加残暴的方法使两者混淆。

级的队伍一旦扩大，政府的权限也就随之增加了。

这是可以普遍应用的真理。但是，我要讲的是与欧洲各国密切相关的一部分。

几个世纪以前，只有贵族拥有土地，而且他们也有能力保住土地。所以，当时的土地拥有许多保障，土地所有者享有极大的自主权。于是就出现了一些在土地被分割和贵族没落之后仍然有效的法律和习惯。而在如今，土地所有者和农户仍然是最容易逃避中央政权控制的平民。

在从中可以找到我们的历史的所有根源的贵族时代，不动产并不重要，土地所有者也被轻视，而且力量也逐渐变得薄弱；从事工业的人，是贵族社会里的一个特殊阶级。因为他们没有后台，所以没人保护，也时常不能自保。

所以，人们习以为常地觉得工业财产是一种特殊财产，不像一般财产那样受到重视和保护，从事工业的人被认为是社会里的一个独立的小阶级，他们的自主权不太受人尊重，君主一不高兴就可以把他们踢开。阅读一下中世纪的法典，看到在那样一个主张个人独立的时代，国王竟不断限制工业，甚至连工业最微小的细节都能管到，你也许会感到吃惊。中央集权在这方面却达到了它所要求的积极和细致程度。

在此之后，世界上发生了一场大革命，刚刚出现的工业逐步发展并遍布整个欧洲，工业阶级日益扩大并以吸收其他阶级的残余壮大了自己的队伍。工业阶级的人数、财富和重要性均大大增加，而且是持续增加。原来与它没有关系的人，也都在某些方面向它靠拢。这个原先被人看做特殊阶级的群体，有改变为主要阶级甚至是改变为唯一阶级的趋势。但是，它所形成的政治思想和政治习惯并没有改变。这些思想和习惯之所以没有改变，最初是因为它们是陈旧的，后来又因为它们与现代人的新思想和平时习惯完全合拍。

所以，工业阶级的权力并没有随着它的重要性的提高而扩大。人数虽然增加了，但是它对其他阶级的依赖性并没有减少。恰恰相反，它把专制引进了内部，并随着自己的发展而使专制加强。[①]

国家越是工业化，就越需要有便于致富的道路、港口、运河和其他半公用性工程；而国家越是民主化，个人就越难开发这样的工程，但是国家却越是容易进行。坦白说，目前各国政府的显著倾向是垄断这些工程，从而把人民日益限制在非常狭隘的活动范围之内。

---

①我现在列举几个事实来证明。矿藏是工业的自然资源。随着欧洲工业的发展，矿业的收益变成了人们普遍追逐的对象，而平等造成的财产分散导致矿山的开发难以进行。于是大部分国家便宣布有权占有矿山资源并对开发实施监督。这种情况是其他财产所未有过的。

作为工业资源的矿山受到其他动产所受的监督和保护以后，就被政府控制起来。国家负责开发矿山或是将其承包出去，原来的矿山所有人就变成了矿山的使用人，这种使用权是政府给予的。另外，政府还到处要求矿业的领导权。它制定矿业的规章制度，拟定管理方法，进行有效的监督。如果矿业经营者拒绝服从，行政法院就可以取消他们的使用权，再指定其他的人来经营。可见，政府不仅占有矿山资源，还控制着经营人。

另一方面，随着国力的增强和需求的增加，自身消耗的工业品也日益增加。这些工业品均由国家的兵工厂和工厂制造。正是因为这样，每个国王就成了最大的实业家。于是他网罗了一大批工程师、建筑师、技师以及技工为他服务。

他不仅是头号实业家，而且还越来越想主持或者说是控制其他一切产业。

公民们由于日益平等而能力下降，以至于不联合就不能在工业方面有任何作为。但是政府却想把他们的联合组织置于自己的控制之下。

应该承认，被称为合伙组织的这种集体，比单个人强大和可怕得多，但是它们承担的责任却比一个人的时候小。所以，避免它们拥有类似个人相对于政府那样的独立性，好像是合理的。

统治者们也有这种倾向，因为他们喜欢这样。在民主国家里，只有公民联合起来才能对中央政权进行有利的抵制，所以中央政府从来都不喜欢不受控制的结社。可是，有一点值得注意，在民主国家里，公民们经常对他们本来很需要的结社怀有恐惧感和嫉妒感，从而有碍于他们保卫结成的社团。这些个人小团体的反抗能力和在人们普遍懦弱散漫之中的长期存在，使公民们感到不安和惊讶，于是不得不认为每个团体自由运用它们的能力是一种危险的特权。

另外，在这个时代所出现的社团，都是一些新式法人。它们出世的时代，个人权力的观念薄弱，国家权力却无限大，而且时代也没有赋予它们以结社的权利。所以，它们出生以后就没有自由也是很正常的事情。

在所有的欧洲国家，有几种社团没有经过国家审查和批准是不能成立的。有些国家正在努力把这套办法推广于所有种类的社团当中。如果成功的话，后果是不难想象的。

一旦统治者拥有按照一定的条件批准社团成立的大权，过不了多久他就会又要求监督和领导的权力，以使社团不违背他所定的规则。这样，国家让申请成立社团的人隶属于自己之后，还要把已经成立社团的人置于自己的掌控之下。也就是说要把现在生活在国内的几乎所有的人都控制起来。

各国的统治者就这样慢慢地把工业创造出来的新力量大部分占为己有或作为己用。工业引导我们，他们引导工业。

我过于注重刚才所叙述的一切，所以害怕在我想把自己的想法好好地表达出来时反而没有达到目的。

因此，如果读者发现我的论据不充分或不恰当，觉得我对中央政权的集中程度有些夸大，而对个人仍能独立活动的范围说得有些小，我就请读者暂时放下这本书，自己体会一下我已尽力向读者讲述过的东西。让读者仔细考察一下国内外每日所发生的一切吧，让读者同周围的人讨论吧，让读者自己深思一下吧。如果读者不经过我的引导或通过其他途径而无法到达我想引导他去的地方，那就是我大错特错了。

读者会发现，在过去的半个世纪，中央集权已经在各个地方以千百种不同的形式扩大了。不管是战争、革命，还是征服，都促进了中央集权的发展，所有的人都为扩大中央集权作出了贡献。在这期间，主持大权的人一个接着一个地换，他们的思想、利益、感情都各不相同，但是他们都想以某种方式实行中央集权。中央集权的本性就好像是他们生活和思想的多种变化中的唯一不动的点。

读者看完世间诸事的详情之后再综合观察一下全景，更会大吃一惊。

一方面，一些原本根基牢固的王朝摇摇欲坠、相继垮台，各国人民以暴力反抗国王的统治，人民破坏或限制他们的首领或君主的权威，没有发生革命的国家也能感到不安和恐惧，人人都受到逆反精神的鼓舞。另一方面，在这样的无政府状态期间，在人民难以驯服的国家里，社会权力却不断扩大它的领域，集权日益严重，胆大妄为，专制趋向日益明显，范围日益扩大；而公民却时刻处在国家行政机关的监督下，每日都在不知不觉中将自己的自主权一点儿一点儿地让给国家，这些刚刚推倒王权和把国王踩在脚下的人，现在却越来越对新政权的一个小办事员唯命是从。

所以，在我们这个时代，好像在进行两个方面迥然相反的革命：一种革命在不断削弱政权，而另一种则继续巩固政权。在历史上的任何一个时期，政府从来没有如此软弱过，也从来没有如此强大过。

但是，当我们仔细观察世界的局势时，会发现这两种革命在思想上是密切相关的，虽然路线不同，但最终目的和出发点都相同。

我再次重复我在本书很多地方已经说过的一点：千万不要把平等的事实与让平等融入社会和法制革命相提并论，而人们之所以几乎对一切现象表示惊讶，是因为他们把两者混淆了。

所有欧洲的古老政权，不管是最强大的还是最弱小的，都建立在贵族时代，都曾经不同程度地代表或是维护不平等和特权的原则。为了使平等日益扩大所带来的新需求和新利益在政府中占优势，现代人就得推倒和压制旧的政权。这就要促使现代的人们去进行革命，使其中的大多数人产生不管以什么为目的的革命，都总是具有那种敢于闹事的激情以及热爱独立的激情。

我觉得，不管是哪一个欧洲国家，都是经过财产和人的情况的激变以后或紧接着这种变化，才使得平等发展起来的，而且几乎所有的这种变化都会伴随着严重的无政府状态和为非作歹现象，因为这些变化是由那些国内没有教养但却反对教养的人引起的。

因此产生了我刚才提出的那两个背道而驰的倾向。只要民主革命的浪潮还没有退却，那些消灭了敌视民主革命的原有贵族政权的人，就会表现出巨大的独立精神，并随着平等的彻底胜利而服从这个平等所带来的一切，努力加强国家权力和中央集权化。他们原本希望成为自由的人之后能够实现平等，但是随着平等在自由的帮助下进一步发展，他们反而更难拥有自由了。

这两种情况有些时候会同时发生。上一代法国人曾经表明一个民族在反对贵族的权威和藐视国王权力的同时能够在国内建立暴虐的统治，从而向世界传授了在争得自立的同时又抛弃自立的方法。

我们这一代人看到，旧的政权都崩溃了，旧势力正在慢慢被消灭，旧的障碍正在坍塌。这种情况让一些见多识广之士感到困惑不解。他们只关注眼前发生的使他们觉得不可思议的革命，觉得人类将由此陷入无政府状态。如果再联想到这场革命的最终结果，他们就会更加恐惧了。

至于我，我坦然承认，我并不相信那种好像在激励当代人的自由精神。我也确实看到现代国家都在激烈变动，但我并不觉得它们真正获得了自由，而是担心动摇王位的那些动乱终止以后，统治者们会得到比之前更大的权力。

第六章　民主国家害怕哪种专制

在美国停留期间我已经注意到，像美国那样的民主社会情况，会为建立专制提供便利的条件；在我回到欧洲后发现，大多数欧洲的君主已在利用这种社会情况产生的思想、感情和需要去扩大他们的权力范围。

这让我感觉到，基督教国家最后也会受到类似于古代国家曾受到过的某种压力。

对这个问题进行的细致探究，以及五年来的深思熟虑，都没有减轻我的担心，但担心的对象却改变了。

在以前的时代，从来没有过一位专制君主强大到能够不用次级政权的协助而亲自管理一个大帝国的所有领土；也没有一位君主尝试无差别地让全体臣民一律遵守统一规划制度的一切细节，更加没有一位君主亲自走到臣民的跟前手把手教导和指挥他们。这个念头从来没有在人的头脑里产生过，即使有人产生了这个念头，也会因为知识的不足，治理方法的欠缺，特别是身份不平等带来的自然障碍，很快就停止实行如此庞大的计划。

我们知道，在罗马皇帝的势力鼎盛时期，生活在罗马世界的不同民族仍然保持各自的习惯和风俗；他们虽然被同一君主管辖，但是大部分地区实行自立管辖，拥有很多享有实权而兴旺的自治城市；虽然帝国的统治权集中在皇帝一个人手里，必要时皇帝可以独断专行，但是社会的生活细节和个人的日常生活，一般并不会受到皇帝的控制。

不错，罗马皇帝拥有巨大的权力，而且没有相应权力与他抗衡，同时他还可以为所欲为，并且为了满足自己的任性而动用全国的力量。这种情况就会使他滥用权力，蛮横地夺去公民的财产或生命。他的暴政对有些人来说是沉重的压迫，但并没有殃及大多数人。暴政只以几个重大的人物为对象，而不施于其他人。暴政是残酷的，但也有一定的范围。

由此看来，如果我们目前的民主国家出现了专制统治，那么它将具有另一种性质：它的范围虽然会很大，但它采用的方式将会很温和；它只会使人消沉，而不会直接折磨人。

我不怀疑，像今天这样既文明又平等的时代，统治者们可能比古代的任何一个统治者更加容易把一切权力集中在自己手里，使其习以为常地和无孔不入地深入到私人领域。但是容易致使专制出现的这个平等，又能缓解专制的严厉性。我们已经说过，随着人们日益趋同和平等，民情也越具有人情味和越趋于温和；当任何一个公民都没有巨大的权力和过多的财富的时候，专制基本没有出现的机会和活动的范围。如果所有人的家庭条件都处于中上水平，那么人们的激情就会有节制，想象力也不会超出常规，生活简朴而不会过分追求享乐。这种普遍性的克制也在节制统治者本人，使他的无度欲望的发作停在一定的界限。

除了这些来自社会情况的性质本身的原因之外，我还可以举出很多超出本书所讨论的范围的原因。但是我想还是不要超出我所规定的范围。

民主政府在民怨沸腾和出现重大危机的某些时刻可能变得暴虐和残忍，但是这种危险是很少见的也是比较短暂的。

只要我一想到现代人的激情不太炽烈，他们的品行温顺，知识面很广泛，宗教信仰很虔诚，道德良好，有勤奋而端庄的习惯，他们能明辨是非，我就不担心他们会受到暴君的压迫，而主要担心他们的监护人会变成他们的首领（H）。

所以我觉得，使民主国家受到威胁的那种压迫，与当代世界上出现过的任何压迫都有所不同，在他们当代人的记忆中也没有出现过这种压迫。我曾经试图用一个确切的词汇来表达我对这种压迫形成的完整观念，但是徒劳无益。专制或暴政这些古老的字眼都不适用。这是个新事物，所以在为其定名之前，就得努力说明它的特点。

我想说明这种专制可能以哪些新的面貌再现于世界。我觉得，到那时将出现无数相似而平等的人，每天为追逐心中小小的庸俗享乐而奔波。他们每个人都孤苦伶仃，毫不关心他人的命运。在他们看来。他们的子女和亲友就是整个人类。至于其他同类，即使站在他们的面前，他们也不屑一顾。他们虽然与这些人接触，但是并没有感觉到这些人的存在。每个人都独自生存，只为自己而生存。如果说他们还有一个家庭，那么他们至少已经没有祖国了。

在这群人头上，存在着一个只负责保证他们享乐和照顾他们一生的权力极大的监护性当局。这个当局的权威是绝对的，体贴入微的，极其认真且很有预见的，还十分友善。如果说这种权力是一种父权，主要以教导人如何长大成人为目的，那它最像父权不过了。但它并非如此，它只是把人永远看成孩子。它喜欢让公民们享乐，而且觉得只要设法让他们享乐就可以了。它愿意为公民造福，但是公民幸福的唯一代理人和仲裁人必须是他。它也可以保证公民安全，预见并满足公民的需求，为公民的娱乐提供便利，指导公民的主要活动，管理公民的工商业，规划公民的继承和分配遗产的相关事宜。这岂不是完全不让公民开动脑筋和操劳生计吗？

这样，公民们每日都无所事事，很少主动运用自己的意志，或是把他们的意志活动限制在极小的范围之内，让每个公民慢慢失去自我思考能力。平等让人养成了被动接受这一切的习惯，也就是强制人们忍受这一切，甚至把这一切看做恩惠。

统治者就是这样把每个公民置于自己的权力之下，并遵照自己的想法塑造他们，然后将手伸向整个社会。他用一张织有详尽的、细微的、全面的和统一的规则的密网将社会覆盖，最有独创精神和坚强意志的人们也不能冲破这张网而成为出类拔萃的人物。他并不践踏人们的意志，只采用软化、驯服和指挥的方法。他不强迫人们行动，只是不断妨碍人们的行动。他什么也不破坏，只是阻止一些新生事物。他不实行暴政，但是他限制和压制人们，使人们精神颓靡、麻木不仁和意志消沉，最后使全体人民变成一群胆小而只会干活的牲畜，而政府则是管理这些牲畜的牧人。

我一直觉得，刚才描写的这种严明的、温和的和平稳的奴役方式，可能比有些人的想象具有更自由的外貌，甚至在人民主权的幌子下可以轻易建立起来。

现代人总会受到两种对立的激情驱使：他们一方面觉得需要有人指导，另一方面则希望保持自由。这两个相反的本能哪一个都不能放弃，所以他们尽量使两者同时得到满足。于是他们想出一种具有监护性质的、无所不能的，但是需要由公民选举组成的单一权力机构。他们把中央集权和人民主权结合起来。这使他们得到了一些缓解。他们觉得监护人是由自己选的，就可以安心于被人监护。每个人都能忍受捆在身上的锁链，因为他们看到握着链子末端的不是一个人，也不是一个阶级，而是人民自己。

在这种制度下，人民在刚刚摆脱从属地位后，由于为自己指定了主人而又回到原来的位置。

如今，有很多人很容易认可行政专制与人民主权之间的这种妥协，他们认为只有把个人自由托付给国家政权，个人自由才会有充分的保障。而我认为这样的保障并不够充分。在我看来，主人的意志永远没有服从的事实重要。

但是我并不否认，这种政体远比那种把权力集中以后交给一个没有责任感的人或团体管理的政体好得多。在民主专制的各种形式中，后一种政体肯定是最坏的形式。

当国家的首脑是选举产生的或是接受真正选举的独立的立法机构监督的时候，他所受的压迫有些时候是很大的，但是这种压迫经常是不足以使人难堪的，因为每个人在受到限制和压制以后，还可以觉得表示服从首脑就等于服从自己，而他肯牺牲其他一切正是他的意志的一种表现。

我也可以理解，在国家首脑代表国家和依靠全国人民时，削弱每个公民的力量和权力既是为国家首脑服务，又有利于国家本身的，而个人因公牺牲自己的自主权也会得到某些补偿。

所以，在一个集权的国家里建立国民代表制度，可以减少中央集权可能产生的弊端，但不能彻底消除弊端。

我完全清楚，这种办法可以促使个人参与国家大事，但很少能对私人和小事产生影响。人们忽视了自己受奴役的危险在细微的小事上尤为严重。至于我，既然看到两者不能兼顾，那就只有觉得大事需要的自由不如小事需要的自由多。

小事上的顺从每天都可以看到，而且所有的公民都能感受到。这种顺从并不让公民觉得屈辱，但是它一直限制着公民的行动，直到使公民放弃自己的意志。它使人的精神之火逐渐熄灭，心灵之光逐渐暗淡；而只是在个别情况下所必需的服从虽然很严格，但这种情况不多，而且坚决不同于奴役，它只让个别的人受苦。使公民们依附于中央政权以后又让他们去选举这个政权的代表，这是徒劳无益的；让公民们这样隆重而又仓促地和以这样少见的方式行使自己的自由意志，就会使他们逐渐失去独立思考、独自感受和自主行动的能力，逐渐下降到人类的一般水平之下。

我再补充一句：过不了多久他们就不能行使他们仅存的唯一的重大特权。民主国家在把自由引进政治领域的同时也加强了行政领域的专制，这就必然会产生一些非常奇异的现象。一些只凭常识就可以处理的小事，它却觉得公民没有能力完成，而要亲自承担起来，但在事关全国的政务问题上，它又赋予公民无限的特权。于是，它时而把主权看做玩具，时而成为主权的主人，而国家首脑的权力时而比国王的还大，时而又比普通老百姓的还小。它经过各种选举制度都没有找到合适的以后感到惊讶，但又接着去找，好像它所发现的弊端不是来自本国的政治制度，而是来自选举制度。

很难想象完全丧失自治习惯的人，能够选择好将要治理他们的人；也不应该认为处于奴隶状态的人民有一天会选出一个自由的、精明能干的政府。

我永远都觉得上层为共和制而其他部分为绝对君主制的政体是个短命的怪物。统治者的腐败和被统治者的无能，迟早会使这个怪物下台；而对自己和自己的代表感到厌烦的人民，不是创造出更自由的制度，就是很快又伏在一个独裁者的脚下（I）。

第七章　以上各章的延续

我认为在身份平等的国家里比在其他国家更容易建立绝对专制的政府；而且觉得一旦在这样的国家里建立起这样的政府，那它不仅会欺压人民，还会剥夺人类的一些主要属性。

所以，我觉得专制在民主时代是最可怕的。

我觉得我一直都是爱自由的，而在这个时代，我们甚至想崇拜自由。

另一方面，我相信在我们即将进入的时代，凡是试图把特权和贵族制看成权威的基础的人，都会遭受失败。凡是想在唯一的阶级里建立并保持权威的人，也终将失败。在这个时代，没有一个政府拥有足够的本领和力量以重新建立臣民之间的永久差别的办法建立专制；也没有一个议员高明和强大到不以平等为原则去维护以自由为基础的制度。所以，当代的所有人，如果想保持同类的独立和尊严，就得表明自己是平等的友人，平等待人是唯一能够证明自己是平等的友人的办法，这项神圣事业的成败完全取决于此。

所以，重建贵族社会不是问题的关键，问题在于从上帝让我们生活的民主社会的内部发掘自由。

在我看来，这两项真理是简明扼要和有成效的。它们促使我去考察哪种自由政府可以建立在身份平等的国家中。

民主国家的最高主权比其他国家的最高主权更加统一、集中、广泛、彻底和强大，这是因为民主国家的制度本身的性质和国家的需要。活跃和强盛是它的自然社会现象，而人民则比较温顺和软弱。换句话说，社会做的事情多，个人做的事情少。这是无法避免的。

因此，不要指望人在民主国家里会像在贵族制国家里那样独立自由，而且这也不是人们的兴趣所在，因为贵族制国家经常为某个人而牺牲社会的利益，往往绝大多数的人要为某些人的荣华而牺牲自己的富贵。

使中央政权在民主国家积极和强大，这是必需的，也是人们所希望的。目的是要使中央政权变得软弱无力和懒惰，还要完全阻止它滥用机智和权力。

在贵族时代保障个人独立的最大原因，是君主治理公民时不独揽任务。把一部分交给贵族的成员，因此中央政权总是分权的，以同一方式和不全面地管理每个人。

不仅君主不独揽一切，而且代理他的大部分官员也不总是听他支配，因为权力并非来自君主，而是来自他们的出身。任何时候君主都不能任意设置或废除这些官职，同时也不能强迫官员对他的随意支使一律服从。这对保障个人的独立也起了作用。

我十分清楚，在这个时代我们不能依靠这样的办法，但可以取代这种办法的民主措施。

把从各种贵族或自治团体收回的管理权不完全交还给主权者，而部分地分给临时由普通公民组成的次级团体。这样，自由将会更加有保障，而他们的平等也不会被削弱。

在用词上美国人不像法国人那样讲究，他们仍用county(县)一词来称呼州下的最高级行政单位，但是它的一部分职权却由州议会代行。

当然我承认，在当今的平等时代，世袭官员的设立是不公正和不合理的，但可以在一定的范围内以选举的办法任用官员。它是一种民主选举办法，可以像贵族制国家的世袭官员对中央政权有独立性那样，它选出的官员保证对中央政权有独立性，甚至超过世袭官员的独立性。

在贵族制国家有许多有钱有势的人，他们生活充裕，不会轻易忍受压迫而不反抗。一般政府对这些人在态度上温和而谨慎。

我非常清楚，民主国家自然不会有这样的人，然而它可以人为地创造出类似的人物。

我深信，世界上再也不会建立新的贵族制度；我还认为，只要普通的公民联合起来，建立非常富裕、非常有影响、非常强大的社团也是有可能的，简而言之，即建立贵族性质的法人。

这样，他们就可以获得一部分贵族性质的政治利益，而且又不会出现贵族制度的不公正性和危险。政治、工业和商业的社团，甚至科学和文艺的社团，似乎都不能随意限制或暗中加以损害，因为它们是既有知识又有力量的，它们在维护权益而反对政府的无理要求时，也维护了全体公民的自由。

每个人在贵族时代都与一定的同胞有紧密的联系，一旦受到攻击，他就会得到这些人的帮助。每个人在平等时代都是孤立无援的。他们不仅没有可以求助的朋友，又没有真正同情他们的阶级做后盾。所以他们容易被人置之不理，无缘无故地受到轻视。因此，当代公民只有一个手段可以保护自身不受迫害，就是向全国呼吁，如果国人充耳不闻，就向全人类呼吁。报刊是他们进行呼吁的唯一手段。因此，自由出版在民主国家比在其他国家更加珍贵，平等可能产生的大部分弊端也只有它可以救治。平等使人孤立和失去力量，但报刊是每个人都可阅览并能被软弱孤立的人利用的强大武器。使每个人失去亲友支援的是平等，但是利用报刊他们可以向本国的公民和全人类求援。印刷术促进了平等的发展，同时也是弥补平等的最好药剂之一。

我认为，人民生活在贵族制国家，出版自由实际上可以不要，而生活在民主国家的人却不能如此。大规模的政治集会、议会的特权和人民主权的宣言无法保证民主国家人民的人身自由。

所有这一切，可以在一定程度内缓解对个人的奴役，而如果出版是自由的，这种奴役就不可能随意进行。保护自由的最佳民主手段是报刊。

现在我来谈一谈司法权的某些类似作用。

处理私人权益纠纷和仔细研究所处理的每一件事，是司法权的本质要求；不主动对受压迫的人施以援助，但帮助卑微人群也是司法的本质要求。尽管这些人软弱无能，却能永远迫使法官听取他们的控诉并作出答复。这是司法权的制度本身的要求。

所以，统治者经常关注和干预个人的最微不足道的行动，而个人又无力自我保护和孤立得不能奢望得到与自己一样孤立的人的支援，这种情况下司法权特别适用于自由的需要。在任何时代法院的力量都是可以向个人提供的最强大保障，在民主时代这更是真理。在民主时代，如果司法权不随着身份的日趋平等而加强和扩大，个人的利益就永远会受到威胁。

平等会使人产生十分不利于平等的怪癖，这一点立法者应当经常注意。现在我只谈一谈其中的几个主要偏好。

生活在民主时代的人，对规章或程序的功用不容易了解，对规章本能地轻视。在其他地方我已经讲过其原因。规章往往使他们反感和憎恨。因为他们只注重眼前的享乐，通常急不可耐地冲向他们所追求的每一享乐对象，一遇挫折就灰心失望。带着这种性格进入政治生活之后，他们对经常拖延或阻止他们实现某些计划的规章怀有敌对情绪。

但是，民主时代的人在规章上感到的不便，恰恰是有利于自由的地方，因为规章的主要作用在于在强者与弱者之间、统治者与被统治者之间设立一道屏障，以便在强者或统治者作出随意决定后能给弱者与被统治者时间再好好想想对策。因此随着统治者日益积极和强大，被统治者变得日益消沉和弱小，这个时候规章就更为必要。本来民主国家的人民比其他国家的人民更需要规章，但他们却对规章不太尊重。这一个问题是值得注意的。

再也没有什么事情比大部分当代人盲目轻视规章的这个问题更可悲的了，因为现在就连最小的规章问题也具有了以往所没有过的重要性。人类的一些重大利益，都与规章有密切的关系。

虽然我认为，生活在贵族时代的政治家有些时候轻视规章，并且经常不受规章的约束，但如今各国的领导人对于细微的规章、规定都应当尊重，这一点只有万不得已的时候才可以忽略。在贵族制度下，对规章有过迷信的现象；而我们对规章则应当采取明智和谨慎的态度。

民主国家的另一个非常自然但又非常危险的本能，就是使人轻视和忽视个人的权力。

一般说来，一种权力之所以被人们热爱和尊重，不是因为这项权力重要就是因为他们长期拥有。民主国家的个人权力一般都不太重要，而且大多是最近出现的和非常不稳定的。因此，人们容易放弃，受到侵犯也很少怀恨在心。

但是，在人们生性轻视个人权力的时代和国家里，社会权力却有自然扩大和加强的趋势。也就是说，人们在最需要保持和维护仅余的特殊权力的时候，却越来越不重视它了。

因此，特别是在所处的民主时代，人类的自由和光荣的真正友人们，应当不断地挺身而出，想方设法防止国家权力为全面推行其计划而随意牺牲某个人的利益。在这个时代，任何一个默默无闻的公民都有被压迫的危险，任何微不足道的个人权力都可能被专横的当局夺取。理由很简单：在个人的特殊权力被人视为重要的和神圣的权力的时候，侵犯这种权力只会损及个人；但在我们今天这个时代，这种权力被侵犯就是严重败坏国家的民情，整个社会都会受到危害，因为在我们中间，关于这种权力的观念将由此逐渐变质，以至消失。

无论革命的性质和目的是什么，活动舞台在哪里，革命所固有的一些特质、思想和弊病，必然会出现在一个长期的革命当中，并普及全国。

不管哪个国家在短期内多次更换元首，变动舆论和法制，人民最终都染上喜欢变革的倾向，并对以暴力进行的一切迅速变动习以为常。于是他们每天都在轻视看似无用的规章，他们只是出于无奈才接受常被人们违反的法规的约束。

由于公正和道德的通行观念以及论证不足以解释革命每天都在创造的新鲜事物，所以人们才去求助社会效益的原则，政治的必要性的理论，心安理得地习惯于牺牲个人的特殊利益和践踏个人权力，以便迅速达到他们所设想的目的。

这些习惯和思想都被我称为革命的习惯和思想，因为在所有的革命中都会出现这种习惯和思想。它们既存在于贵族制国家，又存在于民主国家，但在前者他们往往力量不大，而且不能持久，因为有贵族制国家原先的习惯、思想、弱点和障碍在抵制它们。因此，一旦革命完成，它们就自行消失了，而国家原来的政治态势也就得以恢复。但在民主国家不是总如此，虽然人们害怕革命的本能会变得温和与受到节制，但是它却不会消失不见，而是改头换面后逐渐融入政府的政治作风和行政习惯。我不知道哪个国家的革命比民主国家的革命更危险，因为民主国家的革命除了造成一些偶然的和短暂的灾难以外，还会经常制造长期的，也可以说是永久性的灾难。

因此我觉得将会发生公正的抵抗和正当的造反。所以我不能斩钉截铁地断言民主时代的人永远不会革命；但我觉得他们发动革命的时候更有理由三思而后行，并且会感到与其采取如此危险的救治手段，还不如忍受目前的诸多委屈。

最后，我以一般观点来作一个总结。这个一般观点不仅包括该章所述的个别观点，而且还包括该书大部分内容所欲发挥的个别观点。

这个世纪以前的贵族时代，个人的权力极为强大，社会权威则十分微弱。甚至社会的形象也是模糊的，经常被统治公民的各式各样的权力所取代。因此人在这个时代的主要精力，必须用以增强权力和扩大社会权力，确保并增加它的特权；另一方面，把个人的独立性限制在极小的范围之内，使个别利益听从一般利益。

而生活在我们这个时代的人，则面临着另一种顾虑和危险。

在现代大部分国家里，统治者不管是什么出身，身体是否健康，或名称叫什么，几乎都是总揽大权；而个人则变得逐渐软弱和有依附性。

在以前，社会完全不是这样。任何地方在那里都没有一致或统一的现象。在现代社会里，一切都在迫使人们变得相类，所以个人形象很快就消失，变得万人同貌，彼此之间没有区别。我们的祖辈总是滥用个人权力应该受到尊重的观点，而我们则喜欢夸大个人的利益应该服从多数的观点。

世界政治正在变化，必须在今后寻找新的办法去解决新的问题。

规定给社会权力一个广泛、明确、固定的界限，让个人享有一定的权力并保证其不受阻碍地行使这项权力，保留个人少量的影响力、独立性和独创精神，使个人跟社会平起平坐并且在社会面前支持个人：在我看来，这些就是我们即将进入的时代的立法者的主要职责。

当今的统治者们好像只想率领人民去干伟大的事业。我希望他们多下点工夫考虑一下怎么去造就伟大的人物，少重视工作而多重视工作的人，永远要记住，当一个国家每一个公民都很软弱的时候，这个国家不会长久强大下去，而且绝找不到能使由一群懦弱委靡的公民组成的国家变为精力充沛的国家的社会和政治组织形式。

我发现了现代人的两种对立观念，它们都是有害的。

一些人从平等中只看到它的无政府状态的倾向。于是他们对自己的自由意志感到恐惧。

另一些人数虽然很少，但是都是很有知识的人，他们持有另一种看法。在由平等走向无政府状态的大路的一旁，他们终于又发现一条只能使人走向受奴役的小路。他们事先就让灵魂屈服于这种必然的奴役，并由于对保存自由不抱希望，内心便早就开始崇拜即将出现的主人了。

前一种人是因为觉得自由危险而放弃自由，后一种是因为断定自由不可能实现而放弃。

我如果赞同后一种人的观点，就不会写读者现在阅读的这部著作，而只能在内心里为人类的命运叹息了。

我要把平等给人的独立造成的危害在光天化日之下揭露出来，因为我坚信这种危害是将来的隐患中最可怕也是最难预测的。但是我并不觉得它是不能克服的。

生活在正在进入民主时代的人，他们爱好独立，却无可奈何地忍受着限制，他们对自己选定的社会情况的固定不变感到厌烦。他们喜爱权力，但是有轻视和憎恨权力持有者的倾向，并由于他们非常渺小和流动性很大而容易逃脱权力的控制。

这些本性会反复出现，因为它们来自稳定的社会情况。它们在一个很长的时期内，任何一种专制都将被阻止确立，这些本性还向愿意为人的自由而奋斗的新一代人提供新的武器。

因此，我们应保持可以让人们提高警惕和进行战斗的必要的担心，而不要使人们抱有可以丧失信心和毅力的畏缩无能的恐惧。

第八章　主题的总括

我在结束所做的研究之前，想以最后一次观察来综述新世界的面貌的各种特点，并且判断一下平等对人的命运造成的一般影响。但是我有些犹豫这项工作的艰巨性；在如此重大的题目面前，我感到自己视野不够广阔和智力不能胜任。

我打算评述和描绘的新社会只是刚刚诞生。时间还没有使它定型，使它产生的大革命还在继续，今天我们所看到的一切当中，还难以判断哪些东西将会随着革命本身的结束而结束，哪些东西在革命结束之后还能继续下去。

还有一半新兴的世界陷在正在衰败的世界的残垣破壁之中，世间事物呈现的巨大混乱当中，谁也说不出那些古老的制度和习俗是会劫后余生还是完全消失。

尽管社会情况、法制、思想和人的情感方面发生的革命还没有结束，但是它所造成的后果已远比世界上迄今发生的任何事情都严重。往上回顾每个时代，直到追溯到古代，我也没有发现一个与现在看到的变化相类似的变化。未来无法从过去中提取经验，精神正在步入黑暗的深渊。

但是，我在这幅如此广阔、如此新奇和如此混杂的图景中，已经看到一些初具轮廓的特点。现在我就来谈谈它们。

我看到，在世界上善与恶分布得相当均衡，各占一半。已经看不见巨富，小康之家的数量也在日益增加。享受的欲望也成倍增大，但是既没有极度的繁荣也没有极端的悲惨。奋进之心人人都有，但是怀大志者却寥寥无几。每个人都是孤立而软弱的，但是整个社会是活跃的、有远见的、强大的。平民做小事，国家做大事。

精神失去力量，但是民情温和，法律宽大。虽然伟大的献身精神，最高尚、最光荣和最纯洁的德行不常见，但是民风淳朴，暴力现象极为少见，残暴更是闻所未闻。人的寿命越来越长，人的财富也越来越有保障。虽然生活不够奢靡，但是非常安逸舒适。享乐既不高雅又不粗俗。无须讲究繁文缛节，也没有低级的嗜好。既没有学识渊博的雅士，又没有愚昧无知的平民。天才越来越少，但知识日益普及。发展人的理性将是众人的微小努力的集少成多的结果，而不是某些人的强力推动的结果。杰出的文艺作品虽然不会太多，但是作品的数量将会大增。种族、阶级、国家的各种束缚将会消失，人类的大团结却得到加强。

如果让我从这些特征中找出最显著和最普遍的特点，我就会指出它表现在财产具有千百种不同的形式上面。几乎一切的极端现象都会日趋减少和消失；最高的东西将逐渐下降，为中等的东西取而代之；这些中等的东西比起世界上存在过的类似的东西来既不高又不低，既不光彩又不逊色。

看一下这伙既没有出类拔萃的人也没有落后掉队的人的人民，我真为这种普遍统一的情景感到心寒和悲怆，并在这里为已不复有社会而遗憾。

当最伟大的人和最微贱的人在世界上并存，极度富有的人和一贫如洗的人并存，最聪明的人和最愚昧的人并存的时候，我的视线总是越过后者只看前者，而且前者看起来使我喜欢。但是我知道这种倾向是来自我的弱点，因为当我在观察周围的所有一切时，只能从这么多的对象当中挑选出最合我心意的对象。全能和永恒的上帝并非如此，他关注着整个世界，而且把每一个人和整个人类都同时看得清清楚楚。

我们自然相信，让这位造物主和人的保护者最感到欣慰的，并不是个人的高度荣华富贵，而是全体人的巨大幸福。所以，我觉得是衰退的东西，在上帝看来却是进步的东西；我感到不快的事物，上帝却喜爱。也许平等并不怎么高尚，但是它却非常正义，它的伟大和美丽就源自它的正义性。

上帝的这个观点我要努力达到，并想用这个观点去考察和判断世间的事物。

没有任何一个人能够绝对和全面地断言旧的社会情况没有新的社会情况好，但它们的不同已经很明显了。

贵族制所固有的一些弊端和美德，跟现代人的秉性格格不入，所以不能被他们利用。在前者眼里良好的爱好和恶劣的本性是邪恶，但在后者眼里这些却是合情合理的。有些思想是在一方的想象中产生出来的，但是却被另一方的精神所排斥。这就像两个完全不同的人一样，各有各的优点和缺点，各有各的善和恶。

因此，必须特别注意，判断正在产生的社会不能用已不存在的社会留下的观点为依据。这样做是不公正的，因为这两种社会是截然不同的，两者之间是不能对比的。

要求现代人具有适合从前的社会情况的美德，这绝不是合理的，因为从前的社会情况已经成为过去，那个社会所衍生的一切善和恶，也都随之混乱，无法辨别。

但是，现在还不能充分了解这些情况。

我已看到，在当代，大多数人正从旧社会的贵族制度产生的章程、思想和主张中作出选择。他们会放弃其中一部分，保留另一部分，并把保留的部分带到新的世界。

我觉得，后一种想法只会使他们在一项即便认真也不会有成效的工作中浪费时间和精力。

问题是人们不应当再保留身份的不平等所带来的那些特殊好处，而是应当确保平等为人们提供的新好处。我们不要一切向祖辈看齐，而应该努力达到自己的伟大和争取幸福。

至于我，在到达讨论的终点后，回望一下我曾经分别深入研究的所有不同的对象，我既怀有希望又感到恐惧。我看到一些严重威胁，但觉得那些威胁可以解除；我看到一些重大弊端，但觉得那些弊端能够避免或抵制。所以，我越来越坚信，只要民主国家愿意，建成高尚而繁荣的社会不是不可能的。

我知道有些当代人觉得人民生来就不能自己做主，必须服从外部环境、种族、土地以及气候所产生的难以克服和无法理解的力量的支配。

这种观点是错误和消极的，只能永远使人软弱和使国家畏惧不前。上帝既没创造绝对独立的人类，又没创造绝对奴性的人类。确实，上帝是在每个人的周围画了一个不可逾越的圈子，但是人在这个广阔的范围内却是强大和自由的。一个国家或民族也是如此。

现代的各国将无法实现身份的不平等了。但是，平等将导致自由还是奴役，野蛮还是文明，贫困还是繁荣，就全靠各国自己了。

原著者注

(A)第426页

但是，曾经有些贵族热心经营商业和在经营工业方面获得成就。在这方面世界史提供了若干光辉的范例。然而就整体情况来说，贵族向来都不关心工商业的发展。金钱贵族只不过是例外。

金钱贵族一直想用财富来满足自己的需要。对财富的热爱，应该说是人类的最大激情，其余一切激情都以此为终点或是与此交织。

一旦爱财之心与争名争权之心集中在一个人身上，则很难说这是贪婪所造成的野心还是野心所造成的贪婪。这种情况英国就有。发财之后获得荣誉是英国人的理想，他们觉得荣誉是财富的标志。因此，工商业完全吸引了人的注意力，成了致富的最好捷径。

但是，我也觉得这是一种例外的暂时现象，因为在财富只作为贵族的标志时，富人独掌权力而执行却由其他一切人负责，那是极其困难的事情。

纯正的民主制度和世袭的贵族制度，是国家的社会和政治情况的两个极端表现，金钱贵族存在于这两个极端之间。这个贵族的特点是：接近世袭贵族，但同意给予个别公民以某些大权；主张实行民主制度，但是要求可以继承特权。这个阶级经常是世袭的贵族制度和纯正的民主制度之间的自然桥梁，而且很难说它是在结束贵族的等级制度还是已在开辟民主制度的新纪元。

(B)第461页

从我的旅行日记里我找到下述几段记载。读者了解随夫前往荒凉地区定居的美国妇女经历了哪些考验。向读者介绍这几段记载的原因，是它们完全出于真实。

"……我们总是遇到一些新开垦的土地。这些新居民点全都大同小异。我要描述晚上留宿的这个居民点，想起它就使我想起了其他一切居民点。

"为了能在森林里找回自己的家畜，垦荒者们在家畜的脖子上拴上铃铛。在我们离居民点还很远的时候，这种铃声就已经传来了。过了一会儿，我们又听见从森林里传来伐木的声音。看到伐木的痕迹，我们就知道有文明人在这里劳动。被砍掉的枝丫布满了道路；被火烧掉的残余树干和伐木留下的树墩，还立在道路上。我们接着往前走，走到一片森林旁边，好像其中所有的树都得了一场暴病而枯死了。时值盛夏，但这里却好像是严冬。当我仔细观察这些树时，才发现树干上有一圈树皮被刮光了并留有深痕。切断了树内汁液的循环，所以树很快就枯死了。由此我们才知道，实际上这是开垦者照例要做的第一件事情。他们第一年还不能将所有的树木都砍倒，使它们成为自己的新财产，而是要在剩余的树木之间播种玉米。如果把树砍光，那么农作物将失去树荫的保护。这里是人类文明进军荒野的起步地点，只是初具规模，我走过那里，立刻看到田地主人的房舍。它位于一片比被滥伐的林地管理得好得多的田地中间。在滥伐的林地上，树木已被伐倒，但是还没有归垛码起来，树墩还杂陈在往日绿荫覆盖的土地上。在这片杂乱的荒地周围，有的地方种有小麦，有的地方围着初生的柞树；多年的野生植物和野草混合在一片尚未被人占据的半荒地上，竞相生长。开垦者的房屋，或是当地人所称的“圆木小屋”(log house)，就在这片由各种植物组成的茂密的树荫中间。这座简陋的房屋也跟它周围的田野一样，是刚刚建成不久的。我目测了一下，它长不过30英尺，高在15英尺以内。房屋的四壁和顶盖，都是原木构筑的，中碎干草，敷以泥土，主要用来防寒和防雨。

“当夜幕降临的时候，我们去找圆木小屋的主人借宿。

“一听到我们的脚步声，在残败的小树林里滚地玩耍的小孩立马爬起来，慌慌张张地跑去，好像害怕见生人似的。这时，有两条半驯化的大狗，耳朵竖着，脖子伸长，从狗舍里蹿出来。一面跑，一面低声吠叫，保护它们的小主人。这家的主人出现在门前，先向我们扫了一眼，随后又仔细打量一番。他打手势，叫他的狗回狗舍去，并且以自己的行动向狗表示，我们的光临并没有引起他的惊恐和不安。

“我们走进圆木小屋。室内的摆设，完全不同于欧洲的农民家庭，摆着一大堆多余的东西，而必要的东西却很少。

“一个窗户上挂着细布窗帘；一盏大灯放在土坯砌成的壁炉炉台上，灯光照亮了全屋；在这个壁炉炉台的上方，挂着一支漂亮的膛内有来复线的火枪，一张鹿皮，一串鹰的羽毛；壁炉的右侧墙上挂着一张美国地图，被风吹动得直晃荡；在地图下面，架着一块粗糙的木搁板，几本书在上面放着；走到架边一看，其中有一部是《圣经》，弥尔顿的6篇长诗，莎士比亚的两个剧本；几个木柜沿着墙摆放着，没有皮箱；在屋地的中央，有一张做工很粗糙的桌子，是用刚刚砍伐的小树干做的四条腿，上面没被剥掉的树皮还在发绿，好像是就地生长出来的；我看到有一把英国的灰色瓷茶壶，还有几把银制的匙子，几个已经残损的茶杯，还有几张报纸都放在桌子上面。

“这座房子的主人，有着很高的颧骨，修长的四肢，这说明他原来是新英格兰的居民。显而易见，他并不出生在我们相遇的这个荒凉地区，因为他的言谈举止就足以证明他早年是在学术界中度过的。而且他是一个有理想、活泼好动和敢于冒险的人，可以冷静处理冲动引发的事物。之所以要体验一段时间的野蛮生活，是为了将来能够更好地改造荒野并使其大大开化。

“当这位开垦者看到我们想进入他的房屋时，他走过来同我们对话，并习惯地同我们握了握手，但他的脸上并没有热情的表现。他首先开口，打听世界上发生的事情。当我们满足了他的好奇心后，他就默不作声了。我们猜想，对于世界发生的令人讨厌和使人目眩的事情他早就反感了，所以再也不想问了。我们向他说了旅行的目的，他给我们提供了需要的资料。接着，他又有些心不在焉了，但仍然诚恳地满足我们的需要。我们看到他如此热心待客，为什么又感觉到他的好客中又有些冷淡呢？这是因为他的待客好像是听从于命运给他的痛苦安排，他觉得这是他现在的地位赋予他的义务，而不是真心觉得这是一件快事。

“在壁炉的另一端，一位妇女抱着一个小男孩在膝上摇晃。她频频点头，但没有加入我们的谈话。像那位开垦者一样，这位妇女也正值青春年华。她的举止也表明她原来很高雅，爱打扮的兴致从服饰来看并没有减弱。但是，她的四肢已经不如昔日纤美，面容也显得有些疲惫，眼光温和而又严肃。她的外表给人的整体印象，就是她有一颗笃信宗教而安身立命之心，一腔热烈而又宁静的感情。我不知道是什么天生的毅力在使她神色自若正视生活中的一切困难，不害怕也不轻视它们。

“她的身旁围绕着几个孩子，个个都身体健康，性格活泼，还很淘气。这里是这些孩子出生和长大的地方，他们的母亲时不时地向他们投以忧郁而又欣慰的眼光。这些孩子们是这样年幼强壮，可以看出她为抚育他们费尽了心血，不惜付出任何代价。

“移民们的房屋既无内室又无隔扇，全家人就挤在一个大统屋子里，夜间都在里面睡觉。这座房屋自成一个小世界。在林海中它是漂浮的一叶文明方舟。在它周围百步之外，便是无边无际的茂密森林，而且又开始没有人烟了。”

(C)第462页

身份的平等并不会使人没有道德和不信宗教。但是，当人们道德缺失和不信宗教时，而人们又都是平等的时候，没有道德和没有信仰的行为就容易表现出来，因为人们之间已经无法互相制约，能够承担起维持治安之责的阶级只剩下一个。身份的平等并不使民情变坏，但有时听任其变坏越来越明显。

(D)第478页

即便你把所有什么也不想的人和不敢说出想法的人排除在外，也不难发现美国的绝大多数人都满意他们的现行制度；我也认为确实如此。我认为这种舆论能够表明美国的法制十分良好，但却不是一种证明。民族自豪感，立法对某些激情、偶然、隐藏弊端的放纵，特别是可以说服反对派的多数人的利益，给整个民族和每个公民造成一种长期错觉。

现在我们来看一看18世纪的英国。这个民族当时非常喜欢自我吹捧，人们对自己都很满意，觉得他们的制度样样都好，根本没有可以谴责之处，甚至在他们眼中它的一些明显缺陷也是好的。但在今天，英国绝大多数人好像都觉得他们的制度在许多地方是有缺陷的。究竟上一世纪的英国人和今天的英国人谁对谁错？

法国也是如此。在路易十四统治时期，议会曾热烈支持当时统治社会的政府，并觉得当时那些说这个政府贬低了法国人的人格的说法是不正确的。而在这个时代，却有人觉得当时的法国人受到了奴役，但并不一定存在奴性思想。当时的作家颂扬王权高于一切权力时所表现的是一种真正的热情，但愚昧的农民在他们的茅屋里并没有受到君主的恩泽，却高喊："国王万岁！"而死时也没有感到光荣。究竟是路易十四时期的法国人错了？还是今天的法国人的看法错了？

因此，只根据舆论的倾向来下定论是不应当的，还要根据主要动机和普遍经验去评定一个国家的法制，因为舆论的倾向是随时代的变化而变化的。

一个国家的人民拥护法制只能证明一件事，那就是他们不希望法律很快就改变。

(E)第515页

我在文章里只提到一种危险。我现在想指出另一种非常罕见，但是一旦出现便将使人非常害怕的危险。

当平等使人们产生的喜欢物质享受和安逸生活的心理侵蚀一个民主国家的精神生活并最终控制人民的精神时，国家的军队本身可能爱好和平，而反对国家利益把它拖入战争。但士兵处于这种舒适环境下，就会开始认识到，宁愿在和平的环境中一步一步、稳稳当当和毫不费力地晋升，也不愿意以克服战场上的艰难险阻为代价去获得快速的晋升。在这种精神状态下，虽然军队有武器但无士气，拿起武器时也是消极的。与其说这些士兵没有迎敌，倒不如说在引狼入室。

军队在这种和平气氛中就不会发动革命。因为革命，尤其是军队发动的革命一般情况下都非常迅速，而且经常冒很大的危险，但是不必付出艰苦的劳动。至少革命在消耗上比战争更能迎合野心家的心愿，只要冒生命危险即可，对民主国家的人来说，对生命的重视不如对舒适生活的重视。

一个国家的自由和安宁的最大危险就是军队害怕战争，因为不想在战场上表现其伟大和力量，军队就需要到其他地方去表现伟大和力量了。所以，民主国家的兵不顾及公民的利益而失去军人的情操是有可能的，军队不再具有战斗力并有发生哗变的危险。

在这里我再重复一遍我已经说过的一句话：军队不是消除这种危险的办法，国家才是。保留着英勇气概的民主国家，永远能在必要的时候看到士兵身上的英勇善战的气概。

(F)第525页

人觉得单一性的观点的伟大之处在于手段，而神觉得其在于目的。结果，这样的想法使我们只注意烦琐的小事情。强制人们一起走向同一目标，是人的观点；而引导数不胜数的千变万化的人开始行动，并使所有的行动都可以通过数以万计的道路去完成伟大的计划，则是神的观点。

人关于单一性的观点几乎总是贫乏而没有活力的，而神关于单一性的观点则是丰富而充满活力的。人以为将手段简化可以显示出自己的伟大，而神的目标很简单，那就是使手段变得无穷。

(G)第528页

民主国家不是出于意愿而走向中央集权，而是它的领导人也在不断把它推向中央集权。

不难预见，被局限在一个民主国家里几乎所有野心勃勃和才能出众的人，都努力扩大社会权力的职能，因为他们都期盼有朝一日掌握社会权力。想要向他们证明过分集权会危害国家纯属浪费时间，因为他们是为了自己而集权的。

在民主国家的官员中，除了那些大公无私的或平庸无奇的人之外，几乎没有人赞同地方分权。主张地方分权的，不是力量不够就是人数太少。

(H)第542页

我经常思考，如果民主国家的民情继续这样地温顺下去，如果军队里再出现骚动，万一在我们今天的某些国家里出现军人政府，其结果将会如何。

我觉得，政府本身不会像我在本章里所描绘的现象，军事寡头政治的蛮横作风也难以再现。

但我深信，在这种情况下，文官会与士兵在习惯上产生某种融合。文官在行政方面可以学习某些军人的精神，而军人在军队方面可以学习某些文官的办事习惯。这样融合的结果，就会实现政务有条不紊、纪律严明以及绝对服从的指挥，人民变成军队的影子，社会变成一座营房。

(I)第544页

我不能笼统地断言胡作非为或暴政，无政府状态或专制就是当代的最大危险。这些都是令人畏惧的东西，而且很可能都来自同一个原因。这个原因就是由于个人主义而造成的普遍的冷漠。能使今天的行政权总揽某些权力实行压迫的，就是这种冷漠；而后能使一个政党发动30个人投入战斗而且也实行压迫的，还是这种漠不关心。但是，不管是前者还是后者，长期存在下去都是不可能的，使它们不难获得成功的那些原因也在阻碍它们维持成功。它们最后之所以垮台，是因为没有其他力量支持。

所以，冷漠是最应当反对的，而不该一味谴责无政府状态或专制，因为冷漠可以轻而易举地造成无政府状态和专制的后果。

图书在版编目（CIP）数据

论美国的民主 /（法）托克维尔（Tocqueville，A.）著；张杨译 .—长沙：湖南文艺出版社，2011.8

ISBN 978-7-5404-4975-9

Ⅰ .①论… Ⅱ①托… ②张… Ⅲ .①民主—研究—美国 Ⅳ .① D771.209

中国版本图书馆 CIP 数据核字（2011）第 093781 号

上架建议：文化经典

论美国的民主

作　　者：（法）托克维尔（Tocqueville，A.）
译　　者：张　杨
出 版 人：刘清华
责任编辑：丁丽丹　刘诗哲
监　　制：伍　志
特约编辑：康　慨　楚　静
封面设计：柏拉图工作室
出版发行：湖南文艺出版社
（长沙市雨花区东二环一段 508 号　邮编：410014）
网　　址：www.hnwy.net
印　　刷：北京嘉业印刷厂
经　　销：新华书店
开　　本：787 × 1092　1/16
字　　数：550 千字
印　　张：35.5
版　　次：2011 年 8 月第 1 版
印　　次：2014 年 2 月第 4 次印刷
书　　号：ISBN 978-7-5404-4975-9
定　　价：44.80 元
（若有质量问题，请致电质量监督电话：010-84409925）